한국연구재단 학술명저번역총서

● 서양편 ●

한국연구재단 학술명저번역총서

서양편 ● 78 ●

경제분석의 역사 ²

조지프 슘페터 지음 | 김균·성낙선·이상호·정중호·신상훈 옮김

한길사

History of Economic Analysis

by Joseph A. Schumpeter

Published by Hangilsa Publishing Co., Ltd., Korea, 2013

• 이 책은 (재)한국연구재단의 지원으로 (주)도서출판 한길사에서 출간·유통을 한다.

이 도서의 국립중앙도서관 출판시도서목록(CIP)은
e-CIP 홈페이지(http://www.nl.go.kr/ecip)에서 이용하실 수 있습니다.
(CIP제어번호:2013010349)

경제분석의 역사 ²

일러두기

1. 이 책은 Joseph A. Schumpeter의 *History of Economic Analysis*(New York, Oxford University Press, 1954)를 번역한 것이다.
2. 이 책의 원서는 한 권으로 출판되었지만 번역서를 한 권으로 발간하기에는 양이 방대하여 세 권으로 나눴다.
3. 원서에서 대문자로 시작하는 단어나 이탤릭체로 강조한 부분은 고딕으로 표시했다. 다만 저자가 ( ) 안에 이탤릭체로 독일어나 프랑스어를 추가한 경우에는 고딕으로 표시하지 않았다.
4. 독자의 이해를 돕기 위해 각주와 본문에 옮긴이 주를 넣고 ―옮긴이라고 표시했다.
5. 원서의 단락이 지나치게 길 경우 독자가 읽기에 편하도록 행을 나누었다.
6. Cary와 Carey의 발음이 케리로 같아 혼동을 피하기 위해 Cary는 케리로, Carey는 케어리로 구분했다.
7. 경제학자 Carl Menger와 그 아들 Karl Menger는 발음이 같아 Carl은 카를로, Karl은 칼로 구분했다.

경제분석의 역사 [2]

제7장 화폐와 신용 그리고 경기변동

경제분석의 역사[1]

제1부 서론-범위와 방법

제2부 고대부터 첫 번째 고전적 상황(1790년 무렵)까지

경제분석의 역사 3

제4부 1870년부터 1914년(과 그 이후)까지

제5부 결론 – 현대의 발전에 대한 소개

제3부

1790년부터 1870년까지

"혹자는 교과서를 쓰거나 강의를 하는 일이 최소한 자기 스스로
무언가를 하도록 만든다고, 자기가 제시하는 자료들을 훑어보며
스스로에게 '나는 이것보다 좀더 잘할 수 있지 않을까' 하고
묻지 않을 수 없다고 생각할지도 모르겠다.
그러나 이것은 분명 진실이 아니다.
강의와 교과서에 대한 수요는 강의와 교과서를 만들어낼 뿐,
그 이상은 아니다. 교과서의 이러저러한 내용 중에는
무엇인가가 있다는 사실, 즉 필요가 분석적 진보의
필요충분조건이 아니며, 교사에 대한 수요는 교사를 낳을 뿐
반드시 과학적 성과로 이어지지는 않는다는 사실이
잘 보여주지 않는가."

제1장 서론과 장별 계획

1절 범위

3부는 1790년대부터 1860년대 말이나 1870년대 초까지의 경제분석의 역사를 포괄한다. 분석작업에 관한 한, 『국부론』이 출간된 후 10년이나 20년 사이에 별다른 기록이 없으며, 그나마 남아 있는 것들은 대부분 이 책, 1권, 2부에서 소개되었다. 특정한 해를 강조할 수는 없겠지만, 굳이 그렇게 하고자 한다면, 맬서스의 『인구론』(*Essay on Population*, 1798) 초판에서부터 분석행위의 새로운 시대가 시작되었다고 할 수 있을 것이다. 마르크스의 『자본론』(*Das Kapital*, 1867) 1권, 제번스의 『정치경제학 이론』(*Theory of Political Economy*. 이하 *Theory*─옮긴이, 1871), 카를 멩거의 『국민경제학 원리』(*Grundsätze der Volkswirtschaftslehre*. 이하 *Grundsätze*─옮긴이, 1871)의 출판과 사회정책학회(Verein für Sozialpolitik, 1872)의 창립은 또 다른 시대의 도래를 분명히 보여주는 사건들의 일부다.

익히 알다시피, 시기구분은 필요악이다. 첫째, 어떠한 저자의 특별한 시기구분 방식과 무관하게 적용된 시기구분에 대한 원론적인 반론이 존재하는데, 역사발전은 항시 연속적이므로 그것은 결코 자의성과 훼손 없이 부분으로 분할될 수 없다. 연도별로 날짜를 매기는 방법을 거부한다고 해도, 문제가 해결되기보다는 단지 그것을 풀지 못하는 우리의 무능력이 완화될 뿐이다. 둘째, 경제분석의 역사에 주목해서 이루어진 우리의 특별한 시기구분 방식은 이와 다른 어떤 문제에 관심이 있는 사람들을 필연적으로 만족시키지 못할 것이다. 셋째, 경제분석에 대한 동료 연구자들의 관점에서 보더라도, 스미스를 그의 영향권 아래 있다고 말할 수 있는 시기의 시작이 아니라 그 이전 시기의 마지막 부근에 놓는 방법에 대해 근거가 충분한 반론이 존재한다. 우리는 이 모든 것에 대해 여러 방식으로 답변할 것인데, 예를 들면 우리가 이 3부에서 연대기상 이 시기(1790~1870년−옮긴이)에 속하는 모든 저자를 취급하지는 않는다는 사실──가장 중요한 사례는 쿠르노(Cournot)다──과 연대기상 이 시기에 속하지 않는 몇몇 인물──대표적인 사례는 케언스(Cairnes)다──을 포함시킨다는 사실이 그것이다. 그렇지만 나는 우리의 시기구분이 본질적인 진실을 드러내줄 것이라고 확신한다. 물론 그 판단은 독자의 몫이다.

그러나 우리는 여기서 우리의 판단을 어느 정도 정당화해줄 만한 두 가지 사실을 동시에 언급하고 싶다. 첫째, 우리 앞의 수많은 역사가는 이 시기가 하나의 실질적인 단위를 형성하고 있다고 느꼈다. 이 느낌은 독특한 명칭으로 표현되었는데, 이른바 경제학의 '고전파' 시대──이 책에서 사용되는 의미와는 완전히 다른 의미에서──가 그것이다.[1] 이 명칭은 '고전파'(classic)라는 용어가 칭찬이라는 의미를 상실하고 '낡은 것'을 대표하기 시작하던 시기에 케인스 경이 이것을 마셜과 그의 직접적인 후계자들의 학설(이나 간단히 케인스 이전의 경제학)을 지칭하기 위해 사용할 때까지 통용되었다. 둘째, 이것은 좀더 중요한 것인데, 1790년대에서 1860년대 말에 이르는 시기가 우리 시기구분의 기준에

---

1) 혼동을 피하기 위해서, 이 용어가 이 책에서의 의미와 다르게 사용될 때마다 인용부호로 처리하고 있음을 기억하기 바란다. 여기서 구분해야 할 세 가지 의미가 존재한다. 3부에서 논의되고 있는 시기의 경제학 저작에 스미스의 저작까지 합한 것을 지칭하는 '고전파'의 오래된 의미와 케인스 경이 정의한 의미 그리고 우리가 정의한 의미가 그것이다. [J.S.A.는 이 주제를 미완성된 이 책, 1권, 1부에서 좀더 완전하게 서술하고자 했다. 이와 관련해서 이 책, 3권, 4부의 1장도 참조.]

대한 근거를 제공한다. 이 시기에는 먼저 죽은 나무를 붙잡고 낙관적인 자세로 고군분투하는 새로운 행위들이 나타났으며, 그 후 상황이 안정되자 우리가 정의했던 전형적으로 고전적인 상황이 출현했다. 이 상황은 이미 확립된 진리라는 유리한 위치에서 자신이 말하고 있다는 태도로, 그리고 이러한 진리의 영원성 속에 자신이 놓여 있다는 순진한 확신으로 사실을 강조하는 밀의 전형적으로 고전적인 성취——거듭 말하지만, 우리가 정의한 의미에서——로 집약된다. 그리고 나서 침체되었는데, 이 상태는 보편적으로 쇠퇴가 아니라 과학의 성숙을 보여주는 것으로 받아들여졌다. 이에 대해 '식자층'에서는 실질적으로 합의가 이루어졌으며, 대부분의 사람도 '중요한 작업은 이미 완료된 상태'이므로, 사소한 점을 제외하면, 그 작업을 정교화하고 응용하는 일만 남아 있다고 생각했다.

2절 기타 사항

사람들은 흔히 거대한 자기만족을 드러내던 이 시기 저작들의 수많은 문장을 미소로 환대했는데, 시기심과 아주 흡사한 것이 나타나 이 미소를 앗아가기도 했다. 경제학자들과 이들의 대부분은 자신들의 작업성과에 분명히 만족해했는데, 이는 마치 일부 경제학자가 1930년대에 또다시 그러했던 것과 마찬가지였다. 우리는 이후에 경제학자들이 허약한 오두막집과 진배없는 것을 짓고 그것을 견고한 집으로 이해하면서 행복해하는 정신상태[2]를 이해하고자 노력할 것이다. 아직도 우리는 스미스 이전의 업적을 과소평가하고, '고전파'의 성과를 과대평가하고 있다.

이(고전파의−옮긴이) 작업이 수행되는 조건은 다음과 같이 간략하게 요약할 수 있다. 나는 이 시기에 전문적인 경제학이 분명하게 확립되었다고 말하는 것에 대해 주저한다. 분명히 말해서 경제학이 하나의 직

---

2) 특히 밀의 『정치경제학 원리』(*Principles of political Economy*)의 3부 1장 2절에서 종종 가치론을 조롱하는 문장을 보라.

업으로서 확립되었다고 말할 수는 없다. 왜냐하면 이 당시까지는 경제현상에 대한 연구가 전문직종이 아니었으므로, 경제학자는 거의 없었으며 그에 버금가는 사람도 전혀 없었다. 많은 사람은 사업가, 공무원, 언론인이었으며, 심지어 학술적인 경제학 교사들조차, 대부분의 경우는 아니라 할지라도 많은 경우에, 인접한 주제——심지어 완전히 다른 주제까지——를 동시에 가르쳤다. 그렇지만 우리가 이 시기에 급속도로 진행된 전문화 과정에 대해 말하는 것은 타당하다. 이 시기에 처음으로 경제학은 특정한 탐구영역으로서 자신의 목소리를 확보하고 특정한 전문성을 갖추게 되었으며, 특정한 방법을 사용해서 분명한 결과를 산출했다. 아울러 경제학자들은 편파적인 성향이 있는데도 서로를 인정해주었으며, 이전보다 훨씬 더 분명하게 대중에게서 인정받았다. 새로운 정치경제학 학회가 만들어졌고, 새로운 잡지·사전·참고서적이 나타났는데, 하지만 이것들은 모두 이전 관행의 연장에 불과했다.[3] 경제사상사에 대한 연구가 정열적으로 시작되었으므로,[4] 당연히 (이 분야의—옮

---

3) 학회 중에서는 런던 정치경제학 클럽(the Political Economy Club of London, 1821)이, 잡지 중에서는 프랑스의 『정치경제학회지』(*Journal de économistes*, 1842)가, 사전 중에는 프랑스의 『정치경제학 사전』(*Dictionnaire de l'économie politique*, Coquelin et Guillaumin, 1853~54)이 가장 중요하다. 흥미로운 사실은 1890년까지 영국에서 만들어진 잡지 중 과학적인 경제학에만 집중했던 것은 없었다(여기에는 아마도 영국 왕립경제학회의 기관지인 『이코노믹 저널』*Economic Journal*이 1891년에 창간되었다는 사실이 놓여 있는 듯하다—옮긴이)는 점이다. 그렇지만 이는 부분적으로 깊이가 있는 훌륭한 잡지들, 이를테면 『에든버러 리뷰』(*Edinburgh Review*), 『쿼털리 리뷰』(*Quarterly Review*), 『웨스트민스터 리뷰』(*Westminster Review*)와 같이 상당히 전문적인 내용까지 담고 있으면서도 독자에게 상당한 찬사를 받았던 잡지들이 존재했기 때문이다. 여기서 나는 '전문적인' 경제학 문헌에 인용된 것들 중에서 찾아낸 매우 제한된 숫자의 논문을 이용하는 것을 넘어, 이 잡지들의 내용을 살피지는 않았는데, 이것이 이 책의 심각한 공백이다. 다만 나는 『정치경제학 사전』을 피상적으로만 살폈을 뿐이다.

4) 물론 학설의 몇몇 특징에 대한 역사적 언급은 상당히 오래전부터 존재했다. 18세기에도 몇몇 참고서적이 출현했지만, 내가 아는 한, 뒤퐁 같은 인물의 중농학파에 관한 소수의 연구작업을 제외한다면 (경제사상사 연구의—옮긴이) 역사는

없다. 그러나 19세기 초부터 학설사에 대한 관심이 고조되기 시작했다. 이러한 종류의 출판물 중 블랑키(Blanqui)의 (참고문헌 해제가 붙은)『정치경제학의 역사』(Histoire de l'économie politique) 초판이 출간된 1837년까지 여기서 언급될 만한 것은 매컬럭(McCulloch)과 세(J.B. Say, 1829;『강의록 전집』Cours complet, 6권에 수록)의 간략한 연구서뿐이다. 이후 1870년까지 수많은 저작이 출현했는데, 그중 일부는 특정국가에 한정된 내용이다. 1858년 무렵에는 몰(Robert von Mohl, 1799~1875)로 하여금 자신의『국가학의 역사와 문헌』(Geschichte und Literatur der Staatswissenschaften, 1855~58) 3권에 정치경제학의 역사에 관한 장을 추가하도록 만들 정도로 이러한 저작이 충분히 존재했다. 나는 여기서 (1) 매컬럭의『정치경제학 문헌』(Literature of Political Economy, 1845), (2) 페라라(Francesco Ferrara)의『경제학 인명록』(Biblioteca dell' Economista, 1850~68),「서문」(페라라는 외국인 저작물들의 이탈리아어 번역판을 두 개의 시리즈로 편집하면서 그의 이론적 기여를 보여주고 실질적으로 경제학의 역사를 종합하는 정교한 분석의「서문」을 썼는데, 이 시리즈는 1889~90년에 별개로 출판되었다), (3) 로셔(Roscher)의 저작의 대부분은 학설사 영역에 속한다. 그는 이 시기에『16~17세기 잉글랜드 국민경제학의 역사』(Zur Geschichte der englischen Volkswirthschaftslehre im sechzehnten und siebzehnten Jahrhundert, 1851~52)와『애덤 스미스 체계의 독일 내 유입과 그 확산』(Über die Ein- und Durchführung des Adam Smith'schen Systems in Deutschland, 1867)을 썼으며, 오렘(Oresmius; Nicole Oresme)에 대해 집중탐구(이 책, 1권, 2부 2장 참조)해서『14세기 위대한 국민경제학자』(Ein grosser Nationalökonom des vierzehnten Jahrhunderts, 1863)로 남겼다. 우리는 여기에 곧바로 그의 엄청난 노력의 산물인 후기 저작『독일 국민경제학의 역사』(Geschichte der Nationalökonomik in Deutschland, 1874)를 추가할 수 있다. (4) 콜메이로(Manuel Colmeiro)의『에스파냐 정치경제학의 역사』(Historia de la economia politica en España, 1863; 이 책은 엄밀한 의미에서 본다면 여기에 속하지는 않지만, 아직까지도 그의『총서』Biblioteca, 1880와 함께 에스파냐 경제학 연구의 최상의 출발점을 형성한다)만을 언급할 것이다. 나는 샴(E. Scham) 박사의 역작("Die Anfänge lehrgeschichtlicher Betrachtungsweise in der Nationalökonomie", Zeitschrift für Nationalökonomie, September 1931)과 그와 모르겐슈테른(O. Morgenstern) 교수의 공동논문("Eine Bibliographie der allgemeinen Lehrgeschichten der Nationalökonomie", Ibid., March 1933)에서 도움을 받았지만, 주로 비역사적 관점의 이론탐구에서 부수적으로 나타난 학설사 관련논문이나 모든 저작은 제외했음을 밝혀둔다. 샴 박사는 학설사 편찬(doctrinal historiography)의 '과학적' 시기가 뒤링(E.K. Dühring)의『국민경제학과 사회주의의 비판적 역사』(Kritische Geschichte der Nationalökonomie und des Socialismus, 1871)에

긴이) 교과서들이 쏟아져 나왔는데, 앞으로 그중 일부에 대해 언급할 기회가 있을 것이다.

연구에 필요한 재원은 주로 연구자가 직접 조달했다. 예를 들어 투크(Tooke)의 업적은 오로지 그가 부유한 사람이었기 때문에 가능한 것이었다. 물론 경우에 따라서는 연구성과의 상업적 출판에 따른 수익이 적절한 재원을 제공하기도 했다. 그러나 가르치는 일은 결코 그렇지 못했다. 독일, 이탈리아, 에스파냐, 스코틀랜드처럼 이미 정규적인 (경제학—옮긴이) 강좌를 개설하고 있던 곳에서조차, 그 의도는 경제학 자체를 교육시키기 위해 독자적으로 편성된 강의과목이라기보다는 인접학문——예를 들어 법학이나 철학——의 연구를 보완하기 위한 것이었다. 미국의 경우, 컬럼비아대학교에서 1818년에 도덕철학과 정치경제학을 담당하는 교수직이 하나 만들어졌으며, 사우스캐롤라이나대학교에서는 1824년에 화학교수에게 경제학 강좌가 맡겨졌다. 그나마 그 이전에는 다양한 장소에서 매우 이질적인 자격을 갖춘 사람들이 비체계적으로 교육하고 있었다.

잉글랜드에서도 이와 비슷한 시기에 교수직이나 강사직이 등장했다. 옥스퍼드대학교에서는 1825년——최초의 임용자는 시니어(Senior)였다——에, 런던대학교 유니버시티칼리지에서는 1828년——최초 임용자는 매컬럭이었다——에, 더블린대학교에서는 1832년——최초 임용자는 롱필드(Longfield)였다——에 각각 등장했으며, 맬서스를 1805년에 임용했던 헤일리베리(Haileybury) 소재 이스트인디아칼리지(East India College)에서는 역사·상업·금융을 담당하는 교수직이 있었다.[5] 그러나 이러한 지위를 위한 급여나 기타의 조건들을 살펴볼 때, (학교의—옮긴이) 설립자나 행정조직이 평생직장을 제공하기는커녕 장

서 시작되었다고 본다.(3부 4장 참조)

5) 프랑스에서는 일시적으로 1790년대에, 그리고 나서 다시 나폴레옹 전쟁 이후에 몇 개의 교수직이 등장했지만, 이는 오직 파리에 국한된 현상이었다.(3부 4장 4절 참조)

기임용조차 원하지 않았음을 충분히 알 수 있다. 잉글랜드에서는 1857년에 이러한 상황을 개선할 목적으로 전국 사회과학진흥협회가 설립되었지만, 수십 년이 지나서야 가시적인 성과를 거둘 수 있었다.

이러한 요인은 이 시대의 성과를 평가하는 데 반드시 고려되어야 하며, 개인의 성과를 평가하는 데는 더욱더 그러하다. 뒤에서 나는 기금과 자리가 모든 것이 아님을 강조하겠지만, 여기서는 이 둘 가운데 어느 것도 무시될 만한 것이 아님을 강조하고자 한다. 이러한 상황에서 뛰어난 능력과 폭넓은 교양을 지닌 사람들은 우리의 영역(경제학—옮긴이)에 너무도 가볍게 접근해서 자신들의 능력과 학식이 뛰어난데도 별 볼일 없는 경제학자가 될 수밖에 없었는데, 이것이 바로 우리의 학문영역에서, 그리고 그 당시에도 그들의 업적에 대한 일정한 평가가 필연적으로 그 인간에 대한 평가를 함축하는 것은 아닌 이유다.[6]

외국의 극소수 최고업적을 제외한다면, 잉글랜드는 이 시기의 성과에서 쉽게 선두를 차지했다. 사실상 이 시기는 경제학사에서 특별히 잉글랜드의 시기였다. 당시 잉글랜드의 경제학자들이 향유하던 압도적인 위세는 이 국가의 경제적 성공이 이들에게 비합리적으로 반영된 명예에서 부분적으로 비롯된 것이었다. 주로 그 위세는 이들이 남긴 저작의 질에서 비롯되었는데, 여기에는 소수의 대가만이 아니라 다수의 유능한 저자들——일류학자는 아니지만 자신의 온 힘을 다해 상당한 수준에 도달했던——도 포함되었다.

---

6) 독자들이 로시(Pellegrino Rossi) 같은 인물의 이력을 살펴보면, 곧바로 이렇게 언급하는 이유를 깨닫게 될 것이다. 심지어 밀 같은 경우에도, 그의 『원리』에서 우리가 놀랄 정도로 만족하지 못하는 부분 중 상당 부분은 주로 회사(동인도회사—옮긴이)에서 업무에 시달리는 정신상태로 쓰여졌다는 사실로 쉽게 설명할 수 있음이 분명하다.

3절 3부의 구성

지금부터 우리는 서술방법을 바꿀 것이다. 이 책, 1권, 2부에서 우리는
상당히 폭넓은 기간을 다루었을 뿐만 아니라, 일반적으로 수용되는 서
술체계가 존재하지 않는다는 난제와 다투기도 했다. 엄밀히 말해서 3부
에서 다루는 시기에도 이러한 체계는 존재하지 않는다. 그러나 만족스
럽지는 않지만, 그에 준하는 것이 존재한다. 즉 앞서 밝힌 대로 서로에
대해 경제학자로 인정했던 사람들은 대부분 자신들의 기여를 체계화할
수 있는 주제, 방법, 결과의 기본원리에 대해 충분하게 일치된 견해를
갖고 있었다. 물론 그 기본원리의 틀 내에서도 실제로 모든 개별적인 문
제에 관한 견해차——개인적으로나 집단적으로——는 있었다. 이후 수
십 년 동안 개별저자들이 받아들이려는 수준을 훨씬 더 능가하는 공통
의 근거와 연속성이 존재했다. 왜냐하면 지금처럼 그 당시에도 대부분
의 경제학자는 일치보다 차이를 강조하는 경향을 보였기 때문이다. 여
기에 중요한 예외인물들이 있었는데, 그중 가장 중요한 사람이 밀이었
다. '고전파' 경제학의 점차 성장하던 준체계에 대해 철저하게 비난하던
근본적인 이단자가 많이 존재했던 것도 사실이다. 그러나 이들은 대부
분 우리의 분석능력 시험을 통과하지 못한다. 그리고 비분석적인 이유,
주로 정치적 이유나 도덕적 이유, 문화적 이유에서 '고전파'에 반대했던
사람들도 있었는데, 우리가 보기에 이들의 반대는, 우리가 아무리 이들
의 견해에 공감한다고 해도, 필연적으로[7] 적절한 것은 아니다.

이러한 사실에 비추어, 우리는 여기서 이 책, 1권, 2부에서 할 수 없었
던 것을 할 수 있게 될 것인데, 그것은 바로 정치적·지적 상황들의 두
드러진 특징을 기억한 후(2장과 3장), 한 단면을 참조해서 분석작업의
발전상을 살펴보는 것이다. (5장에서) 밀의 『정치경제학 원리』가 이 단

---

7) 물론 독자들은 도덕적인 반대가, 바로 우리의 관심사인 사실적인 반대나 논리
   적인 반대를 발견하기 위한 동기를 구성할 수도 있음을 이해할 것이다.

면을 보여줄 것이다. 그러나 문제를 단순화하기 위해 가장 중요한 개인들과 집단들을 앞서(4장) 소개하고 순수이론과 화폐에 관한 상세한 설명은 가급적 두 개의 장(6장과 7장)으로 넘김으로써 5장의 부담을 일부 덜어낼 것이다. 또한 7장에서는 금융업과 경기순환에 대해 적지만 반드시 말할 필요가 있는 것들에 대해 살펴볼 것이다.

4절 마르크스주의 체계에 관하여

우리의 서술계획은 간단하며 마르크스주의 체계를 제외하고는 모든 경우에 잘 들어맞는다. 흔히 상상하듯이, 마르크스주의 경제학이 화려한 고립 속에 홀로 서 있어, 살펴보게 될 다른 저작들과 공통점이 없다는 데 어려움이 있는 것은 아니다. 반대로 우리는 그것이 당시 일반경제학의 일부——여기서 그것을 다루어야 하는 이유는 바로 이것이다——라는 점을 알게 될 것이다. 나는 앞 절에서 근본적인 이단자에 대해 언급하면서 마르크스를 생각하지는 않았으며, 이 책에서 그는 다른 경제학자와 똑같이 취급될 수 있고 실제로 그러할 것이다.[8] 또한 그가 사회학자이기도 했다는 사실에서 어려움이 생겨나는 것도 아니다. 왜냐하면 그의 사회학도 그의 경제학만큼이나 적절한 위치에서 다루어질 수 있기 때문이다. 마르크스의 경우, 우리의 탐구방식에 따라 그의 체계를 구성요소로 분해해서 서로 분리된 위치에 그것들을 배치하게 되면, 그를 이해하는 데 본질적인 그 무엇을 잃어버리게 된다는 데 어려움이 있다. 이

---

8) 이 점은 매우 중요하지만 일부 독자에게는 놀라움을 야기할지도 모르기 때문에 나는 이들이 이후의 장에서 읽게 될 내용을 언급하는 것 외에도, 그 놀라움이 오로지 예언자적 분노에서 비롯된 것이라는 점을 동시에 말하고자 한다. 이 분노는 마르크스가 자신의 경제분석에서 드러냈던 것으로, 세속인과 철학자에게는 그 어떤 것과도 완전히 다른 것처럼 보이게 만든 요인이었다. 여기에 덧붙이자면, 이 시기와 다음 시기에서 모두 영미의 전문서적에서 그가 국외자로 취급된 것도 사실이다. 그러나 이러한 측면에서 본다면, 그러한 서적에서 외국의 다른 일류 경제학자들이라고 해서 좀더 환대받은 것도 아니었다.

점은 모든 저자가 어느 정도는 갖고 있는 문제다. 전체는 항상 부분의 합 이상이기 때문이다. 그러나 우리가 이 점[9]을 간과함으로써 겪게 되는 손실이 본질적으로 중요해지는 때는 오직 마르크스의 경우일 뿐이다. 왜냐하면 그의 비전의 총체성은 모든 세부항목에서 총체성으로서 자신의 권리를 주장하며, 바로 이것이 그를 연구하는 모든 사람——친구든 적이든지 간에——이 경험했던 지적 매력의 원천이기 때문이다. 내가 이러한 어려움을 해결하기 위해 제안하는 방법이 마르크스를 사회과학의 중심태양으로 여기는 정통 마르크스주의자들을 만족시킬 수는 없을 것이다. 또한 그 방법이 개별사상가들을 예술적으로 묘사하기를 원하는 사람들을 만족시킬 수도 없을 것이다. 그렇지만 그 방법은 이 책이 표현하고자 하는 기술적 경제학(technical economics)의 진화에 대해 알고 싶어하는 모든 독자를 완벽하게 만족시킬 수 있을 것이다. 마르크스 해석학(Marxology)의 독특한 임무를 충분히 인정하지만, 그것을 되풀이하고픈 생각은 없다. 우리는 우리의 계획을 흔들림 없이 밀고 나갈 것이다. 우리는 마르크스의 저작을 조각 내어 우리의 목적에 부합되는 것만을 그 목적이 지시하는 장소에서 매우 경제적으로 이용할 것이다. 그러나 이 절의 나머지는 (마르크스의-옮긴이) 전 저작에 대한 주석으로 이용될 것이다.

(1) 이 책에서 마르크스라는 인물은 오로지 사회학자이자 경제학자로서만 고려될 것이다. 물론 이것보다 교리를 창안한 예언가가 훨씬 더 중요하다. 아울러 그에게 교리를 창안하는 행위와 정책을 만들고 선동하는 행위는 그의 분석행위와 뗄 수 없을 정도로 얽혀 있다. 그만큼 그가 분석작업가로 불릴 수 있는가라는 의문이 제기되는 이유는 바로 여기에 있다. 이 의문에 대해서는 두 가지 매우 다른 관점에서 아니라는 대답이

---

9) 우리는 결코 이 점을 완전히 무시한 적이 없다. 무엇보다도 중요한 것은 경제학자들이 독자에게 '소개'하는 것이 우리에게 한 개인의 업적 전체를 바라볼 수 있는 기회를 제공한다는 점이다. 그러나 우리의 이야기에서 주인공은 사람이 아니라 정리(theorem)이기 때문에 나는 여기서 좀더 멀리 나아갈 수는 없다.

나올 것이다. 예언가의 모든 말씀을 영원한 진리로, 이단을 실수이자 죄악으로 여기는 정통 마르크스주의자들은 아니라고 대답하겠지만, 여기에는 다음과 같은 특별한 의미가 있다. 마르크스의 헤겔주의적 탁월함에 따르면 행위와 추론, 현실과 사고는 서로 같아지며, 거기서 분석은 실천과 분리될 수 없다. 그러므로 우리가 마르크스의 사상을 분석적인 것으로 부른다면, 우리는 그것이 통상적인 의미와는 본질적으로 다른 의미에서 분석적인 것임을 당장 덧붙여야 한다. 그래서 그의 저작은 통상적인 의미에서 분석적인 것이 아니며, 본능적으로 이러한 견해를 정당화할 수 없는 이 책의 저자(슘페터―옮긴이)는 부정한 손으로 그의 저작을 다루는 일을 멈추어야 한다. 일부 반마르크스주의자들은 이러한 결론에 동의할 것이다. 다만 그들은 내게 부정한 대상에서 손을 떼라고 충고하는 방식으로 나와 다르게 그 결론을 정식화하겠지만 말이다. 그들이 보기에, 마르크스의 저작은 사실이나 이성을 본능적으로 직시할 수 없는 사람이 쓴, 본질적으로 비과학적인 쓰레기 더미다.

그러나 우리의 의문에 대한 나의 답변은 긍정적이다. 이러한 긍정적인 답변의 근거는 마르크스의 저작이 그것의 논리적 성질 덕택에 분석적인 것이다라는 명제에 있다. 왜냐하면 그것은 사회적 사실들 사이의 관계를 언급하고 있기 때문이다. 예를 들어 정부는 본질적으로 부르주아 계급의 집행위원회라는 명제는 완전히 잘못된 것일 수 있다. 그렇지만 그것은 우리가 정의한 의미에서 분석의 일부를 담고 있기 때문에, 이를 수용하거나 거부하는 것 모두 과학적 절차의 정상적인 규칙에 속한다. 사실상 이 명제가 담겨진 『공산당 선언』(Communist Manifesto)을 과학적 성격의 출판물로 설명한다거나 과학적 진실을 언급하는 것으로 받아들인다면, 이는 정말로 어리석은 짓일 것이다. 심지어 마르크스의 가장 과학적인 저작에서조차 그의 분석이 실천적인 목적의 영향에 의해서만이 아니라, 정열적인 가치판단이나 이데올로기적 기만에 의해서도 왜곡되었음을 부인하는 것도 이에 못지않게 어리석은 짓이다.[10] 마지막으로, 경우에 따라서는 그의 분석을 그의 이데올로기적 요소로부터 분리시키는 것이 불가능할 수 있다는 어려움을 부정한다면, 이 역시 어리석은 짓일 것이다. 그러나 이데올로기로 왜곡된 분석도 엄연한 분석이다. 그것이 진리의 요소를 산출할 수도 있다. 요약하자면, 앞으로 우리는 마르크스라는 이름이 나타날 때마다 찬양의 노래를 부르지 않을 것이며, 그렇다고 해서 그를 처음부터 법정에서 내쫓지도 않을 것이다. 우리는 그의 명제(이론)가 모든 다른 사회학적·경제적 분석가와 동일한 방법론적 의미와 관점을 갖고 있으며 이들과 동일한 기준에 따라 해석되어야 한다는 의미에서, 단순히 그를 사회학적·경제적 분석가로 인정할 뿐이다. 우리는 어떠한 신비적인 존경도 인정하지 않는다.[11]

(2) 우리는 오로지 '과학적' 사회학자이자 경제학자인 마르크스에 대해서만 평가할 것이기 때문에 그의 '과학적' 작업과 관련이 없는 경력이나 활동, 개인적 특성에 대해서는 조금도 고려할 필요가 없다. 나는 하나의 인물로서 '그를 평가하려는' 어떤 의도에도 반대하며, 이것은 그의 친구이자 충실한 동지인 엥겔스(Engels)의 경우에도 적용된다. 하지만

---

10) 세 가지 종류의 왜곡의 차이에 대해서는 이 책, 1권, 1부 참조.

11) 이에 대해 좀더 설명해보자. 정의상의 차이와 추상 수준의 차이를 인정한다면, 모든 마르크스주의의 명제는 가령 리카도(Ricardo) 같은 인물이라면 표현했을 법한 의미를 담고 있다. 이러한 정식화는 마르크스주의자들에 의해 흔히 이루어졌고 때로는 정당화되기도 했던 주장, 즉 마르크스의 비판자들(과 추종자들)은 (1) 마르크스의 용어법이 다른 경제학자와 다르고(예를 들어 가치라는 말은 마르크스와 밀에게 서로 다른 의미를 지닐 뿐이다), (2) 그가 그의 저작의 곳곳에서 매우 상이한 추상 수준에 입각한 추론들을 보여준다는 사실을 간과함으로써 마르크스의 진의를 놓치곤 한다는 주장을 고려한 것이다. 이와 동시에 이 정식화는 종종 마르크스주의자들이 제기할뿐더러 마르크스의 분석의 논리적 성질에 관한 의문에 대한 답변을 포함하고 있는 또 다른 주장—위에서 언급했던—에 대해, 이를테면 마르크스주의의 명제는 과학적 절차의 정상적인 규칙에서 면제된 신성한 영역을 갖고 있다는 주장에 대해 명시적으로 거부하는 것이기도 하다. 이에 대해 우리는 마르크스가 경험적인 분석방법을 이용해서 경험세계에 대해 추론하므로, 그의 명제—비판론에 대해 논의했던 모든 마르크스주의자가 함축적으로 인정했던—가 통상적인 경험적 의미를 갖고 있거나 그렇지 않다고 판단한다. 헤겔의 철학이 그에게 미친 영향에 대해서는 3부 3장 1절의 2항을 보라.

이들의 저작을 각자의 고유한 색깔에 따라 살펴보기 위해서는 몇 가지 사실이 필요하다. 이에 대해서는 아래 각주에 표현되어 있다.[12] 그중 몇

---

12) 마르크스(Karl Heinrich Marx, 1818~83)는 경제적 독립을 제공하지 못하는 철저한 부르주아적 환경과 (다른 많은 사람의 경우처럼) 그를 지식인이자 급진파며 학자—당시 부르주아의 전매특허인 급진주의와 수리물리학적 유형과는 구별되는 역사철학적 유형의 지식인—로 만든 철저한 부르주아적 교육의 산물이었다. 그는 필요에 의한 것만큼이나 선택에 의해서 학계가 아닌 언론계에 진출했으며, 1843년에는 파리로 가서 엥겔스(이전에는 피상적으로만 알고 지냈던)와 경제학을 만났고, 자신의 위치를 명실상부한 사회주의자로 정립했다. 1849년에는 런던으로 건너가 이후 내내 살았는데, 그토록 왕성한 독서가에게는 이것이 대영박물관 도서관(British Museum library)에 내내 머물러 있었다고 말하는 것과 거의 비슷하다. 적극적인 혁명주의—그가 1848년에 독일에서 실천했던 것과 같은—가 끝나고 나서, 그의 남은 인생은 연구작업으로 이어졌는데, 그 작업은 오로지 (부분적으로는 언론인 활동에 의한) 생계의 필요성과 1차 인터내셔널(The First International, 1864~72) 활동 그리고 이후에는 손상된 건강에 의해서만 방해를 받았다. 아직도 메링(F. Mehring, 1918)의 책이 대표적인 전기에 속한다. 어떤 측면에서 이 책은 이 저자의 다른 작품보다 편협한 선입관의 영향을 적게 받고 있지만, 마르크스를 옹호하기 위해 한 가지 언급할 측면이 있는데, 마르크스의 저작에서 과학적 요소를 정당하게 평가하는 데 완전히 실패했다는 점이 그것이다. 우리 자신도 마르크스의 저작에서 이데올로기적 편견의 증거를 많이 발견할 수 있지만, 메링이 마르크스를 프롤레타리아 이데올로기를 정식화할 의도만을 갖고 있는 인물로 보았을 때(물론 이것이 그에게는 칭찬의 의미였지만) 이는 너무도 멀리 나아간 것이다.

엥겔스(Friedrich Engels, 1820~95)는 남은 인생을 마르크스주의적 사회주의라는 대의에 기여하기 위해 경영일선에서 물러난 1869년까지 상당히 성공적인 기업가로서의 경력과 혁명행위가 결합된 인물이었다. 무엇보다도 그는 마르크스 사후에 그의 유고들을 관리하게 되었으며, 여기에 덧붙여 독일 사민당에서 지도자이자 원로정치인으로 활동했다. (그래서 젊은 세대의 비판의 표적이 되었다.) 우리는 자신을 드러내지 않는 충성 때문에 그에게 최상의 존경심을 보내지 않을 수 없다. 그는 시종일관 마르크스 경의 충실한 후원자이자 대변인이 되기를 원할 뿐이었다. 그러므로 내가 엥겔스는 마르크스의 지적 수준에 도달하지 못했다고, 철학과 사회학에서는 근접했지만, 기술적 경제학에서는 특히 결함이 많았다고 지적하는 것은 당연하다. 왜냐하면 이것은 독자들이 엥겔스가 편집한 마르크스의 원고와 관련된 우리의 상황을 이해할 수 있게 하는 데 필요한 작업이기 때문이다. 그의 경제학 저작 중에서, 『영국 노동계급

가지를 주목해보자. 첫째 마르크스와 엥겔스에게서 부르주아 문화라는 배경의 함의를 적절하게 찾아내지 못하는 사람은 결코 이들을 이해하지 못할 것이다. 이 배경이야말로 마르크스주의가 부르주아 정신의 산물, 즉 18세기와 19세기 초의 부르주아 문화를 뿌리로 해서 성장한 결실로 여겨야 하는 한 가지 이유——유일한 이유는 아닐지라도——다. 이 배경이 제한된 숫자의 지식인들을 제외한 대중이나 사실상의 특정집단에게 어떤 것을 의미하거나 의미할 수 있다는 신념은 마르크스와 엥겔스에 관한 개인적 이데올로기(personal ideology)[13]에서 가장 안타까운

의 상태』(*Die Lage der arbeitenden klasse in England*, 1845)는 다시금 언급할 필요가 있는데, 이 책은 비록 편견에 사로잡힌 것이긴 하지만, 직접적인 관찰에서 비롯된 사실적인 탐구의 신뢰할 만한 부분을 담고 있다. 「정치경제학 비판 개요」(Umrisse zu einer Kritik der Nationalökonomie, 루게Ruge와 마르크스가 발간하는 『독불연보』*Deutsche-französische Jahrbücher*, 1844에 수록)와 『오이겐 뒤링 씨의 과학전복』(*Herrn Eugen Dühring's Unwälzung der Wissenschaft*, 1878; 영어번역본은 *Anti-Dühring*, 1907)은 내용이 매우 빈약하다. 그의 사회학적·철학적 출판물들은 독창적이지는 않더라도 높은 수준을 보여준다. 우리는 이에 대해 또다시 언급할 수 있는 기회가 없을 것이다. 그러나 반복해서 말하지만, 이러한 언급 때문에 독일의 사회주의 역사에서 명예로운 위치를 차지할 만한 자격이 충분한 이 사람을 가볍게 생각해서는 안 된다. 특히 그가 마르크스의 노예였다고 주장하려는 소망만큼 내 마음에서 동떨어진 것은 없다. 1840년대에 그는 마르크스가 경제학과 사회주의에 대해 공부하는 데 도움을 주기도 했는데, 당시 그는 (이 분야에서—옮긴이) 훨씬 더 앞서갔기 때문이다. 몇 가지 전기가 있지만, 랴자노프(Ryazanov)의 『카를 마르크스와 프리드리히 엥겔스』(*Karl Marx und Friedrich Engels*, English trans., 1927; 나는 러시아 원본을 보지 못했다)를 언급하는 것으로 충분하다. 또한 마르크스-엥겔스 연구소(이후의 마르크스-엥겔스-레닌 연구소)에서 발간된 마르크스와 엥겔스에 관한 저작 목록인 『마르크스-엥겔스 아카이브』(*Marx-Engels Archiv*, vol.I, 1926)도 있다. 〔『마르크스-엥겔스 아카이브』의 첫 번째 두 권은 독일어판과 러시아어판으로 동시에 출간되었으며, 나머지 한 권은 러시아어판으로만 출간되었다.〕

13) 마르크스는 실제로 모든 사람이 이해할 수 있고 속물(vulgar)들이나 심지어 여기에 속하지 않는 사람들에게까지도 마르크스주의가 의미하는 바를 전달하는 데 충분한 문구들—이것들 중에는 매우 조잡한 것들도 있다—로 자신의 구조를 건립함으로써 스스로를 기만하고 자신의 추종자들에게 위와 같은 환

요소들 중의 하나다. 둘째, 이러한 정보는 우리에게 마르크스가 몰두했던 작업의 기회들에 대해 조금은 분명하게 이해할 수 있는 가능성을 제공한다. 한때 그는 (실천적—옮긴이) 활동에 몰두했으며, 신경을 곤두세우면서 (그 활동에—옮긴이) 실제로 몰두했던 시간에서 우리가 추론해낼 수 있는 것보다 훨씬 더 그의 과학적 작업에 대해 파괴적일 수밖에 없는 조건에서 살았다. 그렇지만 그는 대체로 '자신에게' 집중할 수 있는 시간을 오늘날 전형적인 미국 교수들이 평균적으로 활용하는 시간과 비교해서 더 많이 확보했다. 그리고 그는 이 시간을 최대한 활용했다. 다시 한 번 말하거니와, 마르크스의 저작에 담긴 박식함을 적절하게 평가할 수 없는 사람은 결코 마르크스와 그의 저작을 이해하지 못할 것이다. 그는 청년기에 주로 철학과 사회학에 관심을 보이다가 점차 경제학으로 이동해서 종국에는 자신의 작업시간의 거의 전부를 여기에 쏟아부었는데, 이런 끊임없는 노력의 산물이 바로 그의 저작이기 때문이다. 또한 그의 정신은 학문적인 석탄을 난로에 집어넣는(학문적인 고민에만 몰두하는—옮긴이) 유형이 아니었다. 그는 독서과정에서 자신에게 영향을 미친 모든 사실과 논증 때문에 자신의 주요 발전방향으로부터 끊임없이 일탈하려는 열정과 씨름했다. 이 점을 반드시 강조해야 한다. 이러한 사실은, 만일 내가 마르크스 해석학에 대해 쓰고자 한다면, 아마도 나의 핵심주제가 될 것이다. 이를 확인하기 위해서는 그의 『잉여가치 학설사』(*Theorien über den Mehrwert*)를 정독하면 충분할 것이다. 그리고 이것은, 일단 입증되면, 또 다른 사실을 확인하고 수없이 논의된 수수께끼를 해결하는 데 기여한다. 다시 말해서 그것은 그가 타고난 분석가, 즉 그의 바람이나 의도가 어떠했든지 간에, 분석작업으로 할 수밖에 없다고 느꼈던 사람이었다는 사실을 확인하는 데, 그리고 그가 자신의 작업을 끝내지 못하고 우리에게 질서 없는 원고더미——그 어떠한 애정 어린 작업으로도 받아들일 만한 형태로 전환하기 힘든——를 남겨놓은

상이 생겨나도록 했다.

이유가 무엇인가라는 수수께끼를 해결하는 데 기여한다.

셋째, 우리의 정보에 비추어볼 때, 그는 파리에 갈 때까지 (수많은 철학자가 그러하듯이) 사회학과 정치학에도 관심이 있는 철학자였고, 파리에서 그는 빠르게 성장하면서 경제학자로서 자신의 길을 발견했으며, 엥겔스와 함께 『공산당 선언』(1847; 출판 연도는 1848)을 쓰던 시기, 즉 29세[14]에는 **마르크스주의 사회과학**을 구성하는 핵심요소들을 모두 파악하고 있었음――유일하게 중요한 공백은 기술적 경제학 분야에 있었다――이 분명하다. 이후 그의 주요한 지적 이력은 이 사회과학(기술적 경제학―옮긴이)을 탐구해서 공백을 채워넣기 위한 일련의 노력으로 설명할 수 있다. 내가 판단하기에, 마르크스는 이 과제와 관련해서 모든 것이 거대한 구조 내부에서 제자리를 찾을 수 있도록 정리하고 조정하기 위해서는 상당한 연구가 요구된다고 예상하긴 했지만, 그 과정에 극복될 수 없는 난제가 담겨 있을 것이라고는 생각하지 않았다.

이러한 해석이 통상적인 것은 아니다. 이 해석은 마르크스의 사유체계에서 근본적인 모든 것에 대한 초기의 관점, 그리고 비교적 세부적인 점을 제외한다면, 이것을 발전시키는 과정에서 보여준 상당한 정도의 일관성――본질적으로는 변한 것이 없는 이론적인 목적과 계획을 필두로 해서――이 마르크스에게 있다고 보는 것이다. 이러한 관점에 대해서는 거기에 공감을 표시할 것이라고 생각해볼 만한 마르크스주의자들조차 지나치게 단순하다고 평가하겠지만, 마르크스에 대한 비판론자라면 완전히 틀렸다고 평가할 것이다. 따라서 이를 위한 옹호가 필요하며, 이와 관련된 사실은 다음과 같다. 1859년에 마르크스는 『정치경제학 비판을 위해』(*Zur Kritik der politischen Ökonomie*)를 출간했는데, 이 책은 분명히 포괄적인 설명의 첫 번째 작품이었으며, 그래서 그것은 그가 스스로 그러한 책(포괄적인 설명을 담은 책―옮긴이)을 쓸 준비가

---

14) 그렇다면 이 사실은 사상가들이 자신들의 진정으로 독창적인 아이디어를 30세 이전에 인지한다는 오스트발트(Ostwald)의 이론을 예증하는 또 다른 사례를 보여준다.

되어 있다고 생각했음이 틀림없는 증거를 보여준다. 그가 이 미완성 작품을 폐기한 사실은 실제로는 그렇지 못했으며(그러한 준비가 되어 있지 않았으며—옮긴이), 스스로 만족스럽지 못한 시작을 만들어냈다고 느꼈음을 입증한다. 그러나 그 이유는 무엇인가? 이것은 정확히 그 정도 규모의 기획——게다가 경세학적인 측면에서 사실적이라기보다는 여전히 이론적인, 상당한 규모의 세부항목을 포함하고 있는——에서 발생할 것으로 예상될 만한 것이며, 어떠한 본질적인 오류가 있다는 증거로 취급될 수는 없는 것이다. 그는 새로이 출발했으며, 각고의 노력——이에 대해서는 카우츠키(Kautsky)에 의해 결국 세 권의 책(*Theorien über den Mehrwert*, 1905~10)으로 출간된 원고뭉치의 일부에 매우 교훈적으로 담겨 있다——끝에 새로운 제1권(*Das Kapital*, vol.I, 1867)을 생산했다.[15] 반마르크스주의자들은 마르크스 생전에 (『자본론』—옮긴이) 2권이 출간되지 않았으며 엥겔스가 미완성된 원고로부터 2권을 편집하고(1885년) 3권을 편찬해야 했다(1894년)는 사실을 실패의 고백을 의미하는 것으로 해석한다. 그래서 이들은 마르크스가 자신의 체계(특히 자신의 가치론)에서 모순적인 비일관성이 존재함을 의식했으며, 그래서 더 밀고 나가길 거부했다고 말한다. 그러나 『잉여가치학설사』에 비추어볼 때, 우리는 마르크스가 (『자본론』—옮긴이) 1권을 출판했을 때, 자신을 비판하는 사람들에게 어떤 것이 모순적인 비일관성으로 보여질 것인지를 완벽하게 파악하고 이에 대비했음을 알 수 있다. 실제로 우리는 그의 편지를 통해 그가 충분히 타당하게 읽히지 않는

---

15) 이것이 바로 마르크스가 자신의 연구계획을 변경했는지, (변경했다면—옮긴이) 그 이유는 무엇인가라는 의문에 대해 내가 말하고자 하는 모든 것이다. 이 의문은 마르크스 해석학의 경우라면 흥미진진한 것이겠지만, 내 해석과는 아주 무관하다. 연구계획의 변화는 그 무엇이든지 간에 오랜 노력의 모든 사례를 통해 충분히 이해될 수 있는 것이다. 이와 관련해서 H. Grossmann, "Die Änderung des ursprünglichen Aufbauplans des Marxschen 'Kapitals' und ihre Ursachen", *Archiv für die Geschichte des Sozialismus und der Arbeiterbewegung*, 1929 참조.

다는 이유로 2권의 완성을 미루고 있었다는 사실을 확인할 수 있다. 그러나 분명히 이것은 새로운 노력을 두려워하는 나이 든 유기체의 저항이 점점 거세졌다는 식으로 설명할 수 있다. 그러므로 이미 언급했던 사실들은 나의 해석을 반증하는 것으로 여길 수 없다. 내가 나의 해석을 선택한 적극적인 이유는 앞서 암시했던 그의 연구방법과 마르크스의 이론적 난제——그의 관점에서 보면 극복할 수 없는 것도 아니겠지만——에 관한 나의 이론가로서의 지식에 있다. 물론 이것은 마르크스의 체계가 심각한 결함을 안고 있다는 나의 확신과 양립가능하다. 나는 다만 그가 논리를 손상시키지 않은 채 포괄적인 경제이론을 제시할 수 있었다——그 과정에서 항시 사실을 위반해야만 했을지라도——고 말하는 것일 뿐이다.

(3) 우리는 마르크스주의자들이 아주 싫어하는 것——아마도 정당한——을 하기로, 즉 마르크스주의의 구조를 조각으로 분해해서 각각의 조각들에 대하여 그것이 놓여 있는 위치에서 논의하기로 결정했기 때문에, 그 어느 곳에서도 총체적인 관점을 취하지는 않을 것이다. 이후의 언급은 이 관점에 대한 부분적인 대안을 제공하려는 의도에서 나온 것이다.

'조각들'은 두 집단으로 분류되는데, 그 하나가 사회학적인 것이라면 다른 하나는 경제학적인 것이다. 사회학적 조각들은 역사에 대한 **경제적 해석**과 같은 아주 중요한 기여를 포함한다. 내가 보기에, 이 해석은 다윈의 인간 계보론(descent of man)이 다윈 자신의 것이라는 의미와 같은 맥락에서 마르크스 자신의 것으로 여겨질 수 있다. 그러나 마르크스 사회학의 나머지 부분——모든 경제학자처럼 그가 자신의 경제사를 위해 전제했던 사회학적 분석틀——은 객관적으로 참신한 것도, 주관적으로 독창적인 것도 아니다. 그는 특히 자본과 노동의 관계의 본성에 관한 선입견을 당시 급진적인 문헌을 이미 지배하고 있던 이데올로기에서 취했을 뿐이다.[16] 그러나 우리가 이 선입견을 좀더 추적해보고 싶다면, 어렵지 않게 할 수 있다. 그 원천과 진배없는 것 중의 하나가 『국부론』이다.

자본과 노동의 상대적 지위에 관한 스미스의 생각은 그에게 호소력을 가질 수밖에 없었는데, 그 생각이 착취론을 강력하게 암시하는 지대와 이윤에 대한 정의 —— '노동생산물에서 추출된 것'(이 책, 1권, 1부 8장 '임금론')—— 와 연결될 경우 특히 그러했다. 그러나 이러한 생각은 계몽주의 시대에 아주 흔한 것이었으며, 이것의 실질적인 고향은 프랑스였다. 부아기유베르 이후 프랑스 경제학자들은 토지소유를 폭력에 의한 것으로 설명했으며, 루소와 많은 철학자는 이러한 논의를 더욱 확장시켰다. 그러나 링게 같은 인물은 누구보다도 분명하게 마르크스가 자신의 것으로 취한 생각을 명확히 표현했다. 그 생각은 농촌의 농노들을 지배하고 착취하는 지주뿐만 아니라, 명목상으로는 자유롭지만 실질적으로는 노예상태인 노동자들에게 (지주가 농노들을 대하는 방식과—옮긴이) 정확히 동일하게 행동하는 상공업 고용주들에 관한 것이었다.[17]

---

16) 이 측면에서 마르크스주의 학설을 (프롤레타리아 이데올로기의 표현으로) 보는 메링의 해석은 거의 진실에 가깝다. 우리는 다만 그가 이 해석을 마르크스의 저작 전체로 확장하는 것에 반대할 뿐이다.

17) 링게(S.N.H. Linguet, 1736~94)는 변호사이자 언론인이고 논쟁적인 다작의 저자였으므로, 분류하기 어려운 인물이다. 그는 중농주의자들을 비판했으며 (*Réponse aux docteurs modernes*……, 1771), 뚜렷한 흔적을 남기지는 않았지만 당시의 많은 논쟁에 참가했다. 그러나 그의 저서 중에서 우리에게 아주 흥미로운 책은 『시민법 이론』(*Théorie des loix civiles*, 1767)인데, 그 이유는 그것이 몽테스키외(Montesquieu)를 공격했다거나 모렐레(Morellet)를 격하게 비난했기 때문이 아니라, 매우 정교한 역사사회학—이 책의 핵심주제는 대중의 노예화다—을 펼쳐 보였기 때문이다. 나는 이 책이 얼마나 영향력을 발휘했는지에 대해서는 알지 못한다. 그러나 적어도 하나의 조짐으로써, 이 책은 마르크스와 다른 많은 사람—비사회주의자까지 포함해서—이 자본주의라는 현실을 대체하고, 오늘날에도 어리석은 열정의 자양분으로 기능하는 이데올로기의 원천이거나 그에 가깝다. 링게는 생각만이 아니라 그것을 바라보는 정신의 특징까지 제공했다. 이는 다음과 같은 예로 설명할 수 있다. 링게는 문명의 여명기에 실질적으로 평등한 조건에서 생활하는 농업인구가 존재하다가, 호전적인 부족이 이들을 예속시키고 이들의 영주가 됨으로써 일종의 봉건사회가 출현했다는 이론을 채택했다. 이 이론에 대해서는 논란의 여지가 많지만, 사실상 이것은 근대의 일부 선사시대 연구자들에게 수용된 것이기도 하다. 그런데 영주와 농노를 탄생시킨 예속의 결과들은 모두 우리가 '문화'라 부

이러한 사회학적 분석틀은 마르크스에게 자신의 강렬한 문구들을 걸어놓는 데 필요한 못의 대부분을 제공했다. 아울러 역사가들은 주로 이것(사회학적 분석틀—옮긴이)에 관심——그 반응이 감탄이든 충격이든지 간에——을 기울이기 때문에, 마르크스주의 체계에서 순수하게 경제적인 조각들의 본성에 관한 분명한 진실이 무엇인지에 대해 동의를 얻어내기는 어렵다. 이 분명한 진실은, 순수이론에 관한 한, 마르크스가 '고전파' 경제학자로 여겨져야 하며, 좀더 특별하게는 리카도학파에 속한다.[18] 리카도는 마르크스가 대가(master)로 인정했던 유일한 경제학자다. 추측하건대, 그는 자신의 이론을 리카도에게서 배운 것 같다. 하지만 좀더 중요한 것은 마르크스가 리카도의 분석도구를 이용했다는 객관적인 사실이다. 즉 그는 리카도의 개념틀을 채용했으며, 자신의 문제들을 리카도의 문제제기 형식으로 이해했다. 물론 그는 이 형식을 변형시켰으며, 종국에는 상당히 다른 결론에 도달했다. 그러나 그 과정은 언제나 리카도에서 출발하거나 리카도를 비판하는 방식이었다. 그의 순수하게 이론적인 저작에서 리카도에 대한 비판은 곧 그의 방법이었다.

이와 관련해서 세 가지 대표적인 사례를 언급해보자. 마르크스는 실질적으로 리카도의 가치론을 수용하고(3부 6장 참조), 그것을 리카도의 논증방식으로 옹호했지만, 리카도의 가치가 가격에 비례한다고 기대할 수 없음을 인정했기 때문에 양자의 관계에 대한 다른 이론을 고안하고자 노력했다. 또한 마르크스는 리카도의 길을 추종함으로써 리카도와 마찬가지로 잉여가치 문제에 직면했지만, 리카도의 해가 실질적으로 진정한 해결책은 아니라고 보았기 때문에 리카도의 분석틀(set-up)로부터 자신의 착취론을 개발했다. 아울러 마르크스는 리카도의 기술적 실

르는 것에 포함된다. 그러나 링게는 이에 대해 어떠한 눈길도 보내지 않았다. 그는 오로지 예속이라는 사실만을 문제 삼았다. 그리고 그의 결론은 도덕적 분노일 뿐, 다른 어떠한 것도 아니었다.

18) 이론에 관한 한, 이 점이 마르크스를 영국 경제학자로 만들어준 요인임을 기억하기 바란다. 실제로 그는 영국의 경제학자였다.

업이론을 세부사항에 이르기까지 모두 수용했지만, 그것이 자신의 목적에 적합하지 않음을 발견하고 나서 리카도에게는 단순히 하나의 가능성으로만 머물던 것을 일반 '법칙'으로 전환하고자 노력했다. 이러한 세 가지 요인들은 우리가 상세하게 설명할 경우(3부의 5장과 6장 참조), 좀 더 분명해질 것으로 기대한다. 여기서 이 요인들은 나의 진술 ——리카도가 마르크스의 스승이었으며, 비록 마르크스는 자신이 발견한 이론적 소재를 변형시키기는 했지만, 자신이 창조한 도구가 아니라 자신이 발견한 도구로 작업했다——의 타당성이 앞으로 확인될 것이라는 맥락에서 언급한 것이다. 이것은, 어떤 측면에서는 마르크스가 '세기적인' 비범한 인물일지라도, 본질적으로는 이론적 전문가로서 시대에 얽매인 사람이었다는 사실을 표현할 수 있는 유일하게 또 다른 방법인데, 이 사실은 이후에 마르크스가 어느 측면에서든 낡은 인물로 평가될 수도 있음을 인정할 수 없다고 느꼈던 추종자들에게 상당한 어려움을 야기했다.

나는 앞의 문단에서 논의를 마르크스의 이론기법(theoretical technique)으로 엄밀하게 한정했는데, 이는 중요해 보이는 점을 납득시키기 위함이었다. 그러나 마르크스주의 이론에는 이 기법을 초월하는 두 가지 특성이 있다. 그리고 이것들은 시대에 얽매인 것도 아니다. 그 하나는 그의 **경제표**다. 그는 자본의 구조에 대한 분석에서, 리카도(의 논의-옮긴이)를 다시 한 번 발전시켰다. 그러나 여기에는 리카도가 아니라 아마도 케네에게서 나온 요소가 있는데, 마르크스가 자본축적 과정에 관한 명료한 모델을 고안하고자 노력했던 최초의 사람들 가운데 하나라는 사실이 그것이다.[19] 다른 하나는 훨씬 더 중요하다. 마르크스의 이론은 그 어떤 다른 이론에도 없다는 의미에서 진화적이다. 이 이론은 어떠한 주어진 사회상태를 다른 상태로 전환시키는 메커니즘 ——외부요인의 도움 없이 그 자체의 단순한 작동에 의해서—— 을 밝히고자 노력했기

---

19) 이 과제에 착수했던 다음 세대의 경제학자가 뵘-바베르크였다.(이 책, 3권, 4부 5~6장 참조) 양자의 친화성은 표현법이나 장식물(trappings) 때문에 감춰져 있긴 하지만, 사실이며 아주 밀접하다.

때문이다.[20]

(4) 지면 관계상, 마르크스주의 체계 일반과 이 체계의 구성부분들이 이 책에서 고려되는 방법에 대해서는 더 이상 언급하지 않을 것이다.[21] 이제 독자들을 위한 안내서가 출간될 필요가 있다. 그러나 나는 이것을 만들어낼 수 없을 것 같다.

마르크스는 매우 산만하고 반복해서 말하는 저자였으며, 『자본론』1권을 제외하고는 그의 이론작업이 너무도 미완성된 자신의 논증상태를 반영하므로, (그의 저작 전체에서―옮긴이) 가장 중요하다고 확신할 만한 것을 지적하기는 불가능하다. 나는 이렇게 불가능한 작업을 시도하

20) 마르크스 해석자들(marxologists)은 마르크스의 방법론이 본질적으로 '역사적'이라고 말하곤 한다. 여기서 이 말은 두 가지 서로 다른 의미를 담고 있다. 첫째로 그것은 마르크스의 이론을 구성하는 다양한 부분을 다양한 사회상태에 적용하려는 마르크스의 의도에 따른 것일 수도 있음을 의미한다. 둘째로, 그것은 위에서 '진화적'이라는 말이 의미하는 바를 지칭한다. 이 두 가지 의미를 옹호할 수는 있다. 그러나 이 말('역사적'이라는 말―옮긴이)은 또한 마르크스주의 이론에 적용되지 않는 또 다른 의미―그중에는 '역사적'이라는 말과 가장 자연스럽게 결부된 것도 있다―를 담고 있기도 하기 때문에, 완전히 부적절하다.(마르크스 이론의 진화적 측면에 대해서는 3부 3장의 4절 2항 참조.)

21) 독자들에게는 지금까지의 언급이 얼마나 충분하지 못한지에 대해서는 아마도 재론할 필요가 없을 것이다. 그러나 한 가지 분명하게 언급할 사항이 있다. 나는 스미스와 리카도가 마르크스에게 미친 영향을 강조했다. 마르크스의 모델이 리카도의 토대(Ricardian base)와 독립적으로 발전했을지도 모르기 때문에, 케네의 영향에 대해서는 하나의 가능성으로만 언급했다. 그러나 내가 조금도 언급하지 않은 또 다른 영향이 존재할 수도 있다. 여러 역사가가 많은 것을 언급했지만, 문헌에 대한 마르크스의 지식은 거의 완벽에 가깝기 때문에, 이들의 판단이 타당할 수도 있음을 배제하지 못한다. 그러나 마르크스가 그토록 수많은 사람(의 책―옮긴이)을 읽고, 분석하고, 비판하는 데 불가피하게 포함된 것 이상으로 특별하게 영향을 미친 다른 요인을 가정할 만한 타당한 이유는 없다. 그래서 나는 지면을 절약하기 위해 지금까지 (마르크스에 대한 영향과 관련해서―옮긴이) 제시된 모든 시사점을 언급하지 않았던 것이다. 사실상 누구라도 리카도의 영향―마르크스는 이에 대해 조금도 숨기지 않았다―이 지닌 중요성을 파악하게 되면, 그리고 여기에 덧붙여 마르크스의 정신의 탁월함까지 파악하게 되면, 곧바로 그는 표절이라는 비난은 말할 것도 없고 그러한 시사점들에 대해 관심을 보이는 것마저 자동적으로 멈추게 될 것이다.

기보다는 독자들에게 (뛰어난 이론가의 저작이자 변함없는 신뢰의 기념물인) 스위지 박사의 책을 추천하고 싶다. 이 책은 마르크스의 경제학을 가장 호의적인 관점에서 설명하고 있으며, 내가 아는 한 마르크스의 문헌에 대한 최고의 소개서이기도 하다.[22] 이 책을 감안해서, 나는 다음과 같이 권유하는 것으로 서술범위를 한정할 것이다.

마르크스의 저작들 중에서 선별된 부분을 정독할 것인가, 아니면『자본론』1권만을 정독할 것인가는 조금도 중요한 문제가 아니다. 마르크스를 조금이라도 연구하고 싶은 경제학자라면 누구나『자본론』세 권과『잉여가치 학설사』세 권을 모두 정독하려는 생각을 포기해야 한다.[23] 게다가 준비 없이 마르크스에게 접근하는 것은 쓸데없는 짓이다. 그는 난해한 저자일 뿐만 아니라, 그의 과학적 분석도구의 특성 때문에 그 당시 경제학에 관한 생생한 지식——특별하게는 리카도의 이론과 일반적으로는 경제이론——이 없이는 이해될 수 없다. 이것은 그 필요성이 겉으로 드러나지 않기 때문에 아주 중요하다. 다시 한 번 말하거니와, 독자들은 헤겔 용어의 흔적에 의해 오도되는 것으로부터 마르크스를 반드시 보호해야 한다. 마르크스는 자신의 분석이 헤겔철학으로부터 영향받

---

22) Paul M. Sweezy, *The Theory of Capitalist Development*(2nd ed., 1946). 이 책을 추천한다고 해서 내가 스위지의 모든 해석, 특히 마르크스를 케인스주의자로 탈바꿈시키려는 시도에 대해서까지 동의하는 것은 아니다. 엄선된 전기목록으로 눈길을 돌릴 경우, 나는 거기에 오직 한 가지 항목, 즉 렉시스(W. Lexis)만을 추가한다. 〔J.A.S.는 여기서 실제로 뵘-바베르크의 마르크스 비평서(*Zum Abschluss des Marxschen Systems*, 1896)를 추가했는데, 이는 명백한 실수다. 그는 아마도『자본론』3권이 출간된 후에 렉시스가 쓴 서평("The Concluding Volume of Marx's 'Capital'", *Quarterly Journal of Economics*, October 1895)을 언급하려고 했던 것 같다〕. 보르트키에비츠(Bortkiewicz)가 기여한 점의 중요성은 스위지의 책에서 수없이 강조되었다.

23) 물론『공산당 선언』도 필수적인 책이다. 그러나 마르크스 해석자가 되지 않을 사람이라면, 나는 여기에『프랑스의 계급투쟁』(*Class Struggles in France*, 원래 이 책은 1848~50년에 쓴 논문 모음집으로, 1895년에「엥겔스 서문」과 함께 책으로 출간되었다)만을 추가할 필요가 있다고 생각한다. 오직 마르크스 해석자들만이 마르크스의 편지를 살펴볼 필요가 있다.

는 것을 허용하지 않았는데, 이에 대해서는 이후에 논증할 것이다. 그러나 그는 때때로 용어를 헤겔 고유의 의미로 사용하기도 했으며, 그래서 그 용어를 통상적인 의미로 이해하는 독자들은 마르크스의 의미를 놓치곤 한다. 마지막으로 교리문답이 아닌 그 무엇을 원하는 독자라면, 당연히 사실과 논리적으로 합당한 추론을 이데올로기적 신기루로부터 구분하는 법을 배워야만 한다. 이와 관련해서는 마르크스 스스로 우리를 도와준다. 그는 때때로 이데올로기적 환상에 반쯤은 현혹되어, 자신을 방어하기 위해 (타인을 비방하는─옮긴이) 독설적 수사학의 극단에까지 이르게 되는데, 이는 곧 무언가 잘못된 지점을 드러내는 것이기도 하다.

제2장 사회 · 정치적 배경

　프랑스 혁명과 나폴레옹 전쟁 그리고 이 양자의 직접적인 결과까지 종료된 후 19세기 나머지 기간에 어느 정도 확립되었던 사회 · 정치적 패턴의 일부 특징은 이미 프랑스 혁명이 발발하기 전 10여 년 동안에 그 모습을 드러내기 시작했다. 독자들이 마음에 품고 있을지도 모르는 몇 가지 오해를 교정할 수만 있다면, 아울러 다양한 이데올로기적 전통이 채색했던 비현실적으로 선명한 색깔을 완화할 수만 있다면, 그중 일부의 본질적인 특징에 대해 살펴보는 것이 바람직할 듯하다.

　그 과정에서 우리는 우리에게 낯설지 않은 어려움과 싸워야 할 것이다. 우리는 사회 · 경제적 구조——물론 끊임없이 변화되는——와 문화적 상부구조를 묘사하고자 노력할 것인데, 후자는 전자와 결합되었거나 마르크스주의의 교리대로 전자에 의해 산출된 것으로, 우리는 그것을 문명화, 당대의 정신(spirit of the times)이나 **시대정신**(*Zeitgeist*)이라 부른다.[1] 그러나 이 **시대정신**은 결코 구조적 단위가 아니다. 그것은 항시 적대적인 요소들의 불완전한 종합이므로, 소수의 일관된 '원리'로는

---

1) 마르크스주의 용어인 Überbau는 문자 그대로 superstructure로 만족스럽게 옮길 수 있다. 그러나 독일어 Zeitgeist의 경우, 완벽하게 대응되는 번역어가 없다. 그래서 나는 여기서도 (내가 정확히 번역되기 힘든 다른 외국어를 처리하는 방법대로) 이 말을 그대로 사용할 것인데, 이는 마치 미국의 물리학자들이 Eigenschwingung('고유진동'으로 번역될 수 있음—옮긴이)이라는 용어를, 미국의 철학자들이 Weltanschauung(흔히 '세계관'으로 번역됨—옮긴이)이라는 용어로 그대로 사용하는 것과 같은 이치다.

결코 사실에 맞게 설명될 수 없다. 그 가장 명백한 이유는 어느 시대에나 한 사회의 사회·경제적 구조와 그 사회의 **시대정신**이 모두 역사적으로 이전 상태에서 비롯된 요소들을 포함하고 있기 때문이다. 그러나 또 다른 좀더 근본적인 이유가 있는데, 설명하기가 쉽지는 않지만, 그것은 바로 사회유기체 내부에서 발생한 것을 그 상태의 내재적 논리에 부합되는 과정의 논리로, 그리고 생존자의 저항에 의해, 매우 피상적인 것이긴 하지만, '진보'와 '반동'으로서 촉발된 과정의 논리로 분석하는 것이 불가능하다는 점이다. 우리가 여기서 사용하게 될 개념장치는 이러한 어려움을 보여주는 증거다.

그러나 대체적으로 보면, **욱일승천하던** 부르주아 세력은 다음 시기에 그 정점에 도달했지만, 사업가 집단의 **상승세**가 거의 방해받지 않으면서 경쟁상대도 거의 없는 상태에 도달한 것은 바로 이 시기였다고 말할 수 있다. 강대국 중에서 부르주아 계급이 정치적으로 통치한 곳은 없었는데, 가장 중요한 예외는 미국과 루이 필리프(Louis Philippe)가 통치하던 17년(루이 필리프의 재위기간은 1830~48년이므로, 이것은 아마도 18년의 오기인 듯 보인다―옮긴이) 동안의 프랑스였다. 그러나 모든 국가에서 정부는, 비록 그 기원이나 구조에서 비부르주아적이었지만, 부르주아 반대파들에 의해 가장 '반동적인' 것으로 지목되었던 정부를 포함해서, 사업가 집단의 경제적 이해관계를 거의 문제 삼지 않고 지지하고 그것을 보호하기 위해 최대한 노력했다.[2] 좀더 중요한 것은 정부가

---

2) 슈타인-하르덴베르크(Stein-Hardenberg) 시대의 프로이센 정부, 1849~59년의 오스트리아-헝가리 정부 그리고 러시아 정부의 전체 통치기간은 분명 너무도 독재적이지만, 경제정책의 원칙과 경향에 관한 한, 내가 경제적 자유주의라고 부르고자 하는 것을 지지하는 정부의 가장 놀랄 만한 사례에 속한다. 이 점이 독자들을 놀라게 할지도 모르겠다. 그러나 그러한 이유는 바로 이 국가들이 초기에 경제영역에서 개인의 자유가 매우 제한된 상태였으며, 그러한 상황(특히 러시아의 상황)에서 자유를 향한 진보가 너무도 느릴 수밖에 없었으므로 그 추세가 잉글랜드와 같은 장면을 연출하지 못했다는 데 있다. 유럽의 경제사를 꼼꼼히 살펴본다면, 독자들도 내가 이후에 언급하는 내용의 타당성을 어느 정도 받아들이게 될 것이다. 이 시기의 경제학 문헌을 이해하는 데 이 사실은 아

자유방임 정신, 즉 경제발전을 촉진하고 전반적인 후생 수준을 향상시킬 수 있는 최상의 길은 민간기업 경제로부터 구속요인을 제거해서 그것을 자유롭게 내버려두는 것이라는 이론에 기대어 그렇게 행동했다는 점이다. 이것이 바로 이 책에서 **경제적 자유주의**가 의미하는 바다. 독자들은 이 정의를 명심하기 바란다. 왜냐하면 이 용어는 1900년 무렵부터, 좀더 특별하게는 1930년 무렵부터 다른 의미——사실상 거의 반대인——를 획득했는데, 그것은 비록 의도된 것은 아닐지라도, 민간기업 체계에 대한 반대자들마저 이 명칭을 전유하는 것이 현명하다고 생각했을 정도로 최고의 찬사를 내포한 것이었기 때문이다.

정치적 자유주의는 각주에서 상세하게 설명한 경제적 자유주의와 구분되어야 하는데, 우리에게 이것은 군비감축이나 평화적인 대외정책——반드시 평화주의자인 것은 아니지만——을 포함해서 의회정치, 선거의 자유, 선거권의 확대, 언론의 자유, 정교분리, 배심원 제도 등을 보장해주는 것을 지칭한다. 이것은 프랑스 혁명의 초기국면에서 등장한 프로그램[3]이었다. 이것을 실현하려는 움직임은 도처에서 나타났다. 그러나 국가마다 그 속도가 상당히 달랐으며, 단계마다 중요한 의미를 지닌 세력들과 상황의 결합방식도 그러했다.

사업가 집단 자체가 정치적 자유주의로 전환된 비율은 국가들 사이에서만이 아니라 부르주아의 하위집단들 사이에서도 상당히 달랐다. 심지어 경제적 자유주의조차 모든 곳에서 그리고 전체 사업가 집단에게서 환영받은 것은 아니었으며, 정치적 자유주의가 마치 원하지 않았던 자식처럼 그것의 최대 지지세력이 되었다. 1811년의 에스파냐 헌법에 대

주 중요하다. 프로이센과 러시아에서 스미스주의는 (독재정치에 대한—옮긴이) 반대자들이 일시적으로 빠져든, 말 그대로의 유행이 아니었다. 그것의 강력한 보루는 보수적인 관료제에 있었다.
3) 이중 몇 가지 항목은 논쟁의 여지가 있다. 예를 들어 정치적 자유주의자로 불릴 만한 자격이 부정될 수 없는 사람들조차 무상의 공교육에 반대했다. 모든 자유주의자가 참정권의 확대를 지지했던 것은 아니며, 일부 보수주의자도 이것을 지지했다.

한 지지자들이 **자유주의자**(*liberales*)로 자처했던 최초의 사람들인데, 당시 부르주아 전체가 이들을 지지했던 것은 아니었다. 1820년대의 프랑스 **자유주의자**들도 이와 마찬가지였다. 이들은 지식인과 대중에게서 반쯤 인정받은, 그것도 경제적 이해관계와 무관한 지지를 받는 하나의 분파에 불과했는데, 그렇지만 이들은 썩 내켜하지 않는 다수에게 정치적 자유주의 프로그램을 강요──결국 이 다수가 (정치적 자유주의자로─옮긴이) 탈바꿈되기는 했지만──했다. 영국에서 이러한 점은 '급진파' (radical)로 알려진 소집단이 처음에는 휘그당(the Whigs)을, 뒤에는 **파머스턴 지지자들**(Palmerstonian)을 이끌고 나아갔던 방식에서 아주 분명하게 드러난다. 이 집단이나 적어도 그것의 지적 핵심인 **철학적 급진파**(Philosophical Radicals)는 우리에게 특별한 의미를 갖는다. 왜냐하면 가장 중요한 영국의 경제학자들 가운데 일부가 여기에 속했거나 공감을 표시했기 때문이다. 그러나 이 급진파들은, 이후의 계승자들과 달리, 경제정책의 측면에서 우리가 급진파로 불러야만 하는 것이 결코 아니었다. 이들의 일부, 특히 밀은 다소간 먼 미래의 경제행위 조직에 대해 다른 모습을 그려 보였다.

그러나 한동안 이들은 위에서 언급했던 의미의 경제적 자유주의자였지만, 오늘날에는 보수주의자로 불러야 마땅하다. 이들의 급진주의는 순수하게 정치적인 영역에서 할 일이 많았다. 게다가 이 시대 초기만 해도, 자유방임──특히 자유무역──은 아직 확립된 정책이 아니었다. 그것은 싸워서 쟁취해야 할 그 무엇──진부하지 않고 신선한──이었으며, '진보적인' 것으로 느껴지던 그 무엇이었다. 그것은 지식인들에게 혐오감을 제공하기는커녕 이들의 대다수를 끌어들였다. 이들의 개혁안은 경제체계에서 자유방임을 완벽하게 작동시키기 위해 자신들이 비본질적인 '남용'으로 취급했던 것(시장에 대한 국가의 개입정책을 지칭하

---

4) 그러므로 마르크스와 마르크스주의자들이 부르주아 급진주의를 공공연하게 경멸해야만 했던 이유─비록 이들은 이후의 미래의 급진주의에 대해서까지 경멸했지만─를 이해할 만하다. 이들은 그것이 개혁을 가장하지만 실제로는 보존

는 듯하다-옮긴이)을 일소하는 것이었다.[4] 이들은 신빈민법(the new Poor Law)의 지지자였으며, 당시 현존하던 모든 사회주의 집단은 말할 것도 없고 **차티즘**(Chartism)의 친구도 아니었다.[5]

그러므로 이해관계와 태도측면에서 볼 때, 사업가 집단과 자유주의 사이의 상관관계는 결코 완전한 것이 아니었다. 게다가 이미 보았듯이, 부르주아를 지지했던 것은 결코 자유주의 좌파(아마도 철학적 급진파를 지칭하는 듯하다-옮긴이)만이 아니었다. 보수적인 정부——독재 정부만이 아니라 영국의 보수당 정부까지——도 경제적 자유주의로 나아가는 데 결정적으로 기여했다. 그렇지만 비자본주의적인 집단, 계층, 정당, 태도 등은, 종종 꺾이기도 했지만, 전반적으로 자기의 입장을 고수했다. 이 시기의 정치사가 이러한 사실을 잘 입증해준다. 이 시기의 종교사 역시 그러하다. 실로 이 시기는 종교적 무관심이나 심지어 적극적으로 적대적인 세속주의(laicism)가 지배하던 10여 년과 함께 시작되고 끝났다. 그러나 나폴레옹 전쟁과 1860년대 사이에 가톨릭교회는 활동성과 힘을 두드러질 정도로 회복했는데, 이는 신교국가, 특히 영국에서 나타난 것(복음주의 운동과 옥스퍼드대학교의 기독교 운동)에 필적할 정도였다. 그렇지만 종교영역을 제외하면, 이 시기의 사상조류는 단순한 도식으로 설명되지 않는다. 토리 민주주의(Tory democracy)가 모습을 드러냈다. 소박한 급진주의——철학적 급진파는 소박함을 제외하면 아무것도 아니었다——는 분명히 이 모든 것을 유물로 해석했다. 이들이 스스로 과거와 싸운다고 생각했을 때, 실제로는 미래와 싸우고

하려 한다는 점에서 그것을 일종의 속임수로 보았음이 틀림없다. 그러나 이러한 견해가 자신을 부르주아 급진주의의 경쟁자로 여기는 사람들에게는 이해될 만한 것일지라도, 그것은 아주 잘못된 것이다. 왜냐하면 (1) 급진파와 그 추종자인 단순한 자유주의자들은 경제적 영역에서조차 노동자가 상당한 이득을 얻을 수 있도록 도와주었으며, (2) 정치영역에서 급진파의 작업은 사회주의 정당이 수적인 중요성을 가질 정도로 성장할 수 있는 조건을 창출했기 때문이다.

5) **차티스트 운동**(Chartist Movement)에 대해서는 이와 동일한 제목의 책(M. Hovell, 1918)을 보라.

있었는데, 이는 이후의 시기에 비로소 드러났다.

이 시기의 지식세계 그리고 특히 경제학자들의 관심영역에서 이루어진 약간의 발전에 대한 조감도는 다음 장에서 제시할 것이다. 이 장의 나머지에서는 당시의 정책을 개괄적으로 설명할 것이다. 간단히 설명하기 위해, 우리는 논의의 거의 전부를 경제정책과 영국의 패러다임에 한정하고 싶다.

1절 경제발전

자유주의 간주곡(intermezzo)은 도처에 존재했지만, 그것이 우리가 판단할 수 있는 한, 전례 없는 경제발전——철도건설의 초기와 중기의 모든 성과——과 연결되어 가장 두드러지게 나타난 곳은 영국이었다. 명명백백한 성공이 그토록 인상적으로 연속된 것을 경제적 자유주의 정책——이것이 주요원인이든, 심지어 유일한 원인이든지 간에——으로 설명하기는 쉽다. 독자들은 이러한 견해가 부적절하기는 해도, 완전히 틀린 것은 아님을 이해하게 될 것이다. 이 시기의 역사적 조건에서, 사업가에게 성공의 기쁨을 보장해줌과 동시에 실패한 경우에는 그에게 그 어떤 도움도 기대할 수 없음을 분명히 하는 정책과 함께, 사업추진으로 몰려드는 에너지로부터 장애물을 제거해주는 것은 실제로 적극적인 영향력——이를 옹호하는 논의가 너무 반복되어 진부해질 정도로까지 높은——을 미쳤음이 틀림없는데, 이는 합리적으로 추론해볼 때 의심의 대상이 될 수 없다. 그러므로 이 체계는 가장 동시대적인 관찰자들, 심지어 밀과 같이 그것을 조금도 좋아하지 않았던 사람들의 눈에도 자기 정당성을 유지하는 것처럼 보였다. 이러한 자기만족적인 '진보'의 기록은, 우리처럼 그 시대를 다른 관점에서 회고하면서 노동자들의 형편없는 주거공간만큼이나 신흥 산업자본가들(industrialists)이 타인을 혹사시키는 집도 혐오하는 사람들에게는, 이상하게 보인다. 그렇지만 오늘날 우리의 감정을 상하게 하는 것들 중 상당 부분은 어린이 질병과 같은 성질——그중 일부는 마르크스가 격렬히 비난하던 시대에도 간과되고 있었다——의 것이었으며, 자유기업 체계가 **모든 사람**에게 제공한 경제적 약속은 빈말이 아니었음을 기억하자. 대중의 생활수준은 낮은 상태에 머물러 있었지만 거의 전 시기에 걸쳐 조금씩 상승했고, 점점 더 많은 사람이 높아지는 실질임금을 받았다. 이와 달리 영국 자유무역상의 '공짜 아침상'(free breakfast table: 이는 아마도 자유무역 정책에 따라 세율이 인하되면, 아침을 공짜로 먹는 것 같은 효과가 나타날 것이라는 의미인 듯 보인다-옮긴이)은 정치가들이 꾸며낸 가짜표어들 중에서 아마도 최소한의 것이었을 것이다. 또한 당시와 그 이후의 비판가들——보수주의자든지 사회주의자든지 간에——은 그다음 시기의 복지정책이 상당 부분 19세기 초부터 1870년대 초까지의 경제발전과 그것을 촉진했던 정책에서 비롯된 것임을 제대로 깨닫지 못했다. 사정이 이러하다면, 그 당시 경제학자들의 정직함이나 능력을 깎아내리거나, 이들을 이데올로기적 속임수의 희생자로 평가할 만한 근거는 없다.

2절 자유무역과 대외관계

영국의 자유무역 옹호자들은 자신들의 논리에 대해 완전한 보편성을 주창했다. 이들에게 그것은 모든 시간과 공간에 적용되는, 절대적이면서 영원한 지혜였으며, 그것을 받아들이길 거부하는 사람은 바보이거나 사기꾼이었으며, 아니면 둘 다였다. 그러나 여러 번 지적했다시피, 자유무역 정책이 명확히 모습을 드러낸 영국의 특수한 역사적 상황은 아마도 자유무역 논리에 보편적 진리 요소가 담겨 있다기보다 이 국가의 (무역정책-옮긴이) 전환과 좀더 긴밀한 상관성이 있는 듯 보인다. 하나의 눈부신 사례(아마도 영국의 경제발전을 의미하는 듯하다-옮긴이)가 다른 국가들도 (자유무역 정책으로-옮긴이) 전환시킬 것이라는 희망도 약간의 역할을 했을 것이다. 그러나 결정적인 요인이나 논거는 이러한 희망과 거의 상관이 없다. 1840년대 영국의 산업은 예측가능한 미래에도 경쟁자가 없을 정도로 우위를 확보했다. 그리고 이 우위는 좀더 값싼 원료와 식량에서 얻을 수 있는 모든 것을 포함하고 있었다. 이는 결코 착각이 아니었다. 1880년대의 경기침체기까지 비판론이 거의 침묵했을 정도로, 국민들은 이 정책(자유무역 정책―옮긴이)의 결과로 여겨지는 것에 대해 매우 만족해했다. 위의 희망조차 수십 년 동안에는 환상으로 입증되지도 않았다. 영국이 성심껏 자유무역을 받아들인 유일한 강대국으로 남아 있었지만 다른 모든 국가도, 그 기간이나 정도에서 차이가 있기는 했지만, 자유무역을 향한 움직임을 보여주었다. 그러므로 1818년의 프로이센 관세정책에서 1891~94년의 카프리비(Caprivi) 관세협정에 이르기까지, 프로이센과 이후의 독일제국은 자유무역 원리에서 그다지 멀리 떨어진 적이 없는 선을 따라 움직였다.[6] 1860년의 영불협정(코브던Cobden-슈발리에Chevalier 협정)은, 일반적으로 보호주의적인 프랑스의 정책을 비록 짧은 기간 중단시켰을지라도, 매우 중요하다.

그러나 유럽대륙에서 자유무역 정책이나 그에 버금가는 정책이 영국에서만큼 여론의 지지를 강력하게 받은 적은 없었다는 사실을 명심해야 한다. 이것은, 이 문제에 대해 교조적인 자유주의자였던 관료――독일의 경우――나 통치자――나폴레옹 3세 같은――에 의해 주도되었다. (경제학자의―옮긴이) 다수가 자유무역론자였던 프랑스의 경우에서 알 수 있듯이, 자유무역론자인 경제학자들은 여론의 지지를 거의 얻지 못했다. 미국에서도 자유무역은 경제학자들을 제외하면 대중적인 것이 아니었으며, 모든 경제학자가 이것을 지지했던 것도 아니었다. 물론 이에

---

6) 이러한 사실은 1834년의 관세동맹(Customs Union, *Zollverein*)이라는 결과에 앞서 일어났던 움직임과 그에 대한 반대의 움직임으로, 그리고 때때로 개별적인 보호주의자들의 이해관계에 대한 허용으로, 어느 정도 가려져 있었다. 그러나 관세동맹 정책과 19세기의 나머지 기간의 제국의 정책은 대체로 위에서 언급한 내용으로 적절하게 설명될 수 있다. 비스마르크(Bismarck)의 부드러운 보호주의는 주로 재정적인 이유 때문이었다.

대해서는 다양한 국가적 조건들에 비추어 충분히 설명할 수 있으며, 이 조건들은 또한 이 국가들의 보호주의 경제학자들의 견해에 대해 열렬한 자유무역론자들이 평가했던 것보다 좀더 우호적으로 우리가 해석할 수 있는 근거이기도 하다. 영국이 극적으로 자유무역으로 전환한 이야기는 여기서 재론할 필요가 없다. 그러나 여기에는 소홀히 취급할 수 없는 두 측면이 존재한다.

첫째, 의회관점에서 볼 때 자유무역 정책의 채택은 전적으로 보수당의 공헌이다. 자유무역을 향한 최초의 효과적인 움직임은 프랑스 혁명이 발발하기 전에 셸번(Shelburne: 1782~83년 수상 재임—옮긴이) 경과 소(小)피트(Pitt the Younger: 1783~1801년에 수상에 재임했던 인물로, 'the Younger'는 아버지인 Pitt the Elder와 구분하기 위함이다—옮긴이)에 의해 나타났다. 이를 좀더 진전시킨 것은 1820년대의 허스키슨(Huskisson)이었다. 그리고 자유무역을 (실질적으로) 현실화시킨 것은 가장 어려운 난제——곡물에 대한 수입관세 폐지——를 해결했던 필(Robert Peel) 경의 보수당 정부(1834~35년—옮긴이)였다. 그(필 경—옮긴이)의 내각과 정당은 비록 암초에 걸려 좌초했지만, 주로 지주들로 구성된 정부가 이들의 경제적 계급이익만이 아니라 이들의 가장 가까운 동맹세력인 차지농 계급의 경제적 이해관계에도 명백히 반대되는 정책을 현실화시켰다는 점은 아직도 엄연한 진실이다. 이것을 마음대로 해석할 수 있겠지만, 이토록 아주 흥미진진한 정치사회학적 현상에 대해 심사숙고하는 것을 잊어서는 안 된다. 정치적 동력을 제공했던 공장제 수공업자들(manufacturers)과 상인들은 또 다른 문제였다. 1820년 상인들의 **권리청원**(Merchants' Petition)은, 그 당시 선도적인 과학적 경제학자들 중의 하나였던 투크(Thomas Tooke)가 작성한 것이므로, 언급할 필요가 있다. 그리고 이것은 우리가 분석의 역사에서 **반곡물법 동맹**(Anti-Corn-Law League)의 두 영웅인 코브던(Richard Cobden)과 브라이트(John Bright)를 언급할 수 있는 유일한 기회다.[7]

그러나 둘째로, 자유무역 정책은 대외무역이라는 문제를 특별하게 처리하는 방식보다 훨씬 큰 의미가 있었다. 사실상 후자는 전자의 최소한의 중요한 측면이며, 순수하게 경제적인 의미에서 자유무역 자체를 옹호하는 데 별다른 관심이 없는 사람도 자유무역론자일지 모른다고 주장할 수도 있다. 우리도 머지않아 어느 정도는 이해하게 되겠지만, 자유무역 정책이 다른 경제정책들과 연결된다는 점을 이해하기는 쉽다. 이는 경제적인 이유에서만이 아니라 정치적인 이유에서도 자유무역 정책이 없다면 다른 정책들을 추구하기가 어려우며, 그 반대도 성립한다는 점에서 그러하다. 다시 말해서 자유무역은 포괄적인 경제정책 체계의 한 구성요소일 뿐이므로, 이것을 분리해서 논의해서는 안 된다. 문제는 여기서 끝나지 않는다. 현실적으로 중요한 점은 이 경제정책 체계가 한층 포괄적인 어떤 것을 규정하고, 이것에 의해 규정된다는 점인데, 그것은 바로 국가적 · 국제적 생활의 모든 부문에서 모습을 드러낼 뿐만 아니라 실제로는 공리주의와 연결된 것으로 추측해볼 수도 있는, 일반적인 정치적 · 도덕적 태도나 비전을 지칭한다.[8]

이러한 태도는 반대자들이 **맨체스터주의**(Manchesterism: 반곡물법동맹을 이끌던 이데올로기—옮긴이)라고 명명했던 것으로, 사실상 코브던과 브라이트의 것이었다. 이것의 수많은 내용 중에 우리에게 특히 중요한 것은 식민지 정책과 대외정책이다. 여기서 식민지를 획득하는 유일한 목적은 그것을 모국의 이해관계에 따라 통치하고 착취하면서 다른 국가들이 이와 동일한 짓을 하지 못하도록 막는 것이었다. 맨체스터학파의 관점에는 그러한 행위를 옹호할 수 있는 경제적 논거조차 존재하

---

7) 내가 언급했을지도 모르는 모든 것에도 불구하고, 이 위대한 이름들에 대해 이 책에서 단순히 마지못해 언급하는 것은 모순된 것처럼 보일지 모른다. 그러나 독자들에게 정독해보면 즐겁고 유익한 두 권의 훌륭한 전기를 거론하는 것 말고는 내가 할 수 있는 일이 없는데, 몰리(Morley) 경의 『리처드 코브던의 생애』(*The Life of Richard Cobdon*)와 트리벨리언(G.M. Trevelyan)의 『존 브라이트의 생애』(*The Life of John Bright*)가 그것이다.

8) 영국에서 이 관계는 분명하다. 그러나 이것이 필연적인 것은 아닌데, 동일한 태도를 낳는 다른 사유체계도 존재하기 때문이다.

지 않았다. 더군다나 정치적 논거도 없었다. 그 어떤 다른 국가들과 마찬가지로, 식민지도 자신을 위해 존재한다. 식민지 역시 자치권을 가져야 하며, 모국의 특별한 상업적 이득에 부합하거나 그렇게 되도록 조종되어서는 안 된다. 이 모든 것은 철학이나 선동영역에 그치는 것이 아니었다. 그러한 방향으로 약간의 실제적인 진보가 이루어졌다. 더럼보고서(Durham Report)[9]에서 알 수 있듯이, 한동안은 영국의 대(對)캐나다 정책이 가장 중요한 진전이었다.[10] 물론 퇴보한 측면도 많이 있었다.

신성동맹(the Holy Alliance: 러시아, 오스트리아, 프러시아 사이에서 1815년에 체결—옮긴이)과 그 이후 시기의 대외정책은 간단하게 분석할 수 없다. 그러나 영국에 관한 한, 우리는 몇 가지 사실을 언급할 수 있는데, 그것은 비록 지배적인 관행을 대변하는 것은 아닐지라도, 자유무역의 좀더 폭넓은 함의에 부합되는 경향이 존재했음을 보여준다. 이러한 사실들 중에서 가장 중요한 것은 **곡물법**을 폐지했던 두 번째 필(Peel) 정부(1841~46년—옮긴이)의 실제행동이었다. 이 정부의 대외업무와 관련된 냉정하면서도 책임질 줄 아는 관리능력과 세계 도처에서 어떠한 일이 발생하든지 간에 영국의 국익만을 고려하는 태도에 대한 거부는 당시의 (변화를 보여주는—옮긴이) 중요한 조짐이었다. 또 하나

---

9) 1837년 캐나다 식민지 반란 이후, 질서회복과 원인규명을 위해 파견된 영국의 정치가 더럼이 1839년 정부에 제출한 보고서로, 정식명칭은 『영국령 북아메리카의 정세에 관한 보고서』(Report on the Affairs of British North America)다. 여기서 더럼은 반란의 원인을 영국계 주민과 프랑스계 주민 사이의 민족 갈등이라 지적하고, 영국계의 상(上)캐나다와 프랑스계의 하(下)캐나다를 병합하여 프랑스계 주민을 영국계 주민으로 동화시켜 내각책임제에 입각한 자치권을 부여하는 것이 최선의 해결방법이라고 주장했는데, 이에 따라 1840년에 상·하 두 캐나다는 통일되어 대영제국에서 최초의 자치식민지가 되었다—옮긴이.

10) 이에 대해서는 P. Lucas, ed., *Lord Durham's Report on the Affairs of British North America*(1912)를 참조. 더럼 경(1792~1840)은 자신의 리포트를 1839년에 제출했다.

는 '자유를 위해 정당하게 투쟁'하거나, 심지어 민족통일을 위해 노력하는 국가들——독일의 경우, 약간 유보적이지만——을 지지하는 원칙 (캐닝Canning: 자유주의자로서 신성동맹에 대항하여 여러 나라의 자유주의 운동을 원조했던, 영국의 정치가인 George Canning〔1770~1827〕을 지칭한다-옮긴이)이 채택되었다는 사실이다. 당시 민족주의는 그 이후에 획득했던 함의를 지니지 않았으며, 부르주아 자유주의, 심지어 좌파 민족주의(마치니Mazzini: 1831년에 청년 이탈리아당을 결성하여, 공화주의에 입각해서 이탈리아를 통일할 것을 호소했던 정치가-옮긴이)적이 아니라 동지였다. 더군다나 이 시기에는 수많은 전쟁이 발발했지만, 새로운 태도 때문에 방지된 전쟁도 많았다. (미국의-옮긴이) 남북전쟁 시기의 영국의 대미관계가 이 점을 충분히 보여준다. 무엇보다도 중요한 것은, 호전적인 태도나 의심을 불러일으킴으로써 전쟁의 씨앗을 뿌리려는 시도가 이 시기 내내 지속되었지만, 이에 대한 비판도 이 시기 내내 존재했다는 사실이다. 그 한 가지 예로, 프랑스를 좀더 잘 이해하기 위한 코브던의 아주 독특한 싸움과 여기에 못지않게 독특한, 그와 어커트의 싸움이 있다.[11] 의회에서 글래드스턴(Gladstone)은 자신의 모든 수사적 기교를 동원해서 새로운 태도를 옹호하는 가장 강력한 대변인이 되었——고 그 일을 계속했——다.[12]

---

11) 어커트(David Urquhart)는 전직 외교관으로, 1835년에 『포트폴리오』(Port-folio)라는 잡지를 창간했으며, 그 후에는 외무위원회(foreign-affairs committees)를 만들어 적극적인 대외정책을 위한 강력한 프로그램을 제시했다. 코브던은 이러한 정책의 가능한 이점에 대해 혹독하게 비판하면서, 거만하면서도 무지한 외교관들과 정치적 참견꾼들을 조롱했으며, 전반적으로 우어쿠하르트에 대해 효과적으로 대응했다.

12) 이 문제에 대해서 아마도 독자들이 만족해할 만한 최상의, 그리고 틀림없이 가장 즐거워할 방법은 몰리 경의 역작인 『글래드스턴 전기』(Life of William Ewart Gladstone, 3 vols., 1903)를 정독하는 것이다. 이것은 또한 이 장의 나머지 부분과 관련된, 아마도 최상의 참고문헌일 것이다.

3절 국내정책과 사회정책[13]

우리는 지도원칙이 같은 국가들에서조차, 서로 다른 정책을 산출하고 경제학자들에 대한 태도를 상이하게 만들었던 조건들이 너무도 달라졌음을 명심해야 한다. 그러므로 러시아의 농노제 폐지, 독일과 오스트리아의 농업개혁——이른바 농민해방——은 분명히 경제적 자유주의의 정신에 입각해서 인식되고 실행되었다. 소농을 자유로운 토지소유자로 전환하고 그에게 자유를 제공하려는 생각은 매우 놀랄 정도——로, 실제로는 어리석게 보일 정도——로 급진적인 것이었다. 그러나 프랑스에서는 이것이 혁명기에 현실화되었으며, 영국의 토지체계는 당분간 모든 사람에게 긴급한 현안이 아니었고, 아일랜드의 농업문제는 그 본질이 완전히 다른 것이었다. 이와 비슷하게 동업조합(craft guild)과 다른 산업부문들을 구속하거나 보호했던 규제조항들이 영국에서는 이 시기 이전에 이미 약화되었고, 프랑스에서는 또 한 번의 혁명이 그것들을 파괴했으며, 국가에 따라 그것들이 제거되는 시기나 그 정도가 판이했다. 예를 들어 프로이센에서는 그것들이 예나전쟁(the battle of Jena) 이후 슈타인-하르덴베르크 개혁에 의해 철폐되었다. 그렇지만 이러한 차이는, 많은 저자가 추론하는 것과 달리, 상이한 경제원리의 문제가 아니다. 그것은 단순히 상이한 사회적 조건, 즉 이 시기 초기에 국가마다 다르게 존재했던 경제구조의 차이에서 비롯된 문제다. 나아가 영국은 주식회사법을 완전히 개혁했다. (1873년 경제위기 이후 몇 가지 진전이 다시 나타날 때까지) 이러한 조치가 어느 정도는 모든 곳에서 나타났으며, 도처에서 회사법을 '자유화'하고 공적 통제를 축소하려는 경향이 나타났다. 그러나 그 결과는 매우 달랐다.

우리는 종교, 언론, 형사재판과 민사재판, 교육 등의 문제와 관련해

---

13) 앞서 언급했듯이, 나는 설명을 필요로 하는 영어번역어보다, 외국어일지라도 누구나 이해하는 용어를 선호한다. 그래서 나는 앞으로도 계속해서 *Sozial-politik*(사회정책—옮긴이)이라는 독일어를 사용할 것이다.

서, 국가들 사이에서만이 아니라 동일한 국가의 서로 다른 시기들 사이에서도, 상당히 다른 정책들을 발견할 수 있는데, 이에 대해서는 현존하는 조건의 차이만이 아니라 원리의 차이로도 설명할 수 있다. 예를 들어 영국에서 나폴레옹 전쟁 이후에 오래된 시민의 자유가 복구되었는데, 비경제 영역에서 당시 정치학의 일상적인 쟁점을 제공했던 것은 가톨릭 해방(Catholic emancipation: 1829년에 제정된 가톨릭 해방법Catholic Emancipation Act으로 가톨릭교도에게도 시민으로서의 자유가 법으로 보장됨—옮긴이), 의회개혁(처음에는 자유주의적인, 나중에는 디즈레일리Disraeli의 보수당에 의해 영향을 받은[14]) 그리고 아일랜드였다. 그러나 우리의 주된 관심은 당시 영국[15]의 사회정책에 있다.

영국의 노동법은 세 가지 노선을 따라 발전되었다. 첫째, 공장법——

---

14) 영국에서 궁극적으로 대중에게 참정권을 부여하기 위한 싸움은 전반적으로 상류층 집단들 사이에서 진행되었으며, 대중은 옆에 서서 환호하거나 야유하는 일 말고는 달리 할 게 없었다. 이러한 흥미로운 현상은 정치적 해석의 독특한 어려움을 잘 예시해준다. 전략은 휘그당과 토리당이 취하는 태도와 밀접한 상관성을 갖고 있었다. 가톨릭의 농민해방은 휘그당으로 하여금 '의회개혁에 나서도록' 부추겼으며, 휘그당의 의회개혁은 또다시 토리당으로 하여금 좀더 의회개혁을 추진하도록 부추겼다. 그러나 전략이 모든 것은 아니었다. 디즈레일리가 자신의 보수주의(토리민주주의)는 대중의 진정한 관심과 정서를 대변하므로, 대중에게서 지지를 받도록 노력해야 한다고 주장했을 때, 거기에는 무엇인가가 있었다.

15) 독자들도 예상하고 있다시피, 일부 유럽대륙의 몇몇 국가에는 이전 시기의 가부장제 경향이 상당 부분 남아 있었다. 그러나 또 다른 것도 있었다. 프랑스의 경우, 사회주의 운동은 나폴레옹 3세가 권력을 획득하기 전까지 폭력적인 적대감을 끄집어내는 것 말고는 실제 효과가 별로 없었다. 그렇지만 후대의 정부의 사회정책을 아주 명확하게 묘사했던 몇몇 저자가 존재했다. 이들 중에 가장 뛰어난 인물이 뒤퐁-휘트(Charles Dupont-White, 1807~78)로, 그의 책 *Essai sur les relations du travail avec le capital*(1846)과 *L'individu et l'état* (1857)을 보라. 나폴레옹 3세와 그의 자문단 중의 일부는 권위에 의해 부여되는 사회개혁(권위적 사회주의socialisme autoritaire나 국가사회주의socialisme d'état)이라는 주제에 대해 꽤나 선구적인 생각을 갖고 있었으며, 일부 현실적인 정책이 실제로 집행되기도 했다. 뒤퐁-휘트는 이러한 국가주의 유형을 말 그대로 대표하는 전형적인 인물로 여겨질 수 있다.

그러나 실제로는 여성과 아동의 노동을 보호하는 것에 한정된——이 제정되었다.[16] 둘째, 완전한 노동조합법은 1871년과 1875년까지 기다려야 했지만, 1824년에 노동자의 단결을 가로막는 다양한 법률이 폐지되었다. 셋째, 1834년에 빈민법 개정조례가 통과되었다. 이 조례는 우리에게 중요한 의미를 지닌다. 왜냐하면 그것은 무엇보다도 채드윅(Edwin Chadwick)이 당시 선도적인 경제학자 시니어와 함께 쓴 보고서에 기초한 것이었기 때문이다. 이 조례의 두 측면을 신중하게 구분할 필요가 있다. 한편에서 그것은 빈민구제를 위한 행정기구를 크게 개선시켰으며, 오늘날에도 남용으로 여겨질 수 있는 수많은 관행을 없애버렸다. 이것은, 비록 일부 비판가가 그 행정체계에서 결함을 발견하기도 했지만, 거의 보편적으로 인정되는 내용이었다. 어찌 됐든, 이 측면은 여기서 우리의 관심사항이 아니다. 다른 한편에서, 이 조례는 특정한 경제학 원리를 채택했는데, 이 점이 우리의 관심사항이다. 그 원리는 결코 새로운 것이 아니었다. 사실상 그것은 빈민법 논쟁만큼이나 오래된 것이었는데, 개정조례가 간단히 논쟁의 한쪽 견해를 채택했던 것이다. 다시 말해 이 조례는 빈민구제를 작업장 내부로 제한하고 외부의 구제를 원칙적으로 금지시켰는데,[17] 이것의 기본생각은 가난하지만 (노동—옮긴이) 능력이 있는 실업자를 실제로 굶도록 내버려두어서는 안 되며, 오히려 처벌에 버금가는 조건에 놓이도록 해야 한다는 것이었다.

이러한 정책들에 대한 해석은 매우 복잡한 문제다. 우리는 제기된 다양한 문제를 개괄적으로 살펴보는 선에서 그칠 것이다. 첫째, 이 정책들을 고립적으로 고려해서는 안 된다. 그것들은 다른 것들을 노동계급에게 제공했던 체계의 일부였다. 만일 우리가 자유무역 정책의 실질임금법안의 효과와 '공짜 아침상'의 모든 함의에 대해 독특한 가중치를 부여

---

16) 자세한 설명은 정보를 제공하는 것으로 대신하려 하는데, 허친스(Hutchins)와 해리슨(Harrison)의 『공장법의 역사』(*A History of Factory Legislation*, new ed., 1907)가 그것이다.

17) 이 원칙은 곧바로 심각한 저항에 부딪혔기 때문에 실제로 집행될 수 없었다.

한다면, 우리는 그 시기 사회정책의 성과에 대해 완전히 다른 생각을 갖게 될 것이다. 둘째, 이 정책들이 경제적 자유주의에 얼마나 부합한지에 대해서는 결코 분명하지 않다. 예를 들어 공장법에 관한 한, 그것이 경제적 자유주의 논리의 일부였다고 주장하는 것만큼이나 이 논리에서 분명하게 벗어났다고 주장하는 것도 쉽다. 내가 보기에, 여성과 아동의 보호에 관한 한, 전자가 타당하다. 셋째, 이러한 유형의 공장법이 일부 자유주의자나 급진주의자의 지지——코브던은 강력하게 아동보호를 주창했다——를 받았다고 해도, 그것을 현실화시킨 정치세력의 크기는 이 문제들 전반에 대해 완전히 다른 시각에서 비판했던 보수당(특히 7대 새프츠베리 백작인 애슐리Ashley 경)에서 공급된 것임을 잊어서는 안 된다. 이런 사실은, 우리가 사회입법과 경제적 자유주의 논리의 양립가능성 문제에 대해 어떻게 답변하든지 간에, 중요한 의미를 지닌다.

그 당시와 이후의 비판가들, 특히 독일의 사회정책 주창자들은 영국의 '고전파' 경제학자들이 노동의 운명에 대해 냉정할 정도로 무관심하다고 비난했다. 이에 대해 첫 번째로 지적해야 할 사항은, 이 비난이 독일 역사학파와 연결된 비판으로서는 특이하게도 역사감각의 부재를 드러내고 있다는 점이다. 이는 마치 1847년의 10시간 노동법(10시간 이상의 노동을 금지한 법－옮긴이)을 거부했던 사람이, 현대 미국에서 쉽게 뉴딜정책의 추종자로 변모하는 것——그것도 일관성을 문제 삼는 우리의 권리를 부정한 채——과 같다. 그러나 우리는 좀더 나아갈 수 있다. 대부분의 '고전파' 경제학자들은 공장법을 지지했으며, 매컬럭은 특히 그러했다. 단결금지법의 철폐는 한 벤담주의자(플레이스Place[18])에 의해 정열적으로 추진되었다. 그리고 빈민법 개정조례는 경제학자들에게서 만장일치에 가까운 지지를 받았는데, 이것은 우리에게 가난한 사람들을 가혹하게 다루는 것처럼 보이는 것 이외의 또 다른 측면을 갖고

---

18) 이 흥미로운 인물에 대해서는 그의 성장배경을 밝혀주는 책 가운데 하나인 Graham Wallas, *Life of Francis Place*(1898)를 참조.

있다. 그렇다고 해서 우리가 너무 멀리 나아갈 필요는 없다. '고전파' 경제학자들이 그러한 행위를 지지한 것은 그 배후의 이론이 이들의 일반적인 경제적 · 정치적 사상체계, 즉 **자연적 자유**(Natural liberty)의 체계에 부합된다는 사실로부터 또 다른 의미를 획득한다. 그것은 인구와 임금에 관한 이들의 견해에도 잘 부합된다. 그것은 정열적으로 활동하는 합리적인 개인들이 스스로에 대해 책임질 수 있고, 일자리를 찾을 수 있으며, 노년과 사고에 대비해서 저축할 수 있다는 거의 우스꽝스러운 확신에는 더욱더 잘 부합된다. 물론 이 확신은 벤담주의의 사회학, 그래서 나쁜 사회학이다. 이런 점에서는 비판가들이 옳았지만, 이들이 결함이 있는 사회적 의식을 '고전파'의 탓으로 돌린 것은 잘못이다.[19]

4절 글래드스턴의 재정정책

재정정책 분야에서, 우리는 통상적인 경우보다 좀더 자주 실질적으로 말(정치 · 경제적 구조나 정치체제—옮긴이)이 책임져야 할 부분을 기수(관료—옮긴이)에게로 돌리는 경향이 있다. 캉봉(P.J. Cambon)은 유능한 재무관료였지만, 모든 독자는 프랑스 혁명의 재정문제에 대해 (구조적인 문제에서 비롯된 것이 아니라 캉봉의 잘못에서 비롯된—옮긴이) 지폐가치의 폭락으로 알기 쉽다.[20] 몰리앵(F.N. Mollien)은 대단한 수

---

19) 또한 모든 '고전파'가 분파적인 의미에서 자유주의자였다고 말하는 것도 진실에 정확히 부합되는 것은 아닌데, 맬서스는 자유주의자가 아니었다. 그러나 다른 사람들은 대부분 자유주의자였으므로, '고전파' 경제학과 자유주의 정당의 '동맹'에 대해 말하는 것에는 약간의 진실이 담겨 있다. 그래서 이후 정치적 자유주의의 쇠퇴는 심리학적 연상—비록 논리적 연상은 아닐지라도—에 힘입어 '고전파' 경제학의 권위실추에 기여했다. 그렇지만 이 점을 인정한다는 것과 (고전파 경제학의—옮긴이) '체계'와 이 체계의 당시의 정치적 분위기와 얽혀 있음을 확인하는 것 사이에는 상당한 간극이 있음을 명심하라.

20) 이와 관련해서 나는 독자들에게 18세기 프랑스의 재정에 관한 중요한 전기물인 스툼(René Stourm)의 책(*Bibliographie historique des finances de la France au dix-huitième siècle*, 1895)을 권하고 싶다.

완가였지만, 나폴레옹 체제 아래서 '위대한' 재정정책을 펼칠 기회가 없었으며,[21] 존경할 만한 또 다른 인물들도 있었지만 이들 역시 (체제 자체의 문제 때문에—옮긴이) 다채로운 (그러나 별 볼일 없는—옮긴이) 기록을 남겼을 뿐이다. 그러나 높은 능력을 전례없는 기회와 결합했을 뿐만 아니라 예산을 정치적 승리로 전환시키는 방법까지 알고 있었으며, 경제적 자유주의의 역사상 가장 위대한 재무관료로 평가되는 인물이 있는데, 바로 글래드스턴이다.[22] 우리는 이 인물에 대해서만 살피는 것으로도 충분할 것이다.

글래드스턴 재정정책의 가장 위대한 특징——그것이 모든 '위대한 재정정책'과 공유하고 있는 특성이자, 그 자체가 이러한 정책으로 정의될 수 있는——은, 그것이 적용되는 국가의 조건을 고려하는 관점에서 전반적인 문명화와 그 시대의 요구조건을 모두 이상적인 수준에서 표현해주었다는, 약간 다르게 표현하자면, 역사적으로 타당할 뿐만 아니라 포괄적인 사회적 · 정치적 · 경제적 비전을 서로 조정된 일련의 재정조치들로 전환시켰다는 점이었다. 이러한 사항은 조치들 자체와 그 배경이 되는 직관에 모두 적용되지만, 글래드스턴 자신의 말을 포함해서 매우 교조적이었던 당시의 언어에는 적용되지 않는다. 우리는 이러한 조치들에 포함된 원칙에만 관심이 있을 뿐, 그것들을 상세히 살펴볼 생각은 없다.

글래드스턴의 재정정책은 '자연적 자유', 자유방임, 자유무역의 체계로 구성된 것이었다. 이것이 의미하——고 오늘날 우리가 모든 일반적인 찬반논증과 무관하게 역사적으로 이해해야만 하——는 사회 · 경제

---

21) 그러나 몰리앵의 책(*Mémoires d'un ministre du trésor public, 1780~1815*, 1845)은 과학적 분석의 수준에 오른 것이다.
22) 가장 놀랄 만한 승리의 기록은 1853년의 예산안이었다. 독자들은 이것의 주요 특징에 대해 잘 알아두는 것이 좋다. 독자들은 그 내용을 이미 언급했던 몰리경의 글래드스턴 전기에서, 당시의 전반적인 정치지형이나 그의 화려한 수사학과 함께 발견할 수 있을 것이다.

적 비전에서 볼 때, 가장 중요한 것은 사적 행위에 대한 재정정책적 방해요인을 제거하는 것이었다. 재정축소(retrenchment)는 당시 승리의 구호였으며, 휘그당원이나 토리당원들보다 급진파들——이를테면 잠 안 자고 '재정'을 감시하던 흄(Joseph Hume) 같은 인물——이 훨씬 더 좋아하는 것이었다. 재정축소는 두 가지를 의미했다. 첫째, 그것은 국가의 기능을 최소수준으로 축소하는 것을 의미했는데, 이는 이후에 비판가들, 특히 독일의 비판가들에게서 '야경국가' 정책으로 설명되었다. 예를 들어 이러한 사회적 비전에 따르면, 예술이나 과학에 공공경비를 지출할 이유는 거의 없다. 오히려 예술과 과학을 좀더 발전시킬 수 있는, 그래서 이것들이 강력하게 나아갈 수 있는 길은 사람들에게 예술품을 구입하거나 연구를 위해 여가를 즐길 수 있는 돈을 가질 수 있도록 소득획득의 기회를 제공하는 것이다.[23] 둘째, 재정축소는 남아 있는 국가기능의 합리화를 의미했는데, 여기에는 무엇보다도 군대조직을 가급

---

23) 잘 알려진 문장에서, 러스킨(Ruskin, 3부 3장 참조)은 대륙정부들과 달리 영국정부가 예술진흥을 위해 돈을 지출하기를 거부한다고 비난한다. 이것은 항시 사회체계 전체를 보지 못하는 사회적 비판유형의 흥미로운 사례다. 예술진흥을 위한 다른 방법을 선호하는 것은 러스킨의 권리다. 그러나 그러한 영국식 방법도 하나의 방법——부적절한 것일지라도——이며 아무것도 아닌 것이 아니라는 점을 깨닫는 것은 사회현상에 대한 분석가로서 (마땅히 갖추어야 할—옮긴이) 그의 의무다. 이와 별도로, 그는 좀더 나아가 영국식 방법이 결과기준에서는 명백하게 부적절한 것이 아님을 인정했어야만 했다. (그렇지만 그는 그렇게 하지 못했다—옮긴이.) 이는 과학, 무엇보다도 경제학에도 적용된다. 만일 결과들을 역사적 관점에서 바라본다면, 그리고 특히 연구의 독창성에 적당한 가중치를 부여한다면, 이러한 사회체계가 그와 다르면서도 좀더 직접적인 방법을 이용하는 근대적 체계보다 예술적·과학적 성취에 기여하는 효과가 적다고 자신 있게 말하기는 쉽지 않음을 알게 될 것이다. 나는 이 점을 강조하는데, 그 이유는 거기에 포함된 원리가 기술적 경제학 영역에서 매우 중요하기 때문이다. 예를 들어 오늘날 케인스주의자들이 사후적으로 저축과 투자를 일치시키려는 자본주의 메커니즘이 취약하며 고장나기 쉽다고 주장할 때, 이는 논리적인 측면에서 이들의 권리에 부합된다. 그러나 만일 이들이 그러한 메커니즘이 존재하지 않는다고 말한다면, 이는 이들이 단지 분명하면서도 입증가능한 실수를 범하는 것이다.

적 소규모로 재편하는 것이 포함된다. 흔히 믿어지듯이, 여기서 비롯된 경제발전은 추가로 사회지출을 충분하게 늘려줄 것이다. 이 모든 것은 시간을 초월하는 일반원칙으로 고려될 경우 완전히 잘못된 것이지만, 1853년 영국에 대해서는 상당한 진실을 담고 있음을 다시 한 번 명심하기 바란다.

경제적 기회와 메커니즘이라는 동일한 비전에서 볼 때, 똑같이 중요한 것은 수입을 증가시켜야 한다는, 그것도 모든 과세('수입에 대해서만 과세')가 사라진 경우와 비교하더라도 경제행위가 가급적 거의 달라지는 않는 방식으로 증가시켜야 한다는 점이다. 이것은 특히 과세가 순영업소득(net earnings of business)에 대해 가급적 영향을 미치지 않아야 한다는 점을 의미하는데, 왜냐하면 여기서 이윤동기와 저축성향은 모든 계급의 경제적 진보를 위해 가장 중요한 것으로 여겨졌기 때문이다. 그러므로 직접세에 관한 한, 어떠한 진전도 없었다. 글래드스턴은, 실제로 그런 것은 아니지만 원칙상으로는, 1853년에 이보다 훨씬 더 나아갔다. 나폴레옹 전쟁은 (영국적 의미에서) 소득세를 초래했다. 이것은 전쟁이 종결된 직후(1816년) 곧바로 폐지되었지만, 필에 의해 수입관세의 축소에서 예상되는 적자를 보전한다는 명목으로 재도입되었다.(1842년)[24] 그러나 1853년에 글래드스턴은 이것을 다시 7년 이내에 철폐할 것을 제안했다.[25] 간접세와 관련해서, 글래드스턴은 최소개입 원칙을 소수의 중요한 항목에 대해서만 과세할 뿐, 나머지 항목에 대해서는 면세로 처리해야 한다는 의미로 해석했다. 이 견해가 루이스

---

24) 이와 동일한 정책이 1913년에 윌슨(Wilson) 행정부에서 채택되었다.
25) 사실상 그는 이러한 생각을 끝까지 유지했다. 그는 1874년 선거구호에서 다시 완전폐지를 선호했다. 이것이 경제적 자유주의의 교리와 어느 정도 일관성을 갖고 있는지는 어려운 문제다. 소득분배를 실질적으로 변화시킬 정도로 높은 소득세는 분명히 어려운 문제가 아니다. 그런데 이것은 '수입에 대한 과세'라는 원칙과 명확하게 충돌할 것이다. 그렇지만 내게는 낮은 세율의 소득세가, 비록 그것이 누진적인 것일지라도, 글래드스턴이 실제로 채택했던 것보다 그의 비전에 좀더 잘 어울리는 듯 보인다.

(George Cornewall Lewis) 경의 견해를 누르고 지배했는데, 후자는 크림전쟁(1853~56년에 러시아와 오스만 투르크 · 영국 · 프랑스 · 프로이센 연합군 사이에서 크림반도 · 흑해를 둘러싸고 일어난 전쟁 — 옮긴이)기에 재무부 장관을 지낸 인물로, 관련된 모든 지점에서 늦은 수준의 수많은 관세를 부과하는 체계를 신호했다.[26]

끝으로 아주 중요한 것을 하나 더 추가한다면 우리는 균형예산이라는 원칙, 아니 오히려 채무가 줄어들 것임을 감안해서, 글래드스턴이 지배하던 시대에 재무부 장관을 역임했던 로(Robert Lowe)가 재정담당 장관에 대해 '마땅히 잉여를 남겨야 하는 동물'로 정의하면서 구현했던 원칙을 알고 있다. 다시 말하지만, 근대적 관점에서 균형예산 정책이나 채무상환 정책을 비판하는 데는 어떠한 문제도 없다. 근대의 적자재정론자들이 주장하는 바를 모두 수용한다고 해도, 우리는 '투자기회들'로 북적대는 세계에서 그 어떤 정책도 순수한 헛소리로만 여길 수는 없음을 인정해야 한다.

5절 금

우리의 목적에 비추어볼 때, 이 시기의 통화정책과 금융정책에 대해서는 언급할 만한 것이 거의 없으므로, 이 부분에 대해서는 3부의 마지막 장에서 처리하는 것이 좀더 간편할 것이다. 그렇다면 여기서는 오직

---

26) 내 생각에, 행정학적으로는 그렇지 않을지 몰라도, 경제학적으로는 루이스의 견해가 타당하다. 글래드스턴의 정통교리는 또 다른 점도 간과하고 있었다. 그것은 '필수품'에 대해 과세하는 것에 강력하게 반대했다. 사실상 이 원칙은 자유무역 정책과 함께 글래드스턴의 재정정책이 사회복지에 가장 크게 직접적으로 기여한 점이었다. (그렇지만 총기여를 평가하기 위해서는 이러한 직접적인 기여가 유일한 것이 아니었음을 명심해야 한다. 여기에 덧붙여, 이 원칙은 이후에 대중을 위해 쉽게 과세될 수 있다고 입증된 자산wealth을 형성하는 데도 도움을 주었다.) 그러나 이렇게 '필수품'과 '사치품'의 구분을 배타적으로 강조하게 되면, (가격변화에 대해 — 옮긴이) 수요가 탄력적인 상품과 비탄력적인 상품을 구분하는 것에 내포된 함의를 정당하게 평가할 수 없다.

한 가지 요인에 대해서만 언급할 필요가 있다. 나폴레옹 전쟁에서 비롯된 화폐적 교란——인플레이션——이후에, 모든 국가는 정상으로 여겨졌던 상태로 돌아가고자 애를 썼다. 이것이 오스트리아 같은 국가에서는 수십 년이 걸렸지만, 영국이나 프랑스에서는 신속하면서도 비교적 쉽게 달성되었다. 유럽대륙에서 정상은 은본위제나 복본위제를 의미했다. 그러나 영국에서는 18세기에 사실상의 금본위제가 법적으로 공인된 후, 워털루로 이어지던 몇 년 사이에(워털루는 1815년에 나폴레옹 전쟁의 마지막 전투가 벌어졌던 곳으로, 아마도 이 문구는 나폴레옹 전쟁 기간을 지칭하는 듯하다—옮긴이) 영란은행권의 금상환이 재개되었는데, 이는 마치 제1차 세계대전 이후에 전쟁 이전의 비율에 따라 금본위로 복귀했던 것(비록 그 형태는 약간 달랐지만)과 같은 이치였다. 게다가 그것은 '최종대부자'인 모든 중앙은행에 대해 규제력에 내포된 것 말고는 어떠한 관리유형도 허용하지 않는, 완벽하게 '자유롭거나' '자동적인' 금본위제였다. 우리는 그 이유가 궁금하다.

이 정책은 많은 사람에게, 심지어 일부 경제학자에게도 비난의 표적이 되었다. 농민들은 강력한 이해관계에 따라 자신들을 괴롭혔던 경기침체를 이 정책의 탓으로 돌렸다. (오늘날 이 판단의 진위여부는 중요하지 않다.) (나폴레옹 전쟁 직후에는—옮긴이) 정부(캐슬레이Castle-reagh 내각, 1821년)로 하여금 공공근로——거의 루스벨트 프로그램인——를 개선책으로 제안하도록 유도할 정도로 실업문제가 심각했다. 상인들은 손실을 달가워하지 않았으며, 은행가는 동결자산에 대해 그러했다. 그런데도 손실과 동결자산의 규모는 엄청났다. 또한 이후에 우리는 당시 수많은 유능한 사람이 관리되는 지폐제도를 지지했음을 알게 될 것이다. 그런데도 금본위정책은 정치적으로 실질적인 위험상태에 빠진 적이 없었다. 아울러 이 정책이 훨씬 이후 시기에까지 모든 선진국에서 채택된 것은 아닐지라도, 이는 이 국가들의 선택문제가 아니었다. 모든 반대논증에도 불구하고, '자동적인' 금본위제는 거의 모든 곳에서 언제나 추구하고 기원해야 할 이상으로 남아 있었다. 다시 질문해보자. 그 이유는 무엇인가?

오늘날 우리는 이러한 정책을 완전히 잘못된 것——합리적인 논증이 허용되지 않는 물신주의——으로 취급하도록 교육받는다. 또한 우리는 실제로 이 정책을 옹호할 수도 있는 모든 합리적인 논증과 모든 순수하게 경제적인 논증에 대해 낮추어 평가하도록 교육받는다. 그러나 이와 별도로, 금본위제에는 순수하게 경제적인 이점이 없을지라도 어리석음이라는 비난으로부터 구제받을 수도 있는 한 가지 중요한 사항이 존재하는데, 이것은 당시 많은 사람이 다양한 시각에서 표현했던 것이기도 하다. '자동적인' 금화폐[27]는 자유방임과 자유무역 경제의 구성요소이자 일부였다. 그것은 모든 국가의 화폐시세나 물가 수준을 '금본위제에 기초를 둔' 모든 다른 국가의 화폐시세나 물가 수준과 연결시킨다. 그것은 정부지출에 극단적으로 민감하다. 심지어 그것은 이 지출을 직접적으로 포함하지 않는 태도나 정책, 예를 들면 대외정책이나 특정 과세정책, 일반적으로는 정확히 경제적 자유주의 원칙을 파괴하는 모든 정책에 대해서도 그러하다.

오늘날 금(본위제-옮긴이)이 그토록 인기가 없는 이유와 부르주아 시대에 그것이 그토록 인기가 높았던 이유는 바로 여기에 있다. 그것은 의회의 비판보다 훨씬 더 강력한 정부나 관료(의 행동-옮긴이)를 제약한다. 그것은 부르주아의 자유——부르주아의 이해관계에 대한 자유만이 아니라 부르주아적 의미에서의 자유——를 보여주는 징표이자 이를 보증해주는 요인이다. 이러한 관점에서 볼 때, 그것(금본위제-옮긴이)에 대해 경제적인 근거에서 반대했던 모든 견해의 타당성을 완벽하게 확신하는 사람이라고 해도, 그것을 옹호하기 위해 아주 합리적으로 논

---

27) 물론 매우 자동적인 적은 없었으므로, 이 표현은 잘못된 것이다. 내가 여기서 이 표현을 사용한 이유는 간단명료함 때문이지, 모든 다른 지불수단이 금으로 상환될 수 있어야 하며, 누구나 자유롭게 금—화폐로 표현된 것이든 그렇지 않은 것이든지 간에—을 수입하거나 수출할 수 있는 권리를 갖고 있어야 한다는 의미에서가 아니다.

쟁할 수도 있다. 국가주의(*étatisme*)와 계획화라는 관점에서 볼 때, 그것을 경제적인 근거에서 옹호했던 모든 견해의 타당성을 완벽하게 확신하는 사람이라고 해도, 그것에 대해 합리적으로 비난할 수도 있다.

제3장 지적 풍경

1절 시대정신과 철학

우리는 이 시대의 시대정신이 결코 상호일관적인 이념들이나 신념들의 단일한 체계로 정의될 수 없다고 주장했는데, 이 주장의 진실은 사회과학의 철학적 교류관계——만일 존재한다면——를 발견하기 위해서 이 시대의 철학조류를 살펴볼 경우 충분히 납득할 수 있다.

1. 공리주의

이러한 교류관계의 가장 분명한 사례는 영국의 공리주의다.[1] 사실상 이것은 18세기의 산물이었다. 그렇지만 이것의 최고전성기는 19세기 전반부였다. 그러나 이것은 이론기법이라는 의미(technical sense)에서 결코 철학이 아니고 '하나의 인생철학'으로서 비교될 것이 없을 정도로 천박하지만, 자유주의나 사업 마인드와 결합될 수 있는 물질론적(반형이상학적) 합리주의의 경향에 완벽하게 부합된다. 그렇지만 실제로 영국 사업가 집단의 다수는 이것을 받아들이기는커녕, 성공회 신도든 비성공회 신도든지 간에, 교회나 예배당의 종교철학을 고집했다. 공리주의 지도자들은 자신들이 종교를 공개적으로 비판하지 않도록 조심해야 하는 이유를 분명하게 알고 있었다.[2] 그리고 모든 선도적인 정치가

---

1) Sir Leslie Stephen, *The English Utilitarians*(1900) 참조.

도 자신들이 공리주의를 가혹할 정도로 홀로 남겨두어야 하는 이유를 알고 있었다. 공리주의의 공인된 사도들, 즉 철학적 급진파들[3]은 처음에 벤담과 제임스 밀(James Mill) 주변에 모인 아주 자그마한 집단이었다. 밀(J.S. Mill)은 어떠한 단서조항이 없이는 공리주의자로 분류될 수 없다. 어떤 측면에서 그는 이 교리를 뛰어넘었지만, 다른 측면에서는 그 것을 세련되게 만들었다. 그러나 그는 결코 그것을 명시적으로 폐기한 적이 없으며, 좀더 세련된 공리주의가 지적 중심, 특히 케임브리지대학교에 뿌리를 내리게 된 것도 1850~60년대의 떠오르는 세대들에 대한 그의 영향력 때문이었다. 그러나 이것이 지배적인 위치를 차지한 적은 없었다. 이에 대해서는 그 당시나 이후에 케임브리지대학교의 생활과 사고틀을 주도했던 인물들, 특히 시지윅[4]의 입장을 분석해보면 분명해질 듯하다.

---

2) 밀의 『종교에 관한 세 가지 평론』(*Three Essays on Religion*)은 사후인 1874년에 출간되었다. (이 책의—옮긴이) 일반 독자에게는 그가 공들여 쓴 책인 『윌리엄 해밀턴 경의 철학에 대한 고찰』(*Examination of Sir William Hamilton's Philosophy*)에 담겨 있는 종교관이 아마도 여과되지 않은 채로 전달될 것이다.

3) 이에 대해서는 C.B.R. Kent, *The English Radicals*(1899); E. Halévy, *La Formation du radicalisme philosophique*(1901~1904; English trans. 1928)를 참조하라.

4) 시지윅(Henry Sidgwick, 1838~1900)은 우리가 그에게 보여줄 수 있는 관심보다 좀더 주목할 만한 가치가 실제로 있다. 그의 경제학 문헌은 연대기에 따라 언급될 것이지만, 그가 '고전파'의 교리에 대해 뛰어나게 합리적으로 설명하는 부분에 대해서는 이와 같이 개괄적으로나마 언급할 필요가 있는 내용이 거의 없다. 판단이 조심스럽기는 하지만, 윤리학이나 정치학—그가 걸작을 생산했던 또 다른 두 분야—의 역사에 관한 연구자들이라고 해서 좀더 말할 수 있는 것도 아닐 것이다. 그래도 그는 뛰어난 솜씨로 환경을 조성하고 이끌었으며, 정신을 형성했던 영국의 가장 위대한 대학인들 중의 한 사람이었다. 아마도 독창성의 부재가 이러한 특별한 유형의 학문적 업적을 위한 하나의 조건일 것이다. 케임브리지대학교의 모든 지도자 중에서, 그는 그토록 명쾌하면서도 비약이 없는 반형이상학적 마인드로 공리주의의 출발점에 대해 가장 우호적인 태도를 보였던 사람이다. 그렇지만 그의 윤리학은 철저한 공리주의로 분류될 수 없다. 오히려 그것은 (공리주의의—옮긴이) 시금석이었는데, 왜냐하면 공리주의의 교리가 철학으로서 자신의 영향력을 주장해야 할 곳은 바로 이곳(그의 윤리학—

이후에 나는 리카도가 그 집단(공리주의자 집단—옮긴이)과 인간적인 관계가 있고, 그 교리에 대한 공감을 공개적으로 밝혔다고 해도, 그를 공리주의자로 부를 만한 근거는 조금도 없다고 주장하게 될 것이다. 탁월하고 호전적인 공리주의자이면서도 뛰어난 경제학자인 인물은 오로지 벤담, 제임스 밀 그리고 (단서조항이 붙긴 하겠지만) 밀에 불과하며, 18세기에는 베카리아와 베리가 여기에 해당된다. 벤담과 두 명의 밀이 자신을 경제학의 철학적인 후원자로 바라보고, 제번스(Jevons)나 에지워스(Edgeworth) 같은 수많은 경제학자가 이후에 도달했던, 경제학과 공리주의의 결합에 대한 책임을 떠안은 것은 자연스러운 일이었지만, 이것은 필요한 일도 유용한 일도 아니었다. 이 결합이야말로 공리주의가 19세기 사상 속의 경제학자 모습에서 그토록 크게, 그것도 하나의 철학으로서나 시대정신의 한 요소로서 그것이 지닌 중요성에 비추어 인정될 만한 정도보다 훨씬 크게 보이는 유일한 이유다. 이 결합이 경제학에 미친 효과를 살펴보기 위해서는 잠시라도 눈길을 돌려야 한다. 독자들은 이전 시기와 관련해서 우리가 이미 이러한 문제를 취급한 적이 있었음을 상기하게 될 것이다.

경제학자들, 특히 비이론가들은 경제분석의 실증작업과 관련된 철학적 배경의 중요성에 대해 과장된 견해를 받아들이려는 경향이 있으며 언제나 그러했기 때문에, 우리는 이 결합 때문에 영국의 경제이론이 많은 진영에서 환대받지 못했다고 이해할 것이다. 특히 일부 독일인 저자들 때문에 공리주의자라는 외관은 그러한 모습으로 나타난 이론까지 도매금으로 비난받을 수 있는 매우 충분한 이유가 되었다. 그렇지만 명백한 오해에 의존하고 있는 이러한 태도보다 좀 더 흥미로운 점은 공리주의 철학이 '고전파' 경제학의 내용에 실질적으로 영향을 미쳤는가 하는 문제다. 우리는 정책권고안, 경제사회

옮긴이)이었기 때문이다.

학, 경제분석 자체에 미친 영향을 각각 구분해야 한다. '고전파'의 권고안에 관한 한, 그 어떤 인생철학에 대해서도 완전히 중립적인 점이 틀림없이 많다. 누구나 아일랜드에 대해 소농의 소유권을 권고하기 위해, 또는 나폴레옹 전쟁 이후에 금본위제로 복귀하는 것을 권고하거나 비난하기 위해 공리주의자가 될 필요는 없다. 그러나 여기에는 아무리 줄여서 말하더라도, 어떠한 다른 인생철학보다 공리주의와 좀더 잘 연결되는 것처럼 보이는, 일반적인 정책이나 삶의 태도에 대한 관점을 포함하고 있는 또 다른 요인 —— 이를테면 무조건적인 자유무역 ——이 존재한다. 경제사회학에 관한 한, 공리주의는 완전한 실패로 정의될 수 있을 뿐이다. 왜냐하면 개인의 행위와 사회제도에 관한 그것의 합리주의적 관점이 명백히 그리고 근본적으로 잘못되었기 때문이다. 그러나 합리적 도식(rational schema), 공리주의 철학과 함께 작동되는 일부 경제분석에 관한 한, 지나친 것이긴 해도 해롭지는 않다. 그리고 이러한 사실은 비판가들이 유능한 경제학자였다면 인정했을 것이기 때문에, 공리주의자들의 경제분석 작업을 대부분 구제해주는 요인이다.[5]

영국의 전문철학, 주로 스코틀랜드의 상식학파(common-sense school)[6]의 철학만이 공리주의에게서 적당히 영향을 받았을 뿐, 대체로 공리주의가 철학 고유의 문제를 처리하는 방식에 대해 적대적이었다. 그렇지만 이 시기 영국에는 철학적 급진파의 유능하면서도 열정적인 선전에 대적할 정도로 충분히 강력한 철학사상의 지도자가 없었다.

---

5) 물론 이것을 이들의 저작이 다른 근거에 입각하더라도 비판되지 않는다는 의미로 이해해서는 안 된다.
6) 상식학파는 흄의 회의론과 버클리의 주관적 관념론에 반대하여, 형이상학·수학·논리학·윤리학·미학 등에 관한 어떤 진리를 기하학의 공리와 같이 증명할 수는 없다고 하더라도 자명한 진리라고 판단하고, 이것을 상식의 원리로 주장했다―옮긴이.

이것에 대해 어느 정도나마 대적했던 사상의 지도자들은 낭만주의 운동(2절 참조)이나 몇몇 종교운동에서 나타났다. 여기서 또 다른 유형의 지도자로 칼라일을 언급할 수 있을 것이다.[7] 경제학자들에게 그는 이 시

---

7) 칼라일(Thomas Carlyle, 1795~1881)은 매우 유명해서 여기서 언급할 필요도 없는, 그의 역사서라는 견고한 토대에 근거해서 이름을 떨쳤다. 그러나 수많은 다른 요인을 제외하더라도, 그가 타고난 역사가였다는 점을 덧붙이지 않은 채 그를 역사가로 불러서는 안 된다. 그는 예술가의 품격(style)과 정신으로 초상화를 그렸다. 이 초상화는 견실하면서도 종종 세심한 탐구에 기초하고 있지만, 과학적이라기보다는 예술적 해석을 드러냈다. 오늘날의 독자들은 경제적이면서 사회적인 사실들을 거의 완벽하게 놓쳤다는 사실에 놀라게 될 것이다. 그리고 그는 자신이 (칼라일의 저서—옮긴이) 도처에서 발견하는 개인적인 요소에 대한 강조로부터 혐오감 같은 것을 갖게 된 채 (그의 저서를—옮긴이) 외면하게 될 것이다. 그러나 이것이 그가 마땅히 해야 할 일의 전부는 아니다. 역사를 개인의 전기들로 구성된 조직으로 취급하는 듯한 칼라일의 '영웅숭배'만 보더라도, 이것은 실로 받아들일 만한 사회학이 아니다. 그러나 개인적 요소와 이것의 설명적 가치가 통계학에 묻힐 위험성이 있고, '보통사람'이 주목받는 시대에 칼라일의 영웅숭배는 잊혀진 요인인 개성(personality)을 강조함으로써 하나의 유용한 대안으로 다가온다. 그의 저서 중에서 경제학의 역사와 직접 관련된 것으로는 『차티즘』(*Chartism*, 1840), 『과거와 현재』(*Past and Present*, 1843), 『시사평론집』(*Latter-Day Pamphlets*, 1850)이 있다.

칼라일이 개성을 강조하는 것('개성주의자'personalist가 아닌 개인주의자 individualist였던 벤담과 비교하려면, 두 사람이 완전히 다르다는 점을 충분히 보여주어야 한다)은 에머슨(R.W. Emerson, 1803~82)이라는 이름—그의 표현을 빌리면 또 다른 대표적 인간이었던—을 상기시킨다. 에머슨 덕택에 이 강조가 영웅숭배로 이어지지 않았으며, 그만큼 역사과정의 사회학적 도식에 관한 그의 기여는, 칼라일의 기여보다 덜 독창적이기는 했지만, 좀더 건전한 것이었다. 에머슨은 '고전파' 경제학과 논쟁하지 않았다. 그러나 또 다른 측면에서 그는 우리에게 훨씬 더 중요한 인물이다. 수많은 다른 조류와 원인에 대해 주목했던 그의 사고는 뉴잉글랜드(New England: 에머슨은 흔히 초월주의자로 분류되는데, 뉴잉글랜드 지역은 이 운동의 근거지였다—옮긴이) 지역의 환경이라는 특별한 조건에 반영된 당시의 문명 수준을 적절하게 표현한 것이었다. 내가 보기에는, 그가 사상사에서 돋보이는 이유는 바로 이 점에 있다. 그런데 이것은 아주 복잡해서 (여기서 자세하게 설명할 수 없으니—옮긴이) 유감스럽다. 그렇지만 지면관계상 (뉴잉글랜드 지역의) 지적·도덕적 환경에 대해 설명할 수 없으므로, 이 문제에 대해서는 여기서 끝내야 한다. 또 에머슨이나 그의 동료들과 직·간접적으로 연결된 콩코드와 케임브리지(또는 보스턴 지역의 집단 초월주의자들은

기의 문화적 파노라마, 즉 영웅적인 자세로 선 채 동시대 물질론자들의 소시민성(littleness)을 조롱하고, 무엇보다도 우리의 **음울한 과학**(Dismal Science: 경제학—옮긴이)을 발가벗겨 매질하는 광경에서 가장 중요하면서도 가장 독특한 인물 가운데 한 사람이다. 이 광경은 바로 그가 자신을 이해했던 모습이자, 그 시대가 그를 바라보았고 바라보기를 원했던 모습이다. 그는 정리(theorem)의 의미를 완벽하게 이해할 수 없었으며, 예술가에게는 **모든** 과학이 '음울'하다는 사실을 간과했기 때문에, 자신이 정당하게 매질하는 젊은이의 모습을 하고 있다고 생각했다. 이에 대해 대중의 대다수가 박수를 보냈으며, '과학'의 의미와 그 기능에 대해 그가 이해한 것만을 이해했던 일부 경제학자들도 그러했다.

그러나 앞서 언급했듯이, 공리주의 경제학에서 벗어난 것은 그가 전적으로 틀린 것만은 아님을 보여준다. 공리주의 경제학자들은 칼라일에게 매질 당했던 모든 부분을 완전하게 존중해주는 인생철학을 암시하는 정책을 지지했다. 여기서 독자들은 잠시 멈춰 서서 그렇게나 많은 논쟁의 공허함과 긴밀한 상관성이 있는 난해한 문제에 대해 심사숙고할 필요가 있는데, 그것은 바로 이러한 논쟁의 분석적인 측면을 그 논쟁에 수반된 문화철학에서 구분하는 과정에서, 그리고 전자(분석적 측면)에 대한 반(反)비판이 후자(문화철학)에 대한 칭찬과 완벽하게 양립가능하며 그 반대의 경우도 성립한다는 점을 깨닫는 과정에서 전문학자와 대중의 정신이 모두 경험하는 것이다. 그렇지만 칼라일에 대해서는 분석적인

주로 매사추세츠 주의 도시인 콩코드 시에 살았기 때문에 '콩코드 그룹'으로 불리며, 케임브리지나 보스턴 지역은 이 집단의 주요한 활동무대이기도 하다—옮긴이)를 살펴보기 위해서 지체할 여유도 없다. 그런데 이는 이 집단이 사라진 후에도 오랫동안 미국의 경제학자들의 태도에 영향을 미친 미국 고유의 급진주의의 중요한 구성부분이며 유럽인의 지식으로는 이해하기 힘든 많은 것을 설명해주는 요인이기 때문에, 그만큼 유감천만한 일이다. 이에 대해서는 소로 (Thoreau: 에머슨과 같이 활동했던 초월주의자—옮긴이)의 저작에 대한 한 연구가 특별한 시사점을 제공해줄 것 같다. (아래 6절 1항의 '사회과학 운동'을 참조하라.)

관점에서조차 말할 것이 있을 수도 있다. 그는 경제사회학에 관한 비전을 갖고 있었는데, 비록 그가 이것을 분석적인 차원에서 명료하게 만든 것으로 볼 수는 없다고 해도, 그것은 공리주의보다 훨씬 더 현실주의적인 것이었다. 그는 민족이란 무엇이며, 실제로 원하는 것은 무엇이고 현실적으로 그것의 운명을 결정하는 요인은 무엇인지에 대해 벤담보다 훨씬 더 분명하게 이해했으며, 그의 글에서 뽑아낼 수도 있는 분석은 벤담이 자신의 교리에 비추어보건대 단순히 적절하지 않다는 이유로 간과했거나 무시했던 수많은 중요한 사실을 설명해줄 것이다. 밀은 이 점을 어느 정도 눈치챘다. 그는 공리주의의 합리성 도식이 제한된 범위의 문제군을 넘어서면 매우 부적절해진다는 것을 점차 깨닫게 되었다. 그러나 그는 이와 관련해서 무언가를 할 사람이 아니었으며, 그래서 한 사람(칼라일―옮긴이)의 비전과 또 다른 사람(밀―옮긴이)의 분석능력이 결코 함께 만나 작동된 적은 없었다. 칼라일은 또 다른 인물, 그렇지만 (우리에게는) 훨씬 덜 중요한 예언가인 러스킨(Ruskin)에게 영향을 미쳤다. 러스킨의 경제학 문헌은 다음 시기에 속하지만, 그에 대해서는 여기서 언급할 필요가 있을 것이다.

여기서 논의되고 있는 시기의 거의 전체를 통틀어, 러스킨(1819~1900: 어떠한 참조작업이든지 간에, 독자들에게는 이 문단에서 지적되는 사항을 평가하는 데 필요한 모든 것을 제공할 것이다)은 예술――회화, 건축, 조각, 시까지 포함해서――을 창조적으로 해석하는 사람들 중의 하나였다. 그의 해석은 그 자체로 하나의 예술작품, 즉 자신의 인생을 담고 있으며 해석으로서의 작품을 믿지 않는 사람(그 자신과 같은)에게서조차 찬사를 받을 수 있는 것이었다. 우리에게는 일반적인 예술사회학에 대한 그의 기여, 즉 위대한 예술작품을 생산하거나 그러한 작품을 생산하는 데 유리한 사회적 조건을 분석하려 했던 그의 시도를 주목하는 것이 특히 중요하다. 그러나 그는 1860년대 후반부터 일반대중만이 아니라 급진주의 성향의 경제학자들――자본주의의 죄악에 대해 분노하면서 취미 삼아 비판하던――에게까지 자신을 그토록 높게 평가하게 만들었던 임무로 방향을 전환했다. 독자들은 『최후의 사람에게』(*Unto this Last*, 1862), 『무네라 풀베리스』(*Munera Pulveris*, 1872), 『포스 클라비제라』(*Fors Clavigera*, 1871~84), 『러스킨 전집』(*The Works of Ruskin*)을 들여다보면, 이러한 비판이 의미하는 바를 재빨리 알아챌 수 있을 것이다. 여기서 나는 한 가지만 지적하고 싶다. 경제문제에 접근하는 러스킨의 방법에 대해 반대할 만한 분명한 이유가 있다. (물론 나는 여기서 그가 대중의 후생과 문명화에 대한 관심에서 보여준, 편견은 없었지만, 성공하지 못한 실증작업에 대해 말하려는 것이 아니다.) 그는 자신이 예술분야에서 당연하게 취급했던 것을 이 분야에서는 그렇게 하지 않았다. 우리는 그가 예술해석가로서의 자신의 직업을 위해 매우 성실하게 준비했으며, 해석기법을 연마하고 학문세계의 기준에 따라 역사적인 세부사항까지 연구했음을 알고 있다. 그의 해석에 비추어볼 때 그는 '천재'였지만, 그 천재성은 교육을 통해 길러지고 끊임없는 학습을 통해 현실화된 것이었다. 경제학 영역에서 그는 이러한 모습을 보여주지 못했다. 그는 오직 반쯤 이해된 관찰과 소화되지 않은 독서에 편견 없는 분노를 덧붙였을 뿐이다. 홉슨(J.A. Hobson) 같은 저자들을 제외한다면 우리에게 그는 고려대상이 아닌데, 그 이유는 바로 (우리들 중 상당수가 공감하고 있는) 그의 평가가 아니라 위와 같은 요인 때문이다. 그에 대한 내 평가——와 그가 그토록 많은 사람을 대변하는 것——는, 예를 들어 사전에 도덕적으로 중립적인 연구에 의존해서 적당한 사실과 기법을 적절하게 연마하지 않은 채 터너(Turner)의 그림을 비판하고자 했던 모든 저자에 대해 그가 내렸을 법한 평가와 정확히 똑같은 것이다.

2. 독일철학

독자들은 여기서 논의되고 있는 시기의 첫 번째 부분에서 독일의 사변철학이 정점에 도달했음을 아마도 알고 있을 것이다. 그래서 머릿속에서 곧바로 칸트(Kant), 셸링(Schelling), 피히테(Fichte), 헤겔(Hegel) 그리고 쇼펜하우어(Schopenhauer) 같은 이름이 떠오를 것이다. 그러나 독자들이 이들에 대해 많이 알든 조금 알든 간에, 여기서 이들의 저작의 순수하게 철학적인 측면으로 들어가는 것은 불가능하다. 증거는 없지만, 내가 칸트, 셸링, 쇼펜하우어에 대해 말할 수 있는 모든 것은 다음과 같다. 첫째, 이들의 저작은 자율적인 철학사상을 보여주는 놀라운 사례다. 그래서 이들의 가르침을 부르주아의 계급위치나 어떤 다른 요소와 결합될 수 있다는 견해와 연결시키려고 시도하는 것은 헛된 짓이다.[8] 둘째, 이 세 사람 중에서 상당한 국제적 영향력을 행사한 사람은 칸트가 유일했다.[9] 그렇지만 독일에서는 세 사람이 모두 동시대인들의 사고에 강력한 영향을 주었으며, 그래서 당시 사람들의 사유방식에서 철학이 차지하는 비중은 그 이후 세대보다 훨씬 컸다. 그렇지만 이 영향이 어떻게 감지되었거나 그 모습이 어떠했든지 간에, 그것은 독일 경제학자——다른 나라의 경우는 말할 것도 없고——의 학문작업으로 확대되지는 않았다. 물론 이들 중 상당수는 자신을 칸트주의자로 묘사했을 것이다. 그러나 그들의 학문적 방법과 그 결과는 단지 그 어떤 철학과도 양립가능한 것이었다. 피히테와 헤겔의 경우, 영향문제는 약간 다르게 나타난다.

피히테[10]는 자신의 사변철학——이 용어의 기법적 의미에서——을

8) 일부 마르크스주의자들은 그렇게 하는 것이 틀림없이 가능하다는 확신에 사로잡혀 실제로 시도했다. 이러한 확신은, 이를테면 어느 것이나 다른 모든 것에 대해 상관성이 강요될 수 있는 것처럼, 아무런 의미도 없는 가짜성공을 언제나 부분적으로 보증해줄 것이다.

9) 칸트주의 이념은 특히 영국으로 전파되었다. 제임스 밀조차 이 이념과 싸웠지만, 비공리주의자들—특히 해밀턴—과 철학에 경도된 신학자들은 이것에 크게 의존했다. 그런데 우리가 칸트에게서 영국 기원의 요소를 발견할 수 있음을 감안한다면, 이는 그리 놀랄 만한 일이 아니다. 마셜이 칸트를 열광적으로 좋아했다는 사실—이것은 마셜의 청년기 지적 분위기에 아주 중요한 의미를 지닌다—에 대해서도 적절한 때에 밝힐 것이다.

10) 피히테(J.G. Fichte, 1762~1814)의 저작 중에서 우리에게 특히 중요한 것으로는 『독일국민에게 고함』(*Reden an die deutsche Nation*, 1808), 『자연권의 기초』(*Grundlage des Naturrechts*, 1796~97), 『닫힌 무역국가』(*Der geschlossene Handelsstaat*, 1800), (피히테가 편집한) 『전집』(*Sämmtliche Werke*, 1845~46)이 있다. 그의 사고가 몇 가지 본질적인 측면에서 두 가지

사회 · 정치철학과 결합시켰기 때문에 주목할 필요가 있는데, 여기서 후자는 경제학 영역을 자유롭게 넘나들 뿐만 아니라 두 가지 이유에서 반드시 주목해야만 하는 것이다. 그는 사회의 특별한 경제조직을 위한 계획을 제시했는데, 이에 대해서는 이후 사회주의에 관한 절에서 살펴볼 것이다. 그리고 그는 슈판(O. Spann)의 '보편주의 경제학'의 초기 발전에서 결정적인 위치를 차지한다.[11]

서로 다른 유형의 변화를 겪었다는 사실 때문에 해석의 어려움이 한층 배가된다. 그의 철학은 자신의 인생행로에서 자신의 연구활동이 그것(자신의 인생—옮긴이)에 미친 영향 때문에 변했다. 또한 그의 일반적인 관점은 나폴레옹이 집권하던 시기의 독일의 전형적인 경험 때문에 변했는데, 이 경험은 그를 사해동포주의자—조국을 언제든지 '최고수준의 문명'에 도달한 국가로 정의했던—에서 열렬한 애국자로 전환시켰다.

11) 이미 언급했듯이, 경제학의 역사를 두 가지 사고 '체계', 즉 개별주의자의 체계와 보편주의자(universalist)의 체계 사이의 대립으로 설명할 수 있다는 생각은 실제로 프리브람(Pribram)의 것이다. 그러나 독일에서 보편주의 학파로 알려진 것을 세운 사람은 슈판이다. 이 학파와 피히테의 관계에 대해서는 O. Spann, *Haupttheorien der Volkswirtschaftslehre*(초판은 1911, 이후 수차 출판됨. 영역본은 1930에 출판됨)을 참조. 내가 제공할 수 있는 것보다 보편주의 경제학에 대해 좀더 공감하면서 소개하는 것을 보길 원하는 독자라면, 일단 『사회과학 백과사전』에서 살린(Salin)의 글("Romantic and Universalist Economics")을 참조하라. 여기에는 슈판의 모든 저작이 언급되고 있다.

살린의 글(앞의 책, 5권, 386~387쪽)을 꼼꼼하게 살펴본 독자라면, 내게 (슈판에 대한—옮긴이) 공감이 부재하는 이유를 알게 될 것이다. 만일 보편주의자들이 경제현실과 경제이론 모두에 대해서 '전체주의적인' 메타 경제학적 해석이나 철학적 해석을 설파하는 데 만족한다면, 조금도 반대하지 않을 것이다. 아니 오히려 나는 이들의 메타경제학에 대해, 비록 내가 그것을 형태(Gestalt) 심리학에 기대어 내 식으로 이해한다고 할지라도, 실제로 공감을 표시해야 한다. 어찌 되었든, 이들의 철학은 우리에게 케네의 신학만큼이나 부적절하다. 그러나 이들은 좀더 큰 요구, 즉 새로우면서도 다른 분석방법을 개발해야 한다는 요구를 제시한다. 이들은 이를테면 가격형성과 화폐에 관한 명제들을 실제로 '거부한다'. 그리고 나서 이들이 한 것은 어리석으면서도 적절하지 않은 방식으로 그것들을 재정식화한 것이 전부다. 예를 들어 슈판은 균형개념을 거부한 후에, (한계지점에) 동일중요성(equi-importance) 개념을 도입했는데, 이는 (균형개념과—옮긴이) 정확히 똑같은 것이다.

분명히 말하건대, 피히테는 벤담주의적 의미에서의 개인주의자는 아니었으며, 자유방임주의자도 아니었다. 만일 이것이 '보편주의자'를 구성하는 요인이라면 그는 보편주의자며, 우리는 단지 이후에 이러한 유형의 인간이 불편할 정도로 증가했다고 말할 수 있을 뿐이다. 만일 이것이 보편주의를 구성하는 충분조건이 아니라면, 우리에게는 피히테의 초개인적이면서 '초의식적인'(superconscious) 집단정신 개념——개인의 의식이 참여하는——이 문제가 된다. 그가 국가라는 현상에 반대되는, 사회라는 현상의 이율배반을 강조했다는 사실 자체는, 스콜라주의(scholasticism)만큼이나 낡은 것이라는 점을 제쳐두더라도, 분명히 말해서 특별하게 '보편주의적'인 것을 조금도 갖고 있지 않다. 물론 이러한 관점이 '보편주의' 노선에 속한다는 것은 맞다. 그렇지만 그것은 다른 수많은 노선에도 속하는데, 뒤르켐(Durkheim)의 완전한 실증주의 노선이 그중 하나다. 추측하건대, 낭만주의를 매개로 한 피히테와 슈판의 상관성을 가정하는 것은, 뒤르켐의 사고에서 피히테의 흔적을 찾는 것보다 약간 덜 비현실적이다. 이렇게 어투관계(phraseological relation)만으로 확신하는 태도는 어느 경우에나 오류를 야기하며, 그것이 기여할 수 있는 것이라고는 오로지 좀더 실체적인 관계에 대한 이해를 가로막는 것뿐이다.

헤겔[12]은 세 가지 측면에서 주목할 필요가 있다. 첫째, 그의 엄청난 성공 때문이다. 둘째, 그의 국가이론 때문이다. 그리고 그의 철학이 우리가 앞으로 진화주의라 부르게 될 것의 중요한 부분을 구성하기 때문이다. 셋째, 그가 마르크스의 사고형성에 영향을 미쳤기 때문이다.

---

12) 헤겔(G.W.F. Hegel, 1770~1831). 그의 저작 중에서 우리에게 가장 중요한 것은 『정신현상학』(*Phänomenologie des Geistes*, 1807; 2판과 영역본은 1931)이다. 또한 그의 매우 '추상적인' 논조를 조금이라도 명료화하는 데 기여할 수 있는 가장 '현실적인' 성과로는 『논리학』(*Wissenschaft der Logik*, 1812~16; English trans. 1929)과 『역사철학 입문』(*Vorlesungen über die Philosophie der Geschichte*; 강연원고를 편집·출판한 해가 1837년, 개정판과 영역본은 1899년)이 있다.

첫 번째 요인과 관련해서, 나는 다만 이것 때문에 헤겔의 철학이 우리가 탐구하고 있는 시대정신의 한 가지 구성요소가 되었다고 말할 수 있을 뿐이다. 좀더 말하지 못하는 이유는 그 성공이 내가 설명할 수 있는 선을 넘어서는 것이었기 때문이다. 나는 (헤겔이—옮긴이) 독일에서 일시적으로 성공한 이유를 (그가—옮긴이) "나의 모든 학생 중에서 한 사람만이 나를 이해했는데, 그조차 나를 오해했다"고 말했다고 믿던 철학자였다는 것으로 설명할 수 있을 것이다. 아마도 나는 또한, 헤겔의 철학이 매우 다양하게 해석될 수 있다는 사실에 비추어, 독일사상계에 대한 헤겔의 영향이 상당기간 지속되었을 뿐만 아니라 20세기에도 강하게 되살아난 이유를 부분적으로나마 설명할 수 있을 것이다. 그러나 그가 영국, 프랑스, 이탈리아, 미국 같은 나라에, 즉 이 나무(헤겔철학—옮긴이)가 자라기에는 틀림없이 유리하지 않은 토양에 지대한 영향을 미쳤다는 점은 나의 이해능력을 넘어서는 것이다. 두 번째 요인에 대해서는 이 장의 4절에서 논의할 것이다. 이제 우리의 관심사는 세 번째 요인, 즉 헤겔이 마르크스에게 미친 영향이다.

많은 마르크스주의자——철학적인 성향의 마르크스주의자들만이 아니라——는 마르크스주의가 헤겔주의에 뿌리를 두고 있으며, 의존관계와 '변증법적 방법'의 수용이 마르크스주의 교리의 일부를 구성한다고 말하는 쪽에 가깝다. 그러나 마르크스 자신은 이와 다른 견해를 갖고 있었다. 『자본론』 1권의 「2판 서문」에서, 그는 우리에게 자신이 철학도 시절에는 헤겔주의자였으며, 헤겔철학에 대한 청년기의 선호를 결코 잃어버린 적도 없고, 이 철학에 대한 자신의 피상적 비판은 오로지 그것과 '놀아보려는' 자신의 취향을 강화하는 데 기여했을 뿐이지만, 자본주의 사회라는 사실을 실증적으로 탐구하는 과정에서는 결코 이 철학에 이끌린 적이 없다고 말한다. 내가 보기에, 이 말은 수용할 만하다. 물론 많은 저자가 종종 자기자신의 절차를 잘못 해석하므로, 마르크스에게도 잘못을 범할 가능성이 존재한다. 그러나 그가 잘못하지 않았음을 보여줄 수 있다. 왜냐하면 그의 모든 명제는, 경제적 · 사회적 명제만이 아니라 자본주의적 과정 전체에 관한 그의 비전까지 포함해서, 철학 외부의 원천——이를테면 리카도의 경제이론——에서 비롯된 것이거나, 심지어 그 자신의 엄밀하게 경험적인 분석의 결과로 이해될 수 있기 때문이다. 그의 설명에서 드러나는 헤겔주의는, 우리가 어느 경우에나 그의 논증의 실체에 영향을 미치지 않으면서 폐기처분할 수 있는 형식적인 문제에 불과하다. 아마도 의심할 만한 것으로 여길 수 있는 것은 아래서 논의되는 경우가 유일할 것이다.

'관념론적'(즉 형이상학적) 철학이 도전받지 않고 통치한 적은 결코 없다. 시간이 흐르면서, 부르주아적 합리성과 연결된 물질론의 움직임이 공리주의의 흐름과 무관하게 나타났다. 무엇보다도 이것은 헤겔에 대한 물질론적 해석을 자극했다. 몇몇 사람은 그의 형이상학적 개념이 그의 일반적인 추론양식에 실질적으로 필요한 것이 아님을 발견했다. 다시 말해서 후자는 전자가 없더라도, 따라서 전자를 배제하더라도 존립할 수 있음을 알아챘다. 그 과정에서 곧바로 물질론으로 전환한 헤겔주의자들 중에 아마도 가장 중요한 인물은 포이어바흐일 것이다.[13] 이 시기의 마지막에 나타났으며 오로지 이들의 대중적인 성공이 이 시기의 중요한 특징을 보여준다는 점에서만 의미가 있는 '자유로운 사상가들'

---

13) 포이어바흐(L.A. Feuerbach, 1804~72)의 가장 중요한 저작인 『기독교의 본질』(*Das Wesen des Christenthums*, 1841; 영역본과 2판은 1877)은 두 가지 측면에서 핵심적인 위치에 있다. 첫째, 그것은 헤겔의 형이상학 중에서 '자유롭게 생각하는' 후계자들을 대체로 힘들게 했던 부분, 즉 종교적인 신념을 지지하는 것처럼 보이는 부분의 토대를 공격했다. 둘째, 그것은, 덜 직접적이긴 했지만, 헤겔의 형이상학도 함께 공격했으며, 철학을 엉터리 사회학으로 전환——이것은 이 시기의 가장 중요한 특징이다——시켰다. (포이어바흐의 사고체계에 대한 마르크스의 무자비한 적대감——물론 마르크스가 포이어바흐에게서 영향받았음을 무시할 수는 없지만——에 대해서는 아래 3절의 3항을 볼 것.)

(기계적이거나 감각주의적인sensationalist 물질론의 주창자들)의 불운은 부분적으로 그(포이어바흐—옮긴이)에게서 비롯된 것이지만, 그 정도는 우리가 생각할 수 있는 것보다 그리고 많은 역사가가 가정하는 것보다 약하다. 다시 한 번 말하거니와, 이념의 폭넓은 조류들을 분석하는 과정에서 우리는 너무도 쉽게 동일한 분화구에서 솟아오른 거품들 사이의 상관성을 가정하곤 한다. (그러나 이는 잘못이다—옮긴이.)

3. 콩트의 실증주의

물론 이 시기의 철학적 사유양식은 이 책에서 제시되는 것보다 훨씬 더 풍성했다. 그러나 우리는 그중에서 오로지 또 하나의 줄기에만 주목할 것인데, 이것은 이 시기 시대정신의 또 다른 주요 구성부분을 구현하고 있을 뿐만 아니라 경제학자에게 특히 중요한 것이기도 하다. 프랑스에서 전문철학은 신기하게도 영국의 경험주의에서 비롯되거나 콩디야크에 대한 수용이나 반발에서 비롯되거나 스코틀랜드 '상식'(학파—옮긴이)에서 비롯된[14] 이념들과 얽히긴 했지만, 계속해서 데카르트적 전통을 고수했다. 나는 반형이상학적 분파——이 말의 그 어떤 다른 가능한 의미도 무시하면서, 다양한 방식으로 모습을 드러낸——를 실증주의자라고 부를 것이다. 이것은 생-시몽(Saint-Simon)이 넌지시 비치고 콩트(Auguste Comte, 1798~1857)가 구체화했던 것에서, 그것의 적절

---

14) 이 집단은 대체로 가치판단에 따라 절충주의로 정의되는데, 이는 이 집단의 가장 중요한 인물인 쿠쟁(Victor Cousin)에 대해서는 아마도 온당한 평가가 아닐 것이다. 이 집단은 루아예-콜라르(Royer-Collard)라는 강력한 개인을 중심으로 해서 정치이론가들과 정치가들(그리고 역사가들)로 구성된 또 다른 집단(이것은 '독트리네르'doctrinaire파〔이 집단은 왕정복고 후 입헌왕정파의 이론적 지주로 활동했다—옮긴이〕라 불렸는데, 여기에는 수상까지 지낸 역사가 기조Guizot 같은 인물들이 속해 있었다)과 연결되었다. 이 두 집단은 1815년에서 1848년 사이의 파리의 모습에서 중요한 요소며, 이들의 사상은 이 시기 경제학자들의 사상과 평형관계를 유지했다. 그러나 내가 여기서 이 관계를 언급하는 이유는 오로지 그것을 좀더 살펴볼 수 없음을 사과하기 위함일 뿐이다.

한 표현에 가장 가까운 모습을 발견할 수 있다. 콩트는 이론 물리학자로 교육받은 사람으로서, 그의 『실증철학 강의』(*Cours de philosophie positive*)는 서로 다르면서도 논리적으로 독립적인 두 가지 필요성을 충족하고 있다. 그 첫째는 (현실에서 — 옮긴이) 멀어지는 형이상학적 사변 때문에 남겨진 빈 곳을 채워넣을 일반적인 사고체계의 필요성, 즉 철학(이나 종교)에 대한 대안의 필요성이며, 둘째는 빠르게 성장하는 전문 연구에 어떠한 질서를 부여할 일반적인 사고체계의 필요성이다. 스펜서(Herbert Spencer)의 『종합철학 체계』(*Synthetic Philosophy*) ── 실제로도 '종합적'이었다! ── 는 1862년부터 (『첫 번째 원리』*First Principles*, 『생물학』*Biology*, 『심리학』*Psychology*, 『사회학』*Sociology*, 『윤리학』*Ethics* 순으로) 계속해서 간행된 책으로, 어떤 의미에서는 이 두 가지 필요성을 충족시키려는 또 다른 시도였다.

콩트의 『실증철학 강의』는 1830~42년 사이에 총 여섯 권으로 출판되었다. 콩트의 다른 저작 중에서는, 오직 밀과 교류했던 서한집(*Lettres d'Auguste Comte à John Stuart Mill*, 1841~46, 1877년에 출판됨)만이 우리의 관심대상일 뿐이다. 나머지 저작에 관한 한 언급하지 않을수록 좋다. 독자들은 내가 콩트와 그의 저작을 언급할 때, 오로지 이 두 출판물만을 염두에 두고 있음을 명심하기 바란다. 왜냐하면 그의 말년의 변화로, 실증주의와 콩트주의는 매우 다른 의미를 갖기도 하기 때문이다.

위에서 설명했듯이, 『실증철학 강의』는 신중하게 구분해야 할 두 측면을 보여준다. 첫째로 그것은 우리의 모든 지식이 주어진 현상들 사이의 불변의 관계에 대한 지식이며, 사변과정으로는 이 현상들의 본질이나 인과관계를 결코 이해할 수 없다는 교리를 설명해준다. 이러한 실증주의는 초기경향을 요약한 것으로, 어떤 측면에서는 훨씬 더 흥미진진한 이후 시기의 경험비판주의(empiriocriticism)를 미리 보여준다. 이것은 기술적인 의미 ── 부정적인 의미이긴 하지만 ── 에서 하나의 철학교리며, 어떠한 특정과학의 연구든 조금도 영향을 미치지 않고, 그러할 수도 없는 것이다.

그러나 둘째로 콩트의 주요한 관심사는 실제로 이러한 철학이 아니었다. 『실증철학 강의』는 어떻게 우리가 박식가들(아마도 백과전서파를 지칭하는 듯—옮긴이)의 시대에 그토록 중요한 현실이었던 모든 인간 지식의 유기적인 통합을 전문화가 불가피한 시대에도 확보할 수 있는가라는 의문에서 시작한다. 이에 대해 그는 우리가 이 목적을 위해서 또 하나의 전문성, 즉 일반성($généralités$)에 관한 전문성을 창조해야 한다고 답변한다. 이 생각은 어떠한 철학적 의견을 갖고 있는지와 아주 무관한 의미를 갖고 있으며, 이후에 다시 주목받게 되었다. 『실증철학 강의』는 이 생각을 특수한 방식으로, 그리고 특수한 관점에서 구현하려는 시도다.

콩트의 특수한 방식은 이것이었다. 그는 모든 과학적 지식(자신이 인식하지도 못한, 과학 이외의 곳에서 나온 지식까지)의 총합을 하나의 과학 위계제 아래 배열하거나, 비유해서 말하자면, 건물을 세우고자 시도했다. 이 건물은 층마다 다양한 과학이 차지하고 있는 것으로, (그 순서는—옮긴이) 논리학과 수학이라는 기초로부터 사회문제에 관한 것으로 올라가는 것이었다. 여섯 개의 층에는 각각 수학, 천문학, 물리학, 화학, 생물학 그리고 사회에 대한 과학인 사회학——없을 때 (그 중요성이—옮긴이) 한층 더 두드러지는 심리학을 포함해서—— 순으로 배치되었다. 그리고 나서 그는 실제로, 비유적인 표현을 계속하자면, 각각의 층에 자신이 그다음 층에 위치하는 과학을 위해 가장 중요한 과학적 요소로 인정했던 것을 배치했다. 이러한 생각이나 그 실행의 장엄함이나 한계에 대해서는 그 어떤 것도 말할 수 없고, 말할 필요도 없다.

콩트는 사회과학 일반, 특히 경제학에 미친 영향이 상당했으며, 세기 말에 힘(momentum)을 결집시켰다. 이것은 그의 '철학' 때문이 아니라, 그가 스스로 사회학적 작업을 했기 때문이었다. 이 장의 나머지 부분과 다음 장에서 그가 기여——구성적인 부분과 비판적인 부분을 모두——한 부분을 살펴볼 것이다. 그렇지만 네 가지의 가장 중요한 기여를 다음과 같이 열거하고, 그중에서 먼저 두 가지를 설명하는 편이 적합할 것이다. (1) 콩트는 신생학문에 사회학이라는 명칭을 부여하고 그에 대한 연구프로그램을 개관했는데, 이 프로그램은 이후 사회심리학에서 나타난 발전을 예견하게 만드는 것이었다. (2) 앞으로 보게 되겠지만, 이 사회학은 19세기 사회진화의 개념에 부합되는 것이었다. (3) 그는 사회과학에 정학(Statics)과 동학(Dynamics)이라는 개념을 도입했다. (4) 그는 자신을 '고전파' 경제학의 분석절차에 대한 비판으로 이끌었던 방법론을 개발했는데, 이것은 이후의 수많은 비판을 예견하게 만드는 것이었다. 이제 (3)과 (4)에 대해 언급해보자.

(3) 콩트는 기본적으로 사회진화에 관심이 있었다.(아래 4절 4항 참조) 그러나 그는 진화이념으로는 사회유기체가 드러내는 모든 문제를 설명할 수 없음을 충분히 깨달았다. 다른 방식으로 접근해야 할 비진화적 현상이나 측면도 존재했기 때문이다. 그래서 '사회적 본능'에 대한 사실들과 명제들로 구성된 또 다른 집합을 고안했다. 이 본능은 어떠한 균형화 과정에 힘입어 '자발적인 사회질서'를 산출하기 위해 서로에 대해 작용하고 반작용하는데, 그는 이에 관한 사실들과 명제들로 구성된 집합을 진화적 복합체(compound), 즉 자신이 '자연과정'에 대한 이론이라 명명했던 것 옆에 나란히 배치했다. 그의 말에 따르면, 그는 동물학자 블랭비유(H. de Blainville)의 말을 차용해서 전자와 후자를 각각 정학과 동학으로 명명했다. 이 용어를 경제이론에 도입했던 밀은 콩트의 생각에 아주 친숙했으므로, 비록 그가 그렇다고 말한 적은 없다고 해도, 콩트에게서 그것(이 용어-옮긴이)을 차용했다고 보는 것이 자연스럽다. 만일 그렇다면, 밀이 '수학적 문구의 행복한 일반화'에 대해 말하는 부분(*Principles*, Book IV, ch.1)에는 오류가 있다. 이 구분의 중요성을 인식하지 못하는 많은 사람은

그것(구분―옮긴이)을 역학적인 사고방식의 잘못된 파생물로 비난하기 때문에, 이제는 차용――어떤 식으로든 우리에게 강요되는 구분 자체에 대해서가 아니라 말 자체에 대해서――에 관해 말하는 것이 일리가 있는 한, 궁극적으로 빌려준 곳은 역학이 아니라 동물학이라는 사실을 밝힐 필요가 있다. 이후에 우리는 이 주제에 대해 한 번 더 언급하게 될 것이다. 그렇지만 정학과 동학에 관한 밀의 정의는, 내가 아는 한, 콩트의 정의에 부합되지만, 그 뒤에 이 용어들은 약간 다른 의미를 지니게 되었으며, 오늘날에도 여전히 다른 의미로 이용되고 있다는 사실만큼은 언급할 필요가 있다.

(4) 방법론상으로, 콩트의 생각은 역사적이면서 인류학적인(ethnological) 사실들을 관찰하고, 이런 사실들이 시사하는 바를 일반화함으로써 사회에 관한 자신의 과학을 건설하려는 것이었다. 물론 이것은 수많은 저자, 특히 역사적 경제학자들(historical economists)에게서 그 당시만이 아니라 이후에도 지지받았던 프로그램과 아주 비슷하다. 좀더 중요한 것은 역설적인 사실을 깨닫는 것이었다. 역사적 경제학자가 이 (콩트의―옮긴이) 생각을 수용하는 것은 완벽하게 자연스러운 일이었지만, 콩트가 그렇게 하는 것은 결코 자연스러운 일이 아니었기 때문이다. 역사가, 그러므로 역사적 경제학자는 사회생활에서 경제적 요소를 분리시키려는 어떠한 이론도 불신한다. 사실상 그에게 이론은 사변적이고 비현실적인 것이다. 설상가상으로 그것은 방법론을 물리학에서 차용한 사변적 구성물이기도 하다. 그에게는 모든 역사적 단면에 있는 실제적 현상――경제적·윤리적·법적·문화적 단면을 모두 동시에 고려했을 경우에――만이 사회적 탐구의 진정한 대상이므로, 그 방법론은 (물리학에서 차용한 것과―옮긴이) 틀림없이 다른 것이어야 한다. 그러나 콩트는 이와 같이 주장할 수 없었다. 반대로 그는 물리학자의 방법론을 수용하고자 했다. 그가 비과학적 사변이라는 이유로 '고전파' 경제학자들을 비난할 때, 그 의미는 역사학파 경제학자들이 제시했던 의미에 정확히 반대되는 것이었다. 그런

데 여기서 그는, 밀이 알아챘듯이, 완전히 오류에 빠져 있었다. 그렇지만 그의 비판에 오류가 있다는 점 말고도 그는 방법에 관한 선택에서도 오류를 드러냈다. 물리학은 분석되지 않은 사실을 받아들이지 않는다. 물리학자는 실험실에서 실험하거나 (이것이 가능하지 않다면) 사고실험을 통해 각각의 측면들을 분리하거나 고립시키며, 그러고 나서는 경제학자들이 과감하게 시도했던 수준을 훨씬 더 능가할 정도로 대담하게 그것들을 이론화한다. 만일 콩트가 이러한 의미에서 '과학적'이고자 했다면, 그는 벤담과 세, 그리고 이후에 밀이 수용했던 방법을 그대로 채택해야 했을 것이다.

그런데 그는 자신이 실수로 채택했던 것(분석되지 않은 역사적 · 인류학적 사실들로부터의 일반화)을 그대로 고수했으며, 그가 후기 역사학파의 논증의 일부를 미리 보여주었다면, 이 역시 그가 또 한 번 실수로 그렇게 했을 것이다. 여기서 경제학에 대한 그의 솔직한 무지와 경제학을 비판하는 생-시몽의 편견은 당연히 두 사람의 심리상태에 그 뿌리가 있다. 이러한 오류의 희극은, 그 위에서 그가 **진정으로** 형이상학적인 사변에 몰두했었음을 우리가 깨닫게 될 때, 완전해질 것이다. 그렇다면 우리가 콩트의 영향이라 생각하던 것은 상당 부분 축소된다. 슈몰러(Schmoller)가 이끌던 후기 역사학파의 경제학자들은 결코 콩트주의자가 아니었다. 이들의 철학적 · 방법론적 교류관계는 아주 다른 것이었다. 이들은 자신들의 지적 입장의 논리로부터 '고전파' 이론에 대한 반론을 끄집어냈다. 이들은 심지어 콩트가 존재하지 않았더라도 거기에 도달했을 것이다. 그러한 논리나 그 일부가 역사학파에게는 콩트주의처럼 보였다고 해도, 그것은 단지 우연의 일치일 뿐이다.[15] 물론 다른 역사주의 학자들에게는 콩트가 좀더 큰 영향

---

15) 사회학의 경우에는 여기에 해당되지 않는다. 많은 사회학자, 특히 프랑스 사회학자들(로베르티Roberty, 뒤르켐 등)은 콩트의 후예였다. 그러나 방법논쟁에 참가했던 경제학자들에 관한 한, 이론가 멩거는 역사가 슈몰러보다 훨씬 더 강한 콩트주의자였다.

을 미쳤음이 분명하다. (이를테면 잉그램Ingram[이 그런 인물인데, 이 사람─옮긴이]에 대해서는 이 책, 3권, 4부 4장 참조.)

2절 낭만주의와 역사학

이 시대 문헌들의 흐름을 탐구해보면, 물론 이것이 가능하다면, 시대정신에 대해 많은 것을 알 수 있을 것이다. 예를 들어 디킨스(Dickens), 새커리(Thackeray), 플로베르(Flaubert) 등의 소설이 성공을 거두었다는 사실에서 아주 흥미로운 점을 추론할 수 있는데, 이 소설들은 실제로 사회학적 보고──대체로 그것을 읽는 사람들의 탓으로 돌릴 수 없는 이데올로기로 너무나 강하게 채색된 것이긴 하지만──이기도 하다. 또는 이와 매우 다른 사례이긴 하지만, 18세기[16)]에 시작되어 19세기에도 여전했던 독일인들의 그리스 예술에 대한 열광을 분석할 경우에도 많은 것을 알 수 있을 것이다. 이에 대해 더 이상 설명하지는 않을 것이다. 그렇지만 낭만주의라는 문예운동이 존재했다는 사실에 대해서는 그냥 지나칠 수 없는데, 이는 부분적으로 사회과학의 발전과 관련해서 그것이 지닌 실질적인 중요성 때문만이 아니라, 부분적으로 그것의 탓으로 잘못 알려진 중요성 때문이기도 하다.

1. 낭만주의

낭만주의 운동은 그것의 문화적 대립항인 공리주의와 마찬가지로 18세기에 시작되었다. 우리는 그것의 분석적 성과에 주로 관심이 있기 때문에, 헤르더[17)]라는 위대한 이름을 우리의 이정표로 선택하는 편이 가

---

16) 1764년에 출간된 빙켈만(J.J. Winckelmann)의 『고대예술의 역사』(*Geschichte der Kunst des Altertums*)는 이에 관련된 징후나 인과관계를 모두 보여주는 책이다.

17) 헤르더(J.G. von Herder, 1744~1803). 그의 저서 중에서 낭만주의 색채가 가장 강한 것은 『새로운 독일문학에 관한 단상』(*Fragmente über die neuere*

장 현명한 방법일 수 있다. 공리주의와 달리 낭만주의는 철학이나 사회적 강령이 아니었으며, 정치적이거나 경제적인 **체계**도 아니었다. 그것은 본질적으로 인생과 예술에 대한 특정한 태도와 연결된 하나의 문예사조(literary fashion)였다. 한편에서 이 운동은 완전히 지식인 집단에 국한된 것이있다. 지식인이 아닌 낭만주의자는 없었다. 다른 한편에서 이 운동은 주로 문학(belles lettres)영역과 그 인접부문인 문학비평과 철학영역에서 국제적인 중요성을 획득했다. 회화, 건축 그리고 음악영역에서는 (이를테면 '고딕양식의' 공포물 같은 유행을 창조하긴 했지만) 크게 주목받지 못했으며, 어느 것을 접촉하든지 간에 거의 주변적인 영향에 그쳤다. 그렇지만 문학사에서는 인상적인 이름목록을 수집하는 것이 실제로 가능한데, 바이런(Byron), 알피에리(Alfieri), 셸리(Shelley), 워즈워스(Wordsworth), 콜리지(Coleridge), 스콧(Scott), 롱펠로(Long-fellow), 샤토브리앙(Chateaubriand), 고티에(Gautier), 위고(Hugo), 횔덜린(Hölderlin), 노발리스(Novalis), 브렌타노(Brentano), 아르님

---

deutsche Litteratur, 1767)이며, 우리에게 가장 중요한 것은 『언어의 기원에 관한 연구』(*Über den Ursprung der Sprache*, 1772)와 『인류역사에 관한 철학적 탐구』(*Ideen zur Philosophie der Geschichte der Menschheit*, 1784~91)다. 그러나 헤르더의 사상은 낭만주의를 뛰어넘는다. 그의 저작에서 낭만주의의 영향과 낭만주의에 대한 영향은 거의 한 측면이나 진배없다. 사회학자로서 그는 또한 환경주의자 유형의 영향을 체험했고, 그러한 영향력을 행사했다.(아래 3절의 3항 참조) 그는 거의 경험주의자 정신에서 칸트의 미학에 대해 싸웠으며, 그의 『인류역사에 관한 철학적 탐구』에는 스펜서주의자들이 갖고 있는 문화적 변화에 관한 견해를 담고 있는 구문도 존재한다. 그는 언어, 문학, 예술, 종교, 신화학─비교철학, 비교신화학, 종교문학을 포함해서─에 관한 자신의 이론에 힘입어 몇 가지 중요한 18세기(전통─옮긴이)의 후계자로 인정되듯이, (그런 이론에 힘입어─옮긴이) 홉스-로크-흄으로 이어지는 전통에 포함된 것을 가지고 있는 몇 가지 중요한 근대적 경향의 선구자로 평가된다. 이러한 이념들의 교차흐름은 19세기 시대정신의 많은 특성을 해명해주는데, 설령 우리가 이 흐름을 상세하게 이해하지 못한다고 하더라도, 위안을 얻을 수 있는 것은 그것이 경제학을 조금도 풍요롭게 만들지 못했음이 틀림없다는 사실이다.

(Arnim), 두 명의 슐레겔(Schlegel) 등이 그들이다.[18] 우리가 낭만주의의 성과와 낭만주의자들의 진지한 작품에 대해 살펴보아야만 하는 이유는 바로 여기에 있다. 으레 지식인들이 그러하듯이, 이들도 분명히 근거지에서 나와 자신을 끌어당겼던 철학과 사회과학의 모든 영역을 배회했다. 우리는 여기서 이러한 여행에서 그들이 남긴 업적에 대해서도 관심이 있다. 그러나 이러한 것을 고려하는 과정에서 낭만주의의 업적의 핵심을 놓쳐서는 안 되며, 중요한 것이 사소한 취미거리에 섞인 채 발견될 수도 있으니 주의해야 한다는 점을 명심해야 한다.

그러나 문학의 경우에도, 우리는 앞의 소규모 이름목록에서 실제로 자명하게 나타나며, 좀더 확장된 목록에서는 훨씬 더 분명하게 드러나는 한 가지 사실에 의해 충격받을 수밖에 없는데, 그것은 바로 하나의 의미나 또 다른 의미에서 흔히 낭만주의로 호명될 수 있는 작품과 사람들이 공통점을 거의 갖고 있지 않으며, 나란히 놓을 경우 너무도 이질적으로 보인다는 점이다. 이러한 충격은 우리가 낭만주의자의 태도란 무엇인지에 대해 정의하고자 시도하면 곧바로 사라질 것이다. 외견상 이 태도는 고전적인 예술관, 이를테면 아리스토텔레스의 연극의 세 가지 (시간, 장소, 행동) 일치(이것은 프랑스 고전파의 희곡에서 엄수된 희곡 구성상의 법칙이기도 했다—옮긴이)에 대해 반발하는 태도를 분명히 했다. 그러나 이러한 겉모습 배후에는 훨씬 더 중요한 것, 즉 관습, 특히 합리화된 관습에 대한 반발이 있었다. 이것은 냉정한 이성에 반대해서 (가능한 한 진짜) 감정을, 공리주의 논리에 반대해서 자발적인 충동을, 분석에 반대해서 직관을, 지성에 반대해서 '영혼'을, 계몽의 인공물에 반대해서 민족사의 로맨스를 각각 내세우는 것이었다. 우리는 이러한

---

18) 괴테(Göethe)는 매우 위대해서 따로 분류해야 하며, 게다가 그는 낭만주의를 지독하게 싫어했다. 그러나 그의 작품은 초기와 후기에서 모두 수많은 낭만주의 요소를 보여주고 있다. 괴테가 엄격한 의미에서 '고전주의'에 속했거나 거기에 속하고자 노력했던 것은 바로 그가 (고전주의와 낭만주의의—옮긴이) 중간에 있었기 때문이다.

태도를 반지성주의(anti-intellectualism)——이 용어가 아래에서는 다른 의미로도 사용되겠지만——라 부를 것이다. 낭만주의 운동이 지식인에 한정된 것이——며 그래서 그것은 보통 사람들이 반지성주의라 부르는 것과 아주 다른 의미를 갖고 있——었음을 기억한다면, 우리는 지식인의 반지성주의라는 명백히 역설적인 명칭을 꺼릴 필요는 없다. 이렇게 볼 때, 낭만주의라는 현상은 현실적으로 잘 알려진 계급 내부에서 나온 것이다. 다른 노동자들처럼 지식인들도 때로는 자신들의 도구에 대해 싫증을 느껴, 그것들을 '버리고' 대신 주먹을 사용하고픈 욕망에 사로잡히는 듯하다.

무엇보다도 이러한 진단은 낭만주의를 일관된 전체로 체계화해서, 이를테면 우리가 공리주의의 이념이나 프로그램을 확인할 수 있는 것만큼이나 쉽게 낭만주의의 이념이나 프로그램을 확인할 수 있는 기준을 고안하는 것이 불가능한 이유를 설명해준다. 이 (낭만주의—옮긴이) 운동은 격동적인 특성을 보인다. 그것의 풍성함은 기본적으로 이러한 사실에서 비롯된 것이다. 그 영향을 체험한 개인은 일단 충격으로 흔들린 후에 어느 방향으로나 움직일 수 있는 자유를 얻게 된다. 이것은 특히 개인적 낭만주의자의 정치적·경제적 관점에 적용되는데, 이 관점은 이후에 역사가들이 거기에 공감할 경우라면 자신이 인정했던 방향으로, 거기에 적대적이라면 스스로 부인했던 방향으로 각각 통합하고자 시도했던 것이다. 그 결과는 두 경우 모두 비현실적인 것이었다. 낭만주의는 정치적 '반동'으로 확인되었다. 사실상 그 시대의 흐름을 좇았던 수많은 낭만주의자는 환경변화에 맞추어 보수주의나 '반동주의자'로 변모했으며, 그들 중의 일부는 심지어 '반동적인' 정부에 고용되기도 했다. 그렇지만 강력한 대중지도자인 괴레스(Joseph von Görres)의 사례에서 추정할 수 있듯이, 이 운동의 본질적으로 혁명적인 성격은 결코 사라진 것이 아니었다. 낭만주의 이데올로기는 자유나 민주주의와 관련해서 벤담주의 이념과 대비되었다. 사실상 낭만주의에서 자유는 밀의 글에서 나타나는 자유가 아니었으며, 낭만주의에서 민주주의는 벤담의 기계주의적인 것이 아니었다. 그렇지만 일부 낭만주의자들은 사람들에게, 이들이 존재하고 생각하며 느끼는 과정에서 자유와 민주주의가 어떠한 의미로 다가오는지에 대해 공리주의자나 스스로 구상한 논리적 도식을 현존하는 사회적 양식(social pattern)에 주입하고자 했던 그 어떤 사람보다도 깊게 이해했다고 말할 수 있을지도 모른다.

낭만주의는 또한 천주교도(Roman Catholic)의 신앙을 선호하는 강력한 취향——우리가 지식인에 대해 말하고 있기 때문에 취향이라는 단어가 맞다——을 드러냈다. 진실로 낭만주의자들은, 살아 있는 현실에 대한 자신들의 느낌과 함께, 강력한 구조에 대해 공리주의자들과 매우 다른 느낌으로 바라볼 수밖에 없었다. 또한 적어도 19세기 초에는 이들의 운동이 가톨릭 부흥운동과 나란히 나타났거나 결합되었던 것이 사실이었다. 그렇다고 해서 양자를 혼동하는 것은 매우 잘못된 것이다. 가톨릭 운동의 지도자들(괴레스가 가장 대표적인 사람이며, 샤토브리앙은 의심스럽다) 중에 낭만주의 운동에서 두드러진 인물은 거의 없었다. 이들은 대부분 그것에 대해 냉정하게 주고받는 무관심으로 일관했다. 마지막으로, 낭만주의가 '보편주의적' 사회철학과 연결되었다면, 그 이유는 오로지 낭만주의자들이 공리주의 유형의 합리주의적 개인주의에 반대했기 때문이었다. 그러나 이들이 칭송하던 감정, 직관, 충동은 주관적이고 개인적인 감정, 직관, 충동이었다. 이러한 극단적인 주관주의는 그 어떤 구속력 있는 규칙도 갖고 있지 않았는데, 괴레스가 이들에 대해 반대했던 이유도 바로 이것이었다.

독자들은 당연히 다음과 같은 질문을 던질 것이다. 이와 같은 운동이 경제학에 기여한 바는 무엇인가? 물론 그 대답은 실제문제에 관한 태도, 기술적 분석의 이데올로기적 후광이나 그에 대한 기분 따위에 대해 우리가 어떻게 생각하느냐에 따라 달라질 것이다. 낭만주의라면, 아니 낭만주의적 태도에 의해 영향받은 저자라면 누구라도, 당연히 개인의 삶과 그 문제를 비부르주아적 정신에서 바라보면서 벤담주의자와 아주 다른 관점을 택할 것이다. 좀더 일반적으로 말해서, 그는 사회적 양식과 과정의 다채로운 다양성을 철저하게 합리화된 쾌락적 이해관계에 관한 몇 가지 단조로운 일반화로 환원시키려는 공리주의적 경향에 대해 건전한 혐오감을 느낄 것이다. 그리고 그는 공리주의가 비워둔 곳에 역사적으로 독특할 뿐만 아니라 초합리적인 가치(앞서 언급했듯이, 이 가치가 낭만주의자마다 크게 다를지라도)를 지닌 사원을 긴립——하거나 심지어 그(공리주의—옮긴이) 관점에서 보면 의미 없는 것에 불과한 것들에 대해 임시집적소를 제공——할 것이다. 일부 낭만주의 저자들에 따르면, 이러한 설명 중 상당 부분이 진짜처럼 들리지 않을 수도 있다. 그렇지만 분명히 해두어야 할 것은 이 모든 것이 말 그대로 틀린 것은 결코 아니라는 점이다. 과학적 진실의 탐구에 관한 역사에 적절한 관점이 (이 역사를—옮긴이) 포괄적으로 인정하는 문제에도 적절한 것은 아니다. 그렇지만 우리는 실증분석에 분명하게 기여한 것들에 대한 목록을 작성할 수 있다.

기술적 경제학에 관한 한, 기록될 만한 것이 없다. (낭만주의—옮긴이) 운동의 본질을 고려할 때, 이것(기술적 경제학—옮긴이)은 오로지 우리가 기대해야 해지만 비판까지는 할 필요 없는 부분일 뿐이다. 내게 낭만주의의 열렬한 애호가들은 그(낭만주의 운동의—옮긴이) 본질의 기여를 고집함으로써, 전술적인 실수를 저지른 듯 보인다. 왜냐하면 그 본질이 그들로 하여금 뮐러(Adam Müller, 1779~1829)와 같은 인물을 영웅으로 만들도록 강요했기 때문이다. 사정이 이러하다면, 우리는 '경제학의 낭만주의 학파'와 같은 것은 결코 존재한 적이 없었음을 솔직하게 인정해야 한다.

내가 생각하기에, 이 말(경제학의 낭만주의 학파—옮긴이)을 유포시킨 것은 바로 로셔의 논문("Die romantische Schule der Nationalökonomik in Deutschland", *Zeitschrift für die gesamte Staatswissenschaft*, 1870)이었으며, 뮐러에게 분에 넘치는 찬사를 보낸 것도 그 사람이었다. 이 '학파'와 관련해서 다른 사람을 발견하기가 매우 어렵기 때문에, 오늘날 '보편주의자들'

은 세 가지 방책에 의지하곤 한다. 첫째 이들은 결코 경제학자가 아닌 겐츠(F. Gentz)나 할러(K.L. von Haller) 같은 사람들을 포함시켰다. (그리고 관심 있는 독자들에게는 어떠한 참고문헌에서든 이들을 찾아볼 것을 당부했다.) 둘째, 이들은 이 학파의 거의 가장 끈질긴 관계를 맺었던 유명한 사람들, 실제로 존재했다면 리스트(F. List) 같은 인물을 그것의 일원으로 주장했다. 셋째, 이들은 당연히 천재라 불렸던 추가인물들을 발굴하는 임무를 스스로 떠안았는데, 이를테면 사회학자로 분류될 수 있는 바더(Franz von Baader; 그의 『전집』*Sämtliche Werke*, 1854에 실린 『조합철학』*Sozietätsphilosophie* 참조)가 거기에 속했다. 뮐러 자신에 대해서는(주로 *Elemente der Staatskunst*, 1809, new ed., 1922; *Versuche einer neuen Theorie des Geldes* ……, 1816, new ed., 1922; *Von der Notwendigkeit einer theologischen Grundlage der gesamten Staatswissenschaften*, 1819 참조. 또한 1930년에는 뮐러의 생애를 완전한 전기형태로 소개한 바 있는 복사Jacob Boxa 박사가 편집한 논문선집이 출간되기도 했다), 그의 경제학이 스미스의 사실과 주장의 일부——자유방임, 자유무역, 노동분업 등——에 관한 부정적인 평가(이는 그의 평가일 뿐 우리의 관심사는 아니다)와 조금도 쓸모없는 수많은 형이상학적 관점의 소개로 구성되어 있다고 말하는 것으로 충분하다.

이를테면 화폐는 오직 그것이 소유자를 바꾸는 순간에만 화폐며, 이 순간에 그것은 사적인 것(이른바 소농의 자유지*allod*)이 아니라 공공자산(public property, *feod*)이라거나 그것은 '국가적 가치'(national value)이거나 '국가의 힘'(national force)의 표현이다——그래서 어떻다는 것인가?——라고 말하는 데도 일리가 있다고 가정해보자. 형이상학적 의미에 관한 이러한 해석은 본질적으로 경험세계에 존재하는 관계들에 관해 우리가 아직도 알지 못하는 그 어느 것에 대해서도 우리에게 말해줄 수 없다. 그렇지만 나는 여기서 더 나아가길 원치 않는다. 나는 분석의 임무와 방법에 대해 평가하지 못하는 무지를 의미에 관한 철학적 비전이나 이해의 임무와 방법을 평가하지 못하는 똑같은 무지함 옆에 나란히 배치하고 비교할 의도가 조금도 없다. 나로서는, 독자들에게 그 어느 곳에서도 만나볼 수 없는 이 두 가지 다른 세계가 존재하지만, 그 어느 것도 쓸모없는 논쟁 말고는 우리에게 현상——이 말을 어떻게 이해하든지 간에——에 대해 조금도 말해줄 수 없다는 점을 이해시킬 수 있다면 충분하다. 나는 이 점을 강하게 부각시키기 위해서, 철학으로 고려될 때, 뮐러의 사변이 좋은 것인지, 나쁜 것인지라는 질문을 자제할 것이다.[19]

그러나 낭만주의 사회학에 대해, 적어도 낭만주의 저자들이 경제사회학, 정치사회학 그리고 일반 사회학에 분명하게 기여한 바에 대해서는 언급할 수 있을 듯 보인다. 한 가지는 이미 언급했다. 우리가 이것을 다시 한 번 거론하자면, 그것은 바로 제도와 제도 내 행위를 분석하는 데 인간의 의지, 관습, 신념 따위 같은 비합리적인 요소——필연적으로 비이성적인 것은 아닌——를 삽입했다는 점이다. 이 요소는 대체로 주어진 사회에 대해 특정한 모습을 부여하며, 그것이 없으면 사회와 그 사회의 반응양식을 이해할 수 없다. 헤르더나 노발리스[20] 같은 이름을 대표적인 사례로 언급할 수 있을 것이다. 특히 낭만주의에서 예술적 요소들은 심리적 관계와 반응들을 강조하는 데 그 원인이 있으며, 실제로 낭만주의자들이 근대 사회심리학의 선구자라는 관점은 일말의 진실을 담고 있다.[21] 이러한 기여를 보여주는 훌륭한 사례가 민족의 특성과 운명을

---

19) 우리와 오늘날 뮐러를 옹호하는 보편주의자들 사이에서 의미 있는 견해 차이가 나타날 수 있는 경우는 오직 이 문제와 관련된 것뿐이다. 아울러 이러한 언급에 대해서는 그들(보편주의자들-옮긴이)도 실질적으로 동의——특히 나 역시 정치적인 가치판단을 받아들일 준비가 되어 있으므로——해야 하는데, 왜냐하면 그들은 내가 낭만적이거나 어떠한 형이상학적 사변으로부터 자율성을 확보해야 한다고 주장하는 분야에 대해 항시 경멸하는 듯한 태도를 보이기 때문이다.

20) 노발리스는 독일 시인인 하르덴베르크(Friedrich von Hardenberg, 1772~1801)의 필명이다. 그의 체계화되지 않은 저작(*Gesammelte Schriften*, Obenauer, 1925)에서 흩어진 사회이론들을 끌어 모을 수는 있을 것이다. 칼라일이 그에 대해 쓴 저작이 있지만, 그 범위는 예술적 측면을 크게 벗어나지 않는다.

지칭하는 **민족정신**(National Soul, *Volksseele*)이라는 개념이다. 이러한 개념들은 지식인들에게 쉽게 수용되었으며, 이들과 함께 정서적 함의를 획득했다. 그러나 모든 철학적 비전만이 아니라 감정도 쉽게 제거될 수 있는데, 그 결과 민족정신은 매우 중요한 수많은 사실을 대변하는 말로서 모습을 드러냈다. 심지어 그것은 하나의 실재(entity)로서 이후의 수많은 사회학자에게 집단정신의 유형으로 호소력을 갖게 되었다. 이것이 얼마나 '긍정적인' 효력을 발휘했는지는 철저하게 비낭만주의자였던 콩트 같은 저자에게서도 그것이 발견된다는 사실로 미루어 짐작해볼 수 있다.

그러나 분석적인 경제학을 위해 낭만주의 운동이 지닌 최고의 중요성은 그것이 모든 종류의 역사적 탐구를 이끌어냈다는 점에 있다. 그것은 우리의 문명이 아닌 것에 대해 좀더 잘 이해하도록 가르쳤는데, 이를테면 중세나 유럽 외부의 문화세계가 그것이다. 이것은 새로운 전망, 좀더 폭넓은 지평, 신선한 문제를 의미하며, 무엇보다도 볼테르주의자들과 공리주의자들이 '이 계몽의 시대'에 앞서 존재했던 모든 것에 대해 공언했던 어리석은 경멸이 끝났음을 의미한다.[22] 이제 낭만주의의 영향이, 민족정신과 그밖의 모든 것을 포함해서, 적어도 표면적으로는 틀림없이 나타났던 사례 중에서 가장 중요한 **역사법학파**(Historical School of

---

21) 나는 이 견해에 무조건 동의하는 것은 아니다.(이에 대해서는 이 책, 3권, 4부 3장의 3절 5항을 볼 것)

22) 고티에(Théophile Gautier)는 때때로 낭만주의자들에 대한 동의어로 중세주의자(*moyennagiste*)라는 말을 사용하곤 했는데, 사실상 파리의 전체 낭만주의자 집단에 대해서는 이 두 용어가 매우 비슷한 의미를 지녔던 것처럼 보인다. 물론 중세문명에 대한 이러한 숭배가 자유주의자의 비웃음을 유발했음을 놓쳐서는 안 된다. 게다가 그것은 비역사적 이상화만이 아니라 (고티에의 경우에는) 붉은 조끼(red waistcoat: 아마도 중세의 사치나 화려함을 대표하는 옷을 의미하는 듯 보인다−옮긴이)까지 포함하고 있었기 때문에, 그 비웃음은 점점 더 심해졌다. 그러나 우리는 지식인의 어쩔 수 없는 간계를 꿰뚫어보고 용서해야 한다. 위의 숭배에 무지가 들어 있다면, 이성(*la raison*)에 대한 숭배에는 훨씬 더 많은 무지가 들어 있기 때문이다.

Jurisprudence)의 출현으로 눈길을 돌려보자. 우리에게는 이 학파가 또 다른 중요성까지 갖고 있는데, 왜냐하면 그것은 경제학에 비슷한 운동이 나타나도록 도움을 제공했기 때문이다.[23]

오랜 **농노해방 투쟁**(Wars of Liberation)을 겪은 후에, 민족적 흥분(exhilaration)이 다소간 직접적으로 통일된 독일을 가리키는 수많은 제안을 쏟아냈다. 거기에는 게르만법을 성문화하기 위한 제안들도 있었다. 그중 하나——뛰어난 법률가인 티보(Thibaut)가 제안한 것——는 전 국민의 주목을 받았던 사비니의 소책자[24]를 통해 역공을 받았다. 그(사비니—옮긴이)의 주장은 구체적인 사례보다 아주 높은 곳에 있었으므로, 일반적인 법사회학으로 이어졌다. 여기에 따르면, 국가의 법적 제도는 하나의 국가로서의 개별적 삶의 일부이자 그 삶 전체와 그것이 역사적으로 결정된 상황에 대한 표현이다. 그래서 그것(국가의 법적 제도—옮긴이)은 이 (하나의 국가로서의 개별적—옮긴이) 삶의 모든 친밀

---

23) 역사법학파의 영향은 특히 로셔에게서 분명하게 나타난다. 그는 법률가들에게 서 자신의 논리를 도출했으며, 법적 상황과 경제영역 사이에 밀접한 상관관계가 존재한다고 여기는 자신의 견해를 중요하게 취급했다. 다른 사람들, 이를 테면 존스(R. Jones)의 경우에는 이러한 영향이 입증되지 않는다.

24) *Vom Beruf unserer Zeit für Gesetzgebung und Rechtswissenschaft*, 1814. 사비니(Friedrich Karl von Savigny, 1779~1861)는 그 이전에 깜짝 놀랄 정도로 독창적인 저작(*Recht des Besitzes*, 1803)을 통해 당시 퇴폐적이었던 법학연구를 제자리로 돌려놓은 공로로 명성이 자자했던 법학자였다. 그는 아이히호른(J.G. Eichhorn: 역사법학파 집단 내에서 사비니가 로마법 전문가를 대표한다면, 아이히호른은 게르만법 전문가를 대표한다)이 『역사법학 잡지』(*Zeitschrift für geschichtliche Rechtswissenschaft*, 1815)를 창간함으로써, 그리고 자신의 저서인 『중세 로마법사』(*Geschichte des römischen Rechts im Mittelalter*, 1815~31)와 『현대 로마법 체계』(*System des heutigen römischen Rechts*, 1840~49)를 통해, 당시 독일의 법영역—학문분야나 (프로이센의) 관료세계를 모두 포함하는—에서 인정받는 지도자의 반열에 올랐다. 이는 한동안 역사(법—옮긴이)학파의 승리를 의미했다. 그러나 그를 이 학파의 창시자로 불러서는 안 된다. 적절한 기회에 다시 언급하겠지만 그는 하나의 경향을 훌륭하게 이끌고 발전시켰지만, 그 씨앗은 모두 이전에 뿌려진 것이었다.

한 관계와 필요성——다소간에 적절한 정식화를 발견할 수 있는——을 구현한다. 그것도 인간의 신체에 대해 피부가 하는 역할처럼 정확히 구현한다. 합리적으로 고안된 법조문으로 이러한 법적 제도를 대체하는 것은 인공물로 대체하기 위해서 신체에서 피부를 떼어내는 것과 같다. 그러므로 법을 연구해야 할 필요성——우리에게 문제가 되는 부분은 바로 이곳이다——은 몇 가지 합리적인 원칙이라는 관점이 아니라 그것이 민족의 정신이나 특성을 담고 있다는 관점에서 나온다. 그렇다면 그 결론——벤담주의 관점에 정확히 반대되는——은 역사적인 방법이야말로 과학적 법학을 추구할 수 있는 유일한 방법이 된다. 이것이 역사법학파의 강령과 프로그램을 한마디로 요약한 것이다.[25] 민족의 정신과 특성이라는 개념을 사용하기 때문에 법에 관한 역사사회학과 특수한 낭만주의 사상 사이에 강력한 유대관계가 형성되었는데, 아마도 그 정도는 당연히 그래야만 하는 수준을 훨씬 상회하는 듯 보인다. 왜냐하면 상식에 비추어보건대, 낭만주의가 없었더라도 역사법학이 존재할 수 있었기 때문이다. 이것은 또한 독일의 경제학자들에게도 똑같이 적용될 수 있다. 이들은 법을 교육받았거나 후대의 미국식 용어로 제도주의적 경향이라 이름 붙일 만한 것을 갖고 있었으므로, 역사법학파의 사례에서 영

---

25) 이 점은 다음과 같은 오해를 피하기 위해 반드시 기억할 필요가 있다. (1) 이러한 법사회학은 개혁에 순응한 것도, 저항한 것도 아니다. 그것은 사변적인 원칙에서 파생된 개혁에 반대하는 의미에서 오로지 '유기적' 필연성에서 파생된 '유기적' 개혁만을 옹호했다. 사비니는 위대한 **사법상**(Grand Chancellor)으로서 개혁작업을 수행했다. (2) 이 사회학은 역사적으로 주어진 조건을 강조했기 때문에, 옆구리에 '민족적'이라고 묘사될 만한 것을 갖고 있었다. 그렇지만 그것은 어떠한 '민족주의적' 함의도 갖고 있지 않았다. (3) 역사적인 정신 속에서 수행된 개혁작업조차 어떠한 일반적인 원칙과 이 원칙에서 추론된 결론을 가정하고 있었다. 사비니는 바로 이 점을 간과했는데, 그래서 그의 프로그램은, 아무리 그의 업적이 크다고 해도, 과학적으로 부적절하다. 경제학자인 우리가 보기에, 한편으로 이러한 오류에 주목하는 것이 매우 중요하지만, 또 다른 한편에서는 이 오류가 역사적인 방법의 유용성을 필연적으로 손상시키는 이유가 아님을 깨닫는 것도 아주 중요하다.

향을 받았음이 틀림없다.

2. 역사학

이 시기에 전문역사학(historiography)이 풍성하게 발전한 이유가 상당 부분 낭만주의의 이념 때문인지에 대해서는 오늘날에도 여전히 찬반 양론이 분분하다. 낭만주의적 분위기가 역사탐구에 대한 관심을 불러일으키고, 그 결과에 대한 대중의 수용 수준을 향상시켰음은 분명한 사실이다. 그런데 이것을 넘어 안전하게 나아가려면, 낭만주의가 모든 부문에 영향을 미쳤다는 일반적인 믿음보다 좀더 특별한 근거가 필요하다. 그렇지만 내게는 이러한 이유 하나가 실제로 존재하는 듯 보인다. 실제로 이 시기에는 하나의 국가나 정치체계나 정당의 존립근거를 변호하거나 기록된 인물과 사건들을 자신의 도덕적 · 문화적 관점에 따라 분류——그렇다, 마치 교사가 학생의 책을 품평하듯이——하는 역사가들이 아주 많았다.[26] 그러나 이와 다른 노선을 추구하는 움직임도 있었는

---

26) 그래서 매콜리(Macaulay)는 영국만이 아니라 휘그당에 대해서도 존립근거를 옹호했으며, 그 어떤 다른 관점에 대해서도 이해하려 하지 않았다. 미슐레(Michelet)는 프랑스를, 드로이젠(Droysen)은 프로이센의 정책을 각각 찬양했으며, 달만(Dahlmann)과 로텍(Rotteck)은 자유주의와 입헌정치를 옹호하고 그로트(George Grote)는 아테네 민주주의를 옹호했으며(*History of Greece*, 1st ed., 1846~56: 이 책은 우리에게 특히 중요한데, 그 이유는 그가 정통 벤담주의자이자 철학적 급진파의 가장 중요한 구성원 중의 하나였기 때문이다), 뱅크로프트(G. Bancroft)는 잭슨 민주주의(Jacksonian democracy: 미국의 7대 대통령인 잭슨이 추구했던 것으로, 여론과 대중 중심의 정치를 지향함으로써 일반대중의 정치참여 기회를 확대시키는 민주정치의 유형을 지칭한다—옮긴이)를 옹호했다. 이와 같은 경우에는 모두, 저자들의 의식적인 의도와 무관하게, 사실에 대한 이데올로기적 왜곡이라는 명백한 위험성이 존재한다. 그러나 모든 사실이 철저한 불편부당성(impartiality)에 따라 기록된다고 해도, 그것들은 여전히 어떠한 인위적인 시각—저자의 확신이나 신념이라는 시각—에 입각한 것이다.

이와 약간 다른 유형의 사례를 추가한다면, 19세기에는 상대적으로 드물게 18세기적 이성을 옹호했던 인물인 레키(W.E.H. Lecky: 특히 *History of the Rise and Influence of the Spirit of Rationalism in Europe*, 1865 참조)를 들

데, 사실을 그 자체로 드러내고, 경험했던 사람들에게 나타났음직한 방식으로 사건을 묘사하도록 하고, 시대와 장소의 빛깔과 정신을 보존하려는 것이 그것이다. 이와 같은 역사과정에 대한 '내재적 해석'은 그 과정에 포함된 개인과 문명에 대한 직관적 이해의 본질과 관련된, 아주 심각한 방법론적 문제점을 분명하게 드러냈다. 우리에게 이것은 특히 중요한데, 왜냐하면 이것의 원칙이 베버(Max Weber)의 원칙과 밀접한 친화성을 갖고 있기 때문이다. 이것은 주로 랑케(Leopold von Ranke)라는 이름과 결합되었다.[27] 이것의 프랑스 후원자는 티에리(Augustin

---

수 있다. 우선 그는 이념을 역사과정의 최상의 추동력으로 취급하는 특수한 역사사회학 관점에서 글을 썼다. 게다가 그는 이념의 움직임을 아는 게 별로 없으면서도 종교와 싸워 점차 승리하고 있는 이성이라는 도식으로 환원시켰다. 그래서 그는 특정한 교리에 부합될 뿐만 아니라 그것을 떼어내면 어떤 의미도 갖지 않는 글을 남겼다. 이제 다른 속셈도 없고 옹호해야 할 이유도 없지만, 자신을 인간과 관련된 모든 것에 대한 심판자, 즉 모든 행위동기에 대해 알고 있으며 모든 행위기준을 갖고 있는 사람으로 설정하는 역사가들의 순진한 습관에서 비롯된 문제로 눈길을 돌려보자. 한 가지 사례가 이를 잘 보여줄 것이다. 저 위대한 몸젠(Thedor Mommsen)은 복잡한 자기기만의 두드러진 희생자였다. 그는 트레비아 강(이 강은 이탈리아 북부를 흐르는 강으로, 기원전 218년에 로마군이 한니발이 이끄는 카르타고 군대에 패한 것으로 유명하다—옮긴이) 연안의 전투에서 로마지역이 어떻게 통제되었어야 했는지, 키케로(Cicero)가 카틸리나(Catilina)의 음모에 대해 어떻게 행동했어야 했는지, 카이사르(Julius Caesar)를 지배했던 동기가 무엇인지에 대해 알았다. 그는 결코 자신이 직관적인 통찰력—19세기 중반에 의심할 나위 없이 능력 있고 존경할 만한 부르주아 정신의 통찰력—에 의존하는 위험의 크기에 대해 자각하고 있었지만, 그것을 조금도 드러내지 않았다. 이것은 경제학자의 분석절차에도 조금은 분명하게 시사하는 바가 있다.

27) 내 의견을 제시해야 하는 것이 아니라면, 나는 모든 국가에서 대부분의 역사가들이 그를 이 시기 최초의 역사가로 부르는 데 동의할 것이라고 말할 수 있다. 그의 국제적 영향력—미국의 경우 역사학에 대해서까지—은 주로 그의 유명한 세미나를 통해 역사학자의 자격(historical scholarship)에 관한 새로운 기준이 확립되었다는 사실에 의존한다. 그가 능숙하게 새로운 사료를 발굴하고 새로운 비판기준을 적용하는 솜씨는 곧 그가 철학(특히 헤겔주의) 이념의 지도를 수용하기를 거부하는 태도와 일맥상통한다. 우리가 그의 저작에서 남아 있는 낭만주의의 요소에 주목한다면, 여기에 그 자신이 낭만주의로부터

Thierry)였다. 이와 같은 사람들의 저작은 학문적인 측면에서는 낭만주의에 대해 중립적이었지만, 다른 측면에서는 적대적이기조차 했다. 그러나 이들도 모든 문화의 자율성과 그것의 개별적 색깔을 존중했다는 점에서 낭만주의적 이념과 친화성이 있는데, 우리는 이 점을 간과해서는 안 된다.

적절한 인상을 전달하기 위해 이 시기의 역사학 (전반—옮긴이)에 대해 서술할 수는 없으므로, 이하에서 우리는 그것의 특징 중에서 경제학에 가장 적합한 것만을 간단하게 살펴보는 것으로 범위를 제한할 수밖에 없다. 첫째, 새로운 자료와 새로운 비판기준이 존재했다. 역사학이 문헌이라는 자료영역에서 벗어나, 그것도 체계적이면서 대규모로, 옛 문서나 기념물, 묘비, 주화 등에 새겨진 정보를 이용하기 시작한 것은 바로 이 시기였다. 설형문자(그로테펜트*Grotefend*: 최초의 설형문자 해독자—옮긴이)와 상형문자(샹폴리옹*Champollion*: 최초의 상형문자 해독자—옮긴이)가 그 비밀을 드러냈다. 사료발굴 기술에 대한 교육이 이루어졌고, 그러한 사료에 대한 포괄적인 출판작업이 이루어졌다. 고문서 학교(École des Chartes), 고문서 보관소(English Rolls Series), 게르만 사료보관소(*Manumenta germaniae historica*)가 의도적이면서 체계적인 행위를 보여주는 대표적인 사례들이며, 우리의 영역(경제학—옮긴이)에 이것들과 견줄 만한 것은 없다. 사료에 대한 평가가 새로운 수준에 도달했으며, 니부어[28]와 몸젠의 업적은 여기에 새로운 자료

거리를 두고자 노심초사했다는 점을 덧붙여야 한다.

28) 나는 잠시라도 공무원이자 학자이고, 은행가이자 교사이며 외교관인 인물(B.G. Niebuhr, 1776~1831)의 인간성과 저작에 대해 설명하고 싶다. 그의 『로마사』(*Römische Geschichte*, 1811~32)는 로마사 연구를 새로운 반석 위에 올려놓았다. 무엇보다도 그는 경제학자로도 여겨질 만한 두 가지 요소를 갖고 있었다. 그는 통화정책에 관한 권위자이자 『국제 금융사와 은행사에 대한 탐구』(*Forschungen zur internationalen Finanz- und Bankgeschichte*, A. Trende ed., 1929)의 저자였다. 몸젠의 저 유명한 『로마사』(*Römische Geschichte*)는 1854~56년에 그 모습을 드러냈다.

까지 더한 것이었다. 그러나 옛 문서에 대한 강조는 매우 일반적이었다. 미슐레의 주요 학문적 업적을 구성하는 것은 이것이었다. 그것은 또한 우리가 기본적으로 학자로 평가하지 않는 저자들, 예를 들면 정치가인 티에르(Thiers)에게서도 발견된다. 우리는 심지어 리얼리즘 소설의 창시자들, 예를 들면 공쿠르 형제(the brothers Goncourt: 프랑스의 저 유명한 '공쿠르 상'은 이들이 기탁한 자산으로 운영된다—옮긴이)에게서도 그것을 발견할 수 있다.

둘째, 역사가들은 사실에 근접하는 데서 결과를 얻어내는 사회학적 분석의 한 추세를 발전시켰다. 니부어가 제도에 대해 그리고 정책과 개혁의 효과문제에 대해 관심을 집중시키거나 티에리가 인류학적 요인에 대해 관심을 집중시킨 것이 여기에 속하는 사례로 여겨질 수 있다. 이 추세가 명료한 이론화에 도달한 적은 거의 없지만 그것은, 사회학적 이론을, 말할 필요도 없이 적절하게 표현되지 않았기 때문에 미흡한 것이긴 했지만, 매우 자주 포함하고 있었다. 게다가 우리는 경제현상 자체에 대한 관심이 전보다 훨씬 더 많이 나타나고 있음을 발견한다. 이 관심은 심지어 우리가 그것을 거의 기대하지 않아야 하는 곳에서도 나타났는데, 이를테면 고대사 분야[29]나 이 시기의 '화보가 첨가된' 역사책이 그것이다. 여기서 화보가 첨가된 역사책이란 그림으로 표현된 군사적 사건이나 정치적 사건을 중심으로 그것의 감동적인 효과에 대해 서술하는 것으로, 이것이 의미하는 바를 가장 잘 보여주는 것이 매콜리의 『영국사』(*History of England*, 1846~61)다. 그러나 이 책에는 완전히 다른 그림들을 이용해서 실제로 효과적으로 경제적 · 사회적 조건을 설명하는

---

29) 그 사례를 들자면, 아테네의 금융을 연구했던 뵈크(August Böckh)의 『아테네의 재정』(*Die Staatshaushaltung der Athener*, 1817), 그리고 이보다 훨씬 더 중요한 사례로 헤렌(A.H.L. Heeren)의 『고대 최고민족의 정책, 거래, 무역에 관한 생각』(*Ideen über die Politik, den Verkehr, und den Handel der vornehmsten Völker der alten Welt*, 1793~1812; English trans., 1833~34)이 있다. 이렇게 위대한 학자와 교사의 영향력은 폭넓은 영역으로 확대되었는데, 정치지리학도 여기에 속했다.

장도 있다. 티에리의 『프랑스 혁명사』(*History of the French Revolu-tion*, 초판발행은 1823~27년; 영역본은 1838년)에 대해서도 이와 비슷하게 언급할 수 있다.

셋째, 역사법학파의 순수하게 과학적인 분파의 산물이거나 역사가들 중 제도주의 분파의 산물로 설명될 수 있는 문헌도 있는데, 이것은 그 자체의 업적만으로도 중요하지만, 이후의 발전을 위한 토대라는 점에서 훨씬 더 중요한 의미를 지닌다. 나는 네 명의 걸출한 인물들로 이것을 예증할 것인데, 이들은 서로 다르지만 위와 같은 범주로 묶일 수 있다. 마우러[30]는 중세 독일의 사회조직에 관한 연구에서 도전자가 없었던 것은 아니었지만 그것을 이끌었던 인물이었으며, 그의 이론은 19세기 내내 상당히 폭넓게 영향——비록 그 이후에는 낡은 것이 되어버렸지만——을 미쳤다. 쿨랑주의 유명한 책은 교육받은 일반독자층을 파고들었으며(그러나 내가 아는 한 경제학자들에게는 그렇지 못했다), 학문연구의 성과들을 종교가 사회의 법적·정치적 제도를 형성하는 데 가장 중요한 요인이라는 이론의 주변으로 배열하는 결과를 초래했다. 이 이론은, 그것이 잘못된 것이거나 부적절한 것일지라도, 국민생활을 구성하는 다양한 요소 사이의 밀접한 상관관계 때문에 실제로는 모순에 직면하지 않을 것이었다.[31] 메인(Henry Maine, 1822~88)의 지도력은 다음 시기에 속하지만, 그의 명성을 확산시킨 저작은 이 시기에 속한다. 그것은 역사가의 이론화 작업과 관련된 가장 교훈적인 부분을 보여준다.[32] 마지막으로 그 영향력은 다음 시기에 속하지만, 바흐오펜의 역사

---

30) G.L. von Maurer(1790~1872), *Geschichte der Markenverfassung in Deutschland*(1856); *Geschichte der⋯⋯ Hofverfassung in Deutschland* (1862~63); *Geschichte der Dorfverfassung in Deutschland*(1865~66); *Geschichte der Städteverfassung in Deutschland*(1869~71).

31) N.D. Fustel de Coulanges(1830~89), *La Cité antique*(주로 그리스 도시국가, 즉 폴리스를 분석), 1864; English trans. 1874.

32) Sir Henry Maine, *Ancient Law*, 1861. 경제학도들은 메인의 '신분에서 계약으로'(메인이 책에서 인류사회의 진화과정을 설명하기 위해 사용했던 표현—

적-인류학적인 저작[33]을 언급해야 한다.

마지막 네 번째로, 문화사(*Kulturgeschichte*)가 공인된 전문분야로 정착되었는데, 이는 물론 당연히 새로운 현상은 아니었다. 이것이 우리의 주제와 관련해서 담고 있는 의미는 자명하다. 그것은 벽화를 그릴 수 있거나, 세밀화를 그릴 수도 있다. 아래 각주에서는 이 두 형식을 대표하는 뛰어난 거장인 부르크하르트와 릴에 대해 언급하고 있다.[34]

옮긴이)라는 표어보다 이 책에 대해 좀더 잘 알아야 한다.

33) 여기서 내가 언급할 것은 바흐오펜(J.J. Bachofen)의 『모계법』(*Mutterrecht*, 1861)인데, 이것은 모계제에 관한 모든 저작의 출발점이 되는 책이다.

34) 우리의 목적에 비추어보면, 부르크하르트(Jakob Burckhardt)의 인상적인 저작들 중에서 『르네상스 문화』(*Die Kultur der Renaissance*, 1860: English trans., 1878)를 언급하는 것으로도 충분할 것이다. 내가 믿기에, 이 책은 모든 독자에게 친숙하지만, 그 본질을 일반적인 용어로 정의하기는 어렵다. 내가 이해하는 한, 그것은 한 시대의 삶의 비전을 예술과 정치의 용어(두 가지 모두 가능한 한 가장 폭넓은 의미로 정의된)로 드러냈다는 표현이 아마도 그것에 대해 가장 가까운 정의일 것이다. 이러한 구조를 거기에 소재를 공급하는 어떤 것들의 역사―예술사와 문학사 자체, 과학사 자체, 사회·경제 정책이나 어떤 다른 정책 자체의 역사―로부터 분리시키는 본질적인 이유는 이것들이 그 자체의 목적을 위해서가 아니라 기능적으로 좀더 크고 깊은 실재를 위해 구조에 참여한다는 점이다. 부르크하르트는 이와 같은 성과보다 더 높은 위상을 사상사에서 차지하고 있으며, 그(의 생각―옮긴이)를 형성하는 데 도움을 준 영향력이나 그에게서 비롯된 영향력을 분석해보면 흥미진진할 것이다.

그러나 우리는 내가 언급했던 저작의 대중성 때문에 사회철학자나 정치사상가로서의 그의 영향력에만 관심을 집중해서는 안 된다. 그는 당시의 자유주의 슬로건에서 너무도 멀리 떨어져 있었지만, 그렇다고 해서 영향력을 확대할 목적으로 이 슬로건에 대해 예언가적 분노를 표현하는 것으로부터도 너무나 멀었다.

릴(W.H. Riehl, 1823~97)은 다음 절에서 언급할 수도 있었을 것이다. 그의 저작은 부르크하르트의 저작에 비해 전문사회학이라는 정의에 훨씬 더 부합된다. 그러나 그의 사회학을 구성하는 요소들(그중 일부는 비판에 취약하다)은, 다행스럽게도 항시 역사연구로 남아 있는 것에서 선택되었음이 틀림없을 것이다. 나는 그의 영향력이 독일의 경계선을 크게 넘어서지 않았다고 생각한다. 그러나 경제학도들에게는 그의 『300년의 문화연구』(*Kulturstudien aus drei Jahrhunderten*, 1859)를 정독하는 것이 많은 도움이 될 것이다. 이 책은 오늘날 우리의 독서목록 중의 일부에 대한 뛰어난 대체물일 것이다.

3절 사회학과 정치학: 환경주의

우리는 사회학이 스콜라학자들——과 심지어 그리스인들——에게서 비롯된 것임을 알고 있다. 그러나 이것이 공인된 연구영역으로서의 지위를 확보하게 된 것은 다음 시기가 되어서였다(이 책, 3권, 4부 3장을 보라). 앞서 언급했듯이, 현재 논의되고 있는 시기의 사회학은 사실상 콩트의 세례를 받은 것이었지만, 그러나 이 사실을 크게 중요한 것으로 취급해서는 안 된다. 중요한 사회학 저작들이 많이 나타났던 것은 사실이다. 그러나 정돈되거나 체계적인 것은 아니었다. 그것들 대부분에 대해 우리는 이미 언급했다. 우리는 철학자의 사회학, 변호사의 사회학, 역사가의 사회학에 대해 말할 수도 있다. 이것들은 서로에 대해 상당히 다른 수많은 형태를 취하고 있으며, 서로에 대해 매우 다양한 관계를 맺고 있다. 그 형태들을 커다란 범주로 분류하도록 강요하는 것은 위험하다.

그러나 간단히 살펴보기 위해서는, 그것들을 '추상적인' 요소와 '역사적인' 요소로 구분해볼 수 있다. 실용적인 중요성의 측면에서 벤담의 공리주의는 전자를 대표하며,[35] 역사법학은 후자를 대표한다. 이 절에서 우리는 가급적 이 도식을 적용할 것이다. 여기에 덧붙여, 점점 더 **정치학**(Political Science)이라는 용어를 사용하던 정부와 정치에 관한 이 시기의 저작에서 수집할 수 있는 것——그것이 무엇이든지 간에——으로, 그리고 경제학자들이 관심을 보일 필요가 있는 사상, 즉 환경주의에 대해 간단히 살펴보는 것으로 우리의 사회학적 수확물을 보충하고자 시도할 것이다.

---

35) 또 다른 유형의 사회학이나 사회학 분파는 소수의 '제1원리'에서 도출되었다는 의미에서 추상적인 것으로, 주로 사변철학자들의 저작에서 발견된다. 예를 들어 칸트는 자신이 법이론의 형이상학적 기초(*Anfangsgründe*)로 정리한 것을 제시했다.(*Werke*, IX, pp.72 이하) 이 이론은 '추상적'이며 충분히 비역사적이다. 그러나 그것은 당연히 공리주의적인 것이 결코 아니다.

1. 정부와 정치에 관한 자연법 사회학

지금까지 다양한 경로를 통해서 확보된 세 가지 결과를 다시 한 번 언급해보자. 첫째, 모든 사회과학의 역사적 기원은 자연법 개념 속에 있는데, 이 개념은 등장 초기부터 '공동체'나 '사회'에 관한 다소 특정한 개념과 연결되어 있었다. 그리스인들은 후자(공동체나 사회에 대한 개념—옮긴이)를 정부에 대한 개념과 혼동했던 것으로 추측된다. 도시국가(polis)라는 조건 아래서, 이들에게는 그러한 행동이 자연스러운 것이었으리라. 그러나 스콜라학자들은 이러한 분석상의 실수에 현혹되지 않았다. 왜냐하면 이들은 자신들의 시대의 실천과제와 사회유기체에서 자신들이 차지하는 위치에 힘입어 국가나 정부——또는 군주(Prince)——가 독자적인 이해관계를 가진 행위자이며, 그 이해관계가 국민(the people)이나 공동체의 이해관계(공동선)와 필연적으로 일치하는 것은 아니라는 점을 정확히 이해할 수밖에 없었기 때문이다. '사회'가 자연법 철학자, 낭만주의자, (이들보다—옮긴이) 훨씬 늦게 나타난 집단의 발견물이었다는 점은 사회학의 역사에서 하나의 전설이다.[36] 둘째, 우리는 공리주의가 하나의 자연법 체계였음을 알고 있다. 모든 자연법 체계와 마찬가지로, 이것은 원리측면에서 모든 것을 포괄했으며, 실제행위 측면에서도 이와 매우 비슷했다. 그것은 규범적일 뿐만 아니라 분석적이기도 한 하나의 통합사회과학으로 여겨졌다. 그래서 그것은 무엇보다도 윤리학과 정부 그리고 재판절차와 수사업무——벤담은 이 두 가지 문제에 대해 적어도 모든 경제문제에 대해서만큼이나 강한 관심을 보였다——에 관한 온갖 세부사항까지 포괄하는 법적 제도를 포함하고 있었다. 셋째, 우리는 이 공리주의라는 통합사회과학이 개인주의적인 것이자 경험주의적인 것이며, '합리주의적'인 것임을 알고 있다. 여기서 합리주의가 의미하는 바는 간단히 그 체계가 분석과 규범이라는 두 측면

---

36) 실제로 국가와 사회를 혼동했다고 비난받을 수 있는 저자가 한 사람 있다면, 그 저자는 낭만주의자 뮐러다. 그는 국가를 '인간사의 총체'로 정의했기 때문이다.

에서 공리주의적 합리성이나 쾌락주의적 합리성 기준을 충족시키지 못하는 것을 모두 강하게 배제한다는 점이다.

독자들이 두 가지 중요한 사실을 적절하게 고려한다면, 커다란 어려움을 피하면서 학설사에 대한 이해 수준을 크게 향상시킬 수 있을 것이다. 첫째, 개인주의가 필연적으로 경험주의나 위와 같은 의미의 합리주의를 포함하는 것은 아니다.[37] 또한 경험주의가 필연적으로 개인주의와 위와 같은 의미의 합리주의를 포함하는 것은 아니다. 나아가 위와 같은 의미의 합리주의가 필연적으로 개인주의와 경험주의를 포함하는 것도 아니다. 그러나 둘째로, 벤담의 종합만큼 강력한 종합이라면, 그것은 친구의 마음만이 아니라 적의 마음속에서도 구성요소들 사이의 관념연합(association)——심지어 그 어떤 것도 존재하지 않는 곳에서조차 논리적 상관성에 관한 인상을 제공하는——을 불러일으킬 수밖에 없다.[38]

이 체계(공리주의－옮긴이)는 그 본질 때문에 정치생활과 정부, 국가, 정당, 관료제가 실제로 작동되는 방식에 관한 사실들을 설명할 수 없다. 우리가 보기에, 이 체계의 근본가정은 일부 경제학 분야, 즉 '말과 마굿간의 논리'(logic of stable and barn: 아마도 동물적인 욕구를 중심으로 인간을 이해하는 쾌락주의 논리를 지칭하는 듯하다－옮긴이)가 실제 움직임에 관한 견딜 만한(tolerable) 표현으로 여겨질 수 있는 분야에 대해서는 별다른 해악을 끼치지 않는다. 그러나 이 체계를 정치상

---

37) 합리주의라는 말의 이러한 의미는 다른 곳(이 책, 1권, 2부 1장 6절: 아마도 2부 2장 5절의 오기인 듯 보인다－옮긴이)에서 언급했던 의미와 무관하다. 그러나 지금까지 줄곧 많은 저자가 이 두 가지 다른 의미를 서로 혼동했으며, 그 결과 수많은 오해와 근거 없는 대립과 반목이 나타났다.

38) 위에서 언급된 용어들 중에서 경험주의만이 (반형이상학이라는 의미에서) 상당히 안정된 의미를 지닌다는 사실 때문에, 실제로는 과거에 상황이 복잡했으며 오늘날에는 그 정도가 점점 더 심해지고 있다. 앞의 각주에 비추어볼 때, '합리적'이라는 말이나 '합리주의적'이라는 말의 경우 오늘날에는 그렇지 않음(그다지 복잡하지 않음－옮긴이)을 알 수 있다. 그러나 오늘날 '개인주의'는 그 정도가 점점 더 심해지고 있다.

황에 적용시키는 것은 비경험적이고 비과학적인 관점에서 정치구조와 정치 메커니즘의 본질——논리 자체——을 무시하는 결과를 초래하며, 희망 섞인 환상만을 생산할 뿐, 그 무언가를 불러일으킬 만한 것을 만들어낼 수 없다. 자신의 (장기) 이해관계를 의식하면서 자유롭게 투표하는 시민과 이런 시민에게 복종하는 의회 그리고 시민의 의지를 표현해주는 정부는 모두 동화(속에서나 존재할 법한 이야기―옮긴이)를 완벽하게 보여주는 사례가 아닐까? 따라서 이 원천(공리주의―옮긴이)이 유용한 정치사회학(sociology of politics)에 기여할 것이라고 기대해서는 안 된다.

그런데 이러한 기대는 거의 정치적으로 정당화된다. (벤담의 경우―옮긴이) 강력한 상식이 벤담의 『정부론』(*Fragment on Government*, 1776)에 나타난 정부에 대한 철학(의 한계―옮긴이)을 어느 정도 보완해주며, 법적 절차 같은 문제들에 대한 수많은 그의 실제 권고안에 대해서도 물론 그러하다. 그러나 제임스 밀의 「정부론」(Essay on Government)[39]은 외관상 뿌리 깊은 난센스로 보인다고 할지라도, 오로지 아직 구제받지 못한 난센스로만 묘사될 수 있을 뿐이다. 게다가 이 책은 순수하게 사변적인 특성——동일한 저자의 경제이론에 관한 저작에서 드러나는 의심할 나위 없이 추상적인 논증이 지닌 특성과 달리[40]——을

---

39) *Encyclopaedia Britannica*(suppl., 1823).

40) 지금까지 언급한 바에 따르면, 이 차이는 자명한 것임이 틀림없다. 이는 공리주의적 가설에 대한 일반적인 비판이 필연적으로 특수한 경제이론에 대한 비판을 구성하는 것이 아님을 보여주고자 하는 우리의 직접적인 대상에 대해서만이 아니라 특정철학에 대한 일반적인 비판이 실제적으로나 외관상으로 그 철학과 연결된 어떠한 이론에 대한 비판으로 저절로 이어지는 것은 아님을 이해하고자 하는 우리의 좀더 폭넓은 목적에 대해서도 중요한 문제다. 이러한 주장은 다음과 같이 아주 다른 형식으로 재론될 수 있다. 어떠한 이론이든 추상을 포함하므로, 현실에 정확하게 부합되는 경우는 없을 것이다. 이런 의미에서 경제이론은 필연적으로 비현실적인 것이지만, 그것의 전제조건은 이윤을 추구하면서 계산적인 기업인에 관한 현실적인 관찰에서 도출된 것이다. 그렇지만 (제임스 밀의 방식에 따르면) 정치이론의 전제조건은 정치행위자, 즉 정

갖고 있음이 분명하다. 이 점은 매콜리와 같은 수많은 비공리주의자에 의해 곧바로 간파되었다.

그러나 훨씬 더 중요한 점은 밀(그의 아버지의 이름을 언급하지 않더라도)이 벤담주의 정치이론에 대해 단호한 어투로 '비과학적'(*Logic*, VI, ch.8, § 3)이라는 용어를 붙였으며, 여기에 덧붙여 너 이상 참지 못하겠다는 감정이 역력한 문장을 통해 그는 실제로 말할 필요가 있는 것을 제외한 모든 것을 언급했다. 그토록 수많은 측면에서와 마찬가지로, 바로 여기서도 그는 자신의 청년기 벤담주의를 넘어서고 있다. 그러나 그는 이 굴레를 완전히 떨쳐버리지 못했다. 비록 그의『자유론』(*On Liberty*)과『대의제 정부에 관한 고찰』(*Considerations on Representative Government*)이 좀더 폭넓은 지평과 심도 깊은 통찰력으로 (이러한 한계를—옮긴이) 의심할 나위 없이 보충해주지만, 이것들도 여전히 '철학적 급진파'에 속한다. 그러므로 밀의 이론이 아버지의 이론을 폐기했는지 아니면 발전시켰는지의 문제는 역사가들의 개인적 방정식의 문제로 영원히 남아 있을 것이다.[41]

또한 비공리주의 철학자들과 반공리주의 철학자들도 자연법 체계——와 그에 상응하는 국가철학——를 계속해서 생산했지만, 이는 훨씬 더 제한된 것이었으며 그나마 대부분이 낭만주의적 분위기의 영향이나, 심지어 칸트나 헤겔의 영향까지 반영한 것이었다.[42] 그러나 우리의 목적

치가에 대한 관찰에서 도출된 것이 아니라 완전한 상상의 행위자, 즉 합리적인 투표자에게서 **추론된** 것이다. 그러므로 이러한 전제조건과 그로부터 도출되는 결과는 추상적일 뿐만 아니라 또 다른 의미에서 비현실적인 것이다.

41) 정확히 가치이론의 경우와 마찬가지로, 그의 폭넓은 연구영역에 대해서는 이후에 좀더 완전하게 설명할 것이다. 밀의 지적 상황과 특성은 정확히 동일한 방식으로 그 모습을 드러냈다.

42) (이와 관련해서—옮긴이) 주로 독일인의 성과—영국의 경우, 그린(T.H. Green)의 성과를 언급해야 할 것이다—이긴 하지만, 상당히 많은 이름을 거론할 수 있다. 그러나 우리는 단지 초기에 가장 영향력이 컸던 인물—이미 언급했던—인 피히테의『자연권의 기초』(*Grundlage des Naturrechts*, 1796~97)만을 언급할 것이다. 헤겔이 절대이성의 구현물로 국가를 찬양한 것은 오

에 비추어볼 때, 이 영역에서 우리가 얻어낼 수 있는 것은 실제로 적다. 법률가들도 자연법에 관한 관념(speculation)을 끊임없이 생산했다. 그렇지만 가장 가치 있는 것은 헌법이나 형법 같은 특수한 분야에 존재했다.[43] 이러한 유형의 좀더 포괄적인 기획은 역사학파의 권위가 높아지면서 급속히 축소되었다.[44] 그러나 이러한 유형의 성과 중 가장 영향력이 컸던 슈탈의 성과에 대해서는 언급할 필요가 있다.[45] 나머지 사람들에 대해서는, 상당수 평자들(lectures)이 법철학에 대한 평가를 법철학의 역사에 대한 평가로 전환시키는 경향을 보인다.[46]

직 호기심(*a curiosum*) 차원에서 언급될 수 있을 뿐이다. 그가 프로이센 관료들에게 인기가 높았던 것은 결코 놀랄 만한 일이 아니다.

43) 한 가지 예로, 나는 포이어바흐(P.J.A. von Feuerbach; 철학자 L.A. Feuerbach와 혼동하지 말기 바란다)의 형법학 저서(*Kritik des natürlichen Rechts*, 1796)를 언급하고 싶다.

44) 그러나 독자들은 역사학파가 자연법에 정체성을 제공한다는 이유로 벤담주의적 '경험주의'나 독일 '관념론' 유형의 추상적 사변과 싸웠음을 명심하기 바란다. 역사학파는 자연법 자체에 반대했다. 그러나 우리가 보기에, 이는 결코 중요한 문제가 아니다. 역사학파 경제학자들이 만들어낸 일반화가 여전히 경제학에 속하고 심지어 경제이론의 개념에도 포함될 수 있듯이, 역사학파 법학자들이 만들어낸 어떠한 일반화도 자연법 체계에 포함되어야 한다.

45) 슈탈(F.J. Stahl, *Philosophie des Rechts nach geschichtlicher Ansicht*, vol. I, 1830; vol.II, 1837)은 일종의 루터파라는 얇은 막으로 둘러싸인 사람으로, 빌헬름(Frederick William) 4세 시대에 프로이센의 지성계에서 권력자로 부상했다. 그의 저작의 제목은 I권의 경우 공리주의적 자연법 합리주의에 대한 비판(와 여기에 덧붙여 역사법학파에 대한 공감)으로 정당화되지만, II권의 경우에는 잘못된 명칭이다. 여기서는 자신의 위상을 파악한 슈탈이 역사법학파를 공격하면서 당당하게 루터파 신학에 자신의 뿌리를 내리게 되기 때문이다. 학식이 풍부한 독자라면 다른 많은 요인, 예를 들면, 메스트르(Joseph de Maistre)라는 이름과 교회와 국가에 관한 그의 연속물을 놓칠 수 있듯이, 프란츠(K. Frantz, *Naturlehre des Staates*, 1870)라는 이름도 놓칠 수 있다.

46) 나로서는 유럽대륙에서 경제학에 근접한 것이었으며, 설명방식에서 대륙 경제학의 수많은 독창성(peculiarity), 무엇보다도 독일 제도주의 경제학의 능숙함(proficiency)을 확인해볼 수도 있는 주제에 대해 다루지 못한다는 점이 안타깝다. 도처에서, 특히 제도주의 논쟁 시기에 미국에서 애써 옹호한 이 상관성은 물론 대륙의, 대부분은 아니라 할지라도 많은 대학의 성과와 관련된 문제였

2. 정부와 정치에 관한 '역사가'의 사회학

정치문제에 관한 한, 전문 역사가이거나 적어도 역사적 실재에 안목이 있는 저자들이 공리주의자나 다른 이론가들보다 잘 볼 수밖에 없다. 왜냐하면 역사가들이 눈앞에 나타나는 사실들을 소홀히 하기는 훨씬 더 어렵기 때문이다. 예를 들어 버크(Edmund Burke)는 열정적인 에너지 ——그것이 분노의 폭발을 즐기는 것이든, 건전한 충고를 제공하는 것이든지 간에 ——로 구체적인 상황에 접근했으며, 아울러 그로부터 일반화를 도출하는 방법을 알고 있었는데, 그의 정치학에 대해 조금도 애정이 없는 사람들에게서조차 그의 저작이 정치적 지혜의 보고로 평가받게된 이유도 바로 여기에 있었다. 또는 그가 사례방법(case method)을 통해 정치학을 가르쳤으며, 그것도 누구나 인정할 정도로 매우 효과적으로 가르쳤다고 말할 수도 있을 것이다.[47] 거듭 말하지만, 어느 누구도

다. 대륙의 경제학도들은 말 그대로 기술적 경제학(technical economics)을 습득하기 전에, 대체로 법적 제도에 관한 사회학—자신의 지적 배경으로 상당한 의미를 갖는—을 익혔다. 그래서 나는 두 명의 걸출한 인물에 대해 언급할 것인데, 이들은 모든 점에서 의심할 나위 없는 법률가였지만 수많은 경제학자를 양성하는 데 도움을 준 사람들이다. 이들의 영향력은 현재 논의되고 있는 시기보다 다음 시기에 속하지만, 두 사람 모두 자신들의 가장 특징적인 저작을 1870년 이전에 출판했다. 그나이스트(Rudolf von Gneist, 1816~95)는 전형적인 친영파(Anglophile) 독일 자유주의자였는데 많은 영역, 그중에서도 특히 헌법과 행정법 권위자였다. *Das heutige englische Verfassungs- und Verwaltungsrecht*(1857~63)을 보라. 예링(Rudolph von Jhering, 1818~92)의 경우, *Geist des römischen Rechts*(1852~65) 참조. 내가 아는 한, 두 사람의 후기저작에 대해서는 번역된 것이 있지만(예를 들어 Gneist, *Englische Verfassungsgeschichte*, 1882, English trans. 1889; Jhering, *Zweck im Recht*, 1877~83, English trans. 1913), 위의 두 권은 어느 것도 번역되지 않았다.

47) 이 시기의 지적 풍경을 개관하는 데, 그것이 아무리 간략한 것일지라도, 버크라는 이름—좀더 구체적인 내용까지 필요하지는 않더라도—은 결코 놓칠 수 없는 것이다. 비록 연대기상으로는 그의 주요성과가 다음 시기에 속하는 것이긴 하지만 말이다. 경제학도라면 마땅히 그의 저작을 꼼꼼하게 정독해서 정치문제에 대해 사람들이 지켜야만 하는 추론방법만이 아니라 실제로 행하는 추

사상의 심오함이라는 이유로 매콜리 경을 추천한 적은 없다. 그러나 정치과정의 본질에 대한 통찰력에 관한 한, 그는 제임스 밀에 비해 비교할 수 없을 정도로 탁월하다. 아울러 『에든버러 리뷰』지에 실린 제임스 밀의 공리주의 정치이론에 대한 그의 비판은, 좀더 나아가지 못한 감은 있지만, 완벽하게 적확한 것이었다. 그에게 정치학은, 비록 '실험적인'[48] 것이긴 했지만, 엄연한 '과학'(과학의 대상이 아니라)이었는데, 그는 이것을 간단히 공리주의의 정치학 원리가 정치현실에 대해 접근하지 않으며, 이 현실에 대한 관찰을 통해서만 일반화에 도달할 수 있다는 의미로 이해했다. 그러나 그는 이러한 일반화를 명시적으로 정식화하기 위해 노력하지는 않았다. 만일 그렇게 했다면, 우리가 확신하기에, 그것은 이상적인 휘그당의 정치학(idealized Whig politics)이 되었을 것이다. 이는 또한 몸소 정치적 일반화를 시도했던 역사가들에게도 그대로 적용된다. 마지막으로, 나는 이 시기의 정치분석서 중에서 토크빌의 『미국의 민주주의』(*De la Démocratie en Amérique*, 1835~40)[49]를 가장 세

론방법까지 배워야 한다. 독자들도 알다시피, 나는 버크를 사상가로서 존경하는 것에 대해 일반적인 동의를 얻어내기가 어렵다고 생각한다. 사실상 정당을 자신들이 모두 동의하는 몇몇 원칙에 입각해서 공익을 추구하기 위해 협조하는 사람들의 집단으로 정의했던 사람(버크―옮긴이)은 분명히 말해서 심오한 분석가가 아니다. 게다가 그는 당시 분석적 설명에 대해 합리화하려는 경향에서 틀림없이 감염된 사람이었다. 독자들은 버크가 자신의 정의를 현실, 이를테면 미국의 양대 정당에 적용하고자 노력하는 데 현실성이 부재하다는 점을 쉽게 납득할 수 있을 것이다.

48) 이렇게 '실험적'이라는 말을 사용하는 것을 보니, 재미있다. 공리주의자들은 경험주 철학자이자 물리학 방법의 적용에 대한 신봉자였으므로, 자신들의 절차가 '실험적'이라고 분명하게 주장했다. 이렇게 '이론가'와 '반(反)이론가' 모두에 의해 물리학적 실험의 성공을 통해 칭찬받을 만한 함의를 획득한 용어를 사용하려는 시도는 17세기 이후 경제학의 전체 역사에서도 계속해서 흐르고 있는데, 이에 대해서는 앞으로도 계속해서 언급할 것이다. 실제로 이 용어가 사회현상에 적용된 경우, 그것은 의미 없음에 가깝다. 이것을 사용하는 저자들이 전달하고자 하는 의미가 무엇인지에 대해서는 사안별로 확인할 필요가 있다.

49) 토크빌(Alexis de Tocqueville)에 대해 소개할 필요는 없다. 왜냐하면 그의

런된 것으로 믿고 있음을 기억하기 바란다. 이 시기의 '위대한 저서들' 중의 하나를 남긴 업적의 본질은 무엇인가? 그것은 사실이나 원칙에 관한 발견을 제공하지 않았으며, 정교한 기법을 사용하지도 않았고, 대중(특히 미국의 대중)에게 어떠한 것도 호소하지 않았다. 오히려 그것은 오랜 문명의 성과물을 자양분으로 하는 뛰어난 지적 능력으로 무한한 고통을 감내하면서 (현실을—옮긴이) 관찰하고, 그 결과를 다시 분석 목적에 맞게 훌륭하게 이용한 것이었다. 이것이 전부였다. 그러나 그것은 대단한 것이었다. 내가 아는 한, 우리에게 이러한 특수한 종류의 정치분석에서 성공할 수 있는 기예(art)를 훈련시키는 데 이보다 훌륭한 책은 없다.

그러나 이 시기 정치사회학 분야의 위대한 업적은 마르크스라는 이름이 차지하고 있다. 우리는 아직까지 이 점을 확인하는 데 필요한 사실들을 확보하고 있지 않다. 이것들에 대해서는 다음 절(4절 2항)에서 보충할 것이다. 여기서 나는 단지 역사, 사회계급, 국가(정부)[50]에 관한 마르크스의 이론이 한편으로는 처음으로 진지하게 국가에서 구름을 걷어내려는 시도였으며, 다른 한편으로는 벤담주의 구성물에 대한 최상의 비

___

이름과 저작은 중등학교에도 펴져 있기 때문이다. 게다가 이러한 성공은 매우 당연한 것이어서, 오히려 설명하기가 더욱 어렵다. 나는 그의 다른 저작에 주목하기를 권한다. 이에 대해서는 *Oeuvres complètes*(ed. Beaumont, 1860~65) 참조.

50) 마르크스의 진정으로 사회학적인, 즉 사변적이지 않은 국가이론은 간단한 형태로나마 『공산당 선언』에 담겨 있는데, 이는 "정부는 부르주아 계급 공통의 이해관계를 관리하기 위한 위원회다"라는 간결한 문장으로 요약된다. 그러므로 (마르크스의 사상에—옮긴이) 사회주의 국가는 없다. 사회주의로 이행하는 과정에서 국가 일반이 사라진다는 말은 레닌에게 인계되어 그가 매우 강조했던 명제(!)였다. 여기서 이러한 국가이론과 정치이론에 대해 말해야 할 것을 모두 말한다는 것은 불가능하다. 물론 중심문장은 아무리 좋게 보더라도 반쯤의 진실을 담고 있을 뿐이다. 그렇지만 그것은 반쯤의 진실보다 훨씬 중요한 그 무엇을 간접적으로 시사하는데, 그것은 바로 국가(정부, 정치가, 관료)란 철학적 탐구의 대상이거나 숭배의 대상이 아니라, 우리가 이를테면 산업을 분석할 때처럼 현실적으로 분석해야 할 대상이라는 생각이다.

판을 함축하고 있다고 미리 말해주고 싶을 뿐이다. 불행하게도 이 과학적인 국가이론은, 마르크스 사상의 다른 요소들처럼, 저자의 매우 편협한 이데올로기에 거의 오염된 상태다. 이는 참으로 애석한 일이지만, 그와 동시에 교훈과 도전기회를 제공하지 않는가! 두 가지 사례가 18세기에 보잘것없는 상태에서 출발해서 이 시기에 조금 향상된, 그렇다고 해서 크게 나아진 것도 아닌, 또 다른 유형의 정치분석을 보여줄 것이다. 정치분석이 과학적 방법이라는 주장에 민감하게 반응하는 한, 그것은 비판——정치적 의미의 비판이 아니라 논리적 비판, 즉 정치적 개념과 정치적 추론에 관한 비판——과 메커니즘에 관한 문제에 직면할 수밖에 없다. 그 자신이 뛰어난 정치가였던 한 인물, 즉 루이스(George Cornewall Lewis, 1802~63)의 저작은 비판의식을 일깨우는 측면을 보여준다.[51] 이보다 뒤에 나타난 또 다른 인물, 즉 주로 학계의 지도자로 활동했지만 정치가이기도 했던 홀젠도르프(Franz von Holtzendorff, 1829~89)의 저작은 여론(public opinion) 메커니즘을 분석할 필요성이 있다는 생각이 점차 늘어나고 있음을 보여준다.[52]

3. 환경주의

기계적(mechanist)이거나 거의 같은 말이지만 감각주의적인(sensationalist) 물질론의 요소를 포함하고 있던 **시대정신**은, 이 요소의 상대적 강세에 정확히 비례해서, 환경요인의 설명력을 강조하는 사회학적 이론

---

51) 『정치학의 관찰방법과 추론과정에 대한 고찰』(*Treatise on the Method of Observation and Reasoning in Politics*, 1852)은 반쯤 잊힌 인물이 쓴 잊힌 저작이다. 그러나 이 책과 저자 모두 충분히 기억될 만하다. 전자는 그것이 제공하는 종류의 가르침이 경제학자들에게 상당히 필요한 것이므로, 독자들에게 강력하게 추천될 필요가 있다. 후자에 대해서는, 이미 앞에서 간단하게 언급한 바 있다.(바로 앞의 2장 참조)

52) *Wesen und Wert der öffentlichen Meinung*(1879). 홀젠도르프는 『정치학 원리』(*Principien der Politik*, 1869)라는 저작도 남겼는데, 내게 이 책은 중요하지 않은 것처럼 보인다. 이 다작 저자의 또 다른 저작들(그중 일부는 편집 행위의 산물이긴 하지만)에 대해서는 우리에게 알려진 것이 없다.

을 지지하게 되었다. 이에 따라 우리는 환경주의 사상의 한 조류를 발견할 수 있는데, 이것은 몽테스키외[53]의 사상을 속류화시킨 형태로 이해될 수 있다. (이것을 입증하기 위해서는—옮긴이) 두 가지 사례로 충분할 것이다. (법률가가 아닌) 철학자 포이어바흐는 인간을 물리적 환경의 산물로 취급했다. 만일 이러한 명제를 제시하는 데 필요한 단서조항을 그 명제에 대한 토론이 가능한 정도까지 추가한다면, 거기서 우리는 오늘날 또다시 명시적으로나 암묵적으로 주목받게 된 하나의 이론(아마도 마르크스의 이론을 지칭하는 듯하다—옮긴이)을 만나게 된다. 그는 환경요인 중에서도 식량을 강조했는데,[54] 이것은 또한 우리의 두 번째 사례인 버클(Buckle)[55]에게서도 분명하게 나타난다. 지면이 허용된

---

53) 내가 보기에, 몽테스키외는 환경요인의 설명력을 과대평가하는 것 같지는 않다. 나는 18세기 후반의 사회학 문헌에서 상당히 빈번하게 나타났던 환경주의 논리—예를 들면 헤르더의 저작—에서 그의 영향을 얼마나 많이 찾아볼 수 있는지에 대해 말할 수 있다고 생각하지 않는다. 물론 『법의 정신』(*Esprit des lois*)은 이 시기에 가장 유명하고 가장 많이 읽힌 책이었다. 그렇지만 환경주의적 영감을 이끌어낼 수 있는 다른 원천들도 아주 많기 때문에, 심지어 몽테스키외의 글이 인용되는 경우에도 (그의 영향을—옮긴이) 적극적으로 옹호하기는 힘들다.

54) 포이어바흐(*Sämmtliche Werke*, 1903~11, vol.x, p.32)는 "Der Mensch ist was er isst"라는 문구를 만들어냈다. 이 말은 "인간은 먹는 존재다"로 번역되는데, 이것은 정신세계 전체를 표현해주는 문구들 중의 하나다. 포이어바흐의 저작은 마르크스와 엥겔스가 '속류 마르크스주의'로 매우 적합하게 표현했던 것을 대중화시킨 사상조류의 일부였다. 말이 나온 김에 아주 중요한 사실을 하나 언급하자면, 포이어바흐의 모든 생각은 아닐지라도 그 대부분은 마르크스에게 영향을 미쳤음이 틀림없다. 왜냐하면 두 사람이 마르크스 저작의 한 측면에 대해 기꺼이 동의하기 때문이다. 그렇지만 마르크스는 언제나 포이어바흐의 생각에 대항해서 싸웠으며(*Marx-Engels Archiv*, I, 1926; Engels, *Ludwig Feuerbach……*, 1888, English trans. by A.A. Lewis, 1903 참조), 종종 포이어바흐에게서 나온 그다지 설득력 없는 논리와 싸웠다. 그러나 이에 대한 설명은 간단하다. 마르크스는, 어떻게 평가되든지 간에, 교양 수준이 높은 사람이었다. 그래서 그는 그러한 것에 휩쓸릴 인물이 아니었다.

55) H.T. Buckle, *History of Civilization in England*(2 vols., 1857~61). 이 책은 미완성 작품이었다. 사실상 그것은 거대한 기획으로 계획된 것을 소개하는

다면, 우리는 그의 저작을 세 측면——실제로는 암시하는 정도에 불과하지만——에서 고려해야 한다. 첫째, 거기에는 하나의 **관념**(*idea*)이 존재한다. 그것은 바로 역사를 과학으로 환원시키는 것으로, 후자는 관찰된 사실에 대한 '귀납추리'를 통해 버클이 물리학 법칙으로 취급했던 것과 동일한 종류의 '법칙'에 도달한 것이다. 의도측면에서 볼 때, 마르크스가 아니라 버클의 역사해석은 진정으로 '물질론적인' 것——물론 이 말은 모두 마르크스의 업적으로 돌려야 하겠지만——이다. 그러나 버클의 저작을 자세히 들여다보면, 곧바로 이러한 관념이 그 본성상 순전히 이데올로기적이라는 사실이 가장 분명하게 나타난다. 그런데 이러한 효과는 모두 그가 원했던 것이며, 그러면서도 그는 실제로 순수사변에 사로잡혀 처음부터 끝까지 사실을 전제된 도식에 강제로 끼워맞추곤 했다. 둘째, 거기에는 사회상태와 사회변화를 규정하는 세 가지 유형의 '법칙'——물리법칙, 도덕법칙(즉 인간의 행위성향), 인식법칙——으로 구성된 관념을 개념으로 **구현한 것**(conceptual *implementation*)이 존재한다. (주로 물리적 환경에 대한 기술적 통제의 성장을 의미하는) 후자(세 가지 유형의 법칙으로 구성된 관념-옮긴이)는 '진보', 즉 우리가 곧 콩도르세-콩트의 진화주의라고 정의하게 될 것과 밀접한 상관성을 지닌 원칙을 위한 동력을 제공한다. 이러한 측면, 즉 분석적 측면에 관한 한, 우리가 지금까지 책에 대해 조금 말했던 것조차 너무나 많은 것이다. 그것의 중요성은 오로지 분석상의 오류(analytic miscarriage)를 연구할 수 있는 사례를 제공한다는 점, 그래서 그것이 우리에게 사변적이지 않은 프로그램의 배후에 놓인 사변적인 성향을 살펴보도록, 그리고 명백하게 거대한 과학적 장치 배후에 놓인 도락주의(dilettantism)를 살펴보도록 가르칠 수도 있다는 점에 있다. 셋째, 이 책은 모든 유형의 사람——부자든 가난하든 간에, 교육을 받았든 교육받지 못했든 간에, 영국인이든 비영국인이든 간에——에게서 거의 믿을 수 없을 만큼의 성

것에 불과했다. 버클의 저작은 규모가 상당히 크다.

공을 거두었다. 이러한 성공은 오로지 이 책이 중요한 것으로 부상했기 때문이다. 다시 말해서 이 책이 일반사람들(layman)의 독서목록 가운데 하나, 즉 당시 대중의 정신을 교육하던 것 중의 하나가 되었기 때문이다. 이처럼 그 책의 가르침은 우리가 보고자 하는 지적 풍경에서 하나의 중요한 요소였다.

다른 '이론들'과 마찬가지로, 환경주의도 명백한 난센스가 되는 지점까지 쉽게 끌고 갈 수 있었다. 그렇지만 그것은 자신의 영역 안에서도 사회현상의 분석가들에게 필수불가결한 도움을 제공——이 점은 예를 들어 미슐레에게서 확인할 수 있다——했다. 이러한 사례는 (이러한 측면에서) 비슷한 '인종주의'를 통해서 예시될 수도 있다. 우리의 관찰에 따르면, 사회과학에서 그 구성요소들(factors)이 항시 이러한 이론을 난센스 지점으로 몰고갈 예정으로 작동하고, 그래서 매우 흡사한 것이긴 하지만, 그 이론들을 이데올로기적이고 정치적인 정당들에 대한 분쟁의 원인을 전환시키는 것은 우울하지만 매우 중요한 사실이다. 환경주의와 인종주의는 모두 아주 많은 책에서 이용되었지만, 그 어느 것도 우리가 사회과정을 이해하는 데 기여하지 않았(다고 평가할 수 있-옮긴이)는데, 이러한 극단적인 평가(this consummation)에 대해 양자를 옹호하거나 반대하는 사람들은 모두 힘을 합쳐 반대하고 있다. 이 시기에 편견에서 너무도 자유롭게 진화주의적 요소와 인종주의적 요소를 가능한 한 만족할 만한 방식으로 조화를 이루는 데 성공했던 저작을 다시 한 번 주목해보자. 그것은 바로 (게오르그 바이츠Georg Waitz가 아닌) 바이츠(F.T. Waitz)의 『원시부족의 인류학』(*Anthropologie der Naturvölker*, 1859~64)으로, 특히 1권이 중요하다.

4절 진화주의

사회현상은 역사적 시간 속에서 진행되는 독특한 과정으로 이루어지며, 끊임없는 비가역적인 변화가 그것의 가장 명백한 특성이다. 만일 우리에게 진화주의가 기껏해야 이러한 사실을 인정하는 것을 의미한다면, 사회현상에 관한 모든 추론과정은 그 자체로 진화적인 것이거나 진화와 관련이 있는 것이다. 그렇지만 여기서 진화주의는 이것 이상의 의미를 지닌다. 누구나 사실을 사고의 중심축과 방법론의 으뜸 원칙으로 설정하지 않으면서도 그것을 수용할 수는 있다. 공리주의 체계가 이 점을 예시하는 데 이용될 수 있다. 제임스 밀이라면, 사회적 변화가 나타난다는 것을 알고 있는가라고 묻는 사람에게 어이없는 반응을 보였을 것이며, 여기에 덧붙여 그 사람의 지능을 낮게 평가했을 것이다. 그러나 그의 다양한 체계들——경제이론, 정치이론, 심리학이론 속에 나타난——은 어떤 영역에서든 그의 사고가 진화에 의존했다는 의미에서 진화적인 것이 아니었다. 그리고 우리에게는 이것이 바로 진화주의에 대한 기준이 될 것이므로, 이는 철학——순수한 형이상학적 사변을 포함해서——에 대해서든, 어떠한 과학영역에 대해서든 모두 적용된다. 이러한 의미의 진화주의는 18세기에 그 모습을 드러냈지만, 19세기에 절정에 도달했고 널리 퍼졌다.

이제 교란요인에 주목해보자. 이것의 영향은 이 절에만 국한되지 않고 앞으로도 다양한 방식으로 감지될 것이다. 그 자체로 볼 때, 진화개념은 잘 정의된 기준 내에서가 아니라면 모든 가치평가로부터 완벽하게 자유롭다.[56] 사정이 이러하다면, 우리는 단지 사람들이 변화에 대해 그것을 좋아하면 진화로, 그것을 싫어하면 후퇴나 퇴행으로 묘사할 것이라고 인정할 수 있을 뿐이다. 그러나 18세기에 진화는 순진하게도 진보——이성의 지배를 향한——와 동일한 의미로 이해되었는데, 이는 곧

---

56) 그러므로 이미 수용된 치과기준에 따르면, 현재 치아를 뽑는 일이 한 세기 전보다 '좀더 효율적으로' 이루어지고 있다고 말하는 것은 의미 있는 명제이며, 심지어 A라는 치과의사가 B라는 치과의사보다 '좀더 효율적으로' 이를 뽑는다고 말하는 것도 그러하다. 이와 비슷한 언급이 기술적 경제이론에도 적용될 수 있다. 그러나 분명히 이것은 사회구조나 문명을 비교하는 경우나 특화된 기준일반의 범위를 벗어날 경우에는 더 이상 적용되지 않는다.

그것이 정의상 가치판단을 내포했음을 의미한다. 아울러 이러한 순수한 관념연합은, 비록 시간이 흐름에 따라 진지한 연구작업에서 그것의 점진적인 해체조짐이 나타나긴 했지만, 19세기 내내 지속되었다. 사업이 번창하고 계급지위가 상승한 부르주아들은 특정유형의 '진보'에 대해 상당히 확신했으며, 이들과 부르주아 정신의 학술적 주창자들은 애석하게도 특정유형의 바람직한 변화집합에 대한 이러한 확신을 문명화나 심지어 우주를 이끄는 불가피한 힘과 연결시키려는 경향을 보였다. 그러나 우리는 이러한 유치함(infantilisms)이 시대정신의 특징으로 아무리 중요하다고 할지라도, 그것을 명확히 인식하고자 노력해야 한다.

명료화와 예증을 위해서는 다섯 가지 유형——흔히 서로 중첩되긴 하지만——의 진화주의 사상을 구분할 필요가 있는데, 이것들은 모두 이 시기의 지적 풍경만이 아니라 다음 시기의 지적 풍경에서도 매우 중요한 것처럼 나타났다. 아래에서 언급하는 것들은, 비록 그중 한 시기에서만 수집된 것이긴 하지만, 두 시기 모두와 관련이 있다.

1. 철학자의 진화주의

헤겔은 훌륭한 사례다. 나는 무모한 시도(temerity: 아마도 기성은 철학자의 진화주의 전반을 살펴보려는 자신의 시도에 대한 판단인 듯 보인다—옮긴이)에 대해 진심으로 사죄드리면서, 이 책의 목적과 관련된 한 가지 점을 지적할 것이다. 궁극적이면서 절대적인 실재(reality)를 지칭하는 형이상학적 실체(entity)——그 명칭이 무엇이든지 간에——가 존재한다고 가정해보자. 그래서 초관념론적 철학(ultraidealistic philosophy)[57]의 위치에 서보자. 이와 동시에, 그리고 같은 의미에서, 동일한 실재를 모든 현실적이면서 잠재적인 관찰상의 사실들의 총체로 정의해보자. 어떻게 이것이 가능한가? 이것은 우리가 이러한 관찰상의 사

---

57) 여기서 관념론은 칸트에게서 헤겔에 이르는 독일 철학에 적용된 것이므로, 당연히 윤리적인 의미의 관념론과는 어떠한 상관성도 없다.

실들 속에서 이른바 (형이상학적—옮긴이) 실체를 구현(표현)하는 신비로운 기호(runes)[58]를 발견할 때 비로소 가능해진다. 그런데 이는 많은 경우에, 우리가 통상적인 의미의 철저한 범신론을 채택한다면, 마땅히 그래야만 하는 방식이다. 이제 그 실체가 테제(theses), 안티테제(antitheses), 진테제(syntheses)라는 본질적으로 논리적인 과정에 내재하는 진화[59]를 겪는다고 가정해보자. 아울러 관찰상의 실재도 그러하다고 가정해보자. 그런데 이것은 한 유형의 정신에게는 항시 호소력을 갖지만, 다른 유형의 정신에게는 결코 그렇지 않은 것이다. 이제 하나의 정의와 그에 대한 언급으로 넘어가보자. 그 정의란 바로, 하나의 형이상학적 실체관, 즉 이 실체 자체의 내용이 전개되는 과정에서 경험적 실재의 끊임없는 변화가 산출된다는 관점으로부터 추론하는 것을, 우리는 발산주의적(*emanatist*) 견해로 명명하겠다는 것이다. 이에 관한 언급은

---

58) 이것은 (우리가 우리의 형이상학적 실체를 이성과 동일시한다는 가정 아래) 헤겔의 유명한 문구를 전달하기 위한 것이었다. 존재하는 것은 그 무엇이든지 간에 합리적이고(이성에 부합되고), 합리적인 것(사고될 수 있는 것)은 그 무엇이든지 간에 존재한다. 흔히 해석되는 것처럼, 이것은 보수주의적 태도를 지지하는 것이 아니다. 그러나 독자들은 이것이 얼마나 쉽게 그렇게 될 수 있는지를 깨닫는 데 조금도 어렵지 않을 것이다. 게다가 헤겔의 말투는 이러한 해석을 유도하기도 한다. 이것은 심지어 그가 성공할 수 있었던 중요한 요소이기도 하다.

59) 비전공자일지라도 바로 여기에 헤겔의 체제가 난센스임을 입증할 수 있는 기회가 존재한다는 점을 눈치챌 수 있을 것이다. 설령 헤겔주의의 꼭대기까지 오를 수 없는 무능력 때문에 제대로 이해하지 못했다 해도, 그는 이러한 철학 문구가 영어로 쉽게 번역될 수 없다는 사실을 지적—그것도 심술궂은 미소와 함께—할 수 있다. 독일어 동사인 aufheben(흔히 '지양하다'로 옮겨진다—옮긴이)은 폐기(cancel)와 고양(raise)을 동시에 의미한다. 헤겔의 주장에 따르면 'A는 B이다'라는 테제와 'A는 B가 아니다'라는 안티테제는 서로 지양해서 좀더 높은 것, 즉 양자의 내용을 포함하는 진테제로 전환된다. 그러나 모순적인 언명들은 상대방을 좀더 포괄적인 것으로 고양시킨다는 의미에서 서로 지양하지 않는다. 그것들은 단지 서로 상대방을 폐기, 즉 부정할 뿐인데, 이것이 오히려 헤겔과 진화에 대해서는 심각한 문제일 것이다. 물론 이러한 상황을 피하는 것이 가능하다. 그렇지만 우리에게 던지는 경고 메시지는 여전히 남아 있다.

다음과 같다.

독자들은 헤겔의 발산주의적 진화관에서 형이상학적 장식물을 제거하더라도 거기에는 무엇인가가 남아 있음을 발견하게 될 것인데, 그것은 바로, 우리가 경험으로부터 알고 있듯이, 실재가 특정한 상태나 수준을 추구하는, 그래서 뉴턴주의의 역학에 비유해서 말하자면, 또 다른 상태나 수준으로 옮겨가기 위해서는 외생적인 요인——적어도 독립적인 요인——이 필요한 현상들의 집합이 아니라, 그 자체로 진화적인 과정이라는, 그것도 내적 필연성으로부터 진화하는 과정이라는 관념이나 아마도 발견이 그것이다. 이 관념은, 우리가 받아들일 수 있다면, 아주 중요한 것임이 분명하다. 철학에 관한 한, 그것은 예를 들어 원래 수용된 의미의 헤겔주의로부터 헤겔주의적 물질론이라 명명할 수 있는 것——청년 헤겔학파의 상당수가 속한——으로 나아갈 수 있게 해준다. 사회학에 관한 한, 그것은 사회변화에 관한 사실들에 새롭게 접근하는 방법을 시사한다.

좀더 나아가기 전에, 철학자들이 자신의 철학에 진화주의 경향을 첨가하기 위해 고안했던 두 가지 다른 방법을 소개해보자. '진보'가 유행하자, 다른 사람들처럼, 철학자들도 기꺼이 그 추세를 따랐다. 특히 유행에 가까웠던 다양한 분파의 불가지론자들이나 물질주의자들은 (형이상학적-옮긴이) 실체를 포기하고 그 대신 지적 진보를 선택하곤 했다. 다시 말해서 이들은 아래 (4항)에서 콩도르세-콩트의 진화주의로 정의될 것에서 무엇인가를 빌리거나, 심지어 (5항)에서처럼 철학적 목적을 위해 생물학적 진화주의를 이용하곤 했다. 하나의 철학인 이러한 움직임에 대해 어떻게 생각하든지 간에, 그것은 대중적인 저작을 생산했다.

2. 마르크스주의의 진화주의

이제 관념론을 벗어던진 헤겔주의 철학이 정박할 수도 있는 사회학에 대해 가능한 함의로 눈길을 돌려보자. 이는 여기서 우리가 어쨌거나 헤겔이 마르크스에 대해 문구상의 영향[60] 이상을 미쳤다고 보고 있음을 암시한다. 그렇지만 우리가 헤겔주의에 대한 마르크스의 이른바 역사에 대한 물질론적 해석(마르크스의 경우 'materialism'은 흔히 '유물론'으로 번역되지만, 번역의 일관성을 위해 '물질론'이라 옮겼다—옮긴이)의 실질적 자율성을 인정한다면, 그리고 그것을 독립된 유형의 진화주의로 고려한다면, 두 가지 고려사항을 따를 필요가 있다. 첫째, 마르크스의 역사이론은 마르크스의 헤겔주의에 대한 친화성과 독립적으로 발전되었다. 우리는 그의 분석이 당시 통용되(었으며 분명히 어느 시대에나 존재했)던 오류, 즉 역사를 만드는 행위가 관념(이나 '인간정신의 진보')에 의해 규정되며, 그러한 관념들이 순수하게 지적인 과정을 통해 차례차례 행위자에게 주입된다는 견해에 대한 비판으로부터 시작되었음을 알고 있다.[61] 이러한 비판에서 시작한다는 것은 완벽하게 건전하면서도 매우 실증적인 방법으로, 헤겔주의적 사변과 어떠한 상관성도 없는 것이다. 둘째, 마르크스의 역사이론은 본질적으로 하나의 작업가설이다. 이것은 모든 철학이나 교리와 양립가능하므로, 특정한 것과 연계시켜서는 안 된다. 헤겔주의나 물질론 모두 그것에 대한 필요조건도, 충분조건도 아니다.[62] 그렇다면 남는 것은 마르크스가 헤겔의 표현법을 선호하는

---

60) 문구상의 영향을 보여주는 사례는 많지만, 내친김에 그중 한 가지를 들어보자. 마르크스의 저작에 대해 교육받지 않은 독자라면, 마르크스가 단순히 서로 갈등하는 사실들이나 경향들을 설명하는 경우에도, 왜 그토록 자주 자본주의의 '모순'에 대해 언급하는지 의아해할 것이다. 그 모순은 헤겔의 논리관에서 나온 것이기 때문이다. 이것이 재미있는 결과를 야기했다. 오늘날에도 보통의 마르크스주의자들은, 모순이라는 말을 통상적인 논리나 어법에서 나타나는 의미로 받아들이면서, 마르크스가 모순—물론 실제상황이 아니라—에 대해 언급할 때마다 자본주의 체계를 통상적인 의미의 논리적 불일치를 안고 있는 것으로 보길 원했다고 주장한다.

61) 이에 대해서는, 예를 들어 마르크스의 『정치경제학 비판 개요』(*Contribution to the Critique of Political Economy*, publ. by Kerr, Chicago, 1904)의 「서문」 참조. 이 책의 독일어 원본(*Zur Kritik der politischen Ökonomie*)은 1859년에 출간되었으며, 「서문」은 1902~1903년에 『노이에 차이트』(*Neue Zeit*)지에 실렸던 것이다. (스톤N.I. Stone의 영어번역본에는 부록으로 최근에 출판된 「서문」이 담겨 있다.)

62) 나는 이러한 언급이 충격을 야기할 수도 있음을 알고 있다. 그러나 증명은 쉽

측면——그리고 마르크스 자신과 대부분의 마르크스주의자들이, 모든 마르크스주의자는 아닐지라도, 반종교적인 것처럼 들리는 것이면 모두 선호한다는 측면——이다.

작업가설 속에 구현된 성과와 이 성과의 한계에 대해서는 본질적인 요점에 대한 간략하면서도 대담한 언급을 통해 가장 잘 설명될 수 있다. (1) '시민사회'——18세기 용어를 사용하자면——의 모든 문화적 표현은 궁극적으로 그것의 계급구조의 함수다.[63] (2) 한 사회의 계급구조는, 궁극적으로 그리고 주로, 생산구조(the structure of production, *Produktionsverhältnisse*: 흔히 후자는 '생산관계'로 번역되지만, 슘페터가 이를 전자와 같이 옮겼으므로 그 의도를 따른다는 의미에서 '생산구조'로 옮겼다—옮긴이)에 의해 지배된다. 즉 사회적 계급구조에서 개인이나 집단의 위치는 주로 그 개인이나 집단이 생산과정에서 차지하는 위치에 따라 결정된다. (3) 사회적 생산과정은 내재적인 진화(그 자체

다. 왜냐하면 우리는 개인의지의 자유에 관한 학설—예를 들면 아퀴나스가 가르친—을 완전히 수용할 수 있으며, 이러한 자유의지가 물리적·사회적 정보에 따라 제약되긴 하지만, 일반적으로 그것의 사용이 이러한 정보에 부합되는 사건들의 경로를 생산할 것이라고 아직도 여전히 주장하기 때문이다. 경제적 해석은 이 정보를 규정하는 것에 관한 하나의 가설일 뿐이며, 그 자체로는 자신의 행위에 대한 개인의 도덕적 책임감의 부재를 포함하지 않으며, 이 정보 자체에 대한 초현실적 영향의 가능성과 그 정보가 작동되는 방식을 인정하길 거부하는 것을 포함하지도 않는다. 진실을 말하자면, 마르크스주의자들은 이 점을 인정하지 않을 것이다. 그러나 이들이 그것을 인정하지 않는 이유는 경제적인 역사해석의 논리적으로 본질적인 내용과 무관한 요인—신념, 철학—에 있을 것이다. 사실상 **철학적** 결정론은 대부분 후자(경제적인 역사해석—옮긴이)에 대한 지지와 연결되지만, 논리적인 맥락에서 보면 이것은 그 속에 포함된 **방법론적** 결정론과 어떠한 상관성도 없다.

63) 반복해서 말하지만, 여기서 '함수'라는 말은 인과적 결정론을 포함하지 않는다. 사실상 이러한 '절대적'이거나 '기계적' 결정론을 고집하려 한다면, 그것은 그 이론을 아주 쉽게 논박할 수 있게 한다는 점 말고는 기여하는 바가 없을 것이다. 이 주제에 관한 중요한 마르크스주의 권위자들인 엥겔스와 플레하노프(Plekhanov)는 모두 이 점을 인정했으며, 교조성(stringency)을 상당히 완화시켰다. '궁극적으로'라는 말에 대한 강조가 그것을 위한 수단 중의 하나였다.

의 경제적인, 그래서 사회적이기도 한 정보에 따라 변화하려는 경향)를 보여준다. 우리는 여기에 마르크스의 사회계급 이론의 본질적인 측면을 덧붙일 것인데, 그것은 역사에 대한 경제적 해석을 규정하는 (1)~(3)의 요점과 논리적으로 구별되지만, 마르크스의 체계 내부에서 그러한 해석의 일부를 구성하는 것이다. (1') 자본주의 사회의 계급구조는 두 계급으로 환원될 수 있다. 물리적 생산수단——고용주가 소유했다면 '자본'이지만, 그것을 사용하는 노동자가 소유했다면 자본이 아닌——을 소유한 부르주아 계급과 그렇지 못한 프롤레타리아 계급이 그것이다. (2') 이러한 계급들이 생산과정에서 차지하는 위치 때문에, 그것들의 이해관계는 필연적으로 적대적이다. (3') 그에 따른 계급투쟁이나 계급전쟁(Klassenkampf)은 어느 시기에나 존재했던 모든 사회조직과 한 사회의 모든 문명형태를 변화(변혁)시키려는 경제적 진화경향을 구현하는 메커니즘——경제적이면서 정치적인——을 제공한다. 우리는 이 모든 것을 다음과 같은 세 가지 구호로 요약할 수 있다. 정치학, 정치, 예술, 과학, 종교적·비종교적 신념이나 창조물은 모두 경제적 사회구조의 상부구조(Überbau)다.[64] 역사적 진화는 경제적 진화에 의해 추진된다. 역사는 계급투쟁의 역사다.[65]

이와 같은 내용이 내가 간단하게 보여줄 수 있는 마르크스의 사회적 진화주의에 관한 공정한 서술이다. 그것의 성과는 최고의 중요성을 갖

---

64) 우리는 이미 이 책, 1권, 1부에서, 모든 사상의 피할 수 없는 '이데올로기적 편향'에 대해 언급하면서, 이러한 이론의 한 측면과 그 적용에 대해 논의했다.

65) 사회진화와 사회계급에 관한 마르크스의 생각은 그가 저술했던 모든 내용에 대한 토대로서, 그의 모든 저작에서 발견된다. 물론 그렇다고 해서 그것이 좀 더 쉽게 정당화되는 것은 아니다. 그러나 내가 보기에 출판된 그의 모든 저작 중에서 모든 해석에 이용될 수 있는 가장 중요한 책으로는 『공산당 선언』(The Communist Manifesto), 『프랑스의 계급투쟁』(Class Struggles in France), 『루이 보나파르트의 브뤼메르 18일』(The Eighteenth Brumaire of Louis Bonaparte), 『정치경제학 비판』(The Critique of Political Economy) 등이 있다.(이것들에 대해서는 모두 영역본이 존재하며, 구체적인 출판 연도와 출판사에 대해서는 스위지, 앞의 책, 382쪽 참조.)

지만, 그 구성요소들은 매우 불균등한 가치를 갖고 있거나, 명백한 이데올로기적 편향에 의해 불균등하게 손상된 상태다. 선동적인 목적이 아니라면, 마르크스가 자신의 경제적인 역사해석과 연결시켰던 사회계급 이론은 거의 가치가 없다. 진지한 분석에서 두 계급의 도식은 거의 무용지물이다. 계급적대 관계에 대한 배타적 강조는 케어리Carey-바스티아Bastiat 유형의 계급조화에 대한 배타적 강조(아래 4절 참조)만큼이나 분명하게 잘못된 것——이며 분명하게 이데올로기적인 것——이다. 아울러 사회조직 형태의 진화가 오로지 두 계급 사이의 투쟁으로만 설명될 수 있는 메커니즘에 의해 이루어진다는 명제는 실제로 작동되는 메커니즘의 본질을 무시하는 단순화다. 그렇지만 여기에 하나의 단서조항을 추가해야 한다. 그것은 바로, 우리가 마르크스에게서 이데올로기적으로 오염된 계급과 계급적대에 관한 정의를 발견한다고 해도, 그래서 정치적 메커니즘에 대해 만족스럽지 못한 설명을 발견한다고 해도, (그 과정에서 또한—옮긴이) 우리는 아주 중요한 것, 즉 계급현상의 중요성에 관한 완벽하게 적절한 생각을 얻어낸다는 점이다. 만일 이 영역에서 객관적인(unbiased) 연구와 같은 것이 존재했다면, 마르크스의 제안은 이미 오래전에 만족할 만한 이론으로 이어졌을 것이다.

그러나 역사에 대한 경제적 해석은 다른 문제다. 만일 우리가 그것을 하나의 작업가설이라는 역할로 축소한다면, 그리고 이 해석에서 역사적 물질론이나 역사적 결정론이라는 문구가 암시하는 온갖 철학적 야심을 폐기한 후 그것을 조심스럽게 정식화한다면, 우리는 강력한 분석적 성과를 볼 수 있다. 그렇다면 (1)과 (3)은 반론에 대해 방어될 수 있으며, 대부분의 반론은 오해에 기반을 둔 것으로 이해될 수 있다.[66] (2)는 상

---

66) 독자들은 간단한 실험을 통해 (1)의 타당성을 쉽게 수용할 수 있을 것이다. 오늘날 살인이야기처럼 매우 조심스러운 '문화적 표현'을 예로 들어보자. 그것의 주요 특징들을 관찰—영어표현을 망각하지 않은 채—하고, 그 특징들을 오늘날 사회구조의 두드러진 사실들과 연결시켜보라. 그러면 당신은 무언가 깨우치는 경험을 틀림없이 즐기게 될 것이다.

대적으로 신뢰도가 약하다. 그것은 일부 역사적 양식에 대해서는 잘 부합되지만, 다른 것들에 대해서는 조금도 그렇지 않기 때문이다.[67] 이러한 문제에 대해 마르크스가 그다지 심각하게 고민한 것 같지는 않다. 그러나 그가 남은 인생 동안 해결하기 위해 상당히 노력했던 또 다른 문제가 있었다. 분명히 말해서, 인간문명 전체의 진화가 의지하고 있던 경제부문의 내재적 진화에 대한 완전한 분석이 없었다면, 역사에 대한 경제적 해석이 토대로 기능했던 거대한 구조는 불완전한 채로 남아 있을 수밖에 없었을 것이다. 그러므로 그에게 역사에 대한 경제적 해석은 그 자체로 평가될 만한 업적을 훨씬 더 능가하는 하나의 프로그램이었다.

이제 우리는 마르크스의 저작을 적절하게 이해하는 데 아주 중요한 지점에 도달했다. 한편에서, 우리는 이제 그의 통일사회과학을 상상해 볼 수 있는데, 이것은 공리주의 이래로 존재했던 모든 것을 포괄하는 체계 중에서 유일하게 의미 있는 것이다. 우리는 그가 사회학과 경제학의 모든 분야를 하나의 동질적인 전체 속에 통합──이것은 공장에 매우 가깝게 서 있었던 엥겔스를 현혹시켰던 것보다 훨씬 더 현대의 후계자

나는 이 기회에 일찍이 엥겔스에게서 비롯된 오해들 중의 한 가지를 언급하고 싶다. 일부 저자들은 '물질론'을 윤리적 의미로 이해함으로써, 자신들이 '역사적 물질론'이라 명명한 것의 의미를 사람들이 심리학적 의미의 동기인 물질적인 이해관계, 즉 경제적인 이해관계에 따라 움직이는 것으로 이해했다. 마르크스의 이론은 이러한 의미가 아니며, 온갖 종류의 동기에 대해 열려 있다.

67) 마르크스주의의 원리는 대규모 제조공장이 수공업자 계급을 제거하는 것과 같은 과정을 통해 예증될 수 있다. 그러나 뒤링(Eugen Dühring)이 지적했듯이, 이러한 '인과율'이 종종 역전된다─진실은 당연히 생산조건과 사회구조 사이에 상호의존성이 존재한다는 것이다─는 점을 보여주기 위해 다른 사례가 인용될 수도 있다. 마르크스주의 원리가 놓여 있는 상황은 사회구조가 그것을 창조했던 생산조건보다 오래 존속할 수도 있다는 사실─이것은 이론을 파괴하지 않으면서도 몇 가지 모순점에 대해 설명할 수 있는 요인이기도 하다─을 인정함으로써 다소나마 개선될 수 있다. 다른 장치는 이보다 위험하다. 예를 들어 우리는 호전적인 정복자 집단의 행위를 '생산적인' 것으로 정의하고 나서, 정복당한 국가의 사회조직에 대해서도 여전히 마르크스주의로 해석가능하다고 말할 수도 있다. 그러나 이것은 거의 동어반복(tautology)에 가깝다.

들을 현혹시킬 수도 있는 시도였다——시키는 방식과 그 의미를 이해한다. 다른 한편에서, 이제 우리는 마르크스주의 경제학을 제대로 된 시각에서 바라볼 수 있다. 그것의 개별적인 특성들이나 그중 일부는 제자리에서 주목받거나 평가받게 될 것이다. 여기서 나는 단지 관점의 위대함과 함께 이 시대에 생산된 것 중에서 마르크스주의의 분석만이 진정으로 진화적인 경제이론이라는 사실을 강조하고 싶을 뿐이다.[68] 물론 그것의 가정이나 분석기법이, 부분적으로는 그것이 미완성인 채로 남아 있기 때문이기도 하겠지만, 심각한 반론에서 자유로운 것은 아니다. 그러나 경제과정의 내재적 진화에 관한 거대한 비전——어떤 식으로든 축적을 통해 작동되면서, 어떤 식으로든 경쟁적인 자본주의의 사회만이 아니라 경제까지 파괴하고, 어떤 식으로든 또 다른 유형의 사회조직을 불러일으킬 만한 사회상태를 어떤 식으로든 생산하는——은 가장 강력한 비판 때문에 최악의 상황을 거친 후에도 남아 있었다. 이러한 사실, 아니 이러한 사실만이 바로 마르크스가 경제분석가로서 위대함을 주장할 수 있는 근거였다. 그는 우리가 이 절에서 살펴보았던 하나의 **경제분석가** 이상의 인물이었다. 그가 분석가 이상의 인물이었다는 사실에 대해서는 더 이상 재론할 필요가 없다.

〔이 절의 주제와 관련된 마르크스와 슘페터의 견해를 살펴보기 위해서는 테일러(O.H. Taylor)의 글("Schumpeter and Marx: Imperialism and Social Classes in the Schumpeterian System", *Quarterly Journal of Economics,* November 1951)을 참조. 이것은 슘페터의 『제국주의와 사회계급』(*Imperialism and Social Classes,* English trans., ed. with an introduction by Paul M. Sweezy, 1951)에 관한 평론이다.〕

---

68) 우리는 다른 곳에서 경제변화 이론에 관한 스미스-리카도-밀의 기여에 대해 언급했다. 이 기여가 지닌 장점을 인정하는 독자들일지라도, 아울러 그것이 마르크스에게 출발점을 제공했을 수도 있다는 가능성을 인정한다고 해도, 마르크스의 기여에 비하면 맹아처럼 보인다는 점을 인정해야만 할 것이다.

3. 역사가의 진화주의

단순히 끊임없이 변하는 세계의 사건들을 기술하는 문제에 몰두하는 것만으로도 진화주의를 이 절에서 사용하는 의미로 정의하지 않게 된다. 그러므로 전문역사가들은 직업상 진화주의자가 아니다. 이들은 사회상태들——경제적·정치적·문화적·일반적인 의미에서——을 연속으로, 그것도 각각의 사회상태가 그 뒤를 잇는 것이 출현하기 위한 필요조건이자 충분조건이라는 의미에서 필연적이라고 가정된 연속으로 배열하고자 노력할 때 비로소 진화주의자가 된다. 이러한 방법 중에서 가장 오래되고 가장 원시적인 것은 경제가 반드시 거쳐야만 되는 전형적인 단계들을 만들어내는 것이다. 이 시기의 대표적인 방법은 리스트가 제안한 것인데, 그의 도식——사냥단계, 농업단계, 농공단계, 농공상단계——은 크니스(Knies)에게서 비판받을 만한 것이었다.[69] 사실상 이 도식이 초심자들에게 경제정책이 가변적인 경제구조와 연결되기 때문에 불변적인 처방으로 이루어질 수 없다는 교훈을 제공하기 위한 간단한 설명도구로서 이용될 수도 있는 (그리고 실제로 리스트에 의해 이용되었던) 것이 아니었다면, 우리는 그것을 실제로 완전히 가치없는 것으로 여겨야만 할 것이다.

또 다른 사례는 교환경제, 화폐경제, 신용경제라는 힐데브란트(Bruno Hildebrand)의 도식이다. 이러한 범주에서는, 개인의 청년기, 성년기, 노년기와 비교되는 것으로 가정된 역사적 연속과 같은 진화적인 연속에 관한 모호한 신념을 이 시기의 저작에서 드물지 않게 만난다는 사실을 제외한다면, 위와 같은 사항 이상으로 언급할 만한 것이 많지 않다. 좋은 역사가일수록, 그러한 구상을 싫어하는 법이다. 내가 아는 한, 이러한 신념을 탐닉하면서도 그것 때문에 길을 잃지 않았던 경제학자이자 경제사학자가 있다면, 그는 바로 로셔였다.[70] '경제사의 법칙'에 관한

---

69) Karl Knies, *Politische Ökonomie vom Standpunkte der geschichtlichen Methode*(1853, enlarged ed., 1883) 참조.

70) 리스트, 힐데브란트, 로셔의 저작에 대해서는 아래의 4장 5절에서 논의할 것

이러한 신념이 그와 슈몰러의 방법론에서 나타나는 주요한 차이 중의 하나였음을 주목할 필요가 있다. 물론 슈몰러도 자신의 역사발전 유형을 제시했는데, 촌락경제, 도시경제, 지역경제(territorial economy), 국민경제가 그것이다.

4. 콩도르세와 콩트의 지적 진화주의

어떤 저자보다도 콩도르세[71]는 특히 계몽 사상과 연결되며, 이성의 모든 숭배자의 저작 속에 암묵적·명시적으로 포함된 사회진화 이론을 정교화시켰는데, 우리는 이런 이론을 **지적 진화주의**(Intellectualist Evolutionism)라 부를 것이다. 이것은 결코 단순한 것이 아니다. 그것의 본질적인 내용을 요약한다면 다음과 같다. 인간의 이성은 천부적인 능력으로서, 인간의 물리적 환경을 정복하기 위해 그리고 어떠한 단계에서든 인간이 이전 단계에서 획득했던 신념이나 사고습관을 정복하기 위해 끊임없이 싸운다. 이러한 끊임없는 투쟁으로부터, 한편으로는 진정한 자연법칙에 관한 매우 향상된 통찰력과 그 결과인 자연력에 대한 좀더 완벽한 기술적 통제력이 나타나며, 다른 한편으로는 그릇된 것이자 반사회적인 신념과 성향으로부터 무한히 벗어난 자유가 나타난다. 인간의 지성은 제 스스로 완성됨으로써 인간의 본성 전체를 완성하며, 이를 통해서 인간의 제도까지 끝없이 완벽한 것으로 만들어간다. 많은 독자의 정신은 이러한 이론에 오염——추측하건대, '인간정신의 진보'를 당연한 일로써 받아들일 정도로——되어 있기 때문에 우리는 그것에 대한 반론, 즉 설명되어야 하는 것을 가정하기 때문에 문제가 있다는 지적을 이해하고 있는지 확인하는 편이 좋다. 신념, 지식과 기법의 저장고, 사고습관 등의 변화——적응적인 것이면서 아마도 자율적인 것이기도 한——는 역사적 진화의 다른 표현과 역사적으로 결합되어 있음이

이다.

71) Marquis de Condorcet(1743~94), *Esquisse d'un tableau historique des progrès de l'esprit humain*(1795; 이 책, 1권, 2부 2장 7절 참조).

틀림없다. 그러나 그 변화는 적어도 가변적인 사회구조라는 사실에 의해 규정되며, 그것의 작동방식(*modi operandi*)도 그러하다. 우리가 예를 들어 근대 실증주의나 현대 비행기를 인간정신의 진보에서 비롯된 것으로 본다면, 분명히 우리는 위와 같은 변화를 설명하는 쪽으로 그다지 다가선 것이 아니다. 아니 실제로 우리는 아무것도 하지 않은 것이다. 우리는 오직 문제를 그대로 안고 있을 뿐이다. 이를 고치기 위해서 인간정신의 완전성에 호소한다면, 우리는 여전히 아무것도 하지 않은 셈이다. 우리는 단지 해답을 가정했을 뿐이며, 이 점을 인정해서 추가적인 설명변수——예를 들면 생물학적 요인——를 도입한다면, 우리는 지적 진화주의가 머물 곳을 남긴 셈이다.

　이 이론은 명백히 적절한 것이 아니었지만, 계몽주의 전통을 이어갔던 자유주의나 진화주의 진영에서 그 명맥을 유지했다. 이를 예증하기 위해서는, 레키와 버클에 대해, 비록 이들의 논증내용이 서로 다르긴 했지만, 다시 한 번 언급해볼 수 있을 것이다. 그러나 우리에게는 콩트의 견해가 특히 중요하다. 그의 3단계 도식과 법칙에 따르면, 문명은 종교나 주술단계에서 형이상학 단계를 거쳐 과학단계로 진화하는데, 이는 분명히 계몽주의 사상에서 비롯된 것이다. 그것은 콩도르세의 관점과 본질적으로 다르지 않기 때문이다. 게다가 그것은 믿기 힘들 정도로 협소한 것일 뿐만 아니라, 콩트 자신이 정의한 의미에서 사변적이고 비과학적인 것이기도 하다. 그의 '실증적' 프로그램에 따른 연구는 직접적으로 그 (3단계−옮긴이) '법칙'에 구현된 한 요소로 환원될 수 없는 요인과 메커니즘의 존재를 직접적으로 드러내고 있기 때문이다. 그러나 겉보기에는 이 법칙이 쉽게 검증될 것처럼 보인다는 점을 명심하라. 사실상 합리적인 과학적 절차는 (정치학에서는 그렇지 않지만) 우리 시대를 특징 짓는 특성 중의 하나이며, 주술은 원시시대 정신의 실제특징이다. 그렇다면 문제는 오직 이것이 어느 정도의 타당성을 지니는지, 그리고 이러한 상관성이 어느 정도의 인과적 이해를 제공할 수 있는지에 있을 뿐이다.

언급할 만한 점이 또 하나 있다. 종교적 태도, 형이상학적 태도, 과학적 태도는 단순히 개인적인 현상이 아니라, 명백히 사회적인 것이다. 그러므로 콩트가 정의한 단계는 집합(collective)이나 집단(group)의 정신이 발전하는 단계로 말할 수도 있을 것이다. 사실상 콩트는 콩도르세보다 훨씬 더 분명하게 이러한 개념을 채택했으며, 그것을 성교화하기 위해 노력했다. 물론 집합적 정신과 낭만주의자들의 민족정신 사이에는 엄청난 간극이 존재한다. 그렇지만 분석도구의 측면에서 볼 때 양자는 매우 비슷하며, 두 가지 모두 이후의 사회학자들과 사회심리학자들의 저작에 영향을 미쳤다.

5. 다윈의 진화론

이것은 여기서 언급할 필요가 있는 생물학적 진화주의의 유일한 유형이다. 라마르크(Lamarck)의 영향은, 그 전부는 아닐지라도, 대체로 다윈의 영향(비록 다윈은 라마르크에 대해 관대하게 언급했지만)에 의해 대체되었다. 그리고 멘델(Mendel)은 자신의 세 가지 법칙에 관한 책을 1866년에 출판했지만, 결코 직접적인 영향력을 행사하지 못했다.[72] 다

---

72) 멘델(G.J. Mendel, 1822~84)은 성토마스수도회의 수도사로서, 뛰어난 실험작업—이것은 전문가들의 의견이므로, 당연히 내 판단이 아니다—을 수행했을 뿐만 아니라 그에 관한 이론적 해석을 제공하기도 했는데, 이 해석은 그의 실험결과가 (1900년경에) 독자적으로 재발견되었을 때 비로소 생물학자들에게 수용되었다. 그는 (자신의 실험결과를—옮긴이) 사회적 과정에 적용하는 것에 대해 달가워하지 않았다. 우리는 과학사회학에 관심이 있기 때문에 다음과 같은 의문을 제기한다. 이렇게 매우 중요한 성과가 소홀히 취급되는 사례에서 우리는 무엇을 배울 수 있는가? 그러나 이 사례를 살펴보면, 그것이 우리에게 가르쳐준 것이 없음을 보여주는 것처럼 보인다. 마이어(Robert Mayer: 에너지 보존법칙의 발견자)는 개인적으로 자신의 발견(열에너지의 역학적 등가)을 의심할 나위 없이 전문적인 사람들(적어도 한 사람)과 토론했는데, 이들은 그것을 이해해서 퍼뜨릴 수 있는 사람들이자 반드시 그래야만 하는 사람들이었다. 쿠르노는 거대한 지식중심지 중의 하나에서 자신의 『연구』(Recherches: 원 제목은 *Recherches sur les principes mathmatiques de la theorie des richesses*—옮긴이)를 공공연하게 출판했다. 그러나 멘델은 지방도시에 있는

원은 『종의 기원』(*Origin of Species*) 3판부터 '간추린 역사'(Historical Sketch)를 추가했는데, 이것이 독자들에게는 결정적인 아이디어가 점진적으로 출현하는 흥미진진한 이야기를 제공하겠지만, 여기서는 이에 대해서 언급할 필요가 없을 것이다.[73] 그렇지만 이 책의 사회적 의미와 그것이 사회과학에서 차지하는 중요성에 대해서는 아래와 같은 언급이 필요하다.[74]

수도원에서 살면서 자신의 실험결과를 지역의 이름 없는 잡지에 발표했는데, 이것이 결국 그것을 은폐시킨 요인이었다. 그러므로 그토록 소홀히 취급된 이유는 당연한 것이었다.

73) 독자들은 이른 시일 내에 이 글을 읽어보기를 바란다. 이것은 지금까지 과학사에 대해 쓰어진 글 중에서 가장 중요한 것 중의 하나며, 우리의 관심대상의 하나인 인간정신의 발전방향과 과학적 진보 메커니즘에 관한 사례연구를 보여준다. 게다가 이것은 우리 자신의 이야기(경제분석의 역사—옮긴이)에서 일정한 역할을 담당하는 개념, 즉 우선순위의 부적절한 승인(아마도 인간이나 사회에 관한 연구에서, 인간이 아닌 요인을 가장 중요하게 취급하는 것을 지칭하는 듯하다—옮긴이)에 관한 개념을 해명해준다. 다윈은 적절한 승인에 관한 이상적인 사례를 제시하는 방식으로 이 개념의 의미를 예증한다. 그는 어디서나 인간(이라는 존재—옮긴이)을 인간 자신에 대한 살아 있는 찬사로 평가했으며, 인간을 만들어낸 경제적 · 문화적 체계에 대해서도 그렇게 평가했는데, 이는 자본주의 문명에 대해 (덧붙여 말하자면, 좀더 근대적인 연구조직 형태에 대해) 심사숙고하고 싶은 생각이 드는 독자들에게 항시 권유했던 사항이기도 했다.
다윈(Charles Darwin, 1809~82)은 오랫동안 진화에 대해 연구했으며, 그 성과가 출판되기까지는 훨씬 더 오랜 시간이 걸렸다. 『종의 기원』은 1859년에 출판되었으며, 『인류의 유래와 성관계의 선택』(*The Descent of Man and Selection in Relation to Sex*)은 포크트(Vogt)와 해켈(Haeckel)이 이 책의 주제에 대해 동의를 천명한 후인 1871년에 출판되었다. 이 책의 3~5장과 10장은 사회학 일반과 경제사회학과 직접적으로 관련된 문제를 다루고 있다.
다윈을 격찬했던 스펜서의 글은 1852년에 『리더』(*Leader*)지에 처음 실렸으며, 스펜서의 『심리학』(*Psychology*)은 1855년에 출간되었다. 이와 달리, 고전과 경제학 사상을 정리한 밀의 『원리』가 출현한 것은 1848년이었다.

74) 물론 나는 이 책을 그 분야의 전문적인 연구성과로 판단하기로 가정하지 않았는데, 이 점에 대해서는 독자들도 곧 알게 될 것이다. (나를 포함한 어떠한 연구자도—옮긴이) 자신의 분야가 아닌 영역의 연구결과와 연구절차를 포함하는 문제에서 연구자 본연의 행위에 관한 복잡한 질문이 곧바로 떠오르는 것은

첫째, 『종의 기원』과 『인류의 유래와 성관계의 선택』은 이 시기의 시대정신에 관한 우리의 그림에서 가장 커다란 부분을 차지하고 있는 것 중의 하나다. 인간의 우주관에 대해 이것들이 갖고 있는 세속적 중요성은 태양 중심 체계와 비교될 만하다. 이것들은 일반독자들에게 폭넓게 읽혔으며, 열띤 토론의 대상이었다. 게다가 그것들은 부르주아의 정신의 집을 재건하는 데 효과적이었다. 비록 대부분의 경우에, 이 새로운 가구는 여전히 존재하던 형이상학적 가구를 몰아내기는커녕 빈 공간만을 차지했던 것처럼 보이지만 말이다. 우리의 근본적인 신념과 태도는 어떠한 책의 영향력에 따라 좌우되는 것이 아니다. 특히 나는, 다윈의 책을 부정하는 신념을 갖고 있는 교양인이라면, 그 누구라도 그것을 읽는다고 해서 자신의 신념을 부정하게 될 것이라고는 생각하지 않는다.[75]

둘째, 아무리 우리가 다윈주의의 인과적 역할에 대해 많거나 적게 생각할 수 있다고 해도, 이것은 징후 차원의 중요성을 갖고 있음이 틀림없다. 다윈주의는 지적 상부구조에 관한 마르크스주의 이론에 따라 그러한 역할이 요구될 때면 언제나, 그것을 성공리에 수행했다. 그런데 이러한 역할은, (다윈주의와─옮긴이) 독립적이지만 비슷하게 발전한 지리학에서 충분히 보여주듯이, 좀더 폭넓은 강의 한 흐름일 뿐이었다.[76] 그 강은 바로 앞서 우리가 살펴보았던 다른 진화주의를 관통하던 것이기도 했다. 그러나 다른 모든 측면에서 볼 때, 이러한 사항은 논리적으로 다윈주의만이 아니라, 어떠한 다른 생물학 이론에 대해서도 독립적이다.

─────────────

아니다. 설령 그것이 다윈주의 사회이론과 연결된 문제일지라도 그렇다.

75) 여기서 나는 교양인에 대해 말하고 있다. 해석과 비판적 방어에 필요한 자원을 갖고 있지 못한, 교육받지 않은 정신의 경우에는 위와 다르기 때문이다. 교육받지 못한 정신은 권위에 의존한다.

76) 이 점은, 역사적 진화가 상당 부분 다윈이라는 이름과 연결되는 것과 거의 마찬가지로, 라이엘(Charles Lyell)이란 이름과 관련된다. 그의 『지질학 원리』(The Principles of Geology, 1830~33)는 '살인사건의 전모가 드러나는'(것처럼 명시적으로 보여주는─옮긴이) 것은 아니지만, 그의 『고대 인류의 지질학적 증거』(Geological Evidences of the Antiquity of Man, 1863)만큼이나 많은 것을 함축적으로 말해준다.

이 점을 깨닫는 것은 이 시기 지식의 역사에 대한 오해를 피하는 데 매우 중요하다. 마르크스는 다윈주의적 진화주의의 출현에서 만족감을 경험했을 수도 있다. 그러나 그 자신은 이것과 어떠한 관련성도 없으며, 둘 중 어느 것도 상대방에 대한 지지를 표현한 적이 없다.

셋째, 다윈주의나 그것의 언어는 이후에 사회학과 경제학에 끼어들었다. 이 점에 대해서는 다음 시기의 지적 풍경을 개관하는 부분(이 책, 3권, 4부 3장)에서 살펴볼 것이다. 현재 논의되고 있는 시기의 경우, 나는 다윈주의가 사람들의 일반적인 사고습관에 영향을 미쳤음을 인식할 수 있다는 점 말고는, 사회과학에 관한 어떠한 의미 있는 영향도 발견할 수 없다.[77] 다윈과 스펜서는 심리학(발전—옮긴이)에 기여했으며, 후자는 전자(의 이론—옮긴이)를 사회학에 적용하기 위한 하나의 움직임을 보여주었다. 그러나 이것이 전부였다. 결론적으로 나는 다윈이 맬서스의 인구이론에서 영감을 받았다고 언급한 것에 대해 논평하고 싶다. 어떤 사람이 자신의 사고과정에 관해 언급한 것에 대해 이의를 제기하는 것은 틀림없이 매우 위험할 듯하다. 그러나 매우 의미 없는 사건이나 암시가 특정한 사상조류를 해방시킬 수도 있다. 다윈은 (『종의 기원』—옮긴이) 「서문」에서 맬서스의 책에 대해 언급했지만, 앞서 언급했던 간추린 역사에서는 스스로 맬서스의 저작을 포함시키지 않았다. 그리고 "모든 종의 개체수는 생존가능한 것보다 많이 태어난다"는 간단한 언급(맬서스주의에 해당되는 것은 아닌지 의심스러운)은 진부한 표현에 불과하다. 그래서 나는 다윈주의 학설이 진화하는 데 경제학이 제공한 서비스가 저명한 멍청이들(celebrated geese)이 로마에게 제공했던 서비스와

---

77) 1872년에 배젓(Walter Bagehot)은 『물리학과 정치학』(*Physics and Politics*)(*Biology and Sociology*나 *Biological Interpretation of History*가 좀더 적절한 제목일 듯하다)을 출판했는데, 이것은 무엇보다도 다윈주의 사회심리학을 적용한 책이었다. 이 책은, 그 자체만 놓고 보면 훌륭한 취미 수준에 불과하지만, 이후에 결실을 맺게 된 것들에 대한 많은 암시를 담고 있다. 오늘날에도 여전히 읽어볼 만하다.

부분적인 유사성이라도 갖고 있지 않을까 두렵다.

5절 심리학과 논리학

이 시기의 심리학 지작들 중에서 가장 흥미로운 산물은 다음 시기의 발전을 예상케 하거나 적어도 그 조짐을 알려주는 것들이다. 내가 보기에는 카바니(P.J. Cabanis), 갈(F.J. Gall: 이 사람의 저작은 최초의 반사 행위 이론에 포함되기도 한다), 벨(Charles Bell), 브로카(P.P. Broca) 등의 대뇌해부 관련저서가 여기에 해당되며, 이후에 뮐러(Johannes P. Müller), 베버(E.H. Weber), 로체(R.H. Lotze), 페히너(G.T. Fechner) 등의 아주 커다란 성공을 이끌었던 테텐스(Tetens)와 보네(Bonnet)의 생리심리학이나 실험심리학 관련저서도 그러하다. 또한 베르나르(Claude Bernard)의 작업도 그 연장선상에 있으며,[78] 만일 민족심리학(Völkerpsychologie)을 포함시키고자 한다면, 앞서 환경주의에 관한 절에서 언급했던 바이츠(F.T. Waitz)의 저작도 여기에 해당된다. 게다가 집단정신에 관한 철학도 포함시킨다면, 그래서 그 철학을 근대 사회심리학의 선구자로 부르고자 한다면 한편에서는 콩트가, 다른 한편

---

78) 이러한 이름들은 단지 독자들에게, 좀더 나아가기를 원한다면 심리학의 역사에서 찾아볼 것을 권유하기 위한 지침에 불과하다. 그래서 나는 제목과 출판년도를 밝히지 않았던 것이다. 카바니, 브로카, 베버, 페히너라는 이름은 우리들에게 특히 중요한 성과와 관련된다. 이중 일부 인물에 대해서는 이 책, 3권, 4부의 관련된 장이나 절에서 줄거리를 놓치지 않기 위해 다시 한 번 언급할 것이다. 물론 독자들은 내가 갈의 저작이나 로체의 저작 같은 것들이 기법 측면에서 지닌 가치를 판단할 만한 능력이 없음을, 그리고 그 결과로 내가 이름을 선별하는 방식이 잘못된 것일 수도 있음을 이해할 것이다. 위에 선별된 이름들은 한 경제학자가 우연히 독서(그러나 어느 정도는 전문가의 충고를 받은 것이기는 하지만)하거나 접촉할 수 있었던 부분적인 이유에서 비롯된 인상의 산물이다. 예를 들어 브로카라는 이름이 선별된 이유는 이 저자가 두뇌해부와 문화인류학 분야에서 비범한 수준의 연구를 보여주었다는 점과 관련되었기 때문이지만, 그의 저작이 내게는 청소년기에 상당히 큰 인상을 제공했기 때문이기도 하다.

에서는 헤르더와 그밖의 수많은 '낭만주의자'가 여기에 추가될 필요가 있다.

[1. 연합주의 심리학과 진화주의 심리학]

그러나 기술적 경제학의 심리학적 토대——실제로 우리가 이러한 토대를 사용했다면——를 위한 가능성과 좀더 직접적으로 관련된 것은 헤르바르트와 베네케의 심리학이다.[79] 전자는 심리학에 의지하지 않고 내성적인 관찰로 얻어진 심리현상을 분석하기 위한 간단한 개념장치를 고안했다. 경제학자들은 그에게서 무엇인가를 배울 수 있었을 것이다. 비록 그 배움이 그의 결과보다 그의 방법으로부터 좀더 많이 나온 것일지라도 말이다. 그렇지만 나는 의미 없는 소수의 인용문을 제외하고는, 그의 심리학이나 그의 일반적인 철학이 경제학자들의 전문작업에 영향력을 행사했음을 입증할 만한 사례를 발견할 수 없었다. 나는 경제학의 역사라는 기준에서 볼 때, 이 시기의 훨씬 **중요한** 심리학 작업인 하틀리(David Hartley)의 연합(association)에 대해서도 이와 동일하게 말해야 하는지 의심스럽다. 이 연합주의는 그때까지 진부한 것이 틀림없었지만, (1791년에 출간된) 하틀리의 저작 신판을 통해 소생되었으며, 우리의 동료인 제임스 밀에 의해 상당히 효율적으로 다시 소개되었는데,[80] 로크의 백지상태(blank)[81]인 정신과 기계적인 연상체계인 심리

---

79) 헤르바르트(J.F. Herbart, 1776~1841)의 『심리학 원론』(*Lehrbuch zur Psychologie*, 1816), 『과학으로서의 심리학』(*Psychologie als Wissenschaft* ……, 1824~25) 참조. 여기서 헤르바르트의 매우 영향력 있는 철학과 교육학은 우리의 관심대상이 아니다. 베네케(F.E. Beneke, 1798~1854)의 『도덕역학 원론』(*Grundlegung zur Physik der Sitten*, 1822; 이것은 칸트의 『도덕형이상학 원론』*Grundlegung zur Physik der Sitten*에 대한 정반대 제목이다)과 『과학으로서의 심리학』(*Lehrbuch der Psychologie als Naturwissenschaft*, 1833)은 심리학을 논리학·윤리학·미학의 유일한 토대로 전환시켰으며, 오늘날의 저작에서 심리주의(Psychologism)가 의미하는 바에 관한 뛰어난 예증을 제공했다.

80) *Analysis of the Phenomena of the Human Mind*(1829).

생활이 그것이다. 밀조차 이것에 만족할 수 없다고 느꼈으며, 베인(A. Bain)은 그것을 다원주의적 요소나 독일의 생리학적 심리주의에서 도출된 요소와 결합시켜 정통 연합주의자(associationist)에게서 상당히 멀어진 것을 만들어내고자 시도했다.

그러나 우리에게는 다음과 같은 질문이 제기된다. 이러한 정통 연합주의자는 정통 벤담주의의 일원이므로, 우리는 그것이 그것의 또 다른 일부였던 집단의 경제학에 영향을 미쳤다고 생각해서는 안 되는가? 물론 우리는, (머지않아—옮긴이) 실망하게 되겠지만, (현재로서는—옮긴이) 그렇다고 생각할 것이다. 이 사례는 그것의 부분과 포괄적인 체계의 관계가 지닌 본질에 대해 아주 잘 보여준다. 심리학적 연합주의는 공리주의 철학, 윤리나 행위 일반에 관한 공리주의 이론에 더할 나위 없이 부합되며 이러한 의미에서 (공리주의의—옮긴이) 나머지를 채워준다. 그러나 만일 우리가 여기에 의지해서 경제학 이론에 관한 제임스 밀의 소논문을 연구하려 한다면, 우리는 그 논문의 주장이 어떤 것과도 양립 가능할 정도로 연합주의 심리학과는 완전히 무관한 것임을 알게 될 것이다. 공리주의 경제학은 벤담주의 제국에 속하긴 했지만, 그 제국에서 분리되더라도 마찬가지로 잘 살아남을 수 있는 자치영역이었다. 이는 다른 상관관계에서 이미 드러난 결과를 입증해준다.[82]

이제 진화주의 심리학만이 유일하게 추가될 필요가 있다. 이미 언급

---

81) 로크는 인간의 정신이 선천적으로 어떤 관념을 갖고 있음을 부정한다. 그에 따르면, 관념이나 지식은 모두 감각과 반성이라는 두 가지 경험의 통로를 거쳐서 후천적으로 얻어진 단순관념에서 유래하며, 복잡한 관념이나 지식은 모두 이러한 단순관념에서 유도된 복합관념으로 설명될 수 있다. 여기서 '로크의 백지상태'는 경험 이전에 아무것도 써어 있지 않은 타블라 라사(tabula rasa)로서의 정신상태를 지칭한다—옮긴이.

82) 특히 흄에게도 이와 동일한 점이 적용된다는 것을 살펴보라. 그의 경제학은 그의 심리학이나 철학과 조금도 관계가 없기 때문이다. 아울러 로크 역시 마찬가지다. 한편 연합주의와 공리주의 경제학의 관계는 벤담 자신의 경제학이 그밖의 모든 점에서는 그의 후계자였던 다른 공리주의자들의 경제학과 차이를 보였다는 사실 때문에 복잡하다.

했듯이, 다윈과 스펜서는 인간정신이 각자의 '정신능력'을 획득하는 방식에 관한 의문에 직면했다. 그래서 이들은 '본능', 감정, 호기심, 기억, 주의, 신념, 도덕감, 사회적 미덕 따위에 관한 발생적(genetic) 이론을 만들어내고자 노력했다. 그런데 이러한 노력은 통상적인 의미의 심리학이 아님을 기억할 필요가 있다. 예를 들어 '기억'의 능력에 관한 분석과 어떻게 우리가 이러한 능력을 얻게 되는지에 관한 가정은 서로 다른 것이다. 그렇지만 발생은 진정으로 심리학적인 이론을 암시할 수도 있으며, 전문심리학 영역에서 오래전부터 다윈의 영향이 나타나기 시작했다고 볼 수도 있다. 그러나 경제학자들은 이러한 연구노선을 수용하지 않았다. 그것은 경제행위의 문제에 대해, 그리고 이를테면 사회주의 사회조직에 대한 적용가능성(malleability) 문제——이 얼마나 숙고해볼 만한 것인가!——에 대해 명백한 함의를 안고 있었는데도 말이다.

[2. 논리학과 인식론 그리고 인접영역]

이러한 영역[83]에서 실질적인 진보는 철학적 토대(칸트: 헤겔의 『논리

---

83) 수학을 여기에 속하는 것으로 볼 수 있다면, 그것은 가장 큰 진전이 나타난 영역이었다. 이와 관련해서 우리는 여기서 이 시기— '수학의 영웅시대'를 뒤잇는 시기로, 당시에는 개척자의 발견에 대한 흥분이 논리적 근거에 대한 관심만이 아니라, 개념과 방법의 비판적 분석에 대한 관심까지 거의 압도하고 있었다—에 오늘날의 (엄밀한) 수학적 추론방식의 토대가 구축되었다는 사실만을 말할 수 있을 뿐이다. 그러나 확률에 관한 몇 가지 자료에 대해 언급할 필요가 있는데, 이는 그것이 통계학과 경제이론에 대해 중요한 의미를 갖고 있기 때문이다. 라플라스(Laplace)의 『확률분석 이론』(*Théorie analytique des probabilités*)은 1812년에 처음 출판되었으며, 그의 『철학논문집』(*Essai philosophique*)은 (매우 18세기적인 것이었지만) 1814년에 출판되었다. 푸아송(Poisson)의 유명한 『연구』(*Recherches*)는 1837년에, 쿠르노의 『확률론 소개』(*Exposition de la théorie des chances et des probabilités*)는 1843년에, 체비체프(P.L. de Tchebycheff)의 논문("Des Valeurs moyennes", in Liouville's *Journal de mathématique, pure et appliquée*)은 1867년에, (에지워스가 종종 상기시켰던) 벤(Venn)의 『확률론』(*Logic of Chance*)은 1866년에 각각 출판되었다. 페히너의 『집합론』(*Kollektivmasslehre*, 1897)도 연대

학』은 몇 가지 점에서 논리학에 부합되었지만, 기법상의 의미에서는 그렇지 않았다)에 관한 부분과 형식적이면서 실제적인 발전에 관한 부분(로체, 드 모르간De Morgan)에서 모두 나타났다고 보아야 할 것이다. 우리의 관점에서 볼 때, 우리가 설정한 분야의 역사에서 중요한 위치를 차지하고 있는 인물인 훼이틀리(Richard Whately, 더블린의 성공회 대주교)의 저작[84]에 대해 언급하는 것이 중요하다. 아울러 이 시기의 시대정신을 묘사하기 위해서는 논리학이 과학의 실제적인 분석절차에 좀더 가까이 다가서게 하기 위한 필수조건을 거듭해서 정식화했던 또 다른 인물의 노력——오늘날에는 듀이(J. Dewey)의 노력이 여기에 해당된다——도 아주 중요한데, 휴얼의 『귀납과학의 역사』(*History of the Inductive Sciences*, 1837)가 바로 그것이다.[85] 현대 경험주의 논리학 프

기상으로는 그렇지 않지만, 이 시기에 속한다. 이는 크리스(J. von Kries)의 『확률론』(*Wahrscheinlichkeitsrechnung*, 1886)의 경우에도 그대로 적용된다. 확률론 측면에서 볼 때, 쿠르노는 위대한 경제이론가였다.(이에 대해서는 이 책, 3권, 4부 7장 2절 참조) 내가 임의적인 사건들에 관한 그의 이론을 높게 평가하는 것은 한 비전문가(layman)의 견해다. 그렇지만 그것은 빈대학교의 고(故) 추버(Czuber)도 공감하는 것이었다.

84) *Elements of Logic*. 이 책은 원래 『대도시 백과사전』(*Encyclopaedia Metropolitana*, 1826)에 실린 논문이었다. 그의 경제학 저작에 대해서는 4장 참조.

85) 휴얼(William Whewell, 1794~1866)의 강력하면서도 거장다운 성격(을 갖고 있는데, 이러한 성격—옮긴이)은 우리가 학계의 지도자라 불렀던 과학적인 연구자(scientific men) 집단의 특성이자 이 특성을 가장 잘 보여주는 사례다. 그는 트리니티칼리지와 케임브리지대학교(트리니티칼리지는 이 대학을 구성하는 칼리지들 중의 하나다—옮긴이) 전체에 전례없는 영향을 미친 인물로, 환경을 조성했다는 점—설령 한 줄의 글을 쓴 적이 없을지라도—에서 과학의 역사에 속하는 사람들 중의 하나다. 그렇지만 이러한 것이 휴얼의 전부는 아니다. 그의 『귀납과학의 철학』(*Philosophy of the Inductive Sciences*, 1840)은 (적어도 내가 보기에는) 실망스러운 책이었으며, 『국가를 포함하는 도덕성의 요소』(*Elements of Morality including Polity*, 1845)는 당연히 잊힐 만한 책이었지만, 『귀납과학의 역사』는 해박함을 보여주는 책일 뿐만 아니라 영감이 살아 있는 보고(특히 밀에게)였다. 그에게는 또한 경제학자다운 구석도 있었다. 그는 너무도 유능해서 관심영역에서 아주 멀리 떨어진 적이 없었지만, (1852년과 1862년에 출판된) 그의 『강의록』(*Lectures*)은 사실상 대단한 것이

로그램——카르나프(Carnap), 프랭크(Frank), 미제스(Richard von Mises), 슐리크(Schlick) 등의 빈실증주의자들이 가르친 것과 같은——은 과학적 절차를 분석했으며, 그밖의 모든 것(과학이 아닌 모든 것-옮긴이), 특히 '형이상학'을 적절하지 않을 뿐만 아니라 의미 없는 것으로 폐기처분했다. 휴얼은 주관적으로 이러한 프로그램이나 그것을 구현한 개념장치로부터 당연히 매우 멀리 떨어져 있었다. 그러나 객관적으로 말한다면, 그의 책은 밀의 『논리학』에 영향을 미쳤다는 점에서 논리실증주의로 나아가는 기나긴 여정의 한 이정표였다.

[3. 밀의 『논리학』]

이 부분은 부족하나마 우리의 으뜸 관심사인 저작에 대해 논의하기 위해 마련된 것이다. 우리의 관점에서 볼 때, 밀의 『논리학』은 높게 평가되어야 한다. 이는 단순히 저자가 우리에게 중요한 인물이기 때문만은 아니다. 이 책은 경제학자인 우리들에게 방법론에 관한 당시의 어떠한 다른 저작보다도 훨씬 더 많이 주목받고 있을뿐더러, 일반 독자층에게 어떠한 다른 『논리학』도 보여준 적이 없었던 영향력을 행사할 정도로 당시의 시대정신을 선도했던 대표적인 요소들 중의 하나로서 세기의 걸작에 포함되기 때문이기도 하다. 우리가 보기에, 이것은 외관상 『종의 기원』보다 충격의 정도가 약하지만, (내용측면에서는-옮긴이) 거기에

아니었다. 리차드 존스(Richard Jones)의 저작을 편집(이 책의 5~6장 참조)함으로써 재능 있는 감각을 보여주었으며, 그 당시에 상투적인 사고로는 불가능했을 법한 일을 시도함으로써, 즉 당시의 경제이론에 관한 몇 가지 명제를 수학적으로 표현(*Cambridge Philosophical Transactions*, 3rd ed. 참조)함으로써 부분적으로나마 독창성을 보여주었다. 이러한 노력은 이미 말로 표현된 것을 기호로 표현하는 수준을 넘어서지 않았기 때문에, 실질적으로 수학적 경제학을 구성한 것은 아니었다(수학적인 추론은 없었다). 그러나 시대적 조건을 감안한다면, 그의 기초적인 수요분석은 제번스 이래로 여러 사람에게서 혹평받을 정도(로 형편없는 것-옮긴이)는 아니었다. 이 모든 것을 여기서 언급하는 이유는, 설명편의상 휴얼의 업적과 같은 것들을 주목하기 위해 적당한 공간을 마련할 수가 없기 때문이다.

버금갈 정도로 꼭 필요한 책이다. 이는, 각각의 영역에서 오늘날과 같은 상황을 산출했던 성과와 아이디어의 역사적 연속에 대해 회고해볼 때, 밀의 책[86]이 『종의 기원』만큼 두드러진 것이 아닐지라도, 아울러 그것은 오늘날 다윈의 책에 비하면 죽은 것일지라도 그러하다.

경제학자들에게 밀의 업적의 본질을 설명하기 위한 최상의 방법은 그의 『논리학』과 『원리』 사이에 존재하는 가족유사성을 지적하는 것인데, 이 점에 대해서는 이후 적절한 공간(5장)에서 충분하게 논의할 것이다. 밀은 칭찬할 정도로 겸손하게 두 책에서 "지적 행위나 경제과정에 관한 새로운 이론을 세상에 제공하려 한다"는, 어떠한 주장에 대해서도 부정했다. 두 책에서 그의 목적은 기존의 지식요소들을 조정하고 그것들을 발전시키는 것, 그래서 그가 좋아하는 표현을 빌리자면 (이른바 기존의 줄에서) '매듭을 풀어주는' 것이었다. 그는 두 책에서 모두 (이 목적을―옮긴이) 완벽하게 달성하지 못했지만, 그는 뛰어나게 유용한 작업을 남겼다. 그 작업은 학설(의 발전―옮긴이)을 자극하는 논리적 불일치를 안고 있기 때문에, 시사하

---

86) J.S. Mill, *A System of Logic, Ratiocinative and Inductive, being a Connected View of the Principles of Evidence and the Methods of Scientific Investigation*(1843). 1850~60년대에 활동했던 영국의 지식인 세대에 대한 밀의 영향력에 대해 언급할 때, 우리는 이 저자의 『정치경제학 원리』가 성공한 것만큼, 아니 그 이상으로 이 책이 성공을 거두었다는 점을 명심해야 한다. 외국에서는 일부 독자들이 이러한 영향권에서 벗어나 있었다. 그러나 나머지 독자들은 밀의 견해를 매우 열광적으로 받아들였다. 이 책은 아일랜드의 농가에서 구상된 것이었다. 이것은 자신을 진보의 화신으로 여겼던 빈 출신의 (페이비언주의자이자 여성참정권자였던) 교양 있는 여성(정확히 누구를 지칭하는지 모르겠다―옮긴이)에게서 '책 중의 책'으로 불렸다. 이것은 적어도 한 사람의, 내가 어린 시절부터 알고 있던 언어학적 철학자의 마음속에 플라톤의 저작에 버금가는 명예로운 자리를 차지하고 있다. 내가 이 점을 언급하는 이유는 첫째로 이 책이 부르주아 문명의 활력소였으며, 둘째로 이것에 대한 개인의 열광과 그에 대한 개인의 판단능력 사이에는 그다지 만족할 만한 상관관계가 존재하지 않는다는 점을 전달하기 위함이다.

는 바가 훨씬 더 많은 것이었다.

　두 책은 동일한 성취 수준을 보여준다는 점 외에도, 저자의 정신 자세와 성향——'도덕적'인 것으로 보아도 되지 않을까?——을 비슷한 방식으로 드러낸다. 그는 자신의 이해범위 내에서 아주 다양한 기원을 갖고 있는 관념들에 대해 매우 공정하면서도 충분하게 마음의 문을 열어놓기로 결정했다. 심지어 그는 『논리학』에서 스콜라학파의 성과에 대해 (콩도르세의 글을 인용하면서) 충분히 당연하다는 투의 찬사를 보내기까지 했다. 그는 "사실을 문제 삼았다". 비록 그의 정신은 '실제적'——이 말의 모든 의미에서——인 것은 아니었지만 그는 항상 '실제적'이었으며, 의도 측면에서는 심지어 실용주의자이기도 했다. 그래서 그는 실제로 유용한 결과를 그 어느 것보다 중시했다. 『논리학』의 경우, 그의 실제적인 목적은 과학적인 절차를 분석하는 것이었는데, 그 취지는 첫째로 과학적인 절차의 타당성(증거를 평가하기 위한)을 굳건히 하고, 둘째로는 연구를 촉발하거나 이끌어낼지도 모르는 규칙을 개발하는 데 있었다. 그의 기본관점을 현대의 '경험주의'나 '실증주의' 논리로 설명하기가 매우 힘든 이유는 바로 여기에 있다. 왜냐하면 이 논리의 특징이자 (특히 수학의 토대연구 *Grundlagenforschung*에서) 연구진을 구분해주는 문제들과 방법들은 대부분 그의 비전과 관심의 범위를 넘어선 것이었기 때문이다. (그러므로 말이 난 김에 덧붙이면, 오늘날의 논쟁과 관련된 것처럼 보이는 그의 우발적인 발언에 대해 현대적인 관점에서 비판하는 것은 부당하다.) 그러나 『논리학』이 이렇게 본질적으로 실제적인 목적을 갖고 있다는 점은 또한 밀의 기본관점을 그 이전의 철학에 비추어 설명하는 것을 어렵게 만드는 요인이기도 하다. 그는 칸트의 혁명(Kantian revolution)이 지닌 중요성을 좀처럼 깨닫지 못했다. 일반적으로 그의 철학은 로크-흄 전통의 영국 경험주의에 그 뿌리를 두고 있다고 말할 수 있으며, 좁게는 연합주의 심리학이라는 배경을 갖고 있다고 말할 수도 있다. 그러나 나는, 여기서 증명할 수는 없겠지만, 이중 어느 것도 완벽하게 맞는 것은 아니라고 믿는다. 어느 경우에나, 밀은 좁은 의미의 경험주의자나 연합주의자가 아니었다. 『논리학』에서 하틀리의 연합주의는 비판적으로 수용되었으며, 특히 4부에서는 전략적인 관점에서 수용되기도 했다.

이 책의 목적은, 사실상 그것이 상당 부분 의존하고 있는, 휴얼의 저작에 대해 거의 보완하려는 것이다. 이를 다음과 같이 표현해보자. 밀의 『논리학』은 주로 과학적 지식(추리)에 대한 이론으로, 휴얼의 저작에 비하면 본질적으로 이론적이며, 어떤 개별적인 과학분야에 관한 연구에 비하면 더욱더 그러하다. 그러나 그것은 순수논리학이나 순수인식론에 관한 어떠한 연구(그렇지만 밀에게도 여기에 거의 준하는 측면이 존재한다)에 비하면 대체로 실제적이다. 논리적 기초에 관한 한, 밀은 주로 훼이틀리에게 의존하고 있다. 이는 심지어 훼이틀리와 견해를 달리하는 지점에서도 그러하다.[87]

밀은 철학의 토대에 관한 몇 가지 문제에 대해 언급할 때 신중하면서도 확언하지 않는 태도를 보이며, 자신의 개인적 기여에 대해 언급할 때는 겸손한 태도를 보인다. 그렇지만 그는 한 측면에서 보면 결코 신중하거나 겸손하지 않은데, 그것은 바로 그가 『원리』에서 자신이 도출한 결과에 대해 완전히 불가능할 정도의 확언을 기꺼이 내비치는, 그것도 이상스러울 정도로 순진해서 우리를 놀라게 하는 방식으로, 때다. 그는 우리에게 다음과 같이 말하는 것처럼 보인다.

---

87) 『논리학』(과 『해밀턴 연구』Examination of Hamilton: 원제는 Examination of Sir William Hamilton's Philosophy—옮긴이)에서 인용된 또 다른 참고자료는 브라운(Thomas Brown)의 『인간정신의 철학에 관한 강의』(Lectures on the Philosophy of the Human Mind)로, 이것은 브라운이 사망한 후인 1820년에 편집·출판되어 상당히 많이 읽혔던 책이다. 흥미로운 점은, 이 스코틀랜드 출신의 의사이자 철학자가 감각론(sensationalism)을 상당 부분 수용했으면서도, '직관적인' 지식을 결코 포기한 적이 없었으며 경험주의 인과론을 조금도 갖고 있지 않았다는 점이다. 밀이 이 책의 논지에 대해서 타당한 비판을 제기했다고 해서, 그가 이것을 강력하게 추천했던 의미가 완전히 부정되는 것은 아니다.

나는 이 계몽시대의 최상의 관념들과 최고로 유능한 사상가들이 주창했거나 따랐던 원리들을 수집하고 체계화했는데, 도대체 이 이상 무슨 해야 할 일이 남아 있을 수 있겠는가? 물론 그는 자신만만한 가르침을 경제학 부분에서 보여주었던 것만큼이나 논리학 부분에서도 드러낸다.

1부는 '명칭과 명제'(분류와 정의 포함)에 대한 것으로, 여기에는 현대 '의미론'을 거의 암시하는 문구들이 존재한다. 그리고 2부는 '추론'(삼단논법: 여기서 밀은 연역과학이 그 전제가 경험으로부터의 귀납과정에 따라 도출된 것인 한에서 실질적으로 귀납적인 것이라고 주장했다)에 대한 것으로, 여기서는 그가 전개방식을 수월하게 만들어준다고 느꼈던 논거에 대해 탐구하고 있다. 그는 이 과정에서 좀처럼 표면의 아래를 바라본 적이 없었기 때문에, 심각한 문제에 직면하지 않았다. 3부는 '귀납'(또는 경험으로부터의 일반화, 이것은 과학적 절차의 핵심이자 밀의 업적의 핵심이다)에 대한 것인데, 그는 여기에 포함된 논거에 대해 다르게 느꼈다. 이 논거는 자연경로의 동형성(uniformity)에 대한 공리를 포함하는데, 거기서 도출된 타당한 귀납에 관한 그의 이론, 인과율에 대한 그의 철학, 저 유명한 그의 '네 가지 방법'(일치, 차이, 잉여, 공변)[88] 등은 모두 오로지 하나의 가정에 입각해야만 설명될 수 있는 사고나 표현상의 실수 때문에 부분적인 오류를 안고 있다. 그런데 이것들은 모두 그를 강

---

88) 이것은 밀이 귀납법에 관한 공리로 제시한 것이다. 일치(agreement)는 복수의 사례에서 공유되는 사건이 유일하다면, 그 사건을 전자의 원인(이나 결과)으로 볼 수 있다는 것이며, 차이(difference)는 특정현상이 일어나는 사례와 그렇지 않은 사례를 비교했을 때, 한 사건이 유일하게 공유되지 않는다면, 이 사건을 그 현상의 원인이나 결과로 보는 것이다. 잉여(residues)는 인과관계가 밝혀진 것들을 제외한 후, 남아 있는 것들 사이에 인과관계가 있다고 보는 것이며 공변(concomitant variation)은 원인과 결과를 서로 분리시켜 관찰할 수 없는 경우에, 원인과 결과의 비례나 반비례 관계를 이용해서 양자의 인과관계를 밝히는 것이다—옮긴이.

하게 사로잡고 있는 주제들이었지만, 이러한 데서조차, 그는 평상시 습관대로 성급한 글쓰기를 보여주었다. 그러나 그는 바로 이런 이유 때문에, 자신의 주요입장에 문제가 발생한 것을 제외한다면, 몇 가지 경우에서 실질적인 개선효과를 보여줄 수 있었다. 대체로 3부는 과학적 지식이론에 대해 크게 공헌한 한 가지 사례임이 틀림없다. 4부와 5부는 많은 내용을 담고 있지만, 그것들은 본질적으로 보조적인 것이어서 읽을 필요가 없지만, 6부는 '도덕적 (사회)과학의 논리'에 대한 것으로, 우리에게는 매우 중요한 부분이다. 이와 함께 경제학 방법론에 대해 밀이 이전(콩트주의자가 되기 전)에 썼던 논문(1836) (아마도 "On the Definition of Political Economy; and on the Method of Investigation Proper to it"를 지칭하는 듯하다—옮긴이)을 정독해야 하는데, 이것은 『몇 가지 미해결 과제』(*Some Unset-tled Questions*; 『정치경제학의 몇 가지 미해결 과제에 대한 고찰』*Essays on Some Unsettled Questions of political Economy*—옮긴이)에 실려 있다.

사회과학의 이러한 방법론을 정당화하기 위해서는 두 가지를 명심해야 한다. 그 첫 번째는 밀의 일반적인 인식론이 안고 있는 좀더 근본적인 결함의 필연적인 산물로, (『논리학』—옮긴이) 4부에는 반론이 제기될 수 있는 요인이 많이 존재한다는 점이다. 그렇다고 해서 그것의 논증이 심각하게 훼손되는 것은 아니다. 그러므로 그가 과학의 법칙과 인과율에 대한 개념을 포함해서 물리학 방법을 사회과학으로 확장시킨 것은, 사람들이 생각할 수 있는 것만큼 반박가능한 것이 아니다. 왜냐하면 그는 사회과학에도 실제로 문제없이 적용될 수 있도록, 물리학적 인과율(의 특성—옮긴이)을 근본적으로 완화시켰기 때문이다. 그래서 그의 '자연주의'는 이빨 빠진 자연주의였다. 둘째로, 밀의 저작의 명성과 영향력은, 너무도 진부한 문구들——햄릿에서 인용되는 것만큼이나——이 그 자신의 업적에 힘입어 읽힐 정도로, 그의 견해를 널리 통용시킨 요인이었음을 잊어서는 안 된다.

이 모든 점을 감안할 때, 감탄 말고는 남는 게 없다. 밀은 콩트와 계속해서 논쟁하면서, 인정되거나 수용되어야 하는 모든 것을 인정 ──사실상 수용──함과 동시에 경제학자의 실제 분석절차를 의기 양양한 태도로 옹호했다. 그에 따르면, 표준적인 경제학 방법은 사회 체계 전체의 역사적 변화를 탐구하는 역연역적(Inverse Deductive) 이거나 역사적 방법으로 보완된, 구체적인 연역방법이었다. 이 점이 적절하게 평가되었다면, 이후에 경제학자들 사이에서 근거 없이 진행된 귀납과 연역에 관한 논쟁은 나타나지 않았을 것이다. 그는 자신의 '추상적이거나 기하학적인' 방법에 기대어 '순수하게 이론적인' 문제집합을 도출했지만, 그 방법을 남용해서 실제문제에 곧바로 적용하는 것에 대해 가차없이[89) 비판했다. 공존의 동형성과 변화의 동형성으로 명쾌하게 분리되는 '경험법칙'에 대해서는, 우리가 거의 오류를 찾아낼 수 없는 공간이 제공되었다. 실제의 인간행위에 대해 그것의 시공간적 다양성 속에서 연구해야 할 필요성──경제인을 모든 시대에 적용하는 데서 오는 폐해에서 벗어나야 한다──에 따라, 보편적으로 적용가능한 실천원칙(maxims)의 불가능성이 완벽하게 인정되었다. 그의 인성학(Ethology)의 도덕공리(axiomata media) 는 심지어 오늘날에도 완전하게 계발되지 못한 시사점을 제공하고 있다. 60년이 지난 후에 주어진 사회조건 아래서 주어진 원인으로부터 나오는 효과의 문제와 그 사회조건을 규정하는 '법칙'의 문제를 구분할 필요성과 관련해서 논쟁이 제기될 수밖에 없었는데, 거기에는 이미 이 구분이 담겨 있었다. 사실상 밀은 가장 순수한 이론과 가장 구체적인 제도연구를 무리 없이 통합──그것도 둘 중 어느 것도

---

89) 비록 밀은 표현방식을 부드럽게 만들 정도로 정중한 태도─경우에 따라서는 후배로서의 존경심 때문에 강화되기도 했던─를 변함없이 유지했지만, 나는 위의 말이 타당하다고 생각한다. 이 말이 충격으로 다가오겠지만, 밀이 설파했던 방법론적 원칙이 슈몰러가 궁극적으로(비록 처음은 아닐지라도) 채택했던 견해와 조금도 다르지 않다는 점은 엄밀하게 논증될 수 있다.

약화시키지 않으면서——시키는 프로그램을 보여주었다. 물론 제번스는 그(밀—옮긴이)가 진부한 내용을 말하는 곳에서조차 신선한 자극을 받았지만, 밀은 그(제번스—옮긴이)가 귀중한 지혜를 제공하는 곳에서조차 신선한 자극을 받은 적이 없었다. 이것은 그가 어린 시절에 받은 교육의 한계였다. 그러나 이 (『논리학』—옮긴이) 6부에 관한 한, 비록 그것이 이후에 좀더 잘 설명——이를테면 케인스(Elder Keynes: 경제학자 J.M. Keynes의 아버지이자 논리학자였던 J.N. Keynes를 지칭한다—옮긴이)에 의해——되지 않은 것을 조금도 포함하고 있지 않더라도, 나는 독자들에게 이것을 꼼꼼하게 살펴볼 것을 권유하면서 이 절을 마치고자 한다.

6절 마르크스주의 이전의 사회주의

2장에서 우리는 이 시기의 사회주의와 사회주의자 집단, 그 운동에 대해 거의 아무것도 말하지 않았다. 대강의 윤곽을 잡느라, 그렇게 할 기회가 거의 없었다. 이 공백은 몇 마디 말로 보충될 수 있다.[90] 18세기 후반에 고립된 사회주의(나 준사회주의) 저작이 수없이 나타났지만, 프랑스 혁명 이전에는 운동으로 불릴 만한 것이 없었다. 프랑스 혁명 자체는 그것의 기원, 특성, 이데올로기 측면에서 부르주아적인 것이었다. 그렇지만 1791년 이후 그것의 정치조직과 정치사상이 해체된 것은, 그 자체로는 별로 중요하지 않지만, 프랑스의 지식인 세계에서 일시적인 사회주의 조짐 이상의 것을 암시할 뿐만 아니라 나폴레옹이 통치하던 시

---

90) 관심 있는 독자라면, 이후의 간단한 언급을 보충하기 위한 더 많은 정보를 입수할 수 있다. 독자들은, 이 책의 목적에 비추어볼 때, 우리에게는 사회운동과 그 이데올로기 자체가 직접적인 관심대상이 아님을 명심해야 한다. 이러한 특별한 경우에, 간단한 언급을 추가로 변명할 수 있는 요인은 여기서 우리가 말하는 것이 논쟁이 될 만한 것이 아니라는 사실이다. 일반적인 참고문헌으로는 Alexander Gray, *Socialist Tradition*(1946)을 참조.

기에도 그것이 은밀하게 생명력을 유지하는 데 일조하기도 했던, 한 저작과 관련된다. 이 책은 프랑스에서 제2제정(나폴레옹 3세가 통치하던 1852~70년 — 옮긴이)이 도래할 때까지 관찰되는 사회주의(나 준사회주의) 성향의 선전활동 —— 글이나 다른 방법으로 이루어진 —— 이 폭발적으로 나타날 수 있는 하나의 근거를 제공했다.[91] 1848년의 혁명 역시 그 기원은 부르주아적인 것이었지만, 곧바로 혁명적 사회주의 군대에 일종의 지도부가 존재하며, 심지어 사회주의 국가를 운영할 수 있는 다소 분명한 계획도 존재한다는 점을 보여주었다. 까무라칠 정도로 놀란 부르주아 집단은 루이 16세를 설득하는 데 실패했던 일에 직접 나섰는데, 그것은 바로 너무 늦기 전에 혁명을 무력으로 진압하는 것이었다.

그러므로 프랑스는 근대 사회주의 문헌에 관한 한 시간상의 우선권을 갖고 있으며, 모든 국가의 부르주아 계급 중에서 프랑스의 부르주아 계급만이 유일하게 이 시기에 심각한 가능성인 사회주의 혁명과 직접 대면했다. 1836~39년과 1840~48년에 두 번에 걸쳐 일어났던 영국의 인민헌장운동(Chartism)[92]은, 비록 그것이 또 다른 좀더 근본적인 의미에서 좀더 심각한, 초기 노동조합 조직화의 근거를 보유하고 있었을지라도, 위와 같은 움직임을 보인 적은 없었다. 중요한 사회주의 노동운동 중에서 유일하게 다른 것은 바로 두 개의 조직화된 정당을 산출했던 독일의 경우였다. 두 정당은 바로 1875년에 통합되었던, 라살레(Lassalle)의 전독일노동자동맹(Allgemeiner Deutscher Arbeiterverein, 1863)과 베벨(Bebel)과 리프크네히트(Liebknecht)의 사회민주노동당(Social-

---

91) 그러나 글로 이루어진 활동은 나폴레옹 3세의 독재적 사회주의(*socialisme autoritaire*) 이념의 일부를 제공했는데, 이는 바로, 이미 언급된 바와 같이, 그가 권력을 확보하는 데 정치적 지지를 보냈던 사람들의 일부가 층의 일부를 사회주의와 준사회주의 계열의 노동자들이었다는 사실과 같은 이치였다.

92) 명심해야 할 것은 인민헌장(People's Charter) 자체가 벤담의 제자인 러벳 (William Lovett)과 플레이스(Francis Place)에 의해 작성되었으므로, 그것은 벤담주의적인 것이었지, 사회주의적인 것은 결코 아니었다는 사실이다. 사실상 이 헌장의 '여섯 가지 항목'은 급진적인 의회개혁만을 담고 있었다.

demokratische Arbeiterpartei, 1869)이었다.[93] 여기서 제1인터내셔
널(the First International, 1864)의 창설과 운영에 대해 언급하는 이유
는 오로지 마르크스의 저 유명한 창립연설(『공산당 선언』 — 옮긴이) 때
문이다.[94]

---

93) 베벨이나 리프크네히트의 업적은 결코 이 책의 관심사항이 아니다. 그러나 라
살레(1825~64: 독자들은 브란데스George Brandes의 전기를 참고하라. 여
기에는 일부 다른 인물들도 소개되어 있다)가 사회학 분석과 경제학 분석에 남
긴 공헌에 대해서는 언급하지 않을 수 없다. 다시는 언급할 기회가 없을 것이
기 때문이다. 그는 뛰어난 능력과 그칠 줄 모르는 정열을 지녔을 뿐만 아니라
교양이 매우 풍부했던 사람으로서, 자신의 지식을 과학적인 탐구 — 물론 항시
열정적으로 몰두했지만 — 는 말할 것도 없고, 매혹적인 인생이라는 자극에 비
해 항시 부차적인 것으로 여기고 행동했던, 처음이자 마지막 인물이었다. 하
나의 예외가 있다면, 아마도 그의 가장 세련된 성과인 『후천적인 권리의 체계』
(Das System der erworbenen Rechte, 1861)일 것이다. 이 책은 수많은 전문
법률가를 감탄하게 만드는 법사회학 분야의 걸작이다.
그러나 우리가 이 책을 예외로 본다면, 그리고 그것을 진정한 정신집중의 산물
로 가정한다면, 우리는 또한 그것이 철학과 법학에 대한 상당한 수준의 학습과
강력한 비판능력을 드러냄과 동시에, 독창성의 결여를 보여주고 있음을 인정해
야 한다. 그의 다른 저작들도 여전히 보통의 저자들 — 사회주의자든 아니든지
간에 — 에 비하면 월등한 능력을 드러내긴 하지만, 이와 동일한 독창성의 결여
를 보여주는데, 이는 결코 학습으로 완화될 문제가 아니다. 세 가지 가장 중요
한 경제학 저작은 『노동자 강령』(Arbeiterprogramm, 1863)과 『공개 답변』
(Offenes Antwortschreiben, 1863) 그리고 『바스티아-슐츠 델리치 씨, 경제
적 율리안』(Herr Bastiat-Schulze von Delitzsch, der ökonomische Julian,
1864)으로, 이것들은 모두, 분석에 관한 한 피상적이지만, 솜씨 있게 개발된
리카도주의를 담고 있는 뛰어난 팸플릿이다. 라살레의 견해에 따르면, 그에게
가치 있게 보이는 유일한 경제학은 리카도의 가르침을 '내재적으로 발전시키
는 것'이기 때문이다. 이것이 바로 그의 모든 이론과 마르크스 이론의 공통점
이다. 그렇지만 라살레를 마르크스를 대중화시킨 인물이나 그의 제자로 설명
하는 것은 잘못이다. 선동전략과 실천적인 제안에 관한 한, 그는 마르크스의
정반대 편에 서 있는 인물이었다. 이 점이 바로 1875년(고타회의Gotha Con-
gress)까지 독일에서 정치적 사회주의의 진보를 가로막았던 분열의 원인이었
는데, (고타회의에서는 — 옮긴이) 마르크스가 혹독하게 비판했던, 라살레의 관
점을 대폭 수용한 강령(마르크스의 『고타강령 비판』Kritik des Gothaer Pro-
gramms은 이에 대한 비판이다 — 옮긴이)에 입각해서 통합이 이루어졌다.

[1. 연합사회주의]

우리가 명심해야 할 한 가지 중요한 사항은 다음 시기 초에야 비로소 사회주의 사상의 마르크스주의 국면이 그 조짐을 드러냈다는 점이다.[95] 현재 논의되고 있는 시기의 사회주의는 비마르크스주의적인 연합주의였다.[96] 이 용어는 노동자 연합에 의해 생산을 운영하는 원칙——생산자들의 협동작업을 통해 사회를 재구성하는 원칙——을 채택한, 온갖 유형의 사회주의적 계획화를 의미한다. 그러므로 연합사회주의(Associationist socialism)는 (비판적) 분석——마르크스주의가 보여준——이 아니라 특정한 계획과 이를 현실화시키기 위한 수단에 주로 관심을 보이기 때문에 초과학적이다. 게다가 연합사회주의는 그 계획이 한순간도 과학적 분석을 견뎌낼 수 없는, 인간행동과 행정적·기술적 가능성에 대한 가정을 포함하고 있기 때문에, 비과학적이다. 이 두 가지 사항과 관련해서, 마르크스는 매우 타당하게도 연합주의 저자들을 자신이 설정한 **공상적 사회주의자**(Utopian Socialist)[97] 범주에 포함시키고 이들과 격

---

94) 그러나 어떤 마르크스주의자도 이러한 특별한 성과에 대해 자랑하지 않을 것이다. 그 내용은 필연적인 것이긴 하지만, 다른 사람들이 몰두했더라면 마르크스가 격렬하게 반대했을 것 같은 종류의 타협 효과를 보여준다. 사실상 그것은, 마르크스 자신이 유머와 신랄함을 혼합한 채로 표현했듯이, 철저하게 반(反)마르크스주의적인 것이었다.

95) 분석에 관한 한, 마르크스주의의 국면은 다음 시기에 시작되었을 뿐만 아니라 종료되기도 했음을 일단 지적해두자. 이 말에 깜짝 놀랄 수도 있다. 왜냐하면 우리는 아주 자연스럽게 러시아와 뉴욕에서 이후에 마르크스주의가 부활한 것에 대해 매우 중요하게 취급하기 때문이다. 그러나 이에 대해서는 이후에 입증될 것이다.(이 책, 3권, 4부 5장 8절 참조)

96) 나도 같은 책에서 같은 말을 완전히 다른 의미(심리학적 연합주의-사회주의적 연합주의)로 사용하는 데서 오는 어색함에 대해 잘 알고 있지만, 이 용어가 간편해서 사용하는 것이니 양해하기 바란다.

97) 마르크스는 스스로 '과학적'인 것이라 불렀던 자신의 것을 제외한 모든 사회주의 사상 유형을 공상적인 것으로 묘사했다. 그러나 그의 과학적 사회주의를 규정하는 특징은 사회주의의 필연성에 대한 과학적 증거이므로, 그의 '공상적'이라는 표현을 '진지하지 않다'는 의미——아무리 이렇게 이해된다고 해도——로 이해해서는 안 된다. 마르크스에게 '부르주아 경제학자'란 이러한 필연성

렬하게 싸웠다. 왜냐하면 그는 이들이 진지한 사회주의를 불신하고 있음을 깨달았기 때문이다. 1840년경에 이들은 사회주의라는 말에 기이한 의미를 부여하는 데 실제로 성공했는데, 그것은 이 말에 대해 프랑스 경제학자들이 특이하게 갖고 있던 태도를 설명하는 데 도움을 주는 것이었다.[98] 이 하자들에게 사회주의는 폭력과 무의미(nonsense)라는 두 가지 의미를 갖고 있었다. 일부 '공상주의적' 이념들은 사실상 무의미 자체——그것도 몇몇 경우에는 분명히 병리학적인 무의미——였으며, 이것들 중 그 어느 것도 매우 진지하게 취급된 적이 거의 없었는데, 예외가 있다면 아마도 블랑[99]에 대한 옹호가 여기에 속할 것이다. 사실상 이러한 요인은 우리가 그것들(공상주의적 이념들-옮긴이)을 소홀히 취급하는 것을 정당화하기에 흡족한 조건이 아니다. 기이함과 꿈이 분석의

을 보지 못하는 경제학자이거나, 훨씬 더 좁은 의미로 자본주의 질서의 무한한 존속을 신뢰하는 경제학자를 지칭한다. 만일 독자들이 이러한 정의가 이 말의 통상적인 의미와 일치하지 않는다는 점을 알게 된다면, 많은 오해에서 벗어날 수 있을 것이다.

98) 엥겔스에 따르면, 마르크스가 마르크스-엥겔스의 선언(아마도 『공산당 선언』 Communist Menifesto을 지칭하는 듯-옮긴이)의 제목으로 사회당(Socialist: '사회주의자'가 타당한 번역이겠지만, '공산당 선언'이 이미 굳어진 번역어임을 감안해 이렇게 옮겼다-옮긴이) 대신에 공산당(Communist)을 선택했던 이유는 그가 '존경할 만한' 분위기를 풍기는 용어를 싫어했기 때문이다. 그러나 마르크스가 그것(사회당-옮긴이)을 싫어했던 이유는 기이한 분위기를 풍기기 때문이었다는 점이 좀더 확실할 것이다.

99) 블랑(Louis Blanc, 1811~82, Organisation du travail, collected articles first published in 1839) 역시 틀림없는 연합주의자, 그것도 이후에 부르주아와 사회주의자들 사이에서 반쯤은 따스한 경멸을 받았던 인도주의적이면서 수사적인 성향의 연합주의자였다. 그러나 그의 제안은, 특히 관료제(국가)에게 감독역할 이상을 할당한 데서 보여주는 실용성 측면에서, 이를테면 오언의 제안과 구별된다. 이 측면은 라살레에게 영향을 미쳤음을 시사한다. 한때 블랑은 노동자들에게 폐쇄된 공장을 넘겨주어야 한다고 제안하기도 했는데, 이것은 1930년 이후에 일부 사회주의자들에게서 다시 제기되었다. '누구에게나 그의 필요에 따른다'는 원칙에 입각한 분배는 그가 좋아하던 이념(비록 이것을 지지했던 것은 아니지만)이었으며, 이것이 그 당시와 이후의 사회주의자들 사이에서 통용된 데는 그의 영향도 있었을 것이다.

건전한 요소를 여전히 간직하고 있을 수 있기 때문이다. 그렇지만 이러한 정신에서 수행된 연구는 거의 형편없는 결과를 산출한다. 이는 우리가 여기저기서 건전한 추론과정과 건전한 관찰을 발견하지 못했다기보다는, 거기에 존재하는 것 대부분이 사소하기 때문이다. 그래서 나는 생-시몽과 함께 아메리카 대륙에서 열렬하게 환대하는 대규모 지지층을 확보했던 오언(Robert Owen, 1771~1858)과 푸리에(Charles Fourier, 1722~1837)[100]라는 훌륭한 사례만을 언급할 것이다.

---

100) 관심 있는 독자라면, 어떠한 관련서적에서든 두 사람에 관한 참고문헌을 발견할 수 있을 것이다. 오언의 경우, 뉴하모니(New Harmony: 미국 인디애나 주 남서부에 있는 도시로, 1825년에 오언이 구입해서 1828년까지 협동조합 운동을 전개했던 지역으로, 뉴하모니라는 도시명칭도 그가 지은 것이다—옮긴이) 유형의 그의 구상이나 실험과 무관하게, 그를 소개하는 책이 많은데, 여기에는 타당한 이유가 있다. 그의 생각만이 아니라 그의 실천행위도 아주 다양한 방식—서로 상관성이 거의 없는—으로 중요한 씨앗을 제공했기 때문이다. 그러므로 그가 뉴래너크(New Lanark: 오언이 1799~1829년에 인도주의에 입각해서 경영했던 방적공장으로, 당시 그는 노동조건을 개선하고 각종 복지후생 시설을 제공함으로써 생산성을 향상시킬 수 있었다—옮긴이)에서 보여주었던 근본적으로 온정주의적인 시도는 오늘날 폭넓은 관심사항인 노동정책에 대한 하나의 모델을 창조했으며, 더욱 중요한 것은 이것이 임금문제에 대한 새로운 태도를 개척했다는 점이다. 그는 (노동자의—옮긴이) 정치적 행위보다 노동쟁의와 노동조합의 가치를 중시했는데, 이것이 그를 노동조합의 역사와 이론에서 하나의 전형으로 만들어주었다. 수공업자 협동조합에 대한 그의 생각은 그를 당시와 이후 시기의 중요한 운동들 중의 하나에 대한 수호성인으로 만들어주었다. 그의 생각은 '도덕적 위대함'(토런스 Torrens)만이 아니라, 우리가 정의한 사상과 행동영역 내에서 건전하면서도 예리하기까지 한 상식마저 겸비하고 있었다. (그의 사업성공이 이 점을 충분히 입증해준다.) 그러나 진정으로 그 자신의 것이기도 한 이 영역을 벗어나자마자, 그는 곧바로 좀더 미묘한 종류의 분석능력에 대한 완전한 부재를 보여준다. '화폐'를 대체하고자 했던 **노동화폐**(Labor Note)에 관한 그의 생각이나 공정한 노동교환에 대한 그의 생각은 모두 무의미했지만, 그는 가장 명시적인 비판에 대해서도 자신의 견해를 방어하는 방법을 알지 못했다.
푸리에의 경우, 독자들은 내가 그에 관한 많은 문헌을 검토하는 과정에서 만났던, 실질적으로 뛰어난 한 문헌을 참조하기 바란다. 마슨(E.S. Marson)의 「푸리에와 무정부주의」("Fourier and Anarchism", *Quarterly Journal of*

지금이 아메리카 대륙(미국만이 아니라)의 사회과학 운동[101]을 살펴볼 수 있는 기회다. 과학이라는 말이 이 운동과 연결되어 사용될 경우, 그것은 통상적인 의미보다 크리스천 사이언스(Christian Science: 1866년에 설립된 미국의 종교단체로, 원시기독교의 정신치료 방법에 따라 인간의 정신이 예수 그리스도와 일체가 될 때 비로소 건강하고 도덕적인 삶이 가능하다고 주상했다—옮긴이)라는 말이 담고 있는 것과 유사한 의미로 이해되어야 한다. 왜냐하면 여기에는 진정한 의미의 과학적 노력이 거의 없기 때문이다. 문화적 전통을 산출하는 것보다 빠르게 비교적 부유한 계층을 산출하는 사회는, 물질적 수입의 영향에서 떨어져 있을지라도, 관념의 과잉침투에 대해 열려 있다. (이런 사회에서는—옮긴이) 소수의 사람들이 여가——그중 일부는 '교양인의 안락함'——를 즐기고 마음이 열려 있었다. 그런데 그러한 마음은 이들이 사업에서 보여주는 영리함과 그밖의 모든 것에서 나타나는 열광과 급진주의에 대해 비판하지 않을 만큼 관대한 태도가 공존하는 것이었다. 이러한 열광 중에서 가장 특징적인 것 중의 하나가 속인들이 '과학'——과 특히 사회연금술(social alchemy)——에 열광하는 것이었다. 왜냐하면 남아도는 에너지를

Economics, February, 1928)가 바로 그것이다. 두 가지 점을 지적해야 한다. 첫째, 푸리에는 일반적인 인간의 본성과 특수한 사회의 본성에 대한 정교한 분석에 기초해서 자신의 구상(브룩팜Brook Farm 경작지가 이것을 현실화시킨 가장 유명한 사례다. 브룩팜 농장은 1841년에 리플리George Ripley가 보스턴 근교에 건설했던 것으로, 이 농장은 푸리에의 이상을 도입하여 공동체 생활을 했던 곳으로 알려져 있다—옮긴이)을 제시했지만, 그것은 모두 18세기 사변의 최악의 유형으로 인식되었다. 둘째, 그의 **공동체**(_phalanstère_: 일종의 생산자 협동조합으로, 조합원들은 작업장, 식당, 집회소, 극장, 도서관 등을 갖춘 거대한 건물에 공동으로 생활하며, 생산은 공동으로 이루어지지만 분배는 각자가 그 생산에 제공한 노동과 자본의 양에 따라 이루어진다—옮긴이) 조직은 사회주의라 불릴 만한 자격에 준하는 것을 갖고 있었지만, 그는 그토록 수많은 예언가의 특징인 실제조건에 대한 무지를 (이들과 마찬가지로—옮긴이) 갖고 있으면서도, 자본주의 현실의 장기 평균측면에서 이해관계와 이윤에 대해 실제로 이들보다 더 높은 상대적 비중을 부여했는데, 이는 흥미롭게 주목할 만한 사항이다.

101) 미국의 이 운동에 대해서는 L.L. and J. Bernard, _Origins of American Sociology: The Social Science Movement in the United States_, 1943 참조.

주체하지 못하는 이 길들여지지 않은 정신에게, 현실은 거짓말의 반에도 못 미치는 호기심을 제공했기 때문이다. 이것이 이 (사회과학—옮긴이) 운동의 사회학이다. 사실상 사회과학 운동은 유럽의 낭만주의 운동에 대한 미국 고유의 대응물로 해석할 수 있는데, 전자가 미국의 경제학과 사회학에 제공한 충격의 현실적 중요성은 후자에 관한 진지한 연구의 현실적 중요성만큼이나 평가하기가 힘들다. 나는 그것(사회과학 운동—옮긴이)이 미국의 경제학과 사회학에서 궁극적으로 나타난 성과 사이에 어떠한 상관성이 있는지 알 수 없으며, 남북전쟁 시기에 그것이 약화되면서 그것의 출현시점에 비해 사회를 연구하기가 좀더 수월해졌다고 생각하고 싶다. 그러나 독자들은 이와 정반대 관점에서 제시될 수 있는 모든 논거를 쉽게 찾아볼 수 있을 것이다.

그러나 우리는 연합주의의 진지한 주장에 의심하지 않은 채 그것을 지지하는 사람들이 존재했다는 사실에 대해 어떻게 설명할 수 있는가? 여기에는 한편으로 프랑스 연합주의자들이 만들어낸 것이 틀림없는 저작관행(literary fashion)의 영향이 놓여 있다. 다른 한편으로는, 포괄적인 사회재구성을 위한 하나의 구상인 연합사회주의가 실제 협동조합 운동과 그에 관한 문헌에서 파생된 것임을 입증해주는 증거가 놓여 있다. 내 생각에는, 라살레의 연합주의가 이를 잘 보여준다. 그의 생산자 연합에 대한 도식에 따르면, 그것은 국가에서 보조금을 받으며, 이러한 이점 때문에 민간기업과 경쟁하더라도 그 기업을 도태시킬 수 있다.[102] 그러

---

102) 그런데 이 인물에 대해 아무리 진지하게 고려한다고 해도, 그의 도식이 얼마나 현실성이 있는지에 대해서는 상당한 의문의 여지가 있다. 그가 독일 비극의 한 가지 중요한 측면을 연구했다는 사실을 알지 못하는 한, 어느 누구라도 최선을 다했지만 비극적으로 실패한 그의 인생을 연구할 수 없다. 다른 말로 하자면, 라살레는 최고의 권력(의 중요성—옮긴이)을 의식했던 타고난 정치 지도자였으며, 그래서 그의 구상에 대해 너무나도 쉽게 반박하는 것은 디즈레일리의 초기사상에서 논리적 약점을 찾아내는 것만큼이나 어렵다. 현실적인 반론(이 있었다면, 그것—옮긴이)이 그를 내각에 임명되도록 이끌었을 것이다. 그러나 이것은 바로 프로이센이 본질적으로 할 수 없었던 것이었다.

나 이와 다른 점도 있었다. 마르크스와 우리들 중 많은 사람에게는 연합주의가 의미 없는 것일 수 있지만, 벤담주의자에게는 그렇지 않았다. 일단 개인들의 질──과 실질적 평등──에 관한 공리주의의 가정이 인정되면, 연합주의자들의 희망은 어리석은 것이길 멈추게 되는데, 이는 사실상 인간정신과 사회관계의 본질에 대한 공리주의자들의 관점을 살짝 엿보는 것만으로도 충분히 입증될 수 있다. 그리고 이것은 밀의 신중한 연합주의를 설명해주는 요인이기도 하다.[103]

[2. 무정부주의]

만일 우리가 연합주의 원리를 정치영역으로 확장해서, 산업의 관심사가 노동자들의 협동조합으로 분해될 뿐만 아니라 국민국가마저 자발적인 '공동체'로 분해되는 상황을 그려본다면, 우리는 아나키즘을 만나게 될 것이다. 지금까지 이것을 가장 명료하게 주창한 인물은, 그렇다고 해서 최고의 정통이거나 가장 일관된 것은 아니지만, 바로 프루동이다.[104] 여기서 그의 정치적 무정부주의나 그의 철학──나는 그의 철학과 피히테의 상관성을 찾기가 훨씬 쉽다고 생각하지만, 그는 자신을 헤겔주의자로 설명한다──은 우리의 관심사항이 아니다. 우리는 오로지 그의 경제학에만 관심이 있는데, 그 이유는 그것이 이름 없는 과학에서 애처

---

103) 밀을 어느 정도 사회주의자로서 고려해야 하는지에 대해서는 5장 1절 참조. 아마도 밀은 라살레에게 영향을 미쳤을 것이다.

104) 프루동(P.J. Proudhon, 1809~65)의 저작에 관한 연구서 중에서, 나는 확실하게 학술적 가치를 지닌 하나의 책만을 언급하고 싶은데, 물론 이러한 범주에 드는 것이 몇 권 더 있긴 하지만, 그것은 바로 딜(Karl Diehl)의 『프루동, 그의 가르침과 생애』(*P.J. Proudhon, seine Lehre und sein Leben*, 1888~96)다. 요셉 프루동에게서 우리는 뉴욕에서 마차를 찾는 것만큼이나 사회주의 사상가들 사이에서 찾아보기 힘든 현상을 발견하게 되는데, 그것은 바로 그가 현실적으로 살아 있는 프롤레타리아라는 점이다. 그는 독학으로 공부했는데, 이러한 교육기회의 부재는 그의 모든 저작의 모든 페이지에서 나타난다. 그의 일부 생각들은 이전에 이미 영국의 사회주의자들의 저작에 나타났던 것이지만, 그가 이들을 알지 못했음은 실제로 틀림없는 사실이다.

롭게도 자주 나타나는 하나의 추론유형을 보여주는 훌륭한 사례이기 때문이다. 그 유형이란 바로 분석능력의 완전한 부재, 다른 말로 해서 경제이론의 도구들을 다룰 수 없는 완전한 무능력 때문에 의심할 나위 없이 어리석을 뿐만 아니라 저자 자신도 그러한 것으로 완전하게 인정한 결론에 도달하게 되는 것을 지칭한다.

그러나 저자는 그런 결론이 자신의 방법에 잘못이 있기 때문이 아니라 자기 탐구대상에 잘못이 있기 때문이라고 생각하게 되므로, 자기 실수를 아주 자신만만하게 결론으로 발표하게 된다. 프루동의『경제적 모순 또는 빈곤의 철학』(*Système des contradictions économiques ou philosophie de la misère*, 1846)은 이러한 사고유형을 잘 보여주는 책이다. 무엇보다도 그는 시장가치에 관한 효과적인 이론을 생산할 수 없었다. 그렇지만 그는 "나는 바보다"라고 추론하기보다는, "가치는 미쳤다"(*La valeur est folle*)라고 추론했다. 마르크스의 가차없는 비판(『철학의 빈곤』*Misère de la Philosophie*, 1847)은 모든 점에서 정확히 조준된 것은 아닐지라도, 충분히 타당하다. 그러나 프루동의 주장이 그가 정의한 의미에서 무정부주의자로 불릴 수 있는지에 대해서는 의심의 여지가 있음을 명심해야 한다. 왜냐하면 그는 자신의 이름을 알린 소책자(『소유란 무엇인가?』*Qu'est ce que la propriété?*, 1840)에서 18세기 용례를 반복해서 사용하면서 재산을 도둑질로 묘사했지만, 그의 기본생각은 사유재산의 폐지가 아니라 무상신용(gratui-tous credit), 즉 누구나 생산수단에 접근해서 재산가가 될 수 있도록 이자 없는 대출이 공공은행권으로 제공되는 것이었기 때문이다. 이 생각은 이후에 **사회적 신용**(Social Credit)이라는 기획으로 부활했다.

바쿠닌(Mikhail Bakunin, 1814~76)은 마르크스가 가장 싫어했던 인물로 분석의 역사에서, 그 자신은 최고로 인정받길 원했겠지만, 어떠한 위치도 차지하지 않는다.[105]

---

105) 다음 시기에 가장 유명한 공산주의 사상가였던 크로포트킨(P.A. Kropotkin,

그러나 부분적으로나마 분석을 선보였던, 또 다른 무정부주의적 공산주의자나 공산주의적 무정부주의자도 존재하는데, 위스콘신에 코뮤니아 (Communia)를 건설했던 바이틀링이 바로 그런 인물이다.[106] 우리의 관심은 그의 특별한 구상이 아니라 그의 빈곤이론에 있다. 왜냐하면 이 이론은, 언제나 또다시 나타날 정도로, 일종의 영원성을 향유하는 것처럼 보이기 때문이다. 그것은 조지(Henry George)나 오펜하이머의 견해처럼 빈곤의 원인을 토지의 사적 소유에서 찾는 사회비판 유형이다.[107] 바이틀링에 따르면, 누구에게나 무료로 토지에 접근하는 것이 허용되는 한, 다른 생산수단에 대한 사적 소유와 사기업 경영에 대해 조금도 반대할 이유가 없다. 토지가 희소해질 때, 그래서 그것이 소유권의 대상이 될 때 비로소 모든 고통이 생겨나며, 어떠한 종류의 소유든 저주가 된다. 내가 이것으로부터 독자들이 배우길 원하는 교훈은 두 가지다.

그 첫째는 경제사상의 사회학에 대한 것이다. 로크처럼 비판적인 사상가조차, 신은 토지를 모든 인간이 공유하도록 제공했다는 명제가 지닌 분석적 가치에 대해 조금도 양심의 가책을 느끼지 않았다. 이러한 생각은, 비록 서로 다른 형태를 띠긴 했지만, 어느 시대에나 나타났으며, 심지어 엄밀한 의미의 경험주의적 사유결과를 제시하려는 저작에서도

1842~1921)은 이와 다른 경우다. 여기서 우리가 그를 배제할 만한 이유는 충분하지만, 그는 분석분야에서 무시할 수 없는 노력을 보여주었으며, 그의 법사회학이 관심을 유발하지 않는 것도 아니다. 물론 (분석과 비교되는) 경제 · 정치사상의 역사에서 그와 부하린은 모두 매우 중요하다. 게다가 경제 · 정치사상의 사회학에서는 더욱더 그러하다. 차르가 지배하는 사회(tsarist society)가 어떻게 혁명적인 공산주의―그것도 중상류층 집단에서―를 산출하게 되었는지는 그 자체로 흥미진진한 문제다. 기병연대의 발포(아마도 1905년 1월 9일, 평화적인 시위대에게 군인들이 발포했던 '피의 일요일' 사건을 지칭하는 듯한데, 이것은 흔히 '1905년 혁명'을 촉발했던 사건으로 평가된다―옮긴이)가 공산주의자의 영향력을 확대시킨 최악의 사건은 아니었다.

106) Wilhelm Weitling(1808~71)에 대해서는 *Die Menschheit wie sie ist und wie sie sein sollte*(1838), *Garantien der Harmonie und Freiheit*(1842) 참조.

107) 물론 모든 농업사회주의자가 여기에 속하는 것은 아니다.

나타났다.

또 다른 교훈은 잘못된 분석에 대한 것이다. 많은 경우, 그것이 실제적인 것이든 잠재적인 것이든지 간에, 농업부문의 제도적 구조는 대중의 생활수준이 다른 구조에 비해 낮다는 의미에서 실제로 이들의 빈곤에 대해 책임이 있다. 이러한 가능성을 입증하기 위해서는 토지가 자유재가 될 수 있을 정도로 풍족하지만, 그것의 이용에 대해 독점가격을 설정하는 하나의 토지보유 회사에 의해 독점——이 말의 기술적 의미에서——된 상태를 상상해보는 것만으로 충분하다. 이보다 좀더 현실적인 사례는 토지의 사적 소유라는 단순한 사실이 필연적으로 총실질임금을 감소시킨다는 매우 다른 명제에 대한 증거가 된다. 이러한 일반적인 명제는 오히려 기본적인 논증에 의해 논박될 수 있는데, 그 논증은 바로, 사적 소유가 그러한 결과를 초래해야만 하는 이유에 대해 잠시라도 고려해본다면, 누구라도 반드시 만나게 되는 것이다.

그러나 이것에 대해 잠시라도 골똘히 생각해본 사람이라면, 정말로 그러한 사람이라면, 자신의 정서적 생활의 자양분인 생각을 포기하기보다 미쳐버리는 일——기적의 문제에 직면한 루소처럼——은 없었을 것이다. 그리고 이 '생각'의 일부는, 필연적인 것은 아닐지라도, 경제문제에 대한 글을 썼던 사람들의 대다수가 애처롭게도 가장 많이 가슴에 품고 있었던 것이었다.[108]

만일 우리가 국민국가를 그대로 놓아둔 채, 경제행위를 원칙상 자족적인 소규모 자유로운 집단이 아니라, 중세의 수공업자 길드나 상인 길드처럼(필연적으로 똑같은 것은 아닐지라도) 좀더 큰 직업집단으로 조직한다면, 우리는 **조합주의 국가**(Corporative State)라는 이념에 도달하게 된다. 이러한 이념은 피히테에 의해 그리고 바더(Baader) 같은 수많은 가톨릭 저자에 의해 개발된 것이다. 요지는 이 구상이 국가가 조합을

---

108) 일부 독자들은 공산주의에 대해 말하면서 내가 카베(Cabet)에 대해 언급하지 않는 이유에 대해 의아해할지 모르겠지만, 우리의 관점에서 볼 때 그에 대해 말해볼 만한 것은 없다.

관리해야 한다고 가정하는 것이 아니라 그 반대를 가정한다는 점이다.[109] 그러므로 이것은 현대의 파시즘과 동일하게 취급되어서는 안 된다. 후자와 달리 그것은 반국가주의의 관점이다. 이를 옹호했던 저자들 중 어느 누구도 경제적 측면에 대해 고민하지 않았다. 흥미로운 점은 그들의 문화석 비전이다. 우리의 관섬에서 볼 때, 언급할 만한 섬은 없다.

이러한 맥락에서, 우리는 로셔나 셰플레(Schäffle) 같은 비사회주의자들에게 상당히 칭찬받은 저자였던, 말로(Karl Marlo)[110]의 저작에 대해 간단히 주목해볼 수 있다. 철저한 사회주의가 아니었던 그는 진정한 평등과 진정한 자유를 동시에 보장하기 위해서 자유주의와 공산주의 사이를 항해하기로 결심했으며, 그 방식은 산업의 대규모 국유화와 국유화되지 않은 경제활동 부문의 협동조직화를 통한 것이었다. 우리는 자신의 체계의 생산성, 대중화, 보험에 관한 말로의 관심에서 부르주아가 칭찬받는 이유이자 대부분 계획가로 살았던 인물에게서는 찾아보기 힘든, 강력한 책임감을 엿볼 수 있다. 그러나 여기서 우리의 관심을 유발하는 것은 오직 경쟁 자본주의에 대한 그의 분석뿐이다.

한편으로 그는 노동계급의 조건에 대해 엥겔스만큼이나 우울하게 그렸다.[111] 다른 한편으로 그는 이 조건을 자본주의 이전의 발전단계를 빈번하게 지배——필연적인 것은 아닐지라도——했던 역사적으로 단일한 조건이 아니라 자본주의 체계의 내부논리, 즉 작동되도록 허용된다면 언제나 노동자의 몫을 점점 더 감소시키는 논리에서 비롯된 것으로 설명했다. 첫째로, 우리는 이러한 사실화가 1850년의 관점에서 보더라도

---

109) 적어도 정부에게 어떠한 조정기능이나 감독기능이 남아 있다고 해도, 조합에게는 상당한 폭넓은 자율성이 부여된다.

110) Karl G. Winkelblech(1810~65)의 필명. *Untersuchungen über die Organisation der Arbeit*…… (1848~59).

111) 지금은 적어도 독일에서 정통 사회주의자 집단을 훨씬 넘어서까지 사회사상에 영향을 미쳤던 하나의 책을 또 한 번 언급할 시점이다. 엥겔스의 『영국 노동계급의 상태』(*Die Lage der arbeitenden Klasse in England*, 1845; English trans. 1887)가 바로 그것이다.

편향된 것임을 알 수 있다. 왜냐하면 그 당시에도 통계에 접근할 수 있었으며, 그것도 모든 세속인이 노예화와 기근에 관한 이야기가, 대중의 심화되는 빈곤에 관한 이야기는 말할 것도 없고, 우연적인 사례와 관련된 것이 아닌 한, 사실에 근거를 둔 것이 아님을 입증할 만한 자료를 찾아낼 수 있을 정도였다. 둘째, 우리는 분석노력이 동일한 방향으로 치우친 것임을 알 수 있다. 왜냐하면 말로의 경쟁자본주의 분석은 노예화 명제의 명백한 대안에 대해 조금도 고려하지 않으며, 자본주의 과정에서 다른 방식으로 작동되기 쉬운 메커니즘에 대해 생각하는 것을 체계적으로 배제한다. 그러나 이러한 체계적인 편향은 지수의 편향이나 특별한 정보원천에 대한 편향과 분명히 같지 않다. 그것은 전형적으로 이데올로기적 기만의 편향, 즉 저자의 초분석적 확신에서 비롯된 것이자 사실이나 논증의 영향을 받지 않는, 바로 그러한 종류의 편향이다. 반박하는 사실이나 논증은 도덕적 분노와 만날 것이다.

이상이 우리가 말로에 대해 언급할 만한 가치가 있는 모든 것이다. 그는 비록 개인적으로 그다지 중요하거나 영향력이 있는 인물은 아닐지라도, 19세기 중반에 자본주의 과정에 대한 이데올로기를 구체화하는 데 도움을 준, 수많은 저자 중의 하나였다. 이 이데올로기의 주요특성은 모두 1776년(스미스의 『국부론』이 출간된 해다—옮긴이) 무렵에 출현했다. 이 특성은 리카도주의적 사회주의자들, 엥겔스, 말로 같은 저자들과 그뒤 1870년대까지 수많은 다른 저자의 노력에 힘입어 분명해졌다. 그러고 나서 그 모습이 고정되었다. 다시 말해서, 이것은 경제학문헌과 대중적인 문헌의 상당 부분에서 '누구나 알고 있듯이'라는 위치에 도달했으며, 더 이상 의심받지 않았으며 오히려 점점 더 많은 사람에게서 당연한 것으로 여겨졌다. 그러한 사람들의 사고 속에서, 이것은 점점 더 자신으로부터 멀어지는 자본주의의 현실을 대체했다. 마르크스가 분석했던 모습은 바로 이것이었다. 아울러 이것은 오늘날 어리석은 급진주의가 전제하고 있는 모습이기도 하다.[112]

[3. 생-시몽주의적 사회주의]

우리는 무한히 나아갈 수 있다. 하지만 우리는 이러한 문헌에서 우리의 목적을 위해 배워야 할 모든 것을 세 가지 사례를 이용해서 획득했다고 해도, 그러한 방식으로 만족해서는 안 된다.[113] 여기에 또 하나의 이름을 추가해야 하는데, 그것은 바로 생-시몽이다.[114] 이 병적인 천재

---

112) 노동에 대한 관심이 정치 · 경제적으로 지배하는 시기에 노동계급의 빈곤, 무기력, 좌절에 대한 정직한 신념이 존재한다는 사실을 설명할 수 있는 유일한 요인은 이데올로기의 구체화에 있음을 깨닫는 것은 현실적으로 그리 어려운 문제가 아님이 틀림없다. 합리화된 논증에 따른 설명만이 이러한 진단을 강화하는 데 기여할 수 있을 뿐이다. 그러나 뿌리 깊은 충동을 충족시킬 수 있는 구체화된 이데올로기는 필사적인 에너지로 자신을 보호한다.

113) 우리에게 바이틀링만큼 도움을 줄 수도 있는, 좀더 진지한 말로보다는 못하겠지만, 인물이 있다면 홀(Charles Hall, *The Effect of Civilization*[i.e., Technological Progress], 1805)이 그러하다. 이 사람과 관련해서 논의되어야 할 문제는, 다른 모든 측면에서도 비슷하겠지만, 사회과학의 사회심리학에 대해 중요성이 없지 않은, 또 다른 측면―비슷한 계열이긴 하지만―을 보여주는 것이리라. 이것은 다음과 같은 질문으로 제시될 수 있다. 모든 점에서 이 사람은 유능한 의사였으므로, 그가 사회비판 영역에서, 의사자격 시험에 합격하지 못하도록 방해했을지도 모르는 자신의 사유방식을 이용하는 것이 어떻게 가능했을까? 여기서 내가 말하고자 하는 바는 그의 장점이 아니라, 그의 추론 방식과 사실처리 방식이 지닌 형식적 속성이다.

여기에 속하는 또 다른 인물이 브레이(J.F. Bray, *Labour's Wrongs and Labour's Remedy*, 1839; London School Reprint, 1931)다. 내가 이 사람에 대해서 말하고 싶은 바는, 오로지 바리가 어떠한 점에서든 마르크스를 예견케 하는 인물이다고 말하는 식으로 마르크스를 모욕해서는 안 된다는 점이다. 그가 착취를 논증했다는 사실이 마르크스에 대한 약간의 친화성을 입증하는 증거가 될 수는 없다. 위에(F. Huet)의 저서(*Le Règne social du Christianisme*, 1853)는 유산으로 세습자산―특히 토지―을 상속받은 젊은 세대라 해도 서로 구분해서 볼 것을 제안하며, 생-시몽의 사고가 가톨릭 중심지에서도 호평받았음을 보여주었다. '리카도주의적' 사회주의자들은 이후에 간단하게 고려될 것이다. 영국의 기독교 사회주의자들에 대해서는 C.E. Raven, *Christian Socialism, 1848~1854*(1920)과 L. Brentano, *Die christlichsoziale Bewegung in England*(1883) 참조. J.O. Hertzler, *History of Utopian Thought*(1923)도 참조할 것.

114) 클로드-앙리 드 루브로이, 생-시몽(Claud-Henri de Rouvroy, Comte de

──파게(Émile Faguet)의 표현대로, 너무도 지적인 미치광이──는 주로 경제사상의 역사에 대한 한 인간의 중요성과 경제분석의 역사에 대한 그의 중요성의 차이를 예증하는 또 다른 사례를 제공할 뿐이다. 생-시몽이라는 이름이 경제사상의 역사에 자리를 차지하고 있는 이유는, 반쯤은 종교적인 특성의 메시지와 후계자들이 이 메시지──그것을 변형시키지 않은 것은 아니지만──를 한 분파의 교리로 전환시켰기 때문이다. 생-시몽은 사후에 유명해졌는데, 이에 관한 저작이 많다. 프랑스만이 아니라 영국과 독일 그리고 특히 미국과 남미에서도, 생-시몽주의자 집단이 출현했으며, 심지어 매우 폭넓은 범위에 걸쳐 생-시몽주의가 지적 유행으로까지 나타났다.

그러나 이 집단은 진지한 구성원들을 재빨리 배제하는 소규모 핵심인

Saint-Simon, 1760~1825)은 루브로이 가문의 일원이었다. 그러므로 그는, 가계에 비추어 말한다면, 프랑스 최고의, 그렇지만 가장 퇴행적이기도 한, 혈통의 인물이었다. 이에 대해서는 『선집』(Oeuvres choisies, 1859)과 르로이(M. Leroy)의 전기(1925) 참조. 또한 생-시몽의 사상 '체제'와 생-시몽주의자들에 대해서는, 예를 들어 Charléty, Histoire du Saint-Simonisme(1896) 참조. 우리에게 특별하게 중요한 한 측면에 대해서는 E.S. Mason, "Saint-Simonism and the Rationalisation of Industry", Quarterly Journal of Economics(August, 1931) 참조. 그의 저작과 관련해서, 내가 독자들에게 권유해야만 하는 질문이 나를 상당히 당혹스럽게 한다. 그 질문에 대해 사람들은 관심과 취향에 따라 매우 다르게 답변할 것이 틀림없다. 나로서는 오직 『선집』에 담겨 있는 것만을 알고 있을 뿐이다. 일반적으로 나는 경제학자들이 그의 마지막 저작이자 가장 유명한 저작인 『새로운 기독교』(Nouveau Christianisme, 1825)를 정독하는 경우보다 『산업체제론』(Du Système industriel, 1821)를 정독하는 경우에 좀더 많은 도움을 얻을 것이라고 믿는다. 전자는 나머지 저작들과 다르며, 생-시몽주의보다 공리주의에 좀더 가까운 공리주의 색채의 가르침─최대다수이자 가장 가난한 계급의 복지증대─을 주로 담고 있다. 아마도 바자르(Bazard)의 『생-시몽의 교리해설』(Exposition de la doctrine de St. Simon, 1830)에 대해서도 언급해야 할 것 같은데, 이 책은 명확성 때문에 주목할 만하다. 우리의 목적에 비추어볼 때, 그의 후계자들(앙팡탱Enfantin과 바자르가 가장 중요하다)에 대해서는 이 절의 일반적인 설명 이상으로 언급할 필요는 없다.

물들로 구성되었으며, 교리의 기형적인 발전 때문에 스스로에 대한 불신을 자초했다. 이 핵심인물들 주변에는 훨씬 더 많은 지지자들이 존재했는데, 이들의 충성심은 그리 높지 않았으며 주로 문구와 관련된 것이었다. 지적 유행을 얼마나 중요하게 취급해야 하는가라는 문제에 대해, 사람들은, 비슷한 모든 경우에 동상 그러하듯이, 영원히 다르게 대답할 것이다. 유행 자체는, 우리가 어떤 다른 교리에서도 기대될 수 없는 것을 산출하도록 결합된 메시지의 두 가지 두드러진 특징을 이해하게 되면 곧바로 설명될 수 있을 것이다. 그 하나는 강력하게 인도주의적인 낙관론이며, 다른 하나는 '과학'(기술)과 산업화에 대한 찬양이다. 미래의 자본주의 산업이 인류 전체에게 어떠한 것을 제공할 것인지에 대해, 다른 인도주의자들이 우울함과 회의에 빠져 있을 때, 생-시몽은 위로의 말을 건넸다. 산업발전에 대해 찬양하는 다른 사람들이 거칠면서도 냉담한 반응을 보일 때, 그는 모든 사람을 위한 황금시대를 설파했다. 생-시몽주의를 한동안 그토록 유명하게 만들어준 특성들과 저 유명한 동산은행(Crédit-Mobilier)의 페레르 형제(Pereire) 같은 창립자 유형의 금융업자들을 결합시켜 준 이유도 바로 여기에 있었다. 그러나 독자들은, 생-시몽의 가르침이 없었다면, 동산은행이 실제의 모습과 똑같이 세워지거나 운영되지 않았을 것이며, 실제로 벌어졌던 일과 똑같이 붕괴되지는 않았을 것이라고 믿을 정도로 철저하게 주지주의적 오해(intellectualist misconception)에 감염될 수도 있지 않을까?(만일 그렇다면, 이러한 오해에서 벗어나길 바란다—옮긴이.)

그러나 또 다른 점도 존재한다. 생-시몽의 비전은 분석작업을 통해 형성된 것은 아니지만, 우리에게는 그것이 두 가지 측면에서 타당성을 지닌다. 첫째, 거기에는 어렴풋하게나마 역사에 대한 경제적 해석을 보여주었다고 말해질 수도 있는, 사회변화에 대한 하나의 관점이 존재한다. 생-시몽은, 루브로이 가문 출신이 아니면 그토록 자연스럽게 할 수 없었을, 예리한 현실감각 ——제임스(William James)의 문구를 빌리자면—— 으로 **구체제**(*ancien régime*)의 붕괴와 새로운 시대의 도래를 예감했다. 간단히 말해서 이것은 경제(기술)적 발전이라는 압력 때문에 봉건 세계가 붕괴하고 산업화 시대가 도래하는 것으로 요약되는데, 그는 사회조직화라는 영원한 흐름의 몇 가지 본질, 그중에서도 경제적 계급투쟁이라는 본질을 파악하고, '과학'의 경이로운 성과에 힘입어 이러한 투쟁으로부터 인류를 구해내고자 생각했다. 이 생각은 부분적으로 순진하면서도, 그 순진함 속에서도 심도 깊은 이해력이 빛을 발하는 것이었다.[115]

둘째, 거기에는 마르크스나 그의 부르주아 동료들에게서 찾아볼 수 없다는 사실 때문에 특히 중요한 의미를 지니는 것으로, 생-시몽이 자본주의 과정의 본질을 인식하거나 어렴풋이 감지한 측면이 존재한다. 그가 선도기업(industrial leadership)이 지닌 최고의 중요성을 파악했다는 점이 바로 그것이다. 진실로 그는 기업가를 신기술을 고안하는 '과학자'와 혼동했다. 그리고 그는 새로운 사회조직화의 형태를 구성하는 데는 자신의 비전을 이용했지만, 마르크스가 자신의 입장에서 보여준 것처럼, 사회과정 자체를 설명하려는 어떠한 시도에서도 그것을 이용하지 않았다. 게다가 그는 '고전파' 경제학을 혁명적으로 탈바꿈시키고 분석적 평등주의 ——규범적 평등주의와 구별되는—— 를 종식시킬 수도 있는 새로운 요인을 도입했다. 그렇지만 그의 비전에서 도출된 것은 오직 그의 사회주의 ——실로 그의 '체계'를 사회주의적인 것으로 부를 수 있다면—— 가 평등주의가 아니라 위계적[116]이라는 결

---

115) 그러나 나는 이것이 물질적으로 역사에 대한 경제적 해석과 관련해서 마르크스의 독창성을 옹호하는 입장을 실질적으로 손상시킨다고 생각하지 않는다. 왜냐하면 나는 자신의 아이디어가 없는 사람이라면 그 누구라도 생-시몽의 저작이 제공하는 시사점으로부터 그러한 해석을 구성하려는 영감을 얻을 수 있었으리라고 보기는 어렵다고 생각하기 때문이다. 최악의 경우, 뷔퐁(Buffon)과 에라스무스 다윈(Erasmus Darwin: 찰스 다윈의 조부—옮긴이)이 찰스 다윈의 선구자였다는 바로 그러한 의미에서, 생-시몽은 이러한 측면의 선구자였다.
116) 이 점은 1830년에 앙팡탱과 바자르가 하원의장에게 보낸 서한에서 아주 분

과뿐이었다. 그리고 경제학자들은 이러한 광산을 개발하는 데 완전히
실패했다.

<hr />

명하게 나타난다. 독자들은 이것을 그레이의 『사회주의 전통』(*Socialist
Tradition*), 169쪽에서 확인해볼 수 있다. 나는 여기에 한 가지를 더 추가하
고 싶다. 생-시몽은 매우 자주 '연합'에 대해 말했지만, 이 말은 앞서 논의되
었던 연합주의와 어떠한 상관성도 없다.

제4장 주요 경제학자들 개관

계획에 따라, 우리는 5장에서 이 시대의 분석적 경제학에 대해 밀의 『원리』를 지렛대로 삼아 전반적으로 서술하게 될 것이다. 이 장에서는 더욱 중요한 사람들과 집단에 대해 개괄할 것인데, 이는 가장 위대한 인물들 말고는 잘 알지 못하는 독자들의 이해를 돕기 위함이다. 하지만 여기에는 일반적인 안내를 위해 필요한 인물들만 포함될 것이다. 다른 인물들은 논의를 진행하는 과정에서 소개될 것이다.

1절 시대를 초월한 경제학자들

지금까지 우리는 경제학이 이 시기에 비교적 성숙하게 되었음을 강조했다. 상대적 (미)성숙도는 중요한 성과들의 숫자나 당시의 경제학자들에게 완전히 인식되지 못하거나 거의 인식되지 못하다가 이후에야 비로소 인정받게 된 강력한 독창성 등에 의해 측정될 수 있다. 이는 쿠르노와 다른 저자들, 특히 한계효용 원리를 발견한 뒤퓌(Dupuit), 고센(Gossen), 로이드 등의 경우에 해당된다. 우리는 이들에 대한 논의를 이 책, 3권, 4부로 미루고, 여기서는 이러한 (이들의 성과에 대한 동시대인들의―옮긴이)간과가 갖는 우울한 함의에 대해서만 살펴볼 것이다. 이 사례는 당시의 경제학자들 사이에 순수한 과학적 관심과 경각심이 결여되었음을 보여주는 것이며, 경제학이 좀더 빨리 발전하지 못한 이유를 설명하는 데 도움이 된다.[1] 게다가 이들보다는 조금 더 나은 평가를 받았지만, 오늘날의 관점에서 볼 때 적당하다고 생각되는 주목을 받거나 영향을 미치지 못했다는 의미에서 자신들의 시대를 넘어선, 다른 성과들도 존재했다. 이들 중에서 가장 주목할 만한 것은 한계생산성 원리를 발전시킨 저작이다. 당시의 몇몇 앞선 학자가 때때로 이 범주에 속하기 때문에[2] 우리는 일단 이 원리의 초기 주창자 중에서 특히 중요한 인물인 롱필드와 튀넨에 초점을 맞추기로 한다. 그리고 나서 자신의 시대에 관해 저술한 또 다른 인물인 존 라에(John Rae)에 대한 설명을 추가할 것이다.

롱필드(Mountifort Longfield, 1802~84)는 법률가였으며, 더블린대학교 트리니티칼리지(Trinity College, Dublin)의, 훼이틀리 대주교가 창설한 정치경제학 강좌를 처음으로 맡았던 인물이다. 그는 빈민법과 그밖의 주제들에 대해서도 저술을 남겼으나, 우리가 주목할 필요가 있는 유일한 저작은 『정치경제학 강의』(*Lectures on*

---

1) 이러한 평가를 조금 완화시킬 상황들을 제시할 수도 있을 테지만, 기본적으로 이러한 평가는 유효한 것이다. 쿠르노는 어느 정도 우호적인 평가를 받았다. 만일 그가 그러한 평가를 받지 못했다면, 이는 전적으로 그의 저작에 들어 있는 수학 때문이었을 것이다. 그러나 엄밀하게 말하자면, 도대체 어떤 학문이 접근하기에 조금 어렵다고 해서 주요한 저작을 제쳐놓는단 말인가? 뒤퓌는 최소한 몇몇 비판을 이끌어냈다. 고센은 우호적인 평가를 받지 못했다. 만일 그가 자신의 저작이 학자들 사이에 읽히도록 아무 노력도 하지 않았다면, 이들의 죄는 가벼운 것일 수도 있었을 것이다. 그러나 로이드(W.F. Lloyd)는 옥스퍼드대학교의 '기독교 학생이자 정치경제학 교수'였다. 한계효용에 대한 그의 논의는 매우 직접적이었고, 거기에는 모호한 점들이 존재하지 않았다. 몇몇 저자, 예를 들어 시니어 같은 저자는 그것을 무시해버렸다. 그것은 많은 사람에게 알려졌어야 했다. 로이드의 논의가 아무런 영향력도 갖지 못했다는 사실을 설명할 수 있는 유일한 방법은 그것을 읽은 경제학자들이 그 안에 들어 있는 분석적 가능성을 이해하지 못했다고 생각하는 것뿐이다.

2) 이들이 그렇게 하지 않을 수 없었다는 사실은 나중에 독자들에게 분명해질 것이다. 또한 내가 왜 그들, 특히 리카도 같은 이들이 자신의 책에 실제로 서술한 것 이상으로 평가되어서는 안 된다고 생각하는지도 나중에 설명될 것이다.

Political Economy, 1833년 강의, 1834년 출판; London School Reprint, 1931)다. 이 책을 살펴본 사람이라면 누구나 그가 왜 서술 방법과 주제에 장점이 있는데도 주목받지 못했는지, 그래서 셀리그먼의 유명한 논문, 「영국의 무시된 경제학자들」("On Some Neglected British Economists", *Economic Journal*, 1903)에 의해 새로이 발굴되었어야 했는지 쉽게 이해하게 될 것이다.[3] 경제학사 연구자라면 누구나 셀리그먼에게 크게 감사해야 마땅할 것이다. 하지만, 그가 간과된 이유를 쉽게 이해하기 위해서는 학계의 견해에 영향을 미치는 요인과 경제학사가들이 찾고자 하는 것, 즉 한편으로는 당대의 현실적인 문제들에 관한 견해와, 다른 한편으로는 당대에 일반적으로 통용되던 이론적 도구들을 다루는 방법에 대해 우리가 인식해야만 한다. 새로운 아이디어는, 주의 깊게 다듬어지지 않으면, 방어하기가 매우 힘들어지며 단순히 '제기된 것'만으로는 아무런 발언권도 갖지 못한다.

롱필드의 사례는 "무엇이 유효한지 그리고 얼마나, 왜"라는 중요한 문제를 잘 보여준다. 롱필드는 리카도의 학설과 지속적인 관계를 유지하면서 리카도주의자들에게 깔끔하면서도 급격한 단절 없이 좀 더 완벽한 분석으로 나아갈 수 있는 모든 기회를 제공했으며, 자신의 후계자들을 발견했기 때문이다. 실제로 그는 국지적인 '학파'를 창설했다.(이에 대해서는 R.D. Black, "Trinity College, Dublin and the Theory of Value, 1832~63", *Economica*, 1945 참조) 그의 훼이틀리 강좌 후계자인 버트(Isaac Butt, *Rents, Profits and Labour*, 1838)는 그가 가르친 학생으로 롱필드를 스미스와 동일한 반열의 인물로 취급했는데, 내 생각에 순수이론만 생각한다면, 이는 타당한 것이다.

---

3) 셀리그먼(E.R.A. Seligman)의 『경제학 논구』(*Essays in Economics*, 1925), 3장에 재수록.

롱필드의 장점은 경제이론 전체를 철저하게 분석하고 1890년에 잘 정립된 체계를 세웠다는 말로 요약할 수 있다. 무엇보다도 노동가치론에 대한 그의 비판은 그때까지 나온 글 중에서 최고였다. 그러나 우리는 그의 독창적인 공헌 두 가지에만 주목할 것이다. 그는 ('우회'생산 과정을 자본이론의 중심축으로 삼은) 뵘-바베르크 이론의 핵심을 앞서 파악한 사람들 중 하나였다. 또한 그는 한계비용 원리뿐 아니라 한계생산성 원리에 기초해서 합리적으로 완벽하고 올바른 분배이론을 제시했다. 다시 말하자면, 그는 최종단위의 자본(수단)이나 노동의 추가적인 생산투입의 결과로 나오는 총산출에 대한 기여분에 입각해서 '이윤'(실물자본의 수익)과 임금 모두를 설명했다. 따라서 구체적인 논의에는 여러 가지 비판의 여지(무엇보다도 그는 최종추가 노동자의 개념과 최소효율 노동자의 개념을 명확하게 구분하는 데 실패했다)가 많이 있음에도, 최소한 위와 같은 해석은 타당한 것이다. 그의 논증은 오늘날까지도 읽어볼 만한 가치가 있다. 왜냐하면 그의 논의는 경제학자의 사고가 일반 한계원리의 사용으로 발전해 나아가는 방식을 잘 보여주기 때문이다. 그러나 우리는 여기에 머물 수는 없다.

튀넨(Johann Heinrich von Thünen, 1783~1850)은 마셜이 "자신의 모든 스승 중에서 가장 사랑했다"(*Memorials of Alfred Marshall*, 1925, p.360)고 고백한 인물이다. 물론 당대에는 리카도보다 덜 유명했던 인물이다. 그러나 이는 리카도가 탁월한 정책옹호자였기 때문이다. 만일 우리가 이 두 사람을 전적으로 이들의 저작에 들어 있는 순수하게 이론적인 유형의 능력만 가지고 평가한다면, 내 생각에 튀넨이 리카도보다 높게, 아니 사실상 쿠르노를 제외하면 당시의 어느 경제학자보다도 높게 평가되어야 할 것이다. 그는 북부독일의 융커로서, 북부독일 융커계급(Junkertum: 정확한 번역어는 'gentry')의 전형적인 직업경로를 그대로 따랐다. 그래서 (농업단과 대학교에서 교육을 받고 괴팅겐대학교에서 두 학기 동안 보충한 후)

생애 대부분을 자신의 중간규모 농장을 경작했으나 이는 겨우 생계를 유지하는 정도였으며, 겨울에는 다른 모든 것을 희생한 채, 자신의 지적 흥미를 충족시키는 데 전념했다. 그러나 이 실제적인 농장 경영자는 타고난 사상가였으며, 그래서 자기의 땅을 경작하는 이들을 감독하기 위해서 그 과정에 대한 순수이론을 확립해야만 했다. 그의 사고는 초기부터 이미 광범한 일반화를 향해 나아갔으나, 그는 테어(Thaer, 1752~1828: 독일출신의 농학 선구자―옮긴이)의 정신 속에서 교육받은 농업가(agriculturist)였고, 농업경제학자였다. 이것만으로도 그는 자신의 나라에서 명성을 얻었다. 그 후에 그는 더욱 일반적인, 그러나 특별한 방식으로 평가를 받기도 했다. 예를 들어 로셔는 튀넨의 저작을 엄밀하게 경제학 분야에서 독일어로 씌어진 가장 중요한 저작들 중 하나라고 평가했다. 그러나 그는 그 진정한 의미를 완전하게 포착하는 데는 실패했다. 논평가들은 보완적이었다.

그러나 그들 중 어느 누구도 아래의 (3) 부분을 제외하면, 그의 저작을 이해하지 못했다. 다른 부분에 대해서는, 쿠르노와 달리, 튀넨은 자기시대에 인정을 받은 적이 없었다. 그는 계속해서 인용되었지만, 한계생산성 분배이론은 이후에 그와 별도로 재발견되었으며, 그의 메시지는 독자들이 오로지 그의 결함 때문에 놀라게 되었을 때에야 비로소 온전하게 이해되었다. 그의 저작인 『농업경제 및 국민경제와의 연관으로부터 고립된 국가』(*Der isolierte Staat in Beziehung auf Landwirthschaft und Nationalökonomie*)의 첫 권은 1826년 (2판은 1842년)에 출판되었으며, 2권의 첫 장은 1850년에 출판되었다. 완성되지는 않았지만 잘 정리된 초고형태로 존재했던, 2권의 나머지 부분들과 3권 부분은 1863년에 슈마허(H. Schumacher)에 의해 출판되었다. 『사회과학 대가 총서』(*Sammlung sozialwissens-chaftlicher Meister*, vol.XIII, 1910)에는 밴티히(Heinrich Waen-tig)의 「서문」이 포함된 새 판본이 수록되어 있다. 3권에는 「지대, 최적 회전기간 및 상이한 연한의 전나무 재목 가치의 결정원리」(Principles for the Determination of the Rent of Land, the Optimal Period of Rotation, and the Value of Timber of Different Ages for Firs)[이는 J.A.S.가 문자 그대로 옮긴 것임]가 포함되어 있다. 표준적인 일대기로는 슈마허의 글(1868)이 있으나, 독자들은 슈나이더(E. Schneider)의 논문("Johann Heinrich von Thünen", *Econometrica*, 1934)에서 관련자료를 찾을 수 있을 것이다.

튀넨의 공헌은 다음과 같이 요약할 수 있다. (1) 그는 경제학적 추론형태로 미적분학을 사용한 최초의 인물이다. (2) 그는 자신이 제기한 물음에 대해 사실들이 스스로 대답하도록 하기 위해 자기 농장에 대한 포괄적 회계시스템을 상세하게 작성하는 데 10년(1810~20년)이라는 세월을 보냈으며, 거기서 나온 수치자료로 자신의 일반화된 도식 전부와 그 일부를 도출했다. 이론가의 정신에서 이루어진, 이러한 유일무이한 작업은 그를 계량경제학의 수호성인 중 하나로 만들었다. 그 이전과 이후에 어느 누구도 '이론'과 '사실'의 진정한 관계에 대해 그토록 심오하게 이해하지 못했다. (3) 그렇지만 매우 사실 지향적이었던 이 사람은 동시에 독창적이면서도 풍부한 가설적 도식을 어떻게 구축해야 하는지 알고 있었다. 이 분야에서 그의 가장 탁월한 업적은 단일한 비옥도를 가진 원형태의 고립된 영역이라는 개념으로, 이 영역은 운송을 가로막는 요인이 없거나 특별한 운송수단으로만 접근가능한 것도 아니며, 그 중심에는 (농산물의 유일한 수요처인) '도시'(town)가 놓여 있다. 기술, 운송비용, 생산물과 요소의 상대가격이 주어져 있을 때, 그는 이러한 조건들에서 낙농업·임업, 사냥을 포함하는 다양한 유형의 농업활동을 위한 최적입지(위의 가정들에 따르면 원모양의 구역이 되는)를 도출했다. 몇 가지 점에서 리카도의 이론보다 더 뛰어난 지대이론이 그 부산물로 나타났다. 이러한 대담한 추상화는 많은 사람에게서 비판받기도 했지만, 그의 작업 중에서 당대에 이해되고 인정받은 부분이었다. 우리로서는 그 탁월한 독창성을 인식하는 게 중요하다. 리카도나 마르크스(또는 독자의 수라는 측면에서 명예로운 지위에 올랐던 당시의 이론가들 중 누구라도)는 자기 이전에 이미 다듬어진 분석적 수단들을 가지고 외부에서 자신들에게 제기된 문제들을 연구한 것이었다. 튀넨만이 사실과 비전이라는 무정형의 진흙(원료—옮긴이)을 가지고 작업했던 것이다. 그는 재구축한 게 아니었다. 그는 새로 만들어 낸 것이다. 그의 연구에 관한 한, 그의 시대나 그 이전 시대의 **경제학** 문헌들은 전혀 존재하지 않았다고 보는 편이 타당할 것이다. (4) 이상과 동일한 정신 아래, 그는 모든 경제적 수량의 전면적인 상호의존성과 이러한 우주를 방정식 체계로 표현할 필요성을 가시화한 두 번째 인물(첫 번째 인물은, 최소한 출판 연도상으로는, 쿠르노다)이었다. (5) 그는 명시적으로 경제과정의 '균제상태'(steady state)——마셜의 장기 정상상태(long-run normal)——라고 불리는, 사실상 리카도가 사용했던 분석수단을 도입했다. 이것은 '고전파' 이론의 정체상태(stationary state)보다는 오히려 정학(statics)에 더 가까운 것이었다. (6) 그는 롱필드만큼 완전하게, 어떤 면에서는 더욱 정확하게, 적어도 자본과 노동, 이자와 임금의 관계에서만큼은 한계생산성 분배이론을 발전시켰다. 그러나 근본적인 생각 자체(그는 편미분계수의 형태를 말로 정확하게 표현했다; Waentig edition, p.584)는 그가 분류한 다양한 문제에서는 거의 부차적인 요소였다. 이러한 생각이 (독자들에게—옮긴이) 전달되기는 힘들다. 그 대신 우리는 다른 문제들을 다루어야 한다. 이는 그 문제 자체가 가치가 있어서라기보다는 그 사막 너머로, 즉 튀넨의 유명한 '자연임금' 도식으로 (우리의—옮긴이) 주의를 이끌기 때문이다. 그는 그 문제에 대해 깊이 생각했음이 틀림없다. 자신의 묘비에 그것을 새겼기 때문이다.

단순화를 위해 1년의 생산과정을 고려하자. 유일한 생산비용은 임금이다. 국민순생산의 화폐가치를 p, 총임금지불을 w라 하면, 총이윤(다른 이들과 마찬가지로, 튀넨은 이것을 이자와 동일시했다)은

$p-w$이며, 이윤율(이자율)은 $\frac{p-w}{w}$다. 임금수입자는 매년 고정된 양 a를 소비하고, 나머지 $w-a$를 현재 이자율 $\frac{p-w}{w}$로 투자한다. 이 투자에서 그들은 분명 $\frac{p-w}{w}(w-a) = p-w-\frac{ap}{w}+a$를 벌어들인다. 이 등식이 최대가 되려면($p$와 a는 상수로 취급한다), 다음의 식이 성립된다.[4]

$$\frac{d\left(p-w-\dfrac{ap}{w}+a\right)}{dw} = -1+\frac{ap}{w^2} = 0$$

이로부터 튀넨의 정식 $w^2 = ap$ 와 $w = \sqrt{ap}$ 가 도출된다. 이 임금은 노동자의 투자소득을 극대화할 것이다. 이 발상이 흥미없는 것은 아니며, 무엇보다도 몇몇 이윤분배 도식에서 사용될 수도 있는 것이다. 그러나 당연하게도 이 임금은 자유시장 메커니즘에 의해 초래되는 경향이 있다는 의미에서 '자연적'인 것은 아니다. 이 정식은 튀넨의 임금이론을 체현하지 못하고 있다. 더구나 그의 이론의 본질적인 부분도 아니다. 그러나 거칠고 비현실적인 가정들은 우리에게 이 논의가 잘못된 것이라는 느낌을 준다. (그러나—옮긴이) 그 가정들 아래서는 완전히 옳다.

라에(John Rae, 1796~1872. 이 책에서 언급된, 스미스의 전기 작가인 또 다른 존 라에와 혼동하지 말아야 한다)는 스코틀랜드인으로, 지적 세련됨——애버딘(Aberdeen)대학교와 에든버러대학교 출신으로 훌륭한 고전파 학자이자 수학자였으며, 적어도 준전문적인 생물학자이자 물리학자였다——과 예민한 감성으로 인해 자기가 손댄 모든 일에 실패했던 인물이다. 1821년 이후, 그는 캐나다와 미국, 하와이 군도를 비롯한 여러 나라를 떠돌았으며(두 기간에 맡았

---

4) 최소치가 아닌 최대치를 얻기 위해서는 2계 도함수가 음이어야 한다. 그러나 이것은 항상 성립한다. 왜냐하면 $\left(-\dfrac{2ap}{w^3}\right)$, a, p, w가 모두 기본적으로 양수이기 때문이다.

던 초등학교 교장직이 그때까지 그가 시도한 모든 일자리 중에서 가장 마음에 드는 일이었다), 자신이 죽기 직전에 스테튼 섬의 클리프턴(Clifton, Staten Island)에 있는 어떤 친구(캐머런 경Sir Roderick W. Cameron이었다고 함—옮긴이)가 살고 있는 저택의 항구로 부러진 돛을 달고 흘러 들어갈 때까지 그렇게 살아야만 했다. 그러나 그는 항상 그러한 환경 속에서 모든 불행 중 가장 큰 불행, 즉 생물학, 문헌학, 인류학, 항공학 등의 분야들에 대한 감당하기 어려울 정도로 풍부한 아이디어들과 싸웠으며, 자신이 젊은 시절에 꿈꾸었던, 인류의 '철학사'라는 웅대한 계획의 일부——전부는 아니더라도 그 대부분을 차지하는——를 위해 분투했다. 여기까지는 독자들이 흔한 유형의 인물이라고 느낄 것이다. 그러나 그러한 판단은 잘못이다. 왜냐하면 놀라운 능력으로 이루어낸, 완전하고 뛰어난 성과 중 하나가 독자들이 가졌을지도 모를 인상을 반박하기 때문이다. 이 성과는 우리 분야에서 나타났다. 비전과 독창성 면에서 라에는 성공한 경제학자들을 훨씬 뛰어넘었다.

『새로운 정치경제학 원리』(*The Statement of Some New Principles on the Subject of Political Economy Exposing the Fallacies of the System of Free Trade and of Some other Doctrines Maintained in the 'Wealth of Nations'*)는 1834년 보스턴에서 출간되었다. 여기서 우리는 이 저작이 거둔 성과의 본질과 중요성을 간단하게 평가하고 그 운명을 기록할 것이다.

라에의 경제학 지식은 그리 대단한 수준이 아니었다. 그는 주로 자신이 공격한 저작으로 경제학을 공부했음이 분명하다. 그러나 이는, 유사한 정신의 소유자만이 할 수 있는 것으로, 그는 (자기가 공격하는 저작의—옮긴이) 다양한 파생적 논의, 전제와 함의에 대해 완벽하게 익혔으며, 그 저작에 대해 끊임없이 언급하면서 자신의 생각을 발전시킨 후에 유사한 구조물을 확립하는 데까지 이르렀다. 바로 이것이 우리가 그의 저작에서 보아야 할 점이다. 또 하나의 『국부론』, 좀더 정확하게 말하자면 적절한 소득 덕분에 가능했던 10년의 추가작업을 통해 또 하나의 (더욱 깊이 있는) 『국부론』으로 발전했다는 점이다. 이 저작에 담겨 있는 많은 소소한 장점을, 그중 일부는 적절한 지점에서 언급하겠지만, 지금 자세히 다루는 일은 부적절할 것이다. 핵심은 자본주의의 엔진을 추동하는 것이 자본축적 자체라는 범속한 견해를 뛰어넘는, 경제적 과정에 대한 그의 관점이다. 1부에서 전개된 개념장치들은 새로운 비전에 의해 빛을 발하는데, 이것이 없었다면 1부에 별로 주목할 만한 게 없었을 것이며 가상적 실체인 '입법자'(legislator)의 '기능'을 다루는 3부로 곧장 넘어가는 게 당연할 것이다. 자연스럽게도 스미스의 반국가주의에 대한 라에의 반론은 주로 경제사상 연구자들의 관심을 끈다.

그러나 이후의 경제학자들에게 가장 크게 주목받은 것은 2부였다. 그 내용은 자본이론이라 부를 수 있는 것으로 전례없는 깊이와 폭을 갖춘 것이었다. 그것이 뵘-바베르크의 이론 전체를 제시하고 있다고 말하는 것은 뵘-바베르크에 대한 몰이해를 드러내는 것이다. 하지만 뵘-바베르크의 이론적 구조의 두 주춧돌이, 그중 하나는 시니어 이론의 주춧돌이기도 한데, 사실상 라에의 저작 안에 들어 있다. 생산과정의 '연장'은 통상적으로 최종생산물의 물리적인 양을 증가시킬 것이라는 명제(5장)와 '즉각적으로 현존하는 욕구대상'은 우리의 평가에서 미래의 어느 시점에 사용가능해질 것으로 예상——설사 그 예상이 완전히 확실한 것이라 할지라도——되는, 그것과 정확하게 유사한 대상에 비해 결정적인 이점을 가지게 될 것이라는 명제가 그것이다.

통상 새로운 생각을 제시하는 저작은, 잘 알려진 저자가 쓴 내용이 뒷받침되지 않으면, 그에 대한 반응을 이끌어내지 못하는 법이다. 따라서 우리는 라에의 저작이 왜 더 많은 관심을 얻지 못했을까보다는 그나마 얻어낸 반응에 놀라워해야 마땅하다. 밀이 이 저작에 주목했으며, 아마도 그 결과이겠지만, 1856년에 이탈리아어 번역본이 나왔다. 그렇다면 믹스터(Mixter)가 정당하게 주장했듯이, 어떻게 해서 라에를 '발견'하는 일이 필요했을까?(C.W. Mixter, "A Forerunner of Böhm-Bawerk", *Quarterly Journal of Economics*, January 1897; "Böhm-Bawerk on Rae", *Ibid.*, May 1902; 1905년에 동일한 저자가 편집한 *Sociological Theory of Capital*에 실린 라에의 저작 참조.) 라에의 생애에 대한 자료들은 이 책의 「서문」으로 실린 라에의 전기에서 가져온 것이다. 이에 대한 답변은 과학사회학의 한 장을 위한 주제가 될 만하다. 밀은 변함없이 공정했으며, 너그러웠다. 라에의 저작 수준을 파악한 그는 우호적인 심정으로 이 저작에 대해 언급했으며, 자신의 사상에 부합하는 것으로 보이는 구절("effective desire of accumulation")을 받아들였을 뿐 아니라 그것(*Princi-ples*—옮긴이)을 그대로 인용하기도 했다.(Book I, ch.11) 그는 심지어 축적에 관한 라에의 성과를 인구에 관한 맬서스의 성과와 비교하기까지 했다.

그러나 40년 동안 가장 영향력 있었던 경제학 교과서에서 서술되었음에도 라에를 경제학계에 제대로 소개하지 못했고, 그의 여타 저작에 대한 호기심을 불러일으키기에는 충분하지 않았던 것일까! 아니면 이러한 인상이 잘못된 것이고 밀의 상당수 독자가 그것을 받아들였다 할지라도 그들 중에서 그것의 진정한 중요성을 깨달은 이가 없었던 셈이다. 그러나 시니어는 그 저작을 알고 있었음을 지적할 필요가 있다.("John Rae and John Stuart Mill: a correspon-dence", *Economica*, August 1943, p.255)

2절 리카도주의자들

지금 우리가 고찰하는 시기에 형성되고 해체된 모든 그룹 중에서 리카도주의자만이 별도로 다룰 만한 가치가 있다. 그 핵심인물의 탁월함, 이 그룹이 한동안 누렸던 국제적 명성, 공개적 논쟁에서 두드러진 활약,

그들의 성과와 실패, 이 모든 것이 이 집단을 독자들에게 가능한 한 명확하게 드러내주려는 시도를 정당화하는 근거로 제시될 수 있다. 더구나 이 집단은 우리의 의미에서 진정한 학파였다. 한 명의 교사, 하나의 교리, 인간적 유대가 있었고, 하나의 핵심이 있었으며, 영향권과 주변부가 존재했던 것이다. 우선 그 핵심을 살펴보자. 그것은 사실상 리카도 자신과 제임스 밀 그리고 매컬럭만으로 이루어져 있다. 그러나 우리는 여기에 웨스트와 드 퀸시(De Quincey)를 추가할 것이다. 밀은 포함되지 않는데, 그 이유는 뒤에서 설명할 것이다. 그러므로 포셋이나 케언스는 당연히 포함되지 않는다.

리카도(David Ricardo, 1772~1823)는 14세의 나이에 사업에 뛰어들었다. (처음에는 증권거래소의 브로커로, 그다음에는 중간거래인이나 중매인으로, 늘 화폐시장에서 일했다.) 여기서 그는 상당한 재산을 모았다. 이러한 사실은 우리에게 의미가 있다. 왜냐하면 그러한 사실은 (1) 그가 교양 있는 가정 출신이지만, 스콜라적 의미의 교육을 거의 받지 않았으며, (2) 이러한 직업이 매우 힘든 일이었기에, 그가 42세에 은퇴할 때까지 그의 지적 능력과 에너지의 일부만이 분석적인 작업에 투여될 수 있었음을 의미하기 때문이다. 그럼에도 그의 머릿속(출판이 아니라)에서는 이 시절에 이미 많은 분석작업이 진행된 셈이다. 이것은 그의 놀라운 능력을 보여주는 증거일 뿐 아니라 그의 작업이, 비록 사상가의 경력에서 결정적으로 중요한 30대에 완전하게 집중할 수 있는 기회를 갖지 못한 것은 사실이지만, 형식적이고 기술적인 의미의 미완성 문제를 제쳐놓더라도 심연까지 파고들지 못했던 이유이기도 하다. 우리는 자신의 오른손을 등 뒤로 묶어놓고 싸우는 레슬러의 기록을 보고 있는 것이다. 독자들은 뒤에서 그의 저작에 대한 나의 몇몇 논평을 읽게 되면, 내가 그를 지나치게 찬양한다는 의구심을 갖지는 않게 될 것이다. 좀더 나아가보자. 완전히 근거 없는 어떤 갈망에는 반대하면서, 우리가 당당하게 자랑스러워해야 할 만한 인물을 변호하는 것이 중요하다. 어떤 저자들은 뻔뻔스럽게도 그가 당시의 통화정책에 관한 논쟁에서 취한 태도가 하락장세에서 돈을 버는 투기꾼으로서(as a 'bear') 그의 금전적 이해 때문이었다고 주장하기도 했다. 나는 리카도가 하락장세뿐 아니라 상승장세에서도 돈을 벌 수 있는 능력이 있었다고 답변하겠다.

또 반복하건대 이 저자들은 그러한 '설명'으로 도피할 때 자신들이 실제로 말하고 있는 게 무엇인지 깨닫지 못하는 것처럼 보인다. 왜냐하면 그들의 직접적인 관찰에 열려 있는, 유일한 동기부여 도식이 자신들의 것이기 때문이다. 조금 덜 추잡하기는 하지만, 어떤 이들은 리카도가 '자산가의 이해관계'(moneyed interest)를 대변했으며, 지주계급에 대한 '증오'를 가지고 있었다고 해석했다. 이것은, 그의 저작에 포함된 과학적 내용과 무관하다는 사실을 제쳐놓더라도, 완전한 난센스며, 설사 그렇다손치더라도 분석적 저작에 대한 이들 해석의 이해부족을 입증할 따름이다. 내게 충분한 지면이 허용되었더라면, 개별 사례들에 들어 있는 이러한 무능력을 입증할 수 있었을 것이다.[5]

아마도 언젠가 우리는 지난 20년 동안 열정적으로 기다려왔던, 리카도의 저작에 대한 스라파의 포괄적 편집판의 완성을 볼 수 있을 것이다. 〔첫 다섯 권은 1952년 4월에 나왔다―편집자.〕 그동안에는 매컬럭의 판본인 『전집』(*Collected Works*, 1st ed., 1846)이 있었으며, 여기에는 리카도 자신의 회고록이 「서문」으로 포함되어 있었다.

---

5) 리카도가 노동계급의 이해관계에 무관심했다는 비판에 대한 추가적인 변명거리들이 존재한다. 왜냐하면, 진실보다 더 멀리 갈 수 있는 것은 없지만, 몇 가지 경우에 그가 믿기 어려울 정도로 부주의하게 사용했던 몇 가지 정식에는 이러한 비판을 뒷받침할 만한 말투가 존재한다. 리카도는 자신이 잘못 이해되고 있다고 끊임없이 불평했는데(이에 대해서는 세와의 편지를 참고하라), 이는 근거가 없는 것이 아니다. 그러나 부분적으로는 그 자신에게 책임이 있다. 하지만 이른바 무관심에 관해서는 일말의 진실이 들어 있다. 그는 단순히 입에 발린 소리만 늘어놓는 인물은 아니었다.

지금은 우리가 이 3부의 마지막 장을 위해 화폐에 대한 언급을 유보하고 있기 때문에, 여기서는 리카도의 『저곡가가 스톡의 이윤에 미치는 영향』(*Essay on the Influence of a Low Price of Corn on the Profits of Stock*, 1815)과 『정치경제학과 과세의 원리』(*Principles of Political Economy and Taxation*, 3rd ed., 1817; 여기에 사용된 것은 1821년판; 독자들은 고너E.C.K. Gonner가 1882년에 편집한 책을 참조할 수 있는데, 이 책의 마지막 판본은 1929년에 출간되었다)에만 관심을 가질 것이다. 철저한 연구를 위해서는 세, 맬서스, 트라우어(Hutches Trower), 매컬럭 등에게 보낸 편지(편집본을 원한다면 J.H. Hollander, *Encyclopaedia of the Social Sciences*에 수록된 '리카도' 항목 참조. 여기에는 리카도의 저작에 대한 정확한 묘사와 평가가 들어 있다)와 그의 『맬서스의 『정치경제학 원리』에 관한 노트』(*Notes on Malthus' Principles*, J.H. Hollander & T.E. Gregory ed., 1928) 그리고 이에 관한 메이슨(E.S. Mason)의 평가("Ricardo's Notes on Malthus", *Quarterly Journal of Economics*, August 1928 참조)가 보충되어야 할 것이다. 일반적인 해석 중에서 가장 중요한 것으로는 마르크스(K. Marx, *Theorien über den Mehrwert*), 홀랜더(*David Ricardo*, 1910), 딜(K. Diehl, *Sozialwissenschftliche Erläuterungen zu David Ricardos Grundgesetzen*, 2nd ed., 1905)이 있다. 우리의 목적에 도움이 되는 것은 캐넌(E. Cannan)의 『생산과 분배이론』(*Theories of Production and Distribution*, 3rd ed., 1917)에 있는 그의 논평부분이다.

리카도에 관한 문헌은 방대하다. 만일 그 숫자를 헤아리고자 한다면, 뵘-바베르크나 타우시히의 이론적 저작에 들어 있는 참고문헌이 모두 거기에 해당될 것이다. 그러나 나는 뛰어난 이론가들에 의해 상대적으로 최근에 나타난 두 가지 연구를 선택하고자 한다. 이 연구들은 리카도의 공헌의 본질과 그 가치에 대해 뛰어난 비판가들이 얼마나 상이한 평가를 내릴 수 있는지 잘 보여주는 것으로, 나이트

(F.H. Knight)의 논문("Ricardian Theory of Production and Distribution", *Canadian Journal of Economics and Political Science*, vol.I, February 1935)과 에델버그(Edelberg)의 논문 ("The Ricardian Theory of Profits", *Economica*, vol.XIII, 1933) 을 참고하라.

위의 논의는 리카도 저작의 성격을 설명하는 방향에서 이루어졌다. 가장 간명하게, 독자들에게 몇 가지 생각할 점을 제시하기 위해서 나는 이하의 논평을 추가할 것이다. 리카도는 통상 공리주의자로 묘사된다. 그러나 그는 그렇지 않았다. 이것은 그가 다른 철학을 가지고 있었기 때문이 아니라 그의 바쁘고 실증적인 정신이 철학을 허용하지 않았기 때문이다. 그는 주로 제임스 밀을 통해 철학적 급진파들과 교류했다. 아마도 그는 종종 공리주의적 교리에 공감을 표시했을 것이다. 역사가들은 이러한 것들의 중요성을 과장하기 십상이다. 그러나 그런 것들은 그리 큰 의미가 없다. 마찬가지로 그는 부적절한 사회학을 가진 게 아니라 사회학을 가지고 있지 않았다. 그에게는 자신의 강력한 지적 능력을 사로잡은 경제적 문제가 있었지만, 사회학적인 틀은 당연히 주어진 것이었다. 이는 비판대상이 아니라 단지 분업의 문제일 뿐이다. 이러한 특징이 주어진 상태에서는, 사회학적으로 치장한다고 해서 그의 이론이 개선되지는 않는다. 제도적 특성을 보지 못한 비판가는, 간단히 말해 잘못된 주소에 가서 초인종을 누른 것이다. 그러나 당연하게도 이것은 그의 이론으로서의 이론에만 적용될 뿐이며, 그의 정책권고안에는 적용되지 않는다. 이러한 비판들에서 우리는 사회적 과정의 원동력에 대한 통찰력과, 추가하자면, 역사적 의미에 대한 통찰력을 찾을 수 없다.[6]

---

6) 나는 리카도가 역사에 대한 독서가 많다고 생각하지는 않는다. 그러나 이것은 내가 의미하는 바가 아니다. 이러한 측면에서, 그가 직면한 어려움은, 내가 풍부한 역사자료들을 목구멍으로 집어삼킨 미국학생들과의 관계에서 겪는 어려움과 유사하다. 그러나 이것은 지금 내가 말하려는 바가 아니다. 그들이 결여하

그러나 두 가지 다른 점이 리카도의 이론으로서의 이론과 직접적인 관계가 있다. 첫째, 마르크스의 상반된 견해에도 불구하고, 리카도의 정신은 튀넨처럼 무(無)에서 작업하는 것이 아니었다. 그의 작업방식은 본질적으로 시대가 자신에게 제기한 문제를 다루는 것이었으며, 자신이 비판을 통해 도출한 도구들을 가지고 그 문제를 공략하는 것이었다. 전자는 (이 점이 덜 명확한) 『원리』를 제외한 그의 모든 저작에서 한눈에 분명하게 드러난다. 후자는 『원리』에서 명확하게 드러난다. 우리는 그가 요양소에서 지루해하던 1799년에 접한 『국부론』의 영향을 받았는지에 대해 알 수는 없지만, 『원리』의 논의가 스미스의 비판에서 출발하여 책 전체를 관통하고 있음을 필연적으로 알게 된다. 그의 사상의 발전이 당시의 현안에 대한 그의 관심——분석적이든 실무적이든——에 따라 결정된 것이 아닌 한, 우리는 그 과정을 거의 확실하게 재구성할 수 있다. 즉 그는 『국부론』을 연구하면서 논리적 잡탕으로 보이는 이 저작에 충격을 받았다. 그는 이 헝클어진 논리를 바로세우기 시작했으며, 『원리』는 바로 이러한 창조적 비판작업의 궁극적인 결과였다. 이에 대해 논평해보자.

리카도의 이론적 구성은 『국부론』을 재주조하는 특정한 방법을 대표하며, 맬서스의 이론적 구성은 또 다른 방법을 대표한다. 하나의 추론으로서, 나는 리카도가 다른 저자들에게서 거의 영향을 받지 않았다고 감히 단언한다. 물론 이후에 세와 맬서스에 대한 연구 그리고 이 두 사람과 제임스 밀과의 논쟁이 그의 사고를 명확하게 다듬는 데 보탬이 된 것——이에 대해서는 잠시 후에 언급할 것이다——은 분명하지만 말이다. 둘째, 리카도의 주요 관심사는 기본적으로 근본적인 것이거나 포괄적인 일반화가 아니었다. 튀넨을 사로잡았

고 있는 것은 아무리 많은 사실연구로도 얻을 수 없는 역사적 의미인 것이다. 그들을 경제학자보다는 이론가로 만드는 것이 훨씬 더 쉬운 이유가 바로 여기에 있다.

던, 경제체계의 모든 구성요소 간 보편적인 상호의존성에 대한 포괄적인 비전은 그에게 한 시간의 수면만큼의 값어치도 없는 일이었을 것이다. 그의 관심은 직접적이고 실제적인 의미가 있는 명쾌한 결과였다. 이에 도달하기 위해서 그는 전체 체계를 부분들로 쪼개어 가능한 한 큰 덩어리로 묶었다. 그러고는 그것들을 얼음창고에 넣어버렸다. 가능한 한 많은 것이 동결되고 '주어져' 있어야 했기 때문이다. 그런 다음 그는 단순화한 가정들 위에 다른 가정들을 쌓아나갔으며, 그 가정들에 의해 모든 것이 해결되도록 했다. 그에게는 단지 몇 개의 총계변수들만 남게 되었다. 그러고는 주어진 가정들 아래서 이 변수들 사이에 단순하고 일방적인 관계를 확립했다.

결국 거의 동어반복인, 바라던 결과가 나타났다. 예를 들어 리카도의 유명한 이론 중 하나가 바로 이윤은 밀의 가격에 '의존'한다는 것이다. 그의 암묵적 가정과 이 명제가 이해되어야 하는 특정한 의미에 따르면 이것은 사실일 뿐 아니라 부정할 수 없는, 사실상 진부할 정도로, 옳은 것이다. 이윤은 다른 어떠한 것에도 의존할 수가 없다. 다른 모든 것이 '주어져', 즉 얼어 있기 때문이다. 이것은 결코 반박될 수 없으며, 의미를 제외하면 아무것도 결여된 게 없는 뛰어난 이론이다.[7] 이러한 특징을 갖는 결과를 실제문제에 적용하는 습관을 우리는 **리카도의 악덕(Ricardian Vice)**이라고 부를 것이다.

이제 우리는 이 학파의 성공에 대해 분석하고자 한다. 지금 우리는 리

---

7) 레온티예프는 케인스의 이론을 언급하면서 이러한 방법을 암묵적 추론이라고 불렀다. 기본적으로 뛰어난 인물인 케인스와 리카도가 제시하는 충고를 발견하는 게 주목적인 사람들에게는 별로 인상적이지 않을 테지만, 이 둘 사이에 존재하는 목적과 방법의 유사성은 진정으로 놀라울 정도다. 물론 이 점에서는 케인스와 리카도 사이에 하나의 세계가 존재하며, 경제정책에 대한 케인스의 견해는 맬서스의 견해와 훨씬 더 유사하다. 그러나 나는 명쾌한 결과를 보장하는, 케인스와 리카도의 방법에 대해 말하고 있는 것이다. 이 점에서 그들은 정신적인 형제다.

카도의 개인적 성공을 규정하고, 자신의 학파를 형성하는 데 얼마나 성공적이었는지를 보고자 한다. 첫 단계는 쉽다. 의심할 여지없이, 그의 동료 경제학자들만이 아니라 대중에게도 그의 명성은 당시의 중요한 경제적 이슈들에 대한 그의 저술들, 즉 처음에는 화폐정책에 대한 그의 저술들, 두 번째로는 자유무역에 관한 그의 저술들로 형성된 것이다. 그가 다룬 모든 물음에서 그는 어떤 식으로든 이기는 편에 섰지만, 유용한 논증이 그 승리에 공헌했으며, 그에 합당한 찬사를 받았다. 다른 이들도 똑같은 일을 했지만 그의 옹호론이 더욱 뛰어났으며, 설득력이 있었다. 그의 글에는 불필요한 문장이 없었으며, 자신의 논의를 약화시키는 유보조항이, 심지어 그것이 **필요할 때조차**, 없었다. 실제로 상대방을 설득함과 동시에, 상대의 생각을 단념시키지는 못하더라도 높은 **지적 기준을 충족시키기에 충분한**, 진정한 의미의 분석이 있었다. 평이함, 힘 그리고 진정한 예의와 놀라울 정도로 잘 결합된 그의 논쟁능력이 나머지 역할을 해냈다. 사람들은 그의 정책권고안에 동의했기 때문에 그의 이론을 따르게 되었다. 그는 자신에게서 안내자를 찾고 자신의 견해를 옹호하는 집단의 중심이 되었다. 이 시기에 그를, 몇몇 사람의 눈으로는, 모든 시대의 최초의 경제학자로 만든 것은 성공하는 정책 그 자체에 대한 그의 옹호나, 이론 자체도 아니었다. 양자의 적절한 배합 덕분이었다.[8]

　그렇다면 그가 과학적 경제학에 기여한 바는 무엇인가? 내 생각으로는, 지금까지 가장 중요한 것은 지도력에 대한 대가 없는 선물이었다. 그는 사람들을 재충전시켰으며, 끊임없이 자극했다. 어느 경우든 그는 뒤흔들어놓았다. 그의 추론결과는 내가 위에서 설명했던 기계적 논리(mechanics)를 보지 못한 사람들을 동요시켰다. 그의 가르침은 중상류 수준에서 새로운 것으로 정착되었지만 다른 모든 것은 열등하고, 쓸모없으며 하찮은 것이었다. 그의 집단은 새로운 장남감을 선물받은 아이의

---

8) 독자들은 그와 케인스 사이의 추가적인 유사성을 관찰하는 기회를 얻은 셈이다. 위의 문단에 있는 모든 단어는 케인스에게도 사용될 수 있다.

태도——너무나 즐거워하는, 하지만 그와 동시에, 저런!, 보고 있기에 착잡한——를 매우 신속하게 발전시켰다. 그들에게는 리카도를 제외한 모든 사람이 리카도의 수준에 오르기에는 너무 어리석다는 점을 인정할 수 있다는 사실이 이루 헤아릴 수 없이 가치 있는 것이었다. 또한 이 모든 것은 논쟁, 충격, 새로운 열정, 새로운 생명을 의미하는 것이었으며, 그 자체로 가치 있는 업적을 이루는 것이었다.[9]

그러나 다른 것도 있었다. 경제이론은, 로빈슨 여사의 적절한 표현에 따르면, 정책적 처방전의 묶음이 아니라 분석도구들이 들어 있는 상자다. 그리고 이러한 도구들은 서로 무관한 요소들의 집적이 아니라 하나의 엔진을 구성하는 것이다. 이 엔진은 그 안에 들어오는 구체적인 문제가 무엇이든, 넓은 범위 안에서 결과를 다듬어낸다. 문제가 되는 것이 조세나 임금정책의 효과든, 일련의 규제나 보호주의의 효과든, 아니면 다른 무엇이든지 간에 이 엔진은 형식적으로 동일한 방식으로 작동한다. 그리하여 엔진은 자신의 작동범위 안에서 한 번 형성되면, 극히 다양한 목적을 위해 필요할 때는 언제라도 사용될 수 있도록 구성되어 있는 것이다. 이것은 항상 본능적으로 느껴진다. 캉티용과 중농학파는 이러한 생각을 공개적으로 드러냈다. 그러나 리카도 이전에는 어느 누구도 이러한 생각을 그만큼 엄밀하게 파악하지 못했다.『원리』의 첫 두 장에서 그는 이렇게 범용적인 목적의 엔진을 구성하려고 했다. 이는 결정적인 진보를 의미했다. 그러나 당연하게도, 결함이 있는 엔진이 성공을 거두게 되면, 이러한 진보는 우회로임이 쉽게 입증된다. 한 마디 하자면, 리카도의 분석은 우회로였다.

이러한 분석엔진의 구축은 일반경제학을 구성하는 개별요소들이 체계적인 단위들로 융합되는 결과를 초래했다. 이전에는 결코 그런 적이 없었다. 리카도의『원리』가 형식면에서 얼마나 비체계적이든 간에, 그것은 내용상으로는 뛰어난 체계적 성과였다. 이러한 요소들 자체만으로

---

9) 바로 앞의 주를 보라.

는 출판의 우선권이 확실하게 리카도에게 주어질 것은 하나도 없다. 앞에서 나는 리카도가 스미스에게는 많은 것을 빚지고 있지만 다른 저자들에게는 거의 의존하지 않았다는 취지의 말을 했다.[10] 사실상 나는 그의 주관적 독창성이 매우 높은 수준이었다고 믿는다. 게다가 그는 솔직했으며, 다른 사람들의 영향을 인정하는 데 인색하지 않았다. 나는 인정에 인색하다는 이유로 스미스를 비판했고, 앞으로 마셜 역시 비판할 것이지만, 이러한 비판이 리카도에게도 적용된다고는 생각하지 않는다.[11] 그러나 객관적으로 볼 때, 『원리』에 들어 있는 모든 아이디어는 개별적으로는 이전에 이미 존재했던 것들이다. 아울러 만일 우리가 (1) 리카도가 스미스의 비버와 사슴사냥 이야기를 받아들인 후에 스미스의 주장을 자신의 노동가치론으로 변형시켰으며, (2) 바로 앞의 각주에서 살펴본

---

10) 바턴(Barton)은 예외다.(이하 6장 6절 8항 참조) 리카도의 「서문」은 튀르고, 스튜어트, 스미스, 세, 시스몽디 '및 다른 사람들'(맬서스와 웨스트의 글은 제외. 다음 번 주석을 참조)에 대해 언급하고 있다. 그러나 스미스의 영향만이 가장 중요하다. 세는 단 한 가지 점(시장법칙)에서만 리카도의 학설에 영향을 주었다. 나는 튀르고, 스튜어트, 시스몽디가 영향을 미친 흔적을 발견하지 못했다.

11) 그러나 세 군데서 그에 대한 반론이 제기되었다. 웨스트는 리카도가 이윤율 하락이론에 대해서 자신의 우선권을 인정하지 않았다고 불평했다. 리카도는 『원리』의 첫 「서문」에서 다음과 같이 말했다. "1815년에 맬서스 씨 [······] 그리고 옥스퍼드대학교 유니버시티칼리지의 한 교수(Fellow of University College) [웨스트]는 [······] 진정한 지대이론을 [······] 세상에 내놓았다." 그가 이윤에 대해서 유사한 인정을 하지 않은 건 사실이다. 그러나 이 문제는 지대론과 관련해서 웨스트의 우선권을 인정하는 것으로 해결된다고 대답할 수 있다. 좀더 완곡하긴 하지만, 토런스도 비교비용 정리와 관련해서 자신의 우선권 문제를 제기하고자 했다. 그가 옳았을지도 모른다. 그러나 설사 그가 옳았다고 하더라도, 『원리』처럼 급하게 씌어진 저작에서 이 문제를 다룬 저자의 자세—리카도의 성과가 체계적 성격을 지녔다는 언급과 모순되는 것은 아니다—와 스미스의 『국부론』과 마셜의 『원리』와 같이 무한한 노력으로 다듬어진 완숙한 저작에서 이 문제를 다루는 저자의 자세 사이에는 차이가 있다. 세 번째 권리 주장자는 루크(J. Rooke)의 『몇 가지 새로운 원리에 대한 최초 출판의 권리』(*Claim to the Original Publication of certain new Principles*, 1825)로, 셸리그먼이 발굴했다. 내가 아는 한, 루크의 경우는 논거가 없다.

토런스의 주장을 부인하려고 하는 게 아니라면, 우리는 리카도에게 효율적인 종합 이상의 영예를 부여할 수는 없다.

　독자안내를 제공하기는 쉽지만, 리카도의 체계성 결여(형식적인 의미에서) 넉분에 따라 읽기란 그리 쉽지 않다. 분석적 엔진은 『원리』의 첫 두 장에 서술되어 있다. 문장 하나하나가 모두 중요하며, 첫 장의 4, 5절은 독자들이 경제학 문헌들에서 부딪히는 어려움들이 그렇듯이, 이해하기가 쉽지 않다. 이 안내가 설명하는 유일한 부분이 될 31장("On Machinery")은 3판에서 추가된 부분인데, 한 가지 중요한 점에서 근본적인 것을 보완하고 있다. 나머지 모든 부분은 사실상 (기존의 것들에 대한—옮긴이) 발전(3~6장), 적용(8~18장과 29장, 과세에 대한 모든 부분), 방어와 비판(20, 21, 24, 26, 30, 32장)이다. 그러나 불행히도 그냥 건너뛰기는 어려운, 근본적인 사항들에 대한 많은 부연설명을 포함하고 있다. 예를 들어 27장("On Currency and Banks")은 28장과 함께 리카도의 일반이론에 대한 연구자들이 무시하고 싶어하는 문제들을 다루고 있는데, 한계비용과 가격이 일치한다는 정리에 대한 리카도의 취급방식과 그가 그 정리에 대해 부여한 의미에 대해 많은 것을 보여주는 구절들을 포함하고 있다. 해외무역은 그 유명한 7장에서 다루어지는데, 사실상 근본적인 사항들에 대한 보충(그리고 그 자체로도 22, 23, 25장에서 보충하고 있다)이다. 19장(그리고 어떤 의미에서는 21장까지)은 세의 법칙에 대한 리카도의 충성서약을 보여준다.

　밝은 불빛이 나방을 끌어들이듯이, 모호한 리카도학파의 저자들도 상당수 존재한다. 더구나 비경제학자들을 포함한 많은 사람이 그 희미한 빛만 인식했음에도 불구하고 그 불빛의 열광적 추종자임을 자처하게 된다. 이는 마치 오늘날 케인스나 마르크스를 한 줄도 읽지 않은 많은 케인스주의자와 마르크스주의자가 존재하는 이치와 같다. 게다가 몇몇 (리카도의 이론으로부터—옮긴이) 독립적인 학자, 심지어 토런스 같은 소수의 반대자들조차도 자신들이 반대하는 뛰어난 경제학자에 대한 존경심을 토로했으며, 자신들이 할 수 있는 곳 어디에서라도 그의 구절들과 주장들을 쉽게 사용했다. 결국 이후 세대의 경제학자들——가장 두드러진 예가 밀과 마셜이다——은 자신들과의 차이를 최대한 감추기 위한 방법으로 과거 위인의 이름에 존경을 표했다. 이 모든 것은 회고적 시각을 호도하고 리카도와 그 학파의 영향을 실제보다 더 크게 보이도록 만들기 쉽다. 경제분석의 역사에 대한 올바른 묘사를 위해서도 이러한 영향을 그에 합당한 수준으로 끌어내리는 것이 필요하다.[12]

우리는 이미 이 학파의 핵심이 리카도를 제외하면 단지 네 명으로 구성되어 있음을 보았다. 내가 의미하는 바는 제임스 밀, 매컬럭 그리고 드 퀸시가 자신들의 이름이 살아남기에 충분한 명성을 얻게 해준 리카도의 가르침에 대한 무조건적인 추종자이자, 전투적 지지자였다는 것이다. 웨스트[13]는 부분적으로는 그가 인도로 떠났기 때문인데 좀 떨어져 있었다. 그는 이 학파의 구성원이 아니라 리카도의 동료이자 리카도 교리의 핵심에 대한 독립적인 발견자였고, 그 스스로도 그렇게 생각했다. 리카도에 대한 그의 분노는 아마도 부당한 것이었다. 그러나 그가 리카도의 우월한 능력과 뛰어남 때문에 자신의 자리라고 생각한 곳에서 쫓겨난 것에 대한 유감은 그렇지 않다. 왜냐하면 『토지에 대한 자본투자 연구』는 사실상 '리카도주의' 지대론뿐 아니라 수확체감의 법칙의 이윤이론에 대한 적용, 즉 리카도 체계의 핵심을 포함하고 있기 때문이다.

---

12) 분석의 역사 이외의 목적을 위해서라면 이렇게 할 필요는 없으며, 여기서 우리가 말하는 영향은 과학적 경제학에 대한 영향만을 의미하는 것임에 주의해야 한다.

13) 웨스트 경(Sir Edward West, 1782~1828)은 당시의 뛰어난 과학경제학자 중 하나였지만, 그에 합당한 평가를 받은 적이 없는 인물이다. 그의 『토지에 대한 자본투자 연구』(*Essay on the Application of Capital to Land*, 1815 ; 1903년에 출간된 홀랜더의 경제학 논문집에 재수록)는 경제학의 역사에서 통상적으로 서술되는 수확체감의 법칙에 대한 단순한 설명 이상의 것이다. 마찬가지로 그의 두 번째 저작 『곡물가격과 노동임금』(*Price of Corn and Wages of Labour*, 1826)은 그의 사고의 독립성을 잘 보여준다.

따라서 우리는 그를 '리카도'학파에 포함시킬 수밖에 없지만, 간혹 웨스트-리카도 독트린이라고 언급함으로써 이러한 부당함을 완화시키고 자 한다.

제임스 밀은 분명히 빛을 주고 길을 인도해준 인물로, 우리가 그 가치를 어떻게 생각하든지 간에 평가되어야 한다.[14] 매컬럭[15]은, 마르크스와 다른 사람들, 그중에서도 뵘-바베르크가 거칠게 취급했지만, 그의 능

---

14) 우리는 이미 제임스 밀(1773~1836)을 두 번 만났다. 두 번 모두 전략적인 이 유에서였다. 『인간 정신현상에 대한 분석』(Analysis of the Phenomena of the Human Mind, 1829)의 저자로, 통치에 대한 공식적인 벤담주의 옹호자로 만났다. 우리는 그의 탁월한 업적 하나를 더 추가해야 한다. 『영국령 인도의 역사』(History of British India, 1817)는 그의 사후에 열 권으로 발간되었으며, 두 권의 경제학 저작(가장 초기에 쓴 세 번째 저작에 대해서는 내가 잘 모른다)인 『상업옹호론』(Commerce Defended, 1808)과 『정치경제학의 요소들』(Elements of Political Economy, 1821 ; 여기서 사용된 것은 1826년에 출간된 3판임)과 함께 일반대중 사이에서 그의 명성을 얻게 해준 밑바탕이었다. 저자는 두 번째 저작의 「서문」에서 이 책은 '교과서'며, 독창성을 가진 것은 아니라고 밝히고 있다. (비록 독창적인 부분들이 모두 발전은 아니지만, 이는 완전한 진실은 아니다. 이미, 예를 들어 마르크스가 인정했듯이, 이 저작은 결코 무시할 수 없는 노력을 대표하고 있다.) 베인(A. Bain)이 저술한 표준적인 전기(1882년)는 제임스 밀의 경제학을 정당하게 평가하지 못하고 있으며, 이 인물의 수수께끼—일 안 하는 방법을 몰랐던 지적 기계—를 푸는 데도 실패했다.

15) 매컬럭(John Ramsay McCulloch, 1789~1864)은 언론가 · 교사 · 공무원이었으며, 가장 비철학적인 인물이었지만 철학적 급진파로 평가된다. 일단 그의 실증연구를 제외하면, 내가 언급할 만한 것은 그의 『정치경제학 원리』(Principles of Political Economy, 1825 ; 5th ed., 1864)뿐이다. 그의 『정치경제학 문헌』(Literature of Political Economy, 1845)은 포괄적인 인용목록을 포함하고 있으며, 그 자체(리카도 교리에 대한 순진하고 무조건적인 신뢰의 관점에서 쓰어진, 각 저자에 대한 논평들은 리카도학파의 정신을 포착하고 자 하는 이들에게는 하나의 계시록일 것이다)로 매우 유용하다. 또 『임금률을 결정하는 상황에 관한 논구』(Essay on the Circumstances which Determine the Rate of Wages, 1826)는 경제이론에서 그의 가장 야심찬 노력의 결과물이다. 그가 리카도에게 보낸 편지와 그에게서 받은 편지들 모두 홀랜더에 의해 1931년과 1895년에 각각 출간되었다. 이것들은 당시의 이론적 추론방법에 대한 가장 중요한 연구자료다.

력이 매우 유용하기는 해도 그리 높지 않았다는 사실보다는 그의 장점을 강조하는 게 바람직할 것이다. 그의 가장 중요한 업적인 사실연구는 나중에 언급할 것이다. 사회개혁에 대한 그의 열정——몇 가지 분석적 장점을 보여주는 요소들이 포함되어 있는데, 예를 들어 그는 '임금기금설'의 주도적 옹호자였지만 이 이론이 노동조합 임금정책의 무용성을 입증하지는 않는다는 점을 깨달았다——은 오늘날의 비판가들에게 추천되어야 한다. 더구나 그는 당시의 경제학계에서 가장 잘 알려진 인물 중 하나로 올라섰으며, 사실상 다른 모든 경제학자가 떠난 후에도 리카도학파의 깃발을 유지하는 데 성공한 인물이었다. 마침내 그는 19세기의 첫 40년 동안 영국에서 나온 것 중 가장 성공한 교과서를 저술했다. 이는, 그 모든 결함에도 불구하고, 무시할 수 없는 것이다.[16) 이 책은 일반대중에게는 리카도의 책보다도 더 큰 직접적인 영향을 주었으며, 사실상 우리가 저급 리카도주의(lower-level Ricardianism)라고 부르는 것을 만들어냈다. 아편쟁이라는 명성을 가진 드 퀸시는 다른 경우다. 그

---

16) 교과서에 대해 언급하면서, 마르셋 여사(Mrs. Jane Marcet)의 『정치경제학과의 대화』(*Conversations on Political Economy*, 1816)를 빼놓을 수 없는데, 이 책은 (1839년에 출간된 7판이) 커다란 성공을 거두었다. 제임스 밀의 교과서는 초보적인 것이었으나, 쉽지 않았고 순수이론 교과서였다. 매컬럭의 교과서는 대학의 일반경제학 강의용 교재로 팔릴 만한 것이었다. 마르셋 여사의 교과서는 여고생을 위한 경제학이라 할 만한 것이었다. 독자들은 실제로 그 책을 보고 거기서 두 가지 흥미로운 점에 주목해야 한다. 첫 번째는 날짜다. 이 책은 리카도의 『원리』 이전에 나왔다. 비록 모든 면에서 정통 리카도주의인 것은 아니며, 리카도의 엄밀성은 결여하고 있지만, 리카도학파의 가장 중요한 가르침들 중 많은 것을 나타내고 있다. 이것은 매우 의미심장하며, 그 성과에 대한 관심을 제고시킨다. 그에 대한 조롱은 잘못된 것이다. 두 번째, 그럼에도 많은 후대 경제학자가 이 책을 조롱했다면, 이는 단순히 여성에 대한 편견 때문이 아니라 이 책이 출판된 특성 때문이다. 마르셋 여사는 경제학과 경제정책에 관한 결정적인 진리가 마침내 모두 밝혀졌을 뿐 아니라 이 진리가 모든 여고생에게 가르쳐도 좋을 만큼 단순하다는 사실을 한순간도 의심하지 않았다. 이러한 사고방식은 당시로서는 매우 일반적인 것이었으며, 그 시대의 특징이기도 했다. 아울러 이와 유사한 사고방식은 현대 케인스주의자들에게도 일반적이며, 이에 못지않게 우리 시대의 특징이기도 하다.

의 세련된 논리는 그를 천박하고 평이한 매컬럭에 대한 해독제로 만든
다. 그러나 그는 경제학을 부수적으로만 다루었을 뿐이다. 그의 공헌은,
흥미롭기는 하지만, 거의 없다.[17]

　세 명 중 어느 누구도 핵심적인 사항을 추가하지 않았으며, 그들 ——
특히 제임스 밀과 매컬럭 —— 이 덧붙인 것은 가치가 매우 의심스러운
것이었다.[18] 그들은 리카도를 정확하게 요약하거나 그의 『원리』에서 발
견되는 풍부한 제안의 착상을 전달하는 데도 성공하지 못했다. 그들이
전달한 것은 그들의 손에서 시들어버리고 진부한 것이 되어버려서 당장
의 실제적인 측면에서조차 비생산적인 것으로 되어버린 피상적인 메시
지뿐이었다. 리카도의 체계가 처음에 대다수 영국경제학자의 동의를 얻
는 데 실패한 것은 그들의 실수도, 리카도주의자들이 믿듯이, 단순히 아
둔하고 뒤떨어진 이들 때문도 아니었다. 이것은 그 내재적인 약점 때문
이었다. 그 체계가 오랜 시간에 걸쳐 형성되지 않는 건 그들의 잘못이
아니었다. 그러나 패배가 그처럼 빨리 다가온 건 그들의 실수였다. 리카
도는 1823년에 죽었다. 1825년에 베일리는 그 교리의 장점에 대한 결정
적일 수도 있는 공격을 개시했다. (그러나 그 공격은 - 옮긴이) 실제로
는 결정적이지 못했다. 왜냐하면 학파란 그리 쉽게 무너지는 것이 아니
기 때문이다. 하지만 리카도학파의 쇠퇴는 곧 명확해졌다. 우리는 1831
년에 출간된 한 소책자에서 "아직도 몇몇 리카도주의자가 남아 있다"는

---

17) "Dialogues of Three Templars on Political Economy", *London Magazine*,
　　April 1824; *Logic of Political Economy*, 1844 참조. 특히 전자의 논문을 출
　　판한 편집자와 계속해서 구독한 독자들에게 감사하도록 하자. 내 생각에, 이
　　책은 밀이 너그러이 인용했던 덕분에 살아남았다. 획득의 어려움(Difficulty of
　　Attainment)이라는 개념은 리카도의 것이며, 그에 의해 훨씬 더 설득력 있는
　　방식으로 이미 정식화되어 있었다. ("한 상품의 실질가치는 〔……〕 가장 열등
　　한 조건에 처한 생산자가 직면하는 실질적인 어려움에 의해 규제된다."
　　Principles, ch.27.)
18) 리카도는, 예를 들자면, 제임스 밀이나 매컬럭의 이자론이나 매컬럭의 임금기
　　금 이론 전체와 아무런 상관이 없다.

구절을 볼 수 있기 때문이다.[19] 어쨌든 리카도주의는 더 이상 살아 있는 세력이 아니었다. 이와 반대되는, 통상적인 인상은 쉽게 이해될 수 있다. 여전히 총을 들고 서서 아무 일도 없었다는 듯이 이미 폭발해버린 교리를 가르치고 있는 충복들이 있었다.

대중의 견해에는 시차가 있었다. 그들은 새로운 교리의 탄생을 깨닫는 것과 마찬가지로 낡은 교리의 몰락을 깨닫는 데도 매우 느렸다. 또한 왜 대부분의 역사가가 나의 견해에 동의하지 않는지를 설명해주는, 더욱 중요한 것도 있다. 그건 바로 리카도의 개인적 명성, 즉 저작을 뛰어넘는 위대한 이름 바로 그것이다. 이미 지적했듯이, 리카도는, 자신의 후계자들에 관해서는 그리 운이 좋지 않았지만, 다른 점에서는 매우 운이 좋았다. 밀은 자신이 처음에는 리카도주의자였음을 강조했으며, 그가 자신의 『원리』를 저술할 때는 그로부터 얼마나 벗어났는지 스스로도 깨닫지 못했으며, 독자들에게 명확하게 설명하지도 않았다. 정도는 조금 덜 하지만, 마셜과 에드워드 역시 마찬가지였다. 더구나 리카도의 명성은 그의 이론적 구성물에만 기반을 둔 게 아니었다. 한편으로는 화폐및 화폐정책과 국제무역 이론에 대한 그의 공헌이 있었다. 다른 한편으로는 이 구성물의 몇몇 개별적인 요소는 전체보다 더 긴 수명을 보여주었다. 가장 중요한 예는 그의 지대론이다. 논리적으로는 다른 것들과 함께 묻혔어야 했음에도 오랫동안 살아남았다.

그의 영향을 받은 외국의 경우는, 부분적으로, 조금 다른 양상을 보인다.[20] 마르크스와 로트베르투스는 리카도의 사상을 지키려고 많은 노력을 기울였다. 부분적으로는 그들의 노력 때문에, 부분적으로는 국내경쟁의 취약성 때문에, 이후에는 오스트리아학파 이론에 대한 지배적인 반감 때문에 리카도는 세기말까지 이론적 야심을 가진 대부분의 독일경

---

19) 이 구절은 코테릴(C.F. Cotterill)의 『가치학설에 대한 고찰』(*Examination of the Doctrine of Value*, 1831)에 나오는 것으로, 나는 셀리그먼의 책(앞의 책, 3부)에서 재인용했다.
20) 마르크스와 로트베르투스의 영향에 대해서는 이하의 5절을 보라.

제학자, 예를 들자면 바그너(Wagner), 디첼(Dietzel) 그리고 딜 같은 이들에게 가장 위대한 이론가로 남았던 것이다. 지금 논의하고 있는 시기, 그러나 이 시기를 넘지 않는 동안에만 동일한 평가가 이탈리아 경제학에도 적용된다. 페라라(Ferrara)의 저작과 교과서들에서 리카도의 영향을 받은 흔적이 강하게 남아 있다. 로시(Rossi)는, 만일 우리가 그를 이탈리아인으로 간주한다면 또 하나의 예를, 그를 프랑스 경제학자라고 본다면 거의 유일한 예를 보여준다. 프랑스는 자신의 고유한 전통을 따라서 다른 어느 나라보다도 리카도의 영향에 저항했다. 미국에서는 매컬럭의 교과서——처음에는 가르칠 때 세의 교과서와 함께 사용되었으며, 높은 수준에서는 리카도의 영향이 다음 시기까지 남아 있었다——가 일류의 이름을 독점했다. 타우시히가 한 예다.

내가 무엇을 리카도학파의 '변두리'라고 불렀는지는 이 용어의 의미에 부합하는 가장 중요한 그룹, 이른바 리카도주의적 사회주의자들(Ricardian socialists)을 지적하는 것이 제일 손쉬울 것이다. 물론 마르크스는 가장 위대한 리카도주의적 사회주의자였다. 그러나 이 그룹은 통상적으로 훨씬 좁은 의미에서, 즉 주로 1820년대와 30년대에 노동이 유일한 생산요소라는 명제 위에서 노동자 계급의 견해를 옹호한 다수의 저자를 포함시키기 위해 정의된다. 이 명제는 리카도가 아니라 로크와 스미스로 거슬러 올라가는 것이지만, 리카도의 가치이론이 이 저자들을 고무시켰으며 그들에게 암시를 제공한 것으로 보인다. 이 그룹의 저술들은, 물론 사회주의 사상사에서는 커다란 위치를 차지할 테지만, 경제분석의 역사에 적당한 것은 거의 없기 때문에 우리는 우리에게 중요한 인물 두 명만 언급하는 데서 그치기로 한다. 톰슨의 『부의 분배원리에 관한 고찰』(*Inquiry into the Principles of the Distribution of Wealth*, 1824)이 적절한 예로, 이 집단의 논의들, 그들의 평등주의적 기질, 이러한 이상의 실현이 생산에 초래할 반작용과는 상관없이 분배의 이상을 고찰하는 그들의 습성을 보여주는 논의들 중에서 가장 높은 수준을 보여준다. 벤담의 영향이 특히 두드러진다. 호지스킨의 『자본의 주장에 반한 노동의 변호』(*Labour Defended against the Claims of Capital*, 1825)와 『대중 정치경제학』(*Popular Political Economy*, 1827)은 최소한 진정한 분석적 의도의 흔적을 보여준다.[21) 우리가 주목해야 할 것은 다음과 같다. 어느 저자가 노동이 유일한 부의 원천이며, 모든 상품의 가치는 노동시간에 의해 표현될 수 있다는 생각을 노동 자체가 하나의 상품이라는 생각과 결합시키는 순간, 그는 불가피하게 시장 메커니즘이 노동자에게서 '그의' 생산물의 노동가치와 그 생산물에 투여된 노동량의 가치 사이의 차이를 빼앗아간다는 결론으로 빠질 수밖에 없다. 자세하게 설명하지 않더라도, 이것이 바로 마르크스의 착취론이다. 그래서 몇몇 리카도주의적 사회주의자가 마르크스의 선구자로 불리는 것이다. '선구자'라는 용어가 많은 걸 의미할 수도, 별 의미가 없을 수도 있겠지만 이것이 너무 많은 것을 의미하지 않도록 한다면, 우리는 이러한 표현을 그냥 넘어갈 수도 있을 것이다. 물론 나는 마르크스 착취론이 의미하는 바를 자신의 체계 안에 온전하게 선취한 어떠한 예(톰슨과 호지스킨조차도)도 발견하지 못했다.

그러나 사고의 종합이라는 것은 리카도의 가르침을 마르크스가 발전시키고자 한 방향으로 발전시킨 그의 추종자들 누구에게나 해당되는 것이기 때문에, 다른 이유 때문이 아니라면, 표절이라는 비판은 근거가 없다. 이러한 비판이, 경제학자들 사이에서는 종종 제기되

---

21) 브레이의 『노동의 잘못과 노동의 치유』(*Labour's Wrongs and Labour's Remedy*, 1839)는 런던정경대학에서 재출간(1931)되었다. 덕분에 이들 저작들 중 접근하기가 가장 어려운 책에서 가장 쉬운 책으로 바뀌었다. 이것이 내가 이 책을 언급한 유일한 이유이기도 하다. 이에 대해서는 M.F. Jolliffe, "Fresh Light on John Francis Bray", in *Economic History, A Supplement of the Economic Journal*, February 1939 참조.

었지만, 경제학자가 아닌 안톤 멩거(Anton Menger; 1814~1906; 경제학자인 멩거의 형)에 의해 그의 『총노동생산물에 대한 권리』(*Recht auf den vollen Arbeitsertrag*, 1886; 1899년에 출간된 영역본 *Right to the Whole Produce of Labour*에는 폭스웰H.S. Foxwell의 중요한 「서문」이 포함되어 있다)에 의해 처음으로 제기되었다는 사실은 의미심장하다. 이 그룹에서 좀더 중요한 저자들의 이론은 로웬탈의 저작(Esther Lowenthal, *The Ricardian Socialists*, 1911)에서 훨씬 잘 드러난다.

3절 맬서스와 시니어 그리고 그밖의 인물들

우리는 국가별 학파에 대해 논의하는 것에는 반대하지만, 아직 남아 있는 인물들에 대해서는 국가별로 살펴보고자 한다. 영국의 경우, 우리는 이미 롱필드에게 주목했고, 밀과 케언스──다음 시기에 해당되는 제번스 역시──는 다음 장에서 다룰 것이기 때문에, 우리에게 주요 인물로는 맬서스와 시니어만 남아 있다. 그러나 우리는 역사에 알려져 있는 성과에만 주목하고, 다른 모든 것을 그늘 속에 묻어두어선 안 된다. 이것은 잘못된 시대상을 그려낼 것이기 때문이다. 왜냐하면 역사적 성과가 들판에 잘못 쌓아올린 벽돌인 경우는 드물기 때문이다. 그것들은 좀더 작은 덩어리들이 모여 쌓인 봉우리에 더 가까운 것이다. 달리 말해서 과학은, 행운 때문이든 업적 때문이든, 명예의 전당에 들어간 저작을 탄생시킨 생각을 창조해낸 수많은 조그마한 진전을 통해 발전하게 마련이다. 따라서 우리는 역사적 명성을 얻지는 못했지만 중요한 작업을 하고, 무시할 수 없을 정도로 분석의 발전에 영향을 미친, 최소한 몇몇 저자를 추가해야 한다. 이들을 고찰하면서 우리는 웨스트-리카도 학파가 영국경제학에서 결코 지배적이지 않았다는 우리의 주장을 확립할 것이다.[22]

1. 맬서스[23]

마르크스는 그를 신랄하게 비판했다. 케인스는 그를 칭송했다. 이러한 신랄한 비난과 찬사는 모두 편견 때문임을 쉽게 확인할 수 있다. 마르크스——또는 그의 내면에 있던 세속적인 부르주아의 급진성(the

---

22) 다시 한 번 말하지만 화폐, 은행 그리고 경기순환의 분야에서 성과를 거둔 저자들에 대해서는 별도로 다룰 것이다.

23) 맬서스(Thomas Robert Malthus, 1766~1834)는 성직자였으며 헤일리베리에 있는 동인도대학교(East India College at Haileybury)의 역사와 정치경제학 분야의 교수였다. 우리가 이미 알고 있듯이, 그는 1798년 『인구론』(*Essay on the Principle of Population*, 2nd ed., 1803; 3rd 1806; 6th 1826)을 출간함으로써 완전한 어둠 속에서 튀어나와 명성을 얻게 되었다. 그의 다른 수많은 저작 중에서 우리에게 중요한 것은, (1) 『식료품의 고가격』(*High Price of Provisions*, 1800) (2) 『빈민법에 대해 사무엘 휘트브리드에게 보내는 편지』(*Letter to Samuel Whitbread on……, the Poor Laws*, 1807) (3) 『곡물법에 관한 고찰』(*Observations on the Corn Laws*, 1814) (4) 『지대의 본질과 발전에 관한 고찰』(*Inquiry into the Nature and Progress of Rent*, 1815) (5) 『해외 곡물수입 제한정책에 대한 견해의 기초』(*Grounds of an Opinion on the Policy of Restricting the Importation of Foreign Corn*, 1815) (6) 『정치경제학 원리』(*Principles of Political Economy*, 1820; 즉 시스몽디의 『원리』보다 1년 뒤에 출간) (7) 『가치의 척도』(*Measure of Value*, 1823) (8) 『정치경제학의 정의』(*Definitions in Political Economy*, 1827) 등이다. 이중에서 (4)와 (6)이 가장 중요하다. 특히 보나르(J. Bonar)의 『맬서스와 그의 저작』(*Malthus and His Work*, 1885, 2nd ed., 1924; 맬서스에 대한 표준적인 저작으로 순수이론에 관해서는 약간 불충분하다)과 케인스의 매력적인 맬서스 『전기』(*Essays in Biography*, 1933)를 보라. 후자의 경우 독자들은 틀림없이 재미있게 읽을 수 있을 것이며, '배경과 교육의 영향' 부분에 대해서는 내가 더 말할 필요가 없을 정도다.

　　마르크스가 맬서스에 대해 제기한, 표절에 관한 세 가지 비판에 대해 간단하게 언급해보자. 그 첫 번째는 우리가 이미 알고 있다. 이것은 인구이론에서 맬서스의 '선구자', 특히 타운센드(Townsend)에 관한 문제다. 두 번째는 그의 지대이론(수확체감)에 관련한 것이다. 마르크스는 맬서스가 앤더슨(Anderson)을 표절했다고 확신했지만, 왜 그렇게 평가하는지 구체적인 이유를 밝히는 데는 실패했다. 이 경우에 맬서스를 표절자로 만든 논증방식은, 만일 허용된다면, 그를 마르크스의 표절자로도 만들 수 있을 것이다. 세 번째는 일반적 과잉(gluts)이론과 관련된다. 맬서스는 시스몽디를 표절한 것으로 간주된다. 두 사

laicist bourgeois radical)——는 성직자의 의복을 무엇보다도 증오했다. 더구나 그는 식량의 자유무역을 주창한 이들을 조금도 칭찬하지 않았지만, 그렇지 않은 사람들에게 단지 싱거운 비난만 보냈을 뿐이었다. 마르크스에게 이들은 지주계급의 이해에 복무하는 자들일 뿐이므로, 당연하게도 그 계급의 충실한 추종자들이었다. 맬서스의 공헌을 이러한 방식으로 다루는 것은 리카도가 유대인이었으며, 따라서 '자산계급의 이해'(the money interests)를 옹호했다는 근거에서 그의 공헌을 평가하는 다른 사람들의 방법과 다를 바가 없다. 그러나 맬서스에 대한 케인스의 편향은 도덕적으로는 이해할 만하지만(왜냐하면 케인스는 자신의 선구자를 칭송하는 드문 인물로, 맬서스를 자신의 선구자 중의 하나로 믿었기 때문이다) 마르크스의 증오만큼이나 비현실적일 정도로 너무 멀리 나아갔다.[24] 또한 당시 『인구론』의 출간 직후에 맬서스는 마찬가지로 근거도 없이 상반된 평가를 받게 되는 행운——이것은 글자 그대로 행운이다——을 얻었다. 그는 인류의 은인이자 악마였다. 그는 심오한 사상가이자 아둔한 자였다.

사람들의 정신을 자극해서 이토록 열정적인 평가를 이끌어낸 사람이라면 사실상 범인(凡人)은 아니다. 몇몇 경제적 문제가 '유량의 최대치와 최소치'[미적분] 문제와 유사하다는 사실을 깨달은 사람이 아둔할 리 없다. 그의 경우는 능력과 총명함의 차이를 보여준다. 만일 그가 많은 경제학자——대부분의 경제학자?——와 공유한 오류가 없었더라면, 건실함이라는 말이 그에게 적당한 단어였을 것이다. 그는 소수의 조그마한 생각들만 가지고 있었고, 이것들을 실제문제에 바로 적용하는 경향이 있었다. 또한 그가 그렇게 했을 때, 그의 평범한 상식은 난센스로 드

람의 이론 사이에 존재하는 상당한 차이들은 제쳐놓더라도, 1814년까지 올라갈 경우 맬서스가 적어도 자신의 머릿속에 있던 생각들로부터 그가 『원리』에서 취한 입장에 도달할 수 없을 만한 이유는 없다.(케인스, 앞의 책, 141쪽)

24) 바로 앞의 각주에서 언급한 『전기』에는, 케인스가 맬서스를 "체계적인 경제학적 사고의 출발점"으로 간주하는 듯한 구절이 있다.(125쪽)

러나기 십상이었다.[25] 더구나 그는 뛰어난 논쟁가도 아니었다.

대중과 대다수의 경제학자에게 맬서스는 기본적으로 『인구론』의 맬서스였고, 지금도 그러하다. 그가 얻은 명성의 두 번째 타이틀인 화폐분석에 대한 공헌은 역사가들의 관심을 거의 끌지 못했다. 그의 세 번째 타이틀, 즉 그의 이름을 우리 시대의 전면에 부각시킨 타이틀은 그의 저축과 투자이론 또는 그의 '일반적 과잉'이론이다.[26] 우리는 일단 그의 네 번째 타이틀, 즉 『국부론』의 이론을 리카도와는 다른 방식으로 재구성한 경제이론 체계의 저자로서의 타이틀에만 한정해서 살펴보도록 하자. 그의 지대론과 세세한 다른 문제들은 미루더라도, 우리는 우선 이 문제를 명확하게 이해해야 한다.

일반이론에 관한 한, 우리는 리카도의 저작이 『국부론』에서 출발하며, 그 이론적 내용을 가치개념에 집중하는 방식으로 재구성한 것임을 이미 살펴보았다. 이는 『원리』에서 제시된 맬서스의 작업에도 똑같이 적용된다. 표면적으로는 자신의 독창적인 이론으로 보이는 저축과 투자이론[27]을 제외하면, 그의 저작의 분석장치에 들어가는 모든 요소, 심지어 용어들조차도 『국부론』 1부와 유사하다. 리카도가 단지 『국부론』의 교리를 노동가치 이론으로 재구성한 반면, 그는 스미스가 원래 사용한

---

25) 가장 두드러진 예는 그가 〔휘트브리드에게 보낸 편지〕(두 번째 앞의 각주를 보라)다. 여기서 그는 (자선단체가 빈민들을 위한 오두막을 짓는다는) 휘트브리드의 주택건설 계획을 반박하면서, 이것이 무절제한 결혼을 부추길 것이라고 주장했다. 케인스조차 이에 대해 아무 말도 하지 않았다. 그는 이것을 부차적인 것으로 취급했으며, 사람 좋게도 용서해버렸다. 그러나 이것은 그(케인스―옮긴이)가 일류 경제학자들이 제시한 정책권고안에 담긴 함의조차 정확하게 이해하지 못했음을 의미한다. 그것들을 진지하게 받아들이지 않았다고 비난받아야 할 사람들이 정녕 대중인가?

26) 이 세 국면에 대한 맬서스의 논의는 앞의 1장과 이후의 6~7장 참조.

27) 만일 우리가 18세기까지 거슬러 올라가서 선구자를 찾을 생각이 아니라면, 이 측면에서 선구자로 평가할 만한 유일한 저자는 로더데일(Lauderdale)이다. 시스몽디는 선구자가 아니라 경쟁자였으며, 그의 가르침이 맬서스의 가르침과 유사한 한, 그에게 출판에 대한 우선권이 있다. 〔J.A.S.는 연필로 '케네'라고 적어놓았다.〕

가치이론, 즉 노동을 하나의 가치척도(*numéraire*)로 선택한 스미스의 예를 따라 수요와 공급이론[28])에 의해 재구성했을 따름이다. 따라서 맬서스는 최종적으로 승리한 노선을 선택했으며, 리카도보다는 오히려 마셜의 체계에 더 가깝다. 물론 마셜 본인은 자신을 맬서스보다는 리카도와 연관시키려고 노력한 것이 사실이겠지만 말이다.[29])

이것은 두 사람 사이의 다른 차이들에 대해서도 적용된다. 우리는 리카도의 분석장치가 분배문제, 즉 상대적 분배몫에 대한 설명에 기반하고 있음을 보았다. 맬서스는, 다시 스미스로 돌아가고 마셜(의 견해ー옮긴이)을 선취하면서, 자신의 개념장치들을 경제 전체의 과정에 대한 분석에 이용했다. 그리하여 그는 리카도와 달리 총산출(마셜의 '국민분배분'national dividend)을 주어진 자료(datum)가 아니라 설명되어야 할 중요한 변수로 보았다.[30]) 따라서 맬서스는, 케인스가 유사한 결론에 도

---

28) 우리는 노동량 이론과 수요공급 이론이 논리적으로는 반드시 상호배제적인 것이 아님을 나중에 보게 될 것이다. 그러나 리카도와 맬서스 모두 그것들을 상호대안적인 것으로 잘못 보았다. 나는 일단 이러한 관점을 채택하기로 한다. 그것이 두 상이한 분석장치들을 특징 짓는 데 유용하기 때문이다.

29) 마셜의 이러한 경향은 그의 『원리』(*Principles of Economics*) 전체에 걸쳐 나타나는데, 실제 상황의 많은 부분을 은폐한다. 여기서는, 마셜의 모든 언급에도 불구하고, 수요공급 분석이 그의 저작 1부의 분석을 지배한다는 사실만 미리 언급하고자 한다. 그러나 내가 지금 주목하고자 하는, 또 다른 혼동도 존재한다. 수요와 공급을 통해 이루어진 분석은 장기현상뿐 아니라 단기현상을 설명하는 데도 어려움이 없다. 리카도와 달리 맬서스는 기본적으로 단기현상에 관심을 가졌다는 사실을 반복해서 언급한 바 있다. 이것이 어느 정도는 사실이다. 그러나 그가 수요와 공급을 가격분석의 기초로 삼은 것이 단기현상에 대한 관심 때문이라고 아주 쉽게 가정되었는데, 이는 사실이 아니다. 본문을 통해서 분명해지겠지만, 가치론과 관련해서 그와 리카도의 차이는, 리카도는 깨닫지 못했지만, 그것보다 훨씬 더 근본적인 것이었다. 〔J.A.S.는 이 각주를 지울 생각이었을 수도 있다. 이 각주는 전체적으로 희미하게 줄이 쳐져 있다.〕

30) 우연찮게도 이러한 상이한 견해는 상이한 개념화를 가져왔으며, 자연스럽게 그로 하여금 리카도의 개념에서 오류를 발견하도록 이끌었다. 이것이 그가 자신의 『정치경제학의 정의』(*Definitions in Political Economy*)에서 명확히 한 점이다. 더 나아가 그는 자신을 부적절하게 표현했다. 그는 리카도가 일반적이지 않고 일관성도 없는 용어들을, 마치 그것들이 전부인 양 사용한다고 비

달하게 되는 것[31]과는 다른 이유 때문이지만, 리카도 이론의 대안을 만들어낸 저자일 뿐 아니라 승리한 이론의 후원자(또는 후원자들 중 하나)로 분석의 역사에서 기록될 것이다. 이는 상당한 것이다. 그와 동시에 그게 전부다. 이것은 맬서스의 분석도식이 독창성면에서는 리카도의 분석도식에 훨씬 못 미친다는 사실을 인정하는 것과 완전히 양립가능하며, 전자가 시종 경제학자가 차지할 수 있는 지극히 평범한 위치, 즉 다른 사람의 쓸모없지만 특출난 재주넘기에 맞서서 평범한 의미를 방어해야 하는 위치에 있었다는 사실과도 양립가능한 것이다.

2. 훼이틀리 주교와 시니어 교수

다음으로 우리는 시니어와 그의 스승인 훼이틀리에 대해 살펴보자. 후자[32]는 우리에게 꽤 중요하지만 찾아내기 쉽지 않은 인물이다. 그는

판했다. 그러나 앞에서와 마찬가지로 여기에는 단순한 용어 이상의 근본적인 무엇이 있었다. 당시 그가 반대해야 했던 것은 리카도의 분석의도였으며, 용어는 단지 그 결과에 불과했다. 이러한 의도는, 부분적으로는 경제분석의 목적에 부합하지 않으며, 부분적으로는 불모적인 명제를 위해 실제로 관련된 문제들을 간과했다는 비판에 열려 있었다.

31) 케인스에게 결정적으로 중요한 점은 저축에 대한 맬서스의 태도였다. 우리에게 중요한 점은 그가 스미스-마셜의 산출분석에 대한 지지자였다는 점이며, 이는 이 두 사람의 이름으로 충분하기에 굳이 그(저축에 대한—옮긴이) 태도에 집착할 필요가 없다.

32) 훼이틀리(D.D. Richard Whately, 1787~1863)는 옥스퍼드대학교의 학감(學監)으로 성공회의 더블린 주교가 되었다. 여기서 그는 정치경제학 교수직을 창설했으며, 동일한 종류의 수많은 서비스를 제공했다. 그러나 그러한 업적들이 그를 잘 표현하거나 특징 짓지는 못한다. 기본적으로 그는 신학자였으며, 성공회의 정책과 견해를 이끄는 지도자였다. 하지만 이것도 그를 잘 설명하지는 못한다. 그 당시 자기 나라의 사회정책(Sozialpolitik)에서 적극적으로 활동했다는 사실도 마찬가지다. 그의 『정치경제학 강의 입문』(Introductory Lectures on Political Economy, 1831, 확대증보판 1855; 나는 이 판본만 알고 있다)과 『화폐문제에 관한 쉬운 교훈들』(Easy Lessons on Money Matters, 1833)은 그를 경제학자로서 높게 평가하기에는 충분하지 않다. 좀더 흥미로운 것은 그의 『논리학』(Logic)의 부록인 「정치경제학에서 모호하게 사용되기 쉬

심오하지도 지식이 많지도 않았다. 그는 독창적이지도, 뛰어나지도 않았다. 그러나 그의 명쾌하고 강력한 지성은 놀라울 정도로 광범위한 관심의 범위 안에서 포착되는 모든 것을 평온하면서도 철저하게 포착했다. 그의 시대와 국가 그리고 그의 세계에서 그는 선생님 타입의 지도자였으며, 핵심인물이라는 말이 의미하는 바를 보여주는 이상적인 본보기였다. 그는 자신의 인격과 충고가 주는 무게로 드러나지 않게 조용히 이끌었으며, 그것이 자명할 때는 더할 나위 없이 가치 있는 것이었다. 왜냐하면 경제학뿐 아니라 교회정책에서도 자명함이란 때때로 사람들이 가장 보고 싶어하지 않는 것이었기 때문이다. 그러나 경제학에 대한 그의 가장 큰 공헌은 시니어를 길러냈다는 것이다. 시니어의 모든 접근방법은 훼이틀리의 영향을 드러낸다.

시니어[33)]는 많은 경제학자가 상대적으로 간과한 인물이며, 몇몇은 주

운 용어들에 관해」("On certain Terms which are peculiarly liable to be used ambiguously in Political Economy"; 시니어의 『정치경제학 개요』의 Library of Economics 판본에 실려 재출간)다. 훼이틀리(E. J. Whately; 아마도 리처드 훼이틀리의 딸인 듯―옮긴이) 양이 저술한 전기(1860년 출간)가 있으며, 이것은 단순히 인간으로서의 모습뿐 아니라 그 환경과 시대도 그리고 있다.

33) 시니어(Nassau William Senior, 1790~1864)는 고등교육을 받은 옥스퍼드대학교 졸업생이었으며, 그의 평탄한 인생은 주로 적당한 독립적인 재산에 의해 뒷받침되었다. 여기서는 두 가지 사실만 지적하겠다. 그는 옥스퍼드대학교에서 두 번에 걸쳐 드러먼드 교수직(Drummond Professorship; 1825~30년, 1847~52년)을 역임했으며, 다수의 왕립위원회에서 일을 했다. 이들 위원회에서 이루어진 그의 작업은 존경스러울 정도의 분량의 사실연구로 이어졌으며, 교조적인 자유방임주의자라는 그에 대한 의구심을 해소시켜주었다. 이제는 런던정경대학교의 재출간본(1931)으로 구할 수 있는, 화폐에 관한 강의를 제외하면, 『정치경제학 개요』(Outline of the Science of Political Economy, 1836, Library of Economics 재발간본 1938; 이하 『개요』Outline―옮긴이)만이 우리에게 중요하다. 우리는 볼리(Marian Bowley)의 『나소 시니어와 고전파 경제학』(Nassau Senior and Classical Economics, 1937) 덕분에 시니어의 저작들과 그것들이 지닌 경제학사에서 차지하는 위치에 대한 탁월한 해석을 가질 수 있었다. 나는 이 책을 독자들에게 추천하는 바이며, 덕분에 나는

제넘는 비판을 퍼붓기도 했던 인물이다. 이에 대한 반발로, 다른 사람들은 그를 '천재'로 만들기도 했다. 그러나 내가 이 단어의 의미를 제대로 이해하고 있다면, 그는 단연코 천재가 아니었다. 우리의 견해로는 그는 리카도, 맬서스와 함께 세 거두를 형성했다. 그는 스미스와 밀을 잇는 세 영국경제학자 중 한 명이다. 그러나 밀은, 그가 비록 논리학자이기는 했어도, 시니어의 위대한 성과를 파악하는 안목이 없었다. 영원토록 영광스럽게 기록되어야 할 그의 업적——훼이틀리와 공유되어야 하겠지——은 다음과 같다. 우선 그는 공준화 방법, 즉 우리가 6장에서 살펴볼 네 가지의 귀납적·경험적 공준으로부터 일련의 추론을 이끌어내는 방법에 따라 경제이론을 통합하고 제시하고자 했다. 이 사실은, 그 결과의 완벽함과는 거리가 먼 것일지라도, 그를 당시의 최초의 '순수'이론가——이것은 언제나 쿠르노와 튀넨, 롱필드를 제외하고 하는 말이다——로 만들었으며, 그 자체만으로도 그에게 존경심을 표하길 거부하는 이들을 비판하기에 충분했다. 두 번째로, 그는 훨씬 더 개선된 가치이론과 훨씬 더 개선된 자본 및 이자이론을 예시했다. 세 번째로 여러 가지 조그마한 장점이 있는데, 이중 몇 가지(인구, 수확체감, 지대)에 대해서는 적당한 맥락에서 언급할 것이다. 네 번째로 이 부의 마지막 장에서 다루겠지만, 화폐이론에 대한 그의 탁월한 공헌은 리카도의 성과에 못지 않은, 순수하게 지적인 성과로 평가될 만하다. 나는 그의 주관적 독창성을 리카도만큼 높게 평가한다. 객관적으로 볼 때, 그는 리카도의 경우와 마찬가지로, 그가 지적한 개별적인 사항들은 이미 그 이전에 존재했던 것들이었다. 그렇다면 왜 그토록 많은 경제학자가 그를 리카도와 동렬에 놓는 평가에 동의하지 않는가? 그리고 왜 그의 영향을 밀에만 국한시키는가?[34]

이 주석의 분량을 짧게 줄일 수 있었다. 그녀와 나 사이의 해석상의 차이는 거의 없으며, 중요하지도 않은 것들이다. 하지만 시니어를 '고전파' 경제학자들과 구분하려는 그녀의 움직임—우리의 책에서 사용하고 있는 용어에 따르면 그는 고전파에 속하는데—은 우리의 차이를 실제보다 더 커보이게 한다.

여기에는 세 가지 두드러진 이유가 있는데, 그것은 우리가 과학적 상황을 파악하고자 하는 경우에는 불가피한, 경제학자들에 대한 비교평가의 어려움을 잘 보여준다. 첫째, 우리가 분석적 장점만을 평가하겠다고 굳게 결심한다고 하더라도, 우리는 리카도가 단상, 즉 정치적 이슈에 대한 공개적 논의를 통해 얻은 명성의 단상 위에서 우리에게 말하고 있음을 망각하기 쉽다. 시니어라는 인물에게는 그러한 단상이 없었다. 그는 단지 분석경제학자로만 간주되었다. 정책문제에 관한 그의 저작은 아무도 안 읽는 의회보고서(blue book) 안에 묻혀버렸다. 그의 대중적 발언은 눈에 띄지 않았으며, 일반대중에게 그는 아무것도 아니거나 그에 준하는 인물이었다.

둘째, 오로지 그의 심성구조의 한계로, 그는, 뭐랄까, 게으른 인물이었다. 나는 그가 많은 작업을 하지 않았다고 말하는 게 아니라 확정적인 결론으로 목적의식적으로 나아가는, 그런 유형의 에너지가 부족했다고 지적하는 것이다. 리카도는 재갈을 물고, 목을 바싹 잡아당겨 마구 내달리는, 그런 유형의 말이었다. 반면 시니어는 재갈을 떨어뜨리고, 목을 축 늘어뜨린 채 몸을 곧게 펴기를 거부하는, 그런 말이었던 것이다. 그의 『개요』는, 리카도의 『원리』보다 구성도 뒤떨어지는데다가 논의하고 비판하면서도 망설이다가 다른 데로 샜다. 그는 리카도와 달리 열정을 불러일으키는 데 실패했다. 설상가상으로 시니어의 독자들은 너무나 많은 말을 들어서 모든 경제분석의 목적이 적합한 용어를 찾고 일관성 있게 사용하는 데 있다는 인상을 받았다. 이것이 훼이틀리의 잘못이었던가?[35] 어쨌든 어느 것도 이러한 인상보다 엉터리일 수는 없으며, 어느

---

34) 시니어에 대한 밀의 견해는 시니어에 대한 그의 언급에서 추론할 수 있는 것보다 훨씬 높았다. 밀은 시니어의 『개요』 복사본을 가지고 있었으며, 자신의 논평을 기록하기 위해 페이지 사이사이에 종이를 끼워놓았다. 이 논평들은 하이에크에 의해(*Economica*, vol.XII, August 1945) 출판되었는데 매우 흥미롭다.

35) 훼이틀리는 자신의 평범한 상식을 가지고 (『논리학의 요소들』에서) 지적하기를, 경제학자들이 다투는 주제들 중 많은 것이 순전히 말싸움이며, 불명확한

것도 시니어의 글보다 더 영감을 불러일으키지 못하는 것도 없었을 것이다. 다른 경제학자——사실상 19세기 대부분의 경제학자들——도 단어의 의미에 대한 추적을 연구방법으로 사용했으며, 옹호했다. 그러나 어느 누구도 시니어만큼 멀리 나아가지 못했다. 그는 정의를 내리는 방식으로 자신의 '정치경제 과학'의 모든 문제를 풀고 싶었는지도 모른다. 어떻게 해서 이러한 '방법'이 적대적인 비판가들에게 강한 인상을 주었는지 이해하기란 그리 어렵지 않다.

또한 셋째로 시니어는 '실수를 자주 범하는' 희한한 재능이 있었다. 오래된 격언이 말해주듯이, 선한 호메로스조차도 가끔 졸게(even good Homer dozes off occasionally) 마련이다. 그러나 시니어는 부적당한 지점에서 졸았다. 그것도 너무 자주 졸았다. 그는 부주의했다. 그리고 능력은 있었지만, 현명하지는 못했다. 그래서 가장 유명한 예를 하나만 들자면, 그는 실제로 『공장법에 관한 서신』(Letters on the Factory Act, 1837)에서 면공장의 이윤을 10퍼센트라 가정하고, 마지막 한 시간 동안에 전부 생산되는 것이기 때문에, 노동일이 11분의 1 줄어들면 이윤이 완전히 사라질 것이라고 쓰기도 했다. 우리가 시니어를 다른 측면에서는 리카도보다 더 높게 평가하지만, 리카도라면 이런 일은 절대 일어나지 않았을 것이다.[36]

용어의 사용이 느슨한 사고의 원인이자 결과이고, 오해의 원천이라고 지적했다. 그러나 그가 "수학만큼이나 엄밀하게 정의된 일반용어들의 사용"을 중요한 필요조건일 뿐 아니라 유일하게 필요한 조건으로 간주하는 순간, 그는 너무 나간 것이었다.

36) 시니어가 사실들에 대한 주의 깊은 관찰 끝에 이러한 불합리한 결과에 도달했다는 점은 응용경제학에서의 그의 능력에 관한 한 문제를 더 악화시킬 뿐이다. 다른 한편, 『자본론』 1권에서 시니어의 논증에 대한 마르크스의 신랄한 비판이 마르크스의 능력에 대한 우리의 평가를 높이는 것도 역시 아니다. 마르크스는 그의 논증에 퍼부은 비난으로 가득 찬 페이지에서 결정적인 비판을 이끌어내는 데 실패했다. 아마도 그는 잘 인식하지 못했던 것으로 보인다. 또한 그는 다른 것도 간과했다. 즉 만일 시니어의 논증이 마르크스 자신의 것이었다면, (최소한 원리상으로는) 옳았을 것이라는 점이다. 그러나 시니어와 마르

3. 당시에 활동했던 다른 인물들

이 절 첫 부분에서 설명한 이유 때문에 나는 몇 명의 이름을 추가하고
자 한다. 내가 선택한 사람――다른 저자라면 적어도 부분적으로는 다
른 사람을 언급했을 테지만――은 베일리(Bailey), 차머스(Chalmers),
로더데일, 램지(Ramsay), 리드(Read), 스크로프(Scrope), 토런스
(Torrens) 등이다.[37] 이들은 모두 우리의 논의 주변에 머물고 있지만,
이들이 거둔 성과는 그 본질에서 크게 상이하며, 조정하기가 쉽지 않다.
나는 목록만들기를 그리 좋아하지는 않지만, 이들을 알파벳 순서에 따
라 소개하고자 한다.

이미 언급했듯이, 베일리[38]는 리카도-밀-매컬럭 분석을 포괄적으로,

크스 양자의 추론은 당시에 일어났던 분석기법의 발전을 인정하지 않으려 했
던 사람들에게 잠깐 쉴 틈을 주었는지도 모른다. 이 사례는 또한 독자들의 관
심을 크게 끌지 못하는 또 다른 점을 잘 예증하는 데 도움이 된다. 본질적인
점은 시니어와 마르크스 모두 부적절한 기법 때문에 실수했다는 사실이다. 이
러한 실수들은 그들이 논증하고자 한 견해의 오류 여부와는 무관하다. 시니어
는 공장주를 '옹호'했고, 마르크스는 그들을 '반대'했다고 강조하는 것은 완전
히 쓸데없는 일이다. 우리가 취하는 (정치적) 견해에 따라 어느 한쪽을 비난하
고, 다른 쪽을 칭송하는 것 또한 유치한 짓일 뿐이다.

37) 내가 리드에 주목하게 된 것은 셀리그먼의 논문 「영국의 무시된 경제학자들」
(본문에서 언급) 때문이며, 스크로프에 관심을 갖게 된 것은 오피(R. Opie)의
논문(*Quarterly Journal of Economics*, November 1929) 덕분이었다. 그전
까지만 해도 나는 그가 화폐이론과 정책에서 거둔 공헌에만 관심이 있었다.
램지의 경우는 마르크스의 『잉여가치 학설사』 때문이다. 두 중요한 인물인 젠
킨(Jenkin)과 제닝스(Jennings)에 대해서는 이 책, 3권, 4부로 미룬다. 물론
웨스트도 '당시에 활동한' 전형적인 인물들 중 하나다. 하지만 그는 리카도와
함께 다루는 편이 더 낫다.

38) 베일리(Samuel Bailey, 1791~1870). 언급할 만한 가치가 있는 유일한 그의
저작은 『가치의 본질, 척도, 원인에 대한 비판적 반론: 리카도와 그 동료들의
저작을 중심으로』(*A Critical Dissertation on the Nature, Measures and
Causes of Value; chiefly in Reference to the Writings of Mr. Ricardo and
His Followers*, 1825, London School Reprints, 1931)다. 아마도 여기에
1826년에 『웨스트민스터 리뷰』지에 실린 「한 정치경제학자에게 보내는 서신」
(Letter to a Political Economist)이라는 제목의, 너무나 부당한 비판에 대한

성공적으로 공격했다. 그의 『논고』(Dissertation)는, 근본적인 문제들에 관한 한, 사실상 할 수 있는 모든 것을 얘기했으며, 우리 분야에서 비판의 걸작으로 평가되어야 할 것이다. 저자 역시 과학적 경제학의 역사에서 일류이거나 그에 가까운 위치를 부여받아야 마땅하다. 그의 저작은 늘 주목을 받았다. 몇몇 저자, 그중에서도 리드는 그의 영향을 받았다고 인정했으며 그를 따랐다. 그의 영향은 명시적으로 인정받는 범위를 넘어선다고 생각하는 게 안전할 것이다. 그럼에도 오늘날 베일리에게 그에 합당한 위치를 부여하는 데 실패한 역사가들은 당시에 드러난 사례들만 사실로 받아들인다. 1826년에서 1845년 사이에 일단의 가치문제에 대해 저술한 저자들이 대부분 베일리를 지지했음에도, 1845년에 매컬럭이 자신의 『정치경제학 문헌』에서 베일리가 리카도의 이론을 온당하게 평가하지 못했으며, "그 기초를 흔드는 데 전혀 성공하지 못했다"고 쓴 것은 자신이 웃음거리가 될 위험을 감수하고 싶지 않았기 때문이었을 것이다. 이것이 내가 제시하고자 하는 설명이다. 첫째, 예술, 특히 정치학과 마찬가지로 과학에서도 너무 빨리 나오는 게 있는 법이다. 베일리의 실패나 그보다 더 완벽한 실패는 조숙한 행동이 흔히 초래하는 결과다. 둘째, 베일리의 비판은 사실 건설적이었으며, 그가 비판한 체계가 좀더 만족스러운 것으로 대체될 수 있는 방법을 함축적으로 제시했다. 그러나 그는 그것을 추구하지 않았으며, 그를 따랐던 사람들도 리카도의 그늘을 벗어나지 못했다. 그들은 그의 체계를 침식했으며, 그럼으로써 밀이 그 체계를 변형시키는 데 도움을 주었다. 그러나 그것은 놀랄만한 성공이 아니라 완만하고 느린 마찰과정을 통해서 이루어졌다.

이러한 마찰과정에서 차머스[39)]의 영향이, 최소한 스코틀랜드에서는,

그의 답변을 추가해야 할 것이다. 하지만 그 부당함이나 베일리의 요점에 대한 몰이해에 관해서는 마르크스(『잉여가치 학설사』)가 이 논평자를 압도한다.

39) 차머스 경(Rev. Thomas Chalmers, 1780~1847)은 세인트 앤드류스(St. Andrews)에서 도덕철학과 정치경제학을 가르치고, 에든버러에서 신학을 가르쳤던, 많은 장점을 지닌 인물이었다. 우리는 분석경제학과 관련해서는 그

상당했던 것으로 평가할 수 있다. 이론가로서 그는 철저히 비리카도학파였고, 우리가 『국부론』에 대한 맬서스의 재구성 방식이라고 부른 노선을 따랐다. 그는 또한 일반적 과잉과 자본의 과잉공급 문제에 대해 맬서스의 견해를 따랐다. 만일 **일반이론**에서 맬서스학파라는 것(나로서는 의심스럽지만)을 얘기할 수 있다면, 차머스는 이 학파에서 리카도학파의 매컬럭 같은 인물이라고 할 수 있다. 이는 독자들이 혹시 생각할지도 모를, 허울뿐인 보완이라는 의미가 아니다.

로더데일 경[40]은 이 시기의 기본적인 흐름에서 약간 벗어나 있었으며, 경제학의 역사에서 부차적인 위치만을 차지한다. 그러나 채무상환에 반대한 그의 논증(*Three Letters to the Duke of Wellington*, 1829)과 관련해서는 추가적인 인정을 받을 만한 가치가 있는 인물이다. 이 저술에서 그는 과잉저축에 반대하고 과잉지출을 옹호하는 논의에 기반하고 있다.[41] 우리가 곧 보겠지만 그는 가치, 자본과 이자의 주제들에 대

일부에 대해서만 소개할 수 있다. 그의 저작 중 두 가지가 언급할 만한 가치가 있다. 『국가적 자원의 규모와 안정성에 관한 고찰』(*Enquiry into the Extent and Stability of National Resources*, 1808)과 부분적으로는 전자를 포함하고 있는 『정치경제에 대해』(*On Political Economy*, 1832)다. 후자는 상당히 중요한 저작이다. 그러나 찬사를 보내기는 쉽지 않다. 그 저작에는 건전한 통찰력과 기술적 결함들이 뒤섞여 있다. 또한 이러한 결함들은 때때로 명백하게 잘못된 명제들로 나아가기도 했다. 이를테면 해외시장의 손실은 한 국가에 아무런 문제도 안 된다는 주장—분업론 전체를 무시하는—은 사실 타당한 명제, 즉 (적절하게 수정하자면) 해외시장의 손실이 고용에 영향을 줄 필요가 없다는 명제에 대한 과도한 주장으로 해석될 여지는 있지만 분명 잘못이다. 우리는 나중에 이 저작을 한 번 더 언급하게 될 것이다. 차머스는 '경작의 한계'라는 용어를, 그 개념은 아닐지라도, 만들어낸 것으로 보이며, 밀이 높게 평가한 대로, 전쟁의 폐허가 그토록 빠르게 복구되는 이유를 설명하는 논증을 제시한 저자다.

40) James Maitland, eight Earl of Lauderdale(1759~1839), *Inquiry into the Nature and Origin of Public Wealth*(1804). 이 책은 분석적 성과를 거둔 그의 유일한 출간물이다.

41) 이에 대해서는 F.A. Fetter, "Lauderdale's Oversaving Theory", *American Economic Review*, June 1945 참조.

해서 공헌한 바가 있으며, 그러한 공헌들 자체보다도 더 중요한 것은 그가 주었던 충격이다. 즉 그는 스스로 사고할 줄 아는 사람이었으며, 스미스의 전통에서 내려오는 근본적인 명제들을 받아들이려고 하지 않았다. 비록 아마추어였고, 아직 미성숙한 학문의 관점에서 보면 외부자였지만, 그는 능력 있는 저자였고, 대부분의 경우 감각도 있었다.[42]

램지를 온당하게 평가하는 유일한 저자는 마르크스였다. 마르크스는 『잉여가치 학설사』에서 그를 충분하게 다루고 있다.[43] 그에 대한 기억을 다시 불러들인 셀리그먼(앞의 책)조차도 그가 프랑스의 저자들에게 의존했던 측면을 지나치게 강조하고 있다. 그의 이론, 특히 기업과 이윤 이론을 세가 이미 선취한 것은 사실이다. 또한 그러한 착상을 영국경제학에 도입한 최초의 인물도 아니며, 심지어 간접적으로 '차용'했을 수도 있다. 그러나 그는 다른 사람들보다 훨씬 더 잘 종합했으며, 더욱 중요한 점은 많은 구체적인 제안이 그의 생각이었다는 점이다. 그가 두각을 나타내지 못했다는 사실을 확인하기는 어렵지 않다. 하지만 그에 가까웠으며, 그가 성공하지 못한 것은 심각한 결함 때문이라기보다는 농업 보호 철폐에 대한, 인기 없는 반대 때문이었을 것이다. 따라서 그를 폄하할 이유는 없다.[44]

---

42) 나중에 지주로서의 이해라는 측면에서 그의 분석과 정책권고안들을 '설명'하려는 시도가 나타났다. 우리는 이러한 시도의 설명적 가치를 어떻게 생각해야 하는지 알고 있다.

43) 물론 마르크스가 램지를 인정했다는 사실은, 그가 늘 비판만 한다는 점에 비추어보면, 평가할 만하다. 만일 그점을 고려한다면, 마르크스의 인정은 많은 것을 의미한다. 또한 그것은 마르크스의 학자적 능력을 높게 평가할 수 있게 해준다. 왜냐하면 그가 저술하던 시기에 램지는 사실상 잊힌 인물이었기 때문이다. 우리에게 흥미로운 램지(George Ramsay, 1800~71)의 유일한 저작은 『부의 분배에 관한 논구』(*Essay on the Distribution of Wealth*, 1836)다.

44) 램지의 사례는 한 가지 점에서 사고의 양식이다. 한 저자가 자신의 동시대인들과 올바른 관계를 확립하지 못할 때―용감한 승리자가 그의 사후에 하늘에 대고 그를 찬미하는 극히 드문 경우를 제외하면―는, 역사가들은 그에 대해 이상한 적대감을 보이며, 스미스도 자지러질 기준을 세운다. 반면 운이 좋은 경우에는 독창성이라는 이름으로 불합리한 주장들을 지지하거나 결코 갱신되

리드[45]는 몇 가지 기이한 행동으로, 특히 '부의 권리'에 대한 의심스러운 사변으로 인해 성공의 기회를 차버린 인물이다. 리카도주의적 사회주의자들에 대한 그의 공격은 우리에게 별 흥미가 없다. 하지만 그의 작업이 중요한 이유는 첫째, 그것이 그가 리카도에 대한 비판에서 따랐던 베일리의 영향과 1830년경 크게 유행하던 반리카도의 흐름을 보여주기 때문이다. 둘째, 그것은 몇 가지 장점이 있으며 특히 이윤과 이자에 대한 분석에서 스스로의 영향력을 행사했기 때문이다. 그가 직접적으로 영향을 미친 저자들 중에서 가장 두드러지는 인물이 바로 스크로프[46]다. 그는 지수(index-number)에 대한 화폐개혁가의 명성을 가진 인물로 화폐와 은행, 빈민법, 농업노동과 그밖의 주제들에 관한 수많은 소책자의 저자였을 뿐 아니라 상당히 중요한 경제이론가였다. 그러나 그의 『정치경제학 원리』(*Principles of Political Economy*, 1833)는 대중을 위해 씌어진 것이며, 자신의 분석을 만족스럽게 발전시키지 못했다. 인구와 '물가지수 기준'(tabular standard)에 관한 그의 독창적인 발상에 주목하기란 어렵지 않다. 그러나 지금 내가 의미하는 바는 이것

___

지 않는 다른 장점들을 들먹거린다.

45) Samuel Read(내가 아는 개인적인 정보는 없다). 여기서 언급할 만한 유일한 저작은 『정치경제학, 팔 수 있는 재산이나 부의 권리의 자연적 기초에 대한 고찰』(*An Inquiry into the Natural Grounds of Right to Vendible Property or Wealth*, 1829)이다. 셀리그먼(앞의 책, 4부)은 우리에게 중요한 사항을 모두 지적했다.

46) 스크로프(George Poulett Scrope, 1797~1876)는 우리 경제학이 많은 걸 빚지고 있는, 일하기 좋아하는 계몽된 영국인 중 하나였다. 무엇보다도 그는 하원의원(M.P.)이자 화산에 대한 권위자였으며, 경제학자로서 그의 명성은 주로 중앙은행의 정책과 물가안정에 관한 그의 저작 때문이다. 그러나 다른 실제적인 문제들에 관한 그의 팸플릿에는 놀라울 정도의 독자성이나 독창성과 함께 분석적 장점도 있었다. 그의 시대에 유행하던 '자연적 자유의 체계'에 관한 근본적인 슬로건과 원리를 받아들이기는 했지만, 자신의 고용보험 계획이나 공공근로 같은 문제들에서 시류를 거스르기도 했다. 시대를 감안할 때, 그의 통찰력—반복건대, 분석적 통찰력을 말한다—은 당시 경제학자들의 일반적인 흐름보다 그를 더 높은 지위에 올려놓게 한다.

이 아니다. 우리에게 더욱 중요한 것은 경제적 균형의 본질에 대한 통찰력이다. 그는 모든 사람의 수익극대화 경향에 기대어, 수요와 공급 메커니즘이 어떻게 해서 자원배분 문제(생산)와 소득형성 문제(분배)를 해결하는지 고찰했는데, 그 과정을 통해 부차적으로 리카도-웨스트의 전체 구성을 어떻게 다루는지 파악하게 되었다. 이자와 이윤에 대한 분석에서 그는 많은 발전을 이루었다. 그가 리드에게서 영향을 받은 것으로 보이는 부분이 바로 여기였다.

지금까지 이 장에서 언급된 모든 성과——우리의 목록이 매우 불완전하긴 하지만——는 비리카도학파의 것이거나 반리카도학파의 것이었다. 이에 대응하는 리카도학파의 저술목록을 작성하는 것 역시 거의 불가능하다. 더구나 이 모든 사람이 보여준 웨스트-리카도 도식에 대한 반감은 기본적으로 과학적이었지 정치적인 것이 아니었다. 리카도주의적 사회주의자들에 대한 리드의 적대감은 그를 리카도의 가치론에 반대하는 위치에 서게 했지만, 나머지에 대해서는 나는 이 저자들과 리카도학파 사이에 정치적 적대감을 유발할 동기들을 발견하지 못했다.[47] 경제학자들 사이의 모든 차이를 그들의 정치적 입장의 차이로 해소시키고 늘 '어떤 사람이 옹호했던 것'을 찾고자 하는 이론은, 다음 시기에 한계효용 이론의 승리에서 확인되는 것과 마찬가지로, 이 경우에도 실패하게 마련이다. 끝으로 우리가 예로 든 저작들은 이후의 발전에 새로운 빛을 던져주었다. 이러한 (분석적) 노력의 연속성은 1870년경 '혁명'의 주변에 흩어져 있던, 리카도주의의 지배라는 통상적인 스토리——밀은 이 스토리에서 리카도주의자로 등장한다——에서 완전히 빠져 있는 이 저술들에 주목하는 사람들이라면 누구에게나 잘 드러날 것이다.

내가 언급할 마지막 인물은 토런스[48]인데, 이 사람은 반리카도주의자

---

47) 곡물법에 대한 램지의 조건부 찬성은 리카도학파의 기초 위에서 변호될 수도 있다. 그래서 나는 동기(motivating)라는 단어를 사용한 것이다.

48) 또 하나의 강하고 흥미로운 공감이 가는 유형의 인물이다! 토런스(Robert Torrens, 1780~1864) 대령은 직업군인으로 복무했으며, 나폴레옹 전쟁 이후

로 평가될 수 없다. 하지만 리카도주의자로 평가될 수도 없다. 셀리그먼은 토런스가 맬서스와 웨스트에 앞서서 '리카도적인' 지대이론을 독자적으로 발견했으며, 리카도보다 앞서서 비교비용 원리를 발견했다고 주장한다. 한편으로, 이것은 그를 분석의 역사에서 중요한 인물로 부각시키기에 충분하며, 다른 한편으로는 그를 리카도학파 안에 포함시키는 요인으로 보인다. 그러나 그가 일반이론에서 추구한 것은 분명 반리카도주의는 아니더라도 비리카도주의적이었다. 그러나 토런스는 정식화하는 데서 부주의했고, 그러한 기법에 뛰어난 이도 아니었으며, 밀과 겨(옥석—옮긴이)를 뒤섞어서 제공했기에 평가하기가 쉽지 않다. 그는 이윤이 전적으로 임금에 의존한다는 명제에서 나오는 핵심적인 리카도의 교리를 받아들이지 않았다. 그러나 이는 그가 리카도가 의미했던 바를 포착하지 못했음을 강하게 시사한다. 그가 주장한 것은 그가 의미하는 바대로라면 지극히 타당한 것이다. 그러나 그 자체로는 특별히 눈에 띄는 게 없었다. 그에게는 리카도 숭배자들이 1890년대에 리카도를 위해서 했던 것처럼, 자신을 옹호해줄 해석자들이 필요했다. 그러한 해석자가 나타나서 성공할 때까지 그의 체계는, 누군가가 그랬던 것처럼, 이는 아마도 그가 다른 경우에 받았던 모욕적인 대우에 대한 반발이었을 테지만, 적어도 그를 '고전파의 창시자' 중 하나로 리카도나 맬서스와 동일한 위치에 놓기에는 미숙한 것이었다.

에 자신의 봉급이 적다는 걸 깨닫고는 정치 · 금융 분야에서 새로운 경력을 쌓았으며, 경제학자로서의 이름도 얻었다. 그는 주로 필법안에 대한 옹호론 때문에 알려졌다. 오버스톤을 제외하면, 그는 자신과 자신의 지위를 동일시하지 않은 유일한 경제학자였다. 그는, 스크로프처럼, 당시의 문제들에 대해 매우 많은 소책자와 '서신'을 썼다. 경이로운 점은 그가 또한 순수이론이라는 공기가 희박한 곳으로 상승했다는 것이다. 이 측면에서 중요한 저작은 『해외곡물교역에 관한 논구』(*An Essay on the External Corn Trade*, 1815), 『부의 생산에 관한 논구』(*An Essay on the Production of Wealth*, 1821), 『임금과 결합』(*On Wages and Combinations*, 1834)이다. 셀리그먼과 홀랜더의 「리카도와 토런스」("Ricardo and Torrens", *Economic Journal*, September 1911)를 보라.

4절 프랑스

만일 이 시기 프랑스의 경제학을 그 실질적인 비중에 맞게 평가하려면, 두 가지 사실을 명심해야 한다. 첫째, 우리가 알다시피 1848년까지 파리의 모습은 다른 어느 곳에서도 유례가 없을 정도로 사회주의 그룹의 활동에 의해 채색되었다. 그만큼 두드러지지는 않지만 장기적으로 볼 때 그에 못지않게 중요한 것은 경제적·정치적 자유주의에 대한 가톨릭의 비판("The Principle of 1789")이었다. 그러나 그것은 가톨릭의 사회개혁 목표를 향한 비판을 넘어서는 것이었다.[49] 극단적 자유주의의 세속 부르주아들이 세 번째 그룹을 형성했다. 이 모든 것은 정치·사회사상의 사회학을 위한 매력적인 자료들을 제공한다. 그러나 과학적 경제학의 역사를 위해서는 별로 의미 없는 자료들이기도 하다. 둘째, 이 시기에 뛰어난 사실연구들이 이루어졌으며, 르 플레(Le Play)의 위대한 업적은 신뢰할 만한 기록을 남겼다. 그러나 나머지 부분들에 대해서 언급할 만한 일급 경제학자는 세와 시스몽디, 두 명뿐이다. (물론 쿠르노는 제외한다.)

세(Jean-Baptiste Say, 1767~1832)는 약간 모순적이기는 하지

---

49) 나는 이 기회에 알뱅 드 빌뇌브-바르주몽(Alban de Villeneuve-Bargemont, 1784~1850. 특히 그의 『기독교 정치경제학』 *Économie politique chrétienne*, 1834)에 대해 언급하고자 한다. 그는 광범위한 운동에서 핵심적인 인물이었다. 그의 저작을 정확하게 평가하기란 극히 어렵다. 그의 사회철학과 정치학을 바라보는 사람들—특히 세속 자유주의자들—은 자신들의 호·불호에 따라 그것을 판단한다. 따라서 그를 평가하는 것은 극히 쉬운 일이다. 그러나 우리의 작업은 그리 쉽지 않다. 우선 우리는 그의 신념, 실제적인 정책권고안들에 담겨진 지혜, 그의 사회학이 지닌 과학적 가치의 깊이와 사회적 의미를, 또 그와 동시에 부차적이기는 하지만 그의 경제학 기법의 결함들을 깨달아야 한다. 이러한 결함들은 적어도 우리의 그 사람이나 그의 **사상**에 대한 존경심을 축소시키지는 말아야 한다. 그것들은 이 책의 관점에서 필요한 경우에만 등장할 것이다.

만 다음과 같은 두 가지 중요한 진리를 보여주는 사람들 중 하나다. 첫째, 한 사람을 적절하게 평가하고 제 위치에 놓기 위해서는, 때때로 그를 그의 적들뿐 아니라 그의 친구들, 심지어는 그 자신에게서도 방어해야 한다는 사실이다. 둘째, 서술의 피상성과 사상의 피상성 사이에는 근본적인 차이가 존재한다는 것이다.[50] 피상성은 사실 세의 독자들이 처음에 느끼는 인상이다. 그의 논증은 매우 쉽고 투명하게 전개되어서 독자들은 생각을 멈추거나 이러한 매끄러운 표면 아래 무언가 심오한 것이 존재하리라는 의구심을 갖기가 어려웠다. 이 점이 그를 다수에게 호평받도록 만든 요인이다. 이것은 그에게 소수의 선의라는 대가를 치르게 했다. 그는 때때로 중요하고 깊이 숨어 있는 진리를 보곤 했다. 그러나 그는 그것을 대수롭지 않아 보이는 문장 속에서 지적했다. 그는 그것을 결코 그것들을 가공하려고 하지 않았으며(심지어 리카도조차 그러했지만), 있는 그대로 모든 이한테 인정받고, 비판을 견뎌내기를 원했다. 따라서 그는 비판들에 산만하게 대응했고, 그에 필요한 작업도 하지 않았기 때문에 논쟁에서 자신의 주장을 제대로 방어하지 못했다. 그래서 역사가는 그의 논증을 재서술해야 하며, 그럼으로써 종종 부적절한 단어들을 무시하거나 어리석은 추론을 폐기해야만 한다. 모든 사람이 인정하듯, 이는 리카도와 마르크스에 대해서도 적용된다. 왜냐하면 이 경우에 표면의 투박함은 발굴을 필요로 하기 때문이다. 그러나 세에 대해 이러한 서비스를 해줄 능력과 의사가 있는 경제학자들은 드물었다.

그래서 그는 마땅한 대접을 받은 적이 없다. 『정치경제학 강의』(Traité)가 교과서로서 거둔 커다란 성공——다른 어느 곳보다 미국

---

50) 이에 대한 예를 들어보자. 아무도 헤겔의 서술방식을 피상적이라고 부르지 않는다. 그러나 몇몇 (잘못된) 개인은 그의 세련된 심오함이 많은 얄팍함을 덮어버린다고 생각할 수도 있다. 본문에서 언급할 테지만, 세는 정반대의 예가 된다.

에서 그랬다——은 그가 단지 스미스를 대중화시킨 학자에 불과하다는 당시나 이후의 비판적 평가를 확인시킬 따름이다. 사실상 이 책이 그렇게 대중적이었던 것은 성급하고 초보적인 독자들이 『국부론』을 통째로 읽어야 하는 어려움을 덜어주는 것으로 보였기 때문이다. 이것이 본질적으로 그로부터 **시장(또는 판로)의 법칙**(the Law of Markets)을 받아들였기 때문에[51] 그를 우호적으로 평가한 리카도학파의 견해였다. 하지만 다른 이들은 그를 스미스의 지혜까지는 올라섰지만, 리카도의 혜안에 도달하는 데는 실패한 저자로 폄하했다. 『정치경제학 문헌』에서 그에 대한 매컬럭의 논평을 보라. 마르크스에게 그는 '무미건조한' 세(*der fade Say*)였다. 이후의 비판가들에게 그는 단지 경제적 자유주의——이 점 하나만으로도 폐기되어야 할——의 옹호자 중 하나였을 따름이다. 그가 머물렀던 곳, 즉 경기순환 이론에서 그의 법칙은 잘못되었거나 아니면 가치 없는 동어반복이라고 평가되었다. 우리 시대에 와서 그는 흥미로운 일종의 르네상스를 경험하고 있다. 그의 **판로법칙**은 그 용어의 케인스적 의미에서 고전파 경제학의 전체 구조의 토대——앞으로 보겠지만 잘못된——로 선언되었다.(이 부의 1장 1절 참조) 이것은 그에게 불행한 이름을 부여했다. 하지만 최소한 그에게 이름이 부여되었다.

하지만 그의 친구들조차 이러한 피상성의 기만적 외피에 사로잡혔다. 그의 기억을 보호할 수 있었을 프랑스 역사가들에게조차도 그는 기본적으로 스미스의 가르침에 대한 옹호자——그들 중 하나는 (그 가르침을-옮긴이) '속류화한 인물'(vulgarizer)이라고 말했다——였다. 사실 그들은 이러한 장점에 수많은 다른 것을 덧붙였는데, 다음과 같이 우리가 짐작할 만한 것들이었다. 세는 경제학의 주제들을 생산, 분배, 소비로 이루어진 도식으로 발전시켰다. 이 방법은 그

---

51) 이 법칙에 대해서조차 그들은, 세의 우선권에 대해서는 의심하지 않았지만, (제임스 밀을 위해) 자기 자신들의 권리를 주장하려는 성향을 보였다.

의 덕분이다. 그는 효용가치론으로 나아가는 방향을 지시했으며, 토지, 노동, 자본의 3요소론을 확립하는 데 도움을 주었다. 그는 (캉티용에게서 나타나는) 기업가라는 용어를 사용함으로써 그의 역할을 강조했으며, 당연히 세의 시장법칙에 나오는 바로 그 세였다. 이 모든 것은, 흔히 지적되듯이, 크게 대단한 것들은 아니다. 이러한 장점 중 몇 가지는 그 자체로는 그리 중요하지 않거나 그 가치가 의심스러운 것들이기 때문이다. 우리는 이 모든 것을 적절한 과정에서 논평할 것이다. 지금은 경제학의 역사에서 세가 차지하는 위치에 대한 통상적인 평가가 범하는 근본적인 오류, 즉 스미스와 그와의 관계에 대한 해석에만 국한하기로 한다.

만일 우리가 캉티용을 프랑스의 경제학자로 간주한다면, 세의 저작은 순전히 프랑스적 기원에서 나온 것이다. 그가 딛고 서서 체계적인 정식화와 기업가를 포함한 그의 분석의 모든 중요한 특징을 발전시킬 수 있었던 것——그가 실제로 한 것이 무엇이든지 간에——은 바로 캉티용-튀르고의 전통이었다.[52] 이러한 특징들 중에서 가장 중요함과 동시에 그가 분석경제학에 대해 실질적으로 가장 크게 공헌한 것은, 성급하고 불완전하게 정식화된 것이기는 해도, 그의 경제적 균형개념이었다.[53] 세의 저작은 캉티용과 튀르고에서 발라로 이어지는 사슬에서 가장 중요한 고리다.

그의 생애에 관해서는 두 가지 사실만이 우리의 목적에 부합한다. 프랑스 혁명기의 몇 가지 중요하지 않은 것을 제외하면, 그는 프랑스 최초의 경제학

---

52) 나는 지금 그를 정당하게 옹호하고 있지만, 어느 정도는 이러한 언급이 그의 독창성을 감소시킨다는 점을 강조해야 한다. 캉티용의 전통은 프랑스에서 결코 사라진 적이 없었다.

53) 살짝 암시된 불완전성들은, 부분적으로는, 그 과제가 본질적으로 그가 제대로 다룰 준비가 안 된, 수학적인 것이라는 사실에 기인한다. 이것은 다시 다른 측면에서 그의 독창성을 정당화시키는 데서 어려움을 추가시킨다. 그의 **시장법칙**은 다양한 의미를 가질 수도 있는 느슨한 단어로 표현된다.

교수였다. 처음에는 국립공학원(Conservatoire National des Arts et Métiers, 1819)에서, 나중에는 콜레주 드 프랑스(1830)에서 각각 임용되었다. 또한 생애의 상당 부분 동안 그는 사업가였으며, 따라서 자신이 저술하고 있는 문제에 대한 직접적인 지식을 가진 이점을 누렸다. 사업에 대해 신문으로만 알고 있는 지식인들은 자신들이 거기서 떨어져 있다는 것을 행운으로 여기는 습관이 있다. 그러나 이 문제에는 분명 다른 측면이 있다. 그의 출판목록 중에서 우리에게 중요한 것으로는 『정치경제학 강의』(Traité d'économie politique, 1803 ; 1821년에 출간된 프린셉의 번역본은 4판에 기반을 둔 것이지만, 1판을 참고하지 않고 이 판본만 사용하는 것은 위험하다. 왜냐하면 세는 실제로 자기가 의미한 바를 망각하는 습관이 있기 때문이다)와 그의 서신이다. 그의 『실용정치경제학 총론』(Cours complet d'économie politique pratique, 1828~29)은 새로 추가된 사항이 별로 없다. 그의 저작들은 『주요 경제학자 전집』(Collection des principaux économistes, Guillaumin, 1840~48)의 9~12권에 들어 있다. 『강의』(『정치경제학 강의』—옮긴이)에 대해서는 독자안내가 필요 없다. 그러나 나는 무엇인가를 얻기 위해 숙독하는 일은 보기보다 쉽지 않다는 경고를 반복하고자 한다.

자신을 '드 시스몽디'(de Sismondi)라 불렀던, 시스몽디(J.C.L. Sismonde, 1773~1842)는 실제 차지농(farmer)이자 아마추어 정치가——현실에 대한 훌륭한 연습이었다——였다. 그러나 기본적으로 세속지성인으로서 『르 몽드』(le monde)지 주변에서 살았던 인물이자 역사가였다. 그의 주요공헌은, 내 생각으로, 그의 『중세 이탈리아 공화국의 역사』(Histoire des républiques italiennes du moyen âge, 1807~18)다. 하지만 내가 대강의 지식만 가지고 있는 이 16권 안에는 그의 『프랑스인의 역사』(Histoire des Français, 1821~44) 31권보다 언급할 게 더 많이 들어 있다. 글자 그대로 역사를 다루고 있는, 다른 역사저술들 중에서 나는 『로마제국 몰락사』(Histoire de la chute de l'empire romain, 1835)만 알고 있다. 이 저작의 학문적 결함은, 나와 같은 경제학자에게는, 흥미로운 사회학적 시야와 분석에 의해 부분적으로 보상되고 있다. 그의 경제학은 프랑스적이라기보다는 영국적이다. 그의

『상업적 부』(*Richesse commerciale*, 1803)는 우리가 두 권의 비스미스적 정책제안들을 감안하지 않더라도 사실 정확히 스미스적이지는 않다. 진정한 시스몽디, 즉 후기 시스몽디의 모습도 간혹 나타난다. 그러나 전체적으로 볼 때, 그에 대한 전통적인 견해가 진실에 가깝다. 시스몽디의 경제학자로서의 명성은 1819년에 나온 그의 『새 정치경제학 원리』(*Nouveaux Principes d'économie politique*)[54]에 기반한 것이다. 그러나 이 저작의 핵심은 사실상 1815년경 그가 브루스터(Brewster)의 『에든버러 백과사전』(*Edinburgh Encyclopaedia*)을 위해 기고한 논문에서 이미 써어진 것이었다. 물론 이 백과사전은 『새 정치경제학 원리』보다 나중에 출간되긴 했지만 말이다. 그때에 그는 이미, 최종적으로 자신의 이름과 결부된 교리의 모든 요소를 가지고 있었다. 『정치경제학 연구』(*Études sur l'économie politiques*, 1837~38) 같은 그의 이후 저작들은 주요사항들과 그의 주장들을 강조하고 발전시켰지만, 본질적으로 추가된 새로운 점들은 없었다.[55]

시스몽디의 저작은 즉각적으로, 특히 리카도학파에게서 비판적인 주목을 받았다. 후자의 흐름이 쇠퇴하게 되자, 시스몽디의 명성은 점차 올라갔고, 사회개혁가나 자유방임 일반에 대한 반대자로서 그는 궁극적으로 그에게 존경을 표하는 것이 에티켓이 되는 그런 지위에까지 오르게 되었다. 이것은, 부분적으로는, 분석적인 성과와는 상관없는, 그의 자세 덕분이었다. 그는 경제학의 진정한 목적은 인간이지 부가 아니라는 복음을 전파하고 다녔다. 그는 리카도주의를 '화식학'(chrematistics), 그것도 비현실적인 화식학이라고 공격했

---

54) 『새 정치경제학 원리』 2판은 많은 수정 없이 1827년에 나왔다.
55) 시스몽디 선집은 아몬(Amonn)의 「서론」과 논평과 함께 독일에서 출간되었다. (1945~49) 또한 아프탈리옹(A. Aftalion)의 『시몽드 드 시스몽디의 경제학 저작들』(*L'Oeuvre économique de Simonde de Sismondi*, 1899)과 그로스먼(H. Grossman)의 『시몽드 드 시스몽디와 그의 경제이론』(*Simonde de Sismondi et ses théories économiques*, 1924)을 보라.

다.[56] 그는 더 나아가 경제적 사안에 대한 정부의 개입을 옹호했다. 그리고 그는 철저하게 친노동자적이었다. 이러한 것들 중 어느 하나라도 한 사람이라면 누구나 일부에게서 찬사를 받고, 그에 못지않게 다른 사람들에게서 적대적인 비판을 받았을 것이다. 하지만 그는 사실상 이후의 사회정책의 가장 중요한 선구자 중 하나였으며, 그의 정책권고안들 중 몇 가지——예를 들면 고용주는 실업, 질병, 노후의 빈곤으로부터 노동자의 안전을 보장해주어야 한다는 제안 같은 ——는 그의 진정한 독창적 공헌에 속한다.[57] 분석경제학과 관련해서 그의 명성은 주로 세의 법칙에 대한 그의 반론과 과소소비 공황 이론(만일 그의 이론을 이렇게 이름 붙일 수 있다면. 이하의 7장 6절을 보라)에 기초한 것이다. 그러나 이러한 이유로 그에게로 확대된 무조건적 인정——주로 경제이론이 아닌 분야에서 자신의 영향력을 가졌던 경제학자들에 의한——이 실제 이상으로 정당화된다고 할지라도, 이러한 점들이 분석의 역사에서 그의 진정한 중요성을 드러내지는 않는다.

시스몽디의 분석이 지닌 두드러진 특징은 그 현대적 의미의 명시적인 **동학모델**에 기반한 것이라는 점이다. 우리는 이미 앞에서 정학과 동학이라는 용어를 만난 바 있다. 이 기회에 이 용어들의 의미를 좀 더 자세히 살펴보자. 이를 위해 리카도가 맬서스에게 보낸 서신에

---

56) 시스몽디는 '새 학파'(리카도학파)를 희생시켜 스미스를 칭송할 기회를 절대로 놓치지 않았다. 방법론의 문제에서 그는 스미스의 방법을 진정으로 과학적이고 '실험적'(실증적이라는 의미에서)이라고 평가한 반면, 리카도의 방법은 현실과 결합되지 않은 추상적 사변이라고 비난했다. 그러나 이러한 비판은, 그것이 리카도에 대해서 타당한 것인 한, 스미스에 대해서도 마찬가지로 적용된다는 점을 주목해야 한다.

57) '보장임금'(최저임금—옮긴이)이라는, 좀더 제한적인 현대적 발상은 그에 의해 가시화된 것이라고 얘기할 수 있다. 그의 제안의 독창성은 특히 한 가지 점에서 두드러진다. 그의 생각은 노동절약적 개선의 사회적 비용을 고용주의 사업비용으로 전환시킨다는 것이었다.

나오는, 유명한 문장에서 출발해보자.[58] "당신은 항상 직접적이고 일시적인 효과를 염두에 두지만…… [나는] 그것으로부터 나오게 될 영구적인 상태에 모든 관심을 집중시킨다." 이것은 정확한 진실이 아닌데, 만일 그러하다면 다음과 같은 의미일 것이다. 우리 앞에 완벽하게 균형잡히고 주어진 조건(Data)에 이상적으로 적응하는 경제적 과정이 있다고 가정해보자. 그런 다음 그 안의 몇몇 요소나 요소들, 예를 들면 어떤 가격이나 수량에 임의적으로 일정한 변화를 주자. 이러한 교란은 즉각적인 적응을 초래할 것이며, 그중 일부는 다시 추가적인 교란을 초래할 것이다. 하지만 모든 조정이 끝나고 나면, 마침내 경제조직의 새롭고 완전하게 균형잡힌 상태가 나타날 것이며, 이는 다시 그 자료에 이상적으로 적응할 것이다.[59]

리카도는 분명히 우리가 출발한 '정상' 상태의 특징과 비교해서 이 새로운 '정상' 상태의 특성을 고찰하는 것이 중요하다는 견해를 가지고 있었다. 새로운 '항상' 소득, 가격과 수량들은 이전의 소득, 가격과 수량들과 비교된다. 이러한 절차를 위해 나중에 비교정학이라는 용어가 사용된다.(이 책, 3권, 4부 7장 3절) 물론 여기에는 두 가지 의미가 내포되어 있는데, 이 체계가 새로운 '정상' 상태로 가기 위해 지나야 하는 중간 상태나 '과도적' 상태들의 연쇄가 이 새로운 정상 상태에 영향을 미치지 않는다는, 즉 이 새로운 '정상' 상태는 과거의 '정상' 상태와 교란의 특성에만 의존할 뿐, 과도적 상태의 연쇄에는 의존하지 않으며, 과도적 상태들은 최소한 분석가들에게 어떠한 흥미로운 문제도 제기하지 않는다는 의미에서 상대적으로 덜 중요하다는 점이 그것이다.

---

58) 홀랜더는 자신의 『맬서스의 원리에 대한 리카도의 주석』(*Notes on Malthus' Principles*, 1928년판, 88쪽), 「서문」에서 이 편지를 인용하고 있다.

59) 이것이 항상 그렇다는 의미는 아니며, 설사 그렇다고 하더라도 수많은 미묘한 문제를 야기하는 증명을 필요로 한다. 방금 우리는, 마치 리카도 자신이 그랬듯이, 이 점을 무시했다.

시스몽디는, 스미스와 리카도만큼이나 무비판적으로, 이러한 새 균형상태——그는 균형이라는 용어를 사용했다——가 결국에는 출현할 것이라고 인정했다. 그러나 그는 그것으로 향하는 길이 너무 길 뿐만 아니라 심각한 격변——그는 '끔찍한 고난'이라고 말했다 ——의 연속이어서 분석가들이 부수적인 현상들을 자신만만하게 다루기가 실제로는 불가능할 수도 있다고 주장했다. 여기까지는 좋다. 맬서스도 (독자적으로) 같은 말을 했다. 그러나 시스몽디는 한발 더 나아간다. 이것은, 아마도 케네를 제외하면, 맬서스만이 아니라 다른 어느 누구에게서도 발견할 수 없는 점이다. 그는 과도적 현상들이 경제과정의 본질인, 따라서 실제적 문제들뿐 아니라 근본적 이론에도 불가결한 가장 중요한 이유가 경제적 과정은 특정한 형태의 적응을 배제하거나 강화하는, 일정한 연쇄로 연결되어 있다는 사실 때문이라는 것을 인식했다. 한 가지 예가 도움이 될 것이다. 만일 주어진 생산과정에 의해 창출된 화폐소득이 항상 동일한 생산과정의 생산물에 소비된다면,[60] 우리는 대중의 '구매력'과 재화 및 서비스의 산출이 항상 서로 상응할 것이며, **최소한 가능성 차원**에서 후자는 항상 비용을 회수하는 가격에 판매될 수 있다고 믿어볼 만하다.

그러나 경제적 과정이 다음과 같은 방식으로 시기별로 구분된다고 가정해보자. 임의의 t기의 화폐소득은 $t+1$기에 사용할 수 있는 산출물의 생산과정으로 창출되며, 이와 동일한 소득은 t기에 $t-1$기의 산출물에 지출된다. 이 경우, 우리는 소득과 산출이 위에서 말한 의미에서 서로 상응한다고 믿을 수 있는 이유들 중 하나를 잃어버리게 된다. t기의 화폐소득은 t기에 이루어진 의사결정의 결과다. 반면에 t기에 제공되는 산출물은 $t-1$기에 이루어진 의사결정의 결과다. 이렇듯 상이한 환경에서 이루어진다는 사실은, 분명 적응상의 난점

---

60) 이 조건만으로는 충분치 않다. 하지만 내 요점을 가능한 한 간단하게 만들기 위해서는 여기서는 이러한 사실을 무시한다.

과 그에 수반되는 새로운 현상의 원천이 될 수도 있다. 이 예는 지나치게 단순화되었거나 비현실적인 것이다. 하지만 경제적 과정이 주기성과 시차를 가진 체계며, 이것만으로도 리카도 경제학이나 동일한 유형의 다른 어떤 경제학에도 존재하지 않는, 무수한 문제를 내포하고 있음을 보여주기에는 충분하다. 이러한 사실을 고려하면서 관련된 문제에 접근하는 분석을 동태분석이라고 부른다. 우리는 이러한 분석을 조금 더 기다려야 할 것이다.(이 책, 3권, 4부 7장과 5부) 잠시 다른 논의는 중단하고, 시스몽디의 분석의 특징을 정의하는 데 집중해보자.

우리가 방금 언뜻 살펴본 사실을 몰랐던 사람은 아무도 없었다. 비체계적으로든 맹아적으로든 동학적 요소들을 포함하고 있는 분석의 편린들을 모으자면, 중상주의 시대 이후만으로도 엄청나게 긴 목록이 만들어질 것이다. 심지어 리카도조차 이 목록에 오를 것이다. 그러나 시스몽디의 위대한 장점은 그가 체계적이고 명시적으로 기간도식을 사용했다는 것, 즉 이른바 기간분석(period analysis)으로 불리는 특정한 동태적 방법을 실행한 최초의 인물이었다는 사실이다. 더구나 그는 이것이 초래하는 차이들, 특히 경제적 생활이 모든 단위가 과거에 의해 결정되고 다시 미래를 결정하는 연쇄에 묶여 있다는 사실에서 비롯된 교란, 불일치, 장애 등을 분명하게 인식했다. 동시에 이러한 위대한 분석적 장점은 그만의 것이다. 그는 이것의 유용성을 심각하게 해칠 정도로 자신의 도구——그의 다른 생각들처럼——를 서툴게 다루었다. 그가 리카도 체계에 반대해서 제시하고, 그 대신에 확립하고자 했던 다른 모든 논증은 기술적으로 잘못된 것이었기 때문에 리카도학파가 요리하기 쉽게 만들었으며, 심지어 그들은 그를 심각하게 생각하지도 않았다. 이리하여 우리는 어떤 인물이 당연히 패배했지만 이야기의 다른 수준에서는 여전히 옳은 상황을 다시 한 번 보게 된다. 그에 대한 리카도학파의 평가는 19세기 후반 비리카도학파 사이에서조차 지배적이었다. 또한 그의 열정

적인 사회적 동정심을 높이 산 사람들의 갈채나 그가 자본주의적 과
정에서 장애를 발견했다는 단순한 사실은, 과학적 경제학에 관한
한, 이에 대한 보상이 될 수 없었다. 왜냐하면 능력 있는 경제학자에
게 이러한 갈채는 자신의 반대견해에 대한 확인이라는 속성을 갖기
때문이다.[61]

세는 콜레주 드 프랑스 교수직[62]을 이탈리아인인 로시에게, 로시는
슈발리에[63]에게 물려주었다. 슈발리에의 교수직은 1879년까지 연장되

---

61) 시스몽디의 기법상의 무능력을 보여주는 하나의 사례로, 나는 그의 『새로운
   정치경제학 원리』 1권, 374~384쪽에 나오는 수리적 논증을 독자들에게 소개
   하고자 한다. 시스몽디는 그의 기간분석이 자유경쟁에 대한 '고전파'의 논증
   을 크게 약화시켰음을 정확하게 인식했다. 그러나 그러고 나서 그는 수치예를
   통해 치열한 경쟁이 어떻게 해서 막다른 길목으로 들어서게 되는지 보여주려
   고 했다. 그런데 그의 그림이 실제로 보여준 것은 정확히 그 반대였다. 그것은
   장애가 일반적으로 회피되는 메커니즘을 표현하고 있기 때문이다.

62) 콜레주 드 프랑스(Collège de France)는 미국적인 의미에서 대학도, 대학원
   도 아니다. 전자보다는 후자에 조금 더 유사하기는 하지만, 이 교수직에 임명
   된다는 것은 연구를 심화시키거나 지도하는 기회라기보다는 피임명자의 주도
   적 지위에 대한 승인을 의미하는 명예다. 강의는 광범위한 대중에게 행해지
   며, 때때로 『르 몽드』지의 방문을 받는다.(또는 받았다)

63) 슈발리에(Michel Chevalier, 1806~79)는 의심할 여지없이 당시에 가장 저명
   한 경제학자 중 하나였다. 그는 영국과 프랑스 사이에 체결된 코브던-슈발리
   에 상업협정(Cobden-Chevalier commercial treaty, 1860)의 슈발리에로 명
   성을 얻었다. 이 협정은 프랑스와 수많은 다른 나라 사이의 준자유무역협정으
   로 이어졌다. 종종 프랑스 정부를 위한, 그러나 결코 추종하지는 않았던, 그의
   다양한 활동은 본질적으로 실증적이고 가치 있는 연구들을 존경스러울 정도
   로 많이 만들어냈다. 때로는 금의 가치가 떨어질 것(1859년!)이라거나 세기
   가 가기 전에 보편적인 자유무역이 실현될 것이라는 등의 틀린 예측들을 하기
   도 했다. 실증연구는 그의 『북아메리카에 대해』(Lettres sur l'Amérique du
   Nord, 1836)가 대표적인 예며, 『프랑스의 실물이자』(Intérêts matériels en
   France, 1836)는 그러한 유형의 모델이다. 그러나 당연히 예상되듯이 시간부
   족 때문에라도 이런 사람은 분석경제학적 도구의 효율성에 기여할 수가 없었
   으며, 분석경제학의 역사는 주로 왜 그러한 도구가 수십 년 동안 그렇게밖에
   발전하지 못했는지를 설명하기 위해 그를 언급해야 한다. 경제학자들이 무능

었고, 그는 그 교수직을 다시 자신의 사위인 폴 르루아-보리외(Paul Leroy-Beaulieu)에게 물려주었다. 이 인물의 경력은 실질적으로 다음 시기 전체를 포괄한다. 이러한 교수직의 계승은 주목해야 한다. 그것은 곧 정식과 교리의 계승이기도 하기 때문이다. 천상의 제일 높은 곳에서 보자면, 세의 진정한 계승자는 실상 위대한 발라였다. 그러나 조금 더 낮은 수준 그리고 '응용'경제학, 즉 경제정책과 체계배치의 견지에서 보면, 아울러 좀더 낮은 경제이론의 수준에서 보면 이 사람들(다른 두 사람보다 로시는 덜한 편이지만)이 세의 계승자로 간주될 수 있으며, 세의 『강의』가 출판된 해인 1803년까지 거의 한 세기를 거슬러 올라간다면 한 학파의 핵심으로 간주될 수도 있다.

우리는 다음 부(部)에서 그것을 고찰할 것이다. 지금은 흥미로운 사실에 주목하는 것 말고는 다음과 같은 논평에 국한할 것이다. 첫째, 비사회주의 경제학에 관한 한, 이 집단은 다음 시기까지 커다란 반대파를 만나지 못했다. 지금 논의 중인 시기와 그 시기를 조금 넘어서는 기간에, 이 그룹은 상층부, 특히 학술잡지, 학술기관들, 그리고 1842년에 『정치경제학회지』(*Journal des économistes*)와 같이 창립된 정치경제학회(Société d'Économie Politique)를 지배했다. 둘째, 이 학파와 그 구성원들은, 부분적으로는 앞서 언급했듯이 1848년까지 부르주아 사회를 위협하던 강한 사회주의 때문에, 자유방임이라는 의미에서 강한 자유주의자이자 반국가주의자였다.[64] 이러한 사실은 자연스럽게 세에 대한 현

력했던 것은 아니었다. 슈발리에는 의심의 여지없이 매우 지적인 인물이었으며, 그의 실증분석 작업은, 만일 비교가 가능하다면, 우리들 중 많은 이가 단순한 분석가의 작업 이상으로 평가하게 된다. 그러나 경제학에 들어온, 많은 능력 있는 사람의 모든 에너지가 즉각적으로 실제적인 원시수렵과 유사한 생산과정에 투여된 일에 의해 흡수되었다. 슈발리에의 체계적인 저작(*Cours d'économie politique*, 1st ed., 1842~44; 1850년에는 「화폐」에 관한 부가 추가됨)과 표피적인 문제들만 다룬 콜레주 드 프랑스에서의 강의록 등은 이러한 슬픈 현실을 볼 수 있게 해준다. 하지만 그것이 거둔 성과는 조롱보다 찬사를 받을 만하다.

대 비판가들의 적대감을 설명해주지만, 그들의 수준 낮은 평가가 비역사적임은 지적할 필요조차 없다. 셋째, 이 학파에는 존경할 만한 성품, 강한 지성 그리고 실무에 대한 풍부한 경험을 갖춘 구성원들이 많았다. 하지만 넷째로, 부분적으로는 그들 정신의 실무적 편향과 경제정책에 대한 지나친 몰두 덕분에 그들은 순수하게 과학적인 물음에 대한 관심을 결여했으며, 그 결과로 분석적 성과에 관해서는 거의 불모적이었다. 그들의 집단으로서의 존재 자체가 현대 급진파에게는 '진보'에 대한 방해물로 비치게 된다. 이는 그 관점과 의미가 크게 다르지만, 우리에게도 마찬가지다.

하지만 추가적인 예증을 위해 몇몇 인물을 더 언급해야 한다. 첫째, 나는 나머지 인물 중에서 두드러질뿐더러, 이 학파의 장점——학파의 약점도 잘 보여주지만——을 가장 잘 예증해주기도 하는 두 인물, 뒤느와예와 쿠르셀-스뇌유[65]에 대해 언급하고자 한다. 그다음에는 당대만

---

64) 그러나 슈발리에를 포함, 그 구성원들 중 일부는 청년기에 한때 생-시몽주의자였다.

65) 둘 다 항상 자기들이 자기 조국을 위해서 올바른 길이라고 생각하는 바를 비타협적으로 옹호한, 존경스러운 인물들이다! 그러나 뒤느와예(Charles Dunoyer, 1786~1863)의 『노동의 자유』(De la Liberté du travail, 1845)에서 발견되는 뛰어난 혜안—탁월한 감각과 결합된—에도 불구하고, 우리는 그것을 과학적 성과로 평가할 수는 없다. 사회주의자들은 그의 모든 문장이 이념적으로 규정된 것이며, '변호론적' 목적에 복무한다는 의미에서 우리의 평가에 동의할 것이다. 그러나 우리가 이렇게 평가하는 이유는 다른 데 있다. 만일 그렇다면, 우리는 그에 못지않게 이념적으로 규정된 모든 사회주의 저작을 실제로 배제해야 할 것이다. 이 저작은 사실에 대한 우리의 지식이나 통제능력에 추가시켜 준 것이 없다. 쿠르셀-스뇌유(Courcelle-Seneuil, 1813~92)의 경우는 다르다. 이 바빴던 인물이 거둔 몇 가지 성과, 『정치경제학의 이론적·실제적 강의』(Traité théorique et pratique d'économie politique, 1858), 『산업, 상업, 농업 기업 강의』(Traité…… des entreprises industrielles, commerciales, et agricoles, 1855), 『은행의 기능에 관한 강의』(Traité…… des opérations de banque, 1853)는 이러한 유형의 본보기였으며, 그 자체로 기여했다. 설사 그의 초보적인 그래프나 성공적이지 못했던 용어상의 혁신(이론—국부학plutology, 응용경제학—농업경제학ergonomy)에 커다란 중요성을

이 아니라 이후에도 성공을 거둔 훌륭한 노동자들인 블랑키와 가르니에에 주목할 것이다.[66] 둘 다, 그러나 특히 가르니에가 인용될 것이다. 셋째, 드트라시 또한 비록 그 자신의 시대에 나온 문헌들을 통해서일 테지

부여하지 않는다고 하더라도, 그의 저작에는 일선 경험에서 나오는, 또 현대 경제학 문헌들이 많이 놓치는, 경제적 사안들에 대한 명확한 인식이 들어 있다. 동시에 나는 우리가 그에 대해 이 이상 말하는 것이 불가능하다고 생각한다. 그의 저작은 좋은 경제학자가 되는 것과 이론가가 되는 것은 전혀 별개라는 오래된 진리를 잘 보여준다.

66) 블랑키(J.A. Blanqui, 1798~1854)는 '반란가' 타입의 혁명가인 L.A. Blanqui 의 형으로, 세에 이어 국립공학원 교수직을 맡은 인물이다. 그는 주로『유럽 정치경제학의 역사』(*Histoire de léconomie politique en Europe*, 1837)로 알려졌는데, 이 책은 탁월한 유용성에 힘입어 국제적으로 성공을 거둔 흥미로운 편집본이다. 더 중요한 것은 그의『상업 및 산업사 요론』(*Résumé de l'histoire du commerce et de l'industrie*, 1826)과 그의 노동경제학 연구다. 전자의 경우 내가 보기엔 (그 시기와 당시에 이러한 시도가 기댈 수 있었던 자료들을 감안해볼 때) 매우 잘 쓰여진 개론이다.

가르니에(Joseph Garnier, 1813~81; 1802년『국부론』의 번역가로 잘 알려지고, 후기 중농주의자였으며, 우리에게는 그리 흥미롭지 않은 인물인 제르맹 가르니에Germain Garnier 백작과 다른 사람이다)는 블랑키의 제자이자 친한 동료였으며, 지칠 줄 모르는 교사, 학교 행정가이자 저자였다. 크게 성공한 『정치경제학의 요소들』(*Éléments de l'économie politique*, 1845; 1860년부터는『강의』*Traité*라는 제목으로 출간됨. 우리는 여기에 그의『금융의 요소들』 *Éléments des finances*, 1858을 덧붙일 수 있는데, 이 저작은 이후『강의』에 합쳐졌다)은 주로 프랑스의 밀 이전 경제학의 보기로서 흥미로운 것이다. 그의『통계학 요소들』는 동일한 흥미를 유발한다. 그가 주석을 단, 맬서스『인구론』의 프랑스어판(1845)이 더욱 중요하다. 그는 그가 국제적 명성을 얻었다고 얘기되기 때문에(인용구로 판단하자면, 이유가 없지는 않은데), 언급되어야 한다. 여기서 가닐(Charles Ganilh, 1758~1836)의 이름을 추가하는 게 적절할 것이다. 그 역시 자신들이 다루는 주제에 대해 언급했던 이전 저자들에 대한 완벽한 소개를「서문」에서 해야 한다고 생각했던 저자들이 쓴 이론적 문헌들에서 계속해서 인용된다. 그의『정치경제학 체계』(*Systèmes d'économie politique*, 1809)는 초기의 경제사상인데, 스미스-세의 자유무역이라는 지배적인 흐름에 맹목적으로 빠져들지 않았을 뿐 아니라 출간 연도 때문에라도 주목할 가치가 있다. 그의『정치경제학 이론』(*Théorie de l'économie politique*, 1815)은 그 '현실성' 내지 '사실성' 측면에서 볼 때 완전히 무의미한 것은 아니었다.

만, 지나가면서 종종 인용될 것이다. 몇몇 다른 사람은 필요한 경우에 언급할 것이다.[67] 그러나 카나르와 바스티아는 뒤에서 언급할 일이 없을 것이다. 그래서 이들의 이름이 여기서 등장하는 것이다.

카나르(N.F. Canard)의 성과(*Principes d'économie politique*, 1801 ; 이 책은 캉티용의 『세 지대』*Trois rentes*의 흥미로운 부활이다)는 때때로 (아무런 의미도 없는 몇 가지 수식 덕분에) 수리경제학의 초기공헌들 목록에 올려진다. 그러나 그렇지 않았다면, 그것은 잊혔을 것이고, 그것이 겪은 불운을 만나지도 않았을 것이다. 불운

---

67) 드트라시(A.L.C. Destutt, Comte de Tracy, 1754~1836)는 나폴레옹 제국이나 그 직전 직후 시기의 지적 전경에서 상당히 중요한 인물이다. 그는 독창성을 겸비하진 못했지만, 타고난 사상가였다. 더구나 그는 18세기 세계에서 교육받았다. 그의 사상이 받았던 주목은 18세기적 태도의 흥미로운 징후인 반면 그의 사상 자체는 부분적으로는 성공적으로 적응한, 그에 못지않게 흥미로운 사례다. 철학적으로 그는 콩디야크 전통에 속하며, 정치적으로는, 수많은 비판적 유보에도 불구하고, 몽테스키외의 많은 계승자 중 하나였다. 많이 알려진 그의 『이데올로기의 요소들』(*Éléments d'idéologie* ; 내 생각으로 가장 뛰어난 번역본은 스코틀랜드판 『도덕철학 체계』*System of Moral Philosophy*다)은 1801년에 나오기 시작했으며, 『의지론』(*Traité de la volonté*)은 그 일부다. 다른 부분은 미완성인 채로 남아 있었던 경제학에 대한 강의로, 1823년에 『정치경제학 강의』(*Traité d'économie politique*)라는 제목으로 재출간되었다. 세의 그룹에 속하는 이 강의를 포함하는 책 전체에 대해 존경심을 가지고 있지만, 나는 한 가지 특징을 제외하고는 아무런 특기할 만한 것도 발견하지 못했다. 드트라시는 허울뿐인 철학자가 아니었다. 그는 논리적 엄격성을 갖춘 시야를 지니고 있었다. 그래서 그는 엄밀한 개념화를 주장했다. 그의 정의 중 하나—생산이란 형태나 장소의 변화를 의미한다는 램지는 여기에 시간을 추가했다—는 몇몇 영국 경제학자에게 전수되었다. 그러나 생산의 물리적 측면이라고 부를 수 있는 것을 강조함으로써 경제적 측면이 간과되었다. 그는 또한 가치는 가치단위에 의해 측정되어야 하며, 측정되어야 할 것들을 단위로 선택된 사물(예를 들면 길이는 미터로 측정된다)의 주어진 양과 비교하는 것이 측정의 본질이라고 주장했다. 리카도는 이 서술을 긍정적으로 인용했으나, 이는 잘못이다. 유용한 결과를 낳을 수도 있었을 그의 논리적 기초에 대한 집착이 불모적인 채로 남아 있었음을 보여주기 위해 다른 예들도 인용될 수 있다.

은 나중에 쿠르노와 발라를 제대로 인정하지 못했던, 바로 그 프랑스학계에 의해 '등극'되었다는 데 있다. 그리고 카나르에게 주어진 영예와 관련해서, 자신들의 나태를 깨달은 올림포스 산의 신들은 그를 방문하여 경멸과 함께 그에게 전혀 부럽지 않은 영생을 부여해버렸다. 그러나 이 책이 그때까지 씌어진 것들 중 최악은 아니었다. 그것은 시스몽디에게 일정한 영향을 주었다.

바스티아(Frédéric Bastiat, 1801~50)는 양심 없는 비판가들에게 부당한 평판을 받았다. 그러나 이는 얕은 곳에서 놀다 깊은 곳으로 들어가 익사해버린 입욕객의 사례일 뿐이다. 강력한 자유무역과 자유방임주의자인 그는 탁월하게 씌어진 논문("De l'influence des tarifs français et anglais sur l'avenir des deux peuples", *Journal des économistes*, 1844)으로 이름을 얻었는데, 이 글은 그가 영국의 코브던의 선동에 버금가려고 노력했던 소규모의 파리 자유무역주의자 집단에 양식을 준 셈이었다. 『경제학적 궤변』(*Sophismes économiques*)이라는 제목으로 연속간행된 저술들에서 나타난, 자유무역 옹호론의 표면에서 즐거이 구가되던 유쾌한 위트——양초업자와 그와 연관된 산업의, 태양과 그와 유사한 것들의 부당경쟁에 반대한 보호청원——는 이후 많은 즐거움을 주었다. 바스티아는 프랑스 자유무역협회를 운영했으며, 놀라운 활동을 보이면서 그의 사회주의 동포들에게 총구를 겨누었다. 여기까지는 좋다. 아니 어쨌든 우리는 관심이 없다. (여기까지라면—옮긴이) 동조자들에게는 찬양을, 반대자들에게는 비난을 받은 그의 이름은 그때까지 가장 뛰어난 경제 저널리스트로 후대에 전해졌을 것이다.

그러나 그의 생애 마지막 2년 동안(그의 열정적인 경력은 1844~50년에 해당된다), 그는 다른 종류의 작업에 착수했다. 그 첫 권인 『경제조화론』(*Harmonies économiques*)은 1850년에 출간되었다. 독자들도 기꺼이 이해하듯이, 바스티아의 자유방임에 대한 무조건적 신념(그의 유명한 '낙관주의')——또는 그의 사회철학의 다른 측면——은 그가 받은 비판의 대부분을 촉발시킨, 상반된 평가와는 아무런 상관도 없는 것이었다. 개인적으로 나는 계급이해의 조화에 대한 바스티아의 강조가 계급이해의 적대성을 강조하는 것 못지않게 어리석다고 생각한다. 이 저작에 훌륭한 사고가 들어 있지 않다고 주장할 수는 없다. 그렇지만 추론능력의 결핍이나 경제학의 분석장치들을 다루는 능력의 부족은 이 저작을 제쳐놓게 만든다. 나는 바스티아가 나쁜 이론가였다고 주장하는 것은 아니다. 내 주장의 요지는 그가 이론가가 아니었다는 점이다. 이 사실은 본질적으로 이론적 모험이었던 저술에 대한 얘기이지만, 그의 다른 장점들에 영향을 주는 것은 아니다. 나는 케어리 스스로가, 또 나중에 페라라와 뒤링이 주장했듯이, 그가 케어리를 표절했다는 비난에 대해서는 할 말이 없다. 어떤 식으로든 나는 그의 『조화론』에서 아무런 과학적 장점도 발견할 수 없기에, 이 책과 관련한 이 물음은 중요치 않다.

그러나 이 문제에 관심이 있는 독자들은 타일하크(E. Teilhac)의 『미국경제 사상의 선구자들』(*Pioneers of American Economic Thought*, E.A.J. Johnson 교수의 영역본, 1936)에서 균형 잡힌 학술적 접근을 참고할 수 있을 것이다. 그의 논증은 상당히 성공적으로, 첫눈에는 명백한 표절로 보이는 많은 것이 바스티아와 케어리가 공유하고 있는 프랑스적 연원으로 인한 것임을 밝히고 있다. 전기를 포함한 바스티아의 『전집』(*Oeuvres complètes*) 2판은 1862~64년에 출간되었다. 나머지에 대해서는 '고전파' 경제학의 교과서 중 가장 훌륭한 것이라고 생각되는 셰르뷜리에[68]의 『요론』(*Précis*)만 지

---

68) 셰르뷜리에(A.E. Cherbuliez, 1797~1869)는 생애의 대부분이 스위스 법률가였으며, 나중에 정치가 · 경제학 교수가 된 인물로 처음엔 경제학자라기보다는 정치학자였다. 그가 진지하게 경제학으로 전환할 때는 이미 마흔이 넘었고, 독창적인 업적은 남기지 못했다. 그러나 그는 서술에 뛰어났고 그의 『경제학 요론』(*Précis de la science économique*, 1862)은 당시의 훌륭한 교과서들 중 하나로 주목받을 만한 가치가 있다. 그 성공은 상당했지만, 그 책의 장점에는 미치지 못한 수준이었다.

적하는 데 그치고자 한다.

5절 독일

독일에 관한 한, 무엇보다 먼저 스미스의 영향 아래서 부분적으로 변하고 있던, 오랜 '관방학'(cameralist) 전통 —— 독일 행정자문가의 전통 —— 을 보아야 한다. 『국부론』은 출간 직후인 1776~78년에 처음으로 번역되었지만, 그 영향을 미치기까지는 시간이 많이 걸렸다. 국가학 (Staatswissenschaft) 전문가들은 처음에 그것을 그리 좋아하지 않았으며, 앞에서도 언급했듯이 몇몇은 스튜어트의 『원리』를 그것보다 높게 평가하는 경향이 있었다. 하지만 그들은 1800년경 매우 철저한 심정의 변화를 경험했다. 처음에는 소수가, 머지않아 다수가 열정적인 스미스 주의자가 되었다. 이것이 초기의 저항보다 훨씬 더 자연스러운 것이었다. 왜냐하면, 이미 언급되었듯이, 그들 자신의 사고는 이전부터 유사한 방향으로 움직이고 있었기 때문이다.

후펠란트, 폰 야콥, 크라우스 그리고 폰 조덴의 저작이 이러한 스미스주의 관방학을 보여주는 사례로 충분하다. 후펠란트(Gottlieb Hufeland, 1760~1817)의 『재정학의 새로운 기초』(*Neue Grundlegung der Staatswirthschaftskunst*, 1807~13; 화폐에 관한 두 권이 오히려 흥미롭다), 폰 야콥 (L.H. von Jacob, 1759~1827)의 『국민경제학 기초』(*Grundsätze der National-ökonomie*, 1805, 나중에 확대개정됨), 크라우스(C.J. Kraus, 1753~1807)의 『재정학』(*Staatswirthschaft*, 1808~11), 폰 조덴(F.J.H. von Soden, 1754~1831)의 『국민경제학』(*Die Nationalökonomie*, 1805~24) 을 참조하라. 폰 야콥과 크라우스는 철학자이기도 했다. (칸트주의자) 네 사람 모두 그 사상과 주요저작이 『국부론』에 기반을 둔 것이라는 의미에서 스미스주의자였다. 미래의 공직자들[69]에게 자신의 견해를 주입시킬 만큼 영향력 있는 교사였던 크라우스는 무조건적인 스미스 숭배자였다. 그는 『국부론』

을 "진정한, 위대한, 새로운 그리고 유익한 체계"며, 그 중요성은 『신약성서』(*New Testament*)에 비견할 만하다고 말했다. 후펠란트와 폰 야콥은, 이들 또한 스미스주의자이기는 했지만, 그 정도까지 나아가지는 않았다. 폰 조덴은 훨씬 더 독자적이었다. 스미스에 대한 그의 비판은 그리 타당한 것은 아니었으나, 그는 때때로 자신의 노선을 따랐다. 특히 그는 나중에 리스트에 의해 발전된 생각, 즉 대외교역이나 다른 정책들의 진정한 목적은 즉각적인 후생의 이득이 아니라 국가적 생산자원의 발전이라는 '중상주의적' 견해를 암시했다. 이는 정책권고안만이 아니라 분석을 위해서도 중요하다. 네 사람 모두 저명했으며, 나는 내 선택을 방어할 준비가 되어 있다. 그러나 독자들은 이들에 못지않게 중요한 다른 이름들을 기억해야 한다.

통상 독일경제학자 목록에 오르지 않는 두 사람이 추가되어야 한다. 그 하나는 롱그발(G.F. Buquoy Longueval, 1781~1851) 공작으로 매우 흥미로운 인물이다. 위대한 오스트리아의 귀족으로 매우 부유하고, 매우 급진적이었다. (나이가 들었음에도 1848년 혁명에 참가했다.) 또 많은 분야에서 아마추어적 재능을 갖추고 있었으며, 적어도 두 분야에서는 그 이상이었다.(이론역학과 경제학) 그는 『국민경제 이론』(*Theorie der Nationalwirthschaft*, 1815; 개정판은 1816~19)과 『화폐와 화폐이론에 대한 논고』(*Ein auf echten Nationalcredit fundiertes Geld*, 1819)를 저술했으며, 두 권 모두 그 기초는 스미스주의였지만 몇 가지 흥미롭고 독창적인 제안, 특히 관리지폐 정책이라는 제안을 담고 있었다. 내 생각에는 사람과 저술 모두 부당하게 잊혀졌다.

---

69) 이 공무원 중 몇몇은 슈타인-하르덴베르크(Stein-Hardenberg) 입법과정에서 함께 작업했다. 따라서 여러 『국부론』 사이의 관계도 매우 흥미로운 주제다. 프로이센 개혁가였던 폰 야콥은 카르코프(Kharkov)대학교와 할레(Halle)대학교에서 가르쳤으며, 상트페테르부르크(St. Petersburg)에서 공식위원회의 자문관으로 활동했고, 러시아에서 스미스 교리를 전파하는 데 큰 역할을 담당했다.

당대에 영국과 프랑스에서 논의되었고, 우리가 관심을 갖는 (분석의) 역사에서 한자리를 차지하는 또 하나의 인물로 덧붙여야 할 사람은 스토치(H.F. von Storch, 1766~1835)다. 그는 혈통과 교육으로는 독일인이었지만, 러시아를 위해 일한 경력 때문에 통상 러시아인으로 취급받는다. 『러시아에 관한 그의 역사 및 통계연구』(특히 *Historisch-statistisches Gemälde des Russischen Reiches am Ende des achtzehnten Jahrhunderts*, 1797~1803)가 우선 언급되어야 한다. 나는 이 아홉 권짜리 저작을 모두 '훑어'보았지만, 스토치가 자신의 자료가 제공하는 가능성을 얼마나 철저하게 탐구했는지 평가할 능력은 없다. 그의 체계적인 저작(*Cours d'économie politique*, 1815)과 소득분석에 대한 그의 도전(*Considérations sur la nature du revenu national*, 1824)과 관련해서는 다음과 같이 지적해야 할 것이다. 전자의 사실-연구적 편향과 그 안에 포함된 윤리적 기초가 그를 후기 역사-윤리학파의 구성원 내지 선구자로 평가하는 역사가들의 습관을 정당화해주지는 않는다. 그는 스미스보다 '사실적'이지 않았다. 또 그를 영국의 동시대인들로부터 방법론적으로 구분하는 것은 윤곽을 흐릴 뿐이다.

시니어의 사실연구는 그의 『정치경제학』 대신 왕립위원회의 보고서에 들어 있지만, 그렇다고 해서 두 저술 사이에 방법론적으로 조화불가능한 차이가 있다고 말할 이유는 없다. 만일 스토치가 경제현상에 관해 보편적인 법칙의 정립가능성을 의심스러워했다고 하더라도, 이는 시니어와 밀이 열렬히 인정했던 의미에서, 즉 역사적으로 주어진, 구체적인 경제현상은 단순하고 보편타당한 규칙을 따르지 않는다는 의미에서다. 나머지 부분에 대해 그의 분석은 '비판적 스미스주의자'라는 용어로 가장 잘 표현될 것이다. 스토치는 연구의 토대와 개념장치들에서 실제로 스미스적이었지만, 수많은 중요한 지점에서 스미스와 세 모두에 대해 동의하지 않았다. 특히 소득분석에 대해서 그러했다. 스토치는 로더데일, 맬서스, 시스몽디와 함께 케인스주의와 뒤이어 나오는 유사한 경향의 선구자로서 평가될 만한 주장을 가지고 있다. 그러나 내가 그의 『고찰』에 들어 있는 논증을 이해하는 바에 따르자면, 여기에는 그런 요소들이 많지 않다. 그쪽 노선에 있는 모든 다른 저자처럼, 그도 자본주의 과정의 균형화 메커니즘을 간과했다. 이제 나는 독자들이 이 이름을 잊지 않기를 바란다. 그는 비록 이론가로서 높게 평가될 수는 없지만, 중요한 인물이다.

점차 약간의 (잘못 이해된) 리카도로 부풀려지고 18세기 행정정책의 낡은 유산들 몇 가지와 결합된 스미스주의, 이것이 이 시기의 말까지거나 그것을 약간 넘어서는 시기까지 독일경제학의 전반적인 흐름을 특징 짓는 도식이다. 이러한 자료는 라우[70]의 저작에서 수십 년 동안 만족스러운 것으로 판명난 교과서의 형식을 취했다. 그러나 이 수준에서 훨씬 더 높은 곳으로 뛰어오른, 주목할 만한 재능과 힘을 가진 두 인물의 성과가 나타났다. 헤르만과 만골트(Mangoldt)가 그들이다. 나는 여기에 독일 경제학사가들의 호기심 많은 습관을 옹호하고자 베른하르디(Bernhardi)를 덧붙이고자 한다.

---

70) 라우(K.H. Rau, 1792~1870)는 처음에는 에어랑겐(Erlangen), 나중에는 하이델베르크대학교의 교수였으며, 분명 건전한 상식과 교육을 받은 평범한 인물이었다. 그러나 성공적인 교과서를 펴내는 데 다른 자질이 필요하다면, 그는 그러한 것들도 갖추었어야 했다. (실제로는 그렇지 못했다—옮긴이.) 그의 『정치경제학 교과서』(Lehrbuch der politischen Ökonomie, 1826~37: 1권, 이론〔법칙들〕; 2권, 응용경제학·경제정책·정책학; 3권, (가장 나은 부분인) 공공재정의 많은 판본은 바그너가 이 교과서를 전적으로 새로운 것으로 대체하기보다는 개정해야 한다고 생각했다는 사실보다 그 놀라운 성공을 더 많이 설명해준다. 교사로서 라우는 경제학사에서 높게 평가되어야 한다. 그러나 풍부한 사실자료들을 깔끔하게 다듬었다는 장점과 미래의 법률가나 공무원들이 받아들일 수 있었고 그러길 원했던 책이라는 점을 빼면, 이 책에 대해 우호적으로 할 말이 별로 없다.

튀넨과 마르크스가 이러한 전반적인 흐름을 벗어나서 자신들의 길을 찾아갔다는 점을 고려할 때, 우리는 경쟁자가 없어 두드러졌던 인물인 헤르만(F.B.W. von Hermann, 1795~1868)의 명성을 깎아 내리고 싶은 충동을 느끼게 된다. 여기에는 일리가 있다. 그렇지만 그의 『재정학 탐구』(*Staatswirthschaftliche untersuchungen*, 1832; 증보판 1870년, 1924년 재출간)는 과학적 경제학의 역사에 기여한 것은 아니지만 많은 칭송을, 심지어 마셜에게서도 칭송을 받을 만한 가치가 있다. 헤르만의 훌륭한 감각은 다른 이들이 '추상적인 방법'에 대한 의구심 때문에 소모해버린 많은 에너지를 절약하게 해주었고, 그의 예리하고 균형 잡힌 정신은 경제이론의 근본적인 문제들에 대해 방해 없이 작동했다. 그의 방법은 저술 연도를 고려할 때 매우 간단했으며, 이는 장점이었다. 그는 '공급과 수요'에서 출발했으며, 그 배후에 놓인 요소들에 대한 고찰로 나아갔다. 그의 깔끔한 개념화가 나머지 역할을 수행했고, 그 성공은 상당한 것이었다. 그의 저작이 리카도를 넘어서는 커다란 일보를 내디뎠다는 사실이 일반적으로 이해되지 않고 있다. 이것은 일반적인 방식으로 그의 이론가로서의 장점을 특징짓기에 충분한 것이다. 그러나 그의 (통계적이거나 그밖의) 사실연구들에는 해당되지 않는다. 또한 독일 형성기에 정치가, 공무원, 교사로서 족적을 남긴 인물됨을 정당화시키는 것도 아니다.

만골트(Hans von Mangoldt, 1824~68)는 훨씬 덜 알려진 인물이다. 그러나 이 공무원이자 교수(괴팅겐대학교와 프라이부르크대학교)였던 인물은 우리 분야에서 해당 세기의 가장 중요한 인물에 속한다. 색스니(Saxony)의 산업에 대한 그의 역사연구를 제외하더라도, 우리가 주목해야 할 두 가지 주요공헌이 존재한다. 그의 『기업가 이득에 대한 강의』(*Die Lehre vom Unternehmergewinn*, 1855; 이것은 사실상 기업가 이득의 능력지대rent of ability 이론이다)와 『국민경제학 강의 요강』(*Grundrisse der Volkswirtschaftslehre*,

1863; 2판은 사후인 1871년 출간)이 그것이다. 이 두 저작은 매우 독창적인 요소를 담고 있는데, 국제가치 이론을 위해 그가 고안한 기하학적 장치가 그것으로, 이것은 에지워스에 의해 수용되었다.

베른하르디(Theodor von Bernhardi, 1802~87)의 명성은 로셔의 『독일 국민경제학의 역사』(*Geschichte der Nationalökonomik in Deutschland*) 덕분이다. 나는 그의 이름을 목록에 올려놓는 습관에 대해 무한히 궁금하게 여긴다. 왜냐하면 사실상 거기에는 연구할 만한 점이 없기 때문이다. 그의 문제작 제목을 내가 번역한다면 『대규모 토지소유와 소규모 토지소유를 옹호하는 주장에 대한 비판적 논구』(*Critical Essay on the Arguments that are being adduced for Large and Small Properties in Land*, 1849)가 적당할 것이다. 베른하르디는 폭넓은 문화와 경험을 갖춘, 극히 지적인 세속인으로, 위의 주장들을 요령 있게 논의했다. 그러나 로셔가 높이 평가한 점은 이것이 아니었다. 베른하르디는 자신의 주제를 영국 '고전파' 교리가 등장한 사회·경제적 배경에 대한 일반적인 고찰의 공간적——또 그럴듯한——틀 속에 놓았으며, 그들의 역사적·사회적 상대성과 그 제한적 타당성을 매우 성공적으로 보여주었다. 그러나 실제적인 문제들에 대한 견해와 정책권고안 그리고 정리들 사이의 차이를 깨닫지 못했음도 보여주었다.

튀넨과 마르크스(만일 그를 독일 경제학자라고 부를 수 있다면)는 다른 곳에서 살펴볼 것이기 때문에 나머지 부분은 한편으로는 리스트와 로트베르투스——튀넨, 마르크스, 리스트, 로트베르투스 모두가 전문적인 경제학자가 아니었다는 사실은 좀 당황스러운 일이다——를 살펴볼 것이며, 다른 한편으로는 구역사학파로 불리는 그룹의 구성원들인 로셔, 힐데브란트, 크니스를 살펴보고자 한다.

리스트(Friedrich List, 1789~1846)는 자기 나라 국민들의 여론

과 애정에서 커다란 위치를 차지한다. 이는 그가 독일 민족통합의 맹아였던 독일연방의 관세동맹(Zollverein)을 성공적으로 옹호한 덕분이었다. 민족의 존재권과 민족적 야심이 당연한 것인, 운 좋은 민족 구성원들에게 이러한 통합이 독일에 의미하는 바는 이해하기 어려운 것이다. 이는 리스트가, 이 길고 고통스러운 투쟁에 결부된 다른 이름들과 마찬가지로, 국가적 영웅임을 의미한다. 나는 이러한 태도를 비판하거나 불행히도 이 책에서 고려하고 있는 유일한 사안 (분석적 공헌─옮긴이)을 제외한 다른 모든 점에서 리스트에 대한 칭송을 거부할 생각이 전혀 없다. 그러나 과학적 경제학자로서도 리스트는 위대한 요소들 중 하나, 즉 민족적 상황에 대한 커다란 비전을 가지고 있었으며, 이는 그 자체로 과학적 성과는 아니지만 어떤 유형의 과학적 성과──오늘날 케인스가 그 대표적 예다──를 위한 전제조건이다. 더구나 리스트는 비전을 실현하기 위해, 그것이 과학적 성과를 거두기 위해서라면, 필요한 과학적 필요조건을 결여하지도 않았다. 사실 그의 분석장치는 실제적인 목적에 지극히 합당한 것이었다. 그러나 이 분석장치의 개별요소들은 특별히 새로운 게 없었다.

리스트는 비참한 과거의 굴레에 사로잡힌 채 투쟁하는 민족을 보았으며, 동시에 그 경제적 잠재력도 보았다. 따라서 민족의 미래는 그의 사상의 현실적 목적이었으며, 현재는 과도기일 뿐이었다. 그는 본질적으로 이러한 과도기에서는 정책이 실질적으로 영구적인 것처럼 여겨지는 기존조건을 관리하는 임무에 기반을 둘 경우 그 의미를 잃게 된다는 점을 깨달았다. 이것이 바로 그가 '단계'설에서 표현한 것인데, 이것은 그의 교육목적에 관한 한 적절한 것이었지만 그 자체로는 낡은 18세기식 사고에 불과했다. 더구나 그는 (폰 조덴처럼) 민족의 미래에 대한 강조가 현재에 비추어본 후생적 고려사항을 수정하게 된다는 점을 인식했다. 이것이 그가 '생산력'에 관한 자신의 학설로 표현한 내용이었다. 그의 체계에서 생산력은, 그것이 주어진 상태에서 사용가능한 소비재와 비교해서 우월한 지위를 차지하는 데, 이는 교육장치로서는 부적절하지 않았지만, 미해결된 문제를 위한 명칭 이상은 아니었다. 끝으로 가장 잘 알려진, 경제정책에 관한 독일의 국민여론을 교육하는 데 공헌한 부분과 관련해서, 유치산업론은 분명 해밀턴적이고 리스트가 미국에 머무는 동안 흡수한 경제적 지혜의 일부였다. 당시 리스트는 매우 완벽하게 미국화되어, 실제로 은행권의 발행을 통한 철도건설 자금의 조달——그 유일한 전례는 미국이었다——을 옹호하기도 했다. 지나는 길에 잠깐 언급하자면, 보호주의 문제에 관한 리스트의 논증은 자유무역론으로 이어진다는 점이다. 이 점이 명확하지 않다면, 밀이 유치산업론을 받아들이면서 그것이 자유무역의 논리 안에서 작동된다는 점을 인식했다는 사실에 주목할 경우 납득할 수 있을 것이다.[71]

내 생각에, 이러한 사실은 리스트의 분석적 재능과 성과를 정당화함과 동시에 그를 합당한 위치로 끌어내리게 해준다. 자신들의 영웅을 가능한 모든 장점의 소유자로 만들기를 주장하는 사람들은 그의 사상을 허구적인 관계로 밀어넣어 허구적인 역사를 창조했다. 그는 18세기 사상의 계승자였다. 그는 낭만주의자였다. 그는 역사학파 경제학(The historical school of economics)의 선구자였다. 이 모든 것은 누구나 과거에 존재했던 모든 것을 계승한 사람이자, 이후에 존재할 모든 것의 선구자라는 의미 이상이 아니다. 그는 위대한 애국자이자 분명한 목적을 가진 뛰어난 저널리스트였으며, 자신의 비전을 실현하기 위해 유용해 보이는 것은 모두 흡수했던 유능한 경제학자였다. 이것으로 충분하지 않은가? 그의 모든 저작 중에서 『미국 정치경제학 개요』(Outlines of American Political Economy, 1827)가 우리에게 가장 흥미로운 것이다. 이는 그의 체계의 초기 발

---

71) 우연히도 리스트의 계획은 '민족주의'나 '제국주의'로 불리는데, 이 두 경우는 그것의 이중적 의미를 보여준다고 말할 수 있다.

전단계를 보여주고 있기 때문이다. 이로부터 나온, 그의 완숙한 저작이 『정치경제학의 국민적 체계』(*Das nationale System der politischen ökonomie*, 1841 ; 영역본은 1885)인데, 위의 모든 논평에도 불구하고, 글자 그대로 훌륭한 고전이다. 그의 저작들을 종합한 새로운 편집본(*Schriften, Reden, Briefe*)이 『리스트-연구』(*List-Studien*)를 출판하는 독일의 리스트협회(List-Gesellschaft)에 의해 (1927~32년에) 출간되었다.

로트베르투스(Johann Karl Rodbertus, 1805~75)의 이름 역시 상당 부분 환경 덕분이다. 한편으로, 그는 영국에서라면 부딪혔을지도 모르는 경쟁이나 비판을 만난 적이 없었다. 다른 한편, 그는 계급투쟁과 혁명을 경멸하는 보수적 군주론자이면서도 많은 대중에게 받아들여질 만한 특정유형의 국가사회주의 옹호자이기도 했다. 나머지 부분 중에서 산업의 총생산물에 대한 육체노동자의 자연권을 포함하는 그의 사회철학과 정치철학(모든 상품은 육체노동만의 산물이거나 비용이라는, 당시에 널리 받아들여지던 근거에 입각한)은 우리의 관심사항이 아니다. 그러나 몇몇 정책권고안은 언급해야 한다. 그것들은 그 근저에 놓인 분석을 보여주기 때문이다. 노동으로부터 '그' 생산물의 일부를 빼앗아가는 것은 제도형태일 뿐이라는 명제는 과세와 같은 국가활동에 의해 제도형태를 변화시키고(이는 당시의 자유주의 세계에서 조세를 재정수입 이외의 목적으로 이용하려는 최초의 제안 중 하나다), 가격이나 임금만이 아니라 재산소득 역시 고정시켜야 한다는 그의 정책권고안에 반영되어 있다. 그의 지대이론은 독일에서 실제적인 효과를 가졌던 극히 민감한 제안, 즉 자본에 대한 청구권을 체현하고 있는 모기지(mortgage)를 연소득에 대한 권리만을 가진 모기지로 대체하려는 제안에 반영되었다. 그의 빈곤과 경기순환에 대한 이론은 두 가지를 모두 소득재분배를 통해 제거하려는, 상당히 현대적으로 들리는 제안에 반영되었다.

로트베르투스의 분석도식은 이런 방식으로 가장 간결하면서도 효과적으로 묘사될 수 있다. 근본적으로는 마르크스와 동일한 의미에서 그 역시 리카도주의자였다. 그의 분석적 노력은 리카도의 교리를 특정한 방향으로 발전시키려는 노력이었으며, 그 형태는 다르지만, 본질적으로 마르크스의 노력과 대동소이한 것이었다. 출간 연도에 비추어볼 때, 특히 모든 비임금소득에 대한 단일한 관점——마르크스의 잉여가치와 로트베르투스의 '지대'——에 관한 한, 마르크스가 로트베르투스에게서 영감을 얻었을 수도 있다.

그러나 기본적으로 로트베르투스의 예들은 기껏해야 마르크스에게 그의 과제와 관련해서 하지 말아야 할 것과 치명적인 오류를 피하는 방법 정도를 가르칠 수 있었을 것이다. 그러므로 내게는 마르크스의 이론적 발전이 리카도의 정식에서 자연스럽게 나오는 것처럼 보이기 때문에(이러한 발전이 추구하는 방향이 주어진 상태에서), 나는 마르크스가 로트베르투스에게서 아이디어를 '차용'했다는 견해를 엥겔스가 거부하는 것에 대해 반박할 만한 그럴듯한 이유가 있다고 생각하지 않는다.

물론 로트베르투스를 리카도주의자라고 부르는 것은 그의 독창성의 범위를 제한하는 것이다. 덧붙여 말하자면, 착취론은 톰슨(W. Thompson)에게 우선권이 있으며, 로트베르투스의 노동지폐(통화)론은 오언에게 우선권이 있다.[72] 그러나 둘 다 대단한 것은 아니다. 독자들은 내가 여기서 로트베르투스의 이론작업의 수준을 보여주는 특징으로 미리 언급하는 세 가지 점을 각자 편한 방식으로 명심하기 바란다. (하지만 이 모든 것은 숭배자를 갖고 있다.) (1) 그의 철저하게 잘못된 지대이론[73] (2) 국민소득에서 상대적인 노동

---

72) 오언과 로트베르투스 모두에게, 본질적으로는 동일한 방식으로, 노동의 단위는 금통화에 금단위가 존재하는 것과 마찬가지일 뿐 아니라 이 노동화폐의 메커니즘은 '정확한' 가치에도 기여한다.

73) 지금 얘기하는 것은 통상적인 의미의 지대로, 이는 로트베르투스적 의미의 지대가 아니다. 그에게 지대는 이윤, 이자, 토지지대를 모두 합한 것이다.

의 몫이 자본주의 발전과정에서 하락하는 경향이 있다는, 사실적으로나 이론적으로나 틀린 이론 (3) (2)에서 비롯된 것으로, 자신의 생산물 중 충분한 양을 되살 수 없는 노동의 한계 때문에 주기적으로 과잉생산이 나타난다는 명제에 기반을 둔 그의 과소소비 위기이론——이는 논의될 만한 가치가 없지만 불행히도 논의가 되는 유형의 과소소비 이론이다——이 그것이다. 이와 동일한 방향을 지시하는 것으로 보이는 몇 구절에서 시스몽디는 그보다 훨씬 나은 모습을 보인다. 로트베르투스의 가장 중요한 저작은 『우리 재정학의 현주소에 대한 인식』(*Zur Erkenntniss unsrer staatswirthschaftlichen Zustände*, 1842), 『폰 키르크만에게 보내는 사회 서신』(*Sociale Briefe an von Kirchmann*, 1850~51; 영역본은 *Overproduction and Crises*, 1898, 2판은 1908), 『오늘날 토지소유 신용증서의 규명과 대응방안』(*Zur Erklärung und Abhülfe der heutigen Creditnoth des Grundbesitzes*, 1868~69) 등이다. 우리에게 흥미로운 다른 저작들은 몇몇 중요한 해명을 담고 있는 서신들을 포함해서 그의 사후에 간헐적으로 출간되었다. 상당수의 로트베르투스 관련 문헌들이 있으며, 대부분 독일에서 나온 것이다. 그중에서 나는 디첼의 『카를 로트베르투스』(*Karl Rodbbertus*, 1886~88)만 언급하겠다. 이 책은 출간시기에서 비롯된 정보부족을 저자의 분석능력으로 보완하고 있다. 19세기 마지막 20여 년 동안에 로트베르투스를 전면에 부각시킨 것은 바그너의 영향력 덕분이었다.

우리가 **역사학파 경제학**이라는 개념을 슈몰러(이 책, 3권, 4부 4장을 보라)의 시대와 그 그룹에만 한정하는 편이 우리 분야의 실제적 발전상을 잘 보여줄 것이라고 믿을 만한 이유에 대해서는 앞으로 논의를 진행해가면서 제시할 것이다. 이것이 의미하는 바는, 구역사학파라는 용어, 즉 슈몰러의 '역사주의'에 대한 커다란 논쟁에서 주로 사용된 것으로, 역사연구의 중요성을 인정하면서도 '이론'에 대한 적대감을 갖지는 않았던 저자 집단을 가리키기 위해 도입된 이 용어를 사용하는 것이 좋은 관행은 아니라는 점이다. 나는 이러한 생각이 그들의 두드러진 특징을 드러내지 못하며, 이러한 맥락에서 일반적으로 언급되는 경제학자들은 통상적인 의미에서 학파는 고사하고 그룹을 형성한 것도 아니라고 주장한다. 그러나 이 경제학자들, 즉 힐데브란트, 크니스, 로셔에 대해서는 주목해야 한다. 첫 번째 인물[74]은 끊임없이 활동하면서 상당한 영향력을 행사했던 인물로, 역사학파 경제학자라는 용어의 이후의 의미이자 진정한 의미에 가장 가까이 다가갔다. 크니스는 독일경제학의 가장 중요한 인물 중 하나로 그의 주요저작이 속하는 다음 시대를 개관할 때 언급될 것이다. 그러나 그 저작은 경제이론에 속하며, 구역사학파에서 그의 위치에 맞는 유일한 타이틀은 방법론적 신앙고백(*professio fidei*)에 기초한 것이다. 이것은, 그 자체로는 매우 흥미롭지만, 그의 실천을 고려할 때 그리 큰 의미는 없다. 그것은 지금 논의 중인 시기에 속하며, 뒤에서(5장 2절 2항) 언급할 것이다. 로셔[75]는 라이프치히대학교에서 46년

---

74) 힐데브란트(Bruno Hildebrand, 1812~78)의 주요저작인 『현재와 미래의 국민경제학』(*Die Nationalökonomie der Gegenwart und Zukunft*, 1848; 게릭Gehrig의 새 판본은 1922년 출간)은 자연법 개념에 대한 적대감을 표현하고 있다.(경제법칙을 인식론적으로 물리법칙과 유사한 것으로 만든다는 의미에서) 또한 경제학의 도덕과학적 특성(그의 용어는 자연과학Naturwissenschft에 대조되는 문화과학Kulturwissenschaft이었다)을 강조했으며, 슈몰러학파의 실용주의적 선언 그리고 빈델반트와 리케르트의 사회과학 방법론에서 다시 나타나는 여타 특징들을 강조했다. 게다가 그는 역사연구를 수행했다. 그러나 그가 1862년에 창간한 『국민경제학과 통계 연보』(*Jahrbücher für National-ökonomie und Statistik*)의 첫 호 앞머리에 나오는, 그 자신의 실용주의적 선언은 가톨릭 정신이 돋보일 뿐, 독자적인 방법론적 파당을 시작하거나 싹틔울 의도는 분명 아니었다. 어쨌든 우리가 그를 역사학파 경제학자로 부르고자 한다면, 그는 아무런 실체도 없는 삼인방(구역사학파의 세 주요인물을 지칭—옮긴이)의 구성원보다는 슈몰러의 선구자로 불려야 한다.

75) 로셔(1817~94)의 지칠 줄 모르는 근면함은 수많은 저작을 낳았으며, 그중에는 우리가 이미 언급한 『16~17세기 영국 국민경제학의 역사』(*Zur Geschichte der englischen Volkswirthschaftslehre im sechzehnten und siebzehnten Jahrhundert*, 1851~52)와 기념비적 저작인 『독일 국민경제학의 역사』(*Geschichte der Nationalökonomik in Deutschland*, 1874)도 있다. 인상적인 도서목록에서 경제학사에 대한 그의 추가적인 공헌 두 가지와 몇몇 경제사 연구

동안 가르쳤으며, 매우 높은 존경 수준 아래로 떨어진 적이 없는 많은 저작을 통해 자신의 영향력을 배가시켰다. 이 모든 저작은 학자적 정직함과 건전한 상식에 기대어 씌어졌으며, 그의 친절하고 교양 있는 정신이 모든 유형의 과학적 노력에 보여준 우호적 이해는 훨씬 더 독창적인 생산자들보다도 그를 많은 세대의 학생에게 훨씬 더 유익한 존재로 만들었을 것이다. 마르크스는 그에게 가벼운 장난을 걸기도 했다. 그를 진보의 걸림돌 같은 존재로 본 사람들도 있었다. 그러나 전체적으로는 이 시기에 독일 안팎에서 그만큼 보편적인 존경을 받았던 경제학자는 거의 없었다. 그에게서 독창적인 결과를 발견하지는 못했지만, 그를 존경하는 저자들은 그의 방법이나 접근에서 독창적인 무엇인가를 찾으려고 노력했다. 이것이 그가 역사학파 일반의 '창시자' 중 하나로 평가받거나 이른바 '구'역사학파의 지도자로 평가받는 지위에 오르게 된 이유다. 그는 자신의 역사적 방법이나 관점에 대해 자주 언급함으로써 이러한 평가를 받겠다. 그러나 이후에 살펴보겠지만, 이것은 그리 대단한 것이 아니며, 그의 분석장치에 관한 한, 그는 특별히 강한 역사적 예증의 취향을 가진 것으로 보이기는 하지만, 영국 '고전파'의 매우 훌륭한 추종자로 분류되는 편이 타당하다.

내 생각에, 위에서 언급한 내용은 우리의 목적에 필요한, 당시 상황의 모든 두드러진 특징을 보여준다. 불완전함이란 이러한 유형의

를 포함하는 다른 항목은 다 무시하고, 나는 놀라운 성공을 거둔 『국민경제학 체계』만을 언급할 것인데, 이 책은 다섯 권으로 구성되어 있(으며, 각 권은 다음과 같−옮긴이)다. 『국민경제학 기초』(*Grundlagen der Nationalökonomie*, 1854; 26th ed., 1922; 영역본, 1878); 『농업의 국민경제학』(*Nationalökonomik des Ackerbaues*, 1859; 14st ed., 1912); 『상업과 산업의 국민경제학』(*Nationalökonomik des Handels und Gewerbfleisses*, 1881; 8th ed., 1913~17); 『재정학 체계』(*System der Finanzwissenschaft*, 1886; 5th ed., 1901); 『빈민구호와 빈민정책 체계』(*System der Armenpflege und Armenpolitik*, 1894; 3rd ed., 1906).

모험에서는 늘상 있는 일이기에 변명할 필요는 없다. 그렇다고 해도 몇몇 독자가 그리워할지도 모르는 세 명의 이름을 빠뜨린 것에 대해서는 보상해주는 편이 바람직할 것이다. 슈타인(Lorenz von Stein)에 대해서는 역사에 대한 경제적 해석과 관련해서 이미 언급한 바 있는데, 그의 가장 중요한 저작들이 이 시기에 모두 첫 출판되었으므로 어쩌면 이 개관에서 그를 포함하는 것이 당연했을지도 모르겠다. 그러나 나는 그를 다음 시대로 넘겼다. 그의 영향력은 1870~80년대에 상당히 증대하기 때문이다. 이와 비슷한 이유로, 나는 셰플레도 뒤로 넘겼다. 하지만 나는 이 기회에 어디서도 적당한 위치를 찾을 수 없는 뒤링에 대해 간단하게 논평하고자 한다.

뒤링(1833~1921)은 시력상실로 법률가의 직업을 포기해야 했으며, 곧 완전한 맹인이 되었다. 그래서 한편으로는 학문적 이력을, 다른 한편으로는 지적 노력을 시작했으며, 그 결과 수학, 기계학, 이론 물리학 일반에서 민속학, 경제학, 철학에 이르기까지 방대한 영역을 정복하게 되었다. 그러나 진정으로 감탄할 만한 위업——사실 거의 믿기 힘든——은 그가 이렇듯 방대한 영역의 몇몇 분야에서 독창적으로 성취하기 위해 필요한 정도의 수준에 도달했다는 점이다. 특히 그는 역학의 역사에 관한 탁월한 저서(*Kritische Geschichte der allgemeinen Principien der Mechanik*, 1873)를 출간했으며, 학술상을 받을 때 심사위원들에게서 그의 연구 수준이 이 상을 수상하는 데 필요한 정도를 훨씬 넘어선다는 평을 받기도 했다. 좀더 중요한 사실은 마흐(Ernst Mach, *Mechanics*, 1판 「서문」 참조)가 그를 높게 평가했다는 점이다. 더구나 반형이상학적이고 실증적인 사조들의 역사에서 그는 틀림없이 두드러진 위치를 차지할 것이다. 사상의 다른 측면——철학이라는 용어의 가장 초기 의미에 상응하는 삶의 철학——에서 그는 우리가 좋아할 수도 그렇지 않을 수도 있는 태도나 체계를 발전시켰는데, 이는 흥미로우면서도 독창적인 것이었다. (그는 이것을 '인성론'personalism이라고 불렀다.) 또한 그의 사회철학——또는 사회개혁 체계——에도 동일한 평가가 내려질 수 있다. (그는 그것을 '사회성'societary이라고 불렀는데, 이것은 로트베르투스의 사회철학과 몇 가지 유사성을 가지고 있다.) 이 중요한 사상가가 좌절에 부딪히게 된 이유는 주로 온화하면서도 공격적인 데다, 신랄한 공격 때문에 사실상 거의 모든 개인과 그룹을 적으로 만들어버린, 그의 성품에서 찾아야 할 것이다. 그러나 그는 1920년대에 부활하게 된다. 이 모든 사항은 그에 대한 불경스러운 태도가 완전히 잘못된 것임을 명확히 하고, 오해에서 비롯된 것들을 막기 위해 언급된 것이다.

경제사회학 분야에서 그는 자신의 교리, 즉 자본주의 시대의 많은 소유관계가 자본주의의 경제논리가 아니라 초경제적인 정치적 인과연쇄에서 나온 것이라는, 부분적으로는 타당한 반마르크스주의 이론을 제시했다는 점과 관련해서, 실제로 상당한 성과를 보여주었다. 그러나 우리는 정치사상과 정책 권고안을 제외하기 때문에, 여기서 언급할 것은 그의 실증적 공헌이다. 그가 역학분야에서 거둔 성과를 생각하면 이상한 말이지만, 그는 서툰 분석가였다. 그는 자본주의적 소유가 (제도적 이유로 인해) 노동자 계급을 최저생계 수준에 묶어두고, 그들로부터 기술진보의 과실을 빼앗아간다는 (그래서 국가가 노동에게 적당한 몫을 보장해주기 위해 개입해야 한다는, 거듭 말하지만 로트베르투스와 유사한) 식의 논리에 담긴 분석적 약점을 제대로 알지 못했다. 그는 케어리에 대해 맹목적으로 열광했으며, 바스티아의 표절에 대해서는 분노로 발작을 일으킬 지경이었다. 그러나 그는 케어리 체계의 강점이나 약점을 제대로 파악하지 못했다. 그런데 우리에게 중요한 것은 바로 이 문제이기 때문에 그를 다시 언급할 일은 없을 것이다. 뒤링의 저작 중에서 우리 분야에 해당되는 것으로는 『케어리의 국민경제학과 사회과학 전복』(*Carey's Umwälzung der Volkswirtschaftslehre und Socialwissenschaft*, 1865), 『자본과 노동』(*Capital und Arbeit*, 1865), 『국민경제학의 비판적 기초』(*Kritische Grundlegung der Volkswirtschaftslehre*, 1866), 『국민경제학과 사회주의의 비판적 역사』(*Kritische Geschichte der Nationalökonomie und des Socialismus*, 1871), 『경로』(*Cursus*, 1873)가 있다. 래스킨(E. Laskine)의 「오이겐 뒤링의 사회경제 이론」("Les Doctrines économiques et sociales d'Eugène Dühring", *Revue d'histoire des doctrines économiques et sociales*, 1912와 알브레히트G. Albrecht의 『오이겐 뒤링』 *Eugen Dühring*, 1927)을 참조.

6절 이탈리아

모든 국가의 정치·행정조직은 과학적 작업조직에 반영되게 마련이다. 그래서 프랑스에서는, 다른 모든 것과 마찬가지로, 과학적 작업 역시 매우 중앙집중적이었다. 영국에서는 매우 상이한 조건이 유사한 결과를 초래했다. 우리는 경제학을 포함한 모든 분야에서 상대적으로 작고 긴밀하게 결합된 집단을 보게 되는데, 이 안에서 이루어지는 엄격한 선별이 실질적으로 중요한 이름을 소수로 줄여주는 데 기여한다. 이러한 구조는 쉽게 설명된다. (영국보다—옮긴이) 훨씬 더 탈집중화되었던 독일의 경제학은 커다란 난점을 제기했다. 이탈리아 경제학은 더욱더 탈집중화되어 있었다. 고백하건대, 나는 모든 상황을 적절한 위치에서 만족스럽게 묘사할 수 있는 능력이 없다. 이 시기에 국가적 삶의 다양한 중심에서 이루어진 경제학 연구에 대해 일반적으로 얘기할 수 있는 것은 오직 이전 시대의 베카리아와 베리, 또 이후 시기의 판탈레오니(Maffeo Pantaleoni)와 파레토(Pareto)가 거둔 성과에 미치지 못했다는 점뿐이다. 이 점은 여러 가지로, 특히 외국의 강력한 영향력으로 설명할 수 있다. 스미스, 맬서스, 리카도, 세의 영향력은, 그것을 받아들이든 격렬하게 비판하든지 간에, 종종 설득력은 있지만 기본적으로는 파생적인 연구들의 출발점이자 원료였다. 이에 따라 과거 이탈리아 저작들(1803~16년에 나온 쿠스토디의 50권짜리 전집 『이탈리아의 고전파 정치경제학 전집』*Scrittori classici italiani di economia politica*)과 외국저작의 번역(1850~68년에 나온 『경제학자 서지사항』*Biblioteca dell'Economista*의 첫 번째와 두 번째 시리즈)에 대한 관심이 모두 두드러지게 나타났다.[76] 이용가능한 사실들을 고찰해보면, 이탈리아 경제학자들의 개인적인 능력이 뛰어났음을 알 수 있기에 이는 더욱 놀라운 일이다. 예를 들어 나는 특히 뛰어났던 두 사람, 즉 로시와 시알로자에 대해 언급하겠다. 이들의 경력 또한——우리가 이미 알고 있고, 언제나 같은 스토리이지만——능력 있는 사람임에도 그 과학적 성과는 상대적으로 취약한 사례를 보여준다.[77] 단지 분석의 범위 때문에 경제학에서 상대적으로 취약한 성과를 거둔 두 예가 발레리아니와 로마뇨시다.[78]

---

76) 에스파냐에서도 동일한 현상을 발견할 수 있다. 구아리노스(Juan Sempere y Guarinos)의 『에스파냐 정치경제학 서지사항』(*Biblioteca española economico politica*)이 1801~21년에 출간되었다.

77) 나는 내가 로시(Pellegrino Rossi, 1787~1848)에 대해 잘 묘사하기를 바란다. 그의 많은 정치활동에서의 실패는 다른 사람들의 성공보다 더 많은 능력을 드러내준다. 이 이탈리아인은 스위스의 헌정개혁가, 로마사 교수가 되었으며, 이후에 파리에서 경제학·헌법 담당교수와 프랑스의 귀족(Peer of France)이 되었다. 그런 다음에 프랑스의 로마대사, 다시 로마교황청의 총리가 되었다. 그는 무엇보다도 『정치경제학 강의』(*Cours d'économie politique*, 1840~54: 3~4권은 사후에 출간)를 썼는데, 이 저작은 성공할 만한 것이었지만 분석의 역사에서는 더 이상 언급할 만한 가치가 없다. 그가 보여준 광범위한 문화적 시야, 실제적 통찰력도, 분석적인 의미에서는 이 저작이 리카도주의에 세를 약간 섞은 것이라는 사실을 바꿔주지 못한다. 시알로자(Antonio Scialoja, 1817~77)는 『사회경제학 원리』(*principii della economia sociale*, 1840)라는 정체를 알 수 없는 저작을 썼다. 이 책은 매우 잘 쓰어졌으며 그에 상응하는 성공도 거두었지만, 그에 대해 더 이상 언급할 만한 것은 없다. 그러나 이 책이 나왔을 때 그는 23세였다! 투옥, 망명, 내각업무 등으로 점철된 정치·행정경험 같은 것들이 부재한 상태에서 그러한 성취를 거둘 수 있는 사람이라면 얼마나 많은 일을 할 수 있었겠는가?

78) 발레리아니(L.M. Valeriani, 1758~1828)는 잡학박식한 인물(polyhistor)로, 당대에 모국에서 많은 칭송을 받았다. 그러나 그가 경제학을 위해 남겨둔 약간의 열정은 물가이론에 관한 그의 저작(*Del prezzo delle cose tutte mercantili*, 1806)에서 훌륭하게 사용되었다. 이 저작은 수요·공급 함수를 어떻게 다루어야 하는지 밀과 시니어에게 가르쳐줄 수도 있었을 것이다. 이탈리아의 역사편찬학은 그와 시알로자가 이 분야에서 수학을 처음으로 사용했음을 알려준

이 시대 초기에는 지오자와 푸오코가, 후기에는 메세다글리아가 좀더 집중적인 노력으로 상당한 성과를 거두었다. 지오자[79]의 저작은 그가 꿈꾸던 통일 이탈리아의 관점에서 『국부론』을 다시 쓰려는 시도로 묘사될 수 있다. 진주는 쓸모없는 쓰레기더미에 숨겨져 있는 법이다. 그러나 이 저작의 가치는 그 통계작업에 있다. 푸오코[80]를 정당화하기는 좀더 쉽다. 그는 우리가 잊어서는 안 되는 주목할 만한 이론가였다. 몇 가지 점에서, 예를 들어 경제학에서 한계개념을 사용했다는 점에서 그는 상당한 독창성을 보여주었다. 그의 경제적 균형개념은 어떤 점에서 세보다 앞섰다. 그는 이탈리아의 역사에 대해, 주로 지대이론을 설명하는 맥락에서, 자주 언급했다. 그러나 조금도 영향을 미치지 못한 듯 보인다. 이것이 바로 메세다글리아[81]와 다른 점이다. 내가 그(메세다글리아—

다. 그러나 이 점에서 그와 시알로자가 보여준 장점은 커다란 가능성 이상이 아니었다.

이러한 가능성을 인식한 다른 이탈리아인, 예를 들어 로마뇨시(Fuoco G.D. Romagnosi, 1761~1835)의 이름은 법학과 형법학의 역사에서 살아남을 것이다. 그 또한 철학자이자 일종의 수학자·물리학자였다. 그러나 반국가주의적이었지만 평등주의적이었던, 그의 경제철학은 우리에게 별다른 가치가 없다. 그것을 묘사하자면, 이탈리아 공리주의라는 산 밑에 있는 한 기슭 정도로 볼 수 있다.

79) 지오자(Melchiorre Gioja, 1767~1829). 내가 유일하게 알고 있는 『주요저작집』(*Opere principali*)은 그의 사후인 1838~40년에 출간되었다.

80) 푸오코(Francesco Fuoco, 1777~1841), *Saggi economici*, 1825~27; *Introduzione*…… *dell'economia industriale*, 1829 참조. 신용의 생산성에 대한 긴 논쟁에서 한 자리를 차지하는, 또 다른 흥미로운 저작인 『신용의 마술』(*Magia del credito svelata*)은 1824년에 출간되었다. 이 책은 흥미로운 사업상 거래 때문에 웰츠(Welz)가 저자로 되어 있다.

81) 메세다글리아(Angelo Messedaglia, 1820~1901)는 법학교수였고, 나중에는 파도바대학교와 로마대학교에서 경제학과 통계학을 가르쳤다. 잠깐 동안 정치적 활동으로 중단되기는 하지만, 그의 평온한 직업적 삶은 끈기 있는 연구노력에 상응하는 성취를 가져다주었다. 그는 재능, 취향, 환경의 특수한 결합이 어떻게 견고한 과학적 성공을 이루어내는지에 대한 연구를 위한 뛰어난 예다. 또한 최고 바로 밑의 수준까지 오를 수 있었다. 참고할 만한 저작들은 그의 출판목록으로 대체하며, 그중 일부는 나중에 언급할 것이다.

옮긴이)를 언급하기로 선택한 이유는 이탈리아의 경제학과 통계학의 역사에서 그가 취한 전략적인 입장 때문이다. 내 생각에, 판탈레오니가 메세다글리아를 이탈리아 경제학이 다시 부흥하게 되는 이후 시기의 '모든(?) 경제학자를 가르친 세 사람——다른 두 사람은 코사(Cossa)와 페라라였다——중 하나라고 썼을 때, 그것은 당시 이탈리아 학자들 대다수의 견해를 표명한 것이었다. 이렇듯 탄탄한 성취의 대부분은, 예를 들어 공적 대부, 인구, 통계이론, 화폐 등에 대한 논문들——이중 앞의 두 저술만 이 시기에 속했다——은 그의 높은 학문적 수준을 보여주기는 하지만, 그 자체로 보면 개인적 성과는 아니었다. 그것들은 이러한 주제들에 대한 개인적 성과라기보다는 학자적 정신의 메시지이자 시류에 편승하기를 거부하는 연구의 대표적인 사례로 영향을 미쳤다. 우리는 케인스를 당시의 영국 경제학자에 포함시키는 것과 동일한 이유로 나자니(Nazzani)를 덧붙이고자 한다. 그는 아마도 이탈리아에서 '고전파' 이론의 가장 유명한 옹호자였으며, 그의 주요공헌은, 출판 연도에도 불구하고, 이 시기에 속한다.[82]

이 개관은 매우 불완전하다[83]는 점 말고도, 이탈리아의 경제학자들이 수행한 사실연구, 특히 우리의 인상에 상당한 영향을 미쳤을지도 모르는 농업문제——소유와 차지(借地)문제를 포함하는——에 대한 연구에 적절한 비중을 할애하지 못했다는 한계를 갖는다. 하지만 이에 대해 할 수 있는 일은 별로 없다. 교과서 중에는 시알로자의 것 외에 보카르도나 내가 개인적으로 제일 좋아하는 세자르의 것도 있었다.[84] 이 시기에 그

---

82) 나자니(Emilio Nazzani, 1832~1904)의 『지대론』(*Sulla rendita fondiaria*, 1872)은 1881년에 다른 세 논문(임금, 이윤, 영국 '고전파')과 함께 재출간되었다.

83) 여러 공백 중 하나는 이탈리아 경제학사와 관련된 저작 페치오(Conte Pecchio)의 『이탈리아 공공경제학 이야기』(*Storia della economia pubblica in Italia*, 1829)——매컬럭은 민족적 편견 때문에 그를 비난했지만——를 언급함으로써 메꿔질 수 있을 것이다.

84) 보카르도(G. Boccardo, 1829~1904)의 『정치경제학의 이론적 · 실제적 논

리고 아마도 그 이후 20여 년 동안 이탈리아의 경제학계에서 가장 두드러진 인물은 내가 마지막으로 남겨둔 페라라일 것이다. 그는 위대한 지도자였다. 그는 자기 자신의 학파를 형성했다. 하지만 그에 대한 애정과 존경은 그를 과대평가하도록 만들었다.

페라라(Francesco Ferrara, 1810~1900)는 기본적으로 학자이자 교사였다. 하지만 그는 또한 정치가였으며, 통일 이탈리아의 형성과 새로운 국민국가를 조직하는 일에서 일익을 담당했다. 내가 이러한 활동과 경제정책적 문제에 대한 그의 관심에 대해 언급하는 것은 두 가지 이유에서다. 첫째, 그것들은 그가, 리카도처럼, 단순히 과학적 성취로만 이루어진 것이 아닌, 단상 위에서 우리에게 얘기하고 있는 이유를 설명해준다. 이탈리아인들은 당연히 이 위대한 경제학자를 조국의 창시자 중 한 명으로 존경했다. 둘째, 이러한 활동과 실제문제에 대한 논의에서 그가 보여준 태도는 그의 성격을 잘 드러낸다. 우리는 그에게서 지극히 높은 자존심과 양심을 가진, 어떠한 유혹——많은 유혹이 있었던 환경에서도——에도 굴하지 않고 오로지 자기 민족에 대한 애정을 갖고 오류에 대해 비타협적이었던 인물을 보게 된다. 그러나 우리는 또한 거의 믿을 수 없을 정도로 경직된 교조주의자를 보게 된다. 경제적·정치적으로 그는 이 부의 2장에서 정의된 의미에서 극단적 자유주의자였다. 또한 이러한 극단적 자유주의로부터의 약간

고』(*Trattato teorico-pratico di economia politica*, 1853)는 시험 전에 학생들이 질문한 것들에 대한 답변이다. 또 다른 밀주의자(Millian)의 글인 세자르(Carlo de Cesare, 1824~82)의 『공공경제학 요론』(*Manuale di economia pubblica*, 1862)은 근본적으로는 '고전파적'이지만, 보카르도의 책보다 더욱 포괄적이고 깊이 있으며 그 이상의 것들을 담고 있다. 이 책은 저명한 인물의 저작으로, 그 안에 있는 참고문헌에는 곤란한 물음들에 대한 뛰어난 보고서들이 포함되어 있다. 그는 자기 민족을 위해 무한히 헌신하고자 하는 사람들 중 하나였으며, 실제로도 그렇게 했다. 만일 인간에게 (애국심 이외에―옮긴이) 다른 유형의 심성이 없다면, 지식은 한 발짝도 나아가지 못할 것이다.

의 이탈조차도 그에게는 저주였다. 이러한 측면에서 그는 다른 많은 자유주의자처럼 전제적이고 너그럽지 못했다.

이러한 특징은, 이를 이용할 줄 아는 적대자들에게 하늘이 준 선물이었다. 그는 자기 자신의 관점이 아닌 것에 대해서는 이해하려고 노력하지도 않았다. 사회정책(Sozialpolitik)은 그의 분노만을 불러일으켰다. 이 사실은 우리에게 의미가 있다. 왜냐하면 그는 정치뿐 아니라 과학의 영역에도 머물렀기 때문이다. 그는 경제이론의 힘에 대해 무비판적인 신뢰를 보냈다. 그래서 역사학파 역시 그의 분노를 초래했다. 이러한 지도력은 위험을 내포하고 있다. 그러나 우리는 그 장점 역시 망각하지 말아야 한다. 신념의 힘이 압도했다. 또한 일방성과 편협함을 피할 수 없었다. 페라라는 척박한 불모의 땅에 경제이론의 깃발을 들고 나섰으며, 자기의 청중들을 자극하여 열정만이 더 나은 미래를 준비한다며 이 (척박한 불모의—옮긴이) 땅에 대한 관심을 끊임없이 촉구했던 것이다. 이것이 그의 성과로, 정말이지 위대한 것이었다.

그러나 이론분석의 영역에서 그가 거둔 성과는 이후 저자들의 찬사가 전부며, 우호적으로 해석하려고 해도 성공적이지 못했다. 그는 경제현상과 문제들이 일관된 집합을 이루고 있으며, 그것들을 통합시키는 것은 가치이론이라는 사실을 충분히 명확하게 보았다. 그러나 그가 채택한 가치이론의 원리, 즉 노동에 의한 **재생산비용** 원리는 필연적인 논리적 왜곡을 통해서야 일반화될 수 있는 원리며, 어쨌든 정확하게 얘기하자면 낡은 생산비설 이상을 우리에게 얘기해주지 않는다. 비판을 위해 잘못된 추론을 예로 들 필요는 없다. 다만 우리는 이토록 잘못된 장비를 가지고도 승리를 거둔 전략가를 칭송하면서, 이전 저자들에 대한 그의 풍부한 논의와 은행, 정부발행 화폐 그리고 여타 주제에 대한 그의 논의에는 가치 있는 사항이 많이 담겨 있다는 점만을 덧붙이고자 한다. 그의 가장 중요한 저작(*Esame storico-critico di economisti e dottrine economiche del secolo XVIII e prima metà del XIX*, 1889~90)에 대해서는 이미 앞에서 언급한 바 있다. 좀더 우호적인 평가로는 부스케(G.H. Bousquet)의 뛰어난 개관인 「위대한 이탈리아 경제학자, 프란세스코 페라라」("Un grand économiste Italien, Francesco Ferrara", *Revue d'histoire économique et sociale*, vol.XIV, 1926)와 페라라의 『경제학 저작선』(*Oeuvres économiques choisies*, G.H. Bousquet and J. Crisafulli ed., 1938)에 있는 「서문」과 주석을 참조하라.

7절 미국

이전 시기에 대한 고찰에서 우리는 미국의 경제학 문헌 수가 적다고 해서 대다수 미국경제학자의 수준이 낮았다고 볼 수는 없음을 발견했다. 그러나 지금 논의 중인 시기에 대해서는, 최근 연구를 통해 이용가능해진 정보를 감안하더라도 미국의 문헌이 "정치경제학 이론의 발전에 기여한 바가 전혀 없었"라고 1876년에 던바가 제시한 견해[85]를 부정

---

85) 던바(C.F. Dunbar, 1830~1900), "Economic Science in America 1776~1876", *North American Review*, 1876(1904년에 출간된 그의 『경제학 논구』 *Economic Essays*에 재수록). 내가 제시할 수 있는 추가적인 정보에 대해서는 셀리그먼의 「미국의 경제학」(Economics in the United States)을 참조. 이 두 논문은 셀리그먼의 『경제학 논구』(*Essays in Economics*, 1925)에서 한 장(chapter)으로 합쳐졌다. 또한 F.A. Fetter, "The Early History of Political Economy in the United States", *Proceedings of the American Philosophical Society*(1943)도 참조. 이 주제에 관한 다른 미국 출판물 중에서는, 특히 터너(J.R. Turner)의 『초기 미국 경제학에서 리카도의 지대이론』(*The Ricardian Rent Theory in Early American Economics*, 1921)과 오코너(M.J.L. O'Connor)의 훌륭한 서지사항 관련저작인 『미국의 학문적 경제학의 기원』(*Origins of Academic Economics in the United States*, 1944)을 주목해볼 만하다. 내가 보기에 미국 이외의 나라에서 이루어진 가장 중요한 연구는 타일하크의 『19세기 미국경제 사상의 선구자들』(*Pioneers of American Economic Thought in the Nineteenth Century*; 존슨E.A.J. Johnson이 프랑스어본을 1936년에 영역)이다. 이 학술적인 저작은 내 접근시각과 판이하게 다르기 때문에 더욱더 추천할 만하다. [J.A.S.가 자신의 저술을 완성했다면, 도프만(Joseph H. Dorfman)의 『미국문명의 경제적 사고』(*Economic Mind*

하기 어렵다. 그런데 우리가 제기된 문제와 제시된 제안 그리고 이루어진 사실작업을 고려한다면, 이 주장은 사실이 아니다. 하지만 우리가 이론이라는 단어를 강조한다면, 이는 사실이다. 이는 또한 학계의 지배적인 견해이기 때문에 우리의 설명은 간단해질 수 있다. 개관을 하기 전에, 나는 먼저 그래야만 했던 이유에 대해 질문을 던지고 싶다.

과학적 노력의 사회학에 익숙하지 않은 사람들은 분석이 실제적인 문제를 따라간다는, 달리 표현하자면 그것이 삶의 필요성에 의해 촉발된다는 점을 당연하다고 생각한다. 그러나 미국의 경우에는 실제적인 문제가 많았으며, 그것들은 때때로 그 중요성보다 훨씬 더 큰 열정과 함께 열심히 토론되기도 했다. 그런데도 우리는 그 문제들을 다루기 위한 분석도구들을 발전시키려는 자극의 흔적을 찾기 어렵다. 게다가 경제학 강의와 교과서를 요구하는 경제학에 대한 수요도 많았는데, 그 크기는 유능한 교사의 공급량보다 훨씬 더 많았다. 혹자는 교과서를 쓰거나 강의를 하는 일이 최소한 자기 스스로 무언가를 하도록 만든다고, 자기가 제시하는 자료들을 훑어보면서 스스로에게 "나는 이것보다 좀더 잘할 수 있지 않을까" 하고 묻지 않을 수 없다고 생각할지도 모르겠다. 그러나 이것은 분명 진실이 아니다. 강의와 교과서에 대한 수요는 강의와 교과서를 만들어낼 뿐, 그 이상은 아니다. 교과서의 이러저러한 내용 중에는 무엇인가가 있다는 사실, 즉 필요가 분석적 진보의 필요충분조건이 아니며, 교사에 대한 수요는 교사를 낳을 뿐 반드시 과학적 성과로 이어지지는 않는다는 사실이 잘 보여주지 않는가?

그러나 이 수수께끼에 대한 해답은 간단하다. 우리는 창조적인 연구의 결여가 이 시기의 미국경제학에만 특수한 것은 아니었다는 사실을 관찰하는 순간, 이미 답을 얻은 것이다. 우리는 이와 동일한 상황을 다른 분야에서도, 예를 들면 수학과 기브스(Willard Gibbs)라는 외로운

---

in American Civilization)를 추가했을 것이다. 이 저술의 첫 두 권(1946)은 1606~1865년의 시기를 포괄하며, 3권(1949)은 1865~1918년을 포괄하고 있다.]

정상에 도달할 때까지는 별로 기록할 게 없는 이론물리학에서도 발견할 수 있는데, 이들 분야에 기술적인 문제가 없지는 않았지만 그중 몇몇은 놀랄 만큼 성공적으로 해결되었다. 이것은 공통적인 원인을 시사한다. 나는 국가의 상황과 그 국민들의 적성에서 원인을 찾는 것, 즉 주어진 사회구조 아래서 기업활동에 엄청나게 좋은 기회로 나타나는 자연환경의 개발가능성이 그 국가의 창조적 재능을 흡수해버리고 이러한 유형의 재능을 끌어들였다는 점 말고는 달리 설명할 길이 없다. 지성과 학문적 능력을 배양한 분파는 수적으로 큰 의미가 없었으며, 과학적 동기에서도 불모지였다. 내 생각에, 이것은 표현방식 때문에 반발을 사긴 했지만, 던바가 전달하고자 했던 것에 동의함을 함축한다.[86]

그러나 나는 이론이라는 단어를 강조했다. 내가 이 단어로 의미하는 바는 분석장치였다. 내가 아는 어떠한 교과서의 경우에도 이러한 강조는 필요 없다. 왜냐하면 그것들은 어느 쪽으로 보든 다 똑같이 형편없었기 때문이다. 주로 매컬럭과 세에 기댄 가르침들이었고, 자체적으로 생산된 교과서들도 케어리학파의 몇 가지 공헌들을 제외하면 다시 매컬럭

---

86) 페터(F.A. Fetter: 바로 앞의 각주 참조)는 사실상 '환경'에 의한 설명에 반대하면서(이는 물론 환경이라는 단어가 그 자체로는 아무것도 설명해주지 않으므로 당연하다), '환경'을 다른 두 요소로 대체했는데 (영국 '고전파'의) '잘못된 권위'와 '이해관계와 무관한 과학적 노력으로 나아가는 길을 가로막는' 이해관계에 입각한 분파가 그것이다. 그러나 이 두 요소 중 전자는 다시 설명할 필요가 있다. 왜냐하면 권위의 유지라는 것은, 그것이 잘못된 것이든 아니든, 저절로 이루어지는 것이 아니기 때문이다. 창조적 정신은 권위에 복종하지 않는다. 이 방향을 계속 따라가자면, 우리는 과학적 재능을 담고 있지 않았거나 그것을 다른 일을 추구하는 데 써버린, 환경으로 되돌아가게 된다. 당파적 정신에 대해서 보자면, 그 당시 경제분석이 꽃피었던 영국에는 분명 없었다. 하지만 그것 자체가 과학적 노력을 가로막지는 않는다. 끝으로 나는 페터 교수의 권위에 높은 존경을 표현하면서, 교수들이 편견으로부터 자유롭지 않다는 점을 지적하고자 한다. 많은 뛰어난 사람이 민족주의 학파에 보여준 태도에는 무엇인가가 있음을 내가 감지했다는 점을 밝히고 싶다. 이 시기와 이후 시기에 미국 경제학자들이 보여준 보호주의적 견해에 대해서도 분명 금전적 이득이나 편견 이외의 다른 해석이 가능할 것이다.

과 세의 복제본이었다.[87] 그러나 이 시기의 미국경제학에서 가장 중요한 인물인 케어리[88]에 대해서는 이론만을 강조하는 것이 더욱더 필요하다. 왜냐하면 그는 이 점에서만 창조성을 결여하고 있었기 때문이다. 또한 그의 사례는 기술적인 결함이 장기적으로 한 사람의 명성에 어떠한 영향을 미치는지에 대해 흥미로운 교훈을 보여준다.[89] 케어리의 이름은

<hr>

87) 미국에서 세의 성공과 그가 케어리에게 미친 영향에 대해서는 타일하크, 앞의 책 참조. 세의 『정치경제학 강의』(*Traité*)에 대한 프린셉(Princep)의 번역본은 1821년에 출간되었다. 매컬릭의 미국판은 콜럼비아대학교 최초의 정치경제학 교수였던 맥비카(J. McVickar)에 의해 출간되었다. 드트라시는 1817년 제퍼슨에 의해 미국대중에게 소개되었다. 미국 내에서 나온 결과물로는 웨일런드 경(Rev. Francis Wayland)의 『정치경제학의 요소들』(*Elements of Political Economy*, 1837)이, 내 생각에, 가장 성공적이었다. 이 책에 대한 수많은 논평을 듣거나 읽고 나서 이 책을 읽었을 때, 나는 뭔가 공감 같은 걸 느꼈다.

88) 더욱 중요한 그의 추종자 목록에 대해서는 페터, 앞의 책, 56쪽 참조. 그들— 아마 다른 사람들도 포함해서—은 우리의 의미에서 하나의 학파를 형성했으며, 그 주인과 개인적인 접촉을 가졌다. 그들은 이러한 접촉을 통해 그에게서 배웠다. 이 학파는 '민족주의자'(nationalists)라고 불렸으며, 그들 스스로도 그렇게 불렀다. 하지만 당시 이 용어는 오늘날처럼 호전적인 함의를 조금도 갖고 있지 않았다.

89) 케어리(1793~1879)의 경제관은 부분적으로 이미 스스로가 '민족주의학파'의 지도자라고 생각했던 그의 아버지 매튜(Mathew) 같은 사람에 의해 영향을 받았다. '아들'의 저작 중에서 우리에게 중요한 것은 『임금률에 대한 논구』(*Essay on the Rate of Wages*, 1835; 이 첫 번째 경제학 저작에서 그는 이미 분석측면에서 약점을 드러냈다), 『정치경제학 원리』(*Principles of Political Economy*, 1837~40), 『과거, 현재 그리고 미래』(*The Past, the Present and the Future*, 1848), 『이자, 농업, 제조업 및 상업의 조화』(*The Harmony of Interests, Agricultural, Manufacturing, and Commercial*, 1851), 『사회과학 원리』(*Principles of Social Science*, 1858~59); 『법의 통합』(*Unity of Law*, 1872) 등이다. 이 목록은 화폐와 신용 그리고 몇 가지 다른 주제에 관한 그의 저작을 제외한 것이다. 케어리에 대해 철저하게 연구할 의사가 없는 사람들에게는 위 목록의 끝에서 두 번째 저작으로 충분할 것이다. 우리는 그의 독일 찬미자인 뒤링을 한 번 더 언급하는 이상으로 그에 관한 문헌을 다룰 이유가 없다. 밀은 그의 『사회과학 원리』를 "내가 애써 읽은 정치경제학 문헌 중 최악"(G. O'Brien, "J.S. Mill and J.E. Cairnes", *Economica*, November 1943, p.274)이라고 묘사했으며, 곧이어 "사실을 너무도 신뢰할 수 없으며 그

그러한 결함보다 정치적 증오 때문에 더욱 많은 고초를 겪었다. 그러나 만일 그가 봐줄 만한 능력을 갖추고 자신의 주장을 피력했더라면, 아무도 그를 조롱하지는 않았을 것이다.

모든 과학의 근본적인 통일성이라는 케어리의 생각——일종의 일반화된 콩트주의——은 지적 인생이 관세장벽에 둘러싸인 사람의 것이 아니었다. 모든 지식분과에서 과학적 법칙의 근본적인 동일성을 한 번 더 주장한 그 사람은 분명 틀렸지만, 그의 오류에는 위대한 요소가 들어 있었다. 또한 미국을 그 자체로 하나의 세계로, 그것도 경제·도덕·문화적으로 그러하다고 생각할 수 있는 사람은 리스트와 동일한 의미에서 거대한 비전이라는 재능을 가진 인물이다. 그의 보호주의와 농공상의 이해 '조화'——그의 '균형 잡힌' 경제라는 개념——는 이 비전에 힘입어 새로운 의미를 획득했는데, 그것은 그에게서 사업가 집단에 대한 변호론만을 보았던 사람들이 완전히 간과했던 의미였다. 우리가 그의 보호주의를 좋아하거나, 케어리의 비전 전체를 좋아할 필요는 없다. 특히 만일 국가의 좀더 많은 에너지가 사업적 이해의 추구가 아닌 다른 곳에 투자되었더라면, 그래서 산업발전이 조금 더디게 진행되었더라면, 오늘날 미국은 좀더 행복한 공간이 되었을 것이며 좀더 높은 문화적 수준에 도달했을 것이라고 생각할 수도 있다. 그러나 이것은 개인적인 평가의 문제일 뿐, 케어리는 위대한 비전을 가졌으며 많은 측면에서 그 비전은 국가의 상황과 정신을 정확하게 표현하고 있었다는 점을 부정할 수는 없다. 게다가 우리는 이 비전이 그 유감스러운 분석적 실천과 무관하며, 좀더 만족스럽게 실현될 수도 있었다는 점을 인정해야 한다. 하지만 이것이 바로 케어리의 비판자들이 인정하기를 거부했던 내용이다. 그들은 대부분 잘 훈련된 경제학자들이었다. 그들은 어렵지 않게 케어리의 이론이 별로 훌륭하지 않다는 점을 보여주었다. 또한 이에 기대어, 그들은 케어리의 메

에 대한 해석도 그토록 산만하고 불합리한 사실분석과 추론"을 본 적이 없다고 말했다.(같은 책, 280쪽)

시지의 핵심은 이론적 분석의 범위를 넘어선다는 사실을 명확히 밝히지도 않은 채, 아마도 인식하지 못했겠지만, 그의 메시지를 비난했다.

케어리를 한편으로는 영국의 자유무역주의자들과, 다른 한편으로는 리스트와 비교해보면 이 점이 좀더 분명하게 드러난다. 영국의 자유무역주의자들과 리스트 역시 우리가 받아들일 수도 그렇지 않을 수도 있는, 포괄적인 사회적·정치적 비전을 주창했다. 게다가 양자 모두 자국의 관점에서 주장했다. 끝으로 양자 모두 특정집단의 이해에 부합하는 정책을 옹호했다. 이 모든 측면에서, 물론 우리의 선호를 제외한다면, 케어리의 주장과 리스트 및 영국 자유무역주의자들의 주장 사이에는 아무런 차이가 없다. 그러나 영국의 자유무역주의자들은 자신들의 비전과 정책을 분석적으로 성공적으로 실천했는데, 이들의 비교비용 정리는 우리의 분석장치에 대한 중요한 공헌이었다. 그들이 과학적 분석의 역사에서 한 자리를 차지할 권리를 갖는 이유는 자유무역의 옹호 그 자체가 아니라 바로 여기에 있다. 리스트는 경제학의 분석장치에 어떠한 독창적 공헌도 하지 않았다. 그러나 그는 기존의 분석장치들을 현명하고 올바르게 사용했다. 이것 역시 과학적 장점이다. 케어리의 경우는 이 양자와 다르다. 그는 분석에 부정적인 공헌을 했다. 내 주장의 요지는 이러한 사실이 그가 미국의 현실과 문제를 바라보는 방식을 분석작업으로 구현하거나 아니면 보호주의나 균형 잡힌 경제와 같은 자신의 정책대안을 형성하는 데 조금도 필요하지 않았다는 점이다. 만일 그가 창조적 분석가의 재능을 결여하고 있었다면, 그는 리스트처럼 기존의 분석장치들을 사용할 수도 있었을 것이며, 미국의 자료들에 대한 자신의 견해로 많은 경제적 문제에 대한 영국적 견해가 곧바로 미국의 조건에 적용되지 않으며, 다른 사실적 가정들을 도입해서 수정해야 한다고 주장할 수도 있었을 것이다. 그에게 이러한 능력이 약간이라도 있었다면, 그의 비판자들은 정치무대에서 수많은 탄환을 아낄 수 있었을 것이고, 그는 과학의 전선 위에 서게 되었을 것이다.

그러나 그는 영국 자유무역 교리에서 이론적 요소와 사실적 요소를 구분할 능력이 없었고, 정치적 의지의 요소도 구분하지 못했다. 그는 단지 실제적인 정책권고안만 보았으며, 순진하게도 그것이 자신이 뒤엎어서 뿌리 내리고 가지를 쳐야 할 이론적 전제에서 나오는 것이라고 생각했다.[90] 단순히 '인구압력'이, 계산가능한 미래까지는, 미국의 경우에는 큰 중요성이 없다고 말하는 대신에, 그는 맬서스 이론을 반박하려는 불행한 시도로 나아갔다. 또 단순히 '리카도' 지대이론의 가장 중요한 실제적 함의——사회적이면서 정치적인——는 신세계에 적용되지 않는다고 말하는 대신에, 그는 어리석게도 1858~59년에 출간된『사회과학 원리』(*Principles of Social Science*)에서 처음으로 경작이 전형적으로 우등지에서 열등지 순으로 나아가는 게 아니라 열등지에서 우등지 순으로 진행되기 때문에 그의 이론이 전체적으로 틀렸다고 주장했다.[91] 또 그는 발전이 급속하게 이루어지는 상황에서 우상향의 비용곡선이 끊임없이 아래로 이동하며, 가격과 '가장 열등한' 생산물의 비용이 일치한다는 리카도의 정리는 그 현실적 중요성을 상실한다고 간단하게 말하는 대신에 비용체증과 체감에 대해 논의했다. 마치 그것이 동일한 현상에 대한 상반된 명제들을 체현하고 있다는 듯이 말이다.

또한 그는 자신이 가장 높이 날았던 가치이론에서 치명적인 실수를 저지름으로써 그 장점을 뭉개버렸다. 이 이론은 가치를 결정하는 것이 상품에 실제로 투여된 노동량이 아니라 그것을 재생산하는 데 필요한 노동량이라는, 개선사항을 포함한 노동수량설이었다.[92] 그는 이 양이

---

90) 그래서 그는 자신의 자유무역을 비판하는 사람들과 동일한 오류를 저지르게 된다. 이는 나중에 보게 될 것이다.

91) 물론 독자들은 알겠지만, 사상가로서의 케어리를 비난하는 이유는, 역사적 사실에 대한 그의 주장 때문이 아니라(왜냐하면 역사적으로 열등지가 우등지보다 먼저 경작된다는 그의 이론에 대한 옹호론을 제기하는 것도 가능한데, 이러한 현상은 하나 이상의 이유로 발생할 수 있기 때문이다), 이러한 주장의 진위 여부와 무관하게 그것이 리카도의 지대이론에 적합한 비판이라는 그의 생각 때문이었다.

92) 이 이론은 케어리가 자신의『정치경제학 원리』(1837~40)에서 제시한 것으

기술진보 과정에서 급속하게 하락한다는 사실을 관찰했다. 그리고 이로부터 노동의 상대몫은 기술진보 과정에서 틀림없이 증가한다고 추론했는데, 이 결론은 사실상 잘못된 것이라는 점 말고도, 그의 논증논리에서 도출될 수 있는 것도 아니었다. 이 사례에서 특히 분명한 것은 그가 표현하고자 했던 것이 모두 다 틀린 것은 아니라는 점이다. 능력 있는 이론가라면 그것을 가치 있는 공헌으로 다듬을 수 있었을 테지만, 그는 올바른 표현방식을 찾을 수 없었기 때문에 그것을 완전히 틀린 것으로 보이게 만들었다. 더 나아갈 필요는 없다. 그러나 한 가지 흥미로운 물음이 남아 있다. 수많은 사람이 미국의 현실에 대한 케어리의 진단을 칭송했으며, 그의 경제정책과 열정을 공유했다. 성공과 명성이라는 상(prize)이, 자신의 저작들의 오류를 제거하고 그 체계를 좀더 제대로 다듬을 수도 있을, 그런 사람을 기다리고 있었다. 게다가 이 상은 감춰진 것이 아니었다. 그가 이 상을 받는 것이 이 세상에서 가장 당연한 일이라고 생각하는 추종자들이 있었다. 왜 아무도 시도하지 않았을까? 아마도 기회라는 것은 위대한 성과의 필요조건일 뿐 충분조건은 아닌 모양이다. 기회는 그것을 사용할 줄 아는 사람을 저절로 만들어내지 않는다. 이 일을 할 수 있었을 두뇌들은 (그 기회를 놓친 채―옮긴이) 구두를 만들고 있었던 것이다.

그러나 이 과제를 포괄적인 차원에서 수행한 사람도 없었고 그 일부나마 효과적으로 수행한 사람 역시 없었지만, 수많은 저자가 좁은 범위 안에서 또 충분치 않은 능력으로 그 과제를 시도했다. 이 저자들은 케어리의 선구자도 후계자도 아니었다. 그들은 우리의 의미에서 학파를 형성하지도 못했다. 하지만 그들은 동일한 자료와 문제들에 대해 어느 정도는 동일한 정신 아래 사고했으며, 케어리의 저작과 어느 정도 비슷할 뿐 아니라 몇 가지 유사한 특징을 갖는 출판물들을 생산했다. 그중 일부는 자신들의 경제학을 미국 정치경제학이라고 묘사했으며, 이 용어는

로, 페라라의 재생산비용 이론과는 본질적으로 다르다.

그들 모두에게 적용될 수 있을 것이다. 그들은 모두 다소간 보호주의자였다. 그러나 상동성은 이러한 특징을 넘어서 우리의 관심사인 다른 특징들, 즉 그들의 소박한 분석장치들은 대부분, 수용이든 비판이든, 스미스에게서 물려받았다는 특징으로까지 확장된다. 그러나 그들 중에 일류는 없었으며, 자기들 앞에 놓인 훌륭한 기회를 거의 이용하지 못했다. 그들은 그 어떠한 지배적인 지위도 얻지 못했다. 따라서 내 생각에, 그들은 당시 대표적인 미국 경제학자들 몇 명을 보여주는, 레이먼드, 에버렛, 터커, 보엔, 워커[93] 등의 명부에 들지 못한다. 우리가 원한다면, 미국적 성과에 리스트의 초기저작들을 포함시킬 수도 있을 것이다. 또한 이 장의 첫 절에서 논의했던, 라에의 위대한 저작도 그렇게 할 수 있을 것이다. 물론 이것은 화폐와 은행에 관한 저작들과 미국 경제학자들의 훨씬 더 중요한 사실연구들을 제외한 것이다.

---

93) 레이먼드(Daniel Raymond, 1786~1849)는 『정치경제학 사상』(*Thoughts on Political Economy*, 1820; 2판은 *Elements of Political Economy*라는 제목으로 1823년 출간)을 저술했다. 필자보다 우호적인 평가를 보기 위해서는, 타일하크, 앞의 책 참조. 우리들 사이의 차이는 타일하크의 경우 레이먼드 저작의 경제사상적 측면을 강조한다는 데서 비롯된다. 사실 이 측면이 그의 분석보다 훨씬 더 흥미롭다. 그러나 분석적 노력의 존재는 인정해야 한다. 그는 (중간재라는 의미에서) 자본이론을 만들었으며, 그 연도를 감안할 때 가치가 없지 않다. 에버렛(A.H. Everett)의 주요성과는 이하의 6장을 보라. 터커(George Tucker, 1775~1861)는 무엇보다도 『임금, 이윤 및 지대의 법칙 고찰』(*Laws of Wages, Profits, and Rent Investigated*, 1837)을 썼다. 꽤 중요한 이 경제학자의 다른 공헌에 대해서는 8장 2항과 7장 3절 참조. 보엔(Francis Bowen)의 『미국 정치경제학』(*American Political Economy*, 1870; 처음엔 『미국 국민의 상황, 자원 및 제도에 적용된 정치경제학 원리』*Principles of Poliltical Economy applied to the Condition, the Resources, and the Institutions of the American Peoples*, 1856라는 제목으로 출판되었다)은 오로지 그 제목 덕분에 여기서 언급되었다. 워커(Amasa Walker, 1799~1875; Francis A. Walker의 아버지)의 『부의 과학』(*Science of Wealth*, 1866)은 미국 경제학의 '비아메리카' 노선의 대표적인 성과로 언급되어야 한다. 이 책을 잘 읽으면 독자들은 이 경제학이 당시에 제시했어야 했던 것이 무엇인지에 대해 좋은 아이디어들을 얻을 수 있을 것이다. 나머지에 대해서는 셀리그먼의 책에서 추가적인 정보를 얻을 수 있을 것이다.

8절 사실연구

앞의 논의과정에서, 우리는 흔히 '일반경제학자' 심지어 이론가로만 분류되는 사람들, 그렇지만 사실을 추구하고 보여주기 위해 투자한 이들의 시간과 노력을 고려하지 않고는 온전하게 이해될 수 없는 사람들에 의해 이루어진 존경할 만한 사실연구들을 거듭해서 추천한 바 있다. 여기에 해당되는 크고 작은 인물들을 한 번 더 간략하게 살펴본다면, 블랑키, 차머스, 슈발리에, 가르니에, 지오자, 맬서스, 메세다글리아, 매컬럭, 만골트, 제임스 밀(*History of India*), 로셔, 시니어, 스토치 그리고 튀넨 등이다. 언제라도 쉽게 연장될 수 있는 이 목록은, 지금 논의 중인 시기의 경제학이 전체적으로 볼 때 흔히 얘기되듯이 사변적인 것이 결코 아니었으며, 당시의 경제학계가 사실연구를 무시했다는 견해——초점 없는 수많은 논쟁의 원천인——가 전혀 근거 없는 것이라는 사실을 보여주기에 충분하다. 사실상 정반대의 견해가 진실에 더 가깝다. '고전파' 분석장치의 많은 결함은 거기에 투여된 작업의 양이 불충분했다는 가설에서 가장 자연스러운 설명을 찾을 수 있지만, 우리가 당시의 사실연구에 대해 이와 비슷하게 비판하기는 불가능하다. 특히 우리가 앞 장에서 이미 예로 든 경제사가들과 법률제도 연구자들의 작업을 포함시킨다면, 당연히 그래야 하겠지만, 더욱더 그러하다. 이 절에서는 중요한 사실연구의 추가사례가 제시될 것이다. 이는 이 시기에 대한 우리의 묘사를 마무리하는 데, 그리고 우리가 아는 한 '고전파' 시기가 16세기로 거슬러 올라가는 사실연구의 전통을 완벽하게 유지했다는 우리의 테제를 확립하는 데 유용할 것이다.

[1. 투크의 가격의 역사]

우리에게 특히 흥미로운 것들은 사실의 제시와 설명을 결합시킨 형태의 분석, 즉 이 두 가지가 별개의 과제가 아니라 매 단계에서 서로를 규정하는 방식으로 이루어진 분석들이다. 개별적인 상황에 대한 논의를 통해 그 결과에 도달하는 유형의 분석을 의미한다. 우리는 이러한 분석 중에서 최고의 성취를 이룬 저작 하나에 주목하는 데 만족해야 한다. 그것은 바로 투크와 뉴마치의 『1792년에서 1856년까지 물가와 유통의 역사』(*History of Prices and of the State of the Circulation from 1792 to 1856*; 이하 『가격의 역사』—옮긴이)다.[94] 사실 이 책의 제목은 '1792년에서 1856년까지 영국의 경제과정에 대한 분석——통화와 신용상태를 중심으로'가 훨씬 더 나을 것이다. 제번스는 이 저작을 '독

---

94) 투크(Thomas Tooke, 1774~1858)는, 만일 우리가 '저자'라는 말을 라틴어 'auctor'의 의미(라틴어에서 auctor는 저자, 창조자, 제1원인, 소유자, 선조 등을 의미한다—옮긴이)로 받아들인다면, 여섯 권 모두의 저자다. 그러나 앞의 네 권(1, 2권은 1838년; 3권은 1840년; 4권은 1848년)만 실질적인 그의 저작이고, 여기서 공동저자는 보조연구원의 역할을 수행했다. 마지막 두 권(1857)은 기본적으로 뉴마치(William Newmarch, 1820~82)의 저작이었다. 그는 투크에게서 크게 영향을 받기는 했지만, 독자적인 지위를 누릴 만한 권리가 있는 인물이었다. 뉴마치는, 필 법령(Peel's Act: 이것은 공황의 원인을 은행권의 과잉발행에서 찾는 '통화학파'의 사고방식에 따라 제정된 것으로, 은행권 발행을 영란은행으로 집중시켜 은행권 발행에 대한 은행 자체의 자유재량권을 박탈하고 은행권의 유통량을 금속통화의 유통량과 동일하게 유지하려는 것이 주요내용이다. 이것은 흔히 '필조례'로 번역되지만, 지방정부에 의해 제정되는 '조례'보다는 '법령'이 좀더 타당한 번역어인 듯하다—옮긴이)과 '통화학파'(currency school)의 교리에 대한 가장 중요한 비판가 중 하나였다는 점 이외에 왕립통계협회의 주도적인 구성원이자, 『이코노미스트』(*The Economist*)지의 지수(index number)와 동 잡지의 '연간상업사'(Annual Commercial History)의 창안자이기도 했다. 지수에 관해서는(어쨌든 『가격의 역사』에서는 사용되지 않았다. 이는 새로운 방법에 대한 경제학자들의 저항을 잘 보여주는 예다), 그가 특별히 독창적이지 않았지만, '상업사'는 흥미로운 유형의 작업을 위한 흥미로운 모델이다. 경제학자들은, 심지어 오늘날에도, 그것의 과학적 중요성과 그것이 제기하는 방법론적인 문제들을 완전하게 깨닫지 못하고 있으며, 현대이론을 이것에 기반하여 확립하거나 심지어 뉴마치의 성과를 개선하는 데도 성공하지 못하고 있다. 『가격의 역사』는 그레고리(T.E. Gregory)에 의해 이 저작의 본질과 기원을 자세하게 논의하는 「서문」과 함께 재출간(1928)되었으며, 독자들은 이 「서문」을 주의 깊게 숙독해야 할 것이다. 나는 이 정도의 언급으로 『가격의 역사』로 나아가는 도정에서 나온 투크의 다양한 저작에 대한 개관을 대체하고자 한다.

보적'이라고 불렀다. 사실 그렇다. 그 이전에도 이후에도 이러한 방법이 이 정도 큰 규모로 사용된 적이 없으며, 순전히 이론적인 연구에 대한 영향에 관한 한, 비슷한 영향을 미친 것도 없다. 저자들이 그것을 바라는 만큼 잘 다루었느냐는 별개의 문제다. 물론 나는 이 작업이 특정한 정책을 옹호하기 위해, 아니 오히려 특정정책에 반대하기 위해 이루어졌다는 점을 문제 삼고 싶지 않다. 이 점은 그들이 제시한 사실이나 그들의 추론이 지닌 가치를 손상시키지 않는다. 두 가지 모두 바람직함에 관한 한 그 견해의 반대자들에게서도 인정을 받았다.

나는 그들의 저작이 너무 만연체이고 중복적이라는 사실도 문제 삼지 않을 것이다. 이러한 유형의 '현실적인' 이론에서 그 기능이 없는 요소는 존재하지 않는다. 방법이란 본질적으로 사물을 '다듬는' 일 중 하나인데, 이것은 리카도적인 간결함으로 할 수 있는 일이 아니다. 나는, 훈련받지 않은 독자들이라면 신속하게 알아채기 어려울 수도 있는, 이 저작의 근본적인 결함에 대해 언급하고자 한다. 두 저자 모두 경제이론에 숙달되지 못했다. 더구나 투크는 좀 '흐릿한' 사상가였다. 그는 종종 반대자의 요점을 놓침으로써 자신의 주장을 손상시킨 인물이었다. 이게 문제였다. 그의 논증은 종종 그 자체로는 말이 되지만, 수준이 떨어지는 논평들을 초래했다. 더구나 그의 권위는 당대만이 아니라 그 세기의 마지막까지 유지되었을 정도로 대단했지만, 이것도 그의 사상에 이론적 예리함이 조금만 더 담겼더라면 가능했을 만큼은 아니었다. 그럼에도 이 저작은 고전이며 따라야 할 모범이다. 하지만 좀더 잘 훈련받았거나 솜씨가 나은 사람에 의해 다시 씌어져야 할 필요가 있다.

[2. 통계자료의 수집과 해석]

특별히 새로운 것은 없었지만, 투크와 뉴마치의 저작으로 대표되는 이러한 유형의 작업은 이 시기에 통계자료의 새로운 원천이 공개되면서 강력한 추진력을 얻게 되었다. 이 시기는 정부가 통계기구와 통계위원회(statistical bureaus and commissions)를 세우기 시작하던 때였으며, 처음으로 국제협력(1852년에 최초의 국제통계대회가 개최되었다)이 시도되고 통계학회가 거의 모든 곳에서 나타나던 때였다. 예를 들어 영국에서는 몇몇 학회가 1830년대에 창립되었는데, 그중에서 런던통계학회(1834년)가 왕립통계학회로 공인되었다.[95] 공공부처에서 제공한 원자료들을 의미 있는 통계적 기록으로 편찬하는 일은 이전 시기와 마찬가지로 상당 부분 개별적인 연구자들의 몫이었지만, 그것이 공적 직위 덕분에 필요한 도움을 요청할 수 있었던 사람들에만 국한되지는 않았다. 하지만 이 연구자들은 단순한 발굴자들이 아니었다. 그들은 자료를 가공하고 추정치를 발전시키는 일에만 자신들의 역할을 한정하지 않았다. 많은 사람이 자신들의 해석 또한 제시했다. 우리는 이러한 원천으로부터 투크와 뉴마치의 연구와는 다른, 경제문제 대신에 통계자료에서 출발하는, 그 결과 투크와 뉴마치보다 통계정보 자체를 강조하는 새로운 연구흐름을 발견하게 된다. 그러나 비록 부산물이긴 하지만, 이러한 연구들은 종종 분석적 연구로 나타나기도 했다.

우리는 스미스 이전 시대를 개관할 때, 한 국가의 경제상태라고 묘사되는 것에 주목했다. 이 시기에는 이러한 연구방향이 수많은 성과를 낳았는데, 콜쿤, 포터, 터커의 작업이 그 좋은 사례다.[96] 이것들——과 같

---

95) 미국통계학회(the American Statistical Association)는 1838년에 조직되었다.

96) 콜쿤(Patrick Colquhoun, 1745~1820)의 많은 저작에 대해서는 두 가지만 언급하면 족하다. 매컬럭이 비지성적으로 조롱했던 『대영제국의 인구, 부, 권력, 자원에 대한 강의』(*Treatise on the Population, Wealth, Power, and Resources of the British Empire*, 1814)와 익명으로 출간된 『대영제국과 아일랜드의 잉여인구에게 유익한 고용을 제공하는 수단에 대한 고찰』(*Considerations on the Means of affording Profitable Employment to the Redundant Population of Great Britain and Ireland*, 1818)이 그것이다. 전자가 특히 중요한데, 이는 그것이 국부를 추정했기 때문이 아니라 제시된 자료를 설명하고 문제를 해결하는 과정에서 초보적이기는 하지만 경제학적인 추론까지 제시하고자 노력했기 때문이다. 즉 당시에 가장 대중적이던 교리를 사실을 통해 부연해서 설명하고자 했던 것이다.
이런 작업은 또한 관리로서 한동안 무역부 통계부서의 책임자로 근무했던 포터(George R. Porter)에 의해서 좀더 큰 규모로, 좀더 성공적으로 이루어졌

은 종류의 다른 연구들——은 그 저자들이 사실분석의 수단으로 경제이론을 어떻게 이용해야 하는지 잘 몰랐기 때문에 어려움을 겪었다. 그러나 시간이 흐름에 따라 오늘날 이러한 유형의 출판물에는 양자(사실과 분석—옮긴이)가 같은 배에 타게 되었다. 이 시기 통계적 연구의 또 다른 유형은 매컬럭, 백스터, 디터리히, 빌레르메, 르 플레, 웰스의 이름으로 대표될 것이다.

매컬럭(앞의 2절 참조)의 가장 중요한 통계적인 연구(*Dictionary, Practical, Theoretical, and Historical of Commerce and Commercial Navigation*, 1832)는 영웅적인 작업으로, 사전의 형태를 띠고 있으면서도 사실과 분석이 매우 효과적으로 결합된 연구다. 이것은 사실상 그가 정통한 문제였다. 그러므로 이 인물을 그의 『정치경제학 원리』만으로 평가해서는 안 된다.

백스터(Robert D. Baxter, 1827~75)는 매우 중요한 경제학자였다. 자신이 제시한 수치들을 신중하게 잘 다루는 솜씨와 많이 인용되는 (국민소득과

다. 그의 『19세기 초에서 현재까지 다양한 사회경제적 관계에서 나타난 국가의 진보』(*Progress of the Nation in its Various Social and Economical Relations, from the beginning of the Nineteenth Century to the Present Time*, 1836~43)는 19세기 초반 영국의 경제발전에 대한 표준적인 기록, 즉 경제적인 사실과 수치들의 자료집으로 인정받았다. 허스트(F.W. Hirst)와 그 동료들은 이것을 재구성—사실은 매우 자유롭게—하고 확장하는 작업을 했다.(1912년) 그러나 이 작업은 우리에게 중요하지 않다. 핵심은 애초에 계획되고 실현된 작업이 사실상 일반경제학 연구였으며, 인구, 생산, 교환, 공공재정, 소비, 축적, 도덕적 진보 및 식민지 문제들을 밀의 『원리』와 완전히 다르지 않은 방식으로 연속해서 다루었다는 점이다. 어떤 의미로는 밀의 『원리』의 자매편으로 간주되어야 마땅하다. 특히 밀의 자유무역론과 포터의 자유무역론은 서로 상대방 없이는 완전하지 못하다.

터커는 이미 언급된 바 있으며, 이후에 다시 언급할 것이다. 여기서 언급할 만한 그의 저작은 『50년 동안 미국의 인구와 국부의 진보』(*Progress of the United States in Population and Wealth in Fifty Years*, 1843; 2nd ed., 1855)다. 이것은 기본적으로 미국의 인구통계학 연구다. 그러나 우리에게 좀 더 중요한 점은 이것이 경제분석에 대한 연구이기도 하다는 사실이다.

국부에 대한) 그의 추정치는, 칭송받을 만한 일이긴 하지만, 그의 경제분석에 대한 공헌 중에서 가장 덜 중요한 사항이다. 우리에게 훨씬 더 중요한 것은 철도가 대중에게 가져다줄 이득과 과세의 압력과 영향에 관한 통계이론을 그가 과감하게 시도했다는 사실이다. (이를 위해 그는 가계예산에 관한 자료를 수집하기도 했다.) 이러한 연구는 오류가 없지 않았는데, 이는 주로 그가 순수이론 측면에 취약했기 때문이다. 하지만 그가 어떻게 조세부담이 지주와 차지농 사이에 배분되는가 하는 문제에 대해 수치로 답변하려고 진지하게 노력했다는 사실만으로도 그에게 계량경제학사의 한 자리가 보장되어야 할 것이다. 이와 관련해서 나는 특히 『예산과 소득세』(*The Budget and the Income Tax*, 1860), 『철도확장의 결과』(*Results of Railway Extenstion*, 1866), 『국민소득: 영국』(*National Income: the United Kingdom*, 1868), 『영국의 과세』(*The Taxation of the United Kingdom*, 1869) 등을 소개하고 싶다. 그의 미망인이 쓴 『회고록』(*In Memoriam*)도 읽어볼 만하다.

디터리히(Karl F.W. Dieterich, 1790~1859)는 정치경제학 교수이자 베를린 소재 프로이센 통계청의 청장이었다. 『프로이센과 관세동맹국 사이의 교류와 그 수단의 주요상황에 대한 통계적 고찰』(*Statistische Übersicht der wichtigsten Gegenstände des Verkehrs und Verbrauchs im preussischen Staate und im deutschen Zollverbande*, 1838~57), 또 중요한 것으로는 『프로이센의 국민후생』(*Der Volkswohlstand im preussischen Staate*, 1846)과 『프로이센의 노동과 자본』(*Über preussische Zustände, Über Arbeit und Kapital*, 1848)이 있다. '방법'문제에 대한 그의 낙천적인 무관심은 지적될 만한 가치가 있다. 그의 강연집(*De via et ratione oeconomiam politicam docendi*, 1835)은 경제적 과정의 역사적 측면이 갖는 근본적인 중요성을 매우 설득력 있게 강조하고 있지만, 한 세기 동안의 방법론 논쟁에서 나온 모든 것, 즉 철학만 하는 것도 실증만 하는 것도 모두 오류(*et mere philosophando et mere experiendo erratur*)라는 점을 예상해서 요약하고 있다고 말할 수 있는 결론에 도달하고 있다. 그는 또한 리카도의 사실에 대한 강조를 칭송함으로써 훌륭한 감각을 보여주었다. 그는 포터처럼 포괄적인 모험을 시도한 적은 없었으나 그가 자신이 이끌었던 통계청의 결과들을 깔끔하고 믿을 수 있는 형태로 출간한 일은 그로 하여금 풍부한 프로젝트를 수행할 수 있게 해준 과학적 경제학의 필요성을 그가 파악했다는 사실에 의해 더욱 빛을 발하는 것이었다. 따라서 소비에 관한 통계는 분석에 도움을 주기 위해 오늘날까지도 계속되고 있다.[97]

완전한, 아니 기본적으로 경제학자가 아니었던 빌레르메(Louis R. Villermé, 1782~1863)라는 이름을 우리의 개관에 포함시키는 것은, 윤리학 · 정치학 아카데미(Académie des Sciences Morales et Politiques)의 후원 아래 진행된 연구 프로젝트(오늘날 이루어지는 것과 같은)로 이루어진 몇몇 프랑스 제조업의 노동의 조건에 대한 그의 고찰 때문인데, 『면직 · 양모 · 견직업에 고용된 노동자들의 육체적 · 심리적 상태』(*Tableau de l'état physique et moral des ouvriers employés dans les manufactures de coton, de laine, et de soie*, 1840)가 바로 그것이다. 여기서 그의 정책권고안(어린이 보호)은 우리의 관심사가 아니다. 그의 작업은 이 분야에서 이후에도 절차상의 방법이 거의 변하지 않았을 정도로, 대규모 표본을 다룬 뛰어난 사례다.

르 플레(P.G. Le Play, 1806~82)는 수학자이자 훈련받은 광산엔지니어였으며, 직업적으로는 야금학 교수였다. 그에게 국제적 명성을 가져다준 출판물과 활동들 일부는 다음 시기에 속하지만, 그는 다음 시기가 아니라 이 시기의 인물이다. 그가 1856년 창설한 국제 사회경제학 연구회(Société Internationale des Études Pratiques d'Économie Sociale)는 1881년부터 격주간 발행물인 『사회개혁』(*Réforme sociale*)을 출간하기 시작했다. 우리의 목적에 맞는 그의 연구 『유럽의 노동자들』(*Les Ouvriers européens*, 1st ed., 1855년; 2nd ed., 1877~79년)은 이 시기에 이루어졌다. 그는 기술적인 경제학자가 아니었으며, 그가 알았던 경제학의 잘못 이해된 부분들을 진심으로 경멸했다. 그럼에도 그는 가계예산에 대한 그의 연구방법 때문에 경제분석의

---

97) 무엇보다도 그 자료들은 대중의 소비가 경기순환적 상승기에 하락할 수도 있다는 (물론 장기에 걸친 인플레이션 아래서는 하락할 수 있다는 게 상식이지만) 사실을 확립했다.

역사에서 한 위치를 차지할 자격이 있다. 이 방법은 언젠가 그 이름값을 하는 소비이론을 출현시키는 데 도움을 주게 될 것이다. 이것은 제한된 수의 개별 사례들을 그 사회적·도덕적·문화적 조건들의 전체적인 틀 속에서 가능한 한 집중적으로 고찰해야 하는 엄청나게 힘들고 고통스러운 작업이다. 우리는 이 위대한 인물의 이름과 결부된 사회개선 프로그램에 대해서는 언급하지 않는다. 그러나 그는 그 프로그램과 연관된 학파를 형성했으며, 계속해서 그 방향으로 연구를 진행했다.

이미 언급했듯, 통계적 경제학은 미국에서 꽃피웠으며, 그 유명한 해밀턴의 『매뉴팩처에 대한 보고』(Report on Manufactures, 1791)로부터 이 시기 말에 이르기까지 우리는 이러한 출판물들이 점점 더 증가하는 것을 목도하게 된다. 그러나 우리는 또 하나의 사례인 웰스[98]의 초기연구——더욱 잘 알려진 그의 후기 연구들은 다음 시기에 속한다——만 추가하는 데 그치고자 한다. 그는 중년 초반에 경제학으로 전향했으며, 자기 시대와 자기 나라의 실제적인 문제들에 대한 관심에 이끌렸다. 우리의 분석장치는 그에게 빚진 것이 없다. 하지만 그는 오늘날에도 연구가 필요한, 중요한 경제학자다. 그는 불완전한 자료를 최고의 것으로 만드는 예술의 달인이었다.[99] 게다가 그의 건전하고 양심적인 품성은 그로 하여금 그 이유를 알지 못하면서도 특정한 상황요소들을 올바른 견지에서 표현할 수 있도록

---

98) 웰스(David A. Wells, 1828~98)는 지리학자이자 화학자로, 경제학에 관심을 갖기 전에는 이 두 분야에서 각각 성공적인 교과서를 출간했던 인물이며 남북전쟁에 참여하기도 했다. 여기서는 두 저작을 언급해야 하는데, 저 유명한 『우리의 의무와 능력』(Our Burden and our Strength, 1864)과 『국가수입 특별위원회 보고서』(Reports of the Special Commissioner of the Revenue, 1866~69)가 그것이다.

99) 쿠즈네츠는 나에게 국민소득에 대한 웰스의 추계는 믿을 만하다고 얘기한 바 있다. 그가 이용할 수 있었던 자료를 감안할 때, 적어도 소득세 자료를 이용할 수 있었던 백스터보다도 더 뛰어난 재능을 보여준다.

해주었다. 그는 최고의 이론가들 다수가 불행하게도 결여하고 있는 건전한 현실적 판단력을 가지고 있었으며, 이는 그의 후기저작들에서 더욱 빛을 발하게 된다.

물론 이 절에서 내가 소개할 수 있는 것은 몇 가지 산발적인 예뿐이며, 그것은 최선의 선택이 아닐지도 모른다. 따라서 투크와 뉴마치 그리고 시니어를 언급하면서 포함시켰던 것들을 제외하면, 나는 영국의 공식문서에서 발견되는 모든 과학적 경제학을 완전히 누락시켰다. 하지만 이러한 파편적인 정보들조차도 독자들이 당시의 과학적 상황에 대해 올바르게 파악하는 데 도움이 되기를 바란다. 그러나 내 추측으로는, 위에서 서술한 환경 아래서 아무리 불공정한 비판이라고 할지라도 어떻게 해서 '이론적 사변'이 당시에 지배적이었다고 말하는 것이 가능한가라는 의문이 독자들의 마음속에서 제기될 것임이 틀림없다. 내가 제시해야 할 유일한 답변은 이것이다. 과학적 경제학에 대한 비판은 상당 부분 무지한 외부자에게서 나오며, 이 무지한 외부자들은 자기 스스로를 경제학자라고 불렀던 많은 사람을 포함한다. 이 사실만이 우리가 방금 살펴본, 당시의 경제학 연구들의 특징이 갖는 의미를 많은 비판가가 오해했다는 사실을 이해할 수 있게 해준다. 그리하여 경제학은 확립된 분야의 지위를 얻게 되었다. 이것은 무엇보다도 개인들 사이의 전문화만이 아니라 출판의 전문화와 함께 순수이론 논문의 등장을 의미한다. 『국부론』에 들어 있는 사실에 관한 보충설명들은 간과될 수 없으며(비록 몇몇 비판가는 이러한 능력을 발휘하고 있는 듯 보이지만), 보방(Vauban)의 『십일조세안』(*Dixme Royale*)에서 사실연구를 무시하기는 더더욱 어렵다.

그러나 만일 시니어 같은 경제학자가 경제학의 분석장치를 별도로 다루고자 한다면, 그의 사실연구——특히 그것이 위원회 보고서에 감춰져 있다면——를 무시하는 것은 훨씬 쉬울 것이며, 그래서 『정치경제학 개요』와 『국부론』을 비교해보면(물론 불합리한 일이지만), 두 사람 사이에는 방법론적인 간극이 존재하며, 시니어는 순수한 사변에 빠져든 반면 스미스는 역사적 사실들을 계속해서 주시했다는 점을 발견하게 된다.

[3. 통계적 방법의 발전]

과학적 지식의 분야에서 활동하는 연구자 집단을 군대와 비교할 수는 없다. 후자의 경우, 최소한 원리상으로는, 특정한 계획에 따라 이동한다. 반면 전자는 본질적으로 조정되지 않는다. 그래서 한 집단이 뛰어가면, 다른 집단은 뒤처진다. 그리고 각각은 상대방을 지원해주지 못하거나 그들에게서 받았어야 할 지원을 스스로 해결해야 한다. 통계적 방법의 발전이 바로 이러한 모습을 보여준다. 우리가 이미 보았듯이 확률론 분야에서 상당한 진보가 있었다. 우리는 여기에 가우스(Gauss)의 오류법칙과 최소자승법을 추가해야 한다. 이것들은 경제학자의 도구상자에 추가된 중요한 도구들이다. 그러나 이 시기에 이렇듯 좋은 기회가 나타난 반면, 그와 반대로 통계학자의 순수이론과 경제학자의 순수이론은 완전하게 갈라서게 되었다. 이것은 오늘날까지도 그대로 이어지고 있다. 나는 내가 독자들의 머릿속에 이 사실이 얼마나 놀라운 것인지 그느낌을 충분하게 전달하고 있는지 걱정스럽다. 이를 위해서 우리는 좀더 나은 세상으로 옮겨가보자. 그리고 좀더 나은 이 세상에서 경제학의 상황을 바라보자. 그러면 우리는 그 추론이 대부분 본질적으로 불가피하게 수량적인 분야를 보게 될 것이다. 분명 모든 경제학자는 유용한 수학적 지식을 익혔을 것이다.

그러나 그들이 이렇게 하는 것이 자기들 분야의 순수이론을 발전시키기 위해서 필요하다는 사실은 깨닫지 못한다고 하더라도, 우리가 보았듯이 그들이 그 중요성을 잘 알고 있는, 통계자료들에 대한 처리능력을 향상시키기 위해서 그렇게 하지 않겠는가? 물론 그들은 새로운 통계연구 기법의 출현을 주의 깊게 기다리고 있다가 그것들이 외부에서 제공되면 곧장 달려가서 사용할 것이다. 그리고 우리는 당시의 주도적인 저자인 밀이 이마에 땀을 흘려가면서 이러한 도구들을 익히고 그 사용법을 강의하기를 기대해야 할 것이다. 지적으로 활기 있고 과학자의 책무에 대해 잘 의식하고 있는 분야에서 이 모든 것은 전혀 불가능한 게 아니다. 그러나 사실상 우리가 현실세계로 다시 눈을 돌려보면, 한 세기 이후까지도 이러한 일들이 일어나는 것을 보지 못한다. 그때조차도 이것을 실현하고자 하는 고통스러운 투쟁을 보게 된다. 이 시기에서 우리가 보아야 할 것은 지적인 불활성이나 마찬가지 의미겠지만 도움에 기댈 필요도 없이 삶 자체가 해결되었던 당시의 실제적 문제들에 대한 몰두에서 비롯되는 무지인 것이다. 그러나 인구통계학이나 통상 사회통계학으로 이해되는 분야에서는 그렇지 않았다. 지금이 케틀레의 이름을 언급할 우리의 유일한 기회다.

케틀레(Adolph Quetelet, 1796~1874)는 우리의 주제에 관한 한 중요성이 적다. 나는 경제학에서 그의 영향을 받은 흔적을 보이는 당시의 어떠한 경제학자도 알지 못한다. 그는 수학자이자 천문학자였으며, 확률론의 문을 통해 사회통계학의 분야로 들어갔다. 내가 아는 한, 여기서 그의 장점은 뛰어난 선전에 국한된다. 그의 『삭스 코뷔르-고타를 지배하는 S.A.R. 공작에게 보내는 서신-도덕과학 및 정치학에 적용된, 확률이론에 대해』(*Lettres à S.A.R. le duc régnant de Saxe Coburg-Gotha sur la théorie des probabilités, appliquée aux sciences morales et politiques*, 1846)에는 독창성이 존재하지 않는다. 그러나 그는 이 시기에 지칠 줄 모르는 에너지로 새로운 통계국을 주도하고, 영감을 주었으며, 통계방법과 프로젝트를 개선하기 위해, 특히 국제적 협조를 증진시키기 위해 많은 노력을 했던 뛰어난 통계관리자 집단에 합류했다.

하지만 그는 그 이상이었다. 인간성격의 분포에 대한 엄밀하고 독창적인 관찰은, 결코 거슬러서는 안 되는, 진보의 한 발을 내디딘 것이었으며, 그것은 따라야 할 본보기로서 궁극적으로는 경제학에도 상당히 중요한 것이었다. 그러나 잠깐의 성공 후에, 그는 물려야 할 다른 발을 내디뎠다. 그는 이러한 관찰이 단순한 일반 '원인'과 연결된 속성을 지닌 안정적인 유형의 평균적인 사람을 드러내준다는 이론을 고안함으로써 일종의 통계적 결정론 철학에 빠져버렸다. 이것은 가우스적 의미의 관찰오류에 해당되는 이탈이라고 할 수 있다. 그리하여 그는 통계학적 기초 위에서 사회과학 방법론을 자연과학 방법론으로 환원시키기를 희망했다. 이 문제에 대한 사고의 발전은 이 이론에 완전히 반하는 것이었으며, 많은 연구자는 그것을 단순한 속임수로, 사실 필요 이상으로, 간주하게 되었다. 물론 인간측정학(anthropometry) 분야에서의 그의 장점이 이것으로부터 영향을 받지는 않았다. 특히 그의 『인간론』(*Sur l'homme*, 1835; 영역본, 1842)을 보라. 이 저작은 나중에 『사회물리학』(*Physique sociale*, 1869)으로 확장되었다. 이에 대한 비판으로는 크나프(G.F. Knapp)의 「이론가로서의 케틀레」(Quetelet als Theoretiker)와 그밖의 주석들(*Jahrbücher für Nationalökonomie und Statistik*, 1871~72) 그리고 할바흐(Maurice Halbwachs)의 『평균인간론』(*La théorie de l'homme moyen*, 1912)을 참고하라.

경제학자들은 수치자료를 제시하는 매우 초보적인 장치조차 제대로 사용할 줄 몰랐다. 더구나 지극히 간단한 차트를 만드는 법——선, 막대, 원, 파이 그래프——조차도 플레이페어[100]에 의해 이 시대 초에야

---

100) 플레이페어(William Playfair)는 화학자인 존 플레이페어(John Playfair)의 형으로, 자신의 그래프 방법을 제안한 것은 동생이라고 밝힌 바 있다. 그는 사업과 경제학 저널리즘에서 다양한 경험을 가진 인물이었다. 그는 자신의 『상업과 정치적 아틀라스』(*Commercial and Political Atlas*, 1786)에서 그러한 방법을 처음 도입했으며, 이 책에는 44개의 그래프가 들어 있다. 이 책은 프랑스어로 번역되었다. 그러나 가장 재미있는 그래프는 『우리 농업의 침체에 관한 서신』(*A Letter on our Agricultural Distresses*)에서 자신의 논증을 예시하는 데 이용되었다. 이 그래프는 250년에 걸친 밀가격과 임금의 추이를 나타내고 있다. 이에 대해서는 Funkhouser and Walker, "Playfair and his Charts", *Economic History*, February 1935 참조. 여기에는 예증이 포함되어 있다. 내가 플레이페어를 알게 된 것은 이 논문 덕분이었으며, (그 이전에는－옮긴이) 위에서 언급된 두 저작만 알고 있었다. 다른 것들에 대해서는 이

비로소 경제학에 도입되었다는 사실에 주목할 필요가 있다. 게다가 사실연구를 하는 경제학자가 가격지수를 사용할 때 머뭇거리거나 이론경제학자가 그것에 대한 이론을 제시하면서 머뭇거리는 것은 변명의 여지가 없는 일이다. 우리는 이러한 발상이 스미스 이전에 출현했음을 살펴보았다. 이 방법의 중요성에 대한 완벽한 이해를 향한 거대한 일보가 1798년에 이루어졌다. 이블린(George Shukburgh Evelyn)은 이때 왕립협회에 문서 하나를 제출했는데, 거기에는 그 훌륭한 조직의 위엄에 못 미치는 수준으로 주제를 다룬 것에 대한 사죄가 포함되어 있다. 그는 거기서 '화폐의 평가절하'를 측정하기 위해 지수(index number)를 사용했다.[101] 분명 초보적인 수준이었으나 칼리(Carli)의 것보다는 우월한 것이었다. 로[102]는 '표준도식'이라는 발상에 이블린을 넘어서는 어떤 것도 추가시키지는 못했지만, 통계적 기법을 개선했으며, "(가격—옮긴이)변동으로 인한 손해를 줄이고, 화폐소득에 〔시간 흐름을 넘어〕 단일한 가치를 부여하려는" 목적으로 지수의 사용을 추천했다. 이 발상은 다음 시대에 매우 대중적인 것이 되며, 1920~30년대에는 더욱더 그렇게 된다. 스크로프가 이 주제를 일반적인 논고(1833년)에 도입한 최초의 인물로 보인다.

　　논문에 덧붙여진 참고문헌을 참조.

101) *Philosophical Transactions*, 1798, Part I. 영(Arthur Young, *Enquiry into the Progressive Value of Money in England*, 1812)은 그의 뒤를 따름과 동시에 그를 공격한 최초의 인물이었다.

102) Joseph Lowe, *The Present State of England in regard to Agriculture, Trade and Finance*, 1822. 이 책은 상당한 성공을 거둔 것으로 보이며, 많은 흥미로운 논의, 예를 들면 인구에 관한 논의들을 담고 있다. 그러나 저자는 이블린의 선구적 시도에 대해 매우 불공정하다.

제5장 일반경제학: 횡단면

1절 밀과 그의 『원리』. 포셋과 케언스

밀의 『원리』는 우리가 살펴보고 있는 시기에 가장 성공적인 저작이었을 뿐만 아니라, 우리가 정의한 의미에서 이 시기 고전파 저작의 역할을 아주 잘 보여주는 것이기도 하다. 이 책을 이 시기의 일반경제학을 살펴보기 위한 출발점으로 선택했으므로, 우리는 인물과 책에 대해 예비적인 검토부터 시작하는 편이 좋을 것이다.

밀(1806~73)은 밀 자체였다. 즉 그는 19세기를 대표하는 지식인 가운데 한 명이었으며, 모든 교양인에게 매우 친숙해서 수십 권의 책에서 이미 소개된 것에 무엇인가를 추가하는 것이 불필요할지도 모르는 인물이었다. 게다가 경제학자들이 그에 대해 알 필요가 있는 것들은 이미 대부분 애슐리(W.J. Ashley)가 자신이 편집한 『원리』(1909)의 「서문」에서 훌륭하게 언급해놓은 상태이므로, 나는 모든 학생이 이 책을 읽어보길 바란다.[1] 그래도 몇 가지 점을 언급해야 한다. 우리 대부분은 아버지

---

1) 특히 이 판본의 부록에 대해 주목할 필요가 있는데, 이것은 밀의 학설을 구성하는 많은 항목을 그 당시와 이전의 경제사상, 심지어 그 이후의 경제사상과 연결시켜 설명한, 그것도 아주 성공적으로, 것으로 신중하게 연구되어야 한다. 이밖에도 밀의 경제학 저작에 대한 유능한 분석은 그의 철학과 논리학 저작에 대한 유능한 평가에 비해 아주 드물다. 그러나 한 거장에 의해 씌어진 것이 하나 있는데, 결코 무시되어서는 안 되는 에지워스의 글("Mill, John Stuart", in *Palgrave's Dictionary*)이 바로 그것이다. 더구나 캐넌의 『생산과 분배에 관한

인 제임스 밀이 자신의 아들에게 어린 시절부터 강요했던, 그것도 날마다 매질하는 것보다 훨씬 더 잔인하고 해로울 수도 있는, 아울러 우리가 그의 인생에 관한 인상적인 저작(『자서전』—옮긴이)의 수많은 문장에서 (정상적인—옮긴이) 발육이 저지된 성장과 활력의 부재라는 인상을 받게 되는 이유를 설명해주는 요인이기도 한, 혹독한 지적 훈련에 대해 들었거나 읽었다. 내가 생각하기에, 우리 대부분은 그의 (상당히 안락한) 생활에 필요한 재원을 제공한 것이 처음에는 동인도회사의 급료였고, 1858년 이후에는 연금이었음을 알고 있다. 그리고 그의 직무가, 평균적으로 매우 힘든 것은 아닐지라도, 그의 사고에 계속해서 악영향을 끼쳤음을 알고 있다. 이미 지적했듯이, (실제로 사고가—옮긴이) 중단된 것만이 아니라 중단될 수 있다는 단순한 예상만으로도 창조적인 연구는 방해받았다. 게다가 당대의 쟁점에 대한 그의 지칠 줄 모르는 관심 또한 추가적인 중단요인이자 에너지의 낭비요인이었다. 그의 모든 저작에서, 심지어 말 그대로 가장 완성도가 높은 저작인 『자유론』(On Liberty)에서도, 나타나는 쉴 새 없이 서두르는 모습은 바로 이러한 관심과 직무가 결합된 산물이었다.

마지막으로, 모든 지식을 섭렵하면서 지적인 관심사가 아닌 것, 그중에서도 공리주의 영역에 속하지 않는 것——그는 다른 사람의 가르침과 마찬가지로 아버지의 가르침에서도 이러한 부분을 뛰어넘었는데——을 모두 무시하도록 교육받았기 때문에, 그는 인생이 실질적으로 무엇인지에 대해 결코 알지 못했다. 그는 아늑한 공간(foyer)을 마련해서 친구들과 사귀었으며, 이후 테일러 부인과 결혼했다. 그러나 그는 이 문제도 이성적으로 처리했으므로, 『자유론』「서문」의 히스테리에 관한 각주에 주목한 사람이라면, 누구나 그가 이론가로서는 아닐지라도 사회생활에 관한 철학자로서 갖추어야 할 수많은 필수조건을 갖추지 않았다는 점을

이론』(*Theories of Production and Distribution*, 3rd ed., 1917)은 이 장과 다음 장에서 가장 중요한 참고문헌으로, 밀의 경제학을 아주 충분히 설명해주고 있다.

느끼는 데 그 어떤 다른 정보——이를테면 『자서전』(Autobiography)에서 수집되는——도 필요하지 않을 것이다.

우리는 그에게서 순수하게 세속적인 급진주의자의 모습을 읽는다. 그러나 다른 세속적인 급진주의자와 달리, 그것은 결코 비판을 억누르기 위한 세뇌를 허용하지 않는다. 그는, 아무리 감탄해도 지나치지 않은, 정직과 내적 자유를 통해 자신의 세속적·공리주의적인 종교의 토대를 향해 비판의 칼날을 겨누었으며(이는 실제로 일어났던 일이다), 훨씬 더 중요한 점으로, 자신이 이해할 수 있는 모든 메시지에 대해 마음의 문을 열어놓고 있었다. 그는 칼라일과 콜리지의 생각과 가까워지기 위해 노력했고,[2] 생-시몽주의와 콩트주의를 깊게 공부했으며, 자신의 비판을 통해 해밀턴 철학에 의해 제기된 문제를 자신이 얼마나 진지하게 수용하고 있는지 보여주었다. 아울러 그는 이 모든 점과 정직하게 싸웠으며, 더 나아가 실제로 자신의 초기 정신적 안식처로부터 멀어지려는 자신을 허용했다. 그는 광신자의 정반대편에 서 있는 인물이었다. 그의 관심범위만이 아니라 어떤 의미에서는 그의 이해범위까지도, 아주 특이할 정도로 넓었다. 그러나 이제 나는, 주장하기는 매우 어렵지만 오해하기 아주 쉬운, 한 가지 논점을 추가해야 한다. 독자들은 멀리 그리고 넓

---

2) 『런던 앤드 웨스트민스터 리뷰』(1838 and 1840, reprinted in *Dissertations and Discussions*, vol.I)지에 실린 두 편의 논문에서, 밀은 콜리지와 그의 집단이 사회학에 미친 공헌과 암묵적으로 자신에게 미친 영향에 대해 심사숙고한 견해를 공식적으로 발표했다. 내가 생각하기에, 이 논문들을 읽어본 후 저자에 대한 우리의 존경심은 더 커졌음이 틀림없다. 밀은 18세기 합리주의—와 '벤담학파의 이해관계interest 철학'—에 대한 이들의 비판을 수용하는 데까지 멀리 나아갔으며, 몸소 이들의 낭만주의 역사관에 대해 문호를 개방하는 태도를 보여주었다. 사실상 나는 이 논문들—과 『논리학』에서 제임스 밀의 정부론에 대해 언급하는 부분(3장 5절 3항 참조)—을 쓴 저자가 공리주의로 불리는 것이 적절할 수 있다고 생각하지 않는다. 그러나 그는 기술적 경제학을 설명에서 제외할 정도로 매우 잘 이해했다. 이를 잘 이해하지 못한 비판가들에게는 그 모습이 주저하는 것처럼 그리고 끊임없이 견해를 바꾸는 것처럼 보였다. 그러나 실제로 그의 관점은, 바로 이러한 측면에서도, 완벽하게 일관적이었으며, 덧붙여 말하자면 시대를 훨씬 앞선 것이었다.

게 여행할 수 있지만, 어디에 가든지 간에 눈가리개를 착용한다. (그래서 제대로 보지 못한다—옮긴이.) 밀의 이해력은 결코 어떤 층위 아래로 내려간 적이 없으며(이에 대해 우리는 이미 그의 『논리학』을 언급할 때 주목했다), 그의 지성은 결코 어떤 장벽을 넘어선 적이 없다. 그는, 우리의 잠재의식적인 자기방어 장치라는 잘 알려진 속임수를 통해, 이 층위 아래와 그 장벽 위에 존재하는 것을 의미 없는 것으로 취급했다.

그의 세 편의 걸작, 『논리학』(1843), 『윌리엄 해밀턴 경의 철학에 대한 고찰』(*Examination of Sir William Hamilton's Philosophy*, 1865),[3] 『정치경제학 원리』(*Principles of Political Economy with Some of their Applications to Social Philosophy*, 1848: 이하 『원리』—옮긴이) 중에서 오직 한 권만이 우리의 영역에 속한다. 그의 다른 저작들[4]은 그의 지배적인 관심사가 경제학이 아니라는 인상을 강화시켜주는데, 왜냐하면 거기에는 기술적인 경제학 문제를 취급하는 책이 오직 하나만 포함되어 있기 때문이다. 경제학에 대한 그의 아주 신선하면서도 독창적인 기여를 담고 있는 『정치경제학의 몇 가지 미해결 과제에 대한 고찰』(*Essays on Some Unsettled Questions of Political Economy*: 이하 『몇 가지 미해결 과제』—옮긴이)이 바로 그것이다. 그리고 실제로 우리가 그를 경제학에 속하는 인물로 주장한다고 해도, 그에 대해 공평하게 평가하기 위해서는 그가 20대 후반 이후, 『원리』를 쓰던 1845~47년을 제외한다면, 경제학자로서 충분한 시간(또는 심지어 '충분한 여가시간')을 가져본 적이 없었던 사람임을 명심해야 한다. 그의 경제학을 형성하는 데 도움을 제공한 요인에 관한 한, 아버지와 리카

---

3) 이 두 권의 책에 대해서는 앞서 3장에서 논의했다.
4) 어떠한 참조작업으로든 그 명부를 확인할 수 있을 것이다. 위의 세 권 외에, 우리에게 가장 중요한 저작명부로는 다음과 같은 것이 있다. *Autobiography* (1873; two new editions by J.J. Coss, 1924, and H. Laski, 1924); *Some Unsettled Questions*(publ. 1844; written about 1829 and 1839); *On Liberty*(1859); *Considerations on Representative Government*(1861); *Utilitarianism*(1863); *Auguste Comte and Positivism*(1865).

도의 영향이 당연히 가장 중요하다. 그러나 내가 이미 언급했듯이, 그리고 내가 밀을 리카도학파에 포함시키는 것을 거부하는 방식으로 강조했듯이, 『원리』의 경제학은 더 이상 리카도주의가 아니다. 이 점은 부자관계(filial respect)[5] 때문이거나 이와 무관하게, 리카도학설을 수정했을 뿐이라는 밀 자신의 신념 때문에 잘 보이지 않는다.

그러나 이 신념은 잘못된 것이다. 그의 수정은 이론의 핵심에, 더 나아가 당연히 사회관에도 영향을 미쳤다. 그에게 리카도주의가 의미하는 바는 의심할 나위 없이 그것이 마셜에게 의미하는 것 이상이었다. 밀과 마셜은 각자의 추리를 통해, 그것이 권고할 만한 것이든 아니든지 간에, 다른 사람의 영향을 무시하면서까지 리카도의 영향을 부당하게 강조한다는 점에서 서로 비슷하다. 마셜의 『원리』에서, 리카도주의는 (마셜의 『원리』의—옮긴이) 내용을 조금도 훼손시키지 않은 채 제거될 수 있다. 밀의 『원리』에서 리카도주의는 (밀의 『원리』의—옮긴이) 내용을 그다지 훼손시키지 않은 채 제외될 수 있다. 밀이 적절하게 강조하지 못한 영향은 바로 세의 영향이었다. 그는 그것을 시장법칙이라는 한 측면에서만 강조했다. 그러나 그것은 가치와 비용에 관한 밀의 이론——리카도적 요소만을 강조하고 있지만, 본질적으로 리카도의 이론과 세의 이론의 타협이다——에, 즉 그의 이론구조의 중심에 자리를 잡고 있다. 밀이 잠재의식 속에서, 아니 마지못해서 받아들인 또 다른 영향은, 시니어의 영향인데, 이 또한 명시적으로는 절욕(abstinence)이라는 한 측면만을 수용

---

5) 이렇게 의심할 나위 없이 칭찬할 만한 아들의 태도는 또한 다른 측면, 즉 연합주의 심리학과 관련된 아버지의 영향의 본질을 잘 보이지 않게 만든다. 이 영향은, 만일 우리가 그것을 한 인간이 다른 인간을 가르친 효과의 총합으로 이해한다면, 사실상 지배적인 요인으로 불릴 수도 있을 것이다. 그러나 만일 우리가 관점에 부합되는 효과만을 영향으로 간주한다면, 그것은 결코 지배적인 요인이 아니다. 많은 사고영역에서, 그 대부분은 아닐지라도, 아들은 아버지의 의견에 반발하는 수준일망정 다른, 흔히 대립되는 견해에 도달한다. 위에서 강조된 한 측면에 비추어볼 때, 아들의 글이 우리에게 말해주는 바는 제임스 밀의 가르침에 대한 대립이다.

했을 뿐이다. 이밖에도 많은 영향이 존재하는데, 이를테면 밀이 의식적으로 수용했으며, 그래서 솔직하게 인정한——왜냐하면 그는 다른 사람에 대해 양심적으로 공정했으며, 항시 그들의 견해를 인정할 준비가 되어 있었으며, 자신의 주장과 결코 차별을 두지 않았다——맬서스와 라에의 영향이 그것이다. 이러한 공정함과 무차별은 그의 성격 중에서 가장 강력하면서도 사랑스러운 속성에 속하는데, 이러한 점에서 세와 시니어의 영향에 대해 언급한 부분은 그 어떠한 비난이나 의심을 포함하는 것으로 해석되어서는 안 된다.

밀이 『원리』를 쓰면서 공언한 목적과 그 책에서 실제로 구현한 수준은 한패처럼 잘 들어맞는다. 1판의 「서문」은 읽어볼 만하다. 그는 『논리학』을 재출간하면서 그 「서문」을 거의 고치지 않은 채로 출판하려 했던 것 같다. 다시 한 번 말하지만, (그는—옮긴이) 연결고리를 풀고 다리를 놓을 예정이었다. 거기에 정당화될 만한 요인은 몇 가지 존재하지만, 새로움이나 독창성을 주창할 만한 요인은 없다. 이에 대해 그는 (자신의 저작과—옮긴이) 똑같이 포괄적인 글은 존재한 적이 없었으며, 특히 『국부론』의 출간 이후에 실제적인 적용가능성에 그토록 많은 관심을 기울인 책은 없었다고 간단히 설명했다. 그러나 이는 사실에 대해서나 이론에 대해서나 진부한 답변이다. 그래서 그는 "목적과 일반적인 관점에서 스미스의 책과 비슷하지만, 당대의 좀더 확대된 지식과 향상된 아이디어에 맞추어 조정된" 저작의 "충분히 유용한 성취 수준"——이것이 "당시 정치경제학에 요구되던 기여의 종류"다——에 도달하고자 했으며, 그가 쓴 책이 바로 그러한 종류의 것이었다. 밀과 같이 높은 영향력과 위상과 지위를 누리는 사람에게, 이는 더할 나위 없는 겸손이었다. 추가로 두 가지 사항을 언급해야 한다.

첫째, 이렇게 칭찬할 만한 겸손함에는 비교적 덜 칭찬할 만한 결과에 대해 책임을 물어볼 수도 있는 측면이 존재한다. 밀이 자신의 임무에 대해 비교적 덜 겸손한 생각을 수용했더라면, 그는 훨씬 더 좋은 책을 생산했을지 모른다. 즉 그는 자신의 임무를 너무도 가볍게 생각했다. 헤라클레스라 해도, (밀이 『원리』를 저술하기 위해—옮긴이) 실제로 투자된 시간처럼 보이는, 18개월 만에 『국부론』을 쓸 수는 없다. 그러나 우리가 앞서 『논리학』과 관련해서 언급한 적이 있었듯이, 밀은 자기 자신에 대해서는 매우 겸손했을지라도, 자신의 시대에 대해서는 결코 겸손하지 않았다. (그래서 그는 건방지게도 다음과 같이 주장한다—옮긴이.) '이 계몽시대'는 모든 문제를 해결했다. 그리고 만일 당신이 '최고의 사상가들'이 생각했던 것을 알고 있다면, 당신은 모든 문제에 대해 대답할 위치에 있는 것이다. 여기서 나는, 명확히 확립된 진실이라는 유리한 근거에 입각해서 말하려는 밀의 태도에 대해 앞서 언급했던 내용을 반복하려는 의도가 없다. 다만 나는 이 태도가 우스꽝스럽다는 점 외에도, 빈약한 내용과 (정말로) 피상적인 내용을 만들어냈다는 점을 추가하고 싶다. 기초작업에 대한 관심도 매우 적다. 요모조모 따져보는 측면이 거의 없으며, 필요한 생각의 대부분은 이미 완료되었다는 자부심이 아주 강하다. 스미스—밀—마셜로 이어지는 선은 매우 분명하다. 그러나 그 중간항(밀—옮긴이)은 투자된 노력의 상대적 불충분성 때문에 다른 두 항에 미치지 못한다. 그토록 수많은 변명처럼 보이는 것, 마르크스가 열정적으로 표현했듯이, 밀은 반대편에 대해 언급하지 않은 채 말한 적이 없다는 인상을 제공하는 것은 부분적으로 이러한 이유 때문이다. 그러나 좀더 큰 이유는, 그로 하여금 문제의 모든 측면을 고려하도록 강요하는 공정한 사고습관 때문이다. 그것은 또한 훨씬 더 신뢰할 그 무엇 때문이기도 하다. 그는 호·불호가 뚜렷한 사람이었다. 그는 또한 청렴결백할 정도로 정직했다. 그는 사실이나 논증을 왜곡할 수 있는 상황에서도 그렇게 하지 않았다. 하지만 선호——자신의 사회적 공감——가 드러날 때는 언제나 칼로 잔가지를 쳐내는 일을 주저하지 않았다. 이에 따라 결론에 도달할 수 없는 수많은 결과나 심지어 수많은 모순이 나타났다.

둘째, 밀은, 「서론」에서는 그렇지 않았지만, 자신의 『원리』가 자기 부인의 영향 아래, 즉 도덕적 논조나 분위기 속에서 기술되었다는 점에서 다른 저작과 다르다고 누누이 강조했다. 사실상 이 책에는 마음 따뜻한 인간주의적 측면이 많이 존재하며, 노동계급의 후생 수준에 대해 염려하는 측면도 많다. 그러나 좀더 중요한 것은 이와 유사한 측면이다. 즉 그는 냉혹한 법칙의 영역을 생산이 귀속되는 물리적인 필연성으로 국한하고, 모든 나머지 부분, 특히 모든 제도에 대해서는 인공적·가변적·신축적·'진보적'인 것임을 강조했다. 그에게 사회적 상황과 관련된 불변의 질서는 없으며, 경제적 필연성은 가변적인 제도적 틀의 주어진 상태와 관련된 것임을 의미했다. 그가 다른 측면에서는 자신의 시대를 아무리 많이 찬양했더라도, 그는 자신이 바라보는 실제 사회상태를 이상적이거나 영속적인 것으로 여기지 않았다. 『원리』의 4부 7장과 다른 많은 문장에서, 심지어 당시의 공상적 사회주의를 비판하는 문장의 일부에서도, 이러한 점에 대해서는 그리고 자신이 기대하는 사회발전 방향에 대해서도 단호한 태도를 보인다. 구체적인 생각을 끊임없이 바꾸긴 했지만, 그는 20대 중반 무렵부터 줄곧 조합주의 관점의 점진적인 사회주의자였다.

분석의 역사에 대해 이러한 사실은 오직 그것이 어리석은 비판, 즉 '고전파' 경제학자들이 자본주의 질서를 영원히 지속될 수밖에 없는, 마지막이자 최고의 지혜로 믿었다는 비판을 반박해주는 만큼 중요한 의미를 지닌다. 만일 밀은 유일한 예외라는 응답이 나타난다면 이는 진실이 아니며, 설령 진실이라 해도, 이 예외가 당시 가장 성공적이고 가장 영향력이 큰 저작을 낳은 요인이라고 말할 수 있다. 자본주의를 연구하는 사회학자들에게 이 사실은 아직도 매우 흥미진진한 문제다. 부르주아들이 그토록 환대한 책이 사회주의의 메시지를 담고 있으며, 산업 부르주아의 가치체계에 대해 공감하지 않는 것이 명백한 사람에 의해 쓰어졌다는 사실만큼 부르주아 문명의 특징을 잘 드러낼 수 있는, 즉 그것의 진정한 자유와 정치적 약점에 대해 좀더 많이 암시할 수 있는 것은 없다.

밀은 점진적인 사회주의자라는 말이 의미하는 바에 정확히 부합되었다. 밀의 사회주의관은 조금씩 발전되었는데, 계속되는 『원리』의 개정판에서도 그 흔적은 거의 불명확하게 식별될 수 있을 정도다. 더구나 『포트나이틀리 리뷰』(*Fortnightly Review*, 1879)에 실린, 사회주의에 관한 헬렌 테일러(Helen Taylor)의 세 편의 글은 밀 사후에 유용함 이상으로 오해를 불러일으킨 듯 보인다. 그것들은, 1869년이나 그 무렵에, 당시 밀이 쓰고자 의도했던 사회주의 관련 저작에 대해 예비적으로 개관해본다는 차원에서 씌어졌으며, 1869년 이전의 프랑스와 영국의 사회주의 문헌과 당시의 사회주의의 구호(slogans)에 대해 비판적으로 평가하는 정도의 내용을 담고 있었다. 추측해보건대 (만일 출간되었더라면, 밀의—옮긴이) 저작에는, 이러한 개관의 글을 읽은 독자들이 갖게 될 인상을 뒤집을지도 모르는, 긍정적인 보완요인이 담겨 있었을 것이다.

그러나 모든 사소한 점을 무시한다면, 우리는 밀의 사회주의관에 대해 조금은 자신 있게 다음과 같이 설명할 수 있다. 정서적으로, 사회주의는 항시 그에게 매력적인 것이었다. 그는 자신이 살고 있는 사회를 거의 좋아하지 않았으며, 노동대중에 대한 연민으로 충만했다. 그는 지적 독립성을 확보하자마자, 당시의 사회주의 이념——주로 프랑스의 사회주의 이념——에 흔쾌히 자신의 마음을 열어주었다. 그러나 훈련된 경제학자이자 철저하게 실제적인 정신의 소유주였으므로, 잠시 후에 마르크스에 의해 **공상적 사회주의**라고 이름 붙여진 것들의 약점을 거의 놓치지 않고 파악할 수 있었다. 마지못해 그리고 부분적인 예외사항으로서 생-시몽주의를 옹호하긴 했지만, 그는 그(사회주의—옮긴이) 계획이 아름다운 꿈에 불과하다는 결론에 도달했다. 이것이 첫 번째 단계였다. 겉으로 보기에, 사회주의에 대해 완전히 부정적인 태도——몇몇 측면에서는, 예를 들면 토지소유에 대해서는, 철저한 급진주의와 결합된——는 그가 자신의 『원리』 초판에서 썼던 내용과 양립가능한 것으로 여겨질 수도 있다. 그러나 3판(1852)의 「서문」에서, '인간진보의 궁극적인 결과로 여겨지는' 사회주의를 '비난'할 의도는 없었으며 자신의 비판은 오직 '인간의 준비되지 못한 상태'에만 초점을 맞춘 것이었다는 취지로, 그가 언급한 내용을 의심해야 할 이유는 없다. 그러나 저작의 변화와 수정은 이것이 시사하는 바 이상이었으며(특히 이 책, 3권, 4부 7장에 두 번째 문단으로 새롭게 추가된 부분을 보라), 실질적인 결론은 사회주의를 궁극적인 목적으로서 명시적으로 인정하는 것이었다. 이것이 두 번째 단계다. 아울러 세 번째 단계도 존재하는데, 한편으로 그는 '진보'가 놀라울 정도로 가속화되고 있으며, 이러한 '궁극적인 목적'이 빠르게 가시권 내로 진입하고 있다고 믿게 되었지만, 다른 한편으로는 자본주의가 거의 완성단계에 도달했기 때문에 순수하게 경제적인 반대가 그 힘을 잃고 있다고 믿게 되었다. 동시에 그는 자본주의 체계가 노동계급의 생활조건을 열악하게 만들거나, 사회적 생산물에 대한 이 계급의 상대적·절대적 분배몫을 축소시키는 경향이 있다는 주장을 항시 과감하게 부정했다. 아울러 이에 못지않을 정도로 과감하게 혁명을 통한 이행이념을 받아들이길 거부했다. 그 주된 이유는 이러한 경우에 극복불가능한 관리문제가 제기될 것처럼 보였기 때문이다.

그러나 이러한 관점은 점진적인 사회주의를 지칭한다. 그것은 독일 수정주의 운동의 지도자였던 베른슈타인(Eduard Bernstein: 이에 대해서는 이 책, 3권, 4부 5장 8절 2항 참조)의 견해와 실질적으로 다르지 않았다. 본질적으로 그것은 마르크스주의자들만이 아니라, 빈곤은 필연적으로 점점 더 심화될 수밖에 없으며 혁명은 신념의 본질적인 항목이라는 명제에 입각해서 자신의 주장을 펼치는 모든 사회주의자에게도 혐오스러운 것이었다. 이러한 주제와 관련된 밀의 가르침은, 너무도 완전하게 정직했으며 궁극적인 목적에 대해 분명히 공감하면서, 받아들이고 싶지 않은 사실을 설명했다는 바로 그 이유 때문에 직선적인 적대감보다 더 큰 혐오감을 불러일으켰다. 이 모든 사항은 밀의 세계관을 이해하는 데 매우 중요하다. 우리들처럼, 한 인간의 계급이익이나 계급철학이 그의 경제이론과 경제정책에 대한 견해를 규정할 것이라고 믿으며, 『원리』는 부르주아 이데올로기의 속물화로 취급하도록 교육받은 사람들에게는 특히 그러하다.

밀의 『원리』는 완벽하게 성공을 거두었는데, 그 성공은 경제학이 주목받게 된 모든 국가에서 리카도의 저작보다 훨씬 더 일반적이면서도 훨씬 더 고르게 분포된 것이었다. 이는 주로 과학적인 수준과 접근가능성의 행복한 결합에서 비롯된 것이었다. 밀은, 방해물로 입증된 매우 사소한 점들만 제외한다면, 유능한 판관을 만족시킬 만한 분석을 정말로 보여주었으므로, 모든 경제학자는 그를 이해할 수 있다. 책의 수많은 판본은 오로지 그것의 직접적인 영향력만을 드러낼 뿐이다. 여기에 덧붙여야 할 사항은, 그의 가르침에 관한 한, 그것이 수많은 저작을 산출해냈다는 점이다. 학생들과 일반독자들은 모두, 심지어 영국에서조차, 훨씬 더 단순한 설명을 요구할 필요성을 느끼는 것처럼 보인다. 그리고 포셋에 의해 이러한 요구가 제시되었다.[6] 좀더 높은 수준에서는, 심지어 실체의 합목적성(finality in substance)에 대한 밀의 주장을 수용하는 사람일지라도 그의 구조에서 수많은 돌이 흩어져 있는 점을 반드시 발견하게 될 것이다. 이 시대 영국의 경제학자 중에서 가장 뛰어난 인물이

---

6) 포셋(Henry Fawcett, 1833~84)의 『정치경제학 개요』(*Manual of Political Economy*, 1863)는 생전에 6판까지 간행되었다. 25세에 시력을 잃었으면서도 여전히 가르치고, 쓰고, 운동했으며, 적극적이고 독자적인 국회의원이자 심지어 내각의 성공적인 각료(우정장관)이기도 했던, 이 걸출한 인물의 영웅적인 에너지는 매우 칭찬할 만하다. 당연히 그는 동료 경제학자들에게서 최고의 존경을 받았다. 그는 케임브리지대학교 교수직에서 마셜의 전임자였다. 그러나 경제분석의 역사에서, 그는 훨씬 못한 수많은 사람에 비해 낮은 자리를 차지하고 있음이 틀림없지만, 어떠한 시도도 그를 공정하게 평가할 수 없었다.

이러한 구조를 수선하는 일——성공여부에 대해서는 논쟁의 여지가 있
지만——을 떠맡았는데, 케언스[7]가 바로 그 사람이었다. 그는 밀의 제
자로 불릴 수 있는데, 왜냐하면 그는 항시 후자의 가르침을 참조해서 추
론——심지어 밀이 명시적으로 언급하지 않은 문제에 대해서조차——
했으며, 그의 편지에서 드러나듯이, 밀에 대해 '존경'이라는 말로만 표
현될 수 있는 감정을 즐겼다.[8] 그러면서도 그는 종종 밀을 날카롭게 비
판했으며, 이러한 비판을 통해서, 전적으로 밀의 원칙에 입각한 것일지
라도, 어느 정도 독자적인 것을 구축했다. 그는 타고난, 그렇지만 매우
독창적이지는 않은, 이론가였다. 그가 기여한 것의 대부분이 쓸모없는

---

7) 연구자, 작가, 교수 그리고 두각을 나타내지는 못했던 정치가에 이르기까지, 케
언스(1823~75)의 경력—실제로 경력이라는 말이 사용될 수 있다면—은, 그
로 하여금 자신의 커다란 능력을 십분 발휘할 수 없도록 만든 분명한 이유였던,
건강문제 때문에 가로막히곤 했다. 그렇다고 해도, 그는 선두그룹에 속했다.
1873년 밀의 사망 이후(제번스는 아직까지 업적에 걸맞게 평가받지 못했다),
영국 최고의 과학적 경제학자는 누구인가라는 질문에 대해 아마도 모든 사람은
그를 거론했을 것이다. 우리에게 가장 중요한 그의 저작은, 1874년에 출간된
『새롭게 해석된 정치경제학의 몇 가지 지도원리』(*Some Leading Principles of
Political Economy Newly Expounded*)다. 그렇지만 우리가 이 책의 저자를
(좀더 이른 1871년에 『정치경제학 이론』을 출간했던 제번스와 달리) 살펴보고
있는 이 시기(1790~1870년-옮긴이)에 포함시킨 이유는, 그가 과거의 분석경
제학에 대해 설명하면서 이제 막 모습을 드러내기 시작한 새로운 것으로부터
스스로 거리를 두고 있으며, 그 과정에서 이 새로운 것의 중요성과 가능성을 조
금도 보지 못한 모습을 보여주고 있기 때문이다. 그러므로 우리는 그를 (인용부
호와 함께) '고전파'로 분류하지만, 리카도학파로 보지는 않는다. 그는 밀의 후
예에 속하며, 거기에는 리카도주의자로 불릴 수 없는 밀의 경우와 비슷한 이유
가 존재한다. 물론 우리는 그에 대한 주목을 다음 시기로 미루어, 그를 시지윅,
니컬슨(Nicholson) 등과 같이, '나머지' 집단의 구성원으로 살펴볼 수도 있을
것이다. 우리에게 중요한 그의 다른 저작은 방법론 역사에 한 획을 그은 『정치경
제학의 성격과 논리적 방법』(*The Character and Logical Method of Political
Economy*, 1857)이다.
8) 케언스에 대한 밀의 편지 중 일부를 엘리엇(Hugh S.R. Elliot)이 편집해서 출판
했다.(*Letters of John Stuart Mill*, 2 vols., 1910) 그러나 내가 보기에 중요한
편지는 오브리앙(O'Brien)의 글("J.S. Mill and J.E. Cairnes", *Economica*,
November 1943)에 실린 것이다. 이것이 좀더 많은 호기심을 자극한다.

것이 되어버렸지만, 분석적임과 동시에 방법론적인 그의 저작은 중요한 발전단계를 보여준다. 그를 타고난 이론가로 부른다고 해서, 망각해서는 안 될 사항——일부 비판자들, 특히 독일의 역사학파 비판자들이 망각하고 있듯이——은, 그가 대부분의 연구시간에 실제적인 문제를 파고들었으며, 당시 그가 영국의 대중들에게 명성이 높았던 이유도 바로 '사실적인' 기여(특히 그의 『노예권력』*Slave Power*, 1862)에 있다는 점이다.

2절 범위와 방법: 경제학자들은 무엇을 하고 있다고 생각했는가

앞 장에서 우리는 이 시기 경제학자들이 갖고 있던 일부 아이디어를 살펴본 바 있다. 이제 우리는 밀의 『원리』에 그것이 얼마나 많이 반영되었는지 살펴볼 것이다. 그러나 경제학자들이 스스로를 해석하기, 즉 자신의 목적과 분석절차에 대해 이론화(또는 '합리화')하기 시작했다는 점이 이 시기를 특징 짓는 모습 중의 하나다. 다른 경우와 마찬가지로 연구할 때도, 우리는 먼저 행동하고 나서 생각한다. 어떠한 영역의 지지자들이, 불안감에 휩싸이지 않으면서, 범위와 방법의 문제에 관한 그리고 논리적인 근거 일반에 관한 관심을 키우게 되는 것은 오직 그 영역이 이미 확립된 과학영역에 포함되는 때뿐이다. 이것은, 비록 그러한 유형의 과도한 행위가 병리적인 징후——방법론적 우울증(methodological hypochondria) 같은 것이 존재한다——일지라도, 완전히 자연스러운 것이다. 그러한 관심——이전에는 아주 없던 것은 아니지만, 거의 부재했던——의 출현은 당시 경제학자들이 도달한 상대적인 성숙도를 드러낸다. 이 관심이 산출한 결과는, 그 자체로는, 우리에게 그다지 중요하지 않다. 우리는 모두 우리 자신에 대한 나쁜 해석자며, 우리의 행동의 의미에 대한 신뢰할 수 없는 증인이다. 그러나 정확히 바로 이러한 점 때문에, 우리는 이 시기의 방법론을 완전히 무시할 수 없다. 비판론자들이 그것을 문자 그대로 받아들임으로써, 그것이 '고전파' 경제학의 범위와 의미에 관한 오해의 원천이 되어버렸기 때문이다.

1. 과학의 정의

우리는 심지어 스미스 이전에도 경제학자들이 자신의 영역을 규정할 필요성에 대해 느끼고 있었음을 알고 있다. 지금 살펴보고 있는 이 시기에도, 독자적인 영역에 대한 이들의 책임감은 점점 더 강해졌으며, 실제로 모든 저자가 자신들의 손으로 그것을 정의하고자 노력했다. 여기에 몇 가지 사례가 있다. 세는 정치경제학이란 **부를 형성, 분배, 소비하는 방식에 대한 설명**이라는 (자신의 책의—옮긴이) 부제를 통해 정의했다. 매컬럭은 정치경제학을 "필요하고 유용하거나 인간에게 유익함과 동시에 교환가치를 지니고 있는 제품이나 생산물의 생산, 축적, 분배, 소비를 규제하는 법칙에 대한 과학", 즉 "가치에 관한 과학"(원문 그대로!)으로 정의했다. 스토치에 따르면, 정치경제학은 "국가의 번영을 결정하는 자연법칙에 대한 과학"이다. 시니어의 정치경제학은 "부의 본질, 생산 그리고 분배를 취급하는 과학"이다. 밀은 자신의 『원리』에서 "인류의 생활조건을…… 풍요롭게 하거나 그 반대로 만드는 모든 원인의 작동을 직접적으로나 간접적으로 포함하는, 부의 본질과 그것의 생산 및 분배의 법칙"에 대한 것으로 (정의하는 데—옮긴이) 만족했다. 로셔에 따르면, "우리의 목적은 단순히 인간의 경제적 본성과 경제적 욕구를 설명하고, 이러한 욕구의 충족과 관련된 제도들의 법칙과 특징 그리고 그 제도들이 이룬 성공의 정도를 고찰하는 것이다." 이러한 사례들이 하나의 아이디어를 제공하는 데 충분할 것이다. 만일 우리가 직업적인 경제학자들의 모든 행동에 부합되는 정의를 마련하기 위해 노력하는 것이 쓸모없을뿐더러 무의미하기까지 한 일임을 깨닫는다면, 이와 같은 정의들의 명백한 부적절성에 대해 가혹하게 판단하려고 생각하지 않을 것이다. 그렇지만 몇 가지는 주목해볼 만하다.

이 시기의 (정치경제학에 대한—옮긴이) 모든 정의는 다른 사회과학이나 도덕과학에 대한 경제학의 자율성——물론 밀접한 상관성의 인정과 완전히 양립가능한——을 강조한다. 그 대부분은 그것의 분석적(과학적) 특성을 강조한다.[9] 이러한 두 가지 사실은, 비록 모든 비판자의 취향에는 부합되지 않을 수 있지만, 분석경제학으로 나아가는 길에서 나타난 중요한 사건으로 기록되어야 한다. 세 번째 사실도 주목해야 하는데, 왜냐하면 그것은 내가 앞서 언급했던 오해들 중에서 가장 중요한, 게다가 자극적이기까지 한 것을 야기하기 때문이다. 독자들은 앞서 인용된 정의들이, 경제학의 범위에 들어오는 사실들과 문제들에 관한 한, 그다지 특별한 것이 아님을 알게 될 것이다. 예를 들어 밀의 정의는 포괄적인 잡탕(catchall)처럼 읽힌다. 심지어 시니어의 정의는, 그 자체로 보았을 때, 독자들에게 **부의 생산과 분배**가 의미하는 바가 무엇인지에 대한 의문을 남긴다. 왜냐하면 한 사회의 제도적 패턴들 전체는 명백히 생산이나 분배와 관련되기 때문이다. 이제 정의되어야 할 '과학'이 당연히 **정치경제학**[10]으로 불리게 되었다. 대륙의 저자들은 대부분 이 용어를 아주 폭넓은 의미로 사용했다. 그러나 대부분의 선도적인 영국인, 특히 제임스 밀과 시니어는 그것을 아마도 경제이론으로 부르기에 좀더 적절하게 보이는 영역으로 제한했으며, 이들의 방법론적 선언이 지칭하는 바는 바로 이것이었다.[11] 비판론자들에게, 이것은 태도와 관점에서 엄청

---

9) 예를 들어 스튜어트의 정의나 『국부론』 4부의 도입부에서 나타난 스미스의 정의에 비추어본다면, 이는 과거와의 단절을 암시하는 듯 보인다. 그러나 그 단절은 실질적인 것이라기보다 외형적인 것이다. 한편에서 일부 저자, 이를테면 시스몽디는 경제학을 실제적인 목적으로 정의하는 과거의 관행을 고수했다. 다른 한편으로 『국부론』의 대부분은, 그(정치경제학에 대한—옮긴이) 정의에도 불구하고, 그 본질이 진정으로 분석적이며, 이 시기의 경제학자들은 계속해서 가치판단을 제시하고, 자신들의 정의에도 불구하고 정책을 권고했다. 이에 대해서는 이 절의 3항에서 살펴볼 것이다.

10) 일부 독일의 저자들이 사용했던 **국가경제**(*Stastswirtschaft*)라는 말을 예외로 한다면, 대륙에서 사용된 용어는, 심지어 **국민경제학**(*Nationalökonomie*)조차, **정치경제학**(Political Economy)의 동의어였다. **경제학**(Economics)이라는 말은 이후의 시기에 사용되게 되었는데, 그때도 영국과 미국에서만 사용되었다. 이에 대한 독일어 동의어는 Sozialökonomie 또는 Sozialökonomik이라는 말이었는데, 결코 일반화되지 않았다.

난 차이가 나타나는 것처럼 보였다. 이들은 영국의 '고전파'가 '부'를 제외한 어떤 것도 보지 못했으며, 그들(영국의 고전파—옮긴이)의 정치경제학은 단순히 사변적인 화식학(Chrematistics, 시스몽디) 따위에 지나지 않는다고 생각했다. 그러나 우리는 이것이 사실과 다르다는 점을 이미 알고 있다. 영국 고전파의 실제 작업은 이들이 자신들의 연구행위나 관심사를 제한하려는 의도가 아니었음을 입증해준다. 이들이 제한했던 것은 용어의 용도였다. 그래서 시니어는 실제로 자신의 정치경제학으로부터 사실분석과 후생문제에 대한 모든 설명을 제외시키고자 했던 것이다. 그러나 동시에 그가 스스로 위대한 법학(Great Science of Legislation)[12]이라고 명명한 것에서 위의 두 가지 분석을 환영했다면, 문제될 것이 있겠는가?

2. 방법론

지금까지 살펴본 바에 따르면, 우리가 절차상의 모든 중대한 실수로부터 '고전파'를 한 번 더 용서해주는 것이 어렵지 않다. 이들의 절차는 조잡하며, 종종 서툴기까지 하다. 그들의 논쟁 중 많은 것은 반대편의 관점을 이해할 수 없는 무능력에서 비롯된 것이며, 그 일부는 (우리들의 수많은 논쟁이 그러하듯이) 순전히 말싸움에 불과하다.[13] 단어의 의미

---

11) 이러한 용어사용법에 숨겨져 있는 위험성을 깨달았기 때문에 훼이틀리 주교는 성공적이지 못한 의견을 제시했는데, 그것은 바로 이러한 의미의 정치경제학이라는 용어를 교환학(Catallactics)—χαταλλάτειγ, 교환하다라는 말에서 비롯된—이라는 용어로 대체하는 것이었다. 여기서 그는 자신의 통상적인 훌륭한 감각을 보여주었다. 그러나 자신이 주장하는 의미를 명확히하지 못했기 때문에 오해받았으며, 그래서 문제를 실질적으로 더 악화시켰다. 독자들은 이것이 얼마나 비난받아야 했는지—뭐라고! 인간의 경제적 운명에 관한 과학인 정치경제학이 보잘것없는 교환이론으로 완전히 축소된다고!—를 보여주기 위해서, 자신들의 상상력을 지나치게 혹사시킬 필요가 없을 것이다.
12) 밀은 이 용어 대신에 사회철학이라는 말을 채택했다.
13) 예를 들어 리카도와 맬서스의 논쟁에서 제기된 한 가지 쟁점은 지대라는 존재가 자연의 '선물'에서 비롯된 것인지, 아니면 자연의 '인색함'에서 비롯된 것

를 추적하는 방식으로 현상을 분석하려는 우스꽝스러운 '방법'이 만연했다. 그러나 이토록 변변치 못한 것이었지만, 실제로 이용된 절차에 대해서는 원칙과 관련된, 그 어떠한 심각한 비판도 제기되지 않았다. 그 절차는 철저하게 감각적인 것이었으며, 각각의 문제유형의 본성이 단순히 상식 정도로 무장한 사람에게 시사해주는 바로 그것이었다. '고전파'는 약간의 논리적 복잡성을 포함하는 관점을 정리하기 위해 이론화했으며, 스스로 유용하다고 생각할 때마다 사실을 수집했다. 그러나 이들의 방법론적 선언에 대해서는, 심지어 그것이 (적어도 영국에서는[14]) 오로지 경제이론만을 지칭했다는 사실을 차치하더라도, 이와 똑같이 말할 수 없다.

그러나 대부분의 경우에, 조금만 교정해도 문제를 바로 세울 수 있다. 대부분의 경제학자, 특히 세와 밀은 똑같이 물리학에 대한 유비를 너무도 많이 생각했으며, 후자를 경제이론에 '적합한 모델'이라고 선언했다. (『자서전』*Autobiography*, 165쪽—집중적으로 비판되는 점이지만, 실

인지에 대한 것이었다. 두 명의 유능한 인간이 실제로 한 요소에 대한 보수를 그것의 생산성이나 희소성으로 설명했다는 사실만큼, 당시의 분석장치의 원시성을 그토록 분명하게 보여준 것은 없다!

14) 방법론에 관한 한, 이 시기의 가장 중요한 글은 다음과 같다. 시니어의 『정치경제학에 관한 네 가지 소개 강의』(*Four Introductory Lectures on Political Economy*, 1852), 케언스의 『논리적 방법』(*Logical Method*), 밀의 다섯 번째 책인 『몇 가지 미해결 과제』(*Some Unsettled Questions*; 이것은 원래 『웨스트민스터 리뷰』*Westminster Review*, 1836년판에 게재된 것이었다), 그리고 밀의 『논리학』의 관련문장이 바로 그것이다. 일부 비판자들은 후자(『논리학』의 관련문장—옮긴이)에서 밀이 제기한 견해는 전자에서 제기된 의견과 다르다고 주장한다. 이는 오해다. 전자는 경제이론이라는 의미에서의 '정치경제학'의 방법론적 측면을 다루고 있다. 『논리학』의 문장은 훨씬 더 폭넓은 범주인 사회과학—이 책에서 경제사회학이라 불리는 영역과 주로 관련된—의 방법론을 다루고 있다. 두 영역의 인식론적 상황은 실질적으로 다르며, 한 쪽의 서술하는 '연역적' 방법과 다른 쪽의 '귀납적'(또는 '연역의 정반대') 방법 사이에는 어떠한 모순도 존재하지 않는다. 이에 대한 주요이유는 경제이론이, 그것의 양적 특성 때문에, 모든 다른 사회과학의 분석장치에 비해 훨씬 더 넓게 체계적인 정교화를 용인한다는 점이다.

제로 사용한 적이 없으므로, 사실상 부적절한 비판이다[15]; 『자서전』은 아마도 밀의 저작을 의미하는 듯하며, 괄호나 시작되는 지점만 있을 뿐, 끝나는 지점이 없어서, 옮긴이의 판단에 따라 추가했다—옮긴이.) 세는 경제학이 관찰과학이라고 정확히 강조했으면서도, 그것을 '실험적인' 것으로 불렀다. 그러나 이것은 '경험적인' 것으로 쉽게 교정할 수 있다. 게다가 실제로 모든 경제학자는 법칙이라는 말을, 심지어 자연법칙이라는 말까지 사용하는데, 이것을 피한다면 철학적인 비판자들의 수많은 혹평에서 벗어날 수 있을 것이다. 그러나 이러한 (용어를 사용하는—옮긴이) 습관은 아주 해롭지는 않다. 왜냐하면 그것(법칙이나 자연법칙 같은 용어—옮긴이)이 실질적으로 의미하는 바는 경제현상들 사이에 존재하는, 몽테스키외의 '필연적 관계'이거나 마셜의 '경향에 관한 언급'일 뿐이기 때문이다. '옛 정치경제학의 매우 제한되면서도 일시적인 가치'를 강조하는 밀의 입장에 비추어볼 때, 위 용어들을 반복해서 지적하는 후대의 비판가들에게는 그 근거가 없다. 사실상 후자(후대의 비판가들—옮긴이)의 방법론적 신조에서 실질적으로 타당한 점이 있다면, 그것은 모두 밀의 견해를 복제한 것일 수 있다. 다시 밀은 선험적(a priori)이라는 말을 잘못된 의미로 사용했으며,[16] '연역'을 쓸데없이 강조했다. 이것이 아마도 이후에 '연역 대 귀납'이라는 어리석은 논쟁을 유발한 원인이겠지만, 정치경제학의 방법에 대해 언급할 때, 그는 경제학의 이론장치에 대해 생각하고 있었음을 언제나 명심한다면, 우리는 그것이 실제로 어떠한 실수도 유발한 적이 없음을 쉽게 알게 된다.[17] 마

---

15) 우리는 이미 정학과 동학이라는 용어의 도입이 이러한 사용, 즉 물리학에서 방법을 차용한 것이 아님을 알고 있다. 경제학자들은 또한 균형이라는 용어를 사용할 때, 회계상의 '균형'을 맞추는 회계담당 직원과 마찬가지로, 그것을 역학에서 차용하지 않는다.

16) 이는 그만큼 더 깜짝 놀랄 만한 일이다. 왜냐하면 그는 자신의 『논리학』에서 기하학을 경험과학으로 만들어버리기까지 했으며, 100퍼센트 경험주의자가 아닐지라도, 확실히 그는 칸트보다 더한 경험주의자였기 때문이다.

17) 반복해서 말하자면, 이것은 실질적인 시험이다. 신념에 관한 방법론적 선언의

지막으로 경제적 현상이나 동기를 '분리'시키거나, 비경제적 현상이나 동기로부터 추상화시키는 방법에 관한 한, '고전파'의 관행만이 아니라 심지어 그것의 방법론적 합리화까지도 심각한 오류와는 거리가 멀다. 이러한 측면에서 반론을 제기하는 어떠한 비판가도 밀을 연구할 수 있다고 믿기 어렵다.[18] 물론 이러한 언급은, '고전파'가 순수하게 경제적인 연구영역을 떼어낼 목적에서 분리와 추상화의 원칙을 적용했듯이, 이 원칙 자체를 지칭하는 것으로 이해되어야 한다. 이에 관한 한, 오로지 나는 고전파의 절차가, 실제적으로만이 아니라 원칙적으로도, 스미스의 절차와 다르지 않으며,[19] 이후의 경제학자들의 절차, 즉 후대의 방법론

문자적 의미에 대해서는, 철학자를 제외하면, 거의 관심이 없다. 이와 달리, 우리가 수용할 수 없는 방법론과 관련된 분석의 모든 결과를 포기하도록 강요하지 않더라도 그것을 제외할 수 있을 때마다, 그 방법론은 모두 하찮은 것이라고 말함으로써, 우리의 시험을 정식화해볼 수도 있다.

18) 사실상 밀에 정통한 로셔 같은 사람은 이러한 반론을 제기하지 않았다. 그러나 당시에, 오늘날에도 보여지듯이, 그는 고전파와 양립불가능한 방법론적 교리를 포함한다는 의미에서 '고전파'를 비판한 인물이 실질적으로 아니었다. 그러나 이후 독일의 비판론자들―진정한 역사학파 학자들―의 대부분은 밀이나 '고전파' 일반에 관한 가장 중요한(first hand) 지식을 많이 가질 수 없었다. 만일 그렇다면, 그들이 밀의 방법론을 실제로 그토록 완벽하게 오해할 수 있으리라고는 믿기 어렵기 때문이다. 그들은 오히려 자신들이 글을 쓰던 시기에 굳어진, 그것에 관한 잘못된 이미지에 반대했다. 그들이 자신들의 연구 프로그램에 몰두했음을 감안한다면, 어찌되었든 이를 이해하기는 그다지 어렵지 않다. 그러나 잉그램(이에 대해서는 이 책, 3권, 4부 4장 참조)은 어떠한가? 그는 어떻게 콩트에게서 방법론을 수용한 '새로운 경제학'이라는 복음을 전파할 수 있었을까? 내가 할 수 있는 유일한 대답―그리고 잉그램의『정치경제학의 역사』(History of Political Economy)를 연구한 모든 전문가에게 제시해야 하는 것―은 경제학에 대한 그의 지식과 그에 대한 그의 관심이 모두, 당대의 거대한 구호에 대해 편견 없이 열광하면서도 실질적인 문제에 대해서는 파악하지 못하는 태도에서 비롯된, 일반적인 '철학' 범주를 넘어서지 않았다는 점이다. '고전파' 경제학에 대한 그의 다른 반론들은, 그가 콩트주의에 입각해서 독립적인 경제학에 반대하는 경우보다 훨씬 더 분명하게 이러한 결론을 잘 보여준다.

19) 이는 반복해서 말해도 될 정도로 매우 중요하다. 즉 스미스의 저작은 비교적 덜 '추상적'인데, 왜냐하면 그것은 경제이론에 관한 후대의 전문화된 저작들이 그 속에 담지 않고 다른 전문화된 저작들을 위해 남겨둔, 그렇게나 많은 사실

자들인 멩거(Carl Menger)와 케인스(이들에 대해서는 이 책, 3권, 4부 4장 참조)에 의해 정식화되었으며, 1900년 무렵에는 독일 이외 지역의 경제학자들 대다수가 수용했던 절차와도 다르지 않다고 생각한다. 그러나 나는 개별적인 '고전파' 저자들이, 그 영역(순수하게 경제적인 연구 영역—옮긴이)에서 추론할 때, 항시 적절한 요소들을 '분리'하고 다른 요소들로부터 오류가 없이 '추상화'시켰다고 보지는 않는다. 그것은 실제로 그들의 모든 명제가 오류 없음을 의미하는 것이므로, 언뜻 보더라도 이치에 맞지 않다. 논리적 오류나 사실에 대한 잘못된 언급을 문제삼지 않는 비판이라고 해도, 그것이 비판의 대상이 되는 저자가 '분리'하거나 '추상화'하는 방식에 대한 반대로 정식화될 수 있다.

이제부터 내가 제시하고자 하는 구분은 이 시기의 방법론적 상황, 즉 당시 경제학자들 사이에서 존재했던 '방법'에 관한 차이의 본질과 그 정도를 이해하는 데 상당히 유용할 것이다. 첫눈에 우리는 이 시기의 과학적 논쟁이 주로 방법에 따라 결정되었다는 인상을 받았다. 그러므로 가장 유명하면서도 가장 오래 끈 두 가지 논쟁, 즉 가치논쟁과 일반적 과잉(general gluts)논쟁은 빠른 속도로 비슷한 상황, 좀더 구체적인 논증으로 진전되지 않고 서로 상대방의 방법을 공격하는 상황으로 이어졌다. 그 자체로 이것은 다른 사람에게 설득당하지 않겠다는 선언과 결합된, 그를 설득할 수 없는 무능력을 고백하는 선을 거의 넘지 못했음——한마디로 교착상태에 빠졌음——을 의미한다. 예를 들어 과잉논쟁에서 맬서스(와 시스몽디)가 리카도의 분석절차를 매우 추상적인 것으로 비판하고 리카도 자신은 자신의 논증의 추상적 본성을 강조할 때,[20] 이들

정보를 담고 있었기 때문이다. 그러나 그가 경제이론의 영역에서 움직이는 경우, 그의 추론방법은 가령 리카도보다 추상 수준이 낮지 않았다. 후자의 경우, '추상'이 좀더 많은 것을 보여준다. 왜냐하면 그는 '추상적' 본질이라는 주체로 논의를 제한하고 구체적인 잔가지들을 제시하지 않았기 때문이다. 그러나 이것이 전부였다.

20) 왜냐하면 '추상성'이 통상적으로 논증에 반대되는 의미로 주장될지라도, 전자는 후자를 옹호하는 데 이용될 수도 있기 때문이다. 특히 마르크스주의자들은

은 절망의 한숨을 말로 표현했을 뿐이다. 맬서스와 시스몽디가 리카도의 '방법'에 대해, 이 말이 후대의 방법논쟁(이 책, 3권, 4부 4장 참조)에서 사용되었던 의미에서, 실질적으로 반대했다고 추론한다면, 이는 커다란 오류일 것이다. 실제로 그렇지 않았다는 사항은 이들 자신의 추론양식에 관한 분석을 통해 입증될 수 있다. 그 양식은 리카도의 경우와 동일한 의미에서 '이론적인' 것이었는데, 이는 케인스의 이론이 맬서스의 경우와 동일한 (논리적) 의미에서 이론인 것과 같은 이치다. 다른 말로 해서, 맬서스와 시스몽디는 다른 방식으로 이론화했고 부분적으로 다른 사실집합에 대해 눈길을 돌렸지만 그들의 행위는, 후대의 슈몰러학파나 미국의 제도주의에서 한동안 보였던 것처럼, 이론화 자체에 대해서는 반대하지 않았음을 입증해준다.

그러나 이러한 (이론화 자체에 대한) 반대를 다른 사람들은 제기하지 않았는가? 물론 제기되었다. 그렇지만 그것은 대다수 경제학자의 작업에 의미 있는 영향을 미치지 못하는 고립된 무리에서만 나타났을 뿐이다.[21] 이처럼 철저한 반대론자 중의 한 명이 콩트였다. 그러나 이미 보았듯이, 그는 이 시기에 그리고 경제학에 대해 눈에 띌 만한 영향력을 행사하지 못했다. 기술적 경제학에 관한 한, 밀은 조금도 기여하지 못했다. 또 다른 인물은 르 플레였다. 그는 중요한 연구프로그램을 고안했지만, 나머지 부분에 대해서는 이 시기의 경제학자들에게 거의 알려지지 않았다. 나는 존스와 힐데브란트가 철저한 반대론자로 불릴 수 있는지 의문이다. 그러나 설령 그렇게 불릴 수 있다고 해도, 이들은 선구자에

(논쟁에서) 일정한 추상 수준에서는 특정학설을 포기하는, 단 좀더 높은 추상 수준에서는 바로 그 학설이 매우 타당하다는 유보조항과 함께, 방식으로 위험한 상황에서 빈번히 (그리고 경우에 따라서는 타당하게) 벗어나곤 한다.

21) 지금 나는 칼라일과 같은, 초과학적인 반대론자들에 대해 언급하고 있는 것이 아니다. 또한 복잡한 논증처럼 보이는 것에 대한 일반적인 대중의 혐오에서 비롯된 반대에 대해 언급하는 것도, 마지막으로 스스로 선택한 작업유형에 대한 모든 사람의 자연적인 선호를 단순히 표현하는 반대에 대해 언급하고 있는 것도 아니다.

불과했다. 레슬리(Cliffe Leslie)는 1876년까지 경제학 특유의 역사적 방법을 주창하지 않았다. 잉그램은 1878년까지 자신의 새로운 경제학이라는 깃발을 들지 않았다. 크니스[22]는, 아무리 반복해서 언급해도 지나치지 않는 인물인데, 주로 경제이론가였으며, 나머지 부분에 대해서는 방법에 관한 어떠한 독자적인 성향도 없는 유능한 일반경제학자였다. 로셔의 경우, 그는 리카도와 맬서스를 '정치경제학자이자 일류 발견자'로 묘사하고 자신의 방법을 버리면서 밀의 방법론에 대한 동의를 표현했는데,[23] 그의『기초』(*Grundlagen*)와 밀의『원리』를 비교하더라도 절차상의 근본적인 차이점은 드러나지 않는다. 그는 심지어 자연법에 대해 언급하기도 했다. 그렇지만 그가 역사적 방법이나 생리학적 방법을 사용해야 한다고 주장한 것은 사실이다. 그러나 그가 이를 통해서 의미하고자 했던 바는, 이 책(『기초』—옮긴이)의 서론격인 3장에서 분명해지듯이, 오직 그가 관념적인 사회상태에 대한 규범(norms)을 제시하는 '관념론적' 방법이라고 불렀던 것으로부터 자신을 분리하려는 것이었다. 이와 달리 그는 "자연관찰자의 방법을 좇아"[24](앞의 책, 1권, 111

---

22) 이미 언급했듯이, 크니스의 주요업적 그리고 그의 교사로서의 활동의 좀더 뛰어난 부분은 다음 시기에 속한다. 그러나 그를 역사학파와 연결시켜주는 그의 유일한 저작이 지금 살펴보고 있는 시기에 나타났는데,『역사적인 방법으로 이해한 정치경제학』(*Die politische Ökonomie vom Standpunkte der geschichtlichen Methode*, 1853; greatly enlarged, 1883)이 바로 그것이다. 이 책은 흥미로운 문제를 보여준다. 즉 그것은 사회제도의 전반적인 흐름과 보편적으로 타당한 '정책'의 불가능성─과 저자가 밀의 견해를 잘 수용했더라면 보여줄 수 있는 것─에 대한 느낌을 표현하고 있을 뿐만 아니라, 실제로 슈몰러 프로그램의 본질적인 부분을 개괄적으로 보여준다. 그러나 그의 이후의 모든 저작에서 실제로 사용된 절차는 이러한 원리와 상당히 달랐다. 크니스는 경제적 역사주의를 주입하는 인물과 매우 거리가 멀었다.

23) W. Roscher, *Grundlagen*(English trans., *Principles of political Economy*, 1878, vol.I, p.106n.).

24) 로셔 저작의 번역자인 랄로(J.J. Lalor)가 자신의 영역본(1878) 앞부분에 추가한, 볼롭스키(L. Wolowski)의 글("Preliminary Essay")에 대해서는, 이것이 아무런 단서조항 없이 그대로 적용되지는 않는다. 1878년에는 상황이 달라졌

쪽) 대상을 있는 그대로 설명하고 싶어했다. 이에 따라, 사소한 싸움들을 무시한다면, 방법논쟁이 당시까지는 나타나지 않았으며, 방법론적 평화——방법이라는 단어를 여기에 적절한 의미로 고려한다면——가 실질적으로 지배하는 결과가 나타나게 되었다. 이는 케언스의 의견이기도 했다.

3. 과학과 예술

방법론의 근본문제에 대해 진지하게 주목했던 부류의 저자들은 대부분 존재에 관한 논증과 당위에 관한 논증의 구분, 즉 경제의 '과학'과 정책의 '기술'(art)의 구분[25]을 명확히 이해하고 크게 강조했다. 그러나 이 구분이 이후에 '가치판단' 문제가 제기되던 때에 획득한 의미로 이들의 언급을 이해한다면, 그것은 크게 잘못하는 것이다. 이 점에 대해 누구보다도 분명하게 인식했던 시니어는 실제로, 경제학자의 결론이 "그에게 한마디 권고를 덧붙일 수 있는 권리를 제공하지는 않는다"라고 말했다. 이를 통해서 그는 실용적인 권고가 본질적으로 초과학적인 성격의 궁극적인 가치판단——과학적인 입증범위를 넘어서는 선호도——을 가정하기 때문에, 과학적인 연구자인 경제학자에게는 이러한 권고를 제안하는 것이 금지되어 있다고 말하려는 것이 아니다. 이것은 케언스가 채택했던(그렇지만 실제로는 지지하지 않았다), 이후에는 시지윅과 베버(M. Weber)가 좀더 분명하게 채택했던 관점이었다. 시니어와 밀 그

으며, 그래서 랄로는 자연스러운 혼동으로 로셔를 역사학파의 당시 모습의 '설립자'로 언급했다. 이는 완전히 잘못된 설명이었다.

25) 양자를 혼동하고, 심지어 이 구분의 타당성까지 부정하는 견해가 물론 빈번하게 나타났다. 그러나 현대까지 포함해서 후대에 나타났던 것보다 그리 많지는 않았다. 대부분의 경우에, 이 구분은 확실하게 주목받았다. 프랑스에서 『정치경제학 사전』(Dictionaire de l'économie politique)에 실린, 정치경제학에 관한 코클랭(Charles Coquelin)의 글은 다른 측면과 마찬가지로 이 측면에서도 전형적이었다. 존재와 당위의 구분에 관한 로셔의 강조는 특별히 주목해볼 만하다.

리고 이들의 동시대인들은 결코 이렇게 생각하지 않았다. 이들은 단지 경제정책의 문제가 항시, 순수하게 경제적인 고려사항에 입각해서 취급되어서는 안 되는, 수많은 비경제적 요인을 포함한다고 생각했다. 그런데 이것은 그 자체로, 영국의 '고전파'가 경제적인 측면 말고는, 좀더 심하게 표현해서 사물의 부나 심지어 이윤측면 말고는 어떤 것도 보지 않는다는, 보통의 비난이 얼마나 부족한 것인지를 보여주기에 충분하다.

그러나 이들 중 어느 누구도 '철학적' 근거에 입각한 가치판단의 타당성에 대해 실질적으로 문제 삼지 않았으며, 주어진 경우의 경제적인 요인만이 아니라 비경제적인 요인에 대해서도 적절하게 설명하지 않았다. 여기서 가치판단은, "전반적인 후생 수준을 향상시키거나 떨어뜨릴 수도 있는, 모든 원인을 고려하는 저자나 정치가(statesman)"에게 해당되는 것으로, 이 집단은 "그러한 원인들 중 매우 중요한 것이 많다고 해도, 오직 한 가지만을 고려하는 이론가"(Senior, *Outline of Political Economy*, p.3)와 구별된다. 이미 보았듯이, 이것은 밀의 견해이자, 실제로는 모든 사람의 견해이기도 하다. 물론 여기에는 건전한 상식이 존재한다. 즉 누구나 이 시기(또는 어떤 시기)의 경제학자들이 이러한 지혜의 일부를 망각한 적이 없었기——리카도의 악덕[26]이라는 죄를 저지른 적이 없었기——를 소망할 뿐이다. 그러나 가치판단의 실질적인 문제가 이들에게 제기된 적이 없었다는 점 또한 여전히 사실이다. 이 시기의 말까지 경제학자들은 자신들의 정책관련 권고안을, 비록 순수하게 경제적인 분석은 아닐지라도, 자신의 과학적인 분석에서 도출된 과학적 결론으로 생각했다. 이러한 의미에서 이들은 결국, 후대의 비판가들이 조롱하면서 언급한 대로, 정책상인(purveyors of recipes)이었다. 다행스럽게도 이들은 그 이상이기도 했다.

---

26) 이 책의 3부 4장 2절 참조.

3절 밀의 독자들은 실제로 무엇을 얻는가

첫째, 밀의 독자들은 책의 약 6분의 1 정도의 분량에서 사실정보(factual information)를 얻는다. 외관상 이것은 스미스나 로셔가 사실을 제시하는 데 할당했던 분량보다 그 비율이 낮으며, 서술된 사실 중에서도 극단적으로 잘못 할당된 것이 있는데, 이를테면 독자들의 가능한 관심사보다 밀 자신의 관심사에 좀더 많이 부합되도록 할당된, '소자작농'(peasant proprietors)에 관한 사실이 그것이다. 그러나 이것이 잘못된 견해일 수도 있다. 밀이 「서문」에서 강조했듯이, 그의 글에는 실제적인 '응용'이 가득하다. 그리고 그 응용은 밀이 종종 제시하지 않은 사실자료와 관련되는데, 아마도 (밀이 종종 제시하지 않은—옮긴이) 부분적인 이유는 그가 자신의 독자들이 보편적으로 접근가능한 원천——이를테면 배비지의 저작[27]——으로부터 부족한 부분을 쉽게 채울 수 있다고

---

27) Charles Babbage, *On the Economy of Machinery and Manufactures* (1832). 폭넓게 이용되었던(마르크스도 이용했다) 이 책은 주목할 만한 인물의 주목할 만한 성과였다. 배비지(1792~1871)는 (케임브리지대학교) 루카스 교수직(Lucasian chair of mathematics: 이것은 루카스Henry Lucas 목사가 남긴 유언에 따라 1663년에 설립된 것으로, 1669년에 뉴턴이 최초로 이 교수직을 지냈으며, 오늘날 천재 물리학자로 평가되는 스티븐 호킹도 1979년에 여기에 취임했다—옮긴이)을 지낸 뉴턴의 후계자 중 하나로, 영국과학진흥협회(the British Association for the Advancement of Science)와 통계학회(the Statistical Society)를 창설한 인물들 중의 하나였으며, 수많은 주제에 관련된 유능한 작가였고 주목할 만한 경제학자이기도 했다. 그의 주요업적은, 그가 단순하지만 건전한 경제이론에 대한 이해력과 산업기술 그리고 이와 관련된 사업과정에 관한 완전히 최상급의 지식과 결합했다는 점이다. 그는 이렇게 (서로 다르게—옮긴이) 습득한 것들을 거의 유일하게 결합시킴으로써, 잘 알려진 사실들을 상당히 많이 제공했을 뿐만 아니라 이와 동일한 일을 한 다른 작가들과 달리, 해석까지 제공했다. 그는 무엇보다도 개념화에 주력했다. 기계에 대한 그의 정의와 발명에 대한 그의 개념은 당연하게도 유명하다. 몇 가지 점에서 그는 지오자의 우위를 인정했지만, 이 이름은 사실상 그의 이름과 결합되어야 한다는 점을 주목해보면 흥미롭다. 나는 그의 건전하면서도 균형 잡힌 설명과 비교되는 것으로, 우어(Ure)의 저작(*Philosophy of Manufacture*,

생각했기 때문일 것이다. 만일 우리가 이러한 의미에서 사실정보를 가정하는, 비록 그 정보가 실제로 제시되지는 않았더라도, 책 속의 모든 논의를 '사실적인' 것으로 취급한다면, 그러고 나서 정확히 평가한다면, 책의 '사실적인' 부분은 전체의 3분의 2보다 약간 높고, 분석장치를 설명하기 위해 남겨진 부분은 3분의 1보다 약간 낮을 것이다. 둘째, 독자들은 이론의 상당히 완전한 (그러나 아주 완벽한 것은 아닌) 토대를 얻는다. 그러나 이미 지적했듯이, 통계적 **방법**에 대해서는 어떠한 접촉도 없다.

또 다른 관점에서 우리는 밀의 주제범위를, 독자들도 쉽게 만족할 수 있듯이, 좀더 세분화된 항목을 포함하고 주요항목의 일부를 다시 분할함으로써 길게 나열될 수 있는 다음과 같은 항목으로 예시해볼 수 있다. 물가, 가격설정, 경쟁, 관세, 독점; 임금과 고용, 임금정책, 노동조합, 빈민법 그리고 당시의 다른 사회정책 항목; 생-시몽주의와 푸리에주의에 특별히 주목한 사회주의; 생산자 협동조합과 소비자 협동조합; 노동계급의 미래; 교육; 인구; 기업과 기업형태, 자본, 이윤, 이자; 저축과 투자; 기술진보; 화폐와 은행업, 중앙은행(central banking), 외환, 정부지폐; 위기; 외국무역; 식민지; 사유재산, 상속; 합명회사(partnership), 상사(companies), 파산법; 지대, 토지소유, 장자상속법, 소자작농, 분익소작제(metayage: 서양에서 중세 말과 근세 초에, 특히 프랑스 지역에서 주로 나타난 것으로, 여기서 지주는 생산에 필요한 모든 농기구를 제공하고 수확량의 2분의 1을 지대로 갖는다―옮긴이), 소작제도, 노예제; '진보' '성숙'(정체상태stationary state); 정부정책과 정부통제; 자유방임의 근거와 한계; 재정, 특히 과세와 공채 등이 그것이다. 나는 이러한 항목이 범위가 현저하게 좁거나, 당시의 현실적인 논쟁에서 멀리 떨어졌다고 생각하지는 않는다. 특히 주목해야 할 것은, 이후의 세대들

1835)을 꼽는데, 후자도 흥미로운 사실들을 제시했지만 분석가로서는 배비지에 미치지 못한다.

은 오로지 밀의 체계를 훼손하지 않으면서 그의 저작에 몰두할 수 있는 방식에만 관심이 있었다는 점이다. 예를 들어 이후의 제도주의자들은 밀의 빈자리(niches)에, 글의 전반적인 특성을 훼손하지 않은 채 끼워넣고 싶어했을, 특별히 제도적인 성격의 온갖 추가 자료를 끼워넣을 수 있었다. 그가 남긴 여백(sapcious folds)에는 모든 것을 위한 공간이 있었으며, 모든 것이 기존의 관점을 발전시키는 것으로 거기에 들어갈 수 있었다. 어떤 것도 거기에 혁명적인 요소로서 들어올 필요는 없었다.

밀은 자신의 책을 총 5부, 즉 '생산' '분배' '교환' '사회진보가 생산과 분배에 미치는 영향' '정부의 영향'으로 나누었다. 마지막 부는 재정 이외의 부분도 포함하지만, 주요 내용은 스미스의 (『국부론』―옮긴이) 5부에 해당된다. 가장 짧은 4부에서 밀은 경제적 진화에 대해 언급해야 할 것——행복한 혁신에 대한 설명——에 집중했다. 1~3부의 제목은 세 체계의 영향을, 아니 오히려 그것을 개선하려는, 그다지 적절하지 않은 시도를 암시한다. 무엇보다도 먼저 논리적 근거에 입각해서 설명해야 하(고 먼저 리카도와 마르크스로 시작되)는 핵심적인 가치이론은 3부에서 제시되는데, 이는 마치 그것이 오로지 재화의 '유통'하고만 관련이 있으며, 그것이 없더라도 생산과 분배가 이해될 수 있다는 이치와 같다. 이것은, '고전파' 구성체계의 근본적인 약점을 보여주기 때문에 주목될 필요가 있다. 나는, 내 식으로 표현한다면, 경제과정에 관한 특별히 경제적인 요소가 되는, 가치(선택)에 관한 분석의 핵심 중요성을 깨닫지 못했다고 '고전파'를 비난하지 않는다. 그러나 '고전파'가 "가치수익(value return)의 극대화 과정인 **경제**의 의미에 관한 명확하거나 분명한 '관점'을 갖고 있지 않았으며, **분배문제**를 〔……〕 결코 가치화(valuation) 문제로 접근하지도 않았다"[28]는, 나이트의 비난에는 약간의 진실이 존재

---

28) F.H. Knight, "Ricardian Theory……", 앞의 책, 6쪽. 위 언급의 두 번째 부분은 너무 지나친 듯하다. 그러나 나이트는 리카도가 매컬럭에게 보낸 편지의 의미심장한 구절에 비추어 그것을 주장했는데, 여기서 전자는 상대적인 분배 몫이 '필연적으로 가치이론과 연결되지는 않는다'고 장황하게 설명하고 있다.

한다. 우리가 리카도의 주요업적을 인정하는 데는 바로 이 정도의 제한 조건이 따라붙어야 한다. 그와 모든 '고전파' 구성원은, 밀을 포함해서, 실제로 모든 순수하게 경제적인 문제를 통합시켜줄 분석장치를 획득하는 쪽으로 나아갔지만, 이들의 기초작업의 한계라는 부분적인 이유 때문에 그 가능성을 완전히 실현할 수 없었다. 이들은 여전히 생산과 분배가 마치 다른 법칙에 따라 작동된다는 듯이, 이것들을 서로 분리시켰다. (밀은 그렇게 하는 것을 심지어 정당화하기도 했다.) 이러한 관점을 처음 제기한 사람은 페라라였다.[29] 그러나 이러한 서술체계는 세의 관점과 밀의 관점이 결합된 권위에 힘입어 이후 수십 년 동안 작동되었다. 그것의 변종들은 논의해볼 만한 가치가 없다. 예를 들어 로셔(의 서술체계—옮긴이)는 생산, 유통, 분배, 소비, 인구——생산과 결합된 신용을 포함해서——로 구성되어 있다.

다섯 개의 부는 모두 예비적인 언급Preliminary Remarks)으로 시작되는데, 여기에는 흥미를 유발하는 정도가 약한 요소들이 많은 가운데서도, 우리가 경제적 사회의 진화라고 불러야 하는 것에 대한 짤막한 소개——간결하게 요약된 보편적인 경제사——가 포함되어 있었다. 스미스의 행위를 반복하고자 하는 저작에서, 이것 자체는 놀랄 만한 일이 아니다. 밀이 스스로 한 사회나 국가의 풍요로움을 산출하는 원인으로 인정했던 요인들을 다루는 솜씨는 (스미스—옮긴이) 전통에 기초해서 우리가 그에게서 기대할 수 있는 수준을 훨씬 상회한다. 다채로우면서도 더 나아가 매우 현실적인 모습을 만들어내기 위해 환경, 인종(인종별로 다른, 인간이라는 재료의 질), 계급구조, 습관과 성향 따위를 결합했다. 여기에는 주지주의자(intellectualist), 그중에서도 특히 공리주의자의 오

이것을 문자 그대로 이해할 수는 없을지라도(왜냐하면 리카도 자신의 논리로부터 논박될 수 있으므로), 자본주의의 분배가 가치현상이라는 사실의 완전한 의미를 리카도조차 명확히 이해하지는 못했음을 보여준다. 그것을 이해한 사람은 마르크스였다.

29) 세의 저작에 대한 그의 이탈리아어 번역본의 「서문」(Prefazione) 참조.

류가 없었다. 즉 '지식'이 '부의 생산과 분배의 상태'에 대한 원인이자 그 결과로 고려되었으며, 객관적인 조건이 이념이나 원칙보다 강조되었다. 경제사에 관한 이러한 간략한 설명——물론 항시 이러한 수준을 유지했던 것은 아니지만——은 이후 한 세기 동안 점점 더 대중화되었는데, 마셜이 이러한 유형의 정점을 보여주다.

4절 경제과정의 제도적 틀

1. 자본주의 사회의 제도

경제사회학에는 첫째로, 경제학자들이 어떠한 가정을 만들어내는 출발점인 경제적 행위에 관한 사실이 포함되며 둘째로, 연구대상인 사회의 경제조직을 특징 짓는 제도가 포함된다. 전자에 관한 '고전파'의 관행은 다음 장에서 좀더 적절하게 논의할 것이다. 후자에 대해서 우리는 세 가지 문제를 구분해야 한다. 많은 저자, 주로 영국의 이론가들——리카도, 제임스 밀 그리고 시니어 같은 인물들——은 자신들이 드러내고 있는 제도들의 세부적인 측면을 정의하고자 애쓰지 않고, 그것을 당연한 것으로 취급했다. 그토록 자주 밝혔듯이, 이들이 자본주의 질서의 영속성을 믿었다는 것이 사실인가, 또는 심지어 자유방임 자본주의가 문명사회의 유일하게 가능한 형태라는 것이 사실인가? 이들이 당연한 것으로 취급했던 제도는 무엇인가? 이들이 그것에 대해 논의할 때, 이들은 어떤 방법을 사용했는가?

내가 생각하기에, 첫 번째 질문에 대한 답변은 부정적인 것임이 틀림없다. 예를 들어 리카도는 제도에 관한 자신의 가정을 정의하지 못했다는 바로 그 사실 때문에, 결과적으로 사회변화에 관한 문제를 보지 못하게 되었다는 인상을 제공하게 된 것이 사실이다. 그러나 이것이 필연적인 것은 아니다. 그의 실제 연구작업에서 알 수 있는 것은 그것들(제도에 관한 가정들-옮긴이)이 그가 선택한 탐구영역 밖에 존재한다는 점뿐이다. 만일 그가 제도틀에 관한 설명을 제시했다면 그 설명이 밀의 설명, 즉 체계적인 완결성을 추구했으므로 좀더 명시적이었던 설명과 상당히 달랐을 것이라고 믿을 만한 근거는 없다. (설령 리카도의 가치판단은 달랐을지라도.) 그러나 우리가 이미 알고 있듯이(이 장의 1절 참조), 사회제도의 역사적 상대성에 관한 후자의 이해에 대해서는 그리고 '경제법칙'에 관한 그의 적어도 약간의 이해에 대해서는, 그 어떠한 의심도 용납될 수 없다. 사정이 이러한 만큼, 이 이해가 존스나 시스몽디 같은, 후대의 역사주의의 고립된 선구자들에게만 국한된다는 현재의 믿음은 확실히 잘못된 것이다. 자본주의가 영속적이라거나, 그것이 모든 시대를 통틀어 비견될 수 없는 탁월함을 갖고 있다는 견해는 오히려 고립된 집단에서만 제기된 것이었다.

그러나 독자들은 이것이, 자본주의 질서는 하나의 역사적 국면에 불과하며, 그 자체의 내재적 논리에 힘입어 다른 그 무엇으로 발전할 수밖에 없다는 생각을, '고전파' 이론가들이 갖고 있었음을 의미하지는 않는다는 점을 명심해야 한다. 이러한 생각은 오로지 마르크스의 것일 뿐이다. 심지어 밀조차, 인간은 자신이 자본주의 제도의 결함이라고 여기는 것에 대한 합리적인 인지를 통해서 그 제도를 변화시킬 수 있고 변화시켜야 하며 변화시킬 것이라고 주장했을 뿐이다. 그는 제도가 저절로 변화될 것이라고 주장하지 않았으며, 심지어 그것이 **객관적으로** 지속될 수 없게 되었기 때문에 바뀌어야만 할 것이라고 주장하지도 않았다. 그는 "의견이 〔……〕 기회의 문제가 아니라"[30] 사회조건의 산물임을 파악했으므로, 우리는 (그에게서—옮긴이) 이것을 마르크스주의의 방향에서 발전시키려는 유혹을 느낄 수도 있다. 그러나 이는 좀처럼 정당화되기 어렵다. 내가 생각하기에, 우리는 그를 지적 진보에 관한 18세기적 신념이라는 요새에 남겨두어야 한다. 그는 때때로 거기서 나왔음이 틀림없지만, 언제나 다시 그곳으로 복귀했다. 현실적으로 이것은 그다지 중요한 문제가 아니지만, 과학적으로는 상당한 차이가 있다.

---

30) (『원리』—옮긴이) 이 책, 1권, 2부 2장 1절의 끝에서 두 번째 문단.

두 번째 문제는 쉽다. 경제학자들은, 자신들의 시대와 조국에 봉사하길 원하기 때문에, 자신들의 시대와 조국의 제도를 당연한 것으로 취급—하고 거기에 입각해서 추론—한다. 나라마다 조건이 달라지므로 이것은, 당시와 그 이후에 분석원리의 차이로서 잘못 해석된, 관점의 차이를 설명해주는 요인이다. 영국 '고전파'가 선택한 모습의 특징은 아주 분명하게 드러난다. 이 집단은 (우리가 또 다른 사회유형을 암시하는 역사적 유물을 무시한다면) 한계를 고려하지 않는 경제학자들의 관행을 거의 정당화해줄 정도로, 자유계약을 위한 공간을 아주 많이 남겨둔 사유재산 경제의 법적 제도를 생각하고 있었다. 이는 당연히, 한계에 대해 명시적으로든 암묵적으로든 고려된 적이 없음을 의미할 뿐이다. 사실상 영국의 경제학자들은 언제나 영국의 법과 행정이 개인의 의사결정을 위해 남겨둔 영역의 실제 크기와 이러한 자유가 그 영역에서 실제로 이용되는 정도—지배적인 도덕관습이라는 조건 아래서—를 참조해서 추론했다. 이 모든 측면이 정확히 이해되지 않았기 때문에 영국의 '고전파'가 윤리적 측면을 명백하게 소홀히 취급했던 것에 대한, 크게 잘못된 비판이 제기되었다.

사유재산 경제의 기본단위는 중간규모의 기업이었다. 전형적인 법적 형태는 민간 합명회사였다. '잠자고 있는' 동업자를 무시한다면, 그것은 전형적으로 소유자나 소유자들에 의해 관리되었는데, 이는 '고전파' 경제학을 이해하려고 노력하는 사람이라면 누구나 반드시 명심해야 할 사실이다. 대규모 생산에 관한 사실들과 그 문제들 그리고 이와 관련된, 주식회사에 관한 사실들과 문제들은 경제학자들에 의해 다른 모든 사람보다 뒤늦게 인식되었다. 그것들은 밀의 손에서 교과서상의 지위를 부여받게 되었다. 그는 기업(corporate business)에 대해 좁은 시각에서 이해한다는 이유로 스미스를 정확히 비판했는데, 이는 다음과 같은 구체적인 사실, 즉 그가 (『원리』 초판을 출간했던—옮긴이) 1848년에는 기업의 중요성을 깨닫는 데 별다른 장점을 보이지 못하고 사실상 스미스가 했던 수준, 즉 눈에 보이는 것들을 침착하면서도 다소 평범한 상식에 입각해서 묘사하는 수준에 불과했다는 사실을 망각해야만 가능한 비판이었다. 두 가지 점에 대해 추가로 주목해볼 만하다.

　정상적인 경우, 이 기업들은 '고전파'가 자유경쟁이라 불렀던 것에 따라 움직이도록 예정되어 있었다. 고전파에게 이 경쟁은 특정한 시장조건의 결과라기보다는, 오히려 하나의 제도적 가정이었다. 그리고 고전파는 이 경쟁이 누구에게나 비슷하게 명백한 사실이라고 아주 확실하게 믿었기 때문에, 그것의 논리적 내용을 애써 분석하고자 노력하지 않았다. 사실상 보통은 그 개념이 정의되지도 않았다.[31] 그것은 단지 독점──비정상적인 사례로 이해되어 격렬하게 비난받았지만,[32] 이 또한 적절하게 정의되지 않았다──과 공적 가격설정의 부재를 의미할 뿐이었다. 밀은 두 가지 중요한 진전에 대한 공로를 인정받았는데, 이는 타당성이 전혀 없는 것이 아니었다. 첫째로, 그는 주로 과거의 문명과 대륙에 대해, 그러나 지대와 수업료(professional fees) 같은 특정사례에 대해서는 영국에 대해, 관습적인 가격의 중요성을 강조했다. 그리고 둘째로, 그는 경쟁이 종종 "최적화를 보장하지 못한다"는 사실을, 비록 그 이유를 오직 관습에서만 찾았지만, 강조했으며 이러한 상황에서는 완전경쟁이라는 가정에 입각해서 추론된 모든 결론이 전반적으로 교정될 필요가 있다고, "명시적으로 언급했든지, 그렇지 않았든지 간에", 강조했다.(이 책, 1권, 2부 4장 3절: 밀의 『원리』의 해당 부분으로 이 소절의 이하 내용도 이와 동일하다─옮긴이) 가격공모는 순수한 독점처럼 정상

---

31) 흥미롭게 주목해볼 사항은 밀이, '경쟁과 관습'에 대해 분석하는 자신의 『원리』 2부 4장에서, "경쟁원리를 통해서만 정치경제학이 과학의 특성에 걸맞는 자격─아마도 다른 상황에서보다 경쟁상황에서 상품의 가격과 양이 결정되는 경우가 좀더 많다는 것을 지칭하게 될─을 갖게 될 것"이라는 확신을 표현하면서도, 경쟁이란 무엇인지에 대해 언급하는 것이 필요하다고 생각하지 않았다는 점이다. 완전경쟁이나 순수경쟁을 정확하게 분석했던 유일한 저자는 쿠르노였는데, 그는 또한 길게 규정하지는 않았지만, 정확한 정의를 암시하기도 했다.(이 책, 3권, 4부 7장 4절 참조)

32) 경쟁에 대한 로셔의 무조건적인 찬사와 독점에 대한 그의 무비판적인 비난에 대해서는 앞의 책, 2부 1장 97절 참조.

적인 관행에서 벗어난 또 다른 모습으로서만, 그리고 정확히 오늘날 보이는 것처럼 공적 후생에 반대하는 하나의 음모로서만, 위의 그림 속에 들어갈 수 있을 뿐이었다. 그러나 여기에는 한 가지 예외가 존재했는데, 스튜어트의 도식에서, 노동조합은 제도패턴의 정상적인 요소며, 이를 반대하는 법은 "노예주인의 극악무도한 정신을 드러낸다"(이 책, 3권, 5부 10장 5절)는 점이 바로 그것이었다.

다음과 같은 점도 기억해야 한다. 많은 영국의 경제학자는 영국의 토지소유 체계를 혹독하게 비난했다.[33] 그러나 이것을 비판하거나 그 대안에 대해 논의하지 않는 경우에는 그것을 참조해서, 그리고 대토지를 소유하지만 직접 경작하지는 않는, 영국형 지주들을 참조해서 추론했다는 의미에서, 이들도 역시 그것을 당연한 것으로 취급했다. 그러나 이러한 특별한 사례에서, 현존하는 제도에 입각해서 추론하는 것은 소유자가 직접 경영하는 기업에 입각해서 추론하는 것에 비해 두드러지게 보일 수도 있는 이점을 동반한다. 즉 이론가가 서로 다른 사람인 지주와 차지농의 경제적 '기능'을 구분하기는 쉽다. 하지만 소유자 —— '자본가' —— 와 경영자가 대부분 일치하는 기업의 경우, 이론가가 그 '기능' 차이를 인식하기는 비교적 쉽지 않다. 이것은 우리에게 흥미로운 교훈을 제공한다. 비록 우리에게는 이 경우에 하나의 우연 이상을 찾을 수 있는 권리가 없을지라도, 전반적으로 영속적인 것이라고는 없는 하나의 **특별한 역사적 패턴**이 일반적인 분석적 중요성을 지닌 사실과 관계를 드러

---

33) 그 강점은 너무 많아서 모두 살펴볼 수 없다. 나는 여기서 그것을 산출했던 정치사회와 문화적 가치에 대해서는 언급하지 않을 것이다. 공정하게 말해서, (당시의 토지소유 체계에 대해 비난했던—옮긴이) 부르주아 급진파가 이것들(정치사회와 문화적 가치—옮긴이)을 이해했다고 기대하기란 불가능하다. 그러나 많은 경제학자도 역시 토지의 관리(*administration*)를 그것의 경작(*operation*)으로부터 분리시키는, 그래서 농업신용의 가장 심각한 문제를 제거해주는, 체계의 이점에 대해 보지 못했다. 합리적 사회주의라면, 당연히 지주(land-lords)를 공적 기구로 대체함으로써, 단순히 (기존의—옮긴이) 체계를 복사하는 것보다도 더 상황을 악화시켰을 것이다.

내는 경우가 나타날 수도 있다. 물론 통상적인 경우 이와 반대로, 우리는 한편에서 특별한 제도적 가정이 '고전파'의 결과에 대해 부과할 수도 있는 제약조건에 대해, 다른 한편에서는 고전파가 관찰한 사회적 패턴의 독특함에서 간혹 발견될 수도 있는, 동일한 결과의 가능한 정당화에 대해 항시 주의해야 한다.

우리의 세 번째 문제——사회제도에 대해 논의하면서 '고전파'가 사용했던 방법에 관한——는 간단히 밀의 경우로 국한할 것이다.[34] 예를 들어 상속에 관한 그의 견해를 살펴보자.[35] 그의 논의는 다음과 같은 권고안에서 그 정점에 도달했다. (1) 후손에 대해 적절한 강제조항을 제시하고, 결과적으로 어느 누구에게나 상속을 통해 적절한 독립생활에 필요한 규모 이상의 자산을 획득하는 것이 허용되지 않는 경우를 예외로 한다면, 상속의 자유는 일반적인 규칙으로 허용되어야 하며, (2) 유산(intestacy: 유언을 남기지 않고 죽으면서 남긴 자산―옮긴이)의 경우에는 모든 자산이 국가로 귀속되어야 하지만, 여기에는 또한 후손에게 '정의롭고 합리적인' 선에서 재산이 제공된다는 조건이 따라붙는다. 이러한 권고안 자체와 거기에 첨가된 특별한 '정의'이념은 우리의 문명과 다른 관점에서 볼 때만 흥미로울 뿐이다. 즉 문명사 연구자들이 보기에,

---

34) 이러한 이유로 우리의 대답은 한쪽으로 치우칠 것이라는 한계를 안고 있다. 그러므로 좀더 역사에 치우친 경제학자들과 더욱이 제도사를 전문적으로 연구하는 동시대 연구자들은 내가 앞으로 밀을 향해 퍼붓게 될 비난을 대체로 알고는 있었음을 분명히 해두자. 그러나 밀의 경우는 일반경제학과 관련해서 중요한데, 왜냐하면 그는 이 3부의 대상시기(1790~1870년―옮긴이)를 한참이나 지날 때까지 지배했던 교과서적인 유행을 만들어냈기 때문이다. 예를 들어 우리가 충분히 성공할 만하다고 생각했고 실제로도 성공했던 폰 필리포비치의 교과서에서 찾아볼 수 있는, 소유권과 상속에 관한 논의는, 그 방법에 관한 한, 정확히 밀의 노선을 따르고 있다.

35) *Principles*, Book II, ch.2, and Book V, ch.9. 이렇게 동일한 주제에 대해 서로 다른 두 부분에서 언급하는 것은, 독자들을 아주 불편하게 만들고, 균형 잡힌 설명을 가로막는 장애요인으로, 이 저작이 아주 성급하게 만들어졌음을 보여주는 수많은 징후 중의 하나다.

그것은 중간계급의 일원으로 중기 빅토리아 시대를 살았던, 선도적인 지식인들이 마음속에 간직했던, 문화적 가치체계의 일부를 보여준다.[36] 그러나 이러한 권고안의 배후에는, 아주 순수한 이데올로기 외에도, 본질적으로 분석적이면서 과학적인 방법의 적용을 허용하는 그 무엇인가가 존재한다. 다만 이러한 과학적 방법은 우리가 기대했을 법한 것이 아니다. 밀의 문제는 상속제도의 기원과 다양한 형태에 대해 역사적이면서 과학적으로 설명하지 않은 데 있다. 이것은, 그가 소유제도의 사례에 대해 여러 번 언급했듯이(2부 1장 2절), '사회철학'과 관련된 문제가 아니다. 후자와 관련된 것은 사회적 편리함의 문제다. 비록 어떠한 제도의 편리함은, 실제로 존재하는 제도 자체로서가 아니라 어떠한 전통이나 그것을 도입——내가 생각하기에는 사회철학자의 충고 아래——하기로 한 '선입견'에 의해 방해받지 않는 공동체로서의 제도의 편리함이긴 하지만 말이다. 이것은 아마도 가장 과학적인 방법으로 그 문제를 설명하는 것이 아니라, 사회제도를 충분히 명확하게 분석하는 밀의 방법을 암시해주는 듯하다. 즉 한 제도의 편리함은 경제유기체에 대해 그 효과——현실적으로는 주어진 패턴의 주어진 변화로부터 기대할 수 있는 효과——를 남기거나 일정한 역할을 담당했는데, 이러한 효과야말로 당시에 밀이 분석

---

36) 공리주의에 관한 밀의 저작(『공리주의』—옮긴이)에 비추어볼 때, 그가 '정의' 개념에 관한 의심스러운 태도를 고집하지 않았음은 분명하다. 그러나 그는 당시(나 오늘날의) 다른 경제학자들과 마찬가지로, 그것 없이는 아무것도 할 수 없었다. 심지어 리카도조차 종종 '공정한' 것과 불공정한 것을 구분하곤 했다. 밀의 경우에, 우리는 그가 옳으며 타당하다고 생각한 것과 그가 누린 적절한 특권 사이에 두드러진 결합관계가 존재한다는 점을 발견하지 않을 수 없다. (아마도 쓴웃음을 짓겠지만) 하나의 지식인으로서 소크라테스는 바보보다 적당히 큰 수입(allowance)을 실질적으로 갖고 있어야 한다고 (자신의 아버지가 그러했듯이) 주장했을 것이다. 아울러 확실한 것이 있다면, 밀 또한 자신을 후자(바보—옮긴이)와 동일시하지는 않았다는 점이다. 위에서 '적절한 독립생활'에 대해 강조한 것은 이와 동일한 방향의 의미를 지닌다. 왜냐하면 중간계급 출신의 부르주아에게만 그 누군가의 '적절한 독립생활'의 바람직함이, 자신에게 그러했던 것처럼, 명백할 것이기 때문이다.

하고자 했던 것이다. 그렇게 함으로써 선입견에 대항해 싸웠던 이 전사는 실제로는 자기 자신이 스스로의 생활방식이나 사고방식으로부터 가장 멀리 떨어진 것에 반대하는 선입견의 가장 무기력한 희생물——이 점에서 한탄할 정도로 좁은 자신의 관점[37]을 드러내면서——임을 입증했지만, 그 자체로 보자면 임무와 방법은 모두 본질적으로 과학적(분석적)인 것이었다.

2. '고전파' 경제학에서 국가

3부 2장에서 우리는 이 시기 경제학자들의 '정치학'에 관한, 그리고 자연적 자유체계라 불렸던 것의 의미와 한계에 관한 수많은 사실을 알게 되었다. 3장에서 우리는 정치사회학의 몇 가지 유형, 그중에서도 특히 마르크스주의 국가이론에 대해 알게 되었다. 4장에서 우리는 경제문제에 대한 국가의 역할과 관련해서 개별 경제학자가 선택한 견해들을 여기저기서 주목해보는 기회가 있었다. 이 절에서 우리는 이 모든 점과 모든 철학, 이데올로기, 정치적 선호——이는 부분적으로나마 경제적으로 자립을 유지하면서, 법적 보호와 낮은 세율을 제외하고는 국가로부터 어떤 것도 원하지 않았던, 사업가 계급의 철학, 이데올로기, 선호에 불과했다——를, 이와 관련된 정책권고안까지 포함해서, 무시할 것이다. 대신에 우리는 오직 한 가지 문제에만 집중할 것이다. 즉 이 모든 점이 경제분석에 어떠한 영향을 미쳤는가? 또는 이 모든 점은 국가(정부, 의회, 관료제)의 본질에 관한 경제학자들의 가정을 통해 경제분석에 개입하거나 영향을 미치기 때문에, (질문이 다음과 같이 수정될 수 있다—옮긴이) 경제학자들의 가정은 이들의 분석명제가 적용될 역사적 조건을 고려할 경우 얼마나 현실적인가?

이에 대해 나는 경제학자들이 국가의 당시 현실을 꽤나 적절하게 반

---

37) 만일 독자들이 밀의 저작을 참조한다면, 아마도 내 의견에 동조하지 않을 것이다. 그러나 이는 오직 독자가 밀의 선입견을 공유하기 때문일 뿐이다. 그렇다고 해도, 우리 자신의 선입견 또한 여전히 선입견일 뿐이다.

영해서 이러한 가정들을 만들어냈다고 답변할 것이다. 실제로 모든 경제학자는, 밀이 그러했던 것처럼, 자유방임이야말로 국가가 경제문제를 관리하기 위한 일반적인 규칙이며, 국가에 대해 '간섭'한다고 의미심장하게 말할 수 있는 경우는 예외에 속한다고 (실제로 **원했던** 것이 무엇이었든지 간에) **믿었다.** 그리고 이것은, 비록 국가에 따라 그 이유가 달라지긴 했지만, 실제행위에서도 그러했는데, 이는 사실에 관한 문제만이 아니라 실용적인 필요성이라는 문제에도 해당되는 사항이었다. 즉 사회·경제적 조건과 공공행정 기관이 실제 존재하는 모습에 비추어볼 때, 당시에 어떠한 책임 있는 행정가도 규제와 통제를 지향하는 야심찬 모험이 실패가 아닌 무엇인가를 산출할 수 있다고 장담할 수 없었으며, 오늘날 어떠한 책임 있는 역사가도 여기서 예외가 아니다. 이밖에도 다양한 국가의 경제학자들 사이에는 공공행정 기관이 할 수 있는 것과 해야만 하는 것과 관련된 폭넓은 차이가 존재한다. 그러나 이미 2장에서 지적했듯이, 그것은 주로 경제원리의 차이가 아니라 다양한 국가의 실제조건의 차이로 설명된다.[38] 아울러 실제로 전문경제학자들에 관한 한, 이 모든 차이는 관련된 모든 영역에서 "자유방임의 규칙에 대해 어느 정도 예외조항을 인정할 것인지에 관한 견해 차이"——그 예외가 필수적인지 아니면 바람직하기만 할 뿐인지, 인정할 수 있는지 아니면 인정할 수 없는지 등——로 드러났다.

영국의 특별한 사례가 이를 입증해줄 것이다.[39] 상부구조가 지나치게

---

38) 물론 이것이 전부는 아니다. 전부가 아닌 이유 중의 하나는 서로 다른 국가의 상이한 역사적 발전은 국가와 관료제에 관한 서로 다른 정치학설—경제학자들로 하여금 국가적인 조건에 따른 자신들의 견해를 '절대화'하도록, 즉 그것을 영원한 진리로 격상시키도록 유도하는—을 포함하기 때문이다. '스미스주의'가 독일에 유입되어, 수많은 경제학자만이 아니라 대부분의 선도적인 관료들까지 사로잡았던 것과 같은 이념의 유입으로 상황은 더욱 복잡해졌다. 그렇지만 우리에게는 그 결과를 분석할 수 있는 여유가 없다.

39) 이제부터 내가 언급할 내용은 다른 나라에는 결코 적용되지 않는 것임을 알게 될 것이다. 그러나 지면의 제약을 고려한다면, 이러한 문제를 관찰하기 위해

비대한 18세기의 관료제는 비효율적이고, 낭비적이었으며, 여기저기 할 일 없는 사람들로 넘쳐나고, 비대중적인 중상주의 정책이나 심지어 정치적 부패와도 관련된 것이었지만, 이러한 폐해를 일소하기 위한 혁명이 나타난 적은 없었다. 새로우면서도 좀더 효율적인 구조가 건립되기 전에는, 지반을 깨끗이 하기 위해 어느 경우에나 낡은 것——내가 보기에는 사람들이 어떠한 대안을, 만일 있다면, 원하든지 간에——을 조금씩 허물어야 한다. 이것이 완료되기까지는, 기존의 공공행정 기구가 현대의 규제나 사회정책을 포함하는 복잡한 임무들 중의 어떤 것도 간단히 맡을 수 없다. 밀이 이 점을 이해하게 된 것은 그의 판단 덕택이다. 그는 대규모 정부행위에 대해서는 원칙적으로 반대하지 않았다. 그는 철학적으로 결정된, 국가기능의 '필요한 최저선'(necessary minimum)에 대해서는 어떠한 환상도 갖고 있지 않았다.

그러나 그는 사업가가 생산자원을 관리하는 것이 아마도 당시의 공무원에게서 기대할 수 있는 것보다 우월하다는 점을, 구체적인 상황에서는 전혀 의심할 여지가 없는, 깨달았다. 아니 그가 깨달은 것은 그 이상이었다. 그의 글을 신중하게 읽은 독자라면 누구나 그가, 어떤 것(예를 들면 소득세 부과대상을 소비지출로 제한하는 것)이 '바람직한' 것인지에 대한 결론에 도달한 후, 이러한 가치판단을 정책권고안으로 전환하는 것을 극복하기 힘든 행정적 난제라는 이유로 몇 번이나 거부했는지 반드시 확인할 수 있을 것이다. 당시 이 난제는 실질적으로 극복하기 힘든 것이었다. 진실을 말하자면, 다른 영국의 '고전파'——특히 프랑스에서 사회상황이 만들어낸 반국가주의 편집광(anti-*étatiste* monomaniacs)은 말할 것도 없고——는 그 조건들이 본질적으로 일시적인 것이라는 점을 눈치채지 못했을 뿐 아니라, 제거되고 있는 붉은색 테이프(red tape: 영국에서 공문서를 묶을 때 붉은 끈을 사용한 데서 유래된 말로, 관료적 형식주의를 지칭한다—옮긴이)를 어떤 다른 것으로도 대체해서는 안 된

반드시 선택해야 하는 관점을 암시하는 수준 이상을 보여주기는 불가능하다.

다. 즉 정부와 관료제는 '자연스럽게' 그 기능의 최저선으로 축소되어야 한다는 점을 사실상 지지하기도 했다. 그러나 이것조차 이전처럼 하나의 실제적인 경향을 대변했기 때문에, 그것이 경제과정의 제도틀의 일부에 대한 가정인 한에서 고전파 경제분석의 가치를 손상시키지는 않았다.

그러나 우리는 한 발짝 더 나아갈 수 있다. 우리의 논점에서 볼 때 '고전파'의 분석이, 국가의 역할에 관한 그것의 가정이 시간에 얽매인 것이긴 해도 현실적이기 때문에, 타당하다면 그 분석은, 이 가정이 현실적이긴 해도 시간에 얽매인 것이기 때문에, 다른 시기에 대해서는 타당하지 않다고 추론되는 것처럼 보일지도 모른다. 이것은 상당히 많은 수의 응용경제학 명제에 대해 사실상 타당하며, 정책권고안에 대해서는 더욱더 그러하다. 그러나 고전파의 분석 자체에 대해서는 그렇지 않다. 우리가 규제하거나 통제하기를 원하는 것이 무엇인지에 대해, 우리는 언제나 이해할 필요가 있다. 이것은, 어느 시기에나 정부의 경제적 임무가 아무리 포괄적일지라도, 규제와 통제만의 문제인 한, 우리에게는 항시 '고전파' 유형의 이론이 필요하다——사회주의에서는 물론 다른 유형의 이론이 필요하다——는 점을 의미한다. 그것(고전파—옮긴이)의 분석적인 결함 때문에 우리는 가령 실업을 설명해주는 요인에 관한 정보를 확인하기 위해 '고전파' 경제학으로 다가가지 않는다.

그러나 입법과 공공행정의 역할에 대한 고전파의 가정이 우리 시대에는 타당하지 않다는 사실만으로, 우리가 그것을 거부할 수 있는 타당한 근거가 확보된 것은 아니다. 물론 독자들은 후대의 경제사상가들이 이것을 받아들이기가 얼마나 힘들었을지 이해하게 될 것이다. 이들은 이념, 사회적 교리나 사회철학, 정책권고안 등이 아닌 작은 것에만 관심이 있었으며, 아울러 우리가 (고전파의 명제와 관련된—옮긴이) 제도틀의 주어진 요소들 중에서 어떤 것을 제거해야 할 때, '고전파'의 명제 중에서 어떤 것을 제거해야 하며 어떤 것을 제거할 필요가 없는지에 대해 결정할 만한 위치에 있지도 않았기 때문이다.

3. 민족과 계급

이 절을 마무리하면서, 나는 우리가 '고전파' 경제학의 제도적 측면을 고찰하는 데서 존재하는 많은 공백 가운데 두 가지만을 언급하고 싶다. 우리는 오늘날 우리가 민족이나 조국이라고 부르는 사회적 현상을 당시 경제학자들이 다루던 방식으로 거론하지는 않을 것이다. 그리고 당시 경제학자들이 가진 사회의 계급구조에 대한 생각도 거론하지 않을 것이다. 전자는 세 가지 점에서 경제분석과 상관이 있다. 무엇보다도 먼저, 그것은 많은 경제학자의 일반사회학이나 사회철학의 한 요소——몇몇 사람은 지배적인 것이라고 부를지도 모르는 요소——인데, 이 책의 목적상 이에 대해 언급해야 할 필요가 있는 것은 모두 3장에서 (특히 낭만주의라는 제목 아래) 다루었다. 둘째, 우리는 이것과 경제정책의 민족적 관점을 구분하는데, 이에 관해서는 4장(케어리와 리스트에 관한 부분)에서 이미 약간 배웠지만, 이하 외국무역을 다룬 절(6장 3절)에서 다시 접근을 할 것이다. 셋째, 당시 경제학자들이 경제행위의 민족적 차이와 경제행위의 한 동기인 민족성에 관한 의식을 어떻게 설명했는지 묻는 것은 아주 흥미로운 질문이다. 이 문제는 이하(6장 1절)에서 다룰 것이다. 사회계급이라는 주제는 이 절에서 다음 절로 쉽게 넘어갈 수 있게 한다.

다른 모든 사회과학에서와 마찬가지로 경제학에서도 계급이라는 용어는 두 가지 다른 것을 지시하는데, 엄격한 논리에 입각해보자면 둘은 서로 관련이 없다. 우리가 사회계급이나 사회의 계급구조에 대해 말할 때, 우리가 지시하고자 하는 바는 연구자들의 활동과 독립적으로 존재하는 현실이라는 현상이다. 즉 우리는 실제적이든 은유적이든 사회계급을 생각하고 느끼고 행동하는 실체라고 생각할 수 있다. 그러나 우리는 또한 그 존재가 연구자들의 분류활동에 따라 확인되는 범주에 불과할 때도 계급에 대해 말하기도 한다. 따라서 우리가 노동계급 운동을 말할 때, 우리가 실제로 거론하는 것은 개인들로 구성된 대중이지만, 그 개인들은 어떤 표준적인 집단 주변에 모여서, 가령 하나의 심리적 집단, 즉 하나의 사회계급을 형성하는 개인들이다. 우리가 서비스(개인적 노력)를 판매해서 소득을 벌어들이는 모든 사람의 집단을 고려할 때 우리는 공통점이 거의 없고, 일체감을 느껴 일제히 행동한 적이 없는 사회적 유형——거리청소부, 영화스타, 육체노동자, 지배인, 파출부, 장군 같은 사회유형——을 결합하게 된다. 간단히 말해, 우리는 우리 스스로가 지어낸 범주를 고려하는 것이다. 이것이 전부라면 우리는 다만 경제적 논의에서 혼동의 또 다른 원천이 존재함을 언급하고, 또 계급이라는 용어를 사용할 때 우리가 의도했거나 어떤 저자가 의도했던 것——붉은 피를 갖춘 현실인 사회계급이라든가 창백한 추상[40]인 경제과정에 참여한 자들이라는 범주——을 각기 개별경우에서 확인하기만 하면 될 것이다. 그러나 이런 간단한 구별과 관련하여 일단 주목할 필요가 있는 중요한 문제가 존재한다.

마르크스가 말한 '경제과정에 참여하는 두 계급,'[41] 즉 자본가와 프롤레타리아는 단순한 범주가 아니라 사회계급이다. 이런 특징은 마르크스주의 체계에서 본질적인 것이다. 마르크스주의 체계는 동일한 계급 개념을 자신의 사회학과 경제학에서 기본적인 것으로 삼음으로써 양자를 통일시킨다. 한편으로 사회학의 사회계급은 사실상 경제이론의 범주이고, 다른 한편으로 경제이론의 범주는 사실상 사회계급이다. 이런 특징이 갖는 중요성은 우리가 계급적대와의 관계를 고찰할 때 특히 명백해지는데, 마르크스주의 체계에서 계급적대는 전적으로 경제적인 현상인 동시에 사회주의 이전의 모든 인간의 역사에 관한 가장 중요한 사실이기 때문이다. 이런 관점에서 볼 때 사회계급 이외의 경제적 범주를 만들어내는 시도는 자본주의 과정의 본질 자체를 없애버리거나 모호하게 하

---

40) 몇몇 근대경제학자는 이런 추상물을 기능적 계급이라고 부른다. 그러나 우리 스스로는 몇 가지 측면에서 반박의 여지가 있을지 모르지만, 더 명백하게 하기 위해 범주라는 용어를 사용할 것이다.
41) 불행히도 영어에는 독일어 'Wirtschaftsubjekt'(경제주체)에 해당하는 좋은 동의어가 없다.

려는 시도이거나, 마르크스주의자들이 현재 사용하는 구절을 빌리자면, "경제이론에서 그 사회적 내용을 박탈하려는" 시도로 보일 수밖에 없다는 점을 이해할 수 있을 것이다. 이런 시도는 자본주의 '변호론'으로 오염된 것일 뿐만 아니라, 무익하며 현실적인 경제학의 문제를 해결할 수 없는 것으로 인식된다.

그러나 비마르크스주의 경제학은 이에 못지않게 점점 더 강하게 반대견해를 취할 수밖에 없었고, 마르크스주의자들이 자랑하던 (그리고 지금도 자랑하고 있는) 특징 자체를 전과학적인 사고행태의 잔재에서 나온 오점으로 바라보지 않을 수 없었다. 이것은 순수한 경제관계를, 이것이 현실 속에서 관련된 다른 것들로부터 좀더 분명하게 구별하기 위한 분석상의 진보가 가져온 불가피한 결과였다. 경제현상을 분석할 때 사회의 계급구조에 의해 제시된 것들 이외의 범주들이 논리적으로 더 만족스러울 뿐만 아니라 더 유용한 것으로 밝혀졌다. 이것은 탐구되고 있는 관계들과 연관되어 있는 어떤 계급투쟁적 측면이나 단순한 계급적 측면을 무시하는 것이 아니다.[42] 그것이 의미하는 바는, 현실의 다양한 모든 측면이 스스로의 권리를 주장할 수 있는, 좀더 커다란 자유일 뿐이다.

---

42) 이런 푸딩의 증거는 물론 그것을 먹는 데 있다. 예컨대 사회계급 이외의 것에 의한 소득분배를 분석하는 것이 불가능하리라는 어떤 일반적인 신념의 고백이나 일반적 주장도 문제를 해결할 수 없다. 물론 문제는 다른 것, 즉 마르크스주의 계급이론의 타당성에 관한 문제에 의해 복잡해진다. 그러나 이와 관련된 문제는 부차적인 것이다. 마르크스주의 계급이론이 타당하다 하더라도 경제분석이라는 특정한 임무에 채택된 개념화라는 방법론적 필요성은 여전히 남는다. 대다수 현대 사회주의자들은 현대이론을 이용하여 이 책에서 취급된 견해와 관련된 자신들의 주장을 검증한다. 그러나 더 중요한 것은 마르크스 자신이 그의 실제분석에서 우리의 견해에 동의한다는 점이다. 그가 계급을 이용한 것은 자본주의 경제가 낳는 결과들을 해석하기 위해서였을 뿐이기 때문이다. 앞으로 보게 되듯이, 마르크스는 그의 기본분석 작업에서 계급을 행위주체 (actors)로 도입하지 않았다. 그가 실제로 강조한 것은 가능한 한 사회계급적 측면이었다. 그러나 정치적 영역을 제외하면 그가 말한 계급은 **계급으로서** 서로 투쟁하지 않는다.

앞으로 보게 되듯이, 지금 다루고 있는 시기의 경제학자들은 경제유형의 범주에 의한 경제분석을 향해 거대한 일보를 내디딘 반면, 사회계급에 의한 경제분석에서는 크게 벗어났다. 그러나 이들이 논리적인 방식을 취했던 것은 아니다. 즉 이들은 사회계급의 이론을 구성하고, 그 이론을 자기들이 말하는 경제사회학에 끼워 넣은 다음, 경제분석에서 이용하기 위한 경제적 범주를 구축한 것이 아니었다. 이런 절차는 관련 문제들에 대한 자각을 요구하는 것이지만, 이들은 이런 자각으로부터 훨씬 멀리 있었다. 대신 이들은 짧은 길을 택했다. 즉 이들은 대중의 마음에 자리 잡고 있는 사회적 집단분류를 거의 수정하지 않고 단지 경제분석의 범주로 삼았을 뿐이었다. 마르크스의 사회계급 분석은 비록 결점이 있기는 하지만 그래도 분석이기는 한데, 마르크스를 제외한 이들은 어떤 분석적 노력도 하지 않았다. 그리고 이들이 그런 노력을 기울일 필요성을 느끼지 못했던 것은, 사실 일반인들의 사회적 집단분류가 '고전파' 경제분석의 조잡한 목적에 적절할 만큼 충분히 경제적 의미로 가득 찼기 때문이다. 일반인들은 사회의 나머지 부류의 꼭대기에 자리 잡은 토지귀족의 인상을 크게 받은 바 있었다. 그 부류의 다른 끝에 자리 잡은 농업과 산업 '빈민'의 지위는 그에 못지않게 명확했으며 무시될 수 없었다. 그 나머지 일반인들은 단일한 사업가층보다 차지농, 장인, 수공업자, 화폐소유자, 은행가, 상인 등(에 관한 인상―옮긴이)을 보았고, 이들은 다른 특정한 지위의 전문직을 확실히 차지하고 있었을 것이다. 후자와 관련하여 '고전파' 경제학자들은 일반인들의 견해에 다소 동의했다.[43] 그러나 이런 부류의 나머지에 대해서 이들('고전파' 경제학자들)은, 전부는 아니지만 몇몇 목적을 위해, 단일한 경제적 범주로 집어

---

43) '고전파'의 임금분석이 전문직을 노동범주에 포함시키는 것에 대해 반대한 분석적 어려움은, 전문직을 비생산적이라고 묘사하고 따라서 이들을 '고전파'의 명제가 주로 적용되는 경제사회에서 배제했던 저자들에 의해 부분적으로 회피되었다. 숙련을 자본으로 간주한 사람들 역시 전문직을 자본가에 포함시킬 수 있었다.

넣는 분석을 평범하게 행했을 뿐인데, '자본가'라는 호칭이 경제학 문헌에서 일반적으로 곧 사용되기 시작했다.[44]

따라서 모든 지도적인 분석가 가운데 마르크스만이 경제유형의 범주에 관한 계급적 함의를 의식적으로 그리고 원리의 문제로서 받아들였을 뿐이다. 마르크스는 계급적 함의를 회피하려는 지배적 경향을 놓치지 않았는데, 그는 이런 회피경향을 자신과 달리 실질적 문제에 대면하려는 용기와 정직함을 더 이상 갖고 있지 않던 부르주아 경제학의 타락의 한 징후일 뿐이라고 폄하했다. 마찬가지로 마르크스는 초기 '고전파', 특히 리카도에게서 볼 수 있는 (계급적 함의의 회피경향에 관한―옮긴이) 두 가지 측면의 대중적 혼동의 흔적을 당연히 주목했다. 이런 흔적이 남아 있으리라는 것은 우리가 완만할 뿐만 아니라 잠재의식적인 분석적 발전과정에서 예상할 수 있는 일이다. 그러나 이런 흔적은 얼마나 중요했던가? 리카도가 '토지생산물'의 분배를 '사회의 세 계급' 사이의 분배과정으로 말했던 것 (*Principles*, "Preface")은 사실이다. 이것은 계급적 함의를 담고 있는 것처럼 보인다. 그러나 이 구절을 글자 그대로 해석하고자 한다면, 문장 전체를 글자 그대로 해석해야 한다. 이렇게 한다면 리카도는 중농주의자가 될 것이다. 더욱이 리카도의 임금론이 현실의 일부에 적합한 한에서, 그것은 프롤레타리아 **계급** 중 육체노동의 임금에만 적합하다는 게 사실이다. 마지막으로, 전통적 해석에 따르면 리카도는 계급적 이해관계의 적대감을 강조했고, 특히 지주의 이해관계는 사회의 나머지 부류와 '항상 적대적'이라고 해석되었다.

---

44) 대중은 1900년 이후에 와서야 이것(자본가라는 명칭―옮긴이)을 상당 정도 받아들였다. 그러나 자본가라는 용어는 경제학자들의 통용어에서 시민권을 획득한 반면, 자본주의라는 용어는 19세기 내내 마르크스주의자들과 마르크스주의에 직접 영향을 받은 저자들을 제외하면 거의 사용되지 않았다. 『팔그레이브 사전』(*Palgrave's Dictionary*)에는 '자본주의'라는 항목이 없다.

물론 이것은 마르크스가 가장 좋아했던 것이었고, 그것을 리카도 경제학의 본질적인 특징으로 간주한, 케어리와 바스티아 같은 다른 경제학자들이 가장 싫어했던 것이다. 그러나 리카도가 취한 낡은 임금론에 관한 한 아주 명백한 것은, 그가 그것에 계급투쟁적인 비틀린 시각을 부여하지 않았다는 점이다. 그리고 그 이론의 아주 부분적으로만 존재하는 타당성에서 계급적 측면을 강조하려는 의도보다는 결함 있는 분석장치의 불가피한 결과를 보는 것이 훨씬 더 현실적일 것으로 보인다. 계급적 이해관계를 일반적으로 다루고 있는 리카도에 관한 한, 두 가지를 주의 깊게 구별해야 한다. 대부분의 '고전파'처럼 리카도는 정치적인 의미에 상당히 민감했다. 곡물에 대한 자유무역(논쟁—옮긴이)의 승리자 중의 한 명인 리카도는 자신의 임금론을 사회계급의 경제적 이해관계 ——이 경우 사회와 경제가 그의 마음속에서 통합된 것은 이해할 만하다—— 에 반대해 취해진 정치적 조치로 생각했다. 물론 이런 일은 정치적 쟁점이 심의 중일 때마다 발생했다.

그러나 이것은 당연한 일이었다. 정치적 견해는 당쟁을 야기하고, 정당은 사회계급적 요소를 지니는 것이다. 이런 계급적 요소를 무시하고 상상적인 공동선에 의해 추론하는 식으로 정치문제를 취급하고자 하는 것보다 내 생각과 거리가 먼 것은 없다. 그러나 리카도의 경제분석 자체에서 계급적 이해관계의 대립이 지니는 의미는 완전히 별개의 문제다. 이것은 상대적 분배몫의 장기적 경향에 관한 명제로 환원된다.(이하 6장 6절 참조) 예컨대 리카도는 지주의 몫은 주로 자본가의 몫을 희생함으로써 증대되는 경향이 있다고 생각했다. 그러나 이것이 마르크스주의적 의미에서나 일상적인 의미에서의 계급적대를 구성하는 것은 아니다. 두 계급만을 인식한 마르크스는 이들 계급 사이의 경제적·정치적 '투쟁'만을 보았고, 리카도적 의미에서의 이해관계의 대립이 계급적대를 구성하는 것은 아니라는 그의 신념을 입증했다. 일상적인 의미에서 계급적대는 사회계급——예컨대 정치적 영역에서 그 자체를 드러내는 현실——사이의 적대를 의미한다. 이런 현상이 발생하기 위해서는 분배몫에서의 리카도적 적대경향은 필요조건도 충분조건도 아니다. 이것이 우리의 테제를 확립하는 것으로 보이는데, 즉 리카도 범주의 계급적 함의는 사실상 그의 체계의 잔존물 이상도 아니고 그것에 본질적인 것도 아니다. 특히 케어리, 바스티아나 비슷한 노선을 취한 모든 저자는, 분배몫에서의 리카도적 경향이 사회적 전쟁상태를 뜻한다고 믿으면서 이런 경향을 반박할 때, 오류에 빠졌던 것이다.

5절 경제과정에 관한 '고전파'의 도식

'고전파'는 방금까지 개략적으로 서술한 사회학적 틀에 경제과정의 도식을 끼워 맞췄는데, 그 일반적 특징을 기술하는 게 우리의 다음 과제다. 이 과제 자체는 아주 간단하다. 그러나 이 과제는 다음과 같은 사실 때문에 더 어려운 것으로 간주되는데, 그 도식이 당시 (우리가 말하는 의미에서의) 고전적 저작인 밀의 『원리』에서 취해진 형태는 물론 그것과 다소간 다른 수많은 도식의 '대표'에 불과하다는 사실, 그렇다 하더라도 그 형태는 부분적으로 초점이 없고 때때로 단순히 말만 무성했지만, 되돌아보면 매우 중대하게 보이는 오랜 논의의 결과라는 사실 그리고 분석적 작업의 상태는 상이한 단계에서 매우 다르게 보인다는 사실이 그것이다. 쟁점의 명쾌함과 분석결과의 개선을 향한 진보 같은 것이 존재하는 명제 자체는 분석사의 목적과 관점을 잊거나 원칙적으로 그것들을 인정하지 않는 독자들에 의한 잘못된 표현이라고 판정될 것이다.

1. 경제주체

경제과정의 어떤 도식이든지 그것은, 무엇보다 무대에 오르는 것이 허용된 **등장인물**(*dramatis personae*)의 문제를 결정하고, 그럼으로써 경제과정의 특징 가운데 많은 것을 미리 판단해야 한다. 이런 주체들은 물론 기업과 가계이지 사회계급이 아니며, 심지어 경쟁이 존재하지 않을 수도 있다. 이것 역시 마르크스의 **이론**에 적용된다. 알다시피 이런 주체들은 공통된 경험을 가진 것으로 알려진 사회계급을 경제유형의 세 가지 범주(또는 '기능적' 계급), 즉 지주·노동자·자본가로 바꾸는 수단으로 분류된다.[45] 물론 이것은 스미스가 재가했던 오랜 관행을 시속시킨 것에 불과하다. 이 셋은 각자가 경제적 특징에 의해 정의된 단순한 범주이기 때문에, 어떤 개인이 두 가지 범주(예컨대 *그가 장인이라면*)에 속하거나 세 가지 범주 모두(예컨대 *그가 자기 땅을 소유한 소농이라면*)에 속할 수 있다는 점이 어렵지 않게 인정된다. 역시 우리가 알고 있듯이, 마르크스는 이런 유형의 세 가지 분할을 자신의 두 가지 **계급도식**으로 대체했다.[46]

그러나 한 가지 측면에서, 불완전하지만, 중요한 전진이 있었다. 네 번째 범주나 유형인 기업가(entrepreneur)가 결국 명시적으로 인정받았다. (그렇다고 해서—옮긴이) 경제학자들이 자본주의 과정에서 가장 다채로운 인물을 그동안 간과해왔다——이는 실제로 불가능한 일이다——고 말하는 것은 아니다. 적어도 프롤렌스의 성 안토니우스 시대 이래 스콜라학자들은 사업가의 **기업정신**(*industria*)과 직공의 근면(labor, *diligentia*)을 구분했다. 17세기 경제학자들은 기업가라는 유형에 대해 분명하지는 않지만 틀리지 않는 이해를 보여주었다. 캉티용은, 내가 아는 한, 기업가라는 용어를 최초로 사용한 인물이다. 그러나 이런 암시는 과실을 맺지 못하고 시들해졌다. 스미스는 때때로 이런 유형을 언뜻 보았으며(때로는 사업가undertaker, 장인master, 상인merchant에 대해 말하기도 했다), 만일 의견을 강요당했다면 저절로 이루어지는 사업은 없

---

45) 물론 하위집단은 바라기만 한다면 도입될 수 있다. 그러나 경제이론의 일반적 양태를 다루고 있는 우리는 이런 사실을 무시할 것이다.

46) 시스몽디는 동일한 일을 한 다른 주요 경제학자 가운데 유일한 인물이었다. 그러나 그는 원리의 문제로서가 아니라 (이론의—옮긴이) 단순화를 위해 그리했을 뿐이다.

음을 부인하지 않았을 것이다. 그런데도 이것은 정확히 그의 독자가 받은 전반적인 인상이다. 상인이나 장인은 '자본'을 축적——이것이 실제로 상인이나 장인의 본질적인 기능이다——하고, 이 '자본'으로 그는 나머지 일을 하는 '근면한 사람들', 즉 직공들을 고용한다. 이렇게 함으로써 그는 이런 생산수단을 손실의 위험에 노출하지만, 이것 이상으로 그가 진력하는 것은 이윤이 그의 주머니로 들어오는 것을 확실히 하기 위해 자신의 사업을 감독하는 일이다. 프랑스 (캉티용) 전통을 따라 움직이던 세는 경제과정의 도식에서 일정한 지위를 특히 자본가와 구분되는 기업가에게 부여한 최초의 인물이다. 그의 기여는 기업가의 기능이란 생산요소를 결합하여 유기체를 생산하는 데 있다는 간결한 서술 속에 요약되어 있다. 이런 서술[47]은 실제로 많은 것을 의미하거나, 아무것도 의미하지 않을 수 있다. 세는 확실히 그것을 충분히 이용하는 데 실패했고, 아마도 그것의 모든 분석적 가능성을 보지 못했던 것 같다. 그는 상당히 개선된 경제과정 이론이 분석도식에서의 기업가를 자본주의 현실에 존재하게 함으로써, 즉 모든 것이 그것을 중심으로 회전하는 축으로

---

47) 독자에게 이 진술을 캉티용이나 스미스로 읽히도록 느끼지 않게 하기 위해, 나는 세의 정식화가 분석의 독특한 단계로 고려되어야 한다고 믿는 이유를 설명하고 싶다. 캉티용은 실제로 기업가가 불확실한 (기대)가격에 판매한다는 시각을 갖고 생산수단을 어떤 가격에서 획득한다고 말했다. 이것은 사업가의 행동의 한 측면을 아주 잘 기술한 것이다. 그러나 이것은 그 본질을 기술(하거나 어쨌든 강조)한 것이 아니다. 스미스는 실제로 자신의 자본을 타인에게 대여해주는 자본가의 경우를 고려하고, 따라서 그 자본을 사용하는 수고와 위험을 겪는 사람들의 독특한 기능을 인식했던 것 같다. 그러나 자본가에게서 빌리는 사업가는 여전히 대리하는 자본가, 즉 자본의 소유자와 노동력 사이의 중개자로 남고, 도구·생계수단·원료를 갖고 있는 노동력을 제공하는 것은 여전히 사업가가 하는 일의 전부다. 세가 명시적으로 표현했던 독특한 기능은 캉티용과 스미스가 함축했던 것이라고 말할 수 있을 것이다. 그러나 분석의 진보——단지 경제학에서만이 아닌——과정은 오랫동안 함축되거나 암묵적으로 인정된 것을 명시적인 것으로 하는 것에 따라 상당 부분 결정된다. 스미스 역시 우리가 재화를 원하기 때문에 그것에 대해 지불한다는 것을 알았지만, 이것 때문에 그가 한계효용 이론가가 되는 것은 아니다.

삼음으로써 도출되리라는 것을 어느 정도 알고 있었다. 그러나 세는 '생산요소를 결합한다'는 구절이 현재 운영 중인 사업에 적용될 때 그것이 일상적인 관리 이상을 나타내는 것이 아님을, 그리고 생산요소를 결합하는 일이 현재 운영 중인 사업의 일상업무가 아니라 새로운 사업의 조직에 적용될 때만 독특한 것이 된다는 점을 알지 못했다. 그러나 어쨌든 세는 대중적인 통념을 과학적 도구로 변화시켰다.

독일에서 기업가라는 개념은 '관방학'(cameralist) 전통에서 친숙한 요소였다. 또 그것에 상응하는 용어인 'Unternehmer'는 당시 경제학자들이 계속 사용하고 있었는데, 라우의 교과서가 그 예다. 기업가의 기능에 관한 분석은 느리지만 점차 발달해서, 만골트의 저작에서 절정에 달한다.[48] 세의 영향이 있다 하더라도, 그것이 어느 정도인지에 대해서 나는 말할 수 없을 것 같다. 그러나 잉글랜드에서 이 영향은 좀더 분명하게 나타난다. 리카도, 리카도학파, 시니어도 세의 암시를 진정 알아채지 못했고, 내가 불가능한 업적이라고 묘사한 것, 즉 기업가 모습의 완전한 배제를 거의 성취했던 것이다. 마르크스[49]뿐만 아니라 그들에게 사업과정은 실질적으로 저절로 운영되며, 그것을 운영하기 위해 필요한 유일한 것은 자본의 적절한 공급이었다.

그러나 1820년대 말과 1830년대의 몇몇 비리카도학파와 반리카도학파의 저자들이 이 문제를 다뤘는데, 리드와 램지——램지는 비록 기업에

---

48) 이에 대해서는 위의 4장 5절과 아래의 6장 6절 1항 참조. 이런 측면에서 이 저작(『기업가 이윤론』, 1855)은 세 이래 가장 중요한 진보를 보여준다.

49) 마르크스의 경우 이 점이 특히 돋보이는 것은, 그가 축적과정에 대해 훨씬 상세하게 논했기 때문이다. 그에게 축적된 자본은 완전히 자동적으로 스스로 투자된다. 인간적 요소에 의존하는 기계화된 대규모 기업이 출현할 때의 현상과 메커니즘은 그의 시야에서 완전히 닫힌다. 『공산당 선언』의 ('부르주아지'가 달성한 '경이로움'에 관한) 유명한 구절은 이것과 모순되는 것처럼 보이는데, 축적된 자본의 단순한 투자는 '경이로움'의 산물이라고 말할 수 없기 때문이다. 그러나 이와 같은 기업가의 성취——이것 이외에 부르주아의 기적이라고 부를 만한 것이 있을까?——라는 개념은 그의 기초분석에 영향을 미치는 데 완전히 실패했다.

대해 말했지만, 기업가보다는 '장인'이라는 용어를 사용했다——는 특별히 거론할 만한 가치가 있다. 밀이 결정적인 단계를 취했다. 그는 기업가라는 용어를 영국경제학자 가운데 일반적으로 사용했고, 기업가의 기능을 분석하면서 '감독'에서 '통제', 심지어 '방향제시'로 나아갔는데, 그가 인정했듯이 이것은 '흔히 일상적인 것이 아닌 숙련'을 요구하는 것이었다. 그러나 이것은 경영기능을 정의하는 것으로, 단순한 관리와 구별되지 않는다. 이것이 전부라면 밀은 훌륭한 영국 용어인 경영자(manager)——이것은 사실상 후에 마셜에 의해 채택된다——에 만족해서 (프랑스어인—옮긴이) 'entrepreneur'(기업가)에 해당하는 좋은 영어가 없다는 점에 대해 그다지 후회하지 않았을 것이다. 그가 그렇게 하지 않았던 이유는 경영자가 흔히 봉급을 받는 피고용인이고 따라서 사업상의 위험을 필연적으로 공유하지 않는 반면, 당시의 모든 저자와 다음 세대의 대다수 저자처럼 밀도 '방향제시'와 함께 위험부담을 기업가 기능의 하나로 삼고 싶어했기 때문일 것이다. 그러나 이것은 잘못된 길로 차를 계속 몰고 가는 것에 불과하다.[50] 그리고 거기서 진퇴양난에 빠지게 된다. 당시나 그 이후에 그것을 개선하고 발전시키려는 여러 시도가 있었다. 그러나 실질적으로 밀의 기업가 기능에 관한 생각은 이 시기

---

50) 많은 근대경제학자 역시 위험부담을 기업가의 기능 가운데 하나로 포함시키고 있기 때문에, 일단 그런 생각에 대한 반대를 지적하는 것이 좋을 것이다. 우리가 기업가의 기능이 자본가의 기능과 구별된다는 것을 인식하면, 곧 자신의 자본을 성공적이지 못한 기업에 사용한 기업가는 자본가로서 손해를 본 것이지 기업가로서 손해를 본 것이 아님을 명백히 해야 한다. 기업가가 고정이자율로 자금을 빌린다면 자본가는 그 결과에 상관없이 원금에다가 이자를 받을 자격이 있는 데 반해 위험을 부담하는 것은 기업가라고 알려져왔다. 그러나 이것은 경제적 측면과 법적 측면의 통상적인 혼동 자체를 보여주는 전형적인 예다. 차입하는 기업가가 자신의 재산을 갖고 있지 못하다면, 자본가의 법적 권리에도 불구하고 손실을 입는 것은 명백히 대부자본가다. 차입하는 기업가가 자신의 부채를 변제할 정도의 재산을 갖고 있다면, 그 역시 자본가이고, 실패할 경우 그 손해는 기업가로서가 아니라 자본가로서 다시 그에게 돌아가는 것이다.

의 전체를 통해 지배적이었고, 이것은 결국 세의 암시가 거의 영향을 미치지 못했음을 의미한다. 우리는 이제 이 주제를 다룰 것이다.

2. 생산요소

독자들은 경제과정 참여자의 세 가지 범주——지주, 노동자, '자본가'——에 대한 인식으로부터 이런 과정의 일반적 도식에 이르는 단계가 얼마나 짧고, 간단하고, 자연스러운지를 관찰할 필요가 있다. 이 범주들은 순수한 경제적 특징에 의해 묘사된다. 이들은 각각 토지라는 서비스, 노동이라는 서비스, '자본'이라고 이름 붙여진 재화스톡의 서비스의 공급자다. 이것은 생산에서 자기의 역할을 해결하는 것처럼 보이고, 아주 자동적으로 유명한 3원소——생산의 요소나 요인, 필요조건, 수단(시니어)——가 그 자체를 나타낸다. 그리고 그에 못지않게 쉽사리 소득의 3원소——지대, 임금, '이윤'——가 생산요인의 3원소에 상응해서 출현한다. 예전의 경제학 논쟁에 친숙했던 사람들에게서 영향을 받지 않은 사람들에게 확실히 이것 이상으로 더 유익하고, 더 간단하며, 더 명백히 사실과 일치하는 것은 없을 것이다. 이것이 내가 독자가 인식하기를 원하는 생산요인의 3원소에 관한 첫 번째 점이다.

두 번째로 염두에 두어야 할 점은, 3원소가 근대경제학자들에게 인기가 없다는 점이다. 이 3원소는 19세기 중반경 다소간 확립되었는데, 마셜의 지지로 새로운 생명을 얻었다.[51] 그리고 이것은 초보적인 수업에서 쉽게 다루어지기 때문에 지금도 여전히 살아 있다. 그러나 이 점을 제외하면, 현대경제학자들은 이것을 특별히 좋아하지 않는다. 몇몇 사람은 이것을 과거 분석단계의 유물, 서투른 도구, 조력물보다는 방해물로 보기도 한다. 그러나 우리는 당분간 이 점에 대해서는 관심이 없고,

---

51) 마셜은 실제로 제4의 생산요인이나 생산요소인 조직을 알고 있었다. 그러나 이것은 사업경영의 하나에 불과한, 분업과 기계 같은 제목의 혼합물에 대한 하나의 명칭일 뿐이다. 이것은 토지·노동·자본 같은 의미에서의 생산요소가 아니다.

세 번째 점만 다룰 것이다. 지금 살펴보고 있는 당시 경제학자들은, 현대 이론가들의 태도를 자극하는 것과는 아주 다른 이유에서 3원소를 받아들이길 꺼려했는데, 이 3원소는 느리고 불완전하지만 결국 경제학자들의 사고를 정복했다. 이런 사실은 그 도식의 명백성을 고려해볼 때 설명이 필요한 부분이다. 더욱이 이런 이유를 설명함으로써 우리는 우리 분야에서 '인간정신의 길'에 관한 흥미로운 교훈을 배울 수 있을 것이다.

스미스는 『국부론』 1부 6장에서, 생산물의 가격을 세 가지 구성요소, 즉 임금·지대·이윤으로 분해했다. 7장에서 이들 가격은 동일한 구성요소로부터 다시 조립된다.[52] 그 자체로서 이것은 생산요인의 3원소에 대한 것을 충분히 강력하게 지시하는 것이다. 그러나 이러한 설명은 6장의 논의에서 완전히 상실된다. 거기서 노동자·지주·자본가는 실제로 분배과정의 참여자로 도입되지만, 그들의 몫은 그들 생산요소의 생산적 이용에서 나온 수입으로 해석되지 않는다. 완전히 부정되지는 않지만, 때때로 '인정'되더라도[53] 분배몫의 이러한 생산요소-가치적 측면은 전혀 다른 측면 때문에 무시되어버린다. 스미스가 지주와 자본가의 몫이 '자연적으로' 전적인 노동의 산물인 총생산물로부터 어떻게 '공제'되는지를 보여주고자 노력했다는 점은 기억할 만한 것이다. 그리고 이것은 다른 개념장치에 대한 것을 지적한 것으로 보이는데, 이 개념장치는 생산요소의 역할을 노동에만 부여하고 (『국부론』 ─옮긴이) 7장 첫 쪽에서 스미스가 한 말이 명백히 생산요인의 3원소에 대해 제시한 것임에도 불구하고 그것에 대한 전망을 방해하는 것이다.

여기서 스미스의 설명을 재진술하는 것은, 무엇보다도 먼저 그것이

---

52) 이것들은 균형가격이다. 우리가 알고 있듯이, 여기서 거론하고 있는 배열은 경제체계의 요소 사이의 일반적 상호의존에 관한 사실을 스미스가 인식하는 방식을 보여주며, 이 배열은 순수분석 분야에서의 그의 위대한 공적 중의 하나인 것이다. 그러나 이것이 너무 오해되어왔음을 우리도 알고 있다. 몇몇 비판가는 이것 속에 담긴 순환논법을 보기조차 한다.

53) 따라서 스미스는 사회의 총수입을 '그 토지와 노동의 전 생산물'로 기술했다. (『국부론』, 2부 2장 도입부 참조)

당시 경제이론의 한 구석을 지배했던 상황을 교훈적으로 예시하고 있기 때문이다. 스미스의 영향 아래 있든 아니면 독립적이든, 몇몇 경제학자는 스미스의 지침 중 하나가 가리킨 선을 따랐고, 몇몇은 다른 지침이 가리킨 선을 따랐다. 그러나 그 경향은 생산요인의 3원소를 지지하는 것이었지만, 대다수는 주저하고 타협했다. 둘째로, 우리가 스미스에서 시작하는 것은, 그의 설명이 세 가지 생산요인 도식을 원활히 수용할 때 만나게 되는 주요장애물의 성질을 아주 잘 보여주기 때문이다. 이를 살펴보려면, 우리는 노동만이 전 생산물을 산출한다는 명제가 경제과정의 사실분석에서 의미 있는 어떤 경험적 내용도 갖지 못한다는 점을 다시 한 번 회상해야 한다. 즉 어느 누구도, 중요하지 않은 경우를 제외하고는, 노동이 어떤 것을 생산하기 위해 필요한 모든 것이라는 주장을 할 수 없음이 분명하다.

그러나 위의 명제는 윤리적 색채를 띤 '메타경제학적' 의미를 갖고 있고, 노동의 이해관계를 대변하는 후견인들——이들은 스미스와 마찬가지로 만인을 위해 모든 것을 생산하면서 자신은 '누더기를 입고 걷는' 노동자에게 호감을 갖는다고 선언한다——의 감정적 성향이나 정치학설과 잘 일치한다. 이들은 그 학설을 고수함으로써 노동을 위한 논점을 얻고, 토지나 자본을 생산요인으로 삼음으로써 지주나 자본가를 위한 논점을 얻는 3원소론의 많은 지지자의 유치한 신념에 의해 자기들의 유치한 신념을 확고히 한다고 생각한다.[54] 이들은 자신들의 윤리적 색채를 띤 철학과 정치학설이 사실 그대로의 경제적 현실을 설명하는 데 논

---

54) 물론 나는 대중적인 소비를 위한 슬로건이 이런 분석장치로부터 파생될 수 있으리라는 것을 부정하지 않는다. 그런 한에서, 즉 재주가 둔한 사람들을 취할 유일한 목적을 의미한다면, 양자 모두 유치한 것은 아니다. 생산요인에 관한 분석장치가 좋은 논리 속에서 그 소유자의 요구를 위해서건 반대를 위해서건 정치적 이용을 강화할 수 있다는 솔직한 신념만이 유치한 것이다. 이것이 그렇지 않다는 점은 이 책에서 반복해서 지적되어 왔다. 즉 예를 들어 토지가 모든 것을 생산한다는 주장에 어떤 의미가 있다 하더라도, 이것이 토지로부터의 수입이 그 소유자에게 돌아가야 하는 이유를 구성하는 것은 아닐 것이다.

리적으로 부적절함을 보지 못했다. 다시 말해 이들은 현실설명이라는 목적에서 중요한 것이란 기업이 생산을 위해 노동만이 아니라 토지와 자본에 포함되어 있는 모든 것을 필요로 한다는 간단한 사실과, 이런 점이 3요소를 설정하는 데 함축되어 있는 모든 것이라는 점을 간파하지 못했다. 또 다른 말로 표현하자면, 이들은 분석이라는 독특한 목적에 대해 분명하게 인식하지 못했으며(그럼 우리는 어떠한가?), 분석적 목적과 관련되는 것이 무엇이고 그렇지 않은 것이 무엇인지에 대해서도 분명하게 인식하지 못했다. 따라서 이런 독특한 목적을 알고, 3요소도식이 간단한 방식으로 그것에 기여하는 것을 지각하는 것은, 당시의 사정에서는, 그 명백함으로부터 추론하는 것보다 결코 쉽지 않았고, 따라서 그것의 채택은 결국 그것에 상당한 분석적 장점이 있음을 인정한 것이었음을 알게 될 것이다.

그러나 이 문제에는 또 다른 측면이 있다. 리카도적 방식이든 마르크스적 방식(이하 6장 2절 1항 참조)이든 사람들이 노동량 가치론을 수용한다면, 우리가 그 단순성을 위해 소개한 3요소도식은 어떤 철학과도 전혀 무관한 분석적 어려움에 직면하게 된다. 왜냐하면 분배몫은 생산물 가격으로부터 지불되어야 하는데, 이 가격은 노동 이외의 다른 청구권자의 존재로 인해 일반적으로 이들 생산물에 체현된 노동량에 비례할 수 없기 때문이다. 따라서 노동 이외의 다른 청구를 만족시킬 수 있는 방식과 관련하여 새로운 문제가 발생한다. 그리고 우리가 이런 문제를 (노동량 가치론에 근거해―옮긴이) 해결하려고 시도할 때, 이런 요소 모두를 근본적으로 동일한 논리적 위치에 놓는 생산요인의 3원소는 다루기가 아주 불편하다는 것을 발견하게 된다.[55] 이런 (노동량 가치론의―옮긴이) 관점에서 볼 때 모든 생산요소가 똑같이 '필수조건'이라는 단순한 사실은 더 이상 결정적인 것으로 간주될 수 없다. 다음과 같은 흥미로운 사실에 주목해보자. 노동량 가치론 이외의 다른 어떤 가치론

---

55) 제임스 밀과 매컬럭은 이런 시도를 했으나 변변치 못한 결과만 낳았다.

의 관점에서 볼 때 이 문제는 사이비 문제, 즉 그 존재 자체가 결함 있는 분석에 속하고 그 결함——이 경우 노동량 가치론——이 제거될 수 있다면 어렵지 않게 사라지게 되는 문제의 선택사례로 나타난다. 그러나 노동량 가치론의 관점에서 볼 때 당면문제는 무엇보다도 가장 중요한 것, 즉 그 해결이 자본주의 사회의 내직 비밀을 드러내야 하는 문제가 된다. 그러므로 마르크스는 생산요인의 3원소에 대해 분노를 제기하고, 그것을, 사회계급의 다채로운 투쟁을 서로 협력하는 생산요인에 대한 보수라는 무채색의 분배로 환원함으로써, 자본주의 현실을 거세시키는 비열한 변호론에 불과한 것으로 비난할 만한 충분한 이유를 가졌던 것이다.[56] 때때로 분석의 임무는 그 문제의 성질 때문에 어려운 것으로 간주된다. 파동역학이 좋은 예다. 때때로 그 어려움은 사물에 있는 것이 아니라 우리 자신의 마음에 있다.

이것을 이해하게 되면, 곧 우리는 문제의 사실을 아주 간단히 다룰 수 있게 된다. 철학적 · 정치적 · 감정적 이유로 3원소도식을 회피하는 것은 결국 굴복하는 것이고, 최종적으로는 구두상으로 인정하는 것이기는 하지만 그 자체를 주장하는 것이 된다. 물론 노동량 이론의 장애물은 리

---

56) 경제분석을 사회진화의 한 요소——그리고 자신의 것이 아닌 이론을 모두 이 사회진화로부터 파생된 안개——로 인식한 마르크스는, 위에서 말했듯이, 리카도 이후 '부르주아 경제학'이 그것을 생산한 사회와 함께 쇠퇴단계에 들어섰다고 생각했다. 그가 이런 쇠퇴의 표현으로 간주한 사실이 무엇인지 묻는 것은 흥미가 없지 않다. 첫째는 우리가 이미 알고 있는 것이다. 즉 그것은 '부르주아' 경제학이 사회계급에 의해 그 분석을 표현하는 것을 거부한다는 것이다. 둘째는 첫째와 관련되어 있는데, 그것은 정확히 3요소도식을 점차 수용하는 경향이 있다는 점이다. 셋째는 경제과정이, '교란요인'의 충격으로 옴짝달싹 못하게 되는 것이 많은데도, 순수논리에서는 내적 장애로부터 여전히 자유롭다고 주장하는 경향이 존재한다는 점이다. 마르크스는 이런 경향을, 다른 관점에서 보면 개선된 분석의 자연적 결과이지만, 또 다른 '눈속임'이라고 간주했다. 넷째는 마르크스가 가장 심오한 진리라고 생각한 것을 사업가가 당면한 사업적 관행의 표면적인 현상에 관한 서술로 대체하는 경향이 있다는 점이다. 이런 점들에 관해 이제 결심해야 하는 것은 독자의 몫이고, 이것은 하나의 훌륭한 연습문제가 될 것이다.

카도 자신과, 마르크스를 포함한 리카도파 사회주의자들에게는 거의 극복할 수 없는 것이었다. 그러나 그 장애물은 1830년대의 비리카도와 반리카도 이론에 의해 극복되었는데, 이 이론은 리카도의 가르침이 실제로 우회로의 성질에 있었음을 다시금 보여준다. 대륙에서는 아마도 튀르고의 지도를 따랐던 세가 3요소도식[57]과 생산과 분배 이론에서 세 가지 생산요소라는 '서비스'를 동일한 지위로 다루는 관행을 확립했다. 영국에서 로더데일이 자본을 독특한 생산요인으로 설정한 최초의 주요 저자였다. 맬서스는 3원소에 대해 어떤 강조도 하지 않았지만, 그의 이론적 장치는 그것을 함축한다. 토런스, 리드, 특히 시니어는 3원소를 영국 경제학에 정착시키는 데 도움을 준 경제학자들 중 가장 중요한 인물들이다.[58]

마지막으로 밀은 3원소를 주저하면서 완성하지는 않았지만, 실질적으로는 실제 학설상의 상황을 아주 잘 반영하는 방식으로 그것을 채택했다. 그는 페티처럼 생산의 두 가지 '필수조건'으로 시작했는데, 이 용어는 '생산요소'가 도덕적으로 '보수'를 받을 만한 자격이 있다는 취지의 어떤 암시도 피함으로써 몰지각한 비판을 무장해제하기에 적절한 것이었다.[59] 그리고 나서 밀은 어떤 시기의 경제과정도 그 기간의 초기에 이용할 수 있는 '자본'을 독특한 생산요인으로 설정하는 데 함의된 모든 것인 재화스톡에 의존한다는 사실을 알아챘다. 그는 또한 자본을, 두 가지 '원초적인' 다른 것과 구별되는 요인으로 인식했다.[60] 시니어는 자본을

---

57) 세는 또한 '토지'를 '자연적 생산요소'로 일반화했다.

58) 그리고 세의 우선성에도 불구하고, 그리고 우리 같은 현대인들이 3원소를 매우 높게 생각하지 않는다는 사실에도 불구하고 1830년경에는 이에 대한 상당한 장점이 존재했다.

59) 필수조건이라는 용어는, 내가 아는 한, 제임스 밀에게서 비롯되었는데, 그는 노동과 토지 대신 노동과 자본을 사용한다. 밀도 요소라는 용어를 사용한다.

60) 우리가 이것을 받아들이는 것이 난처하다면, 밀이 두 가지 생산요인에서 시작해, 긴 논의를 거친 후 이 두 가지 생산요인을 세 가지 생산요인으로 '환원했다'(1부 1장 1절과 7장 1절: 아마도 밀의 『원리』의 해당 부분으로 보인다―옮

두 가지 '일차적인' 생산요소에 대해 '부차적인' 것이라고 말했다. 그의 주장의 초점은 사실상 자본이 '차이가 있는 요소'라는 데 있다. 왜냐하면 자본이 재화라면, 그것은 다른 두 요소와 달리 감가와 갱신의 문제를 제기하기 때문이다. 그리고 자본이 임금재를 포함할 정도로 정의된다면, 그것은 토지와 노동과 전혀 동등하지 않지만, 임금재에 관한 한 그것에 고유한 관계 속에서 토지와 노동과 맺어진다. 그러나 밀은 이것 이상으로 더 나아가지 않았다. 그가 비록 이런 도식에서 토지에 대한 지대가 임금과 정확히 마찬가지로 가격과 비용으로 들어오거나 들어오지 않는다는 점을 때때로 인식했지만, 그는 여전히 토지를 노동과 아주 동등하게 놓기를 거부했다. 그러므로 그는, 공식적으로 말하면, 그에게는 아주 불필요한 것이었지만, 리카도의 지대론을 고수했다.[61] 그리고 자본은, 제임스 밀이 그러했던 것처럼, 그에게 축적된 노동으로 남았는데, 그가 말한 도식의 관점에서 볼 때 그리고 그가 자본을 다른 어떤 것으로 '분해'하고자 했다면, 그는 자본을 (저장된 노동이 아니라—옮긴이) **노동과 토지의 축적된 서비스**로 '분해'하는 게 마땅했을 테지만 말이다.[62]

이상을 요약하면 다음과 같다. 분석가에게 무엇이 생산요소로 '인식'되고 무엇이 그렇지 않은가 하는 질문은 단순히 분석상의 편의와 효율성을 위한 질문일 뿐이다. 그러나 그 질문 자체는 매우 중요한데, 저자가 그것에 대답하는 방식은 상당 정도 경제과정에 대한 자신의 도식과

긴이)는 취지의 그의 논의를 인용할 수 있겠다.

61) 지대론에서 피상적인 리카도적 요소는 밀에게는 논리적으로 불필요한데, 토지라는 단순한 '필수성'에다가 그 희소성이란 것이 토지서비스의 가격을 설명하는 데만 필요한 것이기 때문이다. 그러나 밀은 스스로, 예컨대 그의 『원리』, 3부 2장 2항 마지막 문장에서 리카도적 지대관을 피력한다.

62) 예컨대 기계와 같은 자본재의 이런 '분해'가 두 가지 문제와 관련된다는 점을 일단 주목해보자. 첫째는 기계를 그것에 들어가는 요소와 다른 자본재의 서비스를 포함하는 요소로 '분해'하는 것이고, 둘째는 토지와 노동(아니면 마르크스처럼 오로지 노동)만으로 '분해'하는 것이다. 다음 시기에 이런 '분해'를 이용해서 토지와 노동으로 확산한 사람을 특별히 지적하자면 뵘-바베르크와 그를 따른 빅셀이다.

해결할 문제에 대한 정식화를 결정하기 때문이다. 분석의 초기단계에서 **생산요인의 3원소**는 주로 그것이 범인들의 사회상에서 파생된 경제과정 참여자들에 대한 세 가지 범주와 멋지게 연결되기 때문에 그 자체를 제시한다. 그러나 3원소가 또한 경제적인 의미를 갖는 것은 그것이 물리적 생산의 필수조건에 관한 완전한 목록을 제시하기 때문에 그러한데, 그 목록은 경제적으로 유의미한 특징들에 의해 서로 겹치지 않고 구별된다. 그러므로 3원소는 시작을 위한 유용한 토대가 된다. 세는 이것을 충분히 인식한 최초의 인물인 것으로 보인다. 그러나 당시 대부분의 경제학자는 이런 측면에서 그 문제를 바라보지 않았다. 이들은 무엇을 생산요소로 '인식'할 것인지를 결정할 때 자기들이 분석의, 더 중요하게는 사회정의의 중대한 실질문제를 다룬다고 믿었다. 따라서 우리는 3원소를 광범위하게 받아들이길 꺼리는 풍조를 보게 되는데, 이것이 어떤 경우에는 그것과 잘 맞아들어가지 않은 가치론에 의해, 그리고 생산과정에서의 자본의 역할이 두 가지 '원초적인' '일차적인' 생산요소와 공유하지 않은 일정한 특장을 보인다는 사실에 의해 강화되었다. 그래서 한 생산요소 도식과 두 생산요소 도식이 계속 잔존했다. 더욱이 사실상 세 생산요소 도식을 받아들인 저자들조차 구두상으로 다른 두 요소를 인정하는 경향을 보였고,[63] 이것이 상황을 더 모호하게 했다.

3. 모델

모든 과학적 모험에서 처음으로 만나게 되는 것은 비전이다. 즉 어떤 종류의 분석적 작업을 하기 전에 우리는 먼저 우리가 탐구할 현상을 가

---

63) 이런 구두상의 인정은, 3원소에 대한 누군가의 수용을 감추는 것으로, 자본이 노동의 생산성을 증가시킨다(거나 그 기능은 노동을 더 효율화시키는 데 있다)는 표현법에서 그 예를 찾아볼 수 있다. 이는 생산성이라는 경의로운 특질을 노동에만 한정하는 한 가지 생산요소 이론을 지적하는 것 **같지만**, 사실을 설명하자면 실제로는 생산요소로서 자본을 '인식'하는 것이 무엇을 의미하는지를 정확히 지적하는 것이다.

려내야 하고, 이 현상을 어떻게 조리 있게 배치할지, 아니면 다른 말로 자신의 관점에서 그 현상의 근본적인 속성이 무엇인지에 대한 예비적인 관념을 '직관적으로' 얻는다. 이것은 자명하다. 그렇지 않다면, 그 이유는 오직 실천적으로 우리가 대부분 우리 자신의 비전에서 출발하지 않고 선행자들의 저작이나 일반인들의 정신 속에 떠도는 생각에서 출발한다는 사실 때문이다. 그런 다음 우리는 우리의 비전을 개념화하고 사실을 면밀히 검토함으로써 그 개념을 발전시키거나 정정하는데, 이 두 가지 임무는 필연적으로 같이 간다. 즉 우리가 어떤 시점에 갖고 있는 개념과 그 개념의 논리적 관계는 사실에 근거를 둔 탐구를 제시하고, 사실에 근거를 둔 탐구는 더욱더 새로운 개념과 새로운 관계를 제시한다. 우리가 가진 개념이나 그 개념들 사이에 성립한 관계의 총계나 '체계'를 우리는 이론이나 모델이라고 부른다. 분석적 노력의 초기단계에서 주로 과학자 단체가 시행착오의 과정을 거쳐 관찰된 현상을 '설명'하는 데 무엇이 중요하고 무엇이 중요하지 않은지를 익히는 데 시간이 필요하기 때문에, 우리에게 개념화가 얼마나 어려운 일인지 알 수 있는 기회가 충분히 많다. 특히 경제학에서는 분석가의 과제의 성질을 확실히 이해하기 전에 넘어서야 할 금지사항이 많이 있다.

그러나 모델설정(model building),[64] 즉 개념들과 그 관계들을 체계화하는 의식적 시도는 훨씬 더 어렵고, 이후의 과학적 작업단계를 특징 짓는다. 경제학에서 이런 종류의 노력은 실질적으로 캉티용과 케네에게까지 거슬러 올라간다. 지금 논의하고 있는 시기의 모델은 캉티용-케네 유형에서 진화했는데, 이 유형은 그 속에 담긴 주체와 생산요소를 이미 알고 있기 때문에 다음과 같이 간략히 서술할 수 있을 것이다. 세부사항에 대한 고려는 다음 장으로 넘길 것이다.[65] 더욱이 경제진화에 관한

---

64) 우리나라의 일반적인 계량경제학 교과서에서 model building은 흔히 '모형설정'으로 번역되지만, 여기서는 'model'이 '모형'보다 포괄적인 의미로 사용된다고 판단되어 '모델설정'으로 옮겼다—옮긴이.
65) 이런 절차는 어떤 개념이 충분히 설명되기 전에 사용되어야 하는 불이익을 초

'고전파' 도식을 주석으로 다는 것도 다음 장으로 넘길 것이다. 이 절에서는 정체과정에 관한 '고전파' 도식을 제시할 것인데, 이 도식은 이런 점에서 케네의 것과 아주 흡사하다.

스미스 이후 대부분의 영국 '고전파'는 정체상태(Stationary State)라는 용어를 사용했다. 그러나 이 정체상태는 앞으로 언젠가는 구체화될 것이라고 기대한 경제과정의 현실적 조건이었다. 이런 의미에서 정체상태라는 주제는 다음 절에서 다루어질 사항이다. 여기서 우리가 관심을 갖는 것은 상이한 종류의 정체상태, 즉 미래에 다가올 현실이 아니라 예비적 연구를 목적으로 불변의 경제과정에서 관찰할 수 있음직한 경제현상을 따로 떼어낸 개념적 구성물이나 분석도구일 뿐이다. 이런 일을 하는 것의 방법론적 중요성을 명시적으로 인식한 최초의 인물은 밀이었다. 그러나 마르크스는 밀보다 훨씬 더 깊이 파고들어 갔는데, 그의 단순재생산 도식(*Das Kapital*, vol.I, ch.23)은 시간 속에서 그 자체를 재생산할 뿐인 경제과정에 관한 도식이다. 그렇지만 스미스와 리카도를 포함한 다른 저자들도 이런 도구를 실제로 사용했는데, 다만 이들은 이런 종류의 특별한 도구를 사용하고 있다는 사실을 깨닫지 못한 채 우연적이고 불만족스러운 방식으로 사용했을 뿐이다. 이 점은 중요하고 뭔가 이해하기 어렵기 때문에 추가적인 주석이 필요하다.

우리는 반복해서, 경제적 (또는 사회적) 정학과 동학이란 관념이 지금 논의 중인 시기나 심지어 다음 시기에조차 완성되지 않고 느리게 발전해왔다는 점을 언급한 바 있다. 우리가 보기에 아마도 그 관념을 콩트에게서 빌려와 자기의 논리에 사용한 밀은, 정학을 "동시에 존재하는 것으로 고려한 사회의 경제적 현상"에 관한 이론으로 규정했다.(*Principles*, Book IV, ch.1, §1) 이 정의 자체는 현대적 정의(프리슈)를 예상한 본보기로 고려할 수 있을 것이다. 이렇게 정의된

래한다. 그러나 더 심각한 불편함이 이로부터 생기는 것은 아니다.

정학은 밀과 일반적으로 '고전파' 문헌, 예컨대 '자연'가격이나 '필요'가격 같은 구성물의 옷을 입고 나타나는 (안정적·불안정적) 균형이란 개념을 중심으로 회전한다.

그러나 조금 뒤 우리가 인용한 쪽에서 밀은 그의 용어법에 따라 규정된 정학을 실제로 사용하지 않았음을, 아니 오히려 그가 정학과 '정체적이고 변화가 없는 사회의 경제법칙'을 혼동하고 있음을 알게된다. 우리가 이후에 더 명백하게 보게 되듯이, 이 둘은 다른 것이다. 우리는 변화하는 과정을 정학적 방법(비교정학에 대해서는 이 책, 3권, 4부 7장 3절 1항 참조)으로, 변화가 없는 과정을 시스몽디가 때때로 이용했고 상이한 시점에 속하는 경제량과 연관시키는 것 같은 종류의 연쇄분석(sequence analysis), 즉 프리슈적 의미에서의 동학이론으로 연구할 수 있다. 콩트를 따른 밀은 동학을 전혀 다른 어떤 것, 즉 장기적으로 근본적인 변화를 낳는 힘들에 관한 분석—이런 종류는 다음 절에서 논의할 것이다—으로 이해했다. 이 모든 것이 충분히 혼동되어 있었다. 그러나 우리는 이런 혼동에 마지막 요인을 추가해야 한다. 정학이론과 분석도구인 정체상태를 언급한데다가, 리카도처럼 밀 역시 경제과정이 가까운 장래에 특정한 종류의 정체상태—이것은 비정체적인 현실을 연구하기 위한 분석도구가 아니라 그 자체가 현실이 되는 상태다—에 머물게 될 것으로 예상했다. 이런 모든 점에서 밀은 사람들이 손으로 더듬던 것을 명시적으로 한 것 이상의 어떤 것도 하지 않았다는 점을 나는 반복하고자 한다.

'고전파' 모델이나 정체과정 모델의 몇몇 기본특성은, 따라서 다음과 같이 리카도의 말로 묘사될 수 있다.(*Principles*, ch.31) 자본가가 '2만 파운드 가치의 자본을 이용하고' '이윤은 10퍼센트'라고 가정하자. 이 자본 가운데 7천 파운드는 '고정자본, 다시 말해 건물, 설비 등에 투자되고' '나머지 1만 3천 파운드는' 임금자본으로서[66] '노동을 지원하는 데 이용된다'고 하자. "매년 자본가는 1만 3천 파운드의 가치에 해당하는 식료품과 생활필수품〔및 자신의 소비를 위한 2천 파운드 가치에 해당하는 또 다른 양을 추가한다―J.A.S.〕을 갖고 사업을 시작하는데, 자본가가 이 모든 것을 당해 연도 중 그만큼의 화폐액을 자기 노동자에게 판매하고, 동일한 기간에 같은 화폐액을 노동자에게 임금으로 지불한다고 하자. 그해 말 노동자가 지닌 1만 5천 파운드 가치에 해당하는 식료품과 생활필수품은 자본가의 소유가 되고, 그중 2천 파운드"는 자본가가 다음 연도에 스스로 소비한다[67]――이상은 확실히 단순한 것 가운데서도 가장 단순한 연쇄분석의 하나인데, 그래서 나는 이것을 방정식 체계나 케네 식의 **경제표**로 설명하고 싶지 않다.[68]

첫째, 이 (정체과정―옮긴이) 모델의 한 특성은 당시 계속해서, 세 못지않게 마르크스에 의해 일반적으로 받아들여졌다. 이것이 중농주의적 관념으로, 이 모델이 구체화된 것이다. 중농주의적 관념은 경제과정을 구성하는 재화(나 화폐)의 기본흐름이 '선불'(advances)의 유출과 (확대된) 유입으로 이루어진 관념을 말한다. 그러나 중농주의자와 달리 '고전파'는 자본가만이 이런 선불의 유일한 원천이고, 선불된 **재화**의 가치는 단지 농업에서만이 아니라 공업과정에서도 증대한다고 보았다. 그런데도 이것은 실질적으로 케네가 예전에 생각한 것으로, 이미 튀르고

---

66) 리카도는 '유동자본'이라고 표현했는데, 이에 대해서는 이하 6장 5절 2항 참조.
67) 물론 리카도는 기계 등의 마모를 무시한다. 이것은 쉽게 넘어갈 수 있지만, 우리는 똑같이 할 것이다. 2천 파운드는 매년 소비되어야 하는데, 그렇지 않으면 이 과정은 정체적일 수 없을 것이다.
68) 그러나 우리가 리카도에게서 취한 모델은 그 빈약함에도 불구하고, 독자에게 얼마간 도움을 줄 수 있는 두 가지 목적에 기여할 것이다. 첫째, 그것은 현대적 의미의 동학분석이 무엇이고, 어떤 점에서 밀이 동학이라고 명명한 종류의 탐구와 다른지를 보여줄 것이다. 둘째, 그것은 오늘날 몇몇 경제학자에게조차 일종의 역설처럼 보이는 것이 무엇인지, 다시 말해 정체과정을 동학적으로 다루는 것이 어떻게 가능한지를 설명해줄 것이다. 이것은 단순히 그런 정체과정을 시간상의 연쇄에 속하는 양이나 상이한 시점에 속하는 양들을 연결하는 관계로 묘사하는 것일 뿐이다. 이 모델이 나타내는 동학분석의 특정 형태는 흔히 기간분석(Period Analysis)이라고 불리는데, 이는 분명한 이유가 있다.

에 의해 변형된 것이었다. 이것은 경제과정을 해석하는 특정한 방식으로, 생활상의 실천에 의해 결코 직접적으로 제시되지 않는다는 점을 충분히 강조할 필요가 있다. 실제로 고용주는 노동자를 '고용'——아니면 고용주가 노동자의 서비스를 '구매'한다고 말할 수도 있다——하지만, 고용주가 노동자에게 어떤 것도 선불하는 것은 아니다. 더욱이 이런 해석은, 무엇이 소비되든지 간에 그것이 이전에 생산되어야 한다거나, 사회가 언제나 항상 과거에 근거해서 살고 미래를 위해 노동한다거나, 아니면 마지막으로 초기 스톡은 항상 우리가 출발해야 하는 여건에 속한다와 같은 진부한 사실을 인정하는 것 이상을 의미한다. 클라크의 동시화된 과정(synchronized process)이론이라든지, 이와 관련된 발라체계(두 가지 모두 이 책, 3권, 4부 7장에서 논의될 것이다)는 이런 진부한 사실이 우리에게 그것(선불한다는 사실─옮긴이)을 분석의 중심축으로 삼도록 강요하지 않는다는 점을 충분히 증명한다.

그러나 이런 사실을 중심축으로 삼는다면, 그것을 단지 인정하지 않는다고 해도 마주치게 되는 수많은 결과가 스스로 드러날 것이다. 만약 '자본가'가 실제로 노동의 실질임금을 선불한다면, 그리고 이것이 화폐적인 장치 이상을 의미하는 것이라면, 우리의 호불호를 떠나 경제과정의 본질적 요건 가운데 하나로 할인과 '절욕'(discounts and abstinence)을 받아들이지 않을 수 없을 것이다.[69] 그렇다면 이런저런 방식으로 할인과 절욕을 고려하지 않는 생산과 소비에 관한 어떤 분석도 완성되지 않을 것이다. 이 점은 현재 논의 중인 관념을 가지고 작업하는 분석행태에서 독특한 이름을 붙이는 것이 정당할 만큼 중요하다. 우리는 이런 분석행

---

69) 착취에 관한 대화가 이런 사태를 포괄할 수는 있으나 그것을 변경할 수는 없다. 만약 나에게 마르크스의 이론구조를 전복할 수 있는 가장 쉬운 방법이 무엇이냐고 묻는다면 나는 분명 다음과 같이 대답할 것이다. 자본가가 임금을 선불한다는 마르크스의 승인에서 출발해, 이 승인의 논리적 결과를 전개해보라. 물론 여기에 더 부가하고 싶은 것은, 이것은 반마르크스주의자가 취할 수 있는 일련의 움직임 가운데 가장 쉬운 것이 무엇인가 하는 질문에 대한 대답이지, 가장 심오한 것이 무엇인가 하는 질문에 대한 대답은 아니라는 점이다.

태를 동시화경제학(*synchronization economics*)과 구별해서 선불경제학(*advance economics*)이라고 부를 수 있을 텐데, 정체과정에서 사회가 어떤 주어진 시점에 근거해 산다는 것은 과거생산의 결과라는 것, 그래서 정체과정이 일단 확립되면 소비재의 흐름과 생산적 서비스의 흐름이 동시화되어 결국 그 과정이 마치 사회가 현재 생산에 근거해 살고 있는 것처럼 작동한다는 것을 근거로 과거생산의 결과라는 사실에 기본역할을 부여하지 않는 어떤 분석행태든 그것을 동시화경제학이라 말한다.

둘째, 우리는 그 실천적 유용성이 정체상태의 분석보다는 성장분석에 있지만, 분석패턴('이론')에 관한 또 다른 분류방식을 도입하는 편이 좋을 듯싶다. 경제엔진 또한 다른 모든 엔진처럼 외적 요인에 의한 교란에 민감하다는 점 말고도 정지되기도 한다는 사실을 부인한 경제학자는 물론 없다. 그러나 경제모델은 경제엔진이 (단순히 정상적으로 그리고 디자인에 따라 작동되더라도) 장애에 부딪히는, 그래서 정상적으로 그리고 디자인에 따라 작동되기를 멈추게 되는 내적 경향을 가진다는 가정에 근거하느냐, 아니면 그런 경향을 가지지 않는다는 가정에 근거하느냐에 따라 달라진다. 이후 우리가 논의하게 될 공황에 관한 여러 형태의 과소소비론에서 그 예를 찾아볼 수 있을 것이다. 모든 형태의 과소소비론은 과잉저축이나 다른 이유 때문에 경제체제가 계속 작동하면서 그 자체의 디자인이나 논리에 의해 긴장을 일으킨다고 주장한다. 이 긴장은 이를테면 비용을 회수하는 가격에서 생산할 수 있는 생산물의 판매 불가능성을 현실적으로나 가정적으로 보여주는 것을 말한다. 이를 변호하자면, 나는 경제체제에 정지하려는 내적 경향이 존재함을 인정하는 모델에 대해서는 장애(*hitchbound*)라는 용어를, 그렇지 않은 모델에 대해서는 무장애(*hitchless*)라는 용어를 도입하고 싶다. 당분간 이런 구별을 적용하면서 우리가 얻은 것이란 다만 다음과 같은 진술이다. 즉 지금까지 구성된 정체과정 모델이란 무장애 상태의 것을 말한다. 예컨대 마르크스는 이 점을 아주 분명히 했는데, 그의 단순재생산 도식에서 장애는 일어나지 않는다. 장애는 축적에서만 그의 그림에 들어온다.

여기에는 몇 가지 주석이 유용할 것이다.[70] 먼저, 많은 경제학자가 수많은 자극에 따른 경제체제의 정지성향과 외부교란의 충격에 대한 경제체제의 민감함을 인정했을지라도, 이런 정지성향과 교란에 대한 민감함의 중요성, 특히 이런 성향과 민감함이 계획경제에서 있음직한 것과 비교되는 중요성에 관해 합의하지 못할 여지는 충분히 있다. 이런 문제는 당연히 상이한 형태의 경제조직의 상대적 효율성을 평가할 때 많은 차이를 초래할 것이다. 다음으로, 정확히 이 점 때문에 무장애 모델을 구상하는 것과 관련된 어떤 변호론이나 '회색칠'에 어떤 문제도 존재하지 않는다는 점에 주목하고 싶다. 무장애 모델을 구상하는 경제학자는 자기가 서술하고자 하는 경제체제의 민감성을 아주 높게 평가하지만, 이런 민감성 때문에 장애모델을 선호하면서 장애의 중요성에 관해 높이 평가하지 않는 다른 경제학자보다 효율성을 낮게 볼 수도 있기 때문이다. 맬서스의 경제성장 모델은 장애상태에 관한 것이다. 그러나 이런 사실이 맬서스를 '계획경제론자'로 만드는 것은 아니다. 마지막으로, 분석가가 장애모델을 구상하는 것과 무장애 모델을 구상하는 것을 선택하는 문제는 어느 정도는 분석적 편의일 뿐임에 주목하자. 두 명의 경제학자가 모두 긴장상태로 인식하는 어떤 것에 대해 정확히 동일한 견해를 가질 수 있다. 그런데도 한 사람은 먼저 무장애 모델을 세우고 나서 그 위에 긴장상태를 추가하는 게 더 유용하다고 생각하고, 다른 사람은 긴장상태를 말하자면 이론적 기반으로 도입하고 나서 그것을 그의 모델에 처음 포함시키고 그 결과 장애모델을 취하는 것이 유용하다고 생각할 수 있다. 동일한 사람이 어떤 목적을 갖고 전자처럼 행할 수도 있고, 다른 목적을 갖고 후자처럼 행할 수도 있다. 연구와 정치를 분리하거나 다른 학자는 진리를 전심전력 헌신적으로 분석할 수 없다는, 매우 자주 정

70) 이하 부분의 들여쓰기는 원래 본문의 것이었으나 출판인쇄업자와 편집자 사이에 오해가 발생해서 생긴 오류다. 이에 대해서는 「편집자 서문」 참조—옮긴이.

당시되었던 우리의 의심과 연구를 분리하는 것은 우리의 무능력일 뿐인데, 진리에 대한 전심전력의 헌신이야말로 좀더 운 좋은 연구분 야에서 누군가를 흥분시키지 않는 냉정한 결정으로부터 문제와 당 파적 쟁점을 분리시키는 것이다.

셋째, 우리가 출발한 모델은 그 기본적인 단순함을 잃지 않고 여러 방 식으로 복잡해질 수 있다. 따라서 우리는 (이 모델에―옮긴이) 생산재 의 현행 생산을 쉽게 도입하고, 여러 생산부문 사이에 존재하는 단순한 균형조건을 탐구할 수 있다.[71] 또한 우리는 시종, 의사, 교사 등을 쉽게 도입할 수 있다. 더 중요한 것은 독자가 이 모델에서 제3의 주체인 지주 계급이 어떻게 될 것인지에 대해 궁금해할 수 있다는 점이다. 지주가 리 카도의 모델 본문에서 등장하지 않는 이유는 곧 분명해질 것이다. 마르 크스는 지주를 '자본가'에 대한 일종의 부속물로 여겼다. '자본가'는 노 동을 고용하고 그로부터 잉여가치를 추출한다. 그러나 이 잉여가치는 리카도적 의미의 이윤이 전혀 아니다. '자본가'는 자신의 약탈물인 잉여 가치를 지주와 나눠가져야 한다. 따라서 분배라는 드라마의 2막에서 잉 여가치는 이윤과 지대로 나뉘고, 그러므로 그 양자는 착취를 통한 단일 이득일 뿐이다. 그러나 이런 주장에 완전히 맹목적이지 않은 사람은 누

---

71) 당시 다른 어떤 경제학자들보다 케네에게 직접 자극을 받고 또 그런 연구의 중 요성을 더 분명히 깨달은 마르크스는 케네의 『경제표』에서 시작해 자기 자신의 표 내지 재생산 도식을 구상하려고 노력했다. 마르크스는 기술적 장애 때문에 이런 시도에서나 그것을 산술적·대수적 방정식으로 대체하려는 시도에서 많 이 나아갈 수 없었다. 그러나 "큰 일은 결심하는 것만으로도 족하다"는 말이 있 듯이, 그는 그가 표현할 수 있는 것보다 더 직관적으로 (사물을―옮긴이) 보았 다. 그의 노력은 자연히 '단순' 재생산보다 '확대' 재생산의 경우에 집중되었다. 그러나 그는 정체성(stationarity)의 상태를 아주 올바르게 전개했고, 소비재생 산 부문과 생산재생산 부문 사이의 균형조건을 또한 전개했다. 이에 흥미를 갖 는 독자라면, 스위지의 『자본주의 발전이론』(Theory of Capitalist Develop-ment, MRP, 1942)과 시게토 스루(都留重人)가 쓴, 이 책의 부록에서 원하는 모든 것을 볼 수 있을 것이다.

구나 선동적 표현이 아닌 사실에 관한 서술인 한, 이것은 자본가가 노동 서비스를 고용하는 것과 정확히 동일한 의미에서 토지서비스를 사용한 다고 말하는 것과 동일하다는 점을 금방 인식할 것이다. 사실상 우리가 이런 결론에 도달하기 위해 우리에게 요구되는 일은, 왜 지주가 '자본 가'의 약탈물을 발취하는 시위에 있는가라는 질문을 던지는 것뿐이다. 그에 대한 유일한 대답은 토지서비스 역시 생산의 필수조건이라는 것이 다. 우리가 별로 심오하지 않은 이 점을 인식하자마자, 편향되지 않은 정신을 소유한 사람들이 가장 자연스럽게 취할 수 있는 관점으로 보여 지게 마련인 다음과 같은 결론에 도달하게 된다. 즉 지주는 노동과 나란 히 또 다른 생산적 서비스를 소유한 계급으로서 정체과정 모델에 들어 가야 하는데, 매 기간 초에 (또는 매 기간에) 지주는 (자신이 가진 것 을—옮긴이) '자본가'가 소유함직한 소득재(income goods)와 언제든 교환할 준비가 되어 있다.[72] 물론 이것은 비임금자본을 소유한 '자본 가'(나 어떤 사람이든지 간에)에게 확대, 적용될 수 있을 것이다.

넷째, 생산요소에 대한 우리의 논의 때문에 독자가 틀림없이 예상할 수 있었듯이, 여기서 연구되고 있는 모델이 제공한 틀은 생산과 분배에 관한 하나의 이론이 아니라 두 개의 이론(또는 이론의 유형)으로 채워 졌는데, 이 두 이론은 밀의 잡스러운 성과에 아주 불완전하게 결합되었 을 뿐이다. 이것은 생산요소와 수익에 관한 3원소가 아주 느리게 근거 를 획득했으며(우리는 그 이유를 알고 있다), 그래서 분명 더 초보적인

---

72) 자본가적 고용주가 그의 노동자에게 판매할 수 있는 양배추와 구두까지 소지 할 것이라는 이런 이상한 생각은, 화폐경제에 존재하는 믿을 수 없을 정도로 많은 표면적 현상에 가로 놓인 본질과 의미를 이끌어내기 위해 고안된 단순화 수단으로 보지 않으면 안 된다. 식량이나 생활필수품의 생산자가 아닌 '자본 가'는 이런 물건을 그걸 소유한 '자본가'에게서 얻을 수도 있다. 이런 도식이 그 본질을 정확히 이끌어낸다고 당연히 보더라도, 우리는 여전히 그것이 많은 중간단계를 무시하고 본질을 아주 밀접히 연결해서—이것의 또 다른 예는 '고전파'의 저축과 투자이론이다—이런 이론에서 실천적 결론을 이끌어낼 가 능성이 의문시된다는 점을 주목해야 한다.

분석유형이 잔존했을 뿐만 아니라 번성하기도 했기 때문이다.

한편 우리는 주로 튀르고나 세라는 이름과 연관된 분석을 갖고 있다. 부분적으로 주저주저하며 양립할 수 없는 요소로 혼합된 이 분석은 스미스에 의해 역시 개괄된 바 있다. 이 분석은 생산요소와 수익의 3원소를 충분히 심도 있게 받아들였다. 나는 이 의미를 다시 서술해볼 것이다. 경제적 의미에서 생산[73]이란 구매에 의한 필수품과 희소한 재화의 결합일 뿐이다. 생산과정에서 필수품과 희소한 재화 각각은 가격을 보장하고, 이런 가격결정은 분배나 소득을 근본적으로 결정 짓는 모든 것이다. 따라서 그 과정은 아주 동일한 단계에서 그리고 생산뿐만 아니라 분배나 소득형성에 부수적인 생산적 서비스의 평가를 통해 경제적 의미의 생산에 영향을 미친다. 그러므로 이 도식에서 자본주의적 생산과 분배는 그것이 사회주의 사회에서 존재하게 되는, 독특한 두 과정이 아니다. 우리는 생산과 분배가 단지 한 과정의 상이한 두 측면이라는 평가와 선택을 견지한다. 그리고 모든 유형의 소득은 이 도식에 의해 완전히 동일한 원리, 즉 협력하는 생산요인 서비스를 가격 설정하는 원리로 설명된다. 소비재와 그 서비스의 경우 명백한 이 원리가 생산재와 그 서비스의 경우 역시 어떻게 적용되는지를 보는 분석과제는, 다음 시기 귀속이론의 출현(이 책, 3권, 4부 5장 4절 1항 참조) 이전에 성취된 것을 논외로 하면, 아마도 롱필드와 튀넨 같은 몇몇 선행자만이 분명하게 식별했다. 그러나 자본주의 사회의 생산·분배 과정이 최종분석에서는 서로에 대해 생산적(이거나 직접 소비가능한) 서비스의 교환의 망──매개로서 행동하는 기업가의 고용──이라는 기본명제는 틀림없이 분명하게 세

---

73) 대다수 저자가 생산을 기술적으로 계속 정의했던 것은 그들 대부분이 개념화 작업에서 경험한 어려움 중 상당히 특징적인 것이다. 그들은 '문제를 창조하는' 인간의 무능력과, 문제를 전치시키고 그 형태를 유용한 방식과 전혀 무관한 것으로 변화시키는 인간의 능력에 대해 철학적으로 설명했다. 생산은 효용을 생산한다는 취지의 세의 어법은 올바른 방향으로 나아갔으나, 더 중요한 것은 그가 정의한 기업가적 활동과 연관된 서비스의 결합에 대한 그의 강조였다.

의 『강의』에서 두드러진다. 지도적인 영국 저자들 가운데 로더데일, 맬서스, 시니어는 이런 개념을 포착하는 데 거의 근접했다. 그러나 세만이 성공에 준하는 상태에 도달했다. 반대 측의 완전한 오해 때문에, 그리고 찬성 측의 가장 기초적이기조차 한 수학적 도구에 대한 완전한 무지 때문에 이런 전도유망한 출발이 몇십 년 동안 계속 동면했을 뿐만 아니라 피상적이고 불모적이라는 평판을 얻었다는 점은 안타까울 따름이다.

다른 한편, 우리에게는 리카도적 우회를 가장 잘 보여주는 분석유형이 있다. 리카도가 위에서 서술한 경제과정의 측면을 전혀 알지 못했다고 말하는 것은 물론 과장일 것이다. 그는 때때로 그것을 알아챘고, 나이트가 분배문제를 가치평가 문제로 전혀 보지 못했다고 리카도를 비난했다면 그것은 너무 나간 것일지도 모른다.[74] 그러나 리카도가 가치평가의 측면에서 제공된 설명원리를 보는 데 실패했다는 것은 사실이다. 이런 실패는 리카도를 이해하는 데 본질적인 그의 저작의 고유성과 긴밀하게 연결되었고, 그의 저작이 사실상 우회를 구성했다는 것과 경제학자들의 역사적인 노력을 버렸다는 점 이상을 잘 증명한다.

스미스, 마셜 그리고 우리에게 사회적 생산물과 국민적 분배분과 총순산출의 규모와 변화율을 설명하는 요소는 일차적으로 의미가 있다. 이것은 리카도적 관점이 아니다. 반면 리카도는 『원리』 초판 「서문」에서 우리에게 다음과 같이 말한다. "이와 같은 [지주, 자본가, 노동자 사이의 총생산의—J.A.S.] 분배를 규제하는 법칙을 결정하는 것은 정치경제

---

74) F.H. Knight, "The Ricardian Theory of Production and Distribution", *Canadian Journal of Economics and Political Science*, vol.I, February 1935 참조. 그러나 나이트는 리카도가 매컬럭에게 보낸, "전 생산물이 지주, 자본가, 노동자에게 분할되는 비율은 [……] 본질적으로 가치론과 관련되지 않는다"(같은 책, 6쪽 각주)라는 취지의 편지를 인용함으로써 자신의 판단이 효과적임을 뒷받침했다. 이것은 리카도 자신의 관점에서 보더라도 사실이 아니다. [실제로 이와 동일한 각주가 앞의 3절에서 나타난다. J.A.S.는 그가 죽기 바로 직전에 수정하기 위해 이 5절을 버렸다. (그의 주는 주장의 느슨함 때문에 만족스럽지 않다.)]

학의 주요문제다." 즉 리카도는 경제학과 분배이론을 거의 식별했지만 그의 분배이론은, 그의 언어를 사용하면, '총산출을 규제하는 법칙'에 관해 말한 것은 거의 없거나 전혀 없음을 의미한다. 이 점은, 리카도가 항상 그것을 고수한 것은 아니었다는 점을 즉시 추가해야겠지만, 그가 말한 외국무역과 기계에 관한 장이 보여주듯이 취하기에는 이상한 관점이다. 그러나 이것 때문에 우리는 리카도가 네 가지 변수 사이의 한 방정식, 즉 순산출=지대+이윤+임금(모든 것은 리카도적 가치로 측정된다. 이에 대해서는 이하 6장 2절 1항을 보시오)에 의해 풀기를 원했던 근본문제를 진술할 수 있다. 그리고 이것은 우리에게 훨씬 많은 것을 설명해준다. 이것은 네 가지 변수 중 하나를 우리가 제거하게 한다. 왜냐하면 우리가 총 순산출에 대해 말한 것이 없어서 그 양이 무엇이든지 하나의 주어진 것으로서 그 양을 받아들일 수 있기 때문이다. 그래서 실제로 우리는 세 가지 변수만을 갖는 방정식으로 출발했다.

그러나 세 가지 변수를 갖는 방정식은 여전히 속절없는 일이다. 그러므로 리카도는 자신을 지대가 제로인 농업생산의 한계지에 놓는다.(2장: 리카도의 『원리』의 해당 부분이다—옮긴이) 이것이 리카도의 분석장치에서 차지하는 의미가 무엇인지 주의 깊게 관찰해보라. 수많은 저자가 웨스트-리카도의 지대론을 고립적으로 그리고 그것이 '옳은지' '그른지'를 염두에 두고 질문만으로 논의해왔다. 이 질문은 완전히 초점을 잃은 것이다. 웨스트-리카도의 지대론은 고립적으로, 즉 웨스트-리카도 체계 전체에 준거하지 않고는 논의될 수 없다. 그것이 분석적 의미를 얻을 수 있고, 사실상 연립방정식 체계를 다룰 줄 모르는 리카도의 무능력 때문에 그 자체를 부과하는 것은 웨스트-리카도 체계 전체 내에서만 가능하다. 전체로서 고려된 웨스트-리카도 체계 밖에서 그것은 거의 의미를 갖지 못하고 고민할 만한 가치가 거의 없다.

계속 나아가보자. 그 자체의 목적을 수행하면서 방정식에서 다른 변수를 제거한 지대론이 생산의 한계지에서 하나의 방정식과 두 개의 변수로 우리에게 남아 있다는 점은 여전히 속절없는 일이다. 그러나 리카도에게 일어났듯이, 임금은 실제로 변수가 아니거나 적어도 그 방정식 내에서는 변수가 아니다. 리카도는 외적 상황으로부터 장기적으로 임금이 어떻게 될 것인지를 알고 있다고 생각했다. 즉 여기서 케네의 구이론이 나오고, 맬서스의 인구법칙에 의해 강화된 리카도의 생각에 따르면, 임금은 "노동자가 서로 생존하고, 그 증가나 감소 없이 자신의 종족을 영속"시킬 수 있기에 필요한 것과 정확히 일치할 것이다. 그리고 우리는 결국 축복받은 목적을 달성할 것이다. 즉 남아 있는 유일한 변수인 이윤 역시 결정된다. 여러분들이 만족한다면 이것이 재치 있는 세공작업임을 기억하라. 그러나 그것이 기워놓은 작업, 더욱이 그점에서 원시적인 세공작업임을 부정하지 말라.

마르크스의 도식에 대해서도 비슷한 반론이 가능하다.[75] 그 역시 지대를, 리카도와 다른 방식이긴 하지만, 근본문제에서 제거했다. 마르크스주의 가치에 의한 마르크스의 분배방정식은, 순산출＝임금＋잉여다. 다시 우리는 순산출을 하나의 주어진 것으로서 취할 수 있다. 그리고 잉여는 잔여로서, 그 결정은 임금을 결정하는 외적 상황에 좌우된다.

반대로 밀의 체계는 이러한 반대에서 벗어날 수 있도록 세의 개념을 충분히 흡수——게다가 세의 절욕개념에서 충분히 도움을 받았다——했고, 마셜이 세운 완전한 모델의 모든 요소를 제공했다. 그러나 그는 리카도의 유물을 많이 보유했는데, 여기에는 제번스와 오스트리아학파가 밀의 분석을 발전시키면서 보지 않고, 대신 그들이 파괴해야 한다고 믿었던 몇 가지 구실이 존재한다.

---

75) 마르크스가 최종문제에서 지대를 제거한 것에 대해서는 이 책, 2권, 3부 1장 4절 참조. 마르크스주의 가치론에 의한 마르크스의 분배방정식에 대해서는 이 책, 2권, 3부 6장 6절 7항 참조.

6절 경제발전에 관한 '고전파'의 관념

나는 앞에서(이 책, 1권, 1부 4장 1절 4항) 내가 비전——끝없이 주고받는 과정에서 사실적·'이론적' 분석이 과학적 명제로 자리 잡기까지 탐구되는 현상에 관한 최초의 지각이나 인상——이라 불렸던 것의 의미와 역할을 설명하고자 노력했다. 그러나 우리가 경제량이, 순수논리의 평면에서, '결합'하는 방식을 정식화하는 것 이상의 야심을 부리지 않을 경우, 즉 정태균형의 논리, 심지어 정체과정의 본질적 특성에만 관심을 기울일 경우, 우리가 약간 분명한 사실——이에 대한 지각은 우리에게 쉽게 다가온다——을 실제로 작업하기 때문에 비전의 역할은 별로 크지 않다. 우리가 장기적인 변화과정에서 경제생활을 분석하는 일에 눈을 돌릴 때 사정은 아주 달라진다. 장기적인 변화과정의 진정 중요한 요소와 특징을 생생이 떠올리는 것은 일단 우리가 포착한(또는 그렇다고 생각한) 그것들의 작동방식을 정식화하는 것보다 훨씬 더 어렵다. 그러므로 비전(과 그것과 함께하는 모든 오류)은 다른 유형보다 이런 유형의 일에서 더 큰 역할을 담당한다. 이것의 예는 오늘날 정체론자의 테제, 즉 자본주의 체제는 그 힘을 소진했고, 사적 기업의 기회는 고갈되고 있으며, 우리 경제는 변동 속에서 장기정체의 상태나 몇몇 사람이 부르기 좋아하는 난숙(Maturity)의 상태로 가라앉을 것이라는 관념에서 찾아볼 수 있을 것이다. 의심할 여지가 없는 사실과 주장이 이론적 모델로 구체화된 이런 관념을 확립하기 위해 모아졌다.

그러나 분명한 것은 이런 사실과 주장이, 만일 다른 이유가 아니라면 그와 관련된 관찰이 너무 짧은 기간에 나타나며, 과거에는 그런 종류의 결론이나 예측을 보장할 만한 명백히 비정상적인 사건의 영향 아래 아주 중대한 기간에까지 나타났기 때문에 (새로운 것을—옮긴이) 창조할 능력이 없는 기존 비전이나 인상을 합리화(이론화—옮긴이)했다는 점이다. 경제학자들이 비전을 가진 것은 기껏해야 한 세기 전이거나 그 이전이었다. 우리는 지금 살펴보고 있는 시기의 저자들이 정식화하고 확립하고자 노력했던 인류의 경제적 장래에 관한 세 가지 유형의 비전을 고려할 것이다. 다른 말로, 우리는 세 가지 유형의 경제발전 이론을 고려할 것이다.

첫 번째 유형은 주로 맬서스, 웨스트, 리카도, 제임스 밀이라는 이름과 연관된 것으로, 이들에게 '비관주의자'라는 딱지를 붙이는 것은 충분히 정당하다. 가장 잘 알려진 특징은 다음과 같다. 즉 인구압박은 이미 나타나고 있지만 앞으로 가중될 것으로 예상되고, 인간의 식량공급 증가노력에 대한 자연의 반응은 감소한다. 따라서 산업의 순수익은 저하하고 실질임금은 다소간 고정되며 토지에 대한 지대는 계속 (절대적으로나 상대적으로) 증가한다 등. 우리는 지금 '고전파'가 이와 같은 자신들의 비전에 대해 분석적 노력을 기울인 방식, 즉 이들이 인구·농업에서의 수확체감 등에 대한 자신들의 '법칙'을 정식화한 방식과, 이들이 그 법칙을 분석적으로 이용한 방식에는 관심이 없다. 이에 대해서는 다음 장에서 관심을 기울일 것이다. 여기서 우리는 다만 이들이 보았다고 생각한 것, 즉 이들 분석의 배후에 자리 잡은 비전과 이런 말을 써도 좋다면 이들의 선입관에만 관심이 있다.

(이 '고전파'에게서─옮긴이) 관찰할 수 있는 가장 흥미로운 것은 그 비전이 드러내는 상상력의 완전한 결여다. 이 저자들은 역사상 가장 눈부신 경제발전 시대의 초기에 살았다. 이들의 바로 눈앞에서는 엄청난 가능성이 성숙해 현실화되었다. 그럼에도 이들은 하루의 빵을 위해 계속 줄어드는 성공과 투쟁하는 답답한 경제학만을 보았던 것이다. 이들은 기술개량과 자본증가가 결국 수확체감이라는 운명적인 법칙에 반작용하는 데 실패할 것이라고 확신했다. 제임스 밀은 그의 책 『요소』에서 이에 대한 '증거'를 제시하기까지 했다. 다른 말로 이들은 모두 정체론자였다. 아니, 이들 자신의 용어를 사용하면 이들 모두는 장래에 정체상태가 도래할 것이라고 예상했고, 이들에게 정체상태는 이미 하나의 분석도구가 아니라 장래의 현실을 의미했다.

외관상, 밀은 (이들보다─옮긴이) 상대적으로 더 나은 경우였다. 그는 모든 '비관론'을 포기하고, 대중의 장래를 '희망이라고는 전혀 없는 것'으로 볼 수 있는 어떤 이유도 없다고 충분히 인식할 만큼 현명하기까지 했다. 그러나 이것은 오로지 그가 인류는 맬서스의 교훈을 익혀 자발적으로 인구증식을 제한하려고 노력한 결과, 자본과 인구의 경쟁이 자본의 승리로 끝날 것이라고, 그 이전에 차머스 같은 다른 맬서스주의자가 믿었듯이, 믿었기 때문일 뿐이다. 이 점에서 그는 다른 사람들보다 더 나은 예언자임을 입증했다. 그러나 그는 생산의 자본주의적 엔진이 무엇을 성취할 것인지에 대한 생각은 없었다. 오히려 생애 말기(1870년 경)에 그는 현대적인 의미에서 진정 정체론자가 되어, 사적 기업경제가 할 수 있는 일을 이미 훨씬 많이 했고 경제과정의 정체상태가 곧 존재하리라고 믿었다. 그러나 밀과 우리가 말한 정체론자 사이에는 다음과 같은 차이가 존재한다. 밀은, 스미스나 리카도와 달리, 정체상태를 불안으로 보지 않았는데(『원리』, 4부 6장), 이는 그가 이미 과잉인구라는 유령을 배제했기 때문이다. 그러나 그는 현대 정체론자의 불안을 공유하지도 않았는데, 과잉소비라는 유령을 두려워하지 않았기 때문이다. 그에게 정체상태란 오히려 안락한 것으로 보였고, '소동'(밀의 용어) 없는 세계처럼 정체상태에서 밀 같은 철학자들은 생계를 걱정하지 않을 것이고 완만한(또는 훌륭한) 번영이 온갖 주변에 있을 것으로 보였다.[76] 자본주의의 사회구조가 자본주의적 기업가의 주요기능을 상실하게 되는 상황에서 존속할 수 있을 것인가라는 질문에 대해, 우리는 그가 정체상태의 도래를 아주 점진적인 과정으로 구체화했고, 따라서 제도와 정신은 현재 필요한 조정을 하는 데 별 어려움을 겪지 않을 것이라고 말하는 방식으로 답변할 수 있을 것이다.

영국의 모든 '고전파'——아마도 밀이 살던 시대의 정신을 공유하고

---

76) 이와 같은 정체상태란 특수한 종류의 상태로써, 위에서 주어진 정의와 일치하지 않는다. 이것은 기술진보나 자본증가를 완전히 배제하는 것은 아니다. 이것은 인구와 관련해서만 실제로 정체적일 뿐, 모든 것이 계속해서 조용히 더 나아갈 것이라고 가정한다.

있다고 말할 수 있는 것——와 일치해서, 밀은 경제발전에서 개인의 창발성이란 요소의 중요성을 아주 과소평가했고, 그에 상응해서 물리적 생산재의 단순한 증가의 중요성을 너무 크게 강조했다. 그리고 이런 점에서 그는 저축의 중요성[77]을 지나치게 강조했다. 튀르고-스미스의 투자과정 이론을 수용한 밀은, 중요한 깃은 딩연히 투자될 어떤 대상을 가지는 것이라고 했다. 즉 투자 자체는 신속성——투자는 **정상적으로** (저축에 대해—옮긴이) 즉시 확실하게 존재한다——이나 방향——투자는 모든 이에게 똑같이 명백하고 투자가와 독립적으로 존재하는 투자기회에 의해 확실하게 이끌린다——같은 추가적인 문제를 제기하지 않는다는 것이다.[78] 그러면 이제 저축은 경제발전의 강력한 지렛대가 된다. 그리고 저축은 결코 어떤 장애물도 만들어내지 않는다. 저축행위 자체도 그러한데, 저축액이 곧바로 생산적 노동에 쓰이기 때문이다. 그에 따른 생산능력의 확대도 어떤 장애물을 만들지 않는데, 정확히 계획된 생산의 결과물은 항상 비용을 회수하는 가격에 팔릴 수 있기 때문이다.[79] 우리 자신의 용어를 사용하자면, 밀의 경제발전 도식은, 세의 경우와 마찬가지로, 본질적으로 무장애의 것이다. 맬서스의 도식과 시스몽디의 도식

---

77) 물론 우리는 이런 진술을 무의미하게 하는 방식으로 저축을 정의할 수 있다. 그러나 내가 의미하는 저축(또는 검약)은 (우리가 1930년대의 경제이론에 너무 친숙하지 않는 한) 우리 모두가 알고 있는 독특한 현상이고, 따라서 저축을 물리적 자본재의 축적과정의 한 요소로 생각한다. 그렇다면 내 진술은 모든 저자처럼 튀르고-스미스 노선을 따랐던 밀이 검약이란 그런 축적과정의 가장 중요한 (인과적) 요소라고 믿는 데 잘못을 범했다는 것을 의미한다.

78) 이런 기계론적 견해 역시 '고전파'의 경제 세계상(Weltbild)에서 중요한 요소였다. 따라서 이들은 침묵 속에서 자본주의적 현실 중 어느 정도가 은폐되었는지를 전혀 깨닫지 못했다.

79) 후자의 명제는 밀과 그의 시대와 노선을 따르던 경제학자들이 인식한 것보다 다루기가 한층 미묘하다. 그러나 그 반대자들은 그 명제가 주장하고 있는 제한된 진리에 미치지 못했으며, 그것보다 뛰어나지 않았다. 또한 저축만을 통해 특별히 협애한 방식으로 밀은 자본주의적 발전에 관한 모든 진리 가운데 가장 명백한 점, 다시 말해 자본주의적 발전이 그 논리에 의해 대중의 생활수준을 상승시키는 경향이 있다는 점을 인식했다.

은 장애가 있는 도식의 예로서, 양자의 경우 장애는 저축 자체보다 그에 따른 생산설비의 증대에서 발생한다. 리카도 역시 장애가 있는 도식이지만, 다른 이유, 즉 수확체감의 법칙에 대한 그의 해석에 잠복되어 있는 이유 때문에 그러하다.

경제적 미래에 관한 두 번째 유형의 비전— '낙관주의적' 유형—은 케어리와 리스트라는 이름에서 가장 잘 찾아볼 수 있다. 우리가 이들의 기술적 분석의 미덕을 어떻게 생각하든, 적어도 이들은 상상력이 결여되지는 않았다. 이들은 자본주의의 지배적인 사실이 생산설비를 창조하는 능력임을 직관적으로 느꼈고, 가까운 장래에 나타나게 될 방대한 잠재력을 통찰했다. 상상력이 부족했지만 건전한 판단으로 가득 찬 대륙의 대다수 경제학은 리카도학파와 맬서스의 '비관론'을 공유하는 것을 거부했다. 적어도 그 대다수는 비관론의 내용을 완화해서 말했다. 그러나 이 점을 넘어, 전문기술적 이론에 관한 한 세의 지도를 다소간 따랐던 이들이 사실이나 분석이 리카도의 비전을 확증해주지 않는다고 인식한 것은 자연스러운 일이었다. 이런 것을 '낙관론자'라 불렀고, 이들을 천박하다고 경멸하는 전통이 자라났는데, 이는 마르크스주의적 영향을 전면적이지는 않지만 부분적으로 받은 것이었다. 이런 견해는 사실상 바스티아 유형의 많은 저자와 역사적으로 연관되는데, 이들은 충분히 그렇게 불릴 만했다. 그러나 이런 '낙관론' 자체는 '비관론자'보다 더 정확한 비전과 이론의 결과였다. 어떤 학설이 진리에 근접하는 정도는 항상 그 설명자의 능력과 긍정의 상관관계를 갖는 것이 결코 아니다.[80]

---

80) 이런저런 측면에서 이 경우는 계급적 이해의 본질적인 조화를 주장하는 학설과 유사하다. 탐구를 통해 이 학설은 부분적으로만 타당한 것으로 밝혀졌지만, 오히려 계급의 본질적 적대를 주장하는 학설보다는 더 타당한 것으로 밝혀졌다. 그러나 계급적 적대를 주장하는 학설은 어쩔 수 없는 힘을 갖고 전파되었고, 더욱이 급진적 지식인의 이데올로기로 간주되었다. 계급적 이해의 조화를 주장하는 학설은 강력하게, 심지어 확신에 차서 설파된 적이 없다. 그리고 이 설은 급진파 지식인의 책에 적합한 것이 아니었다. 그래서 이 학설을 지지한 사람은 캐스퍼 밀케토스트(Caspar Milquetoast: 만화 속의 억측병 환자—옮

세 번째 유형의 경제 장래와 그에 상응하는 경제발전론에 대한 비전은 마르크스만이 대표할 것이다. 이데올로기적으로 그 뿌리째 썩은 1840년대와 1850년의 사회상황에 대한 처방[81]은 계속 증가하는 대중의 비참함에 관한 예언에서 속절없이 잘못되었고, 사실적으로도 분석적으로도 부적절하게 구체화되었는데, 마르크스의 성과가 가장 강력한 것이었다. 그의 일반적 사유도식에서 발전은 당시 다른 모든 경제학자처럼 경제정학에 대한 부록이 아니라 중심주제였다. 그리고 그는 자기의 분석능력을, 그 자체의 내적 논리에 따라 스스로 변화하는 경제과정이 어떻게 사회적 틀, 즉 사실상의 사회 전체를 부단히 변화시키는지를 보여주는 일에 집중했다. 우리는 이미 이런 생각의 장대함에 대해 길게 논의한 바 있다. 이하에서는 그 분석적 측면을 간단히 논의할 것이다.

여기서 두 가지 점만을 언급하고자 한다. 첫째, 어느 누구도, 심지어 마르크스와 낙관주의를 공유했던 가장 열렬한 낙관론자들조차, 당시에는 장래의 자본주의 엔진의 규모와 능력에 관해 충분히 생각하지 못했다. 기이한 목적론적 필치로, 마르크스는 인류문명의 고도의 형태에 적합한 생산장치를 창조하는 것은 자본주의 사회의 '역사적 임무'나 '특권'이라고 반복해서 말했다. 그러나 오늘날 현대 실증주의가 이와 같은 표출방식에 대해 아무리 분개한다 할지라도, 마르크스가 전달하고자 한 본질적인 진리는, 이런 측면에서, 충분히 분명하게 드러난다.

둘째, 마르크스의 경제발전의 동력은 진정 밀의 특징 없는 저축과 같은 것이 전혀 아니었다. 마르크스는 밀의 『원리』에서 발견되지 않는 방식으로 저축——또는 투자——을 기술변화와 연관시켰다. 그러나 아주

긴이)의 일종으로 조롱을 받는 경향이 있었고, 이런 조롱은 심각한 주장보다 아주 효과적이거나 그 이상이었다. 그러나 현재의 경우에는 뭔가 다른 것이 있다. 그 이유가 무엇이든지, 사물에 관한 비관적 견해가 대중의 정신에는 낙관적 견해보다 더 '심오한' 것으로 비친다는 것은 사실이다.

81) 마르크스가 그의 사회적 현실에 관한 상을 그의 정신이 형성된 시기의 급진파 이데올로기에서 취했다는 것은 앞에서 지적한 바 있다.

동일한 동력은 저축인데, 저축은 밀에게서처럼, 마르크스에게 투자로 신속히 전화되는 것이었다. 이런 사실은 마르크스가 (저축 대신에─옮긴이) 축적이라는 용어를 사용함으로써, 물리적 자본이 저축에 의해 창조된다는 '동화'(Kinderfibel)에 대해 마르크스가 격렬히 비난함으로써 은폐되기는 했지만, 폐기된 것은 아니었다. 마르크스가 저축이라는 용어를 싫어한 것에는 좋은 이유와 나쁜 이유가 다 있다. 특히 자본가의 재산이란 소득인 달러를 저축하고 그것을 깔끔하게 적립함으로써 전형적으로 생기는 것이 아니라, 수익의 원천을 창조함으로써 생기는 것이고, 그것을 자본화한 가치가 '재산'을 구성한다. 그러나 마르크스가 이런 의미를 좋아하지 않았으리라는 것은, 선량하고 근검절약하는 아이들이 스스로 부자가 될 때까지 저축하는 모습을 그가 좋아하지 않았던 것과 마찬가지다. 그래서 마르크스가 그린 모습은 영원히 착취되는 상태여야만 했는데, 이것은 그의 도식의 설명적 가치를 사실상 전체적으로 위협할 정도였다. 즉 사회과정의 전체에 대해 본질적인 점은, 어떤 경우든 자본가의 이득──이것이 착취에서 발생하는지, 새로운 착취를 위해 투자되는지에 상관없이──으로부터 성립된 생산설비의 창조적 이용이라는 것이며, 이 본질적인 점은, 마르크스와 밀의 표현방법만 달랐을 뿐, 근본적으로는 동일한 것이었다는 점이다. 그래서 분석의 역사를 주목해야 한다.

[제6장 일반경제학: 순수이론[1]]

[1절 공리. 시니어의 네 가지 공준]

보통 경제이론으로 알려진 자그마한 분석장치를 확립——이를 '연역'으로 보는 것은 잘못이다——하는 데, 즉 경제이론에 공리적 기초를 제공하는 데 필요하고도 충분한 공준을 처음으로 의식적·명시적으로 진술하려 했다는 빛나는 영예는 시니어(Nassau William Senior)에게 돌아간다. 이런 시도가 갖는 장점은 시니어가 제시한 공준목록이 불완전하고 결점이 있다고 해서, 나아가 그가 분석장치를 너무 협소하게 정의했다거나 경제이론을 '정치경제학'과 등치시켰다는 비판을 받는다고 해서 조금도 줄어들지 않는다. 그 장점은 이런 시도가 일반이론이라는 집을 청소하는 과정에서 발생했다는 점 때문에 그리고 엄격한 개념화를 광범하게 시도한 일부라는 점 때문에 더욱 증대된다. 시니어는 부와 (교환)가치를 먼저 다듬고 나서, 자신의 네 가지 **기본명제**——공준——를 서술했고, 마지막으로 **분배**라는 부적절한 표제——**교환**이나 **가치**와 **분배**

---

1) 〔이 장의 1절은 나머지 부분보다 훨씬 이전에 씌어졌다. 이것이 타자본으로 만들어진 시기는 1943년 12월이었다. J.A.S.는 분명히 시니어에 관한 부분을 수정해서 이 장의 「서론」 부분에 넣으려고 했다. 초기 타자본에 덧붙여진 주들이 많았다. 이 절의 제목과 장의 제목은 없었지만, 나머지 절들은 비교적 완성도가 높았으며 절과 항의 제목도 있었다. 이 절은 J.A.S.가 아마 했을지도 모를 서론격의 언급과 수정사항이 빠졌지만, 그가 쓴 그대로 인쇄된 것이다.〕

라는 표제가 더 적절했을 것이다——아래 일련의 추가적인 개념과 관계를 제시했다. 이 개념과 관계는 이론의 골격을 구성한다고 볼 수 있는 것으로서, 생산이라는 표제 아래 공준을 직접 전개하면서 통상 함께 다루어지는 대부분의 문제를 해결하기 위한 것이었다. 순수이론을 시도한 시니어의 성과는 리카도의 것보다 분명 뛰어나다. 이제 우리는 아주 멀리 바라볼 때 가질 수 있는 온갖 기회를 활용해서 네 가지 공준을 살펴볼 것이다.

[1. 첫 번째 공준]

첫 번째 공준은 다음과 같다. "누구나 되도록 적은 희생으로 부를 늘리고자 한다."[2] 이러한 몇 가지 명제는 온갖 이론적 추론을 적어도 암묵적으로나마 깔고 있는데, 이는 리카도나 맬서스의 저서에 그대로 들어맞는다. 스미스와 밀은 이 첫 번째 공준을 당연시했고, 로더데일은 거의 명시적으로 서술했다. 이 공준을 다음 시기의 언어, 예컨대 마셜의 언어로 표현하자면, 누구나 자기만족의 총계와 자기희생의 총계 간 차이를 현재 할인해서 극대화하고자 한다는 말로 나타낼 수 있다. 그렇다면 이 공준의 본질과 (이론적—옮긴이) 지위는 무엇인가?

시니어는 이 공준을 '의식의 문제'라고 부르면서 '관찰의 문제'인 다른 세 공준과 구분한다. 그러나 우리가 이 공준을 내성적 관찰의 문제라고 부른다면 그가 의미하려는 바를 손상시키는 것이 아닐 것이다. 더욱이 그가 이 공준을 '전개'한 곳(예컨대 27~28쪽)[3]을 보면 네덜란드인, 영국인, 멕시코인디언의 행위에 관한, 분명 외적 관찰에 근거한 언급이 여러 군데 눈에 띈다. 그러므로 우리는 이런 경우조차 잠정적으로 관찰이라고 말할 수 있고, 네 가지 공준 모두에 대해서나 어떤 경제학자가

---

2) 〔이 공준은 시니어의 『정치경제학 개요』(*An Outline of the Science of Political Economy*, 1st ed. 1836; 6th ed. 1872; publ. in the Library of Economics, 1938)에서 논의되고 있다.〕

3) 〔여기서 인용된 쪽수는 1938년에 출간된 Library of Economics판이다.〕

공준을 삼기에 적합하다고 본 다른 명제에 대해, 아래와 같은 일반화된 서술을 시도해도 무방할 것이다. 그렇게 함으로써 우리는 경제학이 관찰과학이라는 세의 견해(비록 그가 실험적으로 말했을지라도)를 예증 ——하고 부분적으로 그의 견해를 정당화—— 할 것인데, 이것은 외관상의 차이에도 불구하고 시니어와 조금도 다르지 않을 것이다.

경제이론이 다른 이론과 마찬가지로 관찰에 근거한다는 진리를 지금까지 어느 누구도 부인하지 않았고 실제로 반대하지도 않았다. 시니어는 관찰에 대해 별다른 고통을 느끼지 않으면서 관찰을 통한 추론에 집중함으로써 잘못된 인상을 만들었을지 모르지만, 또 스스로 관찰과 추론의 상대적 중요성에 대해 잘못된 견해를 가졌을지 모르지만, 말로는 그랬더라도 사실 경제학을 조금도 '연역적'으로 다루지 않았다. 그런데 관찰된 사실은 가설이나 가정 또는 '제약조건', 즉 관찰에 의해 추론되거나 제시된 일반적인 진술로 이론에 들어온다.[4] 관찰된 사실의 타당성에 대한 우리의 확신을 강조하고 싶을 때 그런 사실을 흔히 법칙이라 부른다. 예컨대 케인스가 말하는 저축성향의 '심리법칙'을 생각해보라. 특정한 논증과정에서 관찰된 사실에 도전하지 않고 우리의 결심을 단지 강조하고 싶을 때 우리는 그것을 원리라고 부른다. 그러나 이러한 모든 언급은 진정 동일한 것을 의미할 뿐, 이러한 언급에 대한 철학적인 논의는 의미가 없다. 이 점은 우리가 말하고자 하는 분야의 본래적인 사실뿐만 아니라 주변적인 사실에도 그대로 적용된다. 다만 차이가 있다면, 위에서 지적했듯이, 첫 번째 경우에는 우리가 관찰된 사실에 관한 진술의 타당성을 충분히 통감하지 않지만 두 번째 경우에는 충분히 통감한다는 점이다.

시니어식의 관찰이나 동일한 것에 대한 리카도나 밀식의 관찰에 우리가 만족하느냐 그렇지 않느냐 하는 것은 완전히 별개의 문제다. 우리가

---

4) 주의할 사항은 이것이 가설이라는 단어가 지니는 몇 가지 의미 가운데 하나일 뿐이라는 점이다. 우리는 이미 다른 의미를 접한 바 있다. 이런 언급은 법칙과 원리에 대해서도 똑같이 적용된다.

'고전파'나 다른 학파의 이론적 절차를 이해하고자 한다면, 이 문제의 세 가지 측면을 주의 깊게 구별해야 한다. 첫째, 내성적 관찰과 통상적·일상적 경험을 통한 관찰은 두 가지 문제를 안고 있다. 이후 많은 경제학자, 특히 이른바 오스트리아학파의 창설자들은 두 가지 관찰을 고집스럽게 지지했다. 특히 비저(Wieser)는 통상적 경험을 이론이 출발하는 타당한 토대로 받아들였다는 점에서 밀과 상당히 일치하는 것처럼 보인다. 비판가들은 때때로 극단적으로 나아가, 내성과 통상적 경험이 순전히 사변적 주장을 위한 구실에 불과하다는 점을 근거로 양자(의 구별―옮긴이)를 완전히 거부했다. 이런 형태의 극단적 비판은 몇 가지 공준――이를테면 사업가들은 전체적으로 돈을 잃기보다 벌기를 선호한다――이 분명 진리에 가까운 것이고 이런 공준을 세우기 위해서는 철저한 연구가 필요하다고 열심히 주장하는 답변을 진정받을 수밖에 없다. 그러나 동일한 비판이 다소 덜 극단적인 형태를 띤다고 해서 이런 논거가 무효화되는 것은 아니다. 내성과 통상적 경험이 설득력 있게 주위를 환기시킬 수 없는 다른 경우――예컨대 저축행위――가 있다. 이런 경우라도 공준에 들어가는 사실의 상대적 중요성과 작용방식은 좀더 실질적인 방법으로 확인할 필요가 있다.

이것은 우리가 제기한 문제의 두 번째 측면과 연결된다. 시니어의 공준은 관찰을 구체화하고 있지만, 그 관찰은 부적절한 관찰일 수 있다. 그렇다고 해서 이것 때문에 우리가 그의 책 전체의 모든 내용을 거부할 수 있겠는가? 분명 그렇지 않다. 불필요한 공리주의적 연상을 빼면, 그의 공준은 그럴싸하다. 그가 이기심을 지나치게 강조했고 우리 행위의 합리적 요소를 과대평가했으며 시대와 장소에 따라 '부'를 욕망하는 정도가 역사적으로 차이가 있음을 무시했다는 등의 이유로 그의 공준을 반대할 수 있었던 것은 모두 시니어가 자신의 명제에 대해 스스로 추가한 주석을 적절히 고려한 것이다. 그럼에도 우리가 그에게 잘못이 있다고 느낀다면, 우리가 해야 할 일이란 적절한 연구를 시작하는 것뿐이다. 그밖의 일은 전부 반대를 위한 반대에 불과하다. 일단은 그럴듯한 그의 공준의 강점이 적절한 연구 결과 손상되지 않는 한, 그리고 그럴듯함만으로 충분하지 않고 비판적인 경제학자들에 의해 공격받는 특정한 문제가 특별히 지적되지 않는 한, 우리는 시니어의 분석이 초보적이기는 하지만(우리는 시니어, 리카도, 밀의 저작 전체가 관찰 못지않게 추론에서도 초보적임을 알고 있다), 그 분석의 과학적 성격을 부정할 수 없고 그 분석이 원리적으로 잘못되었다고 말할 수도 없다.

우리 문제의 세 번째 측면은, 시니어의 첫 번째 공준이 그것에 대해 실제로 제기되었거나 제기될 수 있는 반론을 넘어설 수 있는 방식으로 재정식화가 가능한지 아닌지에 대해 우리 스스로 자문해볼 때 시야에 들어온다. 그러나 당시 경제학자들이 심리주의의 오류를 범했을지라도 그 정도는 다음 시기의 경제학자들보다 분명 훨씬 적었을 것이므로, 이에 대한 논의는 차후로 미루는 편이 좋을 것이다.

[2. 두 번째 공준: 인구의 원리]

시니어의 두 번째 공준은 인구의 원리다. "세계의 인구, 아니 다른 말로 세계에 거주하는 사람 수는 도덕적·육체적 죄악에 의해서만 제한되거나 각 거주집단 개개인의 습관에서 비롯된 필수품목의 결핍에 따른 두려움에 의해서만 제한된다."(앞의 책, 26쪽) 이참에 맬서스의 기여와 그것을 둘러싼 논의를 간략히 다루어보자. 또한 편의상 이후 시기의 인구론의 역사에 관해 몇 마디 덧붙일 것인데, 이는 이 책, 3권, 4부에서 그것을 더 이상 다루지 않기 위함이다. 이렇게 하기로 결심한 것은 분석경제학에서는 인구에 관한 관심이 19세기 후반기에 급격히 떨어진 대신, 이 책에서 다룰 수 없는 반독립적인(semi-independent) 과학으로 성장했다는 사실을 제시하기 위함이다. 〔J.A.S. 주: '그러나 (인구에 대한 관심은—옮긴이) 오늘날 다시 (경제학에—옮긴이) 돌아왔다.'〕

알다시피 맬서스가 『인구론』초판(1798년)에서 제시한 모든 사실과 주장은 응용과 분석의 세부사항까지 수많은 저자에 의해서 이전에 충분히 다루어졌으며 1790년대 초에는 광범하게 받아들여졌던 사실과 주장이라고 말할 수 있다. 그러므로 이 경우는 개인의 이름과 연관된 어떤 명제가 '선행자들'에 의해 이미 예시된 모든 경우와 본질적으로 다르다고 할 수 있는데, 다른 과학보다 경제학에서 훨씬 더 흔한 일이었다. 이렇게 말한다고 해서 (맬서스에게—옮긴이) 표절의 혐의를 둔다거나 심지어 '주관적인' 독창성을 부정하는 것은 아니다. 오히려 효과적인 조정과 재진술에 대한 맬서스의 기여를 축소하려는 것이다. 당시 전문가 집단과 정치사회에서 거둔 엄청난 성공의 의의는 약 한 세기가 지난 후 인구이론은 맬서스의 이론에 대한 찬반논쟁을 의미했다는 사실에 의해 한층 두드러진다.

또한 내가 이미 암시했듯이, 이런 성공과 맬서스의 성과 자체를 이데올로기적 메커니즘으로 설명하려는 시도가 있었다. 그러나 나는 이런 설명을 받아들이길 거부하는 이유를 서술하면서도 그것을 지지해주는 두 가지 사실이 있다는 점을 인정한다. 그중 하나는 맬서스의 이론이 사회개량을 위한 조치에 반대되는 논거로 직접 이용되었다는 점이다. 피트(William Pitt the younger)는 스스로 이것을 이용했다. 맬서스 자신은 소책자를 하나 출판했는데, 그것은 나쁘다기보다는 어리석다는 말만 듣지 않으면 될 만한 것이었다. 여기서 맬서스는, 이전에 타운센드가 했던 것처럼, 교구가 오두막집을 짓도록 장려하는 제안에 대해 오두막집 건설이 조혼을 유도할 것이기 때문에 결코 받아들일 수 없다고 주장했다.(*Letter to Samuel Whitbread*, 1807) 당시 세간에서는 이런 종류의 생각이 받아들여져, 대중들 스스로가 자신의 경제적 상황을 기꺼이 수용해야 하며 그 상황에 대해 해줄 수 있는 일은 없다는 형태로 나타났다. 두 번째 사실은 다음과 같다. 맬서스는 자신의 주장이 자신의 '사회적 의식'의 아버지[5]와 논의하는 과정에서 발전된 것이라고 말했다. 그

---

5) 여기서 '사회적 의식'의 아버지는 그의 실제 아버지인 다니엘 맬서스(Daniel Malthus)를 지칭하는 듯 보인다. 그는 『인구론』 초판 「서문」에서 "이 글은 원래 고드윈 씨의 논문 주제에서 논술되고 있는 탐욕과 낭비에 관해서 내가 한 사람의 친구와 주고받은 대화에서 유래한 것이다"라고 말하고 있는데, 그 한 사람의

리고 『인구론』 초판 부제에서 그는 "고드윈 씨[6][당시 급진적인 성서의 저자], 콩도르세 그리고 그외 다른 저자들의 사변"을 의미심장하게 언급했다. 나는 이런 사실을 통해 모든 사상은 각광을 받게 되면 몇몇 이데올로기적 목적에 봉사할 수 있고 그러하도록 만들어지게 마련이라는 점을 증명하는 것에 불과하다고 여전히 생각한다.

그러나 우리는 이런 이론이 실제문제에 적용——되거나 이후에 주목하게 될 임금론을 제외한 어떤 적용——되는 것에는 관심이 없으며, 오직 이론 자체에만 관심이 있다. (『인구론』—옮긴이) 1판에서 본 바와 같이, 이 이론의 의도는 인구가 현실적으로 불가피하게 생계수단보다 빠르게 증가하며, 이것이 눈에 보이는 곤궁의 이유임을 명백히하는 것이었다. 맬서스가 이전의 저자들과 마찬가지로 수학적 정교함을 시도했을 뿐만 아니라 상당한 중요성까지 부여했던 인구의 기하급수적 증가율과

친구란 다름 아닌 그의 아버지인 다니엘 맬서스를 말한다. 다니엘 맬서스는 흄과 친교를 맺고 있었을 뿐만 아니라 당시 유럽의 급진사상에 경도되어 루소의 저작을 즐겨 읽었으며, 고드윈의 옹호자이기도 했다. 결국 아들 토마스 맬서스는 고드윈을 통해 아버지 다니엘 맬서스를 비판한 셈이다. 이상의 내용은 『인구론』(이극찬 옮김, 을유문화사, 1983)의 해제를 참조했다—옮긴이.

6) 고드윈(William Godwin, 1756~1836)의 주요저작(*Enquiry concerning Political Justice*, 1793; 2nd [amended] ed., 1796)과 1797년에 『탐구자』(*The Enquirer*)라는 제목으로 출판된 연구서는 당시 매우 흥미 있는 책으로, 정치사상사에서, 특히 폭력뿐만 아니라 어떤 종류의 강제에 대해서도 비난하는 부르주아 유형의 무정부주의의 기념비로서 영예로운 지위를 누리고 있다. 이것은 본질적으로 반국가주의적이고, 그래서 평등을 목적 그 자체로 둔다. 그러나 경제분석에 대한 그의 시도는, 그도 인정했듯이, 너무 초보적이어서 『인구에 대해』(*Of Population*, 1820)를 제외하면 언급할 필요가 없다. 맬서스의 『인구론』이 출판되었을 때 고드윈이 맬서스의 주장을 설득력 있고 새롭다고 생각한 것은 이상한 일이지만, 맬서스의 명예 때문에 여기서 지적해두어야 한다. 그러나 고드윈은 과거 자신의 생각을 바꿔, 자신의 책(『인구에 대해』—옮긴이)에서 맬서스의 주장을 무력화시키고자 했다. 이런 시도에서 고드윈은 상당한 분석적 능력을 보여주었다. 보나르의 정반대되는 판단(*Malthus and His Work*, 1885, pp.369 이하)에도 불구하고, 나는 고드윈이 진정한 기여라고 간주할 수 있는 몇몇을 지적하는 데 성공했다는 점을 인정해야 한다고 생각한다.

생계수단의 산술급수적 증가율은 이런 견해를 잘못 표현한 것에 불과한 것으로, 두 개의 상호의존적인 양적 변화에 대해 독립적인 '법칙'을 정식화하고자 한 시도가 의당 의미 없을 수밖에 없다고 말하면서 그냥 지나칠 수 있는 것이다. 그 성과는 전체적으로 기법면에서는 개탄스러우며, 내용면에서는 멍청한 것이었다. 그러나 맬서스가 단지 지극히 평범한 주장, 즉 만약 인구증가가 (1 이상의 공통비율로) 기하급수적으로 진행된다면 언젠가 인간이, 통에 넘치는 청어처럼, 이 지구상에 넘쳐나는 사태에 이를 것이라는 주장을 했을 뿐이라는 비판을 받아야 한다는 것은 아니다.

『인구론』 2판(1803년)은 완전히 새로운 저작으로, 풍부한 통계 말고도 완전히 다른 이론을 담고 있다.[7] 왜냐하면 신중한 억제('도덕적 억제')의 도입은, 맬서스 이론의 다른 것과 마찬가지로 새로운 발견이 아니기는 하지만, (초판과―옮긴이) 큰 차이를 만들었기 때문이다. 물론 신중한 억제의 도입이 (1) 그의 이론적 성과의 수준을 높였다거나, (2) 그의 결론을 한층 일관성 있게 했다거나, (3) 그의 설명력을 더했던 것은 아니다. 첫 번째 점에 관해서는, 맬서스가 (신중한 억제의 도입이―옮긴이) 인구수에 미친 영향――예를 들면 인구의 자질이나 (인구증가의―옮긴이) 동기에 대한 영향――이외의 도덕적 억제의 영향에 대해 논의하지 않았다는 점을 주목하는 것만으로 충분하다. 두 번째 점에 관해 말하자면, 인구론의 새로운 정식화는 오늘날에 이르기까지 그 동조자들로 하여금 맬서스가 실제로는 그의 반대자들이 말했음직한 내용을 예견하고 설명했다고 확신하는 근거를 마련해주었다. 그렇다고 해서 이런 사실 때문에 그의 이론이 얻은 모든 것을 상실한 채 질서 있게 퇴각했다는 점이 바뀌는 것은 아니다. 세 번째 점에 대해 말하자면, 당시 도입된 여러 가지 '만일 ……이라면'이라는 유보조건――보편타당성 조

---

7) [이 절은 3부 4장(3절 1항―옮긴이)과 다른 곳(이 책, 1권, 2부 5장 1절―옮긴이)에서 이미 제시된 자료들 중 일부를 반복해서 언급하고 있는데, J.A.S.가 살아 있다면 초고를 검토할 때 틀림없이 이 점을 감안했을 것이다.]

건과 관련된──은 위에서 언급한 사소한 내용만 남겼고, 나아가 다른 환경적 요소는 어떤 일반원리도 필요로 하지 않는 인구와 더불어 변화될 가능성이 없다는 식으로 개별적인 역사상황을 설명할 여지를 남겼다. 캐넌(앞의 책, 144쪽)이 『인구론』은 "논증의 근거를 마련하지 못한 채, 존재하지 않는 법칙의 영향을 예증하기 위해 혼돈된 사실들만 끌어모은 것에 불과하다"고 쓴 것은 과장이 아니었다.

맬서스 자신은 1803년 (제2판에 추가한─옮긴이) 유보조건에 숨겨진 모든 결과를 받아들이길 주저했다. 오히려 그는 가능한 한 많이 자신이 내린 원래의 결론, 특히 그가 살던 시대에서 자기의 이론이 갖는 타당성에 집착했다. 따라서 일부 맬서스 찬미론자들이 자신의 독자들에게 확언한 바와 같이, 시니어와 원리[8](그리고 다른 저자들)가 성실하게 이런 결과에 도달한 것이든 아니면 맬서스의 유보조건에 대한 연구와 독자적으로 자신들의 결론에 도달한 것이든지 간에, 이들이 상이한 견해와 상

---

8) 시니어는 자신의 1929년 저작(*Two lectures on Population, to which is added a Correspondence between the author and the Rev. T.R. Malthus*, 1829)에서 『개요』(*Outline*)에서 재론했던 견해를 발전시켰다. 그는 맬서스를 무한한 존경심─맬서스를 인류에 대한 박애주의자(원문 그대로!)라고 말하기도 했다─을 갖고 대했으며, 맬서스가 확립한 학설이라고 생각한 것에서 자신이 벗어나는 것을 최소화하려고 진력을 다했다. 이후 몇몇 저자는 시니어를 맬서스에 의해 교정될 필요가 있는 매우 하찮은 지적 문하생으로까지 메스꺼울 만큼 독단적인 태도로 취급했지만, 이런 관행은 그 어떤 정당성도 갖지 못한다. 사실 시니어가 맬서스의 유보조건은 맬서스가 말한 내용을 스스로 취소한 것을 당연히 의미하는 것이고, 맬서스가 이전 견해의 몇 가지를 고수한 것은 상당 정도 모순에 찬 것이라고 인식했음은 아주 분명하다.

미국의 외교관이자 신문 편집인인 에버렛(A.H. Everett)이 자신의 책을 『인구에 관한 새로운 사고』(*New Ideas on Population*, 1823)라고 부른 것은 전적으로 올바르다. 왜냐하면 그의 주요 논점, 다시 말해 인구의 증가는 식량의 증산을 의미하고 그 생산방법을 개선시키는 경향을 갖는다는 점은 당시 새로운 것이었고, 그것도 맬서스가 일찍이 말했던 것 이상이었기 때문이다. 그 논점은 인구증가와 생계수단의 증가 사이에 맬서스가 결여한 하나를 도입했고, 그 주장이 시사했던 미국 고유의 요소와 전혀 독립적으로 인구문제 전체에 대해 유용한 접근을 일반적으로 제시했던 것이다.

이한 주장에 근거해서 맬서스에게 남아 있는 것이 실제로 얼마나 되는지를 지적했던 것은 결코 피상적이지 않다. 이 점은 시니어의 『정치경제학 개요』에 나와 있는 원리의 정식화 —— "세계의 인구수는 〔……〕 단지 도덕적 · 육체적 악덕에 의해 제한되거나, 그 거주집단 각 구성원들의 습관에서 비롯된 필수품의 결핍에 따른 두려움에 의해 제한된다" —— 를 보면 심정적으로 동조할 수밖에 없다. 그런데도 시니어는 에버렛과 달리 이 원리의 정식화를 계속해서 경제학의 기본공준으로 생각했으며, 더욱이 리카도, 제임스 밀, 매컬럭 등의 저자들은 그것을 공준 이상으로 생각했다. 밀은 『원리』 1부 10장("Of the Law of Increase of Labour")에서 아주 간략하게 인구를 다루었다. 밀이 이것을 설명하면서 맬서스에 의해 충분히 다루어졌다는 이유로 자신의 독자들에게 그를 참조하도록 권했던 것은 사실이다.

그러나 밀이 (인구와 관련된―옮긴이) 원리의 중요성을 깎아 내릴 생각이 있었다고 생각하고 싶은 사람도 있을 것이다. 이렇게 생각할 수 있는 이유는 『원리』를 썼을 당시의 추세에 따라 밀이 인구법칙을 토지의 수확체감의 '법칙' —— 이것이 맬서스의 『인구론』에서 완전히 빠져 있음은 주목할 만하다 —— 과 관련지어 보이려 했으며, 앞으로 보게 되겠지만, 그 법칙의 수많은 예외사항과 유보조건을 받아들일 준비가 되어 있었기 때문이다. 그런데도 확실한 것은 밀이 맬서스 이론의 타당성과 직접적인 중요성을 강하게 믿고 있었다는 점이다. 밀은 『원리』에서 이 점을 밝히고 있는데, 이는 정체상태의 인구문제에 대한 그의 관심(4부 6장), 특히 "가장 인구가 많은 나라에서는 인류가 협력과 사회적 교류의 모든 이점을 최대한 얻어내는 데 필요한 인구밀도에 이미 도달했으며" 그래서 (유럽) 인구의 더 이상의 증가는 단지 (인구―옮긴이) '압력'만 낳을 것이라고 암시하는 무조건적이고 아무런 논리적 근거도 없는 노골적인 주장에서 볼 수 있다. 그러나 이런 믿음은 산아제한에 대한 그의 밑도 끝도 없는 동조에서 더 확신에 찬 모습으로 나타난다.[9]

따라서 맬서스의 『인구론』의 가르침이 1803년 무렵 기본적으로 유지될 수 없거나 쓸데없는 것으로 받아들여질 수밖에 없었으며 어떤 의미에서는 이것이 현실이었다는 사실에도 불구하고, 게다가 그렇게 생각하게 된 이유가 빠르게 추가되고 있었다는 사실에도 불구하고, 이 가르침이 당시 정통 경제학 체계에 확고하게 자리 잡았다는 것은 흥미로운 현상이다.[10] 이것은, 자유무역이 '올바른' 정책이 되었던 것과 마찬가지로 인구에 관한 '올바른' 견해가 되었는데, 오직 무지와 속임수만이 이미 관찰된 영구진리의 핵심인 그 견해를 받아들일 수 없다고 여겨질 정도였다. 노력할 만한 가치가 있다면 반론이 설파되었겠지만, 그 반론은 심각하게 받아들여질 수 없었다. 이렇게 뒷받침할 만한 것이 거의 없는 참을 수 없는 가설에 대해 공공연히 불만을 드러낸 몇몇 사람은 계급적·당파적 관점——이런 감정은 이후 과학의 운명에 중요한 요소가 되었다——과 전혀 무관하게 그러한 '경제과학'을 싫어하기 시작했는데, 이는 조금도 놀

---

9) N.E. Himes, "John Stuart Mill's Attitude towards Neo-Malthusianism", *Economic History: A Supplement of the Economic Journal*, January 1929 참조. 맬서스와 그의 선행자 대부분 그리고 시니어 같은 몇몇 그의 계승자는 산아제한을 매춘제도와 함께 '죄악'이나 '도덕적 악덕'에 포함시켰던 것 같다. 그러나 지도적인 모든 철학적 급진파는 산아제한을 인구문제의 진정한 해결책으로 보았던 것 같다. 벤담 자신이 그러했고, 플레이스도 당연히 그러했다. 제임스 밀도 그의 책 『정치경제학의 요소들』(*Elements*, 1821, p.34)에서 같은 식으로 접근했다. 그로트(Grote)도 동일한 견해를 가졌다. 이런 문제에서 논리에 의지하는 것은 안전한 방법이 아니다. 이런 의문을 갖게 되는 것은 우리가 전혀 깨닫지 못하고 있는 것에 영향을 미치고 있는 심리적·육체적 유기체의 개인적 요소와 관련된 태도다. 개인의 이데올로기는 사회적 위치에서만 나오는 것이 아니다. 그런데도 내가 보기에, 밀의 경우 맬서스류의 순수경제학적 진단의 압력은 적어도 하나의 이론적 합리화로서 이성적으로 주장된 것일 수 있다.

10) 주목해야 할 점은 맬서스의 학설이 이렇게 쉽게 생존할 수 있었던 것은 물론 피상적인 관찰—분명 개별 프롤레타리아 가족에서 나타나는 비참함과 더러움의 가장 뚜렷한 이유는 가족의 규모 때문이다—덕분이라는 것이다. 누구나 자녀의 수를 제한하면 생활이 나아지고 행복해질 것이라는 (잘못된—옮긴이) 추론은, 모든 사람이 자신의 처지에서 최선을 다하는 경향이 있다는 관점에서 누구나 혼자 힘으로 살아간다면 최대한의 '행복'이 모든 사람에게 반드시 돌아가리라고 추론하게끔 하는 마찬가지의 오류로 이어진다.

랄 만한 일이 아니다.

　　그러나 대다수 전문가는, 특히 잉글랜드의 경우, 이것을 운명으로 감수했다. 1850년 이후 인구문제에 대한 경제학자들의 관심은 줄어들었지만, (인구론이라는—옮긴이) 표어에 경의를 표하지 않는 경우는 드물었다. 마셜이 비록 실제로 인구문제의 모든 중요한 특징을 제거했지만 그러했고, 뵘-바베르크와 발라도 그러했는데, 이들은 자신들의 이론적 저서에서 인구문제를 결코 이용하지 않았다. 19세기 말 빅셀은 인구문제를 심각하게 다루면서 이것을 다시금 강조한 지도적 인물이었는데, 그는 또한 이후 지지를 이끌어낸 최적 인구학설을 소생시키기도 했다. 혹자는 이런 요란스러움이 곧 사라질 것이라고 예상했으나, 실제로는 제1차 세계대전 이후 전문가들의 저서에서 다시 부활했다. 케인스는 맬서스의 문제가 과거 그 어느 때만큼이나 중요하다고 주장했는데, 자연이 인간의 노력에 대해 반응하는 정도가 체감하기 시작한 후——케인스는 20세기 최초의 10년 어디선가 그 시점을 써놓았다——실제로 수명이 늘어나게 되었다는 것이다. 전문가들은 깜짝 놀랐지만, 그것은 아마도 케인스의 의도였을 것이다. 베버리지(William Beveridge)는 정반대의 견해를 피력했다. 그러나 논쟁은 비과학적인 이유로, 즉 세계에 출산율이 놀랄 만큼 하락하고 판매할 수 없을 정도로 식량과 원료가 적지 않게 차고 넘치기 시작할 것이라는 것에 대해 사람들이 더욱 집요한 관심을 가졌다는 이유로 중단되었다. 케인스는 어디선가 경제학은 '위험한 과학'이라고 말했다. 그것은 사실이다.[11]

---

11) 이 문제에 관한 케인스의 첫 번째 발언은 그의 유명한 책『평화의 경제적 귀결』(*Economic Consequences of the Peace*, 1919)에서였다. 베버리지는『이코노믹 저널』(*Economic Journal*, 1923)에 실린 영국협회(British Association: 아마도 '영국과학진흥협회'를 지칭하는 듯하다—옮긴이) F 섹션 인사말과 또 다른 논문("Mr Keynes' Evidence for Overpopulation", *Economica*, 1924)

그러나 맬서스 **이론**의 쇠퇴나 일반경제 이론체계에서 이것이 어떤 식으로든 담당하던 역할의 쇠퇴는 반대자들 때문이 아니었다. 우리는 이 반대자들의 기여를 재빨리 건너뛸 수 있는데, 이것은 이미 언급된 고드윈과 에버렛의 경우를 제외하면 결코 이론적 쟁점을 제기한 적이 없다. 다만 이미 본 바와 같이, 이들이 제기한 것 중에서 이론의 직접적인 응용가능성이 문제가 되는 경우 작지 않은 중요성을 보이는 사안이 하나 있다. 이들은 맬서스의 이론이 상당히 멀리 떨어진 미래에는 적용될 수 있을지 모르지만, 현재의 빈곤을 설명하는 데는 무력하다는 점을 어느 정도 효과적으로 보여주었다는 점이 그것이다. 그 근거는 오펜하이머에 의해 제공되었지만,[12] 어떤 의미에서는 시니어에 의해 그리고 훨씬 더 강한 의미에서는 해즐릿(William Hazlitt, *A Reply to the Essay on Population*, 1807)에 의해 이미 오래전에 제공된 바 있다. 이와 관련해서 우리는 톰슨과 같은 1820년대 '리카도주의적 사회주의자들'을 언급할 수 있는데,[13] 그는 맬서스의 이론이 다른 사회조직의 형태에서는 아주 다르게 작동될 것이며, 그래서 여성의 경제적 독립과 높은 생활수준 자체라는 요인만으로도 문제의 복잡성을 충분히 다르게 만들어줄 것이라고 강조했다. 그리고 마르크스는 자본주의 사회에서 볼 수 있는 '과잉인구'가 어떤 불변의 법칙과 관계 있는 것이 아니라 자본주의 사회의 조직형태에 고유한 것이며, 그 축적 메커니즘에서 비롯된 단순한 부산물이라는 포괄적인 명제로 맬서스 이론의 '제도적 상대성'[14]을 발전시켰다.

을 통해 자신의 견해를 피력했다. 케인스가 이에 응답했고, 신문은 이 문제를 혼동시키는 데 몰두했다. 전후의 논의 일반에 대해서는 울프(A.B. Wolfe)가 「세계대전 이후 인구문제」(The Population Problem Since the World War)라는 제목으로 1928년과 1929년에 『저널 오브 폴리티컬 이코노미』(*Journal of Political Economy*)지에 게재했던 세 편의 논문을 참조.

12) Franz Oppenheimer, *Das Bevölkerungsgesetz des T.R. Malthus*, 1900.

13) W. Thompson, *Inquiry into the Principles of the Distribution of Wealth*, 1824.

다른 반대론자들은 맬서스의 기하급수적 인구증가를 다른 증가법칙으로 대체하고자 했는데(예컨대 Sadler, *The Law of Population*, 2 vols., 1830; Doubleday, *The true Law of Population, shown to be connected with the food of the people*, 1846), 이것은 인구증가가 무한히 진행된다는 것이 아니라 맬서스의 압력점 전에서 극대점이나 최고점에 도달될 수 있음을 보여준다. 여기서 난제는 도덕적 억제나 맬서스적인 다른 (인구억제—옮긴이) 요소를 이용하지 않고 (인구억제의—옮긴이) 형태를 찾는 것이었다. 이런 암초에 부딪치자 모든 배는 가라앉았고, 다소 아마추어적인 암시 이상의 그 어떤 것도 제시하지 못했다. 이러한 법칙들은 인과적 의미——적어도 필연적이지는 않지만——를 갖지 않은 다른 요소를 이끌어냈는데, 그 목적은 사실적이고 극히 위험스러운 외삽법에 의해 장래의 발전을 기술하는 정도였다. 1845년 페어훌스트의 글[15]은 이러한 것을 시도한 최초의 것 중 하나였으며, 이후 많은 통계학자(예컨대 크닙스Knibbs, 펄Pearl, 호텔링Hotelling)가 이런 일을 시도했다. 이런 유형의 법칙들은 물론 맬서스의 문제와 무관하다. 여전히 다른 반대론자들은 (맬서스의 문제를—옮긴이) 희석시키고 보완하는 상황이라고 말할 수 있는 것을 주장——케어리가 가장 유명한 인물 중의 하나였고, 차머스는 또 다른 인물이었다——하거나, 산아제한의 바람직하지 못한 (반우생학적) 효과를 주장했다. 이 책의 목적상, 이 점[16]

---

14) 이 용어는 『사회과학 백과사전』 중 울프가 쓴 '인구'라는 항목에 나와 있는데, 나는 이 기회에 이를 독자들에게 환기시키고 싶다.

15) Verhulst, "Recherches mathé, qtiaue sur lq loi d'accroissment de la population", in Académie Royale des Sciences…… de Belgique, *Mémoires*, vol.18, 1845 and vol.20, 1847.

16) 그러나 여기서 몇 가지 일반적인 참고문헌을 추가할 필요가 있다. 가르니에(J. Garnier)의 1857년 저작(*Du Principe de population*)은 프랑스에서 맬서스 이론의 승리를 보여주는 훌륭한 징표며, 메세다글리아(A. Messedaglia)의 1858년 저작(*Della teoria della popolazione*)은 맬서스의 작업에 대한 요령 있는 비판서다. 브렌타노의 논문("Die Malthussche Lehre und die Bevölkerungsbewegung der letzten Dezennien", *Abhandlungen der histori-*

이나 생물학자들이 제안한 견해를 다루는 것은 필요하지 않을지도 모른다. 그러나 맬서스의 책과 양립하도록 서술할 수 있는지 여부와 상관없이 맬서스의 결론과 정반대되는 이론을 언급하는 것은 필요하다. 몸베르트(Paul Mombert)의 인구의 '번영이론'(*Wohlstandstheorie*)에 따르면, 높은 생활수준이 인간행위에 영향을 미치는 합리화로부터 출산율의 저하를 예상할 수 있다.[17] 어떤 의미에서 맬서스주의자들은 이것을 세련된 도덕적 '억제'나 다른 '억제'라고 주장했을지 모른다. 그러나 이런 억제를 말하게 되면, 그것은 생계수단(이 말이 뜻하는 광범한 의미에서)의 증가가 항상 또는 정상적으로 인구증가율의 증가를 초래할 것이라는 예언에 자신의 주장을 효과적으로 의탁하는 것이 된다.

보통사람들은 출산율의 저하가 상층에서 시작해서 하층으로, 도시지역에서 시작해서 농촌지역으로 확산되어, 정체상태의 인구라는 목표에 빨리 접근함으로써 경제학자들의 걱정거리를 해소시킬 것이라고 생각했을지도 모른다. 그러나 이런 사람들은 그럼으로써 스스로 경제학자들

---

schen Klasse der Königlich Bayerischen Akademie der Wissenschaften, vol.XXIV)은, 다른 이유가 없다면, 이 책에서 거론된 중요한 전개를 예시하는 견해를 반영하기 때문에 흥미롭다. 이 논문과 트위스(Travers Twiss)의 초기 저작(*On certain Tests of a Thriving Population*, 1845)을 비교해보면 흥미롭다. 정통 마르크스주의의 공식적 거두인 카우츠키(K. Kautsky)는 『사회진보에 대한 인구증가의 영향』(*Der Einfluss der Volksvermehrung auf den Fortschritt der Gesellschaft*, 1880)을 썼다. 마지막으로 나는 근래 맬서스주의자들의 연구로, 비르질리(F. Virgilii, *Problema della popolazione*, 1924), 고나르(R. Gonnard, *Histoire des doctrines de la population*, 1923), 슈펭글러(J.J. Spengler, "French Population Theory since 1800", *Journal of Political Economy*, two articles, October and December 1936)를 언급하고 싶은데, 특히 세 번째 것이 학술적이고 포괄적인 연구다.

17) 베버(M. Weber)의 『사회경제학 요강』(*Grundriss der Sozialökonomik*, 1914)에 실린 그의 인구 관련 논문("Bevölkerungslehre")이나 그의 1932년 저작(*Bevölkerungsentwicklung und Wirtschaftsgestaltung*, 1932)을 참조. '선행자' 가운데는 브렌타노(앞의 주 참조)가 있으며, 말한 김에 덧붙이자면 알리슨 경(Sir Archibald Alison, *The Principles of Population*, 1840)도 있다. 몸베르트에 관해서는 이 책, 3권, 4부 6장 1절 2항을 참조.

에 대해 아는 게 전혀 없음을 증명하는 셈이다. 이들 중 몇몇은 맬서스의 장난감을 여전히 갖고 노는 반면, 다른 사람들은 새로운 장난감을 소중하게 안고 있었다. 인구과잉에 대한 장래(또는 현재)의 공포 때문에 스스로 걱정하고 남의 등골을 오싹하게 하는 즐거움을 빼앗긴 이들은 장래의 텅 빈 세계 때문에 자신들과 타인을 걱정하기 시작했다.

[이 절의 첫 번째 각주에서 이미 지적한 바와 같이, 이 절은 다른 다섯 개의 절보다 훨씬 전에 씌어져 이 장의 나머지 부분과 통합되지 않았다. 이 절에는 교정하고 다시 쓰면서 사용된 주들이 많이 있다.

여기에는 시니어의 세 번째 공준, 즉 "부를 생산하는 노동력과 다른 도구의 힘은 그 생산물을 다음 기의 생산수단으로 이용함으로써 무한히 증가될 수 있다"는 공준에 관한 논의가 없다. 이 세 번째 공준은 시니어의 기여라는 세부 제목으로 5절(자본)에서 논의되고 있다.][18]

[3. 네 번째 공준: 수확체감]

다음으로 네 번째 공준을 다루어보자. "농업기술이 동일하다면 일정한 지역 내의 토지에 이용된 추가적인 **노동**은 일반적으로 그 수확이 체감한다. 달리 말하자면, 투하된 노동이 증가해서 총수확이 늘어나더라도 그 증가는 노동의 증가에 비례하지 않는다." 이것이 수확체감이라는 사실·가설·원리·법칙·경향이다. 시니어가 다른 저자들, 특히 리카도보다 더 그 타당성의 필요조건——일정한 기술 수준이나 '농업기술이 동일하다면'이라는 유보조건——이 지닌 중요성과 전반적인 특성에 상당한 차이를 가져오는 진정한 예외의 중요성을 강조한 점을 제외한다면, 그의 정식화에서 눈에 띄는 점은 없다.[19] 그러나 그가 다룬 수확체감

---

18) 이 책, 444쪽에서 "첫째, 시니어의 세 번째 공준 또는 기본명제가 있는데, 이것은 다음과 같다"라는 문장으로 시작된다—옮긴이.
19) 우리가 수확체감이 가질 수 있는 의미를 미리 열거한다면 문제를 쉽게 이해할 수 있을 것이다. 이 용어는 다음과 같은 의미를 가질 수 있다. (1) 다른 생산요

에는 특별히 주목할 만한 점이 하나 있다. 당시 주도적인 경제학자들은 모두 수확체감을 토지에만 국한된 것으로 보았고, 많은 학자, 특히 웨스트와 매컬럭은 제조업에는 그 반대 '법칙'이 작용한다고 주장했다.[20] 그러나 내가 아는 한, 시니어만큼 제조업에서의 수확체증 '법칙'을 강조한 사람은 없는데, 그는 어떤 유보조건도 달지 않은 채 "추가노동이 제조업에 쓰일 때는 점점 더 효율적으로 되지만, 농업에 쓰일 때는 점점 덜 효율적으로 된다"(*Outline*, pp.81 이하)라고 주장했다. 그는 독자에게 충분히 설명하지 않은 채, 어쩌면 자신도 충분히 알지 못한 채 수확체증의 법칙이 존재한다면, 그것은 수확체감의 법칙과 완전히 성질이 다른 것이어서 동일한 권리를 가지는 수확체감의 법칙에 대한 대체물로 취급되어서는 안 된다고 보았다. 따라서 시니어——또는 웨스트와 시니어——는 농업에서는 수확체감이, '제조업'에서는 수확체증이 각각 작동된다는, 상당한 시간이 흐른 뒤에야 사라졌던 전통에 대해 책임을 져야 한다. 이런 아주 잘못된 견해는 다음 시기가 되어서야 비로소 시정될 수 있었다. 에지워스는 그 견해를 깨뜨리는 쪽으로 첫발을 내디뎠다. 마셜도 그 잘못된 견해에서 당연히 벗어났지만, 그것을 명시적으로 부인하지는 않았다. 그는 마지막까지 시니어의 가르침이 암시하는 방식대로, 수확체감을 주로 원료생산과 연결지었다.

이제부터 이 자리를 빌려 수확체감의 원리가 당시 어떻게 전개되었는

소가 불변일 경우, 이용된 생산요소 중 하나의 양에 동일한 크기의 증분을 추가한다면, 총생산량은 일정한 점 이후 체감하는 비율로만 증가할 것이다. 우리는 이것을 한계생산성 체감이라고 부른다. (2)이용된 생산요소 중 하나의 양에 동일한 증분을 추가한다면, 그 생산요소의 양으로 나눈 총생산량은 일정한 점 이후 감소할 것이다. 우리는 이것을 평균생산성 체감이라고 부른다. (3)다른 모든 생산요소의 동일한 '양'을 토지에 추가한다면, 그 결과로 인한 생산물의 증분은 감소하거나, (4)평균생산물은 감소할 것이다. 이 마지막 두 공준을 우리는 밀의 수확체감(Millian Diminishing Returns)이라고 부르는데, 이것은 다시 앞의 두 경우로 환원된다.

20) Edward West, *Essay*, 1815, § 25; McCulloch, *Principles*, 1825, p.277.

지 살펴보자. 우리가 이미 보았듯이, 이 원리는 『국부론』에서 보이지 않는다. 사실 스미스가 말한 것은 '개량을 통한 진보'가 동일한 사람들이 행할 수 있는 '작업량'을 증가시키는 정도는 "제조업에서보다 농업에서 훨씬 적다"고 했을 뿐이다. 이런 요령부득의 문장은 어떤 때는 진실이고 다른 때는 진실이 아니어서 수확체감과 관계없는 사실을 진술할 뿐이다. 그러나 이 문장은 수확체감에 관한 이후의 주장에 상당한 영향을 미친 견해의 씨앗이 되었다. 위에서 말했듯이, 리카도와 다른 저자들은 수확체감이 작동하는 것은 기술진보에 의해 단절된다는 사실을 인식했으며, 시니어는 이 사실을 강조했다. 표면상 이 사실은 수확체감과 인구압박의 연관성——웨스트 · 리카도 · 맬서스의 경제진화관의 기초——을 끊기에 충분한 것으로 보인다. 그러나 이 결과는 농업에서 기술진보 가능성을 최소화함으로써, 결국에는 시니어에 의해 회피되었다. 스미스의 명제는 농업에서의 기술진보가 수확체감을 극복할 만큼 장기적으로 충분히 강력하지 않을 것이라는 취지, 즉 식량의 한계노동 비용이 단지 '상승하는 경향이 있는 것이 아니라 예측할 수 있는 장래에 실제로 상승할 것이라는 취지의 공준을 사실상 추가함으로써 엄밀해졌다.[21] 그리고 이 예언——이 말만큼 적절한 용어는 없다——은 리카도학파와 대중에게 진정으로 중요한 것이었는데, 이런 예언이 없었다면 수확체감은 본래 형태의 것, 즉 그 자체로서 단지 적당한 실제관심만을 끌어내는 분석도구가 되었을 것이다.

우리가, 다른 선행자들이 있음에도 불구하고, 이 분석도구를 마련했다는 주요공적을 웨스트 경(이 책의 4장 2절 참조)에게 돌리는 까닭은,

---

21) 예상가능한 장래에 상승할 것이라는 점을 강조할 필요가 있는데, 왜냐하면 이것이 그 공준을 실제로 타당하게 만드는 것이었기 때문이다. 리카도와 맬서스가 말하고자 한 바는 어떤 기술진보율에 대해서도 그 개선비율이 얼마든지 간에 이전 단계에 존재했던 것 이상으로 한계비용을 가파르게 상승시키는 정도의 수확체감 없이는 결코 도달할 수 없거나 그럴 가능성이 없는 일련의 유한한 생산량을 인정할 수 있는 것 이상이었다.

내가 아는 한 당시와 이후를 통틀어 지금 막 논의한 '예언'이나 추가공준을 포함해 그 분석도구가 지닌 형식을 창조한 최초의 인물이 바로 그였기 때문이다.[22] 그는 오늘날에 고전이 되어버린 두 경우, 즉 열등지를 경작할 수밖에 없는 데 따른 수확체감과 추가노동이 "이전에 이용한 토지에서와 같은 이익을 [웨스트는 여기에 어떤 일정한 점 이후라는 표현을 추가하지 않았다] 누릴 수 없다"(*Essay on the Application of Capital to Land*, 10절—옮긴이)는 '사실'에 따른 수확체감을 구별한다. 첫 번째 경우는, 웨스트가 탁월하게 보여주었듯이(9절), 열등지를 포함해서 일반화할 수 있는데, 그것은 논리적으로는 평이한 항해로써 어떤 주어진 생산이나 방법을 기준으로 할 때 토지마다 비옥도에서 일정한 차이가 난다는 관찰에 확실히 근거한다.

그러나 이런 수확체감은 우리가 의미하는 것과 거리가 먼데, 우리가 의미하는 수확체감은 웨스트 자신이나 다른 누군가가 일찍이 '법칙'으로 삼은 용법을 필요로 하지도 않고 그 용법에 충분한 것도 아니기 때문이다.[23] 수확체감의 두 번째 경우는 정말 중요한 것으로, (토지에 국한한다면) 다음과 같이 정식화되어야 한다. 즉 일정한 수확을 얻기 위해 일정한 양의 토지에 투입되는 노동(또는 고정된 요소)이 계속해서 동일

---

22) 물론 그가 기본 아이디어를 독자적으로 발견했다는 점에 대해서는 의심할 이유가 없으며, 경제이론과 관련하여 분석도구가 지녀야 할 모든 측면을 처음으로 파악한 인물이었다는 점 또한 틀림없는 사실이다. 따라서 웨스트의 『토지에 대한 자본의 이용』(1815)은, 비록 결점은 있을지라도, 이 분야에서 중요하고 가장 독창적인 성과 가운데 하나로 기록되어야 한다.

23) 그러나 당시와 그 이후를 통틀어 이러한 의미가 영예의 지위를 차지했는데, 이는 스튜어트와 오르테스에게 일어났던 것과 마찬가지였다.(이 책, 1권, 2부 5장 2절 2항 참조—옮긴이) 그 결과 많은 저자는 자신들이 경제영역에서 어떤 지대도 지불할 수 없을 만큼 척박한 토지가 필요하지 않다는 점을 지적함으로써, 모든 토지가 질적으로 동등하다면 리카도가 말하는 지대는 없을 것이라고 생각함으로써 웨스트-리카도의 지대이론을 반박하고 있다고 생각했다. 심지어 멩거조차도 이렇게 주장했다. 그러나 이러한 주장은 리카도의 텍스트에도 어느 정도 책임이 있다. 왜냐하면 리카도는 부주의하게도 비옥도의 차이를 지대가 발생하는 조건의 하나로 삼았기 때문이다.

한 크기만큼 증가된다고 할 때, 다른 요소들이 정확히 불변이라면 어떤 점을 지난 이후 생산물의 증가분은 단조적으로 감소하여 결국 0이 될 것이다. (그리고 더 많은 요소가 이후에도 계속 투입된다면 증가분의 절대적 크기는 마이너스가 될 것이다.) 비록 엄밀함이 떨어지기는 했지만, 바로 이 점을 표현했던 것이 리카도의 업적이다. 웨스트 또한 이런 의미를 염두에 두었던 것이 틀림없는데, 『토지에 대한 자본의 이용』에서 그가 타당하다고 본 것은 바로 이것이기 때문이다. 그러나 그의 용어사용은 분명하지 않고 요령부득이어서, 문자 그대로 해석하면 한계수확 체감의 '법칙'이라기보다 평균수확 체감의 '법칙'이 될 것이다. 그리고 이후 대다수 저자가 정식화한 것은 평균수확 체감의 법칙으로, 이들은 이 법칙과 한계수확 체감의 법칙을 혼동했거나 평균수확 체감의 법칙을 더 중요한 것으로 잘못 생각했음이 틀림없다.[24] 이것은 마셜에게도 해당되는데(*Principles*, Book IV ch.3, § 1), 그는 시니어와 거의 마찬가지로 '수확체감 경향의 법칙이나 진술'이라는 용어를 사용했다. 이 개념들이

이런 의미의 수확체감이 크게 문제되지 않는 것처럼 보이지만, 그런데도 그것은 반대론에 부딪혔다. 케어리의 주요한 반대론은 단지 하나의 예에 불과하지만 주목할 만하다. 〔이 각주는 여기서 미완성인 채로 끝난다.〕

24) 예를 들어 시니어는 다음과 같이 말한다. "농업기술이 일정하다면, 주어진 지역 내의 토지에 이용된 추가노동은 점점 더 적게 생산한다. 아니 다른 말로 표현하자면, 비록 투하된 노동이 모두 증가해서 총수확이 〔무한정?〕 증가하더라도 그 수확의 증가는 노동의 증가에 비례하지 않는다." 여기서 본질적으로 양적 명제의 진술이 말하는 문자 그대로의 의미는 항상 의심스럽다. 그러나 내가 생각하기에, 이 문장의 두 부분은 다음과 같은 의미를 전하려는 것이다. 총수확을 y, 총투하노동을 x로 표시할 때, 추가노동 Δx는 평균수확에 관한 명제가 $\frac{y + \Delta y}{x + \Delta x}$ ($\frac{y}{x}$로 표현되도록 추가생산물 Δy를 생산할 것이다. 이후 뵘-바베르크와 같은 저명한 저자도 방심해서 평균수확과 한계수확을 분명 혼동했으며(그러나 그의 실제저작에서 그런 것은 아니다), 이 때문에 칼 멩거(Karl Menger, 경제학자 Carl Menger의 아들)에게서 비난을 받았다. 이것은 논리학자의 반역행위를 밝히기 위해 쓴 한 논문에서 이루어졌는데, 이 논문은 자신의 논리적 책임을 심각하게 받아들이고 싶어하는 경제학자들에게는 매우 유익한 것이며, 비록 멩거 자신이 세심하게 지적한 것처럼 거기서 나타난 논리적 엄격성이 예증을 위한 것일 뿐 두 개념의 실제적용에 대한 중요성 때문은 아닐지라

같지 않다는 점과 모든 극대문제에 필요한 것이 한계개념이라는 점을 에지워스가 1911년 지적할 때까지 분명하게 밝혀지지 않았다. 그러나 사람들이 지닌 건전한 직감 때문에 이런 혼동은 실수를 낳지 않았다. 그런데도 내가 이것을 보고자 하는 주요 이유는, 물리적인 수확체감이라는 생각이 실제로는 명확히 극복된 것이 아니었고 한계생산성 이론을 직접 유도하지 않았으며, 오히려 한계생산성 이론이 완전히 별개의 역사를 가졌기 때문이다.

수확체감의 '법칙'은 물론 하나의 경험적 진술로서, 더 세심한 관찰을 통해서만 확증하거나 반박할 수 있는 관찰된 사실로부터 일반화된다. 여기서 흥미롭게 기록하고 싶은 것은, 이론가들은 거의 만장일치로 이 점을 받아들이지 않으려 했다는 점이다. 이론가들은 계속해서 논리적으로 선행하는 것으로부터, 또 그들이 생각하기에 더 명백한 가정으로부터 경험적 진술을 '증명'하고자 시도했다. 이것은 사실상 (수확체감의 — 옮긴이) '법칙' 자체보다 더 단순하게 고려될 수 있는 가정에서 나오는, 이미 살펴본 평균수확 체감의 '법칙'에도 해당한다.[25] 더욱이 이 '법칙'

___

도, 연구를 위해 강력히 추천하고 싶다.(Karl Menger, "Bemerkungen zu den Ertragsgesetzen"과 그 속편, *Zeitschrift für Nationalökonomie*, March and August 1936.) 이 책(멩거의 저작 — 옮긴이)에서 언급된 에지워스의 결정적인 기여에도 불구하고, 이러한 문제가 멩거의 논문이 등장할 때까지 충분히 해결되지 않았다는 것은 이상한 일이다. 따라서 그 문제를 푸는 데 시간이 1815년에서 1936년까지 걸렸고, 어떤 문제가 한 사람의 뛰어난 수학자의 관심을 끄는 운 좋은 기회를 맞이하는 데 훨씬 더 긴 시간이 걸릴지도 모른다니 이상한 일이다. 이런 사실은 전문가들이 이론에 너무 관심을 기울인다고 몇몇 경제학자에게 제기하는 불만이 얼마나 정당한지를 보여준다.

25) 이 점은 카를 멩거(앞의 책, 48쪽 이하)가 뵘-바베르크와 빅셀에 의해 제시된 비슷하지만 동일하지는 않은 증명을 논의하면서 이루어졌다. 이들 증명은 그 저자들이 명백히 성취하고자 원했던 것, 즉 수확체감의 법칙 자체는 '수학적 필연성의 정리'라는 주장을 입증하지는 못했다. 그러나 그 저자들은 위에서 진술한 의미에서 평균수확 체감의 법칙이 존재한다는 것을 증명했다. 따라서 이들 증명은 이전에 제시된 몇몇 증명보다 훨씬 우월했는데, 그중 가장 초보적이고 언뜻 보기에 가장 그럴듯한 증명은 어떤 최우등지 이외의 경작이라는 단

또한 우리가 누구도 감히 도전할 수 없는 가정을 추가한다면, 한계수확 체감의 '법칙'에서 나온 것이다. 그러나 한계수확 체감의 '법칙'은 우리가 그 증명을 진부한 것으로 치부하는 가정을 더 이상 도입하지 않는 한, 그렇게 유도될 수 있는 것이 아니다.[26]

2절 가치

우리가 여러 통로를 거치면서 본 것처럼, 가치의 문제는 합리적 도식을 갖고 작업하는 어떤 순수이론에서든 주요한 분석도구로서 항상 중추적 지위를 차지해야 했다.[27] 이것은, 주저하는 사람도 일부 있었지만,

---

순한 사실—왜냐하면 만일 최우등지에서의 추가적인 투자에 대한 수확이 감소하지 않는다면 왜 사람들이 열등지에 의존해야 하는가라는 이유 때문에— 이 (수확체감의 법칙을 증명하는 데—옮긴이) 필요한 모든 것이라는 잘못된 신념에 근거했다. 이러한 주장 가운데 일부는 또한 멩거에 의해 분석되었는데, 더욱이 그는 이 책의 다음 문장에서 진술될 정리의 정확한 증명(43쪽)을 제공하기도 했다. 지면관계상 더 이상 논의하지는 못하지만 꼭 언급하고 싶은 것은 뵘-바베르크와 빅셀의 증명은 토지와 이용된 '자본'이나 노동이 두 배가 된다면 기껏해야 생산물이 두 배가 될 뿐이라는 것(즉 '규모의 경제'의 부재)을 필요로 한다는 점이다.

26) 따라서 사실탐구는 한계수확 함수의 특수한 형태를 발견할 뿐만 아니라 그 기본성질을 확인하기 위해서 필요하다. 다수의 이런 탐구는 브라운(E.H. Phelps Brown)의 보고서("The Marginal Efficiency of a Productive Factor", *Econometrica*, April 1936)에 요약되어 있다. 특수한 형태 역시 식물생리학에서 나온 가설로부터 파생되었다. 이에 대해서는 다음을 참조. E.A. Mitscherlich, "Das Gesetz des Minimums und das Gesetz des abnehmenden Bodenertrages", *Landwirtschaftliche Jahrbücher*(1909).
어쨌든 빅셀이 '토질의 법칙'의 타당성이 '실험적' 증명을 필요로 하지 않는다고 생각한 것은 확실히 잘못이었다. 왜냐하면 평균수확의 경우에서조차 여전히 앞의 주에서 언급했던 동차성 가정이 검증될 필요가 있기 때문이다. 그러나 빅셀이 잘못을 범했다고 잘못된 방법에 의해 '법칙'을 공격한 바터슈트라트(F. Waterstradt)에 대한 빅셀의 반비판은 옳았다. (두 논문은 각각 1906년과 1909년 『뛰넨 아카이브』*Thünen Archiv*지에 실렸다.)
27) 우리는 또한 모든 이론이 이렇게 되지 않는다는 점을 알고 있다.

당시 모든 경제학자——세 못지않게 마르크스도——에 의해 다소간 인식되었다. 이와 반대되는 인상은 어떤 것이든지 간에 주로 순수이론과 다른 것, 특히 경제생활의 제도적 측면에 대한 경제학자들의 선입견에 기인한다. 분석적 노력이 모아졌던 가치는 교환가치였다. 밀은 당시 지배적인 관행에 최종결론을 내렸을 뿐인데, 그는 가치라는 용어가 경제이론에서 본질적으로 상대적이고 단지 어떤 두 가지 상품과 서비스 사이의 교환비율을 의미할 뿐이라고 역설했다. 마찬가지로, 가격이라는 용어는 어떤 상품이나 서비스의 (임의적인) 단위와 화폐로 선택된 재화 사이의 교환비율을 의미했을 뿐이다. 우리 역시 밀의 가르침을 이후 많이 논의된 태도의 전형으로 받아들일 것이다. 이 시기 내내 진정 중요했던 문제는 교환비율이나 가격관계(상대가격)를 설명하는 것이었다. 화폐가격(절대가격)은 부차적인 중요성을 지닌 문제로 취급되었는데, 이는 화폐에 관한 장에서 별도로 다룰 것이다. 이제 가치는 하나의 비율이기 때문에 모든 가치가 동시에 증가하거나 감소할 수 없음은 당연하다. 또한 부 전체를 구성하는 모든 서비스(또는 모든 부)의 총가치와 같은 문제는, 리카도와 마르크스가 이에 대해 다른 관점을 취했지만, 존재하지 않게 되었다.

어느 누구도 교환비율이나 상대가격만으로 가격체계에 대한 기본분석을 행하는 것이 실제로 가능한지, 받아들여질 수 있는지와 같은 이론적 질문을 제기하지 않았다. 물론 이론적 질문이 제기되지 않았다는 것은 현실화폐(즉 계산단위를 제공할 뿐만 아니라 현실적으로 유통되며, 게다가 '가치저장'으로도 기능하는 화폐)의 등장이 교환비율 자체의 결정이나 경제과정을 이해하는 데 중요한 어떤 것에 영향을 미치지 않는다는 점을 의미한다. 아니 똑같은 것을 일상적인 방식으로 풀어 말하면, 이론적 질문이 제기되지 않았다는 의미는 화폐가 기본적인 것이 문제될 때는 언제나 무시될 수 있는 사실상 단순한 기술적 도구에 불과하며, 기본적인 것 배후에 존재하는 특징을 발견하기 위해 제거되어야 하는 베일이라는 것이다. 다른 말로, 물물교환 경제와 화폐경제 사이에 본질적인 이론적[28] 차이가 없다는 것을 의미한다. 어느 누구도 이것을 증명하려고 진지하게 노력하지 않았고, 심지어 이런 절차의 타당성을 확립하기 위해 그렇게 할 필요성도 깨닫지 못했다.[29] 이런 노력은 우리 시대에 와서야 비로소 나타났다. 당분간 우리는 이렇게 '실물'분석만을 강조하는 견해가, 비록 나중에 높은 수준의 과학적 엄밀성을 보인 분석상의 발전단계에 도달했을 때 부적절한 것으로 밝혀지더라도, 우위를 차지할 수 있었다는 점에 일단 주목해보자. 이런 견해는 갈팡질팡하는 초보적 오류에 대처하는 데 기여했다. 또 개념과 관계를 명확히 하는 데도 도움을 주었다. 이런 견해는 당시 주장될 필요가 있었고, 아마 이후 다시금 그렇게 될지도 모르는 관점의 정당성을 보여주는 것이었다.

그러나 당시 경제학자들은 유통수단 없는 경제의 (가치―옮긴이) 결정문제를 증명하려고 진지하게 노력조차 하지 않았다. 발라 이전에 이런 종류의 체계적인 노력은, 쿠르노의 경우가 있었지만 별 영향력이 없었기 때문에, 없었다고 말해도 무방하다.(이 책, 3권, 4부 7장 참조) 그러나 다른 경우와 마찬가지로 이 경우, 즉 다른 과학에서와 마찬가지로 경제학에서 우리는 사물에 내재하는 논리를 직관적으로 아는 것이 실제의 증명을 뛰어넘는 것임을 알고 있다. 앞선 시기의 지도적인 이론가들처럼 '고전파'는 이제 우리가 경제균형이라고 부르는 것이 존재함을 지각했고, 그 존재를 증명하려고 노력하지는 않았을지라도 다르지만 비슷한 조건의 사업분야에서 '이윤'이 대체로 동등해지는 경향이 있다는 점과 같은, 어떤 경험적 규칙 속에서 자신들이 직관적으로 안 것을 구체화하면서, 경제균형을 이를테면 그럴듯한 것으로 만들었다.[30] 우리는 비

---

28) 물론 실제로 어느 누구도, 기술적 도구가 혼란을 일으킬지도 모르기 때문에, 사회의 화폐와 신용체계가 항상 경제과정에 상당한 차이를 초래한다는 점을 부인한 적이 없었다.

29) 그러나 밀, 『정치경제학 원리』, 3부 26장 참조.

30) 그들이 같은 시기와 같은 장소에서 상이한 직업에서 벌어들인 수익률의 차이에 대해 관심을 기울인 것―이에 대한 논의는 스미스 이래 모든 텍스트에서 상업의 일부 주제였다―은 주로 평등이라는 기본가정을 지키고자 하는 욕망에 의

숫한 명제를 순수익 극대화 원리에서 도출하고, 이 원리를 다시 대체성의 원리와 연결시킨다. '고전파'는 대체성의 원리를 갖지 못했다[31]고 평가된다.[32] 이것은 사실이며, 그래서 이것이 고전파의 분석장치 가운데 가장 심각한 결점 중 하나인 것은 확실하다. 그러나 고전파가 이것을 명시적으로 정식화하거나, 체계적으로 응용하지 않았다고 해서, 이것을 완전히 몰랐다고 할 수는 없다. 고전파는 개별적으로 이것을 이용했다. 그리고 자기들이 말한 몇몇 명제에는 이것이 함축되어 있다.

1. 리카도와 마르크스

우리가 말하는 가치이론은, 교환가치를 가지고 있는 대상을 설명하는 요소, 엄밀하게 동일한 것은 아니지만, 가치를 '규제'하거나 '지배'하는 요소를 지시하는 시도를 의미한다. 리카도부터 시작해보자. 우리가 기억하기로, 스미스에게는 세 개의 다른 가치이론이 있다. 그가 비버와 사슴을 예로 든 노동량 이론, '노동과 고통'에 준거해서 전달한 노동–비효용 이론, 그가 실제로 분석의 중심에서 이용한 비용이론이 그것이다. 게다가 우리는 또한 그가 상품가치를 표현하는 상대적으로 안정된 단위(*numéraire*)로서 노동을 ('곡물'과 함께) 제시했다는 것을 알고 있다.[33] 리카도는 자신의 이론작업을 스미스의 『국부론』 연구에서부터 시

해 자극되었다.

31) 위에서 지적한 것처럼, 시니어는 극대화 원리를 명시적으로 언급했다. 그러나 또한 이미 지적했듯이, 그나 다른 어느 누구도 그것을 충분히 이용하는 법을 알지 못했다.

32) G.J. Stigler, "Stuart Wood and the Marginal Productivity Theory", *Quarterly Journal of Economics*, August 1947, p.647 참조.

33) 이런 역할을 위해 노동을 선택하는 것—예컨대 사실이든 아니든 상관없이 1인 1시간의 (노동량의—옮긴이) 의미가 금 1온스의 의미보다 덜 변화한다는 것을 근거로—은 노동가치론을 채택하는 것과는 하등의 관계가 없다는 점을 지나치게 자주 반복할 필요는 없다. 예컨대 맬서스는 노동가치론의 반대자였다. 그러나 그는 가치를 표현하기 위해('가치척도'를 위해) 노동일을 제시했다. 이것이 아주 분명할지라도, 다시 강조할 만한 가치가 있는 것은 리카도와

작하면서, 그가 논리적 혼동이라고 올바르게 느꼈던 것에 만족하지 않고 비버와 사슴의 예로 제시된 노동량[34] 가치론이 노동 이외의 다른 희소한 생산요소가 없는 '초기' 조건에서뿐만 아니라 일반적으로 다른 희소한 생산요소도 존재하는 모든 조건에서 채택되어야 할 유일한 이론이라고 결론지었다. 그의 (『원리』—옮긴이) 첫 번째 장은 이런 생각을 전달하려는 시도였다. 그는 분명 스미스의 비용이론을 논리적으로 불만족스러운 것(아마도 순환적인 것)이라고 생각했다. 그는 노동-비효용 이론을 무시했는데, 그에게 이것은 아마 노동량 이론과 다르지 않은 것으로 보였기 때문이었을 것이다. 그래서 계속 그는 스미스가 노동량 가치론으로부터 일탈한 것에 반대하는 자신의 주장과 가치척도로서 노동을 선택한 스미스(와 맬서스)에게 반대하는 주장을 혼합했다.[35] 논의를 더 진척시키기 전에 먼저 나는 앞으로 마주칠 이런 어려움을 제거하고 싶다.

두 측면이 구별되어야 한다. 한편으로 리카도는 다른 모든 사람처럼 그 단위가 다른 상품의 교환가치의 변동을 측정하는 불변의 기준이 될 수 있는 교환가치인 상품이 존재할 수 없다(노동은 또 다른 상품에 지나지 않는다)는 사실을 당연히 깨닫고 있었다.(*Principles*, ch.1, §6) 다른 한편으로 리카도의 노동량 가치론은, 곧 논의되겠지만 당분간 무시된 유보조건 때문에, 항상 이런 변동을 측정하는 방법을 제공해주는 것처럼 보인다. 노동 한 단위의 교환가치가 불만족스러울 수밖에 없는 경우, 노동단위 자체——이 이론에 따르면 한 상품에 투하된 노동의 크기가 상품의 가치를 '지배'하기 때문에——는 결국 교환가치의 척도를 갖기 위해 진정으로 필요한 것이었다. 현재 우리가 무시하고 있는 유보조건을 감안할 때, 적어도 이론적으로 불변의 가치인 상품을 얻기 위해 필

같은 일급 이론가조차 이런 두 가지 것을 매우 자주 혼동했기 때문이다.

34) 이것은 한 상품에 '투하'(embodies)된 노동량을 의미한다.

35) 이것은 한 상품이 시장에서 '지배'(commands)하는 노동량을 의미하는데, 일반적으로 '투하노동'(labor embodied)과 다르다.

요한 것은 항상 동일한 노동량이 투하된 어떤 것을 상상하는 일이었다. 그런 상품이 이제 다른 모든 상품의 상대가격 변동을 측정하는 안정된 잣대를 제공한다. 리카도가 숫자 예를 든 파운드와 실링은 그런 상품을 상징하는 것으로 이해되어야 한다.[36]

이런 논리적 곡예가 함축하는 바를 알아채는 것은 아주 중요하다. 이런 곡예에 힘입어 상품은 비교되고 더해질 수 있으며 동시에 증가하기도 하고 감소하기도 하는 절대가치를 얻었지만, 교환가치가 단순히 교환비율로 정의되는 한 그 자체는 (측정―옮긴이) 불가능한 것이다. 이것이 바로 마르크스가 리카도의 가치론에 대해 그토록 만족스러워했던 것이다. 그러나 리카도는 자신의 생각을 완성하는 데 실패했다. 더욱이 그는 자신의 개념을 실질가치(Real Value)라는 용어로 정의함으로써 훨씬 더 불필요한 혼동을 야기했다. 우리가 생각하는 이 용어의 의미는 구매된 재화로 표현된 화폐량의 가치를 말하는 것으로, 이것은 당시 통용되고 있었으며, 사람들은 다른 사람들이 (재화의 양 자체가 증가한다면) '실질'임금이 상승한다고 말할 때 오히려 그것이 (우리가 의미하는 실질임금을 구성하는 재화에 투하된 노동량이 예컨대 기술개선 때문에 감소한다면) 하락하게 된다는 리카도의 용법에 당혹했다.

또 다른 측면을 언급해야 하는데, 이것은 주로 상대적 몫과 관련된 리카도의 분배이론, 특히 "이윤이 하락하지 않고는 노동가치[리카도가 말하는 실질임금]가 상승할 수 없다"는 그의 유명한 정리를 이해하는 데 매우 중요하다.(*Principles*, ch.1, § 4 참조) 이 정리의 진정한 의미는 나중에 논의될 것이다. 그러나 방금 인용된 곳에서, 리카도는 이 정리

---

36) 리카도는 길이가 길이의 단위로 표현되듯이 가치가 가치의 단위로 표현되어야 한다는 드트라시의 가르침을 이처럼 수행하면서 어느 정도 만족했다. 그러나 이 점에서 그는 오류를 범했다. 우리가 드트라시의 가르침을 어떻게 생각하든, 약간만 생각해보면 리카도가 그것에 만족하지 않았고 오히려 언어적인 속임수, 즉 물리적 노동시간에 의해 측정한 가치 자체는 노동시간이 아니라는 것(비록 마르크스의 경우는 그러했지만)에 의해서만 그것에 만족했음을 알게 될 것이다.

를, 만일 생산물이 자본과 노동 사이에서 분배된다면 "노동에게 돌아가는 몫이 커질수록 자본에게 남아 있는 몫은 점점 작아진다"——이것이 사실상 제임스 밀과 이후의 많은 해석자(예를 들면 바그너A. Wagner)가 이해한 방식이다——고 설명함으로써 상투적인 것으로 만들었다. 어떻게 이것이 가능했을까? 분명 리카도는, 이 구절을 썼을 때, 상대적 몫이란 항시 절대적 몫으로 투하된 노동시간 사이의 관계로 표현된다고 생각했다. 그러나 이것은 사실이 아니며, 일반적으로 이용된 총노동량이 일정할 경우에만 타당할 뿐이다.(이런 혼동에 대해서는 캐넌, 앞의 책, 341쪽 이하 참조.)

그런데 리카도는 자신의 책 첫 쪽에서, 효용이란 교환가치(exchangeable value)가 나타날 수 있는 필요조건이며, "효용을 갖고 있는 상품은 자신의 교환가치를 두 가지 원천, 즉 희소성과 그것을 획득하는 데 필요한 노동량으로부터 이끌어낸다"라고 말한다. 희소한 상품과 노동에 의해 그 양이 증가될 수 없는 상품을 비논리적으로 동일시하고 그것들을 예외적으로 드문 경우로 생각한 리카도는, 인간의 근로로 증가시킬 수 있는 범주의 상품에 눈길을 돌린다. 나는 여기서 이런 출발점이 지닌 모든 결점을 지적할 만한 여유가 없으며(독자들은 좀더 살펴보아야겠지만), 이제부터 리카도 가치이론의 중심정리, 즉 (리카도가 명시하지 않은) 완전경쟁이라는 조건에서 상품의 교환가치는 그것에 포함되거나 투하된 노동량에 비례할 것이라는 정리에 대해 살펴볼 것이다.

『국부론』에서 비롯된 이 명제(리카도는 특히『국부론』1부 5장을 참조했다)에 대해 첫 번째로 관찰해야 할 것은, 이 명제 자체가 위에서 정의된 의미의 가치이론이 아니라는 점이다. 이러한 이론은 리카도의 다음 문장, 즉 "이것(이용되거나 투하된 노동—J.A.S.)은 모든 교환가치의 진정한 기초다"라는 문장에 담겨 있다. 문제가 되는 이 명제는 완전균형에서만 타당한, 가치에 관한 정리다. 이 점에 대해 리카도는 완벽하게 깨닫고 있었다. 그리하여 그는『원리』4장과 30장에서 캉티용-스미스의 시장가격에 관한 개념을 다루었는데, 독점상품의 가격처럼 수요와 공급에 의한 가격결정이 투하된 노동량에 의한 가격결정과 완전히 다르고 양립이 불가능하다는 듯이 시장가격이 수요와 공급에 의존하는 것으로 설명했다. 그러나 그는 명시적인 완전균형의 개념을 충분히 파악하지 못한 채, 자신의 노동량 법칙이 자연가격으로, 즉 일시적인 교란에 따른 변동이 잠잠해졌을 때 마침내 지배하게 될 상대가격으로 연결된다고 말한다. 리카도의 법칙과 추론 일반에 대해 해석자들만이 아니라 리카도 자신까지 '추상적'이고 기본적이거나 장기적인 경향만을 바라본다고 말했던 이유는 바로 여기에 있다. 리카도는 마셜의 용어인 장기 정상(Long-Run Normal)이라는 말을 사용하지 않았지만, 그러한 생각을 갖고는 있었다.

두 번째로 관찰해야 할 것은, 노동——그것도 동종동질의 노동——이 생산의 유일한 필요조건이라면 우리가 말하는 정리는 (완전경쟁의 완전균형에서) 타당할 것이라는 점이다. 그렇다면 우리가 말하는 정리는 이후 좀더 일반적인 한계효용 이론의 특수한 경우라고 할 수 있을 것이다.[37]

그래서 리카도의 노동량 법칙에 대해 세 번째로 관찰해야 할 것은 특수한 경우에만 타당한 결론——그는 이것을 증명한 적이 없다——을 일반화하는 과정에서 겪은 어려움을 그가 극복하려고 노력한 방식이다. (『원리』—옮긴이) 1장의 나머지(2~7절)는 그의 균형가치의 노동량 법

---

37) 이 점을 보기 위해서는, 비록 그 정리가 '고전파'의 추론의 단편에서, 특히 '고전파'가 이윤율 균등의 '법칙'을 이용할 경우 흔히 함의되는 것이기는 하지만, 한계효용 이론의 범위 내에서 합리적으로 연역된 정리에 준거하면 충분할 것이다. 이 정리는, 균형에서 모든 요소가 그 가능한 용도에 배분되고, 이때 이들 모든 용도에 사용된 각 요소의 최종증가분이 동등한 가치를 지닌 생산물의 증가를 낳는 방식으로 될 것이라는 점을 말한다. 만약 생산물이 비버와 사슴이라면, 그리고 만약 노동이 그것들을 죽이기 위해 필요한 것이라면 사냥시간당 죽은 비버는 사냥시간당 죽은 사슴과 같은 가치여야 하고, 따라서 비버는 그것들을 죽이는 데 정상적으로 소요된 시간에 반비례해서 사슴과 교환될 것이다. 그러나 이것은, 만일 다른 희소한 요소가 존재한다면, 같은 이유로 거짓일 수 있는 리카도의 정리가 된다.

칙이 일반적으로 올바른 것은 아니지만 완전경쟁의 전 영역을 통해 수용할 수 있는 근사치라는 점을 보여주려는 시도였다. 그러나 1장은 희소한 자연적 생산요소의 존재 때문에 생기는 근본적인 어려움을 다루지 않았다. 이런 자연요소를 가치문제로부터 제외하는 것은 2장에 남겨졌다. 이에 따라 우리도 당분간 이 요소를 무시할 것이다.

물론 리카도는 그 양이 가치를 '지배'하거나 '규제'하는 노동은 일정한 시간과 장소에서 노동자가 정상적으로 행하는, 바로 그 수준보다 더 효율적이지도 덜 효율적이지도 않은 성질의 것이어야 하고, 이 노동은 지배적인 기술적 합리성 기준에 따라 이용되어야 한다는 점 ——이것은 마르크스가 세련화시킨 것이다—— 을 알고 있었다. 마르크스의 용어를 빌리자면, 이 노동은 사회적 필요노동이어야 한다. (사회적 필요노동을 구하기 위해서는-옮긴이) 교사의 노동을 포함해서 숙련을 획득하는 데 소요되는 시간을 계산해야 하고,[38] '그런 노동[직접적으로 이용된 노동—J.A.S.]이 지원되는 수단, 도구, 건물에 투하된 노동' 또한 계산해야 한다.(3절) 그러나 자연적 숙련이나 그 자체가 노동에 의해서 획득되지 않은 숙련요소들은 어떠한가? 위에서 주목한 18세기의 전통에 따라, 리카도는 이런 요소들의 의미에 대해 많이 생각하지 않았다. 그밖의 점에 대해서는 스미스가 한 것처럼, 시장 메커니즘에 의지해 (자연적) 성질이 상이한 노동을 평가하는 척도를 결정하고, 그 척도에 의해 한 시간의 우월한 노동이 정상적인 노동시간의 배수로 표현될 수 있다고 생각했다. 즉 '보석공의 작업'이 '보통노동자'보다 시간당 두 배의 임금을 받는다면, 보석공의 한 시간 노동은 보통노동자의 두 시간 노동으로 간단히 계산될 것이라고 생각했다. 이런 관계는 해마다 크게 변하지 않기 때문에, "단기간에는 상품의 상대적 가치에 별다른 영향을 미치지 않는다."[39] 이것은 그럴 수도 있고, 그렇지 않을 수도 있다. 그러나 주목해야 할 사

---

38) 리카도는 이 점을 명시적으로 말하지 않았다. 그러나 이와 같은 의미에서 그를 해석하는 편이 공정할 것이다.

항은, 노동량 법칙을 해명하는 논의과정에서 이렇게 시장가치——어떤 노동량에 의해서도 명백히 결정되지 않는——에 호소하는 것은, 노동량 법칙의 승인 여부와 상관없이, 엄격한 논리에서 보면 노동량법칙의 포기를 의미한다는 점이다.

그러나 노동량 원리의 실패에 대한 인식은 4절과 5절에 나와 있다. 거기서 리카도는 상품의 상대적 가치가 그 상품에 투하된 노동량에 의해서만 '지배'되는 것이 아니라 그 상품이 '시장에 나올 때까지 반드시 거쳐야 되는 시간의 길이'에 의해서도 지배된다는 사실에 직면했다. 이와 관련된 그의 주장을 요약하면 다음과 같다. 즉 '노동을 지원하는' 자본과 '도구, 기계, 건물에 투자된' 자본 사이의 불균등한 분할 그리고 후자의 불균등한 내구성이나 전자의 불균등한 회전율——이것들은 이미 논의된 사실이다——은 단지 생산물이 생산과정에 모습을 드러내는 시간 요소(의 차이—옮긴이) 때문에 생산물의 상대적 가치에 영향을 미친다.[40] 이것들은 단지 자본재에 투하된 (아마도) 동등한 노동량의 투자 기간의 차이를 의미하거나 (리카도가 생각한 상식적인 실업계의 사실을 아주 숨김없이 나타내자면) '자연적' 가치, 즉 균형가치에 영향을 미친다는 점에서 논리적으로 노동량과 동등한 운영비용(carrying charge) 규모의 차이를 의미하는 것에 불과하다.

그래서 비밀이 풀렸다. 리카도는 노동량이 여전히 상대적 가치의 가장 중요한 요소라고 지적함으로써 자신의 기본구상이 입을 손상을 최소화하고자 했고, 이것이 바로 앞서 우리가 그의 정리를 근사치라고 묘사했던 이유다. 이렇게 묘사하는 것이 다른 경제학사 연구자들에 의지해 리카도의 생각을 해석하는 것보다 공정한 것 같은데, 이들은 마셜의 영향 아래 리카도가 '사실상' 생산비 가치론을 주장했다고 말하길 좋아한

---

39) 리카도가 장기현상에 대해 공공연히 주장하면서도 이 경우에는 단기적인 주장을 이용한 것을 조금도 후회하지 않았다는 것에 주목하는 것은 어느 정도 흥미로운 일이다. 이것은 리카도의 극단적인 부주의함을 보여주는 또 다른 예다.
40) 일단 이것이 리카도와 뵘-바베르크를 연결하는 중요한 고리임에 주목하자.

다. 리카도가 산출된 이윤요소와 노동량 요소를 조정함으로써 (자신의 주장을─옮긴이) **효과적으로** 끝맺은 것은 사실이다. 때로는 (그의 책 『원리』, 30장 첫 문장을 보면) 그가 (산출된 이윤요소를 분명 포함하는) 생산비를 가치의 '궁극적 규제자'로 삼은 것 또한 사실이다. 그러나 이것이 모두 사실이라 하더라도, 그의 설명은 당시 유행하던 견해를 우회적으로 진술한 방식에 불과했다고 말해도 좋을 것이다. 그가 그토록 완강히 지키고자 싸웠던 것이 무엇이고 계속된 논쟁이 무엇에 관한 것인지를 판단하기는 어려울 듯싶다.

그가 이용된 노동이 산출된 이윤보다 무언가 더 근본적이고 중요하다──물론 이는 잘못된 것이다──고 믿었던 점을 인식하기만 하면, 우리는 그가 모든 산업에서 자본의 구조가 매우 유사하다는 가정 아래 자신의 가치이론을 먼저 도입하게 된 이유를 이해할 수 있다. **그렇다면** (그가 자연적 요소의 영향을 제외한 것을 받아들이면) 이용된 노동량의 관계가 상대적 가치를 '규제'할 것이라는 사실로부터 그가 이끌어낸 위안은 당연히 완전한 착각이다. 논리적으로 말하면, 이용된 노동량이 동등하다면 상대적 가치를 규제하는 것은 자본의 구조나 '시간'이라고 말하는 것도 당연히 받아들여야 할 것이다. 그러므로 리카도는 생산비 가치론이 진리가 아니기 때문에 노동량 가치론이란 명제가 바로 진리라고 생각했음이 틀림없다. 그리고 나에게는 근사치라는 말로 그 특징을 표현한 우리의 해석이, 정서(emotionalism)나 철학적 선입관으로부터 완전히 자유로운 (리카도 같은─옮긴이) 저자에게 가장 분명히 들어맞는 것처럼 보인다.

그러나 또 다른 점을 언급해야 한다. 리카도는 (『정치경제학과 과제의 원리』─옮긴이) 1장 4절과 5절에서 운영비용이 상대적 가치에 영향을 미친다는 **사실**을 인식했다. 그는 또한 이런 사실이 가져올 몇 가지 결과를 정식화했다. 그러나 그는, 말하자면 어깨를 으쓱거리며 그렇게 한 것이었을 뿐, 우리가 "이윤이란 유보된 시간에 대한 정당한 보상"이라는 구절을 이런 설명의 증거로 받아들이지 않는 한, 이것을 **설명**하고자 시도한 것은 조금도 아니었다. 다른 곳에서와 마찬가지로 여기서 그는 사태의 표면을 맴도는 데 만족했다. 그러나 그는 저서 전체를 통해 자신의 가치이론의 최선봉으로 애용했던 명제, "노동임금의 변화는 상품〔……〕의 상대적 가치를 변화시킬 수 없다"라는 명제에 대해 (운영비용이 상대적 가치에 영향을 미친다는—옮긴이) 자신의 용인이 어떤 결과를 초래할지 진지하게 고민했다. 원리상 이런 용인 역시 포기되어야 마땅하다.(5절 마지막 문단을 보라.) 그러나 실제로 이런 용인은 계속 유지되었는데, 내가 가능한 한 그에게 공정해지기 위해 한마디 말한다면, 하나의 근사적 진리로 유지되었다고 말하겠다. 이런 용인의 효과는 다음과 같은 특수한 정리에 한정된다. 가령 임금이 오른다면, 그 생산에 '고정자본'이나 내구성이 높은 '고정자본'이 주로 들어가는 재화의 상대가격은 하락할 것이고, "가격의 평가가 되는 수단보다 적은 고정자본이나 내구성이 덜한 고정자본을 이용해[41] 주로 노동에 의해 생산되는" 재화의 상대가격은 '상승할 것이다'. 이 명제를 우리 시대에는 리카도 효과라고 부르는데, 이것은 사람들이 그 함의를 받아들이고 싶지 않은 어떤 것을 마지못해 용인하는 이상한 우회방식이다.

제임스 밀, 드 퀸시, 매컬럭 같은 리카도학파가 리카도의 가치론과 그 이론이 초래한 사이비 문제를 다루었던 방식을 묘사하기 위해 지면을 할애할 필요는 없다.[42] 그러나 리카도 반대자들의 기여와 밀의 어중간

---

41) 이것은 옳다. 마르크스는 이것을 총자본의 **평균** 구성으로 대체했는데, 이는 잘 못이다.

42) 그러나 매컬럭이 리카도의 노동량 정리를 일반화하는 데 이용한 도구를 잠시 주목해보자. 리카도의 관점에서 볼 때, 주요난점이 시간요소와 관련되어 있다는 점을 인식한 매컬럭은 내구자본재에 투하된 노동량이 그 자본재의 내구연수 동안 계속 노동을 이용할 수 있다고 판단했다. 이에 대해 거친 비판자들은 순전히 언어상의 편법이고 부적절한 것이라고 말했다. 그러나 이런 견해 속에서 노동량 이론을 철회하고 생산물 가치를 창조하는 데 도움을 주는 생산'요소'나 서비스의 다양성을 인정하는 특수한 방식을 보는 것도 가능하다. 우리가 이런 측면에서 매컬럭의 추론을 본다면, 이것은 노동(량—옮긴이) 개념을 일반화하는 것과 같다. 이것 자체가 우리에게 중요한 것은 아니다. 그러나 이것

한 태도를 다루기 전에, 리카도의 가장 위대한 추종자인 마르크스의 학설 중 몇 가지 본질적인 사항을 간단하게나마 고려하는 편이 유용할 것이다.

마르크스의 교환가치론도 노동량 이론이며, 우리가 톰슨처럼 리카도와 마르크스 사이의 징검다리를 무시한다면 지금까지 씌어진 것 중 정말로 유일하게 철두철미한 노동량 이론일 것이다. 먼저 우리는 실제로 마르크스의 주장과 리카도의 주장이 유사하다는 데 놀라게 된다. 마르크스는 사용가치에 관한 한 상품을 그렇게 이질적이면서도 서로 비교될 수 있도록 만드는 것이 무엇인가 스스로 질문했고, 상품이 모두 노동의 산물이라는 결론에 도달한다. 이처럼 논쟁의 여지가 많은 명제──왜냐하면 모든 상품이 사용가치를 갖는다는 사실은 진리일 뿐만 아니라 (노동의 산물이라는 점에서-옮긴이) 좀더 일반적이기 때문에──에 만족을 표하고 나서, 마르크스는 이 접근방법을 출발점으로 삼을 때 만나게 되는 어려움을 처리해나가는데, 이는 리카도가 겪은 어려움과 거의 정확히 일치한다. 마르크스는 여기저기서 정교함과 세련화──나는 이미 '사회적 필요노동'에 대해 언급했다──를 더하지만, 리카도와 마찬가지로 우월한 질의 노동시간을 표준적인 질의 노동시간의 배수로 환원하기 위해 천부적이고 질이 상이한 노동의 시장가격이 이용될 수 있다는 가정 이면에 잠복해 있는 위험을 주목하지 못했다.

나는 이번 기회에 마르크스가 경제이론에 대한 자신의 가장 중요한 기여라고 생각했던 기법 중 한 가지를 언급하고 싶다. 노동과 **노동력**(*Arbeitskraft*) 사이의 구별이 그것인데, 노동의 양은 시간으로 측정되고, 노동력의 **가치**는 노동자가 소비하고 어떤 의미에서는 자신의 노동력을 '생산하는' 재화(그를 교육시키고 훈련시키는 데 사용된 재화와 서비스를 포함)에 들어가는 노동량에 의해 주어진다. 이러한 재화와 그 실질가치는 물론 리카도 분석의 본질적인 요소이기도 하다. 그러나 리카도

은 동시에 더 유익한 이론의 방향을 지시해준다.

는 이 실질가치와 **노동력** 상품의 실질가치를 명시적으로 동일시하지 않았다. 이미 알고 있듯이, 시니어는 동일시하는 쪽으로 한걸음 더 나아갔다. 그러나 마르크스가 이 걸음을 완성했고, 그뿐만 아니라 그의 착취론에서(6절 2항 참조) 리카도나 시니어가 생각하지 못했거나 인정하지 않았을 노동력이라는 개념을 사용했다.

그러나 비마르크스주의 경제학사 연구자들조차 마르크스의 노동량 이론과 리카도의 노동량 이론 사이에 훨씬 더 근본적인 차이가 있음을 당연히 인식했어야 했다.(실제로는 이들 대부분이 그렇지 않았지만) 모든 이론가 가운데 가장 비형이상학적인 리카도는 노동량 가치론을 단순히 우리가 실제생활에서 관찰하는 현실적인 상대가격——아니 오히려 현실의 장기적인 상대가격의 정상치——의 설명가설로서 도입했다. 그러나 모든 이론가 가운데 가장 형이상학적인 마르크스에게 노동량 이론은 상대가격에 관한 단순한 가설이 아니었다. 생산물에 투하된 노동량은 생산물의 가치를 단순히 '규제'하는 것만이 아니었다. 그것은 생산물 가치(의 '본질'이나 '실체')였다. 생산물은 응결된 노동이었다. 비형이상학적인 성향의 독자들이 이것 때문에 상당히 강한 인상을 받는 것을 거부하지 않도록 하기 위해, 이것이 두 저자의 분석구조에 초래한 실제적 차이를 일단 지적해보도록 하겠다.

시간요소——또는 생산과정에서 발생되는 운영비용——가 가치나 상대가격의 결정에 들어간다는 점을 리카도가 인식했을 때, 이것은 그의 가설이 사실과 모순된다는 점 그리고 위에서 서술한 방식대로 그의 가설이 단순한 근사치로 환원되어야 한다는 점을 리카도가 인정하지 않을 수 없다는 것을 의미했다. 그러나 마르크스는 그의 사고의 초기단계——분명 그가 『자본론』 1권을 출판하기 전[43]——에, 교환비율이 리카도의

---

43) 이런 사실은 『잉여가치 학설사』(1905~10)에 공표된 자료를 보면 명백하지만, 이 책의 출판 이전에는 그렇지 않았다. 따라서 19세기 마르크스 비판가 가운데 가장 위대한 인물인 뵘-바베르크에 따르면, 마르크스는 『자본론』 1권에서 노동량 이론을 설명했지만, 마르크스의 이후의 생각은 사실과 위배되어 그에

가치에 관한 균형정리와 일치하지 않고 심지어 그러한 경향조차 없으며, 그래서 이 정리는 자신의 가르침에 속하지 않는다는 점을 인식했다. 그러나 이것 때문에 마르크스가 자신의 가치론을 수정한 것은 아니었다. 즉 가치는, 산출물 전체와 마찬가지로 모든 상품에 대해 상대가격은 움직일지 모르지만, 투하된 노동과 항상 동일하고, 따라서 마르크스의 문제는 완전경쟁 메커니즘의 결과 그 절대가치가 **변화하지 않고** 결국 모든 상품이 그 가치를 보존하면서 그 가치에 비례하는 상대가격에 판매되지 **않는** 방식으로 어떻게 이동하는지를 정확히 설명하는 것이었다. 리카도에게 상대가격과 그의 비례성 정리 사이의 일시적인 괴리는 가치의 변화를 의미하는 것이었다. 마르크스에게 이런 괴리는 가치를 변화시키는 것이 아니라 상품 사이에 재분배하는 것에 불과했다. 이 때문에 우리는 마르크스가 사물의 절대가치라는 생각을 갖고 실제로 작업했는데,[44] 리카도는 그의 주장이 이런 생각을 조금은 함축했지만 그의 분석구조의 축으로 삼지는 않았다고 말할 수 있다. 아니, 달리 표현해보자. 리카도에게 상대가격과 가치는 본질적으로 동일한 것이었고 따라서 가치에 의한 경제계산이 상대가격에 의한 경제계산과 동일한 것이었지만, 마르크스에게 가치와 가격은 동일한 것이 아니었고, 그 결과 마르크스는 리카도에게 **분명히** 존재하지 않는 추가적인 문제, 즉 두 가지 계산 사이의 관계라는 문제나 **가치계산과 가격계산**(*Wertrechnung und Preisrechnung*)

게 절망을 안겨주었고, 그 결과 마르크스는 사후 엥겔스에 의해 『자본론』 3권(1894)으로 출간된 저작에서 자신의 근거를 변경하고자 했다. 여기서 마르크스가 자신의 저작을 계속 출간하기를 꺼린 것은 자신의 실패에 대한 고백이었다고 해석되었다. 다른 말로, 『자본론』 1권의 가치론은 너무 과도하게 리카도적 의미로 해석되었다. (그러나—옮긴이) 이것은 오류이고, 마르크스의 가치론의 본질적인 점을 놓친 것이다. 물론 이런 오류에도 불구하고 이것이 제공한 비판의 타당성이 부정되는 것은 아니다. 나 역시 마르크스가 자신의 요점에 맞는 프로그램을 성공적으로 수행했다고 주장하는 것은 아니다. 이 점은, 비록 허용된 지면에서 문제를 충분히 명쾌하게 하는 것은 불가능하지만, 이 책을 보면 충분히 명확해질 것이다.

44) 마르크스는 지금까지 이런 작업을 한 유일한 저자였다.

의 문제[45]를 독자적으로 고안했다.

　이 가치론의 몇 가지 의미와 응용에 대해서는 이후에 논의할 것이다. 그러나 이 주제를 다루는 김에 잠시 가치론에 관한 세 가지 사항을 분명히 하고 싶다. 첫째, 우리에게 가치론은 분석을 위해 고안되고 분석적 유용성과 편의를 고려한다는 점에서 판단되어야 할 구성물에 불과하다. 정통 마르크스주의자들에게 사실상 가치론은 사물의 '본질'이 드러나는, 초경험적인 플라톤적 이데아 영역에 속하는 신성화된 진리일 수도 있다. 그리고 마르크스 자신에게도 이러한 종류의 그 무엇이 존재할 수도 있다. 그러나 실제로 마르크스의 가치론에는 신비하거나 형이상학적인 것이 없다. 특히 그 중심개념인 절대가치는 우리가 몇몇 철학분야에서 이 단어에 부여하는 의미와 같은 것은 전혀 없다. 마르크스의 가치론은 충분한 작업이 이루어지고 충분히 이용된 리카도의 실질가치에 불과하다. 둘째, 독자들이 지금까지의 논의를 따른다면, 리카도가 사용한 실질가치라는 개념에 대한 반대가 마르크스의 이론에는 그대로 적용되지 않는다는 점을 알게 될 것이다. 심지어 투하된 노동이 통상적인 의미에서 교환가치의 '원인'이라는 점을 인정하지 않는다 하더라도, 투하된 노동을 교환가치로 정의하는 것을 막을 논리적 규칙은 없다. 노동이 교환가치에 대해 다르거나 잘못된 의미를 부여한다 하더라도 말이다. 왜냐하면 원칙적으로 우리는 사물을 원하는 대로 부를 수 있기 때문이다.[46] 셋

---

45) 이에 대해서는 보르트키에비츠(Ladislaus von Bortkiewicz, 1868~1931)의 3 부작("Wertrechnung und Preisrechnung im Marxschen System", *Archiv für Sozialwissenschaft*, 1906, 1907)과 그의 또 다른 논문("Zur Berichtigung der grundlegenden theoretischen Konstruktion von Marx im dritten Band des 'Kapital'", *Jahrbücher für Nationalökonomie und Statistik*, 1907)을 참조.

46) 그러나 마르크스가 절대가치라는 개념을 다르게 이름 붙였다면, 그는 틀림없이 수많은 혼란과 무익한 논쟁을 피할 수 있었을 것이다. '가치'라는 단어는 그 실제적인 분석적 의미를 표현하기 위해 잘 선택된 것이 결코 아니었다. 그러나 다른 것을 택했을 경우 많은 선동적인 매력이 상실될 수도 있었을 것이다. 또한 마르크스는, 사람들을 조금도 오도하지 않은 리카도의 실질가치와

째, 리카도는 단순히 운영비용의 현실적 존재를 알고 (그의 가치론의 전개를—옮긴이) 멈췄지만, 마르크스는 적어도, 성공 여부와 상관없이, 운영비용을 자신의 도식에 흡수하고자 노력했다. 마르크스에게 운영비용은 또한 총산출물에 투하된 노동의 일부였다. 리카도는 운영비용을 노동비용에 더해야 했고, 그것을 설명해야 했다. 마르크스에게는 이런 생산물 가치의 요소가 왜 존재하는지 설명할 이유가 없었다. 그의 유일한 문제는 이런 운영비용이 그것과 독립적으로 존재하는 가치 전체로부터 어떻게 나오는지 설명하는 것이었다. 여기서 우리는 당분간 이 문제를 제쳐두어야겠다. 이후 논의를 전개하면서 우리는 이것이 결국 동일한 어려움이라는 점, 즉 상이한 접근 때문에 다른 문제라는 가면을 쓰고 스스로 나타나는 시간의 영향이라는 점을 보게 될 것이다. 마셜의 구절을 빌리자면, 리카도에게 시간은 그의 분석유형의 커다란 교란자였다. 그러나 시간은 또한, 공공연한 것은 아니지만, 마르크스의 분석유형의 커다란 교란자이기도 했다.

2. 노동량 가치론의 반대자들

다음을 기억해두자. 리카도학파는 잉글랜드에서조차 항상 소수였고, 우리가 뒤에서 보게 되듯이, 그의 가르침——스미스의 금속을 리카도가 주조한 것——이 당시의 (경제—옮긴이)사상을 지배했다는 인상과 다른 경제학자들이 당시 새로운 학파라고 불리던 조류의 반대자에 불과했다——반대론자들 또한 새로운 학파의 학설에 썩 잘 대응한 것은 아니었다——는 인상을 만든 것은 오직 리카도의 개인적 능력 때문이었다. 그러나 다른 것과 마찬가지로 가치문제에서도 정반대의 것이 진실에 더 가까운데, 거의 모든 반대자가 무엇을 주장했든 상관없이 극소수를 예외로 하면 논쟁가로서 리카도보다 하수였다는 사실 때문에 우리가 받은 인상이 틀림없이 강화되기는 하지만 말이다.

보조를 함께하고 싶었을지도 모른다.

18세기부터 진행되어온 비리카도적 노선에서 가치문제를 다룬 논의는 리카도학파의 세력과 충돌했고, 맬서스의 『원리』가 출간된 1820년경 논쟁에 불을 지폈다. 이 논쟁의 활발한 국면은 10년 이상 지속되지 않았고, 아주 소수의 신념이 굳은 옹호자들 ——매컬럭과 마르크스는 이 점에서 어깨를 나란히 했다——과 몇몇 경제학사 연구자의 증명에도 불구하고 리카도학파의 패배로 끝났다. 이 논쟁은 상호 오해에다 논리적 오류가 더해졌지만, 전체적으로는 신뢰할 만한 수준으로 옮겨갔다. 그 최고의 성과는 베일리[47]의 것(이 책의 4장 3절 3항 참조)인데, 그의 (리카도학설에 대한—옮긴이) 비판의 영향력은 표면상 드러난 것보다 훨씬 컸다. 베일리는 리카도 분석구조의 약점을 설득력 있게 보여주었는데, 특히 자연적 요소를 가치문제에서 제외하는 리카도 방식의 무용성, 노동량을 '가치의 유일한 결정원리'라고 부르던 임의성, 실질가치라는 개념의 결점, 리카도 이윤론의 결점 등을 설득력 있게 보여주었다. 『웨스트민스터 리뷰』(1826)지에 기고한 일부 리카도학파의 무례한 대응은 애처로울 정도로 부적절한 것이었고, 소수의 동시대인들만이 베일리에 대해 정당하게 평가했지만, 당시 베일리가 사실상 조류를 거슬러 치명적인 타격을 가했다는 점은 분명했다. 지면 관계상 여기서 이 논쟁을 상세히 서술하는 것은 불가능하다.[48] 대신 우리는 필요한 경우에만 다른

---

47) Samuel Bailey, *A Critical Dissertation on the Nature, Measures, and Causes of Value; Chiefly in Reference to the Writings of Mr. Ricardo and His Followers*, 1825.

48) 그러나 다른 세 가지 주요 기여를 언급할 필요가 있다. 첫째, 「정치경제학에 관한 언어상의 논쟁 고찰」(*Observations on Certain Verbal Disputes on Political Economy*, 1821)이라는 제목의 연구 성과는 관련된 일부 문제의 그럴듯하거나 가상의 성질에 대한 건전한 상식을 보여준다. 둘째, 『정치경제학 논구』(*An Essay on Political Economy*, 1822)라는 제목의 또 다른 저작은 비용에 의한 가치설명에 담긴 논리적 약점과 비용은 오직 공급에 대한 영향을 통해서만 가치에 영향을 준다는 사실을 일찍이 인식한 것으로 유명하다. 셋째, 이미 언급했던 코테릴(C.F. Cotterill)의 『가치학설에 대한 고찰』(*Examination of the Doctrines of Value*, 1831)은, 엄밀한 사고에서는 방금 두 번째로

이름과 다른 측면에 주목하면서 당분간 세, 맬서스와 리카도 사이의 주요쟁점에 한정해서 말할 것이다.[49]

주요쟁점에 도달하기 위해 우리가 먼저 기억해야 할 것은, 당시 한계효용 이론을 주장한 선구자의 성과가 눈에 띌 만한 정도의 영향력을 전혀 발휘하지 못했지만, 많은 저자는 효용이 리카도가 말하고자 한 의미에서 교환가치의 단순한 조건 이상의 것이고 사실상 효용이 교환가치의 '원천'이나 '원인'이라는 것을 지각했다는 점이다. 이들이 이런 생각을 가지고 어떤 것도 할 수 없었던 것은 리카도학파가 정확히 이런 이유로 효용을 받아들이지 않았던 것과 마찬가지다. 그리고 이런 접근방법은 어떤 것도 낳지 못했다. 예컨대 프랑스적 전통(특히 콩디야크)을 따르던 세는 교환가치가 효용에 의존한다는 것을 알고 있었지만, (콩디야크와 마찬가지로) 효용에 희소성을 부가하지 못함으로써 그 이전에 자주 설명되었던, 공기나 물 같은 '유용한' 대상이 정상적으로 교환가치를 조금도 갖지 못한다는 사실 앞에 망연자실했다. 그는 실제로 공기나 물이 가치를 갖는다고 말했는데, 다만 이런 가치가 너무 크고 사실상 무한해서 어느 누구도 그것에 대해 대가를 지불하지 않고 따라서 공짜로 얻고자 한다고 말했다.[50] 그가 이런 어리석음에서 벗어나지 못했던 것은 사

언급된 논문보다 떨어지지만, 베일리의 학설을 (대부분) 옹호했기 때문에 잊지 말아야 한다. [이 두 편의 알려지지 않은 논문은 셀리그먼의 『경제학 논구』 *Essays in Economics*, pp.81~82에 언급되어 있다.]

49) 세와 맬서스는, 가치문제에 관한 한, 그들이 저축과 일반적 과잉생산이란 문제에서 반대의 입장에 선 것만큼이나 같은 입장에 서 있다. 그러나 같은 입장에 섰다 하더라도 두 사람 사이에 완전한 동의가 있었던 것은 아니고, 저축과 과잉생산이란 문제에서 세와 리카도 사이에 완전한 동의가 있었던 것은 아니다. 가치논쟁에서 리카도의 입장은 그의 『맬서스에게 보낸 편지』(*Letters to Thomas Robert Malthus*, 1810~23, ed. J. Bonar, 1887), 『맬서스의 『정치경제학 원리』에 관한 노트』(*Notes on Malthus' 'Principles of political Economy'*), 『정치경제학과 과세의 원리』 20장과 30장을 보면 완전히 이해할 수 있다.

50) 반대로 콩디야크는 공기나 물이 가격을 갖고, 이 가격은 예컨대 숨을 쉬거나 물을 마심으로써 공기나 물을 획득하기 위한 노력의 대가라고 말한다.

실이다. 그는 가격이 사물의 가치척도이고, 가치가 사물의 효용척도라는, 불완전(하지만 아주 중요)한 진술을 했다. 이 진술은 교환가치가 희소성[한계효용—J.A.S.]에 정비례한다(*les valeurs d'échange sont proportionnelles aux raretés*)는 발라의 진술보다 앞선 것이었다. 그러나 대개의 경우 그는 다소 초보적인 수요·공급 분석을 이용했을 뿐이었다. 동일한 사례는 요소(헤르만)에게도 적용된다.(4장 5절 참조) 프랑스에서처럼, 아마도 부분적으로는 프랑스의 영향 아래 있는 효용이론 전통은 독일에서 발전했다. 그러나 효용이론 전통은 마찬가지로 효력이 없었다. 즉 효용이론 전통은 효용에 가치의 조건이라는 역할을 부여한 리카도학파의 방식과 구별하기 어려운, 효용요소에 대한 인식에서 멈췄던 것이다. 요소는 다른 사람들보다 더 나아갔지만, 그 또한 실질적으로 수요·공급으로 작업하는 것에 스스로를 한정시켰다. 크레이그[51] 같은 몇몇 영국 경제학자와 시니어는 더 나아갔다. 시니어에 관한 한, 그가 한계효용이라는 관념을 가지고 있었다는 공통된 견해는 발라도 공유하고 있었는데, 이 견해에는 일말의 진실이 있다. 그러나 나는 단지 다음과 같은 점을 말할 수 있겠다. 즉 그는 한계효용 관념을 가지고 더 나아가지 못했고, 한 번 힐끗 본 후 그 관념은 단순한 수요·공급의 배후에서 실제로 사라졌다. 로더데일 경과 그 관념을 더 다듬은 맬서스는 곧장 수요·공급 장치로 들어가서 그것에 완전히 집중했다.

따라서 리카도에게 주요쟁점은 처음부터 노동량 대 수요·공급이었

---

51) 크레이그(John Craig)의 1821년 저작(*Remarks on Some Fundamental Doctrines in Political Economy*, 1821)은 상당한 장점을 갖고 있는 연구성과다. 무엇보다도 그는 가격변동이 화폐임금을 자유롭게 하거나 흡수함으로써 다른 가격에 영향을 미칠 메커니즘을 이해했다. 그는 또한 세와 마찬가지로 (한계)사용가치가 교환가치에 의해 '정확히 측정'되어야 한다(균형에서 교환가치에 비례해야 한다)는 점을 이해했다. 우리가 만약 의심할 나위가 없는 이런 실수에 빠지고 우리가 괄호로 친 재정식화가 전달하는 모든 의미를 그의 진술에서 읽을 수 있다면, 우리는 마셜이 말한 전체를 압축해서 발견하게 될 것이다.

다. 그가 언뜻 보고 나서 거부한 (교환가치의 '원천'이나 '원인'으로서의) 효용가치론은, 비록 「가치와 부」(Value and Riches)라는 제목의 장에서 비판하고 있지만 사실상 제대로 꼴을 갖춘 것은 아니었다. 생산비 가치론은 전체적으로 그가 반대한 것이 아니었다. 왜냐하면 리카도는 자신의 이론을 생산비 가치론의 재정식화로 간주했고, 스스로 자주 노동과 자본으로 생산비를 설명했기 때문이다. 그가 진정 반대한 것은 수요·공급 이론이었는데, 그 이론은 "정치경제학에서 거의 공리가 되면서 많은 실수의 원천이 되었다"고 주장한다.(그의 책, 30장 세 번째 문단을 보라.) 독자들은 이런 주장이 얼마나 흥미로운 것이며 '인간정신의 사유방식'을 어떻게 드러내는지를 보지 않으면 안 된다. 물론 이것은 리카도가 수요·공급 장치의 성질과 경제이론에서 그것이 차지하는 논리적 지위에 대해 완전히 무지했고, 이 장치가 자신의 이론과 구별되고 반대되는 가치론을 대표하는 것으로 생각했음을 의미한다. 이 점은 이론가로서 그가 별로 신뢰받을 수 없음을 반영한다.[52] 왜냐하면 균형 가치에 관한 그 자신의 정리가 지지될 수 있다면, 이는 오직 그 정리가 수요·공급의 상호작용에 의해서만 가능하다는 점을 분명히 해야 하기 때문이다.

만약 그가 그 정리를 직관적으로만 내세우지 말고 합리적으로 연역하고자 했다면, 이 점을 발견하는 데 실패하지 않았을 것이다. 즉 리카도가 상품의 교환가치는 그것에 투하된 표준노동량에 왜 비례해야 하는가라는 질문에서 멈추지만 않았다면, 이 질문에 대답하면서 그는 수요·공급 장치를 이용하는 자신을 발견하게 되었을 것이며, 이를 통해서만 (적절한 가정 아래) 가치 '법칙'을 확립할 수 있었을 것이다. 그렇다면 그는 인간의 근로활동에 의해 양이 무한히 증가될 수 있는 재화의 장기적인 정상가격에 대한, 수요·공급 '법칙'의 타당성을 결코 부정할 수 없

---

52) 똑같은 점이 마르크스에게도 적용되는데, 그는 자신의 착취론이 수요·공급의 작동을 전제로 한다는 점을 보지 않고 동일한 견해를 취했다.

었을 것이고, 그러면서 한편 단기적인 시장가격과 독점화되거나 '희소한' 재화에 대한 그 법칙의 타당성도 받아들일 수 있었을 것이다. 맬서스가 애써 지적했듯이(*Principles*, 1st ed., ch.2, §2~3), 수요·공급은 아주 일반적으로[53] 장기와 단기 모두에서 가격을 결정하고, 장기와 단기의 차이는 수요·공급이 가격을 고정시키는 수준——이것은 어떤 경우에는 다른 경우에 보이지 않는 어떤 속성을 갖는다——여부에 따라서만 존재하기 때문이다. 다시 말해 수요·공급이라는 개념은 어떤 가치론과도 양립하고 실제로 모든 이론이 필요로 하는 메커니즘에 적용된다. 그러나 이후 몇몇 저자에 대한 리카도의 개인적 권위는 너무 커서, 리카도의 이런 실수의 궤적은 밀의 『원리』만이 아니라 심지어 마셜의 『원리』에서도 발견될 수 있다.

비논리적인 방식이기는 하지만, 수요·공급 메커니즘은 실제로 가치론의 자리에 들어섰고,[54] 그 옹호자들이 전 시기를 통해 노동량 가치론에 반대하는 보루를 세웠다고 말할 수도 있을 것이다. 이것은 리카도의 부주의 때문만이 아니라 노동량 가치론의 반대자들 자신의 부주의 때문이기도 했다. 우리는 이들이 몇 번이나 효용요소를 건드리기는 했지만, 그것을 분석하는 데 실패했음을 살펴보았다. 이들은 교환이론을 세우는 데 리카도 이상으로 노력하지 않았는데, 리카도의 경우와 마찬가지로 이들의 경우에도 교환이론은 무엇보다도 희소성 개념——그러나 로더데일, 맬서스, 시니어는 가치론 전 분야에 대한 희소성 개념의 기초적 중요성을 주장했다——에 대한 잘못된 취급과 독점적 가격설정에 대한

---

53) 이것은 체임벌린이 말한 순수경쟁의 의미를 예외로 하면, 엄밀한 의미에서 사실이 아니다. 독점의 경우 공급함수는 존재하지 않고, 체임벌린이 말한 독점적 경쟁의 경우 순수경쟁에서 존재하는 것과 같은 종류의 수요함수와 공급함수도 존재하지 않는다. 사실 위에서 서술된 것은 독점적 경쟁의 경우에 한정되어야 한다.

54) 맬서스(*Principles*, 1st ed., p.495)는 '수요·공급 원리'를 정치경제학 "제일의, 가장 크고, 가장 보편적인 원리"라고 부르기까지 했다. 〔이하의 모든 인용은 이 초판에 근거한다.〕

이해부족을 설명해준다.[55] 그러나 수요·공급의 지지자들조차, 주목받지 못한 쿠르노(와 엘릿C. Ellet 그리고 라드너D. Lardner 같은 소수의 인물들)를 또다시 예외로 본다면, 자신들이 경제이론에서의 지위를 주장하고자 했던 수요·공급 장치 자체를 제대로 설정하는 데 어려움을 겪었다. 이들은 욕구나 구매력에 의해 뒷받침되는 욕구, 수요의 '크기'와 수요의 '강도' 그리고 수량과 가격에 대해 말했지만, 이것들이 서로 어떻게 연관되는지 잘 알지 못했다. 오늘날에는 초보자에게도 아주 친숙한, (어떤 일반적 조건에서) 특정가격에 특정량의 상품을 구매하려는 의지를 나타내는 수요스케줄(demand *schedules*)이나 수요곡선이라는 개념과, (어떤 일반적 조건에서) 특정가격에 특정량의 상품을 판매하려는 의지를 나타내는 공급스케줄(supply *schedules*)이나 공급곡선이라는 개념을, 수요량(quantity demanded)과 공급량(quantity supplied)이라는 개념에서부터 발견하고 구분하는 것이 이들에게는 믿기 어려울 만큼 어려웠다. 맬서스는 실제로 이런 개념을 분명히 하는 데 어느 정도 진전을 이루었다.

그러나 독자들이 이런 단순한 문제를 설명하려 했던 서투른 방식에 만족하고자 한다면 시니어(*Outline*, pp.14 이하)만 보면 충분할 것이다. 그런데 이 문제들이 궁극적으로 이토록 단순했던가? 인간정신에 의해 가장 기초적인 개념도식을 만들어내는 일이, 이들 요소가 충분히 손안에 있을 때 가장 복잡한 상부구조를 구축하는 일보다 훨씬 어렵다는

---

55) 이것이 아주 중요한 것은, 쿠르노가 이 시기(1838년)에 그의 고전적인 그러나 주목받지 못한 독점이론을 만들었기 때문이다. 이런 사정 때문에 독점이 실제로 무엇인지에 관한 아주 느슨한 생각이 지배했다. 심지어 시니어조차 '토지의 독점'에 대해 말했다. 그러나 그의 경우, 잘못된 용어 이상은 아니었다. 그는 토지의 희소성 이상의 것을 말하지 않았고, 실제로 토지에 존재하지 않는 독점으로 지대를 설명하려고 하지도 않았다. 다른 사람들은 그렇게 했지만, 어떤 저자가 '비용이 없는' 생산요소의 경우에 희소성이 작용하는지를 나타내기 위해 현재 쓰이고 있는 (독점이라는─옮긴이) 용어법을 단지 사용했는지, 아니면 지주가 단일한 판매자처럼 행동할 경우에만 진실일 수 있는 것을 현실적으로 주장할 의도였는지 분간하는 일은 항상 쉽지 않다.

사실은 우리가 모든 과학의 역사에서 볼 수 있는 것 아닌가?

로더데일, 세, 맬서스 그리고 다른 모든 사람은 생산비가 어떻게 수요·공급에 적합하게 되는가 하는 질문을 스스로에게 던졌다. 세의 기여는 생산비가 다름 아닌 생산에 소모된 생산적 서비스의 가치라는 명제와, 생산적 서비스의 가치가 다름 아닌 생산의 결과인 상품의 가치——그의 이러한 언급 가운데 다른 어떤 것은 동시대인과 이후의 비판가들이 충분히 이해할 수 있도록 명시적으로 언급되지 않았지만 통찰력이라고 말할 수 있는 것을 보여준다——라는 명제에 담겨 있다. 그러나 맬서스는, 깊이 생각하지는 않았지만, 그가 볼 수 있는 한 사태를 훨씬 더 잘 설명했다. 특히 그는 "생산비를 지불하는 것이 상품을 공급하기 위한 필요조건이기 때문에 생산비만이 상품의 가격을 결정한다"(*Principles*, ch.2, §3)고 생산비의 (이론적–옮긴이) 지위를 훌륭하게 지적하고 있는데, 말을 바꾸면 이것은 (이후 나타난–옮긴이) 제번스의 가르침을 향해 한발 앞으로 다가선 것이다. 이것이 또 다른 교훈이라고 결론 지을 수 있다. 많은 상황이 겹쳐져 이 저자들의 이론이 결코 초보적이라고 묘사될 수 없는 상태에 이르게 되었지만, 그 가운데 적절한 (분석–옮긴이) 기법이 결여되었던 것은 분명하다. 본질적으로 양적 관계는 수학 없이는 만족스럽게 서술될 수 없었다. 바로 똑같은 결점이 종합하려는 밀의 시도를 망치게도 했다.

3. 밀의 어중간한 구조

"다행히도 현재나 앞으로 어떤 저자도 가치법칙에서 분명히 해야 할 것은 없다. 이 주제와 관련된 이론은 완성되었다." 밀은 1848년 저작(『원리』, 3부 1장 1절)에서 자신이 기존자료로부터 세울 수 있는 분석구조에 대해 분명히 아주 만족해하면서 이렇게 썼다. 현실적으로 그 구조는 매력적인 거주지가 아니었다. 그 주요장점은 임시방문자조차 그 구조를 개조하고 싶어할 만큼 그것의 결함을 분명하게 보여주었다는 사실에 있다.

한편으로 밀 자신이 진심으로 리카도학설을 개선된 형태로 재진술하고 싶어했다는 것은 틀림없다. 그래서 이 분야에서 그의 저작은 오늘날까지 해석되어왔고 지금도 그러하다. 드 퀸시의 리카도학설에 관한 설명에 상당히 기대면서, 밀은 효용과 취득의 어려움(Utility and Difficulty of Attainment)을 교환가치의 조건으로 받아들였다. 그러나 그가 교환가치의 상대적 성격을 힘주어 강조했기 때문에 리카도의 실질가치는 완전히 무효화되었고, 다른 리카도학설은 지루하고 흥미없는 것이 되어버렸다. 또한 금욕이 노동량과 더불어 '비용'의 한 요소로서 자리 잡게 되었다. 다른 측면에서 볼 때, 강조점이 이동함으로써 밀이 개조하려고 의도했던 것을 여지없이 파괴해버렸다.

그러나 다른 한편으로 밀의 주요기여는 수요·공급 분석을 충분히 발전시킨 것이었는데, 그 결과 마셜 자신이 지시하고자 했던 것처럼, 마셜의 분석과 그리 멀지 않은 곳에 도달하기 위해 잘 알지 못하는 것을 제거하고 엄밀함을 더하는 것 이상으로 해야 할 일을 그리 많이 남겨두지 않았다. 그는 수요·공급 이론에 대해 완전히 명확한 수준에 도달하지 못했거나[56] 사실상 그것에 대해 완전하고 정확하게 진술하지 못했다. 그러나 그는, 여기서도 쿠르노를 예외로 하면, 그 이전의 다수 경제학자보다 훨씬 많이 나아갔고, 그래서 그를 수요·공급 이론의 진수를 가르친 최초의 인물이었다고 말할 수도 있을지 모른다. 특히 그는 수요·공급 방정식을 수식이 아니라 말로 썼는데, 이하에서 논의할 국제가치에 관한 장에서 이것을 충분히 활용했다.

밀은 자신이 독점화된 상품으로 당연히 잘못 분류했던 '양이 절대적

---

56) 예를 들어 공급의 한계는 본질적으로 노동가치 자체와 관련된다는 시니어의 진술에 대한 밀의 평가를 참조하라.(Mill, "Notes on N.W. Senior's Political Economy"; publ. by Professor F.A. von Hayek in *Economica*, August 1945.) 밀은 "고통스러운 노동은, 노동자가 의욕적으로 무한히 늘리거나 모든 사람이 24시간이 아니라 수십만 시간을 일할 수 있다 하더라도, 동등한 종류의 쾌락과 이익 없이는 행해지지 않을 것"이라고 대답했다. 그러나 노동의 비효용은 그것이 노동공급을 제한하기 때문에 타당할 뿐이다.

으로 제한된' 상품의 경우(『원리』, 3부 2장) 수요·공급이 가치의 결정 요인으로서 적절한 역할을 한다고 봄으로써 사실상 분명히 리카도의 그림자에 대해 의례적인 존경을 보냈지만, '생산비의 증가 없이 무한히 늘어날 수 있는' 상품의 경우 생산비가 (그 가치를—옮긴이) 결정하며(같은 책, 3부 3장), '무한히 늘어날 수는 있지만, 비용의 증가 없이는 늘어날 수 없는' 상품의 경우에는 '가장 열악한 상황에 처해 있는 생산비'가 (그 가치를—옮긴이) 결정한다고 보았다.(같은 책, 3부 5장) 그러나 밀은 수요·공급 자체에는 관심이 없었으며, 수요·공급[57]이 각각의 경우 균형가격을 고정시키는 수준에 대해서도 마찬가지였다. 그리고 그는 「시니어의 정치경제학에 관한 노트」(바로 앞의 각주 참조—옮긴이)에서 수요와 공급을 수요량과 공급량으로 정의했듯이, '수요와 공급의 법칙'을 아주 일반적으로 다음과 같이 정식화할 때 자기의 생각에 좀더 충실했다. 즉 "어떤 시장에서든 상품의 가치는 항상[58] 수요가 정확히 공급과 같아지게 될 것이다." 그런데 내가 주장하고 싶은 것은, 사실 의도적인 것은 아닐지라도 이것이 리카도의 균형가치 법칙을 대체했고, 부수적으로는 실질가치라는 리카도의 중심개념의 단편들을 완성했다는 점이다.

이런 해석은 국제가치에 관한 장에서 다음과 같은 구절, 즉 '생산비

---

57) 〔이 책 전체에서 J.A.S.는 '공급—수요'라고 말하고 있는 반면, 밀과 마셜은 보통 '수요·공급'이라고 쓰고 있다.〕
    그러나 옮긴이들은 '공급—수요'라는 표현 대신 경제학도들에게 익숙한 '수요·공급'이라는 표현을 번역어로 택했다—옮긴이.

58) 이 명제는 밀이 '자연'가격이나 '필요'가격이라고 말한 경쟁적인 균형에 대해서만 타당하다. 그러나 밀은 이러한 점을 완벽하게 알고 있으면서도 '항상' (always)이라는 단어를 사용했다. 여기서 내가 이것을 언급하는 것은 세의 법칙을 다룰 4절에서 해석상 비슷한 어려움을 겪을 것이기 때문이다. 따라서 나는 '항상'이나 '필연적으로'라는 단어를 정확성이 결여된 상황에서도 아주 즐거워하던 예전의 저자들에게서 발견하더라도, 그 단어가 항등식에 내포된 주장을 필연적으로 의미하는 것은 아니다는 점을 지적해두고자 한다. 밀은 분명 방정식을 의도했지 항등식을 의도한 것은 아니었다. 그의 의도는 '항상 균형에서'에 있었다. 세도 아마 그러했을 것이다.

법칙이 적용될 수 없을' 때는 언제나 그것에 선행하는 '수요·공급 법칙으로 되돌아가야' 한다는 구절을 보면 한층 강화된다.(같은 책, 3부 18장 1절) 만약 이 구절이 리카도에게는 금물이었던 바로 그 분석을 밀이 충분히 깨닫지 못하고 수용했음을 의미하지 않는다면, 내가 이 구절의 의미를 파악하지 못한 것이다. 밀이 '가치론의 종합'(같은 책, 3부 6장)이라고 부른 서투른 명제더미에는 이런 해석과 반대되는 그 어떤 것도 존재하지 않는다. 다만 노동량 이론에 대한 별로 중요하지 않은 양보가 이루어지고 있기는 하다.(특히 명제 8, 15 참조)[59] 다른 한편 분명 리카도에 반대되는 학설이 반복해서 나오고 있다.(특히 명제 1, 5, 8 참조) 그리고 지대가 생산비의 한 요소가 아니라는 리카도의 정리는 유보조건을 단 채 수용되고 있는데, 만일 (밀이 하지 않은 것을) 정확하게 말하고 발전시킨다면 그 유보조건은 리카도의 정리를 포기한 것과 같고(명제 9 참조), 기회비용 이론 쪽으로 나아간 것이다.[60] 이 모든 것은 진흙탕임에 틀림없다. 그러나 이것은 속절없는 진흙탕이 아니었다. 오히려 우리는 이것을 풍요의 땅이라고 부르고 싶다. 왜냐하면 이 진흙탕에는 그것을 정돈하는 데 필요한 모든 요소가 들어 있었기 때문이다.[61] 케언스는,

---

59) 그러나 비효용+금욕설은 그의 일반적 사유체계에 더 적합하다. 아주 정확한 것은 아니지만, 밀(과 케언스)은 리카도의 노동량 이론을 마셜의 '실질비용' 이론으로 바꿔버렸다고 말해도 거의 무방할 것이다.

60) 또한 3부 16장("Of Some Peculiar Cases of Value")을 보라. 그의 책이 얼마나 급히 씌어졌는지를 보여주는 또 다른 증거인 이 장은 그것과 밀접한 관계가 있는 문제에서 멀리 이탈하고 있는데, 그 가운데 우리는 다음과 같은 구절(1절)을 읽을 수 있다. "우리는 여기서 생산비를 모르기 때문에, 생산비에 선행하는 가치법칙과 더 근본적인 수요·공급 법칙에 의존해야 한다."〔강조는 J.A.S.의 것〕 그런데 이 구절은 단지 세 문단 전에 말한 진술—이 진술은 수요·공급 법칙이 엄밀하게 작동되는 가장 유일한 경우인 자유경쟁을 수요·공급 법칙의 작동에서 배제하는 것처럼 보인다—이 이루어진 직후 나온다. 사실상 밀에게 맬서스가 쓴 것은 쓸모없는 것이었다.

61) 밀은 젊었을 때 새로운 방법에 관해 놀랄 정도로 후진적이었다. 예컨대 (*Principles*—옮긴이) 15장("Of a Measure of Value")은 물가지수에 대한 단 한 번의 인용도 포함하고 있지 않은데, 이것 역시 다른 예로 설명되리라는 밀

그리 큰 성공을 거둔 것은 아니었지만, 이런 일을 시도한 최초의 인물이었다. 마셜도 이런 일을 하는 데 성공했는데, 이를 위해 그는 밀의 비전의 범위를 벗어나는 생각에 기대지 않을 수 없었다.(*Principles*, Book IV, ch.5~6)

3절 국제가치론

이 시기 국제무역 정책의 몇 가지 측면에 대해서는 이미 2장과 5장에서 언급한 바 있다. 그 화폐적 측면은 다음 장에서 살펴볼 것이다. 여기서는 밀이 **국제가치론**이라는 표현법으로 도입한 국제무역에 관한 '고전파'의 가르침 중 순수이론적 핵심을 아주 간명하게[62] 고려할 것이다. 우리는 주로 두 가지 점에 관심이 있는데, 국제가치론이 당시 국제무역을 분석하는 데 기여한 바와, 이 기여와 위에서 간단히 살펴본 '국내'가치론의 관계가 그것이다. 대다수가 자유무역을 열렬히 지지한 '고전파' 저자들은 틀림없이 국제무역으로부터 한 나라에 귀속되는 이익이나 '이득'을 지적하는 데 많은 관심을 기울였다. 따라서 이들이 이 주제에 대해 말했던 대부분은 후생경제학 분야에 속하며, 사실상 이 분야의 가장 중요한 공적이다. 그러나 이 공적은, 이 절의 관점에서 보면, 이차적인 중요성밖에 없다.

국제경제 관계를 분석한 기여——우리는 지금 화폐적 시각을 무시하고 있음을 기억하라[63]——에 관한 한 세 가지 새로운 점, 즉 (1) 독특한

의 좁은 안목을 보여준다.

[62] 그에 따른 불충분한 점은 다른 경우보다 참을 만한데, 독자들에게 이 주제에 관한 뛰어난 연구인 바이너의 『국제무역론 연구』(*Studies in the Theory of International Trade*) 8~9장을 자신 있게 추천할 수 있기 때문이다.

[63] 화폐적 시각을 무시하고 물물교환적 시각을 별도로 고려하는 것이 가능하다는 점은, 물론 위에서 논의한 바 있는 '고전파적' 경제분석의 형태가 지닌 속성에 기인한다. 이런 고려는 경제이론 전 체계 내에서는 가능하지 않을 것이다. 우리는 당시의 상황에서 국제경제 관계와 상품 · 서비스의 교역을 지금 동일시하

국제가치 이론, (2) 비교생산비 정리, (3) 상호수요 이론(the Theory of Reciprocal Demand)을 기록해야겠다. 첫 번째 것은 독특한 국제가치론이 어떤 식으로든 출현했다는 점이다. 이것은 어떤 의미에서는 구래의 전통과 일치했는데, 이미 중상주의 저자들은 외국무역을 그 본성이나 효과 면에서 국내교역과 본질적으로 다른 것으로 바라보았기 때문이다. 그러나 중상주의적 특징의 근거를 받아들이지 않던 '고전파'에게, 이론적으로 심지어 실제적으로 (양자 간에—옮긴이) 의미 있는 차이가 존재하는지, 차이가 있다면 그 차이를 구성하는 것이 무엇인지 결코 명확하지 않았다. 사실 경제학자들은 이런 차이가 존재한다는 것에 전혀 동의하지 않았다.[64] 리카도를 정점으로 한 집단은 생산요소의 비이동성을 (양자가 구별되는—옮긴이) 하나의 기준으로 선택했다. 즉 그들은 국내교역을 자본과 노동이 방해를 받지 않고 이동함으로써 균형 아래서 동일한 어려움, 위험성 등을 지닌 투자와 작업에 대해 동동한 수익률을 보장——이것은 그들이 말하는 '국내' 가치론에서 아주 본질적인 것이었다——하는 산업들이나 기업들 사이의 교역관계라고 정의했다. 그리고 그들은 외국무역을 거리,[65] 언어의 차이, 법적 제도의 차이, 생활조건과 사업관행에 익숙하지 못한 상황 같은 이유 때문에, 자본과 노동이

고 이런 교역을 상품과 상품의 물물교환으로 고려하는 것보다 더 현실적인 무엇인가가 있었다는 점—비록 원칙적으로는 이것을 받아들일 수 없었다는 점은 지금과 마찬가지일 것이지만—을 추가하고 싶다.

64) 아마 외국무역과 국내교역 사이의 가장 명확한 차이는 대부분의 사람이 자기 나라의 이익과 외국의 이익에 대해 다른 태도를 취한다는 사실에서 생길 것이다. 무역을 하는 것이 (개인이 아니라) 국민 자체인 듯이 표현하는 통상적 관행은 부분적으로 이런 태도의 차이에서 비롯된 것이다. 그러나 몇몇 저자는 한 나라의 화폐와 신용체계의 중요성을 강조했다. 다른 저자들은 입지(location)의 문제를 국제경제 관계이론의 핵심으로 보았다.

65) 이에 따라 거리라는 요소가 경제이론에 들어왔다. 그러나 거리라는 요소는 다른 방식이 아닌 오직 이런 방식으로만 경제이론에 들어왔을 뿐이다. 이런 일은 그들 이후 몇몇 추종자나 비판가, 특히 시지윅에 의해 이루어졌지만, 리카도와 밀이 거리에 대해 부여한 아주 다르고 훨씬 더 평범한 역할과 혼동해서는 안 된다.

자유롭게 이동하지 못하는 산업들이나 기업들 사이의 교역관계라고 정의했다. 이것은 흔히 잘못 이해되었다. 물론 '고전파'는 노동과 자본의 국제이동이라는 사실을 깨닫지 못한 것은 아닌데, 이는 그들이 한 나라 안에서 (자본과 노동의-옮긴이) 완전한 '이동'이 있을 수 없다는 사실을 알고 있었던 것과 마찬가지다. 분석의 편의를 위해, 그들은 모두 현실적으로 실제생활에서 일어나지 않지만, 실제생활에서 일어날 가능성은 있는 일의 중요한 구성요소를 대표하는 '이상형'으로서 두 개의 한정된 사례를 설정했다. 이런 사례가 현실성이 결여됨으로써 이 도식의 실제적인 적용에 어떤 영향을 미쳤는가 하는 것은 또 다른 문제다.

그러나 국내적 이동성과 국제적 이동성 사이에 어떤 조그만 차이가 있는 한, 이 도식에 바탕을 둔 이론이 타당성을 가질 수 있으리라는 점은 보여줄 수 있다. 더욱이 '고전파'의 국제가치론이 국제(무역-옮긴이)관계 분야에 적용될 때 잃는 것을, 불완전한 이동이 지배하는 국내(교역-옮긴이) 관계 분야에서 회복한다는 점 또한 보여줄 것이다. 케언스는 **산업경쟁**과 **상업경쟁**이라는 용어를 써서 이것을 개념화했다. (*Leading Principles*, Book I, ch.3) 전자는 이동성이 있는 교역관계를 나타내고, 후자는 이동성이 없는 교역관계를 나타낸다. 그는 또한 **비경쟁그룹**이라는 개념을 써서 그 구성원 각자가 서로 이동하지 못하거나 정상적으로 이동할 수 없는 (지역적이거나 직업상의) 직공이나 기업 그룹을 나타냈다. 이 용어를 사용하면, '고전파'가 가치의 일반이론이 되리라고 주장한 것에다 비경쟁그룹이나 상업경쟁의 경우에 대해서도 가치론을 실제로 전개했다고 말할 수 있을 것이다. 이들은 주로 국제무역 분석에 대한 가치론의 적용을 생각했기 때문에 이렇게 했음이 틀림없다. 그러나 이들이 전개한 새로운 학설의 이론적 특징은 동일해서 이런 실제적인 목적에 한정되지 않는다.

알다시피, 두 번째 기여는 비교생산비 정리였다. 바이너(앞의 책, 440쪽)가 지적했듯이, 스미스의 설명은 자유무역 아래서 모든 것이 비용(운송비를 포함)이 가장 낮은 곳에서 생산된다는 수준을 결코 넘어서지 않았다. 바이너는 또한 몇몇 초기 저자가 자유무역 아래서 상품이 이런 식으로 가장 싸게 얻어질 수 있을 때면 언제나 그것이 수입된다는, 좀더 일반적인 명제를 정식화했다고 지적했다. 이것은 수출품 생산에 요구되는 비용이 그에 상응하는 수입품을 국내에서 생산하는 비용보다 낮은 경우와 관련되고, 따라서 비교생산비 정리를 의미한다.[66] 그러나 나 역시 바이너를 따라, 수입상품이 해외에서보다 국내에서 싸게 생산될 수 있을지라도, 수입하는 것이 수익성이 있을 수 있다는 명시적인 진술에 그 나름의 장점이 있다고 믿는다. 이 장점은 토런스(*The Economists Refuted*, 1808)와 리카도가 말한 바다. 토런스는 이 정리를 명명했고, 리카도는 이 정리를 정교화했으며 그것을 위해 싸워 승리했다.[67]

그것을 전달하는 가장 간단한 방법은 리카도의 유명한 예를 다시 한 번 거론하기만 하면 된다. 잉글랜드와 포르투갈 두 나라와, 포도주와 옷 두 상품이 있다고 하자. 두 생산라인에서 잉글랜드보다 효율적인 포르투갈이 80명의 노동으로 일정량의 포도주를 생산하고 90명의 노동으로 일정량의 옷을 생산할 수 있는 반면, 잉글랜드에서는 동일한 양의 포도주와 옷을 생산하는 데 각각 120명, 100명의 노동이 필요하다고 하자. 이런 상황에서 포도주와 옷이 물론 잉글랜드 옷 1단위에 대해 포르투갈

---

66) 바이너가 언급한 예에, 델피코(M. Delfico)의 기념비적인 저작 『상업의 자유』 (*Sulla liberta del commercio*, 1797)에 나오는 주장을 추가할 수 있을지도 모르겠다.

67) 부분적으로 별로 설득력 있는 논거에 의해 뒷받침된 미약한 저항에도 불구하고, 이 정리는 잉글랜드에서 승리를 거두었다고 말할 수 있을 것이다. 미국에서 이 정리는 그리 잘 이해되지 않았고, 유럽대륙에서는 더더욱 그러했는데, 여기서는 자유무역업자들 사이에서조차 이 정리가 광범위하게 오해되었다. 그러나 셰르뷜리에(Cherbuliez)는 이 정리를 잘 설명했다. 그리고 만골트 (Mangoldt)는 중요한 점에서 이 정리를 개선했고 더 확장했다. (바이너, 앞의 책, 458쪽 이하 참조: 그러나 독자들이 원저를 참조하려면 1863년 출판된 만골트의 『국제경제학원리』*Grundriss* 초판을 보아야 하는데, 만골트 사후 1871년 출간된 2판의 편집자가 삭제하는 것이 적절하다고 생각했던, 위 내용과 관련된 부록이 실려 있다. 이 책의 4장 5절도 참조.)

포도주 9/8단위와 5/6단위 사이에서 교환된다면, 포르투갈은 포도주를 '특화'하고 옷을 수입해서 이익을 얻을 것이고, 잉글랜드는 옷을 '특화'하고 포도주를 수입해서 이득을 얻을 것이다. 전자의 경우 모든 이득은 잉글랜드에게 돌아가는 반면, 포르투갈은 교역하지 않았을 때보다 나아진 것이 별로 없다. 후자의 경우 모든 이득은 포르투갈에게 돌아가는 반면, 잉글랜드는 교역이 없을 때보다 나아진 것이 별로 없다. 사정이 이러하다면, 어떤 중간 수준의 교환율이 두 나라 모두에게 이득을 가져다주겠지만, 두 나라 무역업자들이 독점자로서 행동한다면 교환율은 위의 한계 사이에서 결정되지 않을 것이다. 리카도와 그의 직접적인 추종자들은 이 점에 대해 고민하지 않고 이득이 반씩 나뉠 것이라고 그럴듯하게 가정했을 뿐인데, 이는 오랫동안 지속된 오류였을 뿐 아니라 단순한 부주의였을 것이다.

그러나 다른 저자들, 특히 토런스는 교역조건이나 교환율의 비결정성이 적어도 완전경쟁(또는 일방독점)이라는 조건에서 일반적으로 제거될 것——내 생각에, 토런스가 처음으로 (활자화된 형태로) 상호수요라고 부른 메커니즘에 의해——이라고 생각했다. 관대함에서 토런스를 능가했던 밀은 리카도에게 과오의 모든 책임을 지우는 것에 반대해 그를 옹호했을 뿐만 아니라, 1844년에 출판되기는 했지만 일찍이 1829~30년에 쓴 책(*Some Unsettled Questions*)에서 이러한 생각(상호수요－옮긴이)의 정수를 전개했음에도 불구하고 그 독창성의 영예를 주장하지 않았다. 그는 자신의 『원리』 3부의 저 유명한 18장 1~5절의 내용을 이 책에서 이끌어냈는데,[68] 이것은 그 의도나 목적에 비추어볼 때 상호수

---

[68] 이 장의 다섯 절만이 그런 명성을 얻었다. 제3판에 추가되어 친구들의 '지적 비판'을 존중한 그 나머지는 인정을 받지 못했고, 바스타블(Bastable)과 에지워스 같은 훌륭한 밀학파(Millians)조차 '수고스럽고 혼동스럽다'고 간주했다. 나는 이런 견해에 동의할 수 없다. 그 나머지에는 중요한 기여가 있다. 예컨대 밀이 18장의 8절에서만큼 수요의 탄력성(그가 '신축성'이라고 부른 것)이라는 개념의 성질과 용도를 파악하는 데 근접했던 적은 없었다. 이런 주제를 말로 표현할 때 피할 수 없는 표현상의 서투름과 모호함만을 근거로 그것에 붙여진

요 이론을 확립한 것——이 시기에 국제경제 관계의 일반적 분석에 기여했던 제3의 새로움——이었다.

이 문제는 복잡하고 그의 분석기법을 너무 넘어섰기 때문에 밀은 가정을 단순화해서 다루었고, 몇몇은 18장 6~9절에서 제거하려고 했다. 특히 그는 자신의 주장을 2재(財), 2국(國)——여기에 비슷한 규모와 생산능력을 가진 나라라는 점을 추가해야 한다——에 한정했고, 사실상 이 경우만이 거기에 포함된 원리를 가장 잘 보여줄 수 있었다. 비교생산비에 의해 설정된 한계 내에서 2국, 2재 사이의 교환율이나 교역조건이 고정되도록 하는 지점을 결정하기 위해 밀은 다시 한 번 '선행하는'(논리적으로 근본적인) 공급과 수요의 법칙에 의지했다. 그는 (아주 포괄적인 가정 아래서) 균형교환율은, 수입국이 이 비율로 얻고자 하는 두 생산물의 양과 수출국이 이 비율로 주고자 하는 양의 일치(국제수요의 일치)라는 조건에서 결정되리라고 보았다.[69] 이것은 만일 한 나라가 받고자 하는 비율이 다른 나라가 주고자 하는 비율보다 높거나 낮으면, '판매자'와 '구매자' 사이의 경쟁이 이런 조건을 충족할 때까지 교환율을 조정할 것이라는 점을 가정한 것이다.[70] 밀은 이것이 다수의 균형을 배제하지 않으리라는 점[71]과, 여기에 근거해서 다룰 수 없는 좀더 미묘

몇몇 비판은 숫자적 예를 제외한 그 어떤 것으로도 정당화되지 않았다.

69) 이 비율이 수출품과 수입품의 가치를 일치하도록 하는 균등식은 명제가 균형조건이지 항등식은 아닌 우리의 것보다 간단하지만 의미에서는 덜 명확하다.

70) 이와 같은 밀의 암묵적인 가정은 실제로 추가적인 조건인 이른바 2차조건, 즉 안정성 조건을 구성한다.

71) 이 문제는 약간 복잡하다. 한편 밀은, 바이너가 지적했듯이(앞의 책, 537쪽), 수요와 공급 방정식의 본질에 대해 정확히 알고 있었다. 즉 그는 수요와 공급 방정식이 균형조건이지 '항등식'—물론 이것은 균형점을 결정할 수 없을 것이다—이 아니라는 점을 알았고, 그에 대한 반대자들을 비판했다. 그가 케언스에게 보낸 편지(Hugh S.R. Elliot, ed. *Letters*, 1910)를 보면, 그는 이 차이를 정확히 알고 있었다. 그러나 다른 한편 (그의 국제가치에 관한 장의 6절을 보면) "[국제수요의 일치라는] 조건이 상정된 모든 숫자비율에 의해 동등하게 만족되고", 이것이 '방정식'을 항등식으로 만들 것이라고 '생각했다'. 그러나 우리가 이 구절을 전후 맥락 속에서 읽는다면, 그것이 하나 이상의 균형점의

한 문제가 있다는 점을 알고 있었기 때문에 그의 업적으로 기록되어야한다. 또한 기록되어야 할 것은, 밀은 자신이 만든 장치를 훌륭하게 사용했다는 점이다. 수출국에게는 꼭 유리하지 않은 수출산업에서의 기술개선의 효과를 다룬 5절은 특히 언급할 만하다. 이 문제를 더 보려면, 독자들은 하벌러의 유명한 논고를 주로 참조할 수 있다.[72]

일단 우리는 이 분야에서 마셜이 밀의 의미를 마무리하고 전개한 것이상을 한 것이 없다는 점에 주목하자. 마셜은 밀의 의미를 정밀한 기하학적 모델로 만들었는데(*The Pure Theory of Foreign Trade*, 1879), 이것이 이론을 상당히 명확하게 했다.[73] 그러나 그는 자신의 곡선이 밀이 말한 '일정한 상태를 설정한 것'이었음을 잘 알고 있었다.(A.C. Pigou, ed., *Memorials of Alfred Marshall*, 1925, p.451) 이것은 심지어 기하학적 장치에도 적용된다. 밀의 의미는 다른 어떤 것이 아닌 이곡선들을 선택함으로써 무언가 서툰 교훈을 주는 것처럼 읽힌다. 에지워스의 유명한 재진술("The Pure Theory of International Values", *Economic Journal*, 1894, reprinted in *Papers Relating to Political Economy*, vol.II)은 많은 흥미로운 세부사항을 추가했지만, 근본적인점에서 밀 이상으로 나아간 것이 아니다. 1920년대 이전에는 그에 대한심각한 공격이 없었고, 심지어 이 분야의 지도적인 대가들조차 밀의 가르침을 실질적으로 고수했다.

존재가능성에 대한 지각 이상을 실제로 의미하는 것이 아니고, 에지워스를 포함한 비판가들이 주목한 단점 대신에 그 독특한 장점이 인지될 수 있을 만큼드러나고 있음을 쉽게 알 수 있다.

72) G. von Haberler, *The Theory of International Trade*(1936, chs.9~12). 이참고문헌은 비교생산비에 관한 주제를 포괄하고 있는데, 내 간단한 설명이 불만족스럽거나 이해조차 할 수 없는 독자들에게는 많은 도움을 줄 것이다.

73) 이 모델에 대해서는 하벌러, 같은 책, 153쪽 이하 참조. 또한 Marshall, *Money, Credit and Commerce*, Appendix J 참조. 『순수이론(외국무역―국내가치)』(*Pure Theory(Foreign Trade-Domestic Values*))라는 제목으로 1879년 출간된 논문집은 런던스쿨(London School)에서 1930년 재출간된 바있다.

자유무역 정책을 옹호하는 것이 '고전파' 저자들의 주요한 실제 목적이었기 때문에 이들은 자연히 외국무역으로부터 한 국가에 귀속되는 '이득'을 나타내는 데 많은 관심을 기울였다. 우리는 이것이 보호무역으로부터 얻을 수 있는 일방적 이득의 가능성을 과소평가하는 이들의 논의와 경향에서 보이는 편견임을 도처에서 주목한 바 있다. 여기서 우리의 주된 관심은 이들이 이런 이득을 어떻게 정의했고 어떻게 수량화했는지를 지적하는 데 있다. 물론 토론의 초기단계에서는 어떤 나라에서 전혀 생산할 수 없거나 더 높은 비용으로만 생산할 수 있는 상품을 외국무역이 그 나라에 공급하리라는 점을 말하면 족했다. 후자와 같은 요소는 비교생산비 원리(comparative-cost principle)를 도입함으로써 강화되었는데, 리카도가 그에 따른 생산물 단위당 비용의 절약을 강조한 것은 아주 자연스러웠다. 이것에는 다음과 같은 두 가지 측면이 있다. 한편으로 이것은 단위 생산비당 생산량의 증가를 강조하는 것과 마찬가지가 된다.[74] 물론 리카도는 외국무역이 한 나라에서 (그가 말하는) 실질가치의 총계를 증가시킬 수는 없지만 "그것이 상품의 양, 따라서 향유물의 총계를 증가시키는 데 아주 강력하게 기여할 것"이라는 점을 인식했다.(『원리』, 7장) 여기서 그는 멈췄는데, 효용(사용가치)은 측정할 수 없다[75]고 확신했기 때문이다. 그러나 리카도가 말한 바는 외국무역이

---

74) 우리는, 리카도가 비교생산비 원리의 작용을 설명한 예에 준거해서, 만약 잉글랜드와 포르투갈이 교역 없이 각각 한 단위의 옷과 한 단위의 포도주를 생산한다면 양국 전체에서 390노동단위가 들 것이고, 자유무역을 통해 특화한 후에는 위와 동일한 네 단위의 양을 생산하는 데 360노동단위만이 들 것이라는 것을 관찰할 수 있다.

75) 그러나 리카도는 외국무역이 향유물의 합계를 증가시킬 것이라고 말했기 때문에(물론 '합계'라는 말은 효용을 측정할 수 없다면 부적절한 것이다), 그는 효용이 비교될 수 없다고 말하지 말았어야 했다. 사실상 후자는 비교생산비의 원리를 함축하는 것으로, 단지 효용의 비교가 가능하기 때문에 타당하다. 우리는 리카도가 비록 '기수적 효용'―효용은 다른 것의 배수로 존재할 수는 없지만 다른 것보다 크거나 작을 수 있다―과 같은 것은 아닐지라도 '서수적 효용'과 같은 것은 존재한다는 근대사상을 품고 있었다고 단번에 알아챌 수 있다.

실질가치 단위당 향유물을 증가시킨다는 말로 표현될 수 있을지도 모른다. 어쨌든 이 정도로 그는 외국무역의 후생경제학으로 들어섰으며, 그것도 일반적으로 믿고 있는 수준보다 훨씬 더 깊이 들어갔다.

다른 한편으로 외국무역은 다음과 같은 방식으로 리카도적인 의미의 실질가치 구조와 관련되어 있다. 잉글랜드의 경우에서 그랬듯이, 만약 수입품이 주로 노동계급의 소비로 들어가는 상당한 정도의 식료품과 면화 같은 기타 필수품으로 구성되어 있다면, 총가치에서 노동계급의 몫은 하락할 것이고 이윤의 실질가치와 이윤율은 상승할 것이다. 말할 것도 없이 이것이야말로 리카도가 주장한 자유무역의 본질적 부분이다. 즉 외국무역은 자원배분을 개선하고 '저축과 자본축적에 대한 인센티브'를 부여——외국무역이 가져오는 '상품의 풍부함과 저렴함'에 의해 ——함으로써 사실상 '인류의 행복'을 증대시킨다는 것이다. 그러나 외국무역이, 일시적인 경우를 제외하고 임금재의 생산에서 기술개선과 같이, 리카도적인 의미의 임금재의 실질가치를 감소시키는 수단이 아닌 한 이윤을 증가시키지는 않을 것이다.

이 주제에 대한 맬서스의 주장에서 어떤 것이 있는 한, 그것은 리카도의 주장과 모순되지 않는다. 물론 바이너가 지적했듯이(앞의 책, 531쪽), 외국무역은 소득이 적은 사람들의 소득분배에 불리한 방향으로 영향을 미칠 수 있기 때문에 맬서스가 '향유물의 합계'는 사용하기에는 신뢰하기 힘든 개념이라고 말했을지도 모르겠다. 그러나 맬서스는 실제로 이렇게 말하지 않았다. 당시 영국의 곡물법 논쟁에서 차지농을 위해 외국무역이 저소득층에게 불리한 방향으로 작용한다고 주장한 약간의 정치가를 제외하고는 어느 누구도 이렇게 말하지 않았다. 물론 나도 리카도나 밀이 외국무역의 후생적 측면을 만족스럽게 다루었다고 주장하는 것은 아니다. 객관적으로 밀의 상호수요 이론은 후생(효용)측면을 좀더 직접적으로 지적했기 때문에 일보 전진했다. 그러나 밀은, 가능성으로 남아 있긴 하지만, 자신의 접근방법이 암시하는 가능성을 이용하지 않았다. 이것은, 지금 보면 낡았지만, 1890년대에 많은 사람을 만족시킨

방법을 전개한 마셜과 에지워스에게 맡겨졌다.(이 책, 3권, 4부 7장 부록 참조) 특히 에지워스는 밀이 오로지 교환가치(교역조건)를 기준으로 외국무역으로부터 나오는 편익을 측정했다고 비판했다.[76] 리카도가 향유수단의 증가를 강조한 것을 보면, 이런 비판은 리카도에게 적용되지 않는다. 밀의 경우에는 이런 비판이 한층 잘 적용되지만, 그렇게 큰 것은 아니다. 두 사람은 '무역의 사회적 이득'의 성질을 정확하게 보았다. 이들이 교역조건으로부터 이 이득을 측정하려고 시도했다고 말하는 것보다 이 이득을 조금도 측정하려고 시도하지 않았다고 말하는 것——케언스가 또한 유감스럽게도 '불확정적이고 막연한 결론'이라고 부른 것에서 멈춘 점에 대해 할 말이 약간 있다(*Leading Principles*, 영어판 506쪽. 이 판은 미국판과는 페이지가 다르다)——이 사실에 더 가깝다.

이제 비교생산비 이론과 상호수요 이론이 리카도와 밀의 일반적 가치이론과 어떻게 관련되는지, 통상적인 방식으로 그들이 말한 대외가치와 국내가치가 어떤 관계인지 질문해보자.

먼저 비교생산비 이론과 상호수요 이론의 상호관계란 무엇인가? 밀의 관대함은 이에 대한 명백한 대답을 모호하게 했다. 이미 보았듯이, 밀은 1844년에 출간된 『정치경제학의 몇 가지 미해결 과제에 대한 고찰』의 첫 번째 글 「국가 간 상호교환의 법칙」(Of the Laws of Interchange between Nations)에서, 자신의 상호수요의 방정식을 위대한 선구자가 추가할 여유를 가지지 못했던 리카도의 비교생산비 원리에 대한 약간의 보충이라고 표현했다. 대부분의 경제학사 연구자들과 비판가들도 동일한 견해를 가졌다. 그러나 이런 견해가 완전히 잘못된 것임을 분명히 해야 한다. 수요 · 공급 스케줄(demand-supply schedules)의 교차는 상

---

76) 즉 에지워스와 다른 사람들은 한 나라가 얻은 무역으로부터의 총이득은 **수출품** 단위당 그 이득(옷 한 단위에 대해 잉글랜드가 받은 독일 아마포의 양)이 증가하거나 감소함에 따라 항상 증가하거나 감소한다고 밀이 믿었다고 비난했는데, 이는 임금에 대해 쓴 저자들이 때때로 일국의 임금지불 총액은 임금률이 증감할 때 항상 증감한다고 생각한 것에 대해 비난한 것과 마찬가지다.

호수요 방정식에 대한 기하학적 도형을 보여주는데, 이 함수는 리카도가 일시적인 경기변동과 독점화된 상품의 경우를 제외하면 항상 거부한 접근을 나타낸다. 이 함수는 새롭고 더 일반적인 원리를 도입하는데, 그것은 마치 화폐부문에서 외국환율의 일반이론이 국제적 금단본위제도 아래서 환율이 금현송점(gold point) 범위 내에 있다——바로 이런 의미에서 금현송점에 의해 '결정된다'——는 명제를 보충하지 않고, 그 이론이 항상 차지하고 있던 핵심적 지위에서 추방하는 것과 마찬가지다. 마치 일반이론이 금현송점의 정리를 어떤 특정한 경우에 대한 다수의 명제 중 하나의 지위로 환원시키는 것과 마찬가지로, 상호수요론은 비교생산비론을 상업경쟁 아래 있는 특수한 무역측면에 대한 하나의 명제라는 지위로 환원시켰다. 실상 이것은 지배적인 오류를 타파하는 데 특히 유용하기 때문에 몇 가지 중요한 점을 지니지만, 국제가치론에 더 이상 근본적인 것은 아니다.[77] 따라서 두 가지는 서로에 대한 보완물이 아니고, 국제가치의 대안적 이론도 아니지만, 이들 관계는 특수한 정리이자 포괄적인 이론인 것이다.

이제 비교생산비와 상호수요가 이 저자들의 일반적 가치론과 어떤 관계를 맺고 있는지 살펴보자. 리카도에 관한 한, 우리는 비교생산비 원리를 노동량 법칙의 예외로 볼 것인데, 상품이 이 법칙에 따라 더 이상 교환되지 않는 경우를 묘사하고 있기 때문이다. 이런 예외가 (그의 가치론에서—옮긴이) 매우 치명적인 것은, 비교생산비 원리가 국제가치를 포괄할 뿐만 아니라 노동의 완전이동성이 덜한 국내가치도 포괄하기 때문이다. 사실상 리카도가 설정할 수밖에 없던 모든 다른 예외와 유보조건과 더불어 비교생산비 원리는 리카도 가치론의 전체 조직을 현실적으로

---

77) 나는 상호수요의 방정식이 그 중심정리인 국제가치론의 일반이론에 비교생산비 원리가 '용해되었다'는 하벌러의 말에 전적으로 동의한다.(앞의 책, 123쪽) 그러나 바로 이 구절을 인정하기 때문에 나는 하벌러가 똑같은 곳에서 사용한 다른 구절, 즉 상호수요 이론은 '비교생산비론의 본질적 보완물'이라는 구절을 받아들일 수 없다.

파기한다. 그러나 우리는 또한 거의 마찬가지로 비교생산비 원리를 노동량 이론에서 나온 것으로 해석할 수 있는데, 노동량 이론은 리카도에게 국제가치 문제를 제시했고 그가 주장한 분석기법을 제공했다. 따라서 리카도의 국제무역 분석이 낡아빠진 가치론에 의존함으로써 손상되었다고 올린(Ohlin)과 메이슨(Mason) 같은 권위자들은 말한 바 있다. 그러나 하벌러가 보았듯이, 비교생산비 원리는 기회비용에 의해 재진술된다는 점을 잊지 말아야 한다.

밀의 상호수요와 그의 일반적 가치론의 관계는 이와 완전히 다르다. 상호수요——우리가 알고 있듯이 당시 리카도학파를 오해한 밀의 용어법에 의해 만들어졌을지도 모른다는 반대인상에도 불구하고——는 노동량, 심지어 가치의 실질비용 이론과 완전히 별개다. 오히려 그것은 상호수요에 의해 국제가치의 경우로 성공적으로 확장된, 밀의 일반적인 수요·공급 이론과 완벽하게 뒤섞여 있다.[78] 따라서 이 경우는 '생산비'에 의한 분석이 실패한 다른 모든 경우와 결합해 밀의 가치론을 강화하고 통합하는 데 도움을 주는 반면, 리카도의 가치론을 약화시켰다. 이제 가치론으로 고려된 공급과 수요(이것은 우리가 알고 있듯이 사실이 아니다)는 실질비용 이론과 한계효용 이론 사이의 중간인 것이다. 그러

---

78) 따라서 우리는 밀의 국제가치론(또는 상업경쟁론)을 그의 일반적 수요·공급 분석의 특수한 경우, 즉 요소의 이동성이 없다는 가정에 의해 정의된 경우라고 생각할 수 있다. 그러나 우리가 이 이론을 완전히 다른 식으로 표현하고, 일반적인 경우가 밀의 국제가치론에 의해 표현되고 국내가치가 요소의 완전 이동성에 의해 정의된 특수한 경우라고 말하는 것을 방해하는 어떤 것도 없다. 이것을 우리가 주목할 만하다고 보는 것은, 비슷한 상황이 케인스 학설과 관련하여 후에 등장하기 때문이다. 대부분의 경제학자가 발라 모델과 케인스 모델 사이의 차이를 묘사하기를, 케인스 모델은 몇몇 제한적인 ('특수화하는') 가정에 의해 발라 모델과 말하자면 단절했다고 말한다. 그러나 케인스 자신은 그의 이론을 일반적인 경우로 간주하여, 그가 고전파(마셜과 그 직접적인 추종자)라고 묘사한 저자들이 일정한 사실을 가정함으로써 완전고용 균형을 낳는 특수한 경우를 제거했다. 독자들은 이것이 엄밀한 논리에서 볼 때는 차이가 없는 구별일지라도, 과학적 투쟁의 심리에서 볼 때는 대단한 문제임을 알 수 있을 것이다.

므로 밀의 상호수요 방정식은 실질비용 이론으로부터 멀어져 한계효용론으로 나아가는 또 다른 단계다. 그리고 이것이 바로 밀에 의해 형성된 국제가치론이 '고전파' 체계의 다른 부분보다 훨씬 더 비판의 화살을 집중적으로 받으면서도 굳건히 견뎌낸 이유이자 1920년대까지 지배적인 학설로 남았던 이유다.

당시와 그 이후에 비교생산비 원리와 상호수요 방정식을 겨냥한 비판——정당하든지 정당하지 않든지——을 논의하는 것은 그 자체로서도 흥미롭고 여러 시대 경제학의 논쟁에 참가한 능력과 분석력의 정도가 어떠한지를 상당히 드러낼 것이다. 더 중요하게는 이런 논의가 국제가치론이나 그것이 할 수 있는 것과 없는 것에 대한 독자들의 이해를 상당히 높일 것이라는 점이다. 그러나 여기서 이런 논의를 시작하는 것은 완전히 불가능하다. 그러나 다행스럽게도 바이너와 하벌러의 저작을 준거로 해서 이런 공백을 적절히 메울 수 있을 것이다.[79] 따라서 두 사람의 세심한 연구를 참조하여 나는 다음과 같은 두 가지 사항을 지적하는 것으로 논의를 마무리할 것이다.

첫째, 국제가치에 관한 '고전파' 문헌의 연구자가 명심해야 할 것은 자신이 완결된 구조보다는 매우 조야한 기초를 다룬다는 점이다. 예컨대 리카도나 밀은 비록 n재 n국으로 일반화하는 일이 실제보다 용이하다고 확실히 믿었지만, 2재 2국만을 다루는 이론——밀은 사실상 3재 3국의 경우를 간단히 다루었다(3부 18장 4절)——을 원리의 한 예증 이상으로 간주할 수 없었다.[80] 똑같은 것이 분석을 불변비용에 한정하는

---

79) 그렇다고 이것을 내가 뛰어난 이 저자들의 세세한 분석 모두에 동의하는 의미로 해석해서는 안 된다.

80) 밀은 여러 국가 간 다수상품의 무역이 2국, 2재의 교역과 본질적으로 동일한 원리에 근거하여 발생'해야 한다'고 보았다. 그러나 이것은 전혀 그렇지 않다. 2국 이상으로 일반화하는 것은 진정 큰 어려움을 나타내지는 않는다. 그 당시 여러 저자는 그렇게 생각했는데, 이들은 이런 확장이 결과의 타당성에 얼마나 영향을 미치는지를 또한 인식했다. 그러나 2개의 상품을 n개의 상품으로 확장하는 것은 더 많은 어려움을 제기한다. 내가 아는 한, 롱필드가 이것을 처음으

'고전파'의 관행에도 해당한다. 증감하는 가변비용이 '고전파' 이론에 도입되어야 하는 것은 의심의 여지가 없지만, 이것을 하지 못한 비판가들은 선구자를 탓하기 전에 자신부터 탓해야 한다. 또한 '고전파'는 '자유'경쟁과 자원의 완전이용이라는 가정을 떼어내면 그들의 이론이 어떻게 되는지 스스로 질문하지 않았다. 그러나 독점적 경쟁과 항구적 실업이 비록 실천적 결론을 내리는 데 상당한 차이를 가져오지만, 양자가 비교생산비 원리나 상호수요 방정식의 타당성을 손상시키는 것은 아니라고 볼 수 있다.[81]

둘째, '고전파' 분석을 틀림없이 잘못 그려낸 많은 실수와 부적절함을 거론할 때, 우리는 그 대다수가 본질적인 것을 많이 손상하지 않고 제거될 수 있으며 오히려 그것들이 비판가들의 실수나 부적절함에서 상당히 비롯된 것이라는 점을 주목해야 한다. 한 예로 '고전파'가 "무역에서의 이익이 두 나라 사이에서 나뉠 수 있는 〔……〕 비율"의 문제를 다루는 방식을 들 수 있다. 밀이 1829년에 쓴 『정치경제학의 몇 가지 미해결 과제에 대한 고찰』(1844년 출간)에서 이미 설명했듯이, 이 비율은 비교생산비가 설정한 한계 사이에서 어쨌든 변할 것이고, "이익 전체를 한 당사자가 거둬들이는 〔……〕 극단적인 경우"조차 고려했다. 밀은 그런 경우가 발생할 가능성을 과소평가——예를 들어 밀은 대국과 아주 작은 소국의 경우를 거의 생각하지 않았다——했을지도 모르고, 이 문제를 밀이 취급한 것에 대한 비판들도 존재한다. 그러나 실질적으로 그는 아주 옳았고, 그에게 가해진 수정에도 불구하고 그의 주장은 실질적으로 변한 것이 없다. 그러나 그렇지 않다 하더라도 2재 2국과 불변비용의 경우만은 상당히 중요할 터인데, 이런 조건은 그 이론을 좀더 현실적으로 제시한다면 자동적으로 제거될 것이다. 이와 관련된 또 다른 예는 국가

로 다뤘다.(*Three Lectures on Commerce*, 1835)

81) 자원의 지속적인 과소이용과 관련해서 이 점을 스스로 납득하는 가장 단순한 방법은, 이런 경우 세력을 얻고 있는 보호무역을 위한 주장—비록 그 힘을 얼마나 증가시킬 것인지는 논쟁의 여지가 있지만—을 고려하는 것이다.

들이 자신이 비교우위가 있는 생산라인을 특화하는 정도를 '고전파'가 취급하는 방식이다. 리카도의 부주의함은, 그 비판가의 부주의함과 함께, 그가 단지 완전한 특화만을 생각했고 이런 완전한 특화가 이론적·실천적으로 이상적인 경우인 듯이 생각했다는 인상을 낳았다. 이런 근거 없는 주장이 전적으로 사실이라 하더라도, 이것은 논쟁의 여지가 있지만, 큰 의미를 갖지는 않을 것이다. 첫 번째에 관한 한, 교역국의 완전한 특화가 물리적으로 가능하다면, 즉 두 나라가 충분히 크다면, 그것은 사실 리카도의 불변비용의 가정 아래서 적용되는 규칙일 것이다. 어느 경우에서나 그러하듯이, 이런 가정을 떼어내면 이를 공격하는 명제 또한 제거할 수 있을 것이다. 부분적 특화나 교역이 전혀 없는 것과 비교해서 완전한 특화에 따른 이득에 대해 리카도와 밀은 확실히 본격적으로 생각하지 않았다. 그래서 비판가들은 국제무역에서 충분한 이득을 거두기 위해서는 완전한 특화가 제한된 경우에만 필요하고, 일반적으로는 부분적 특화가 더 '이득'이 있고, 다른 제한된 경우에 완전한 특화가 교역이 전혀 없는 경우와 비교해서 더 나을 것이 없다는 것을 보여주는 것이 쉽다는 것을 알게 되었다. 그러나 리카도와 밀이 말하는 의미에서 '이득'이 없는 무역이란 또한 유리한 것이 아니기 때문에, 필요한 수정은 여기서도 역시 큰 의미가 없다. 그 효과는 실제로 기본적인 진리를 재차 주장하기보다 모호하게 하는 것이 될 것이다.

국제가치에 대한 '고전파' 분석의 약점을 모두 용서할 수 있는 것은 아니다. 심지어 밀조차 국제무역이 국내가치 구조에 미치는 모든 영향에 대해 아주 부정확한 견해를 갖고 있었는데, 그는 리카도만큼은 아니더라도 국내가치를 주어진 것으로 보거나, 크게 나은 것은 아니지만 스스로를 적절히 조정하는 것으로 보았다. 더구나 자유무역에 대한 초보적인 분석기법과 편견 때문에 잘 고안된 관세가 적어도 한 국가에, 아니 짐작건대 모든 교역상대국에 크게 편익을 줄 수 있는 모든 상황을 거의 완전히 무시했다.[82] 그러나 전체적으로 '고전파'의 국제가치론이 반박을 받은 적이 있다고 말하는 것은 사실이라기보다는 오해에 가깝다.[83]

비록 다른 맥락에서 이미 언급했듯이, '고전파' 저자들이 그 이론에서 이끌어낸 실천적 추론 중 일부는 반박을 받기는 했지만 말이다. 그리고 '고전파' 이론은 이들이 국제가치론을 '정책의 지침'으로 삼았을 때 그 가치론에 부여한 책무와 동일한 것이 전혀 아니었다. 무엇보다 '고전파' 이론은 '자유무역(의 진리—옮긴이)을 증명'하지 않는다.

4절 세의 시장법칙

세는 그의 책 『정치경제학 강의』(*Traité d'économie politique*, 1803)의 유명한 장에서 최근 10년 동안 다시 전면에 나오게 된 학설, 즉 그의 시장법칙(*loi des débouchés*, *Law of Markets*)을 설명했다.[84] 이

---

82) 이런 무시를 다만 편견으로 돌리지 말아야 한다는 것은 에지워스의 경우가 보여주는데, 그는 이런 사태를 수정하기 위해 많은 것을 했고 여전히 강력한 자유무역론자로 남았다. 그 당시 특히 토런스(*The Budget*, 1841~44)는 전술적인 이유로 보호무역으로부터 일방적인 이익이 나올 실제 가능성의 정도를 받아들이기를 매우 꺼리던 열렬한 자유무역론자의 주장(사실 이것은 어떤 이론보다도 영국의 입장과 이해관계로 설명되어야 한다)을 100퍼센트 지원하지 않는 보호무역 조치를 분석하기 위해, '고전파' 이론에 잠복해 있는 가능성을 지적했다. 국제가치론에 대한 쿠르노의 기여는 이 분야에 있다. 그의 기여는 경멸적인 비판을 여러 차례 초래했고, 그중 일부는 자기 자신도 부인한 그의 책(*Recherches sur les principes mathématiques de la théorie des richesse*, 1838)의 12장에 있는 주장이 아니라, 비록 결점이 없는 것은 아니지만 장벽 없는 국제무역 아래서 상품의 총생산량은 두 개의 시장이 서로 완전히 고립된 경우의 것보다 작아질 수 있다는 점을 성공적으로 보여준 10장의 주장에 있다. 그러나 쿠르노는 자기가 한 주장의 한계를 깨닫지 못한 것 같다.

83) O. von Mering, "Ist die Theorie der internationalen Werte widerlegt?", *Archiv für Sozialwissenschaft*, April 1931.

84) 프린셉(Prinsep)의 영어번역본(1821년) 1부 15장 76~83쪽. 이것은 『논고』 초판(1803)에서는 4쪽만을 차지했지만, 비판에 대응해서 이후 판에서는 계속 확대되어 줄곧 더 모호하게 되었다. 시장법칙(Law of Markets)은 프랑스어 loi des débouchés의 통상적인 영어번역이다. 판로(Outlets)라는 용어가 세의 의미를 더 잘 전달할 것이다. 프린셉은 판매(Vent)라는 용어를 사용했다.

것은 케인스와 그 후계자들에게 비판의 표적이 되었는데, 이 사실은 그 자체가 본래 중요한 것은 아니었지만 중요성을 갖게 하는 계기로 작용했다. 이 때문에 우리는 이 법칙에 의거해서 발라-마셜 체계를 논의할 것인데, 일부 케인스주의자들의 비판에 따르면 세의 시장법칙이 그 체계의 기본명제라는 것이다. 같은 이유로 이제 우리는 이 법칙의 원래 의미와 초기의 운명을 필요한 것보다 더 신중하게 논의하지 않으면 안 된다.

우리의 첫 번째 임무는 세가 말한 원래 의미가 실제로 무엇이었나를 찾아내는 것이다. (세처럼—옮긴이) 그토록 부정확한 저자에 대해 수행해야 하는 이런 과제는 항상 쉬운 일이 아니다. 그러나 이 경우 그의 원래 의미는, 그가 든 예와 결론을 보면 알게 되기 때문에, 충분히 명확하다. 우리는 이런 예 중 하나에서 시작하고 싶은데, 그것은 무제한적 생산이 초래할지 모르는 교착상태에 대해 시스몽디가 표준적인 사례로 거론한 1810년경 영국 수출산업의 곤경을 세가 주석이라는 형태로 추가했던 것이다. 세의 주장에 따르면, 그 고통은 영국 생산물의 과잉에 있는 것이 아니라 그것을 구매하기로 한 국가들의 빈곤에 있었다는 것이다. 브라질의 경우를 예로 들어보자. 만약 영국 생산자들이 브라질에 수출하려는 상품을 처분할 수 없다면, 거기에는 영국 수출업자들이 브라질 사람들이 원하는 상품에 관해 오판——당시 먼 나라에 관한 정보부족의 상태에서 그들이 실제로 그러했던 것처럼——했든지, 아니면 브라질 사람들이 영국 생산업자에게 지불할 돈을 획득하기 위해 제3국가에 수출하거나 대가를 제공할 어떤 것도 갖고 있지 못했든지 하는 두 가지 이유만 있을 수 있다. 다시 말해 그 고통은 영국이 너무 많이 생산한 것이 아니라 브라질이 너무 적게 생산한 데 있었다. 또한 세가 강조했듯이, 브라질 사람들이 수입할 수 있을 정도의 등가물을 생산했지만 영국이나 제3국의 수입제한으로 그 등가물을 수출하지 못했다면, 그런 상황은 치유되지 못했을 것이다. 사실이 이러한데, 세의 추론은 당시 세를 얻었고 이후 필 경의 다음과 같은 금언 속에 정식화된 통상적인 자유무역론의 일부와 단순히 같은 것이었다. "수출을 할 수 있기 위해서는 외국 상품에 대해 우리의 항구를 열어야 한다." 이 금언은 틀림없이 너무 단순화된 것이었지만, 상당한 정도의 기초적 진리와 실제적 지혜를 포함한 것이었다. 이것은, 우리가 '고전파'의 화면에서 국제경제 관계가 전적으로나 거의 그것과 근접하게 상품교역으로 환원되고 있다는 점을 특히 기억한다면, 다음과 같이 뚜렷해진다. 즉 만약 우리가 장·단기 자본이동을 배제하고 금생산의 변덕스러움을 무시한다면, 수출입은 '궁극적으로' 서로 상계되어야 한다.

그러나 세는 다른 사람들보다 더 명확히 이런 주장이 국내교역에도 적용되는, 좀더 일반적인 원리에서 도출된다는 점을 알고 있었다. 분업 조건에서 누구나 자신이 원하는 상품과 서비스를 정상적으로 획득할 수 있는 유일한 수단은 그런 상품이나 서비스와 바꿀 수 있는 등가물을 생산하거나 그 생산에 참여하는 것이다. 이로부터 생산은 시장에서 재화의 공급을 증가시킬 뿐만 아니라 그것에 대한 수요를 정상적으로 증가시킨다는 사실이 나온다. 이런 의미에서 그 생산물에 대한 수요가 나오는 '기금'을 창조하는 것은 생산 자체('공급')다. 생산물은 국내교역에서든 외국무역에서든 생산물에 의해 '궁극적으로' 지불되어야 한다. 따라서 모든 생산라인의 '균형된' 확장은 개별산업이나 산업군의 일방적인 산출물 증가와 매우 다른 것이다. 이것이 내포하는 이론적 함의를 보았던 것이 세의 주요성과 중 하나다. 이제 우리는 그 성과를 우리 스스로에게 분명히 납득시켜야 한다.

규모가 너무 작아서 나머지 경제부문과 국민소득 같은 사회적 집계치에 별다른 영향을 미치지 못하는 하나의 개별산업을 고려해보자. 나머지 경제부문은 이 산업의 작동을 탐구하기 위한 여건(data)으로 고려될 수 있는데, 이 방법은 이 책, 3권, 4부 7장에서 **부분분석**이라는 제목 아래 논의할 것이다.[85] 특히 해당산업의 생산물에 대한 수요함수는 다른 모든

---

85) 위의 주장은 쓸데없이 한정되어 있다. 본질적인 요점은 실제로 부분분석의 특수한 가정과 독립적이다. 그러나 우리의 설명은 중요하게 침해되는 것이 아니며 제약조건을 사용함으로써 단순성에서 많은 이점을 얻는다. 또한 같은 이유

산업에서 발생한 소득으로부터 파생된다. 총소득에 대한 이 산업의 기여는 무시되고, 그 수요함수는 그 자체의 공급과 독립적으로 주어진 것으로 고려될 것이며, (일반적으로) 그 산업이 사용하는 요소가격에 대해서도 마찬가지다. 그러면 우리는 해당산업이 대응해야 하고 그 산업이 각각의 가격에서 생산할 수 있는 산출량(공급함수)을 결정한다고 말할 수 있는, 사회의 경제상태 전체를 요약하는 일정한 독립적인 수요와 비용함수를 갖게 된다. 따라서 '적당'하거나 균형량이 일반적으로 이런 수요함수와 공급함수에 의해 잘 정의되기 때문에, 어떤 특수한 경우에서든 그 산업이 '너무 적게'나 '너무 많게' 생산했다고 말하는 것이 어렵거나 모호한 것은 아니며, 과소생산이나 과잉생산에 의해 움직이게 되는 메커니즘을 묘사하는 것도 마찬가지로 어렵거나 모호한 것은 아니다.

그러나 그 산출량이 너무 많지도 너무 적지도 않은 특정산업의 균형산출량이 다른 모든 산업의 산출량에 준거해서만 적당한 산출량인 것은 당연한 이치다. 다른 모든 산업의 산출량과 별개로 특정산업의 산출량이 적당하다고 말하는 것은 핵심을 빗나간 것일 수 없다. 다시 말해 수요·공급·균형이라는 개념은 상품과 서비스 세계 내에서 양적 관계를 기술하기 위한 것이지, 상품과 서비스 세계 자체와 관련해서 의미를 갖는 것이 아니다. 엄밀하게 말해서, 어떤 경제체제의 총수요와 총공급 또는 과잉생산에 대해 말하는 것이 의미가 없는 것은, 모든 판매대상 전체의 교환가치나 태양계 전체의 중량에 대해 말하는 것이 무의미한 것과 마찬가지다. 그러나 우리가 수요·공급이라는 용어를 사회적 총량에 적용하기를 고집한다면, 그 용어가 일상적으로 수용될 때 의미하는 것과는 전혀 다른 것을 뜻하게 된다는 점에 주의해야 한다. 특히 총수요와 총공급이 서로 독립적이지 않은 것은, "어떤 산업(또는 기업이나 개인)의 산출물에 대한" 구성적 수요가 "다른 모든 산업(또는 기업이나 개인)의 공급으로부터 나오고,"[86] 따라서 대부분의 경우 이들 공급이 증가하

로 우리는 스스로 완전경쟁의 경우에 한정한다.

면 그 수요도 증가할 것이고, 이들 공급이 감소하면 그 수요도 감소할 것이기 때문이다. 이것이 (러너처럼) 내가 세의 법칙이라고 부른 명제로써, 세의 기본의미를 전달한다고 믿는 명제다.

이미 서술했듯이, 세의 법칙은 명백히 진리다. 그것은 사소한 것도, 중요하지 않은 것도 아니다. 우리가 이것을 스스로 납득하기 위해서는 수요·공급 장치에 의해 도출된 명제를 사회적 집계치에 잘못 적용함으로써 오늘날까지 발생하고 있는 오류에 주목하기만 하면 된다. 따라서 "특정산업의 불황이 산출량을 제한함으로써 치유될 수 있다"고 보는 평범한 사람은 "경제 전체의 불황을 치유하기 위해 필요한 것이란 산출량의 일반적 제한이어야 한다"[87]고 때때로 믿고 있으며, 덜 조악하기는 하지만 이런 종류의 추론이 과학적 입장을 견지한 저작에서조차 너무 빈발해서 우리가 세의 법칙을 진부한 공리라고 일축하게 한다. 더욱이 러너의 예는, 공황이나 '과잉생산' 이론에 대한 세의 법칙의 상당한 중요성을, 비록 부정적이기는 하지만 이끌어내는 식으로 재정식화될 수 있다는 것이 내 생각이다. 이것은 공황이 모든 사람이 너무 많이 생산했다는 것에 의해서만 인과적으로 설명될 수 없다는 것을 올바르게 주장한다. 결국 이 법칙은 적어도 의미상으로는 경제량의 일반적 상호의존과 경제량이 서로를 결정하는 균형 메커니즘을 인식한 것과 같고, 그리하여 세의 다른 기여와 마찬가지로 일반균형이란 개념이 출현한 역사에서 일정한 지위를 점한다.

그러나 세 자신은, 우리가 보기에 그가 쓴 판로에 관한 장의 장점이 되는 분석명제 자체에는 거의 관심이 없었다. 모든 시대의 다른 많은 경제학자처럼, 세는 이것을 주의 깊게 정식화하기보다 실제목적을 위해 이용하기를 훨씬 애태워했다. 그는 리카도의 악덕(Ricardian Vice: 이 책의 4장 2절 참조)에 빠져 있었다. 주로 자유무역을 옹호하고 생산에

---

86) A.P. Lerner, "The Relation of Wage Policies and Price Policies", *American Economic Review*, Supplement, March 1939, p.158.

87) 러너, 같은 책.

대한 제한을 반대한 판로에 관한 장은 부주의한 진술로 가득한데, 그것은 당시 주목을 끌 만한 바로 그런 것이었다. 독자들에게는 부문 간 조정실패와 제한적인 정부정책을 제외하고 완전고용 아래서 영속적인 전진을 교란하는 것과 하등 관계없는 산업의 행진에서 승리자만을 보여주는 자본주의 과정의 화면이 제공되었다. 사람들이 신음하는 다른 모든 질병은, **공급은 스스로 수요를 창조한다**는 전쟁구호 앞에 사라졌는데, 이 구호는 적절히 해석될 때 가질 수 있는 의미보다 훨씬 더 많은 의미를 지니는 것이 되어버렸다. 이런 화면조차 지니고 있는 진리의 알갱이를 모으기 위해, 또 예컨대 1811, 1812, 1813년에 경험한 프랑스 산업의 어려움은 실상 나폴레옹 체제의 정책(밀라노칙령Milan Decree 등: 이 칙령은 1807년에 나폴레옹이 영국을 경제적으로 봉쇄시키기 위해 내린 것—옮긴이)에 의해 주로 야기되었다는 점을 지적하기 위해, 그리고 매년 겪었던 경제적 동요를 설명하는 것은 프랑스 산업이 실제로 생산한 수량보다 그것이 생산한 것에 대한 보완물이 부족했다는 것을 지적하기 위해 여기서 머물 필요는 없다. 그러나 세의 부주의한 서술 속에서 불편부당한 비판이 찾아낸 장단점이 무엇이든, 그 진술이 적대적인 비판자들로 하여금 자본주의 변호론—— '자본주의 오점의 눈가림', 실질적인 어려움을 부주의하게 부정하는 것, 천박한 낙관론, '균형이라는 천국에서 거주하는 것' 등——이라고 말하게 하는 충분한 여지를 주었다는 점은 주목할 만하다. 그러나 훨씬 더 가치가 있는 것은, 세의 부주의함의 분석적 결과 몇 가지를 검토하는 일이다.

첫째로 검토할 것은, 세의 법칙이 항등식은 아니었지만, 그의 혼란스러운 설명 때문에 상당히 많은 저자가 그것을 하나의 의미로 믿게 되었는데, 실제로는 이것이 적어도 네 가지 다른 의미를 지니고 있다는 점이다.

1. 일부 저자는 세의 법칙이 "판매되는 것은 무엇이든 구매된다"거나 판매자가 받은 총액은 구매자가 지불한 총액과 동일하다는 것 이상을 주장한 것

이 아니라는 논거에 기초해 그 법칙을 옹호했다. 이런 해석은 명백히 잘못된 것이다. 그러나 세의 책, 15장의 한 문장을 보면 그의 의도가 정확히 그것을 의미하는 것처럼 실제로 읽힌다. 굿윈(Richard Goodwin)의 출간되지 않은 논문에서 보여지듯이, 지금 막 진술한 진부한 구절은 결코 무용한 것이 아니라는 점에 주목하고 싶다. 그것만이 세의 법칙은 아니다.

2. 다른 저자들은 세의 법칙이 물물교환 경제의 경우를 대표하는 것으로 받아들이고 싶어하고 자신들에게는 의미 있는 화폐의 역할을 세의 법칙이 무시한다는 것에만 근거를 두고 그 법칙을 반대하는데, 이들은 물물교환 경제에서 모든 '판매자'는 불가피하다거나 '구매자'라는 사실을 지적한다. 이러한 의미에서 판매와 구매의 항등식이 확실히 존재하고, 이 점을 지지하려고 세를 인용했는지도 모른다는 것도 사실이다. 그러나 이 항등식은 세의 목적과 전혀 무관하다. 이것을 관련시키기 위해서는 물물교환에서 모든 사람이 제공한 것은 **어떤 교환비율에서든지** 다른 사람들이 같은 비율로 취하고 싶어하는 것과 동일하다는 것을 증명하는 것이 필요하다. 물론 이는 분명 말도 안 되는 소리인데, 비록 화폐교환 경제가 더 많은 교란요인을 나타낼지 모르더라도, 불균형은 화폐경제에서와 마찬가지로 물물교환 경제에서도 일어날 수 있기 때문이다. 이러한 실수는 맬서스에 의해 이미 이루어졌고, 그 후 자주 반복되었다.

3. 또한 세의 법칙을 항등식으로 달리 해석한 것은 케인스에 의해 채택되었는데, 랑게(O. Lange)는 이것을 더 엄밀한 형태로 표현한 것으로 보인다. ("Say's Law", in *Studies in Mathematical Economics and Econometrics*; Lange, McIntyre, Yntema eds., 1942.) p_i를 대표상품이나 서비스 i의 현행가격, D_i를 그 가격에서의 수요량, S_i를 그 가격에서의 공급량이라 하고, $n-1$개의 상품(화폐는 제외)이 있을 경우, 랑게는 세의 법칙을 다음과 같은 의미로 표현했다.

$$\sum_{i=1}^{n-1} p_i D_i \equiv \sum_{i=1}^{n-1} p_i S_i$$

만일 화폐가 n번째 상품이라면, 이 식은 $D_n \equiv S_n$과 같게 된다. 세의 법칙에 대한 나의 해석은 항등식기호($\equiv$)를 경제체계의 완전균형 상태에서만 타당한 등식기호($=$)로 대체하는 것과 같다고 명시적으로 말할 수 있을 것이다. 물론 순수이론의 유용한 예제로서 $D_n \equiv S_n$이라는 가설의 결과를 전개하는 데 방해하는 것은 없다. 그러나 이것을 세의 법칙이라고 부르지 말아야 하는 이유는, 세가 비록 화폐퇴장의 문제를 고려하지 않았지만, 거래의 증가가 화폐를 요구할 경우 유효화폐량이 증가한다는 문제를 그가 고려했기 때문이다. 그러나 다시 한 번 세 자신은 이런 (항등식을 주장하는—옮긴이) 해석을 비난한다. 그가 말한 정리의 실제적 중요성을 확립하기 위한 지나친 열정에서, (화폐를 배제한) 공급된 모든 상품과 서비스의 총화폐가치는 균형에서만이 아니라 '항상 그리고 필연적으로' (화폐를 제외한) 수요된 모든 상품과 서비스의 화폐가치와 진정 같아질 것이라는 듯이 여러 곳에서 표현하고 있다. 물론 이것은 세가 실제로 이것을 의미했다면 논리적으로 잘못된 것이지만, 그가 단지 '균형조건에서 항상 그리고 필연적'이라는 것을 의미했더라도, 동시에 현실이 실제로 항상 균형조건에 순응했다거나 정부의 개입이 없을 때 균형조건에 순응할 것이라고 믿었다——아마도 그는 그랬을 것이다——하더라도 실천적으로도 잘못된 것이다. 독자들은 이 두 가지 의미가 얼마나 쉽게 혼동될 수 있는지 알게 될 것이다.

4. 마지막 유형의 항등식과 동어반복은 우습게도 세 자신이 자신의 법칙을 불가침적인 것으로 만들 목적으로 만든 것이었다. 그의 법칙에 대한 공격으로 절망감 비슷한 것을 받은 세는, 자신의 법칙을 그 가격이 비용을 포괄하는 사물의 생산에 한정하기 위해 그의 생산에 대한 개념을 단지 재정식화했을 뿐이다. 손실을 제외하고 팔릴 수 없던 것은 경제적 의미에서 더 이상 생산이 아니고, 그 결과 과잉생산은 정의상 배제된다![88] 전문가 세계는 그때부터 세

---

88) 이와 같은 새로운 생산개념은 맬서스에게 보낸 편지(Say, *Mélanges et corres-pondance*, 1820, p.202)에서, 이후 『르뷔 앙시클로페디크』(*Revue encyclo-pédique*)지 23권과 32권에 게재된 두 논문(특히 초기의 논문 "Sur la balance des consommations avec les productions")에 처음 나타났는데, 이것은 『정

를 비웃어왔다. 지면관계상 이런 실수의 심리학을 분석한다든지 거기에 들어 있는 옹호할 만한 핵심을 발견하고자 노력하지는 않을 것이다.

둘째로, 세의 부주의함에 대해 여기서 거론할 필요가 있는 또 다른 사항은 화폐요소에 대한 그의 취급과 관련되는데, 화폐요소는 물물교환 경제모델에 의지하는 사람들에게는 최악의 장애물임이 틀림없다. 이 주제에 대한 세의 얼마 안 되는 단편적인 발언은 두 그룹으로 나눌 수 있다. 하나는 이론적 성질의 발언이고, 다른 하나는 그의 장밋빛 그림의 현실성에 대해 독자들이 품었을지도 모르는 실천적 의심에 관한 발언이다. 전자는 단일한 정리, 즉 화폐의 개입은 그의 법칙에 대해 어떤 원리의 차이를 가져오지 않는다는 것으로 환원될 수 있다. 화폐가 있든 없든 생산물은 최종분석에서 생산물과 교환되는데, 화폐는 단지 교환수단이기 때문이다. 화폐에서 비롯된 만족의 상실이나 사업상의 손실 때문에 사람들은 일정한 소득과 사업상의 지불행위가 허용하는 한 신속하게 화폐를 쓰려고 할 것이다. 이제 우리는 아주 일반적인 다른 (화폐에 관한—옮긴이) 학설을 배우고 있어, 이 이론을 추상적 성격과 그것이 함의하고 있는 가정에 대해 적절히 진술하고 사용하기만 한다면 그 이론 자체에 잘못된 것은 없다고 꼭 강조하고 싶다.[89] 이 이론에 붙여진 주요비판과 우리가 다른 이론적 패턴을 선호하는 주된 이유는 세가 당시 모든 이론가와 실제로 동일하게, 화폐의 가치저장 기능, 따라서 그의 이론으로 설명하지 못한 화폐에 대한 '수요'요인이 있다는 사실을 무시했다는 점이다. (그렇다고 해서—옮긴이) 이로부터 나올 수 있는 경제이론 전체계의 **이론적** 귀결과 무관하게, 그 귀결이 그의 이론을 전면적으로 거

___

치경제학 강의』 5판(1826)과 『강의록 전집』(*Cours complet*, 1828~29)에 수록되어 있다.

89) 만족이나 이익의 상실이 사람들이 화폐를 신속히 써야 하는 이유인 한, 이 구절에서 세는 자신이 좀더 완성된 이론을 위해 개괄한 것 이상을 지적했다고 주장할 수 있을지도 모른다.

부하거나, 분석의 초기단계로서 그 이론의 가치를 무시하는 이유가 되는 것은 아니다. 세가 채택한 이론적 패턴에 '현금을 보유하고자 하는 수요'를 넣는 데 만족하고, 그것을 거부하기보다 보완하거나 그의 제1차 접근에 제2차 접근을 부가하는 데 만족한다면, 초점을 잃은 많은 논쟁이 생략되고, 초보사 사이의 많은 혼동을 피할 수 있었을 것이다.

세의 법칙이 제기한 화폐문제에 관한 세의 발언 가운데 '실천적' 그룹은 다음과 같이 표현될 수 있을 것이다. 밀과 달리 세는, 수입을 소비나 '실물' 투자(즉 재화나 서비스의 수요와 관련 있는 투자)에 신속하게 지출하는 것을 포괄적으로 거부함으로써 생기게 되는 현상의 실제적 중요성을 분명 충분히 생각하지 않았다. 그가 만일 이런 거부를 했다면 그것이 교란을 낳을 것이라는 점을 인정했는가, 만일 그렇다면 왜 그가 이것을 지적하지 않았는가라고 질문을 받는다면, 그는 정당하게도 자신은 보통의 지능을 가진 독자들을 상대로 글을 썼노라고 대답했을 것이다. 그러나 마지못해 한 주석(*Traité*, p.77)에서, 산출물의 증가에 상응해 유통수단이 증가하지 못할 경우 초래되는 물가 수준의 하락을 언급했다. 그러나 그는 거래량의 증가가 더 많은 화폐를 요구한다면 이런 부족분은 무역어음, 은행권, 요구불예금 같은 대체물의 창조에 의해 '쉽게 채워질' 것이고, 게다가 화폐가 외국에서 '쏟아져 들어올' 것이라고 대답했다. 이것은 대단히 큰 문제를 사소하게 다룬 것으로, 그의 반대자들은 적어도 이 경우를 중시했음을 보여준다. 세의 주장은 의도에서는 실천적이었지만, 자신의 정리를 무비판적으로 적용한 경제과정의 현실과 자신의 정리를 분리시키는 간극을 받아들이기 어려울 정도로 과소평가했다.[90]

90) 더욱이 여기서 우리는 그의 각주의 의미를 충분히 호의적으로 해석하고 있는
    것이다. 그의 책 본문에서 그는 구매력의 진정한 기금이 재화이고, 어떤 화폐
    량도 어떤 양의 실물거래에 대해 이루어질 것—이 진술은 잘못일 뿐만 아니
    라 추상적인 논리적 원리의 영역에서만 타당하다—이라고 주장함으로써 전
    체 문제를 처리하려고 노력했는데, 그의 본문은 훨씬 더 반대에 부딪힐 만한

세의 법칙을 둘러싸고 전개된 논쟁에 눈을 돌려보자. 비판가들은 그것의 실천적 의미에 주로 관심을 기울였기 때문에, 이 논쟁은 주로 '일반적 과잉생산'에 모아졌다. 그러므로 잠시 몇 가지 언급하는 것만으로도 충분할 것이다.

가치가 있든 없든, 세의 가르침은 리카도(『원리』, 21장)와 리카도학파에 의해 수용되었다. 제임스 밀은, 그의 아들(밀—옮긴이)이 주장한 것처럼, 이 법칙을 독자적으로 발견했다고까지 말한다.[91] 이것은 시스몽디와 맬서스에게 거의 동시에 공격을 받았는데,[92] 차머스와 다른 사람들이 이들을 따랐다. 이들의 주장 일부가 부적절하다는 점에서 틀렸으며(비록 세의 대답이 더 나은 것은 아니었지만), 그래서 밀은 세의 편에서 논의를 요약하면서(『원리』, 3부 14장) 별다른 어려움을 겪지 않았다. 그렇게 함으로써, 또 이 문제에 대한 의견의 차이가 "특히 그 실천적인 측면에서 근본적으로 다른 **정치경제학에 관한 관념**"과 관계한다는 점을 지적함으로써, 밀은 세의 설명에 한 가지 중요한 개선——밀이 이것

것이었다. 그러나 그의 주장의 일부—자신의 고통을 화폐의 희소성 때문이라고 비난하는 사업가의 견해를 공격한 주장—가 차일드에 의해 이미 설명되었다는 점을 주목하는 것은 흥미롭다.

91) 이것은 제임스 밀의 『상업옹호론』(1808)에 처음 나타나기 때문에, 세의 우선성에 의문의 여지는 없다. 나는 제임스 밀, 특히 리카도가 한 가지 점에서 세를 능가했다는 점을 추가하고 싶다.(Ricardo, *Principles*, ch.21, note 2) 세는 '처분가능한 자본의 사용 정도' 즉 오늘날 표현대로 말하자면 이용가능한 투자기회에 비해 풍부한 처분가능한 자본은, 이자율이 하락할 경우 투자기회가 무한히 늘어난다고 주장했지만, 이자율을 낮출 것이라는 점을 인정했다. 불황에서 지배적인 상황에 대한 적절한 유보조건을 단 이것은 아주 올바르고, 명백히 아무런 모순도 포함하고 있지 않다. 그러나 리카도는 이것을 포함한다고 생각했고, 임금(의 실질가치)의 상승을 제외하면 투자는 '이윤'율을 압박하지 않고 무한히 가능하다—이것 역시 그 자신의 이론적 모델 내에서만 올바르지 그것이 없이는 올바르지 않다—고 주장했다.

92) 시스몽디의 『새 원리』(*Nouveaux Principes*; 『새 정치경제학 원리』. 이하 동일—옮긴이) 초판은 1819년에 출판되었고, 맬서스의 『원리』(*Principles*; 『정치경제학 원리』. 이하 동일—옮긴이) 초판은 1820년에 출판되었다.

을 세의 생각에 대한 정정으로 바라보지 않았다는 것은 분명하지만——
을 가했다. 그는 공황기에 "화폐수요 이상의 상품의 과잉이 실제로 존재
하고, 다른 말로 화폐의 과소공급이 존재하고〔……〕따라서 거의 모든
사람은 판매자일 뿐 구매자가 거의 없으며, 그 결과 상품의 과잉생산이
나 화폐의 기근이라고 무차별하게 불릴 수 있는 것으로부터 극단적인
일반물가의 악화가〔……〕실제로 나타날지도 모른다"는 것을 충분히
알고 있었다.

위의 구절은 여러 측면에서 아주 흥미롭다. 첫째로, 이것은 세의 언급
에도 불구하고 세의 뛰어난 추종자들이 세의 학설을 '일반적 과잉생산'
이 현실적으로 발생하는 것을 부정한다는 의미로 해석하지 않았다는 점
을 보여준다. 둘째로 그리고 한층 강력하게, 이 구절은 세의 법칙을 이
런저런 종류의 항등식으로 돌리는 세에 대한 온갖 해석을 결말 지우면
서 우리의 해석을 강화한다.[93] 셋째로, 이상하게도 이 구절에 관한 현대
적 반향이 존재하는데, 이것을 주목하지 않으면 안 된다. 특히 '화폐의
과소공급'이라는 구절에 주목하고 싶은데, 이것은 분명히 조폐국이나
인쇄기가 충분한 양의 화폐를 제조하는 것을 의미하는 것이 아니라 '현
금을 보유하고자 하는 기업이나 가계의 초과수요'라는 현대적인 구절과
정확히 같은 것을 의미한다. 이것은 세의 화폐적 요인의 대범한 취급에
대해 제기된 반대의견을 그 본래적인 비중으로 축소시키는 방식인데,
그외에도 이것은 자기 선행자들의 이러한 결함이 신중하고 공정한 연구
자들에 의해 다루어져야 한다는 방식을 보여주는 하나의 예인 것이다.

이 점에 관한 한, 밀과 마셜 사이에는 전혀 차이가 없는 것 같다. 두

---

93) 밀 자신은 앞의 (2)에서 논의한 항등식을 그의 책 3부 14장 2항의 한 구절——
거기서 밀은 모든 구매자는 그 용어가 뜻하는 의미에서 판매자라고 말했다——
에서 주장했다는 것을 반대할 수도 있을 것이다. 그러나 같은 장에서 주장한
이후의 논의를 보면, 판매자는 구매자가 되기를 거절할 수 있고 따라서 판매
자가 구매를 하려면 그들은 선택을 해서 그렇게 하는 것이지 판매자라는 용어
가 뜻하는 대로 하는 것은 아니라는 점을 알 수 있다.

사람은 화폐를 재화와 서비스에 지출하기보다 보유하고자 하는 욕구가 어떤 상황——특히 공황과 불황——에서 가질 수 있는 중요성을 인지했다. 그리고 밀과 케인스 사이에 존재하는 이 점에 관한 유일한 차이는, 밀이 위와 같은 상황에 한정해서 화폐의 초과수요가 그 결과의 하나이고 따라서 화폐의 초과수요에 의해 이런 상황을 설명할 수 없다고 본 반면, 케인스는 불황기의 화폐의 초과수요를 단순히 어떤 현상의 가장 극적인 형태, 즉 덜 극적인 형태에서 거의 보편적이거나 아니면 적어도 자본주의 진화의 일정 국면에서 거의 보편적이고 그 결과 경기순환의 하강국면이나 '장기침체'의 원인이 될 수 있는, 현상의 가장 극적인 형태로 간주했다는 점이다. 맬서스는 케인스의 견해를 취했던 것으로 보인다.[94]

그러나 맬서스가 세와 의견을 달리하는 훨씬 더 중요한 이유는, 그리고 그의 유효수요 원리에 더 기초적인 것은 저축이 신속히 투자되더라도 일정한 최적점 이상으로 이루어진다면 곤경을 초래할 수도 있다는 그의 견해 때문이다.(앞의 책, 7장, 3절) 그는 당시 진정한 저축반대론자인 로더데일[95]만큼 멀리 가지는 않았다. 그는 그가 마땅히 해야 했던 것 이상을 저축 찬성론자들에게 부여했는데, 즉 자본의 증가는 저축 이외의 **다른 어떤 방법으로도** 실현될 수 없다고 생각했다. 그러나 그는 최적점 이상으로 이루어진 저축이 유지할 수 없는 상황을 낳을 수도 있다고

---

94) 이것이, 랑게가 그러했듯이(앞의 책, 61쪽), 내가 맬서스, 『정치경제학 원리』(초판, 361~362쪽의 각주)의 구절을 해석하는 방법이다.

95) 맬서스는, 로더데일의 책 『공공 부의 본질과 그 기원에 관한 고찰』(*Inquiry: Inquiry into the Nature and Origin of Public Wealth*—옮긴이)의 **절약**(Parsimony)에 관한 4장을 참조해서(앞의 책, 352쪽), "다른 일부 저자들[스미스를 포함해서]이 축적을 권고하는 만큼 로더데일은 축적을 폄하하는 쪽으로" 나아갔다는 의견을 표현했으며, 아울러 거기에 담긴 지혜와 인간에 대한 이해 때문에 여기서 인용할 만한 가치가 있는 문장을 다음과 같이 썼다. "이처럼 극단으로 나아가는 경향은 정확히 내가 정치경제학에서 오류의 가장 큰 원천이라고 생각한 것이다."

주장했다. 즉 자본가와 지주의 소비재에 대한 유효수요는 그들 수입이 자본으로 계속 증가하면서 전화될 때 나타나게 되는 생산물 공급의 증가에 대비할 만큼 충분히 증가하지 못할 것이고, 노동자의 소비재에 대한 유효수요는 실제로 증가하더라도 자본의 더 많은 축적과 사용을 위한 동기가 될 수 없다. 이것이 바로 맬서스가 세의 법칙에 반대한 기초다. 이와 관련된 실수는 아래에서 분석될 것이다. 그러나 이런 실수를 케인스에게 돌릴 수는 없다. 비록 맬서스와 로더데일의 많은 구절이 오늘날(또는 예전의) 반저축론의 일부를 틀림없이 암시하고는 있지만, 나는 케인스가 맬서스의 모든 말을 아주 전면적으로 승인한 것은 아니었다고 생각한다.[96] 그렇지만 전체 소비재의 총수요함수라는 생각은, 이 개념이 제기하는 문제점을 알지는 못했지만,[97] 사실상 맬서스의 분석장치에 나타나 있고, 그러므로 맬서스가 이후 그 개념을 채택한 제일급의 경제학자였던 빅셀을 먼저 보여주었다는 것은 당연한 주장일 것이다.

일반적 과잉생산의 문제는 다음 장에서 다시 등장하므로, 이 문제는 다음 장으로 넘길 것이다. 그리고 세, 맬서스, 밀 모두 화폐적 요소가 제기하는 균형의 결정성이라는 문제를 깨닫지 못했기 때문에 이 측면도 다음 장으로 넘길 것이다. 그러나 일부 독자들이 케인스의 분석과 관련된 요약을 바랄지도 모르기 때문에, 이제 이것을 여기서 다루고 싶다.

물론 케인스는 위에서 본 세의 법칙이라 불리던 명제를 반박했던 것

---

96) 이 문제에 관한 맬서스와 리카도 사이의 논쟁에 관해서는 『일반이론』(*General Theory*), 362~364쪽과 특히 『전기』(*Essays in Biography*, 1933, pp.139~47)의 맬서스에 관한 부분을 참조. 여기서 케인스는 이성의 모든 한계를 넘어 (맬서스에 대한—옮긴이) 관대한 열정을 전하고 있다. 거기서 케인스는 맬서스에 대한 찬사와 리카도의 '맹목성'에 대한 비난성 주석을 달고 있는데, 그 자신은 맬서스의 명백한 약점과 리카도의 모든 강점에 대해 맹목적이었다. 그럼에도 그가 제시한 많은 발췌문은 흥미로운데, 특히 아직까지 어디서도 출간되지 않던 몇몇 단편을 포함하고 있기 때문에 그러하다.

97) 그러므로 맬서스가 세와의 이견에 가한 주요 평들은, 맬서스가 세의 실천적 결론에서 몇몇 진실일 수 있는 요소를 정당화하지 않았다는 점이 아니라 그가 세의 결론 이면에 있는 **이론**을 이해하지 못했다는 점에 있다.

은 아니었다. 이 점은 그의 **총공급함수**나 **총수요함수**[98]가 '보통의 의미에서' 공급함수나 수요함수와 혼동되어서는 안 된다는 그의 경고에 나타나고 있다. 그러나 그는 세의 법칙이 "산출물 전체의 총수요가격은 모든 산출물의 총공급가격과 동일하다"(앞의 책, 26쪽)는 것을 주장한 것이라고 믿었다. 즉 케인스는 세의 법칙을 후에 랑게가 한 대로 해석했다. 만일 비교를 쉽게 하기 위해 우리가 총수요가격과 총공급가격이란 개념에 반대하는 주장을 잠시 미룬다면, 우리의 해석은 다음과 같이 재진술될 수 있을 것이다. 즉 세의 법칙은 산출물 전체의 총수요가격은 총산출물 양의 총공급가격과 **동일할** 수 있다거나, 다른 말로 총산출물 내의 균형은 모든 산출량에 대해 가능한 반면 균형은 (단일상품인—옮긴이) 구두의 총산출량에 대해서는 불가능하다, 아니면 다른 식으로 말하면 구성요소 상호간의 관계와 별개로 총산출물의 균형이나 불균형이라는 것은 존재하지 않는다는 것을 주장하는 것이다.[99] 이 해석이 맞다면, 이것은 케인스의 반대를 제거하는 것으로 보인다. 그러나 사실 이것은 그렇지 않다. 총산출의 모든 수준에서 균형의 가능성만을 주장하고, '총산출의 수요와 공급'의 항등식을 주장하지 않는 좀더 약한 명제는, 기업 간 경쟁이 산출물을 자원의 완전한 이용이나 극대산출 수준까지 항상 확대시키는 **경향**이 있다는 명제——그러나 이것은 앞의 명제와 동일한 것이 아니다——를 낳기까지 한다.[100] 그리고 이것이 케인스가 사실상 반대

---

98) 이들 용어의 의미에 대해서는 *General Theory of Employment, Interest and Money*, p.25. 총공급가격이라는 개념과 관련된 경고는 이 책의 24쪽 각주 1)에 있다. 그렇다고 해서 이 용어가 사람들을 오도한다는 사실이 변하는 것은 아니다.

99) 많은 독자에게 친숙하게 될 좀더 일상적인 정식화, 즉 총산출물량은 항상 중립적 균형 아래 놓여 있다는 정식화와 이것과는 큰 거리가 있는 것은 아니다. 그 자체가 무의미한 것은 산출물 정체의 균형이 없기 때문이다. 그러나 이런 식으로 의견을 표명한 적어도 몇몇 저자는 바로 이런 식의 해석을 의미한 것이라고 나는 믿는다. 그렇다면 그들은 아주 사람들을 오도하는 방식이긴 하지만, 진정한 명제를 말한 것이었다.

100) 독자들이 『일반이론』 26쪽의 두 번째 문단을 참조해보면, 케인스가 그의 주

하고자 했던 명제다. 그러나 그가 반대한 유일한 이유는 사람들이 자기의 전 소득을 소비에 쓰지 않고 나머지를 필연적으로 투자하는 것이 아니기 때문에,[101] 따라서 케인스에 따르면 '완전고용'으로의 길을 방해하기 때문에, 지구가 태양으로 떨어지지 않는다는 것을 근거로 중력의 법칙을 반내하지 않듯이, 이 명제에 반대하지 않고, 다만 단순하게 세의 법칙의 작동이 하나의 경향을 올바르게 진술한 것이라도 그것을 케인스가 자신의 이론적 모델에 넣기에 충분할 만큼 중요하다고 믿는 어떤 사실에 의해 방해받는다는 것이 더 자연스러울 것이다.[102]

요약하자면 다음과 같다. 세라는 이름의 인간은 이론적 관점에서 볼 때 상당히 흥미로운 정리를 발견했는데, 그것은 캉티용과 튀르고의 전통에 뿌리를 두었지만 많은 말로 결코 쓰여질 수 없다는 의미에서 새로운 것이었다. 그는 자신의 발견을 스스로 거의 이해하지 못했고, 그것을 잘못 표현했을 뿐만 아니라 실제로 그에게 중요했던 사물에 대해 남용하기도 했다. 리카도라는 이름의 또 다른 사람은, 그의 발견이 국제무역에 관한 그의 분석에서 마주쳤던 고려사항들과 부합했기 때문에 자신의 발견을 이해했지만, 또한 그것을 부당하게 사용했다. 대부분의 사람은 그의 발견을 오해했고, 몇몇 사람은 그 발견의 내용을 좋아했고, 다른 사람들은 싫어했다. 그리고 모든 관련자에 대한 어떤 신뢰도 반영하지 못한 논의가 오늘날까지 계속 이어지고 있는데, 오늘날 우월한 기법으

장의 취지가 요구하는 것보다 훨씬 더 강하게 이 명제를 정식화하고 있음을 발견하게 된다. 그러나 어떤 관점에서 보더라도 세가 과잉진술에 완전히 빠져 있던 것이 사실이 아닌 한, 본문 중의 정식화 이상으로 나아가는 것이 정당화될 수는 없다.

101) 이 진술은 조야한 것이다. 아마도 임금경직성이 또 다른 이유일 것이다. 그러나 여기서 이것에 더 들어갈 수는 없다. 이하 이 책, 3권, 5부 5장을 참조.

102) 이것이 케인스 이론을 더 일반적인 이론의 특수한 경우로 만드는 것일지도 모른다. 그러나 케인스는 그가 보았다고 믿는 완전고용에 대한 방해를 포함한 유형에서 출발해, 그가 고전파 이론이라고 부른 것을 이런 방해가 없는 특정한 가치를 지닌 특수하거나 제한적인 경우의 이론이라고 간주하길 선호했다.

로 무장한 사람들은 동일한 옛것을 여전히 되새김질하고, 그 각자는 세의 '법칙'에 대한 자신의 오해를 다른 동료들의 오해와 대립시키고, 그 모두는 이 법칙을 폄하하는 데 기여했을 뿐이다.

5절 자본

이 제목으로 우리는 5장에서 도달한 지점을 넘어 생산과정의 구조에 대한 '고전파'의 분석을 계속 논의할 것이다. 그러나 먼저 우리는 몇 가지 용어상의 문제에 주목해야겠다.

1. 부와 소득에 관한 용어논쟁

단어의 의미를 추적하는 '방법'이 얼마나 무익한지에 관해 말한 것으로 이 논쟁보다 더 잘 예시하는 것을 발견하기란 쉽지 않을 것이다. 그럼에도 이것을 전적으로 무시할 수 없는 것은 (1) 저자들이 개념화하는 방식이 그들의 분석적 성숙이나 노련함의 척도로 기능하기 때문이고, (2) 저자들이 어떻게 거역할 수 없는 사실들을 자신들이 채택한 개념장치에 적합하게 넣는지를 보는 일이 흥미롭기 때문이며, (3) 많은 경우 용어 논의가 더욱 의미 있는 대상의 복장에 불과하며, 특히 저자의 분석 장치나 모델의 일부를 드러내기 때문이다.[103]

'고전파' 경제학의 주요부분은 생산과 분배이기 때문에, 첫 번째 질문은 생산되고 소비되는 것이 무엇인가일 것 같다. 그 대답은 부(Wealth)였다.[104] 그러나 이런 대답은 부가 무엇인가나 부가 생산되고 분배되는

---

103) 이에 관해 독자들은 맬서스의 『정치경제학의 정의』(*Definitions in Political Economy*, 1827)를 자세히 읽어보면 가장 잘 납득할 수 있을 텐데, 이 책은 같은 종류의 저작 중 표준적인 것이라고 불릴 만하고, 반복해서 말하자면 지금까지 받은 것보다 훨씬 더 많은 주목을 받을 만한 가치가 있다. 다른 저작 가운데 이 책은 지금까지 씌어진 리카도의 이론적 장치에 관한 최선의 비판 중의 하나(5장)를 담고 있다. 또한 이 책에 담겨 있는 용어의 정의에 대한 규칙(1장)을 인식할 수 있는 지혜에 감탄하지 않을 수 없다.

재화(또는 아마도 그 가치)와 명백히 동일하기 때문에 무엇이 이들 재화에 포함되어야 하는지에 관한 논의를 제기할 뿐이다. 이런 논의는 놀랄 만큼 분석적 미성숙을 보여준다. 저자들은 기금(fund)이나 스톡(stock)으로 고려된 부와, 재화의 플로(flow)로 고려된 부 사이에서 오락가락했다.[105] 이들은 때때로 자신들이 의미하는 것이 부의 사회적 총계인지 일인당 부인지를 명확히 하는 데 실패하기까지 했다. 이들은 부('부유함')와 가치의 관계라는 '문제'나 사회적(국민적) 부와 사적 부의 관계라는 '문제'를 심각하게 논의했다. 재화를 정의하면서 몇몇 사람은 그 기준의 중복이나 부적절함에 무감했다. 그리고 노동만이 전체 생산물을 낳는다는 사회철학이나 노동가치론을 지지하지 않던 몇몇 사람조차 인간의 노력이라는 요소를, 부나 경제재를 정의하는 것으로 주장했다. 이런 종류의 결점을 예로 드는 것은 어떤 유용한 목적에도 기여하지 못할 것이다.

이런 논의는 실질적으로 스미스의 정의——(부란—옮긴이) 유용하고 이전할 수 있고 획득하거나 생산하는 데 노동을 요구하는 물적 대상——에 맞춰져 있고, 시니어가 이 정의를 부분적으로 개선해서 (부란—옮긴이) '교환가치를 갖는 모든 대상'이라고 부분적으로 요약했다고 말하면 충분하다. 그 개선이란 노동비용이라는 요건을 '공급의 제한'이라는 요건으로 대체했다는 데 있다. 시니어는 두 개 사이의 논리적 관계, 즉 공급의 제한이 논리적으로 결정적인 기준이고 획득의 어려움은 단지 공급을 제한하는 요소 중의 하나로서만 들어온다는 사실을 적어도 분명히 인식했다. 그러나 밀은, 비록 그 또한 부를 가장 근사한 것으로는 '유용

---

104) 부를 경제이론의 기초개념으로 삼은 많은 저자, 특히 시니어는 부가 행복, 후생, 덕 따위보다 중요하다고 보는 사상을 강하게 부정했다. 리카도에 관한 한, 그의 책 중 그토록 중요한 부분인 자유무역의 논의가 전적으로 하나의 후생 논의였다는 것을 지적하는 것으로 충분할 것이다.

105) 후자의 의미는, 부의 분배라는 구절의 대중성이 충분히 보여주듯이, 지배적이었다. 이것은 『국부론』에서 채택된 의미였다.

하고 유쾌한 모든 대상'으로, 특별한 것으로는 교환가치로 선택했지만, 위의 사실을 명백히 간파하지 못했다.

경제학자들이 다루기 까다로운 경우를 취급한 방식은 어떤 물리적인 상품에도 투하되지 않은 인간서비스의 경우를 예로 들면 될 것이다. 로더데일과 세처럼, 경제재의 개념을 물적 대상에 한정하지 않던 사람들에게 이런 어려움은 조금도 발생하지 않았다.[106] 그러나 경제재의 개념을 물적 대상에 한정한 사람들은 상상의 문제, 즉 그 존재를 오직 자기 자신의 개념화에 귀속시킨 문제와 마주쳤다. 첫째로, 우리는 언어상의 어려움을 언어상으로 해결한 발군의 예('물적' 재화라는 개념에 대한 페라라의 취급)에 이미 주목한 바 있다. 둘째로, 우리는 시니어가 채택한 도구에 주목하고 싶다. 시니어는 인간존재와 그들의 '건강, 힘, 지식 그 밖의 다른 신체상 · 정신상의 선천적 · 후천적 힘'을 부의 대상으로 고려했는데, 이런 대상은 당시에나 그 이후에 많은 위대한 경제학자도 고려했던 것이었다.[107] 그리고 나서 시니어는 변호사가 서비스를 파는 게 아니라 그 자신을 파는 것이라고 선언했는데, 변호사와 노예의 차이는 변호사가 자기자신의 의지대로, 자기자신의 이익을 위해 그리고 단지 일정한 시간 동안 일정한 목적을 위해 그렇게 하는 반면, 노예는 그의 소유자에 의해 영원히 판매된다는 점이라는 것이다. 그러나 이에 대한 반대가, 법률적으로 시니어의 구상은 말도 안 되는 소리이고 제한된 시간

---

106) 물론 비물질적 부의 문제는 물적 대상보다 광범한데, 여기에는 청구권(폐쇄된 영역에서 이것은 서로 상쇄된다)과 특허권 · 신용 같은 것도 포함되기 때문이다. 이와 관련된 문제는 한 세기, 심지어 그 이상 부당한 주목을 계속 받아왔다. 뵘-바베르크의 첫 번째 출판은 『국민경제적 재화론의 입장에서 본 권리와 관계』(*Rechte und Verhältnisse……*, 1881)였다. 그러나 우리가 이 문제에 더 들어갈 필요는 없다.

107) 예컨대 발라가 그렇다. 이렇게 하면 약간 이점이 있는데, 이때 생산의 3요소인 토지, 노동, 자본은 더 균형 잡힌 취급을 받게 된다. 나는 이번 기회를 이용해 인간의 경제적 가치를 때때로 반복해서 통계적으로 평가한 시도를 언급하고 싶다. 다음 기에 속하지만, 이런 종류의 최선의 성과 중 하나는 엥겔 (Ernst Engel)의 저작(*Der Wert des Menschen*, 1883)이다.

과 목적을 갖고 '판매'되는 것은 없다는 식이어서는 안 된다. 왜냐하면 시니어의 구상은 분석적 편의를 위한 것일지도 모르기 때문이다. 그 진정한 반대는 이런 개념장치가 어떤 이익도 제공하지 못하고 완전히 불필요하다는 것이다. 그러나 마르크스——이후 발라——가 그 구상을 채택한 사실을 보면 어느 정도 흥미를 끌 만하다.[108]

잉글랜드가 아니라 유럽대륙에서 경제학자들은, 지금 살펴보고 있는 시기말 무렵에야 비로소, 무엇을 개인소득이나 국민소득으로 부르는 것이 마땅한지에 관한 논의를 시작했는데, 이 논의는 이후 정확히 매력적이지는 않은 다른 문헌을 낳았다.[109] 그러나 우리는 이로부터 당시의 경

---

108) 마르크스의 도식에서 노동자가 판매하는 것은 노동(즉 서비스)이 아니라 노동력(labor force or power, *Arbeitskraft*)이다. 이런 의미에서 이 개념장치는 불필요한 것이 아니라 일정한 분석목적에 기여한다고 주장할 수도 있다. 사실상 우리가 보고자 하는 것은, 이 개념장치가 마르크스의 착취론에 손쉽게 들어온다는 점이다. 그러나 이 착취론에 대한 다른 반대와는 전혀 별개로, 조금만 숙고해보면 마르크스의 주장은 또한 노동서비스 자체에 의해 표현될 수 있었다는 점을 알게 될 것이다. 더욱이 마르크스가 그의 개념장치를 그토록 좋아했던 이유——그는 이 개념장치를 경제이론에 대한 그의 주요기여 중 하나라고 생각했다——는, 분명 잘못된 것인 사실에 기초한 가정에서 나온다. 마르크스는 생각하기를, 노동자의 '힘'을 구매한 '자본가'가 이제 그 노동자가 몇 시간을 일할 것인지를 임의로 결정한다고 본다. 이것은 노동계약상 시간을 분명히 하지 않는 경우에도 그렇지 않다. 왜냐하면 다른 조건과 마찬가지로 이런 노동조건은 항상 (계약에—옮긴이) 함축되어 있기 때문이다. 어떤 경제학 강사가 단순히 '임명'되었다면, 그는 자기가 계약한 기관에서 몇 시간을 가르쳐야 하는지 충분히 알고 있다. 그리고 이것은 모든 종류의 고용에 적용된다. 독자들이 확실히 해야 할 것은, 노동력 이외에는 다른 소득의 원천이 없는 노동자가 '어떤' 조건이든지 그것을 수용하지 않을 수 없다고 말하는 것에 왜 반대가 없는가—사실상 이것이 지금도 사실이고 과거에도 사실이었던 경우에서조차—하는 이유를 이해하는 것이다. 그러나 시니어에게 이런 구상은 그런 목적을 위해 기여한 것이 아니었고, 사실상 완전히 상상적인 어려움을 제거하는 것 이외의 어떤 목적도 없었다. 이런 어려움의 밑바탕에는 시니어가 자기 시대나 이후 시대의 대부분 경제학자와 공유한 무능력이 있었다. 그들은 놀랍게도 부와 부의 서비스를 구별하는 것이 어렵다고 생각했다. 사정이 이러한 만큼, 실제로 피셔가 1906년 저작(*Nature of Capital and Income*)에서 이 구별을 주장했을 때 약간의 새로움이 있었다.

제학자들이 소득측면——이제 우리가 소득분석이라고 부르는 그 요소는 오히려 그들 저작에 많은 증거가 들어 있다——을 간과했다고 추론하지 말아야 한다. 소득이라는 단어가 그들의 저작에 자주 나오지 않는 까닭[110]은 단순히 그들이 서로 다른 단어를 사용했기 때문이다. 우리가 이미 보았듯이, '고전파'는 기금과 플로, 부와 부의 서비스 사이의 차이에 관해 별로 명확하지 않았다. 그러나 대부분의 경우 그들이 부에 대해 말할 때 소득재(또는 심지어 서비스)의 플로를 의미했고, 따라서 적어도 부분적으로 우리가 주석을 단 것은 부를 다룰 때 그들이 말한 소득이라는 개념에 관한 것이었다. 이것은 특히 스미스에게 해당하는데, 그가 말하는 부는 단순히 "한 나라의 토지와 노동의 연간생산물 전체"며, 그는 또한 이것을 총수입(Gross Revenue; [*Wealth of nations*-옮긴이] Book II, ch.2, Modern Library ed., p.271)이라고 다르게 표현했다. 기술적인 면을 제외하면, 이것은 실제로 우리가 국민총생산(Gross National Product)이라고 말하는 것이다. 이 크기에서 "자본 [……] 을 유지하는 비용"을 빼면, 스미스가 말하는 순수입(Neat Revenue)이나 미국 상무부가 말하는 국민소득(National Income: 반복하자면, 두 개념은 실질적으로 동일하다)이다. 이 시기 대부분의 경제학자는 이러한 정의를 논의했는데, 세 같은 일부 사람은 이러한 정의를 약간 수정해서 받아들였다면,[111] 리카도[112] 같은 다른 사람들은 이러한 정의에서 결점을

---

109) 지금 살펴보고 있는 시기 말쯤에 다음과 같은 두 가지 요인이 이런 논의를 시작하는 데 도움을 줬는데, 하나는 소득통계에 대한 관심의 증대였고(Robert D. Baxter, *National Income*, 1868), 다른 하나는 특히 대륙에서 소득세 문제에 대한 관심의 증대였다.(A. Held, *Die Einkommensteuer*, 1872)

110) 이것은 잉글랜드의 '고전파'에게도 적용된다. 이 당시 대륙의 저자들은 소득이라는 단어를 더 많이 사용했다. 우리는 이미 4장(5절-옮긴이)에서 스토치와 시스몽디의 저작에 주목한 바 있다.

111) 나는 세가 감가상각을 간과하는 우스꽝스러운 오류를 범했다고 보는 마르크스가 옳았다고 생각하지 않는다. 세가 의도했던 것은 다만 '총' 개념의 기초적인 중요성을 강조한 것뿐이었다. *Theorien über den Mehrwert* 참조.

112) *Principles*, ch.26. 이 장은 리카도 자신에게조차 이상하게 읽혔기 때문에 그

찾아냈다.

　이때 스미스는, 그가 분명 생각하기에, 똑같은 것을 정식화하는 다른 방식에 불과한 것, 즉 '순수익'을 말하거나 우리가 말했듯이 소득이란 사람들이 개인적이든 집단적이든 "자신의 자본을 침해하지 않고 〔……〕 자신의 생존, 편의, 오락에 지출 〔……〕 할 수 있는 것"이라고 표현했다. (앞의 책, 271쪽) 이것이 독일에서 요소-슈몰러의 소득정의로 알려진 것의 기초다.[113] 자본을 그대로 놔두거나 자본을 유지하는 것이 무엇을 의미하는지에 관한 현대적 논의——또 다른 상상의 문제——는 이런 뿌리에서 자라난 것이었다.

　생산적 노동과 비생산적 노동에 관해 생산적 노동과 비생산적 노동에 관한 유명한 논쟁을 간단히 다루기 위해 잠시 주제에서 벗어나보자. 이 먼지투성이 박물관의 논제가 조금이라도 우리의 관심을 끄는 유일한 이유는, 의미 있는 생각을 다룬 논의가 그 의미를 상실하고 백해무익한 것으로 빠지게 되는 방식의 뛰어난 예를 제공하기 때문이다. 두 개의 의미 있는 사

───────────

는 유보적인 각주를 넣는 것이 바람직하다고 느꼈다. 그러나 이 장을 참조해 보면, 독자들은 (각주를 포함한) 그 장의 마지막 쪽에서 리카도가 스미스가 저지른 오류와 세가 범한 또 다른 오류를 바로잡았다는 것을 알 것이다. 이 장의 첫 번째 네 문단은 한 나라의 순소득을 이윤과 지대에 한정하고, 임금을 감가상각비처럼 처리하고 있는 것으로 보인다. 이처럼 오류를 일으키는 배열이 이루어진 이유는, 이윤과 지대만이 국민적 잉여를 형성하고 이로부터 조세와 저축이 나올 수 있다고 보았기 때문이다. 그러나 리카도에 따르면, 이윤은 가처분 잉여가 아니거나 전혀 아니며, 임금은 그가 인정한 것에 따르면 일반적으로 가처분 잉여를 일부 포함하는데, 이것은 그가 처음에 굉장히 열정적으로 어떤 명제를 주장하다가 이후 스스로 포기한 방식을 보여주는 또 다른 사례다. 그러나 이 주장은 이윤+지대라는 단일개념—이것은 리카도의 통상적인 추론과 전혀 다른 것이다—을 지적하는 것인데, 이로부터 마르크스는 무엇인가를 배웠는지도 모른다. 이 주장은 또한 몇 가지 유용성을 지니고, 확실히 대중의 정신에 상당한 영향을 미친 소득이라는 개념, 즉 필요분을 초과하는 잉여로서의 소득이라는 개념을 지적한다.

113) 요소에 대해서는 이 책의 4장 참조. 또 슈몰러에 대해서는 Gustav Schmoller, "Die Lehre von Einkommen……", *Zeitschrift für die gesamte Staatswissenschaft*, 1863 참조.

항을 구별할 수 있을 것이다. 하나는, 사적 기업제도가 두 가지 방식의 소비, 직접적으로는 소득을 '벌어들이는' 사람들의 소비를 위해, 간접적으로는 소득에 의해 '지원된' 사람들, 예컨대 아동과 은퇴한 고령자의 소비를 위해 제공하는 소득을 낳는다는 사실에서 나온다. 우리의 예에서 인구분포를 (부분적으로) 나이에 의해 결정한 두 가지 사이의 관계가 결코 무차별한 것이 아니라 오히려 한 사회의 경제생활 중 가장 중요한 특징 중의 하나인 것은 당연한 이치다. 이런저런 목적을 위해 사업과정에서 벌어들인 소득으로부터 '지원된' 것으로 취급되어야 하는 고용유형이 또한 존재하는가 아닌가 하는 질문에 관한 논쟁, 예컨대 공직자의 소득이 다른 소득을 과세한 것에서 나온다는 것을 근거로 공직자가 다루어져야 하는가 아닌가 하는 질문에 관한 논쟁은 전적으로 의미 있을 것이다.[114]

다른 의미 있는 구별은 가정부, 가정교사, 의사와 같이 가계에 의해 직접 구매되고 소비되는 노동 (또는 자연적 요소) 서비스가 경제과정에서 기업에 의해 구매되고 '소비되며' 경제적으로 말해서 사업과정에 여전히 들어가야 하는 노동서비스의 지위와 다른 지위를 차지한다는 사실에서 나온다. 비록 이런 서비스가 생산물의 형태에서 결국에는 소비자의 영역에 도달하는 것은 물론이지만, 이것이 차이가 없는 구별이 아니라는 것은, 이런 서비스가 몇몇 기업의 자본에서 지불되는 반면 가계에 의해 직접 구매되고 소비되는 서비스는 일부 가계의 소득이나 수입에 의해 지불된다는 공통의 슬로건으로 충분히 표현된다는 사실을 보면 쉽게 알 수 있다.[115] 가정부가 임금이나 재화로 그에 상응하는 등가물을

---

114) 국민소득의 통계와 관련하여 우리 시대에 제기된 논쟁들, 즉 공공행정을 다른 것처럼 하나의 산업으로 고려해서 정부관료의 봉급이 가령 자동차공장 노동자의 임금과 분석적으로 유의미한 차이가 있다고 볼 수 있는가라는 질문에 관한 논쟁들을 비교해보라.

115) 우리가 앞으로 지적하겠지만, 이것은 첫 번째 구별에서 의도된 의미의 파생소득으로 생활하고 있는 사람들의 경우, 예컨대 퇴직한 고령자의 경우와 혼동되지 말아야 한다.

받자마자 더 이상의 문제는 존재하지 않게 된다. 공장노동자가 임금을 받을 때, 그가 생산에 도움을 준 생산물의 판매, 그것의 지체, 위험, 할인 등의 문제가 더 발생하고, 이 모든 것은 이들의 임금 자체의 결정과 관계가 있다. 이에 따라 구별은, 실제로 경제과정의 구조와 관련되며, 독사적인 방식으로 다양하게 접근하는 분석가의 몫이 되었다.(예컨대 임금기금설 문제에 대해서는 아래 6절의 6항 참조.)

　이런 두 가지 구별은 서로 완전히 독립적임을 보게 될 것이다. 각자 서로 상대방에 준거하지 않고 의미를 갖는다. 그러나 양자——그리고 여기에 많은 혼동이 부가된 것——는 스미스에 의해 그 당시 저자들에게 전해졌다. 스미스는 그의 책 (『국부론』－옮긴이)「서론」첫 쪽에서 "유용한 노동에 고용된 사람수와 그렇게 고용되지 않는 사람수 사이의 비율"을 크게 강조했다. 지면이 부족하기 때문에 나는 이것을 독자들에게 맡겨야 하는데, 독자들은 직접 관계가 없는 문제들로 가득 찬 이 구절이 우리가 말한 첫 번째 구별의 의미를 진정 예시하고 있음을 납득하기를 바란다. 다만 이 구절은 매우 애매하고, '유용한'이라는 모호한 용어를 사용함으로써 생산적 노동과 비생산적 노동이라는 구절이 비록 『국부론』1부에 나타나지는 않지만, 그에 관한 이후의 논쟁을 왜곡시킨 모든 혼동의 실마리를 제공한다. 이 구절은『국부론』2부 3장에서 나타나는데, 여기서 중농학파의 영향을 받은 스미스는 자신의 축적이론을 전개했다. 물론 스미스는 농업에 고용된 노동만이 생산적이라는 중농학파의 명제를 이용하지 않는데, 이는 수출산업에 고용된 노동만이 생산적이라는 '중상주의' 명제를 이용하지 않던 것과 마찬가지다. 그러나 그는 중농주의의 포도주를 버리면서 그 병은 가졌고 거기에 자신의 포도주를 채웠다. 그는 "투하된 대상의 가치를 추가하는"(앞의 책, 314쪽) 노동을 생산적이라고 정의하고 나서, "자본을 (이윤으로) 대체하는 토지와 노동의 연간생산물의 일부"(같은 책, 316쪽)에 의해 생활하는 공장노동자의 경우를 그 예로 들면서 설명했다. 그리고 그는 어떤 것에 (교환)가치를 추가하지 않는 노동을 비생산적이라고 정의했는데, 비천한 가정부의 노동과 "자신의 지배 아래 이루어지는 재판이나 전쟁 같은 모든 공직에 종사하여" "다른 사람들의 근로에 따른 연간생산물의 일부로 유지되는" 주권자와 같은 "사회에서 최고의 존경을 받는 계층 중 약간 명"의 노동을 예로 들어 이것을 설명했다. 이 두 가지 것은 분명한데, 스미스는 우리가 말한 두 번째 구별을 유지했지만, 이것을 첫 번째 구별과 혼동했다.

이를 아주 명확히 본 최초의 사람은 마르크스였다. 그는 우리가 말한 두 번째 구별을 채택했는데, 스미스에게 자본주의 사회구조의 중요한 요소를 발견했다는 적절한 영예를 돌리고 이런 통찰이 스미스의 저작에서 그가 생각하기에 피상적이고 어떤 경우에도 이것과 전혀 관련이 없다고 본 고려사항에 둘러싸여 있다는 점을 지적했다.[116] 물론 어느 누구도 이 점을 완전히 놓치지는 않았고, 대부분의 저자는 암묵적이든 명시적이든 노동수요를 분석할 때 이것을 이용했다. 그러나 이 저자들이 그 구별 자체를 논의했을 때, 이들은 그 구별을 시야에서 놓쳤고 항상 첫 번째 구별만을 생각했다. 이것이 전부가 아니었다. 우리는 이 구별이 또한 유의미할 수 있음을 본 바 있다. 그러나 '유용한'이라는 용어와 '생산적'이라는 용어가 초래한 연상에 자신을 맡김으로써 경제학자들은 어떤 활동이 이런 영웅적인 명칭에 부합되는가와 같은 '쟁점'에 집중했다. 교사와 공무원은, 때로는 올바르게 때로는 그릇되게 이 구절이 경멸적인 의미를 전달하고자 한 것이라고 느끼면서, '비생산적'이라고 불리지 않고 싶어했다.[117] 그리고 이런 무의미한 논의는, 그 무익성을 점차 깨달

---

116) 마르크스는 『잉여가치 학설사』에서 스미스의 학설을 논의할 때 이 점을 상세히 다뤘다. 그의 관점에서 결정적인 구별은 '잉여가치를 생산하는' 노동과 그렇지 못한 노동 사이에 있었다. 그러나 사업자본으로부터 지불된 노동과 '수입'으로부터 지불된 노동 사이의 구별은 선택의 여지가 있다. 즉 가정부는 자기노동의 '가치'에 투하된 것보다 더 많은 시간을 일할 수 있고, 따라서 공장 노동자와 마찬가지로 '착취'될 수 있다. 가정부를 고용한 사람은 또한 잉여를 뽑아낼 수 있다. 마르크스주의 용어를 계속 사용해보면, 요점은 이 잉여가 어떤 시장에서도 '실현'될 필요가 없다는 점이다.

고 결국 그것을 말살시켰음에도 불구하고, 19세기 교과서의 표준적인 항목이 되었다. 이에 관한 모든 세부사항과 때때로 그것에 들어간 잘못 쓰인 연구를 설명하자면 책 한 권을 족히 채울 것이다. 그러나 이것은 다만 한 가지 목적, 즉 경제학자들의 단어에 대한 집착과 상상의 문제로부터 진실된 문제를 분별하지 못하는 무능력을 드러내는 데 기여했다고 할 수 있다.[118] 〔J.A.S.는 생산적 노동과 비생산적 노동에 관한 자신의 독자적인 설명을 작은 글씨로 처리했는데, 이는 평균적인 독자가 이것을 쉽게 지나갈 수 있도록 한 의도였다.〕

2. 물리적 자본의 구성[119]

매우 추상적인 수준에서 경제적 선택에 관한 분석은, 실제로 우리가 가치론의 특수한 형태를 배울 때 익숙해지는 것으로, 욕구대상이자 희소한 것 이외에는 다른 속성을 가지지 않는 '재화'라 불리는 불특정 대

---

117) 일부 이러한 느낌은 현대 경제학자들이 국민소득 통계를 위해 (생산적 노동이라는ㅡ옮긴이) 개념에 정부(관료ㅡ옮긴이)의 봉급이 포함되도록 설명할 때마다 다시 드러난다.

118) 이 논의는 시니어의 진술(앞의 책, 57쪽)에서 예시된 생산적 소비와 비생산적 소비라는 개념과 관련된 논의를 유발했다. "만약 재판관이 〔……〕 1년에 2000파운드가 드는 시설을 유지하는 것이 그의 직업상 필요할 때 4000파운드를 소비했다면, 그의 소비의 반은 생산적이고 나머지 반은 비생산적일 것이다." 이때 생산적 소비는 '또 다른 생산물을 낳기 위한 생산물의 이용'이었다. 상품과 서비스가 그것들을 소비하는 가계영역에 들어가자마자 그것들은 경제과정을 영원히 떠나는 것이 아니라 거기서 이들 가계성원의 생산적 서비스를 '생산한다'고 하는 생각은, 다시금 재차 나타난다. 오늘날 이것은 레온티예프에 의해 채택된 바 있는데, 그의 체계에서 가계는 다른 모든 산업과 마찬가지로 생산적으로 소비하는 하나의 산업으로 취급된다.

119) 일부 독자들은 이 항을 읽기가 어려울 것이다. 이 항은, 분석의 관점에서 **자본은 일련의 제한을 의미한다**(*capital means a set of restrictions*)는 구절로 압축될 수 있는 경제과정의 논리에서 '물리적' 자본의 역할이라는 관행적이지 않은 견해를 설명하고자 한 것이다. 머지않아 이 점이 아주 명확해지겠지만, 나는 독자들이 이 항을 이해하기 위해 겪는 고통으로부터 몇 가지 편익을 추출할 것이라고 믿는다.

상에 비추어 이루어질 수 있다. 그러나 가장 무미건조한 일반화를 넘어 좀더 나아가기 위해서는 현실에 대한 우리의 비전으로부터 경제적 선택에 대한 다른 제한을 추가하는 것이 당연한 이치인데, 이런 제한은 우리의 '능력'(know-how)과 관련된 것이거나 약간 통속적인 말로 표현해서 우리의 초기 재화량을 변형하는 데 어떤 것은 허용하고 다른 것은 배제하게 될 주어진 기술 수준의 한계와 관련된 것이다. 어떠한 방식으로든 우리는 일정한 욕구, 일정한 기술 수준, 일정한 종류와 성질의 토지 그리고 인적구성 같은 환경적 요인, 일을 시작할 때 쓰이는 일정한 양의 생산된 재화를 공준화해야 한다. 그러나 이것으로 충분한 것은 아니다. 이런 초기의 재화량은 동질적이지도 않고 무정형의 더미도 아니다. 그 다양한 부분은 우리가 빌딩, 장비, 원료, 소비재를 생각하면 쉽게 이해할 수 있는 방식으로 서로를 보완한다. 그중 몇 가지는 우리가 다른 일을 하기 전에 이용할 수 있어야 한다. 아울러 경제행위 사이에 다양한 연쇄관계나 시차관계가 나타나면서 우리의 선택이 더 제약될 수 있는데, 그 정도는 우리가 작업해야 하는 스톡의 구성에 따라 상당히 달라질 수 있다.[120) 우리가 이것을 표현하는 것은, 어떤 순간에 존재하는 재화의 스톡이 **구조화된 양**이거나 부분적으로 경제과정의 경로를 형성하는 그 자체 **내의 구성적 관계를** 표현하는 양이라고 부름으로써 가능하다. 순수이론의 목적상, 이런 구조적 특징을 가능한 한 소수의 그리고 일반적인 것으로 환원하고, 잘 다룰 수 없는 삶의 다양성의 난관(Scylla)과 과도한 단순화에 따른 불임성의 난관(Charybdis) 사이를 최선을 다해 조종하고 싶은

120) 어떤 순간에 존재하는 모든 종류의 부의 스톡은 피셔에 의해 자본이라고 불렸는데(*Nature of Capital and Income*, 1906, p.52), 그는 충분하게 적절히 생각한 후 지금 개괄하고 있는 시기의 모두는 아니지만 대다수 저자의 자본에 관한 정의가 정확히 이것으로 귀착한다는 것을 성공적으로 보여주었다. 우리는 여기서 피셔의 개념을 채택하지 않고 대신 뛰어난 스미스의 용어인 스톡을 단순히 사용할 것이다. 이것은 매번 '우리의 의미에서'를 추가하지 않고 자본이라는 용어의 다른 여러 의미와 이것을 더 구별하기 쉽게 하기 때문이다.

것은 자연스러운 일이다. (영어에서 'between Scylla and Charybdis'는 진퇴양난에 빠져 있음을 의미한다―옮긴이.) 일찍이 과학적 모델형성이 시작된 캉티용과 케네 시대 이래 경제학자들이 이것을 항상 의식하고 있었음은 물론이다. 앞 장에서 이미 우리는 '고전파' 시기의 저자들이 경제과정의 구조적 속성을 분석하는 데 주저하기는 했지만 최초의 두 단계를 밟았던 방식을 살펴보았다. 캉티용은 자본을 생산의 '필요조건'으로 인식했고, 케네는 '선대'라는 중농주의자(캉티용-케네)의 생각을 채택했다. 이제 우리는 이런 분석에 중요하게 남아 있는 요소를 채울 필요가 있는데, 그것은 보통 자본이론으로 알려진 것이다.

독자들은 우리가 또 다른 언어상의 논쟁이라는 늪에 빠지게 될 것이라고 걱정할 필요는 없다. 자본이론은 실제로 이런 종류의 늪이기 때문에 소수의 다른 영역에 필적하는 명성을 누리고 있다. 사람들은 자본이란 무엇인가라는 의미 없는 질문을 계속 던져왔다. 그리고 몇몇 사람은 caput, capitale, kephalaion($\chi\epsilon\varphi\acute{\alpha}\lambda\alpha\iota o\nu$) 등과 같은 단어의 원래의 의미(모두 '머리' '우두머리'를 의미―옮긴이)에 관해 생각함으로써 그것에 답하려고 했다. 시니어조차 "자본이란 용어는 다양하게 정의되기 때문에 그것이 일반적으로 받아들여진 의미를 갖는지 그렇지 않은지 의문이다"(*Outline*, p.59)라고 생각했다. 어떤 의미에서 이것은 사실이다.[121] 그러나 이것은 다음의 경우에만 사실이다. 첫째, 개별저자들이 개념화 과정에서 범한 상대적으로 작은 실수에서 비롯된 경우로서, 우리는 그들의 분석적 의도가 충분히 명백하다면 이런 실수를 무시할 수 있다. 둘째, 자본에 관한 단일하거나 만능적인 개념을 갖고자 하는, 그래서 수많은 무익한 논쟁의 아버지가 되고자 하는 바람에서 비롯된 경우로써, 나는 이런 바람을 공유하지 않는다. 셋째, 많은 저자가 그들의 분석에 유용한 '자본'을 기업체의 대차대조표의 대변이나 차변에 접근

---

121) 경제학자들의 이 용어에 대한 사용의 역사에 관심이 있는 독자들은 피셔(앞의 책, 4장 2절)나 뵘-바베르크의 걸작(*The Positive Theory of Capital*) 2권의 자본의 개념에 관한 장을 참조할 수 있다.

시키고자 하는, 어느 정도 인정될 만한 정도의 바람에서 비롯된 경우다. 넷째, 한편으로는 물리적 자본개념과 다른 한편으로는 화폐적 개념 사이에서 때때로 동요하는 경우로서, 이에 대해서는 다음번 각주에서 살펴볼 것이다. 나머지 경우에 대해서는, 보이는 것보다 훨씬 더 단순한데, 지도적인 모든 경제학자가 실천적으로 기여하고자 한 것을 묘사하려는, 유일하게 지배적인 분석적 목적이 사실상 존재하기 때문이다.

자본은 생산의 필요조건이므로, 재화로 구성된다.[122] 더욱이 우리가 말한 초기의 스톡처럼 자본은 재화의 스톡이다. 그러나 우리가 말한 초기의 스톡과 달리, 자본은 순간에 존재하는 모든 재화를 포함하지 않는다. '고전파'는, 첫째로 자연적 생산요소(배수로, 울타리 등과 같은 '개량시설'이 아닌 것), 둘째로 생산적 노동을 유지하는 수단 이외의 모든 소비재를 제외함으로써, 이런 재화로부터 그들이 말하는 자본을 분리시켰다. 잠시 여기서 머물러 이를 명확히 해보자.

무엇보다 먼저 어떤 순간에 존재하는 부의 스톡을 자본의 양과 그렇

---

122) 그러나 물적 자본의 개념에 아주 강력한 호의를 표했던 이들 저자들조차 때때로 화폐적 자본의 영역으로 부지불식간에 들어갔다. 누구보다도 리카도와 밀은 그들이 화폐적 자본에 준거할 경우에만 의미를 전달하는 문장들을 때때로 썼다. 이것은, 내가 생각하기로는 처음으로, 밀의 『원리』를 공들여 분석한 체르니셉스키(Tchernychevsky, *L'économie politique jugée par la science*, 1874)에 의해 비판적으로 주목된 바 있다. 이 점은 밀의 추종자인 포셋의 『정치경제학 개요』(*Manual*)를 보면 훨씬 더 명백하다. 밀에게 자본은 원료에 '지출되고', 사람에서 사람으로 이동하고, 산업에서 산업으로 그리고 나라에서 나라로 이동하는데, 이에 대해 그는 자신이 재화가 아니라 수지(balances)를 생각했다는 것을 암시하는 방식으로 표현했다. 물론 화폐액이 재화를 대표한다고 생각할 수 있고 당시의 이론적 골격 내에서 화폐적 과정이 최종분석에서는 '실물'적 과정으로 환원될 수 있다고 대답할 것이다. 그러나 이런 환원은 기껏해야 위험한 지름길일 뿐이고, 본질적인 다수의 문제점을 야기하는 화폐 메커니즘을 무시하는 것이다. 따라서 경제과정의 기초가 사실상 실물기준(real terms)으로 만족스럽게 기술될 수 있다 하더라도, 우리는 다른 데서와 마찬가지로 자본이론에서, '고전파'가 시도한 실물기준으로의 기초분석이 상당히 오류였다는 점을 보지 않으면 안 된다.

지 않은 다른 양으로 분할하는 것은, 우리가 위에서 재화세계의 구조나 재화 세계 내의 구조적 관계라고 부른 것을 서술하기 위한 하나의 장치라는 점을 이해하지 않으면 안 된다. 두 번째로 관찰할 수 있는 것은, 자연적 생산요소를 (자본으로부터—옮긴이) 배제한 효과의 의미를 많은 사람, 특히 리카도가 인식하지 못했지만, 노동 이외에 또 다른 '본원적인' 생산요소를 설정하기 위한 것이었다. 이제 이것은 생산된 재화스톡으로 우리에게 남게 될 것이다. 그러나 세 번째로 이렇게 생산된 재화량의 구성은 무한한 가능성의 두 경우 사이에서 다음과 같이 서로 구별됨으로써 좀더 분석될 수 있다.

한편으로, 우리가 기술적인 의미에서 생산의 필요조건인 위의 부분을 분리해내길 원한다면 생산된 생산수단이나 뵘-바베르크가 중간생산물이라고 불렀던 개념에 도달하게 된다. 그러나 영국의 '고전파'와 대륙의 추종자들의 이론적 도식의 가장 뚜렷한 특징 중 하나는, 그들이 '생산의 필요조건'이라는 의미를 생산과정 동안 노동(자들이 생계를—옮긴이)을 유지하기 위한 소비재를 포함하는 광의의 의미로 이해했다는 점이다. 생산과정 동안 지주를 유지하기 위한 소비재——시니어는 심지어 자본가(의 생활을—옮긴이)를 유지하기 위한 소비재까지 포함시켰다——를 포함시키지 않을 논리적 이유는 없다. 그렇지만 실제로 이것들은 리카도학파에 의해 대부분 배제되었는데, 이는 이들의 도식이 지대를 비용의 한 요소로 고려할 수 없었기 때문이다.

다른 한편으로, 우리가 사업과정이나 사업목적에 종속된 순간에 존재하는 부의 일부를 분리해내길 원하거나, 스미스가 말했듯이, 이러한 부의 일부로부터 '이윤을 기대'한다면 추가로 공장, 장비, 원료 말고도 다른 항목인 '생산적 노동의 생존수단', 특히 다음과 같은 두 가지를 포함시켜야 한다. 하나는 소비재의 또 다른 일부——이것은 생산의 필요조건에 포함된 것과 부분적으로 중복된다——로서, 이는 구매하려는 사람들(노동자나 자본가)과 별개로 여전히 제조업자, 도매상, 소매상의 수중에 머물러 있는 소비재를 지칭한다. 다른 하나는 사람들이 손에 쥐고 있는 현금이다. 이것의 의미는 흥미롭지 않은 것은 아니지만, 여기서 고려할 필요는 없다. 다만 여기서 말하고 싶은 것은 이런 구별이 다른 것보다 더 올바른 것도 그른 것도 아니라는 점이다. 양자는 여러 가지 관련된 분석적 목적에 기여한다. 즉 양자는 관련된 현실의 측면들을 서술하는데 유용하다. 그러나 우리는 첫 번째 구별(광의의 의미에서 '생산의 필요조건')을 고수할 것인데, 이것은 우리가 위에서 당시, 특히 밀이 총괄한 연구의 지배적인 분석적 목적이라고 부른 것과 더욱 긴밀하기 때문이다. 마르크스는 우리의 선택을 승인했을 것이다. 그는 항상 첫 번째 구별을 지지했다. 그는 두 번째 구별이 자본가에게 나타나는 현실의 표면을 복사하는 것 말고는 그 어떤 목적에도 기여할 수 없다고 생각했다.

우리가 위에서 말한 것은, 세세한 점을 제외하면 스미스가 자본을 분리함으로써(*Wealth*, Book II, ch.1), 그 주요 구성부분을 계산함으로써 '어떤 나라나 사회의 일반적 스톡'이라고 부른 것을 '구성한' 실제방식을 재생한 것이다. 스미스(와 맬서스)가 명백히 임금재나 노동유지수단을 (자본에—옮긴이) 포함시키지 않은 것은 중요하지 않다. 왜냐하면 그는 항상 자신이 그것들을 포함시킨 듯이 주장했기 때문이다.[123] 또한 서술된 자본개념은 대다수 지도자의 용어법을 상당히 잘 표현한다. 따라서 리카도는 다음과 같이 정의한다. "자본이란 생산에 이용되고, 음식, 옷, 도구, 원료, 기계 등 노동을 작동시키는 데 필요한 것들로 이루어진 한 나라의 부의 일부[강조는 J.A.S.]다".(『원리』, 5장) 이것은 본질적으로 시니어의 정의, 즉 "(자본이란—옮긴이) 부의 대상이자 부의 생산·분배에 이용된 인간노력의 결과[그가 나중에 더 설명했듯이], 이것

---

123) 예를 들어, *Wealth*, p.316[Modern Library ed.]. 스미스가 (자본에—옮긴이) "사회의 [……] 모든 성원의 후천적이고 유용한 능력"을 포함시킨 것은 후에 광범하게 추종자들을 거느린 선구가 되었고, 로셔조차 '덕'(virtue)을 (자본에—옮긴이) 포함시켰는데, 이에 대해서는 어떤 추가적인 주석도 필요 없다. 왜냐하면 이런 주장은 전혀 효력이 없었기 때문이다. 그러나 마셜의 준지대라는 개념을 미리 보여준 것일지도 모르는 '토지의 개량'과 (이런 주장이—옮긴이) 유사하다는 점에 주목하라.

은 노동, 절욕, 자연적 요인 간단히 말해 생산된 부의 대상을 의미한다"
라는 정의와 다르지 않다. 이것은 또한 밀의 (『정치경제학 원리』의—옮
긴이) 영향력 있는 구절, 즉 "자본이 생산을 위해 하는 것은 노동이 필요
로 하는 숙소, 보호, 도구, 원료를 제공하고 그 생산과정 동안 노동자를
먹여 살리고 유지하는 것이다. [……] 그 대상이 무엇이든지, 이런 용도
에 해당하는 것이 [……] **자본이다**"(이 책, 1권, 1부 4장 1절)와 다르지
않다.[124] 마르크스는 경제학과 사회학을 통합하려는 자신의 원리에 충
실해서 자본이란 용어를 자본가들이 소유한 종류의 대상에 한정했다는
점——그 대상을 이용하는 노동자의 손에 있는 동일한 것은 자본이 아
니다——을 제외하면, 밀의 구절에 추가한 것이 없다.

　그러나 '생산을 위해 자본이 하는 것'은 두 개의 매우 다른 대상을 의
미하는데, 임금자본(wage capital)과 나머지 자본——우리는 이를 기
술적 자본이라고 부를 것이다——의 구별은 쉽게 드러나며, 두 자본 사
이의 양적 관계를 기술하는 계수 또한 그러하다. 이 계수는 자본구성의
가장 중요한 특징에 속하는 것임이 틀림없다. 그런데도 이것을 수많은
단어로 지적하면서 명시적으로 도입한 것은 마르크스의 공헌이다. 마르
크스는 방금 기술적 자본이라고 부른 것을 불변자본(c)이라는 용어로,
임금자본이라고 부른 것을 가변자본(v)이라는 용어로[125] 각각 나타냈으
며, 그 구성계수를 $\frac{c}{c+v}$라는 비율로 표현했는데, 그는 이 비율을 **자본의**

---

124) 이런 정식화에 포함된 노동가치론에 대한 어구상의 양보(위에서 지적했듯
　　이)는 쉽게 정정될 수 있었다.
125) 그는 불변자본과 가변자본을 투하된 노동으로 표현했다. 그러나 그가 말하는
　　계수가 항상 일정 시점에 준거하는 한, 화폐가치의 표현도 마찬가지다. 주목
　　해야 할 것은 두 가지 척도가 완전경쟁 상태에서만 충분한 의미를 전달하고,
　　특히 시간 간 비교를 허용한다는 점이다. 마르크스가 이들 용어를 선택한 이
　　유(와 우리가 그것들을 여기서 받아들이지 못하는 이유)는 마르크스의 이론
　　에서 기술적 자본이 그 자신의 가치를 생산물에 이전하고—또는 생산과정에
　　서 투하된 노동으로 평가된 그 가치가 일정하고—, 반면 임금자본은 노동자
　　가 그것에 투하된 노동을 더하는 노동시간에 의해 생산과정에서 말하자면 팽
　　창한다(고 말—옮긴이)하기 때문이다.

유기적 구성이라고 불렀다.[126] 이런 개념을 명시적으로 도입한 장점이 과소평가되어서는 안 된다. 그러나 물론 스미스에서부터 밀에 이르는 저자들은 총자본 내에서 임금자본의 고유한 역할을 인식하는 데 실패하지 않았다. 이 점은 임금자본이 마르크스의 가변자본과 동일할 뿐만 아니라 '고전파'의 임금기금과 동일하다는 사실에서 충분히 나타난다. 더욱이 리카도와 밀은 때때로 마르크스적 개념을 부주의하게 사용했는데, 그들이 때때로 가변자본을 의미하는 것을 실제로는 유동자본(Circulating Capital)이라고 썼다.[127]

기술적 자본의 내적 구성을 분석할 필요성은 분명 있다. 기술적 자본은 중농주의자들에게는 아주 명료했는데, 스미스는 이들이 말한 여러 가지 선대(avances)를 고정자본과 유동자본의 구별로 대체했다. 스미스는 고정자본을 소유자가 그것을 유지(사용)함으로써 이윤을 이끌어내는, 공장건물·기계와 같은 자본으로 정의했고, 유동자본을 그 소유자가 '그것을 포기함'(그것을 회전시킴)으로써 이윤을 이끌어내는, 원료와 같은 자본으로 정의했다. 리카도는 스미스의 상식과 평범한 구별 이면의 한층 깊은 의미를 지닌 어떤 것이 있음을 보았고, 따라서 그는 이 구별을 무시했다.[128] 이제 우리는 그의 생각을 재구성해볼 것이다.

분명 리카도의 관심은 고정자본의 문제에 있었는데, 고정자본이 존재

---

126) 따라서 노동시간의 영역은 분자와 분모에 모두 나타나고 약분되기 때문에 이 계수는 순수한 숫자다. 이 계수의 구성요소가 가치이지 물리적 양이 아니라는 점은 기억할 만한 가치가 있다.

127) 따라서 리카도는 『원리』, 1장 4절에서 "한 거래에서 매우 적은 자본이 유동자본, 즉[강조는 J.A.S.] 노동을 유지하는 데 사용될 수 있다"라고 썼다. 다른 예는 31장에서 찾아볼 수 있다.

128) 『원리』, 1장 4절의 첫 번째 각주 참조. 고정자본과 유동자본의 구별이 중요하지 않다는 듯이 말하고 있는 이 각주는 4절의 전체 주장이 고정자본 문제에 근거하고 있다는 사실에 비추어볼 때 이상하게 읽힐 수도 있다. 그러나 우리가 리카도의 생각을 재구성함으로써, 그가 스미스의 구별이 관련된 본질적인 점을 밝히지 않은 것 이상의 것을 의미한 것은 아니었다는 점을 명백히 할 수 있을 것이다.

함으로써 생산물의 교환가치가, 만일 모든 산업분야가 '동일한 비율의 고정자본과 유동자본'을 이용하지 않는다면, 노동량 법칙으로부터 괴리될 수 있다는 사실 때문이었다. 그는 또한 명백히 별 어려움 없이, 이 노동량 법칙을 교란시키지 않기 위해서는 이 고정자본이 어디서나 동일한 내구성을 가져야 한다는 사실을 알고 있었다. 그러나 마침내 그는 뭔가 다른 것, 즉 상이한 생산라인에서 이용된 고정자본의 상이한 내구성과 농부의 씨앗이나 제빵업자의 밀가루 같은 상이한 종류의 유동자본의 상이한 회전율 사이에 존재하는 유사성을 알고 있었다. 이것이 명백히 다른 세 가지 사실을 낳았는데, 이 사실들은 언뜻 보면 그것들 모두 노동량 가치법칙의 작동을 방해한다는 것을 제외하면 공통점이 전혀 없다. 그는 천재의 번뜩임과 거의 같은 것으로 이 세 가지 모두가 동일한 이유 때문에 노동량가치 법칙의 작동을 방해한다는 것을 알았고, 이것을 달리 표현하면 그는 그 모든 것에서 동일한 기본요인, 즉 투자와 그에 상응하는 소비재의 출현 사이의 시차를 간파했다.[129]

이것은 회전기간이 다른 경우 파악하기가 아주 쉬운데, 씨앗으로 사용되는 밀과 밀가루로 가공되는 밀은 각각의 존재와 밀가루의 출현 간 시차 때문에 (리카도의 관점에서 볼 때) 직접적으로 다른 것이지, 그외의 어떤 것 때문에 다른 것이 아니다. 그러나 고정자본재와 내구성이 다른 고정자본재의 존재가 생산과정, 따라서 가치에 대해 초래하는 차이는 또한 이런 시차나 회전율의 차이 문제로 간주할 수 있다는 점에서 동일한 문제라고 파악하는 것은 그리 쉽지 않다. 예컨대 리카도 방식대로, 단 하루의 노동으로만 생산된 기계를 고려해보자. 10년 동안 이 기계나

---

129) 나는 이 번뜩임에서 비롯된 자본이론에 필연적으로 나를 연루시키지 않고도 이런 생각을 천재의 번뜩임이라고 부른다. 학설사의 매우 중요한 부분을 분명히 하기 위해 이 점에 대한 비판을 극히 삼갈 것이다. 나이트는 해당이론을 거부했는데, 따라서 그는 타우시히(F.W. Taussig)가 나의 설명을 자신의 것으로 삼을 수 있었던 것과 꼭 마찬가지로 나의 설명을 받아들일 수 있었다. 당분간 본질적인 것은 나이트와 타우시히가 강조한 바 있는, 리카도의 분석과 뵘-바베르크의 설명 사이의 관계를 파악하는 것이다.

이 기계에 투하된 노동은 원료나 반제품이 정확히 그러하듯이 소비재로 바뀐다. 이 기계에 '포함된' 서비스의 일수는 일정한 순서로 이용되어 그 순번이 올 때까지 땅 속의 씨앗처럼 작용할 것이다. 이런 일정한 순서는 경제적 의사결정이나 행위에 대한 하나의 제약으로, 농부가 그의 씨앗이 성숙되어 곡식이 될 때까지 기다려야 하는 상황 때문에 그의 의사결정에 가하는 제약과 비슷하다. 따라서 적어도 가장 추상적인 수준에서 리카도가 위에서 인용한 각주에서 지적했던 것처럼, 고정자본과 유동자본 사이의 본질적 차이나 분명한 경계선은 사실상 없다. 양자는 단지 미성숙한 소비재(의 요소)에 불과하고, 중간재이거나 약 80년 후에 타우시히가 그것을 불렀듯이 '미완성의 부'(inchoate wealth)에 불과하다. 아니면 양자는 퇴장된 노동(hoarded labor)으로 '분해'될 수 있는데, 이것은 리카도의 의미를 매우 잘 표현한 제임스 밀의 용어로서 역시 약 80년 후에 빅셀이 다시 사용했다.[130] 그러나 우리가 잊지 말아야 할 것은, 여러 가지 재화에 투하된, 다양한 퇴장된 노동 덩어리가 상이한 시차의 지수나 그 재화가 속하는 시간상의 순서에서 차지하고 있는 지위의 다른 지수를 지니고 있다는 점이다.

따라서 리카도의 초보적인 자본분석은 결국 기술적인 자본의 시간개념이 되는데,[131] 여기서 시간은 자본의 모든 특수한 형태를 통일시키는 요소다. 노동량 가치론에 동조를 보인 사람들은, 리카도가 이 경우 그 가치론을 상이한 시간지수를 지닌 노동량에 대해 (적어도 어느 정도까

---

130) 더 정확히 말하면, 빅셀은 노동과 토지의 저장된 서비스(saved-up services) 라고 표현했는데, 여기에 기존축적의 서비스를 추가했어야 했다.

131) 리카도가 단지 단편만을 제공한 사상노선이 그 논리적 결과까지 다루어진다면, 우리는 그의 분석이 모든 물리적 자본을 임금자본이나 오히려 일반적인 생존기금으로 분해하면서 기술적 자본과 임금자본을 모두 포괄한다고 말할 수 있을 것이다. 이런 생각은 제임스 밀의 『정치경제학의 요소들』에 훨씬 더 명백히 지적되고 있다. 그런데도 암묵적으로 이런 사상은 임금기금설의 다양한 측면 중의 하나에도 나타나지만, 그것을 명시적으로 인식한 것은 제번스와 뵘-바베르크다.

지는) 타당하도록 함으로써 노동량 가치론을 구제했다고 어느 정도 정당하게 주장할 수도 있을 것이다. 뵘-바베르크의 자본이론을 받아들이는 사람들 역시 어느 정도 정당하게, 리카도가 나쁜 가치론을 좋은 자본이론으로 발전시켰다고 주장할 수 있을 것이다. 어쨌든 리카도는 이런 일련의 문제에 관한 한, 분명 뵘-바베르크의 선행자였다. 이것이 리카도의 자본이론이 완전했다거나 그가 자신의 천재로서의 번뜩임의 모든 함의를 파악했다고 말하는 것은 아니다. 특히 그는 자본이론의 모든 단기적 함의를 무시했다.[132] 또한 리카도가 유동자본이 고정자본으로 전화되는 경우——가장 중요한 경우는 그의 책(31장—옮긴이)「기계에 관해」(On Machinery)라는 제목의 장에서 발견된다——를 연구했지만, 그리고 기술적 자본의 세계 내에 존재하는 다양한 대체관계——약간만 고려한다면 '리카도 효과'가 한 예가 될 것이다——와 때때로 마주쳤지만, 대다수의 '고전파'가 그러했듯이, 리카도는 시간순서를 기술적 여건으로 받아들인 나머지 내구성, 일반적으로 상이한 유형의 자본재의 양적 관계 또한 임금자본과 비임금자본 사이의 관계가 임금률, 노동의 효율, 이자율, 그리고 그밖의 요인에 의존하는 경제변수이고 다시 그것들에 반작용하는 경제변수라는 사실을 무시했다. 그러나 이것은 그의 이론이 다름 아닌 예비적인 윤곽에 불과하다는 사실——우리가 그의 성과를 옹호할 때만큼이나 비판할 때 항상 염두에 두어야 하는 사실——을 재진술하는 또 다른 방식일 뿐이다.

3. 시니어의 기여

이제 아주 이상한 두 가지 사실이 우리의 주목을 끈다. 한편으로, 시니어는 리카도가, 스미스의 용법과 다른 의미에서, 고정자본과 유동자본이라는 용어를 사용했음을 알고 있었다.(*Outline*, pp.62~63) 그러나 시니어는 리카도의 자본분석의 진정한 의미를 완전히 파악하지 못

---

132) 단기에서 고정자본과 같은 것은 '토지'처럼 작용한다.

해, 스미스와 리카도의 차이에서 비난할 만한 비일상적 용어사용법 말고는 그 어떤 것도 보지 못했다. 다른 한편, 이처럼 리카도의 분석을 이해하지 못했음에도 시니어는 실제로 이것을 두 가지 방향으로 진척시켰는데, 이는 우리가 부딪히게 되는 길을 보여주는 최선의 예다.

첫째, 시니어의 세 번째 공준 또는 기본명제가 있는데, 이것은 다음과 같다. "부를 생산하는 **노동력**과 다른 도구의 힘은 그 **생산물**을 다음 기의 **생산수단**으로 이용함으로써 무한히 증가될 수 있다." 라에로부터 파생되었을지도 모르는 이 명제는, '부를 생산하는 다른 도구의' 힘을 노동력에 추가함으로써 리카도의 이론을 개선한 것이다. 그러나 이 명제는 리카도의 분석을 완전히 뛰어넘는 무엇인가를 또한 추가한다. 리카도에게 시간요소는 다른 것보다 느리게 회전하는 자본의 생산물 공급에 브레이크를 거는 방식으로 가치를 노동량 법칙으로부터 괴리시킨다. 그의 생산물이 시장에 도달하기까지 상대적으로 긴 시간이 걸리는 인간은 이런 불리함에 대해 단순히 보상'되어야 한다'. 그러나 시니어에 따르면, 이런 생산물이 더 높은 가치를 지니기 위해서는 2년마다 발생하는 100파운드의 이윤이 매년 발생하는 50파운드의 이윤과 경제적으로 동등하지 않다는 단순한 사실——이것이 사실이라면——이상의 그 무엇이 존재해야 한다. 2년짜리 투자에서 나오는 이윤은 (가령) 동일한 양의 노동이 2년 연속 이루어지는 1년 단위의 투자에서 나오는 이윤보다 두 배 클텐데, 이런 노동의 생산적 '힘', 따라서 그 생산물은 첫 번째 해의 생산물이 두 번째 해에 '생산수단으로' 이용된다면 증가하기 때문이다.

이제 리카도가 말하는 생산물의 실질가치는, 단순히 동일한 양의 노동이 2년 연속 이루어지는 1년 단위의 생산과정에서보다 2년 동안의 생산과정에서 더 많은 양의 생산물을 낳기 때문에, 증가할 수 없다. 그러나 시니어의 가치는 증가하게 된다.[133] 이것이 문제의 완전히 새로운 국

---

133) 2년 동안의 생산과정에서 생긴 좀더 많은 생산량의 가치가 2년 연속 이루어지는 1년 단위의 생산과정에서 생긴 좀더 적은 양보다 큰 가치를 가질 필요가 없다는 사실에서 어려움은 발생하지 않는다. 왜냐하면 이런 경우 2년의 생산

면을 열었고, 뵘-바베르크로 나아가는 방향을 곧 지시하는데, 지나가는 김에 말하자면 뵘-바베르크는 시니어가 리카도를 이해한 것보다 더 잘 시니어를 이해하지는 못했지만, 그런데도 시니어가 리카도의 자본분석을 수행한 것과 똑같이 시니어의 자본분석을 수행했다. 이 점에서 시니어와 뵘-바베르크 사이의 관계는, 우리가 어떤 생산물을 다음 기의 생산수단으로 이용하는 것이 그것을 '우회적' 방식으로 이용하는 것이라고 부를 수 있다는 점을 알게 된다면, 특히 뚜렷해질 것이다. 유일한 차이는 시니어는 노동의 생산적 힘이 이런 식으로 생산물을 이용함으로써 '무한히' 증가한다고 진술하는 것에 스스로를 한정한 반면, 뵘-바베르크는 이런 증가율이 생산과정의 '길이'가 늘어나면서 감소한다는 가설을 추가한 점에 있다.

둘째, 시니어의 자본 절욕설(abstinence theory of capital)이 있다. 시니어의 이름은 이 기여 때문에 주로 기억되지만, 그것(절욕)은 사실상 분석적 성과로서 지금 막 논의된 기여(생산물을 다음 기의 생산수단으로 이용하는 것)보다 훨씬 덜 중요하다. 마찬가지로 시니어가 말한 절욕의 두 가지 다른 측면을 구별할 수 있을 것이다. 한편, 이유가 옳든 그르든 우리가 그 구성요소의 시간지수라고 부른 것으로 기술적 자본의 구성을 분석하기로 택한다면, 우리가 강조하고 싶은 사실은 이런 구성요소(즉 여러 자본재)가 다른 회전율이나 이런저런 방식으로 생산비 항목에 들어오는 생산물이 상이한 길이의 시간이 지난 후 이용될 수 있든가 '성숙'하든가 하는 점이다. 우리가 이것을 의미할 때는 언제나, 후에 맥베인(McVane)이 제시했고 마셜이 채택한 기다림(Waiting)이라는 용어를 사용하는 편이 낫다. 다른 한편, 우리가 기술적 자본이 미래에 수입을 낳을 것으로 기대되는 어떤 것으로 '수입이 전화된' 결과라는 이론을 받아들이면, 그러나 그러기 위해 수입영역으로부터 영원히 철회되어야 하는 이론을 받아들이면, 이럴 경우 우리는 절욕이라는 용어를 사용

과정이 이용되지 않을 것이기 때문이다.

하는 편이 낫다. 이 경우 우리는 절욕이라는 용어를 저축의 심리적 비용이나 우리가 저축을 투자와 충분히 긴밀하게 연결시킨다면, 과거의 저축이 투자되는 자본재의 심리적 비용을 위해 갖는 것이다. 이때 이런 심리적 비용의 요소는 노동의 '심리적 비용', 이후에는 비효용이라고 불린 것과 유사하게 된다. 더 나아가 우리는 절욕 자체를 그것으로부터 나오는 저축이나 자본재 대신에 생산의 요소로 삼을 수 있다.[134] 이것이 바로 시니어가 말한 절욕이 흔히 이해되는 의미며, 이 책『경제분석의 역사』에서 앞으로 사용될 의미이기도 하다. 비록 시니어 자신의 정의는 이 개념에서 앞에서 기다림이라고 부른 것까지 포함하려는 의도를 보여주고 있기는 하지만 말이다.[135]

절욕이라는 용어가 엄밀한 의미에서 지시하는 바가 무엇인가에 대한 인식은 물론 저축의 역할에 대한 인식만큼이나 오래된 것이다. 스미스가 말하는 인색함이나 검약은 어떤 다른 것도 의미하지 않는다. 실제로 1776년 이후 저서를 썼던 모든 경제학자는, 절욕에 관한 스미스의 모든 요구사항에 동의할 준비가 되어 있었던 것은 아니지만, 이런저런 방식으로 절욕을 다루었다. 이것은 또한 로더데일, 맬서스 같은 반저축론자의 이론적 도식에도 들어왔다. 리카도의 도식은 절욕보다는 기다림을 고려한 것이지만, 어쨌든 이 도식은 우리의 설명이 적절히 보여주듯이, 위와 같은 종류의 개념적 보완을 필요로 한다. 그러나 실제로 이 개념은

---

134) 우리가 이런 요소를 '1차적'이라거나 '2차적' 생산요소라고 부르는지의 여부는 별로 중요하지 않다. 시니어는 후자를 택했지만, 이후의 경향은 전자를 지지했다.

135) 시니어는 절욕을 "그가 지배할 수 있는 것의 비생산적 이용을 삼가거나 직접적 결과의 것보다 먼 생산을 의도적으로 선호하는 사람의 행위"(Outline, p.58)로 정의했다. 첫 번째 것만이 저축이나 수입의 자본으로의 전화를 지시하고, 엄밀한 의미의 절욕이다. 두 번째 것은 자본구성 내의 재배열을 의미할 뿐이고 우리가 기다림이라고 의미한 것이다. 시니어는 이 구별을 분명 알았는데, 그 타당성은 적절한 용어법에 의해 하나를 다른 것으로 환원시킬 가능성에 의해 손상되는 것은 아니다.

형식적으로는 리드(Read)에 의해, 특히 스크로프(Scrope)에 의해 확립되었다. 스크로프는 이런 측면에서 요소의 생산물을 다음 기의 생산에 사용하는 방식으로 요소 생산력의 증가에 관한 공준에 대해 라에가 보여준 것과 동일한 입장에서 시니어를 대했다. (이는—옮긴이) 시니어의 주관적 독창성에 대한 비난을 의도한 것은 아니지만, 객관적으로는 시니어가 기존학설의 경향을 기껏해야 정점에까지 이르게 했던 것 이상은 아니었음을 주목했다는 것이 중요하다. 밀, 케언스 그리고 어느 정도는 마셜의 후원으로 추진된 절욕에 관한 분석은 영국 경제학계에서 확고하게 자리 잡았지만, 다른 곳에서는 인기 있는 것이 결코 아니었다. 이에 대한 공격의 선봉이 마르크스와 라살레의 저작에서 발견되는 이유를 추측하는 일은 어렵지 않은데, 이들은 절욕이라는 단어가 제시하는 (자본주의—옮긴이) 변호론적 가능성만을 보았다. 그러나 이에 대해서는 다음에 이윤이란 제목 아래 다루는 편이 훨씬 유용할 것이다.

4. 자본에 관한 밀의 기본명제

'고전파' 자본이론에 관해 몇 가지 추가할 점이 편의상 있을 수 있고, 밀이 자신의 『원리』 1부 5장에서 표현한, 네 가지 서로 연관된 '자본에 관한 명제'에 주석을 추가하는 방식으로 몇 가지 다른 점을 재진술할 수 있을 것이다.[136]

그 명제의 첫 번째는 '근로(industry)는 자본에 의해 제약된다'는 것이지만, 근로가 이런 한계에 도달하기까지 항상 진행되는 것이 아님은 물론이다. 그러나 고용은 또한 '수입'으로부터 발생하기 때문에, 노동의 총고용량은 위와 같이 제약되지 않는다. 밀은 자본에 의해 제약되는 '근로'[137]를 "자본의 모든 증가 〔……〕 가 근로에 대한 추가적인 고용을 부

---

136) 이 장은 오류, 부적절함, 서투름으로 불명확하지만, 논리적 유려함이 있다. 이런 단점을 수정하는 법을 아는 독자들은 그 교향곡적인 성질에 감명받을 것이다.

137) 이 장의 1절 말미에서 밀은 이 공준을 이용해 보호관세의 효과에 관한 대중

여할 수 있고, 이것은 정할 수 있는 어떠한 한계도 없다"라는 의미로 잘못 믿고 있었다.(3절) 주의 깊게 진술된 (그리고 '할 수 있는'이라고 적절히 강조된) 이 구절은 진실처럼 보일 수 있고, 맬서스, 차머스, 시스몽디[138] ── 이들은 '부'가 언제나 생산력에 의해서뿐만 아니라 그 시스템의 소비능력에 의해서도 제약된다고 주장했다 ── 의 의견에 반대하는 이 명제의 사용은 완전히 합당하다. 이것만이 하나의 추가적인 명제 ── 우리는 이것을 무장애 정리(Theorem of Hitchlessness)라고 부를 것이다(5장 5절 3항 참조─옮긴이) ── 로 서술되어야 했는데, 왜냐하면 이것은 자본에 의해 제약된 근로(의 증가)로부터 나온 것이 아니기 때문이고, 설사 위의 세 저자에 반대하는 밀의 주장이 그런 한에서만 성공적이라 할지라도 이것이 그 정리를 증명하는 것과는 거리가 멀기 때문이다. 더욱이 이 정리는 기술적 자본과 임금자본의 총합에 대해 타당할 경우에만 흥미가 있는 것이다. 그러나 밀은 이것을 임금자본에 국한된 것으로 제한했기 때문에, 그 결과 그가 옹호하고자 한 명제는 단지 다음과 같은 것, 즉 "노동자의 유지에 들어가는 (자본─옮긴이) 부분은 (다른 어떤 변화도 없다고 생각하면) 그들이 고용의 발견을 불가능하게 하지 않고 무한히 증가할 수 있을 것이다"[139] ── 이것은 중요하지 않은 정리

적 오류라고 그가 생각한 것과 싸우고 있다. 독자들의 주의가 요청되는 진리와 오류의 이런 이상한 혼합은 경제적 논의에서 자주 등장하는 상황의 뛰어난 예로서, 다툼이 있을 수 없는 자명한 이치가 허용될 수 없는 방식으로 남용되어, 오류인 것은 분명하지만 (전적으로) 그런 것은 아닌 결과를 낳는데, 왜냐하면 이런 논의의 논리에 외재적인 진리의 요소가 그 결과를 안정시키기 위해 불려나올 수 있기 때문이다. 불행하게도 지면관계상 이를 충분히 설명할 수 없다. 밀은 사기꾼이 아니었다. 그러나 그럼에도 이 구절은 유명한 술책, 즉 정치적으로 관련 있는 몇 가지 결과를 명백한 진리에서 외견상 이끌어 냄으로써 정치적 반대자들을 절대적으로 아둔한 사람만이 취할 수 있다고 생각되는 지위로 교활하게 빠뜨리는 술책을 예증한다.

138) 밀은 여기에 바턴(Barton)을 추가하지 않았다.

139) 같은 문단에서 밀은, 그가 기계·건물 등에 고정된 자본의 다른 '부분'을 말할 때, 부주의하게 비물질적 자본개념을 사용했다. 기계로 이루어진 것이 아닌 기계에 고정된 자본은 그 자신이 정의한 의미에서 자본이 될 수 없다.

든지 아니면 잘못된 정리다——라는 것과 같아진다.

따라서 그가 자신의 비전의 범위를 확실히 넘지 않는 하나의 정리를 왜 손상시켜야 했는가라고 질문하는 것은 매우 흥미롭다.[140] 그 대답은 단기에 기술적 자본이 그 종류와 수량이 주어진 여건인, 특정재화의 집합이라는 것이 될 수 없다. 왜냐하면 밀은 분명 단기분석에 관한 논문을 쓰려고 하지 않았기 때문이다. 오히려 그 대답은, 기술적 자본과 임금자본의 관계가 변화한다는 사실을 그가 몰랐던 것은 물론 아니지만, 그는 원칙적으로(즉 기본원리의 문제를 논의할 때) 그것을 아마도 기술적으로 고정된 것으로 받아들였고 바턴과 롱필드도 강조했지만 그에게는 그리 명확하지 않던 기술적 자본과 임금자본의 본질·의미, 양자의 대체성을 무시하는 경향이 있었다는 점에 있는 것 같다. 이 때문에 그는 (리카도가 그러했듯이) 스미스가 정한 예를 쉽게 따랐고, '자본의 부분'이나 '노동의 유지로 돌아가는' 기금, 즉 임금기금에 대해 쉽게 말했던 것이다. 이른바 임금기금설의 가장 중요한 특징 중의 하나, 즉 이 기금이 일종의 여건이라는 의미의 가정, 적어도 그런 암시는 따라서 단지 초보적인 기법에 근거한 것이었음을 우리에게 곧장 보여준 것이라고 할 수 있다.[141]

'자본이 파생되는 원천과 관련되고' 자본을 '저축의 결과'(4항)로 삼는, 즉 자본은 수입이 자본으로 전화됨으로써 증가한다는, 밀의 **'자본에 관한 두 번째 기본정리'**를 고려할 때, 우리는 임금기금설을 이해하기 위

---

140) 이 정리는 장기추세에서(즉 일시적 교란의 효과를 무시할 때) 가능한 한 제도적인 제한을 제외하면 이자율이 적절히 하락하고 있을 경우 투자기회에 대해 정할 수 있는 한계가 없다는 것으로 읽혀야 한다. 로더데일, 맬서스, 스토치와 다른 사람들은 이것을 부인했지만, 밀이 이것을 받아들인 것은 물론인데, 특히 그것을 제임스 밀이 이미 서술했기 때문에 이것을 많은 문자로 서술하지 않을 훌륭한 이유가 그에게는 없었다.

141) 그러나 맬서스의 주장에 대한 밀의 반박이, 케인스가 믿는 것처럼(*General Theory*, p.364), 이것에 의존한다거나 임금기금설의 다른 어떤 부분에 의존한다는 것은 사실이 아니다.

한 또 다른 단계를 밟게 된다. 이미 보았듯이(앞의 5장 6절 참조), 경제진화에 대한 '고전파'의 도식은 자본을 구성하는 항목이 단순히 증가하는 의미를 과잉평가했다는 점에서, 그리고 이런 증가에서 (자발적) 저축이 차지하는 역할을 과잉평가했다는 점에서 잘못된 것이었다. 또한경제 메커니즘의 기본의미를 애써 강조하는 '고전파'는 저축에 대한 의사결정과 투자에 대한 의사결정을 매우 밀접하게 연관시켰다. 이런 의사결정은 동일한 것이 결코 아닌데도,[142] 서로 상대방으로 변함으로써그것들 사이에 개입하는 모든 것을 제외할 수 있게 되며,[143] 그 결과 저축은 개인과 국가를 무조건 부유하게 하고 지출은 무조건 빈곤하게 하는 경향을 갖는다(고 보았다—옮긴이). 세와 마찬가지로 밀은 이것을재차 주장했을 뿐인데, 다른 말로 그는 튀르고-스미스의 자본형성 이론을 재차 주장했고 심지어 강조하기까지 했다.[144]

그렇지만 밀이 (명백히 보여주듯이) 저축, 오로지 저축만이 변함없이총자본뿐 아니라 임금자본, 임금기금을 '정할 수 있는 한계 없이' 증가시킬 수 있다고 생각할 수 있었던 것——이는 또한 지배적인 전통과 일치하는 것이기도 하다——은 어떻게 된 것일까? (이런 증가에—옮긴

---

142) 이들이 양자가 동일하다고 실제로 말한 것은 저축(함수)과 대부기금(함수)이다. 즉 저축된 것은, 깊은 불황시기를 제외하면, 사실상 저축자의 기업이나다른 기업에서 실질투자에 이용될 수 있었다. 그리고 이들에게 저축 말고는다른 대부기금의 원천은 없었다. 은행신용에 의해 창조된 화폐는 기본원리가논의될 때는 결코 고려되지 않았다.

143) 이 점에서 맬서스는 지배적인 관점을 충분히 공유했다. 예컨대 "절약, 또는〔강조는 J.A.S.〕 수입의 자본으로의 전화"(*Principles*, p.369n.)라는 그의 말바꿈을 보라.

144) 그러나 이 점은 다소 할인해서 취급되어야 한다. 밀은 어떤 것도 생산하지 못하는 많은 사람이 (자본에 대한 수입이 아니라) 자본으로부터 유지된다는점, 또 생산적 노동자에 의한 비생산적 소비 같은 것이 존재한다는 점을 자유롭게 받아들인다.(2항) 만약 저축이 비생산적 소비로 들어가는 자본을 제공한다면, 저축이 사회를 '부유하게 한'다든 그런 문제에 대해 저축이 생산적노동을 유지하고 원조하는 지출과 거의 동의어라는 점을 조건 없이 받아들일수는 없을 것이다.

이) 어떤 어려움도 직접적으로 발생하지 않는 것은, 고정자본이 먼저 생산되어야 하고 그 생산에 들어가는 노동은 저축의 새로운 증가분으로부터 보상되기 때문이다. 투자행위가 저축의 결정과 충분히 밀접하게 이루어진다면, 최초의 회전에서 생산적 서비스——이것이 노동서비스만으로 환원된다고 하자——에 대한 수요가 저축의 새로운 추가분의 총량에 도달할 때까지 즉각 증가한다는 것은 확실히 타당하다. 즉 임금기금은, 저축의 새로운 추가분의 총량에 도달할 때까지, "노동에 대해 추가적인 고용을 부여하기 위해서나 추가적인 보수의 지불[과 같은 임금률의 증가]을 위해"[145] 증가하는데, 이것은 해당 노동자들이 전에 실업상태였다면 총생산물이 더 커지든지, 아니면 이들 노동자들이 다른 고용으로부터 나온 것이라면 동일한 '총생산물' 가운데 더 큰 몫의 노동을 의미한다.

그러나 새로운 기술적 자본이 이런 고용으로부터 생기는 한, 모든 조정이 이루어질 때 사태는 확실히 아주 다른 모습일 것이다. 우리는 가변자본이나 임금기금의 절대적 감소가 가능한 경우조차 상이한 '자본의 유기적 구성'에 직면할 수도 있다. 또한 밀이 단기적 효과만을 고려했을 가능성을 무시하면, 우리는 앞서 제시한 설명을 다시 한 번 참조하게 된다. 즉 모든 '고전파' 지도자와 마찬가지로 밀은 기술적 자본과 임금자본의 관계를 하나의 여건으로 간주하여, 그 최종 결과에서 저축은 양 자본을 동일한 비율로 증가시킬 것이다(라고 생각했다—옮긴이). 만약 이것이 사실이라면[146] 이때, 아니 오로지 이때에만 임금소득의 총계 이외의 다른 어떤 의미에서의 임금기금이 다른 어떤 경제량, 예컨대 자동차

---

145) 밀 자신이 보여준 것은 일반적으로 새로운 저축의 일부가 비생산적으로 사용된 것을 의미한다. 이에 대해서는 바로 앞의 각주를 보라.

146) 엄밀하게 말하면, 이것은 결코 사실이 될 수 없다. 다른 사정이 동일할 때 저축은 이자율에 영향을 미쳐야 하고, 이자율은 다만 회전율이 파종에서 수확 사이에 경과해야 하는 기간과 같은 기술적 필연성에 의해 실제로 유일하게 결정되는 희귀한 경우를 제외하면 자본의 회전율, 즉 기술적 자본과 임금기금의 관계 그리고 기술적 자본의 구성에 영향을 미쳐야 한다.

의 구매에 '해당하는' 총계와 마찬가지로, 동일한 조건에서 유일하게 결정된다고 말할 수 있을 것이다. 물론 기계에 의한 노동자의 대체를 간과해서는 안 된다. 그러나 마르크스를 제외하면, 이것은 별개의 부분에 속하지만 경제이론의 체계에 결코 유기적으로 동화되지 않는 특수한 경우로 취급된다. 이때, 아니 오로지 이때——즉 '고전파'의 분석기법의 유치성 때문에 그들에게 강요된 가정 때문에——에만 수입으로부터 지불된 노동과 구별되는 '생산적' 노동의 수요를 의미하는 '노동수요'나 일정한 수준의 사회적 생산성이 주어졌을 때 이런 노동의 유지에 들어가는 수단은 저축과 비저축(saving and dissaving)을 통해서만 증가하거나 감소할 수 있는데,[147] 이것은 위와 같은 목적에 '해당하는' 다소간의 수단과 동의어다. 달리 말하자면, 임금기금은 독자적인 하나의 기금이나 총액인데, 그 규모와 변화가 그와 유사한 독자적인 원인, 즉 과거와 현재의 저축에 의해 결정되고, 다른 모든 것은 저축률을 통해서만 그것에 영향을 미치기 때문이다.

물론 '고전파'는 저축률 자체, 따라서 총임금지불이 많은 요인에 의해 결정되고, 그중 몇 가지 요인은 다시 저축률에 의해 영향을 받는다는 점을 부인하지 못할 것이다. 더욱이 이들은 노동자가 실제로 받는 임금재의 종류와 수량이 저축률에 의해서만 결정되지 않고 다른 많은 상황에 좌우된다는 점을 부인하지 못할 것이다. 그러나 이들은, 이윤율 같은 요인은 임금기금에 단지 영향을 조금만 줄 뿐, 이들의 학설은 형식적으로는 여전히 타당하며, 사회적 생산성처럼 노동자가 받는 재화에 직접 영향을 미치는 상황은 단순히 주어진 것으로 취급된다고 대답할 것이다. 그렇지만 독자들은 이런 대답이 반대론자들을 성가시게 하는 것 이상의 의미를 거의 담고 있지 않다는 점을 알게 될 것이다. 물론 "A, B, C가 주어지면 [……] Y는 X에 좌우된다"고 항상 말할 수 있는데, 이는 케인스 경제학에 의해 재생되고 레온티예프에 의해 '암묵적

147) 나는 이미 제시된 필수적인 다른 가정을 다시 반복하고 싶지 않다.

추론'이라고 명명된 관행이다. 단순화는 삽화와 같은 것일지도 모른다. 삽화는 이데올로기적으로 편향된 것일 수 있다. 밀의 경우 딱히 그렇다고 의심할 만한 이유가 없지만 말이다.

밀의 세 번째 명제에 대해 자세히 살펴볼 필요는 없다. 이것은 저축이 소비를 줄이지 않는다는 취지의 명제다. 여기서 밀은 다시 튀르고-스미스의 전통을 고수한다. 게다가 실제로 그는 이 전통을 더 강조하기까지 한다. 즉 저축자는 저축을 하고, 스스로 소비한 것이나 그 등가물을 어떤 생산적 노동자에게 양도하고, 그래서 저축된 것은 저축되지 않는 것만큼 '아주 빠르게'[강조는 J.A.S.: 밀이 여기까지 나아간 것은 아니었다] 소비재에 쓰인다.[148] 그러나 밀의 '자본에 관한 네 번째 기본정리'는 주석이 필요하다. 그것은 "상품의 수요는 노동의 수요가 아니다"(9절)라고 되어 있다. 먼저 이 명제에 속한다고 생각하는 표면상의 의미를 버리도록 하자. 물론 상품의 수요에 포함된다고 말할 수 있는 노동에 대한 파생수요는 결코 노동만을 대상으로 한 수요가 아닌 반면, 인적 서비스에 대한 수요는 그러하다. 그러나 밀이 의미하고자 했던 것은, 반대론자들 못지않게 그 추종자들을 당혹시킨 혼동스럽고 난처한 논의 속에서 신비화되고 있다. 간결함을 위해 내가 문제의 핵심이라고 생각한 바를 간단히 서술하고 싶다.

제조업자들의 노동에 대한 수요가 생산된 상품에 대한 소비자들의 기대수요에서 파생된다는 것은 틀림없다. 다만 기본적인 의미만이 중시되는 높은 추상 수준에서, 다른 어떤 맥락에 앞서 이런 맥락을 강조하는 것은 완전히 정당하다. 이것은 19세기 마지막 10년 동안의 이론가들——

---

148) 중간단계를 비현실적으로 무시한 것이 이 이론에 반대할 수 있는 모든 이유라는 점을 너무 자주 강조할 필요는 없다. 최악의 경우 이 이론은 오류일 것이다. 그러나 이것은, 뵘-바베르크 추종자들이 믿고 있는 것처럼, 어떤 논리적 오류와 관련된 것은 아니다. 물론 모든 저축행위가 기술적 자본의 순증가를 초래할 필요는 없는 것이다.

특히 '귀속'을 강조한 사람들——이 자연스럽게 취한 견해와 일치할 뿐만 아니라 세와 같이 생산과 분배를 궁극적으로 서비스의 교환으로 환원하는 학설을 가르쳤던 당시의 경제학자들의 견해와 일치한다. 이런 입장에서 상품에 대한 수요는 노동(및 다른 생산적 서비스)에 대한 수요다라거나 요소가 지적했듯이 진정한 임금기금이나 임금지불의 원천은 소비자의 소득이다와 같은 말바꿈을 사용한다고 해서 큰 해가 될 것은 없다. 그러나 이런 추론은 밀의 견해를 공격하는 것으로 결코 사용되지 말아야 했지만, 실제로는 사용되었다.

낮은 추상 수준에서는, 상품에 대한 소비자의 지불이 일반적으로 그 생산에 들어가는 노동에 대해 지불되지 않는다는 사실을 고려해야만 한다. 소비자의 지불을 통해 제조업자는 기껏해야 자신의 자본을 보통 추가로 채울 수 있을 뿐이다. 이것이 현실적으로 이루어지기 위해서는 독특한 의사결정, 즉 제조업자가 저축할 것인지 아니면 적어도 비저축을 하지 않을 것인지의 의사결정이 이 과정에 개입해야 한다. 다음번 바퀴 회전에서 노동에 '편익'을 준다고 말할 수 있는 것은 바로 이런 의사결정——이것을 당연한 것으로 받아들여서는 안 된다——이지, 소비자의 단순한 구매결정은 아니다. 그렇다면 우리 앞에는 하나의 계기적인 분석, 즉 단지 적절한 의사결정의 계기에 기초해서만 체증·체감하는 비율이나 변함없는 비율로 계속 운행을 유지하는 과정에 있는 연속적인 단계의 분석이 놓여 있는 셈이다.

그러나 다른 것도 있다. 만약 소비자의 저축이 노동을 고용하는 자본으로 빨리 전환된다고 가정한다면, 우리가 알고 있듯이, 노동의 이익은 더 증가하고, 노동에 대한 수요는 소득수령자가 소비재를 구입하는 대신 저축한다면 증가할 것이라는 결론이 나온다. 왜냐하면 산업이 자본가와 지주에 의해 소비되는 재화의 생산에서 임금재의 생산으로 전환될 필연성에 따른 교란을 무시하면, 위의 사실은 한편으로 생산적 노동을 유지하기 위해 '투입되는' 액수를 증가시키고, 다른 한편으로 생산물에 대한 수요의 어떤 결핍도 야기하지 않을 것이기 때문이다. 이때 소득수령자가 생산적 노동자에게 화폐 대신 재화를 인도함으로써 저축이 발생하는 것을 상상할 수 있다. 이때 재화가 생산되고 이전과 마찬가지로 구매자를 발견하고, 게다가 노동계급은 저축자의 소득재의 일부까지 받게 될 것이다. 만일 소득수령자가 자신의 소비자 수요를 저축 대신 상품에서 인적 서비스로 단순히 변화시켰다면, 이런 추가분은 그가 이런 관행을 계속하는 한 지속될 것이다. 그러나 이 저축수령자가 저축을 한다면, 이런 추가분은 그가 그에 상응하는 액수만큼 저축하지 않기로 결정할 때까지 지속될 것이다. 이런 모든 것에는 이해되지 않는 부분도, 비논리적인 부분도 없다. 물론 이런 모델의 유용성이나 현실성은 또 다른 문제이지만, 잊지 말아야 할 것은 우리가 이 문단의 주장을 받아들일 수 없다 하더라도 그 앞의 문단의 주장은 여전히 유효하다는 점이다.

6절 분배 몫

5장 5절에서 우리는 일군의 저자들이 부분적으로 다음 시기의 지배적인 경향을 예기하면서 소득형성의 문제를 생산적 서비스의 평가나 가격설정 문제로 인식했고, 따라서 가치, 생산비(생산), 분배현상을 통합시키려 했다는 점을 알아보았다. 그러나 이 견해는 어느 정도 스미스에 의해 지지되었고 밀에 의해 재차 강조되었지만 일반적으로 받아들여진 것은 아니었고, 이것을 다소간 인정했던 프랑스, 독일, 이탈리아의 경제학자들조차, 심지어 세나 페라라까지, 이 견해가 의미하는 프로그램을 천착하지 않았다는 점도 역시 알아보았다. 그밖에 캐넌[149]은 분배가 경제분석의 반독립적인(semi-independent) 분야로 남아 있으며, 사람들에게 **분배이론**이 의미하는 바가, 특히 잉글랜드에서는 이윤, 지대, 임금에

---

149) E. Cannan, *Theories of Production and Distribution*, 3rd ed., p.188. 영국의 지도적인 저자들의 분배분석에 대한 캐넌의 상세한 논의는, 한편으로는 그 자체의 연구를 위해 다른 한편으로는 이 책의 주장과 비교하기 위해 다시금 추천될 만하다.

대한 별도 이론들의 혼합이고 그 각각은 독자적인 원리에 근거하고 있다고 말했는데, 이는 타당했다.[150] 우리도 다음 개괄을 위해 동일한 도식을 채택할 것이다.

1. 이윤

'고전파'는 이 용어가 단순히 사업가 계층의 이득의 총계를 의미한다고 생각했고, 리카도학파에게 이 계층의 전형은 차지농(farmer)이었다.[151] 스미스와 밀의 책에서 다루어진 기간의 이윤에 관한 분석작업은 쟁점을 훨씬 명쾌하게 했고 이후 분석의 기초가 되었지만, 이것을 뛰어나다거나 심오하다고 말할 수는 없다. 우리는 이것을 두 가지 관점에서 살펴볼 것인데, 그것은 기업가적 관점과 이자의 관점을 각각 나타낸다.

우리는 앞 장에서 자본주의 과정에서 기업가의 기능에 관한 분석에 몇 가지 진보──이는 주로 세 때문이다──가 이루어졌고, 당분간 이런 진보가 더 이상 진척되지 않았음을 보았다. 그러나 이로부터 다음의 한 가지 점, 즉 경제이론은 적어도 네 번째 생산요소, 다시 말해 다른 세 가지 생산요소를 사용하거나 '결합하는' 생산요소를 갖게 된다는 점이 나오는데, 이것 때문에 자본주의 산업의 중심에서 자신의 지위를 잃어버리거나 사용되는 생산요소의 소유자 가운데 좀더 적절한 지위를 차지할지도 모르는, 그런 '자본가'의 역할[152]에 대해 좀더 분명하게 인식할 수

---

150) 이 진술은 결코 사실이 아니며 다소 할인해서 받아들여야 한다. 그런데도 영국에 관한 한, 이 진술에서 진리는 오류를 크게 압도했다.

151) 이것은 어쩌면 놀랄 만한 것인지도 모른다. 그러나 이것은 실제로 충분히 자연스러운 것인데, 차지농의 경우 국민소득의 세 가지 분할과 '지대 없는 한계지'를 가장 잘 보여주기 때문이다. 또한 웨스트와 리카도에게 식량의 한계비용과 임금, 따라서 이윤과의 관계 때문에 농업이 핵심적인 지위를 차지했다는 점을 염두에 두지 않으면 안 된다.

152) 슘페터는 노동, 토지, 기계 등 다른 세 가지 생산요소를 사용하고 이를 결합해서 혁신을 단행하는 역할을 하는 사람을 자본가가 아니라 기업가라는 용어로 사용했는데, 여기서 단순한 기계의 소유자인 자본가가 아닌 '자본가'로 표기한 것은 기왕의 이론가들이 쓰던 용어를 그대로 사용한 것에서 비롯된 것

있게 되었으며, 실제로는 그 이상이었다. 리카도나 시니어는 적절히 따르지 않았지만, 우리는 밀이 『원리』에서 그 당시 전문가들이 주로 사실상 도달했던 견해를 공정하게 표현하고 있음을 보게 된다. 특히 사업소득에 대한 그의 분석은 모든 나라에서 이후 반세기 이상 표준이 되었다. 먼저, 사업가는 마셜이 관리임금(Wages of Management)이라고 부른 것을 받는데, 그 중요성은 만골트의 능력지대(Rent of Ability)라는 관념에 의해 강조되었고, 그 맹아는 밀에게서 이미 발견된다. 둘째로, 사업가는 위험부담에 대한 프리미엄을 받는데, 내가 아는 어느 누구도 이 항목이 필연적으로 정(+)의 값을 가져야 하는지에 대한 이유를 심사숙고하지 않았다. 그러나 캉티용이 말한 "그 가격이 일정하지 않은 생산물을 생산하기 위해 일정가격에 생산적 서비스를 구매하는 것"은 나이트의 저작[153]이 출판될 때까지, 즉 당시에는 그 진가를 정말 알지 못했다. 셋째로, 사업가는 자신이 사용하고 있는 자본 가운데 자신이 소유한 자본에 대한 이자를 받는다. 그러나 주목해야 할 것은 리카도와 마르크스가 사업가에게 귀속되는 네 번째 유형의 수익, 즉 새로운 기계처럼 새로운 개량을 하는 경제과정에 처음 도입할 때 사업가에게 돌아가는 수익이 본질적으로 일시적인 성격을 띠고 있음을 때때로 인식했다는 점이다.[154] 따라서 이들은 실제로 기업가의 모든 이득 중 가장 전형적인 특수한 경우를 발견했던 것이다.

밀은 마지막에 거론한 항목을 전혀 이해하지 못했다. 그의 분석은, 모든 사람과 마찬가지로 그리고 관리임금에 대한 그의 강조에도 불구하

처럼 보인다─옮긴이.

153) F.H. Knight, *Risk, Uncertainty and Profit*(1921). 그러나 튀넨은 이와 관련된 원리를 충분히 파악하고 있었다.

154) 예컨대 리카도의 『원리』, 31장(On Machinery) 첫 쪽을 보라. 그와 마르크스는 이런 이득의 존재를 알고 있었을 뿐만 아니라 그것을 자신들의 분석구조의 본질적인 부분으로 삼았다. 마르크스에게 이것은 특히 명백했는데, 이것이 그에게 필수불가결한 것은, 그가 보았듯이, 이것이 '자본가' 계급에게 항구적으로 이익이 되지 않는 기계화 과정을 자극시켰기 때문이다.

고, 그가 이자를 사업가 계층의 순수령액 총액 가운데 가장 중요한 요소로 간주했음을 강력히 시사한다. 이제 이자는 화폐적 현상이 아니었다. 그 기본분석의 범위 내에서 '고전파'가 모든 화폐적 이자에 대해 언급하는 한, 스콜라 저자들과 우리 가운데 일부가 그러했듯이, 그것은 화폐대부 자체에 대한 수익을 의미한 것이 아니었고, 다만 실물자본에 대한 수익을 화폐로 표현한 것에 불과했고, 더욱이 분석의 편의를 위해서만 화폐로 표현된 것이었다.[155] 실제로 우리가 알고 있듯이, 이들이 말하는 자본은 재화였다. 사업가의 이윤 전체나 그 일부는 본질상 '스톡이윤', 즉 자본재 스톡에 대한 순수익이었다. 그리고 이자는 그 소유자 겸 관리자가 사업을 하는 데 겪는 수고와 위험을 덜어주는 대부자에게 건네주는 사업의 순수령액의 일부에 불과한 것으로서, 역시 (순수한) '스톡의 이윤'으로 남았다. 이것은 당시 모든 경제학자——세 못지않게 마르크스——가 그렇게 본 것이고, 다음 기의 거의 모든 경제학자도 그렇게 보았다. 이 관점은 중요하다. 우리가 보는 자본주의 과정의 대부분은 이 점에 달려 있다. 그러므로 그 의미를 확실히 해둘 필요가 있을 것이다.

---

155) 나는 이번 기회에 부분적으로만 정당한 '고전파' 이론에 대해 비판할 때 제기되었던 한 가지 쟁점을 명확히 하고자 한다. 그 당시나 심지어 그 이후의 많은 저자는, 시간당 임금, 에이커당 지대, 몇 퍼센트의 이윤 등과 같은 것들이 마치 비교할 수 있는 크기인 것처럼, 그것들에 대해 수월하게 말하고 있었다. 상당히 많은 경우 이런 관행은 사실상, 최소한으로 말하더라도, 사고의 희미함을 지시한다. 그러나 이 말이 항상 사실인 것은 아니다. 특히 리카도는 자기가 말한 실질(또는 절대노동량)가치를 역시 일정한 양의 노동을 체현하고 리카도적 의미의 가치에서 불변인 화폐로 표현했다. 그러므로 100노동일을 체현하고 있는 자본재는 어떤 할인과정을 참조하지 않더라도 가령 '5퍼센트'——이것은 100노동일을 체현하고 있는 자본재가 5노동일을 체현하고 있는 순생산물을 낳을 수 있다는 것을 의미할 뿐이다——를 낳을 수 있었다. 즉 이 구절은 시간당 임금이나 에이커당 지대와 실제로 아주 유사하며, 여기에 어떤 순환적 추론도 포함되어 있지 않다. 즉 100노동일은 토지와 같은 '객관적' 크기인데, 왜냐하면 우리에게 '몇 퍼센트의 이자'란 비판가들이 리카도의 용어에 반대한, 상이한 종류의 자본가치——즉 수익에서 파생된 자본가치——를 지칭할 뿐이기 때문이다.

첫째로, 만약 우리가 소비자 대부에 대한 이자를 무시한다면 순수이자는 대부분 사업이윤일 뿐이기 때문에, 기본문제는 이런 사업이윤을 설명하는 것이었고, 이자에 관한 **별도**의 문제는 전혀 존재하지 않았다. 곧 논의할 시니어의 절욕설을 가능한 한 제외한다면, 리카도, 마르크스 그리고 그 이후 뵘-바베르크를 포함한 모든 이자이론은 19세기 내내 이런 견해를 기초로 수용한 것이다. 이것은 산업가와 자본가의 역할을 동일시하던 관습의 한 결과였는데, 이런 관습은 산업가와 자본가 사이의 본질적인 차이를 인식한 사람들의 생각에까지 미묘하게 영향을 미쳤고 그 당시 분배이론의 주춧돌이었다.

둘째로, 사업이윤 자체는 본질적으로 자본재에 대한 수익으로 존재한다고 인지되었기 때문에 이자는 자본재의 순생산과 **동일한** (순생산에 의해 결정되지 않는) 것이라는 결론이 나왔다. 이 이론을 명시적으로 서술한 최초의 인물은, 내가 아는 한, 바본이었다. 스미스가 인정한 이 이론은 19세기 내내 지배적이었다. 특히 이것은 3요소도식의 추종자들이 받아들였는데, 비록 특수한 형태이기는 하지만 우리는 또한 마르크스에게서 이것을 발견할 수 있다. 바본은 이미 토지의 지대에 비유해서 이자를 설명하고자 했다.[156] 3요소도식의 추종자들은 한 단계 더 나아가 임금과의 비교를 확장하고, 따라서 소득의 3요소로 생산요소의 3요소를 완성하는 데 별다른 곤란을 겪지 않았을 것이다. 자본재의 생산이 어떤 종류의 것이든 그것이 이자가 아님을 결정적으로 보여준 최초의 인물은 피셔였다.[157]

---

156) 이런 사유방식은 이후 마셜의 준지대에서 흥미로운 결실을 맺었다. 그러나 마셜의 준지대 개념은 실제로 반대방향을 가리킨다. 그것의 출현은 자본재 자체의 생산이 이자가 아니고 그것과 구별되어야 한다는 사실을 처음 인식한 최초의 신호 가운데 하나였다.

157) Irving Fisher, *Rate of Interest*(1907). 이 주장은 이 책, 3권, 4부 5~6장에서 다시 거론될 것이다. 당분간은 위의 지적만으로도 충분할 것이다.

2. 마르크스의 이자착취론

혼동의 위험을 피하기 위해 스미스, 리카도, 시니어, 마르크스가 이윤이라고 부른 (대부분의) 것에 대해 이제부터 이자라는 용어를 사용할 것이다. 이자문제를 그 당시 분석적 사유 내의 적절한 위치에 두었기 때문에 우리는 이제 이자율의 장기적 저하경향과 관련해서 제시된 해결책과 그 '증거'를 간단히 다룰 수 있다.

물론 독자들은 우리가 바본까지 거슬러 올라간 학설의 경향——즉 이자와 자본재의 순생산을 동일시하는 경향——자체가 이자의 본성과 관련된 문제의 해결책을 제공한 것도, 이자를 지불하는 것이 무엇인가라는 질문에 대한 결정적 대답을 제공한 것도 아님을 알게 될 것이다. 왜냐하면 그 순생산 자체는 설명을 필요로 하기 때문이다. 그러나 지금 개괄하고 있는 당시 경제학자들은 이것을 늦게 인식했다. 스콜라학자들의 사유를 접하지 못한 이들은 먼저 이 문제에 대한 해결책을 당연한 것으로 받아들여 그와 관련된 매우 모호한 생각에 만족하는 경향을 보였다. 따라서 스미스는 두 가지 다른 '이자 이론'을 그리고 우리가 앞으로 보게 되듯이 리카도는 세 가지 심지어 네 가지 이론을 갖고 있었는지도 모른다. 그러나 이들이 결정적인 이론을 전혀 갖지 못했다고 말하는 것이 좀 더 현실적이다. 간단히 말해서 이들은 그 문제에 대해 고민하지 않았다. 결국 그 문제를 다룬 방식 중의 하나——그리고 항상 최악의 것은 아닌데——는 그것을 무시하는 것이었다. 그 문제의 존재를 최초로 인식한 인물은, 튀르고를 제외하면, 로더데일이었고, 두 번째 인물은 제임스 밀이었다. 참이든 거짓이든 진정한 이자이론의 요소는 당시 롱필드, 라에, 스크로프, 튀넨의 기여에 힘입었는데, 이들 중 어느 누구도 시대를 강타한 사람은 없었다. 시니어만이 그런 사람이었다. 그러나 바본의 노선에 따라 그 발전을 추적하기 전에 착취론을 다루고 싶다.

이자착취론을 이해할 때 본질적인 것은, 육체노동의 결실에 근거해서 살아가는 상류계층에 대한 육체노동자와 철학자들의 감정을 표출한 낡은 구호의 이론적 합리화다. 이자착취론의 사회심리학과 이 학설이 언제 어떻게 육체노동의 착취와 동의어가 되었는가 하는 질문은 여기서 분석될 수 없다. 다만 우리가 이 문제의 존재를 인식하고 이런 생각이 자연법 철학을 통해 『국부론』에 들어왔다는 것을 상기하는 것으로 충분할 것이다. 거기서 이자착취론은 지대와 이자가 전체적으로 육체노동의 산물로 고려되어야 하는 총생산물로부터의 공제분이라는 명제의 형태를 취했다. 이런 의미에서 스미스는 이런저런 착취이론을 완성하고자 했던 수많은 저자에게 지도력을 발휘했다. 그러나 우리에게 더 중요한 것은, 산업고용주와 노동자의 관계가 **필연적으로** 착취와 연관된다[158]는 생각을 암시하는 표현방법이 당시 문헌에서, 심지어는 특정한 노동주의나 사회주의 분파 외부에서조차 매우 자주 등장했다는 사실이다. 이런 표현방법은, 스미스가 묘사한 대로, 고용주의 기능이라는 견해에서 아주 자연스럽게 나온 것이었다. 고용주는 노동자에게 도구, 원자재, 생계수단을 제공하지만 그 나머지는 거의 제공하지 않는 단순한 자본가로서, 이런 '선대'를 명백히 노동자의 '근로'의 결과물의 일부인 이윤으로 다시 돌려받는다. 우리는 이와 같은 노동의 역할에 대한 매우 비현실적인 모습을, 예컨대 마르셋 부인의 『정치경제학과의 대화』에서 보게 되는데, 이것은 다음과 같은 리카도의 세상물정 모르는 문장으로 전해졌다. "자본가는 1만 3천 파운드의 가치가 있는 식량과 생활필수품을 갖고 자신의 사업을 시작해서 〔……〕 그 해 말" 노동자들이 "1만 5천 파운드의 가치가 있는 식량과 생활필수품을 자본가의 소유로 대체한다".(31장) 리카도주의적 사회주의자들은 이것 이상으로 알아챌 필요는 없었고, 우

---

158) 이 관념과 노동이 도덕적 감정에 충격을 줄 만큼 아주 자주 가혹한 짓을 당한다는 일반적 관찰이나 인상을 주거나 대중들이 비참하게 살아가는 반면 다른 사람들은 인본주의적 감정에 충격을 줄 만큼 호의호식한다는 훨씬 더 명백한 관찰을 엄격하게 구분하는 것이 중요하다. 물론 이 모든 것은 착취론을 수용하기에 유리한 분위기를 조성했지만, 착취론의 일부를 형성하는 것은 아니다. 착취론에서 중요한 것은 임금계약이 착취를 **함축**한다는 점이지, 임금계약이 착취나 간단히 말해 임금소득자의 낮은 생계 수준과 흔히 연관되거나 항상 **연관된다**는 것은 충분하지 않다.

리가 이것 이상으로 마르크스의 착취론——즉 마르크스가 착취라는 사상을 부여한 특수한 형태——을 그의 리카도에 대한 연구로 거슬러 올라갈 필요는 없다.[159] 이것이 마르크스가 리카도주의적 사회주의자, 특히 톰슨에게서 영감을 이끌어냈을 가능성을 부인하는 것은 아니다. 그밖에도 다수의 다른 선행자, 예컨대 시스몽디가 있었다. 그러나 리카도의 암시는, 그의 가치론과 함께, 그것으로 족할 것이다.

마르크스의 착취론은 다음과 같이 나타낼 수 있을 것이다. 노동(노동자의 서비스가 아니라 그의 '노동력')은 자본주의 사회에서 하나의 상품이다. 그러므로 노동의 가치[160]는 노동에 체현된 노동시간 수와 동등하다. 노동자에게 얼마나 많은 노동시간이 체현되어 있는가? 그래, 노동은 양육되고, 훈련되고, 먹고, 그가 기거하는 것 등에 소요되는 '사회적 필요'노동 시간 수다. 그가 활동하는 생애 가운데 노동일에 준거한 이런 노동량이 하루에 네 시간으로 계산된다고 치자. 그러나 노동자의 '노동력'을 구매한 '자본가'——마르크스는 '자본가'가 주식을 구매하듯이 노동자를 구매한다고까지 말하지는 않았지만, 이것이 그가 말하고자 한 의미일 것이다——는 노동자를 하루에 여섯 시간 일을 시킨다. 여섯 시간 중 네 시간은 노동자에게 돌아간 모든 재화의 가치나 노동자에게 선대된 가변자본(v)을 대체하기에 충분하고, 나머지 추가적인 두 시간은 잉여가치(s)를 낳는다. '자본가'는 이 두 시간에 대해 아무런 보상을 하지 않는다. 이 부분이 '부불노동'이다. 노동자가 이런 의미에서 지불되

---

159) 이것은 이자착취론이 리카도에게 귀속될 수 있다는 의미를 규정한다. 이미 언급한 바 있고 또다시 언급될(이하 3항) 리카도에게 귀속될 수 있는 다른 세 가지 이자이론을 생각해보면 절욕설, 잔여설 그리고 생산성 이론까지 거론될 수 있다. 에델버그(V. Edelberg, "The Ricardian Theory of Profits", *Economica*, 1933)는 리카도를 생산성 이론가로 보는데, 그는 빅셀에게서 배운 게 아무것도 없었을 것이다. 그가 옳은지도 모른다. 어떤 의미에서 뉴턴은 아인슈타인에게서 배운 게 아무것도 없었다. 그러나 이렇게 말하는 것은 현실주의적인 역학의 역사에 아무런 기여도 하지 못할 것이다.

160) 엄밀하게 우리는 '완전경쟁에서의 노동의 균형가치'라고 말해야 한다.

지 않은 시간을 일하는 한, 노동자는 s/v의 비율로 착취된다. 이 잉여가
치율이 물론 이자율은 아니다. 이자율은 잉여가치와 총자본(불변자본
+가변자본)의 비율, 즉 $\frac{s}{c+v}$와 같다. s/v가 모든 경제부문과 모든 기
업에 대해 동일하다——즉 모든 노동자가 동등하게 착취된다——고 가
정하면, 나아가 이자율 $\frac{s}{c+v}$이 또한 모든 관련된 것에 대해 동일해야
한다고 가정한다면 이미 언급한 어려움, 즉 $\frac{s}{c+v}$가 모든 것에 대해 동
등해지도록 기업 간 총잉여를 재분배할 필요성에 부딪히게 된다. 그러
나 이런 논거를 다시 검토하는 것을 피하기 위해, 여기서 우리는 이런
어려움이 마르크스주의 유형의 착취론에 대한 반대를 제기할 수 있다는
점만을 주목하도록 한다.[161] 그밖에 이런 어려움 때문에 우리가 s, c, v
를 단순히 국민적 집계치로 해석하고 그 가치가 그 가격에 비례한다
——우리가 알고 있듯이, 이것은 개별상품에 대해서는 유효하지 않다
——고 볼 때, 그 비율 $\frac{s}{c+v}$를 마르크스주의의 이자율의 표현으로 받아
들일 수 없는 것은 아니라고 가정하자.

  그러면 우리는 마르크스의 착취론을 그가 말하는 노동가치론의 하나
의 응용이라고 해석할 수 있을 것이다. 이것에 따르면, 노동은 그 총가
치보다 덜 받고, 소비자는 생산물에 대해 그 총가치보다 많이 지불하지
않는다.[162] 그러므로 마르크스의 착취론은 마르크스의 노동량 가치론에

---

161) 이런 반대의 성질은 우리가 마르크스 이론과 절욕설의 관계를 고려할 때 명
    백해질 것이다.
162) 이런 특징은 의미 없는 구절을 합리화하려는 다른 모든 시도에 대한 마르크
    스주의 착취의 우월성을 주장할 수 있게 한다. 다른 모든 것(이것은 오늘날
    피구와 로빈슨 여사가 이 구절에 대해 붙인 의미에 적용되지는 않는다)은 얼
    마쯤 사기당하거나 강탈당하는, 생산의 참여자나 소비자로서의 노동자의 존
    재에 의거해야 하는데, 이후 이들은 이것이 왜 항상 그리고 필연적으로 그러
    해야 하는가 하는 이유를 증명해야 하는 고통의 시간을 갖게 된다. 그러나 마
    르크스주의 이론에는 그 어떤 사기나 강도질도 포함되어 있지 않다. 거기서
    착취는, 누군가의 잘못된 행동과 별개로, 자본주의의 가치법칙 자체에서 나
    온 것이고, 그러므로 다른 착취론이 보여줄 수 있는 것보다 훨씬 더 제거될
    수 없을 만큼 자본주의 체계에 뿌리 깊은 것이다.

대해 제기될 수 있는 모든 일반적인 반대뿐만 아니라 그 착취론의 '노동력'에 대한 응용에 관해 제기될 수 있는 특정한 반대에 노출된다. 왜냐하면 노동량 가치론이 전적으로 타당한 한에서 그 착취론은 합리적 비용계산, 즉 단지 경제적으로 적용된 (사회적 필요) 노동량만이 가치를 창조한다는 계산에 의해서만 타당할 것이기 때문이다. 그러나 명백히 인간이란 존재는 자본주의적 합리성의 법칙에 따라 비용을 포괄하는 수익의 견지에서 생산되는 것이 아니다. 착취론의 상황은 그것에 엄밀한 의미의 맬서스 법칙을 끼워 넣든지 임금을 단순한 생존비용 수준으로 유지하는 다른 어떤 장치를 쓰면 얼마쯤 개선될 수 있을 것이다. 이런 일을 한 사람은 라살레였다.(임금철칙) 그러나 마르크스는 현명하게도 이런 일을 거부했다. 맬서스의 인구법칙은 그에게 저주의 대상이었고, 더욱이 그는 임금률의 노동가치 이상으로의 주기적인 증가와 노동조합의 활동, 입법 등에 의해 초래된 하루 노동시간의 단축을 통한 착취 정도의 장기적인 하락경향을 인식했다. 따라서 마르크스는 자신의 착취를 현실세계에서 지배적일 필요가 없는 하나의 '절대법칙'——추상적 경향——의 지위로 환원시켰다.

그러나 다른 반대가 겉으로 드러난 것보다 심각하지 않다. 마르크스에 따르면, 잉여가치는 자본가에게 비용 없이 돌아간 이득이다. 더욱이 잉여가치는 리카도의 지대처럼, 한계 내 이득(intramarginal gain: 리카도에게 이득은 한계지 이상의 토지에서만 가능하다-옮긴이)으로 정의되지 않는다. 그런 이득이 개별자본가들——이들 산업의 총산출에 대한 개인의 기여는 너무 작아 가격에 영향을 미칠 수 없다——로 하여금 잉여가 제로가 될 때까지 산출을 증가시키도록 유도한다고 생각할 수 있다. 이런 결론은 우리가 정체과정(stationary process)이란 도식을 고수하는 한 실제로 피할 수 없고, 이런 과정은 잉여가 제거될 때까지 균형이 될 수 없을 것이다. 그러나 마르크스가 주로 잉여가 일정시점에서는 사라지는 경향을 갖지만, 그 잉여가 부단히 재창조되는 진화적 과정을 생각했다는 사실을 고려하면 이런 상황을 구제할 수도 있다.[163) 아니면 우리가 이런 식으로 구제할 수 있는 잉여가 마르크스의 것과 아주 다를지라도, 완전경쟁의 가정을 제거할 수도 있을 것이다. 우리는 이 문제에 더 이상 들어가지 않고,[164] 마르크스의 이윤율 저하 경향에 대한 설명으로 넘어갈 것인데, 이것은 마르크스 자신이나 그의 몇몇 추종자가 대단한 자부심을 가졌던 부분이다.

만일 우리가 첫째, 이런 경향이 존재한다는 것, 둘째, 마르크스의 잉여가치론이 완전히 올바르다는 것을 받아들인다면, 이런 자부심은 정당한 것이다. 어떤 이론(가령 중력이론)이 그 이론을 구성할 때 그 이론의 저자가 염두에 두지 **않았던** 사실(가령 조수tides)을 설명하는 발견 이상으로 어떤 분석가가 더 만족을 경험하는 경우는, 설령 존재하더라도 소수일 것이다.

3. 마르크스, 웨스트, 리카도의 이윤율 저하

먼저 마르크스, 웨스트, 리카도뿐만 아니라 스스로 이자율의 장기적 저하를 설명하려고 애썼던 경제학자들에 대해서도 다음과 같이 언급할 수 있다. 즉 이들 중 어느 누구도 장기적인 저하가 존재하는가라는 의문을 제기한 적이 없었다. 이들은 그런 장기적 경향을 당연한 것으로 받아들였으며, 그렇게 함으로써 거의 믿을 수 없을 정도의 과학적 경솔함을 드러냈다. 왜냐하면 너무도 명백하게 유일한 것은, 중세 제후들이 자신의 채권자들에게 80퍼센트 이상의 이자를 약속한 반면, 1800년대에 정부들은 약 5퍼센트 정도를, 1900년대에는 3퍼센트——물론 사업가들도 마찬가지였는데——를 지불한다면 높은 수준이라고 생각했기 때문

---

163) 축적과정에서 노동의 부단한 배제를 설명하는 유사한 주장은, 맬서스의 인구법칙 대신, 임금이 마르크스주의의 '노동의 가치'가 지시하는 수준으로 찾아가는 경향을 낳도록 하는 데 기여한다. 이것 역시 단순재생산 과정에서는 작동하지 않고, 다만 위에서 언급한 고려사항에 삽입될 수 있을 것이다.

164) 마르크스의 경제이론은 비판적인 마르크스의 문헌이 발달한 다음 시기 이전에는 주목을 끌지 못했고 전문적인 비판을 받게 되었다. 가장 중요한 성과, 특히 뵘-바베르크의 비판은 스위지의 『자본주의 발전이론』에서 거론되고 있다.

이다. 그러나 이것은 분명 대부분 원금을 지불조차 하지 않던 제후들에 대한 대부에 따른 아주 높은 위험 프리미엄, 화폐시장의 원시적인 조직, 인플레이션의 예상에서 비롯된 것이었다. 이런 요소들이 하나도 존재하지 않던 지역——예컨대 17세기 중반 네덜란드——에서는 이자가 200년 후 비슷한 상황에 놓여 있던 곳보다 명백히 높지 않았다. 설명되어야 할 것은 크고 작은 위험 프리미엄이나 다른 차입비용을 낳는 상황이 아니라 순수 이자율과 그 하락이기 때문에, 이 경제학자들이 정말로 설명되어야 할 것을 발견하는 데 좀더 수고했더라면, 이를 훨씬 잘 파악했을 것이다.

둘째로, 마르크스의 설명은 두 가지 명제에 근거했다. 하나는, 경제발전 과정에서 마르크스의 불변자본의 가치는 생산이 점차 기계화되기 때문에 마르크스의 가변자본의 가치보다 빠르게 증가한다는 것이다. 다른 하나는, 가변자본(임금자본)만이 잉여가치를 생산하는 반면, 우리가 전에 말했던 불변자본은 그 자신의 가치[165]를 생산물에 이전할 뿐이라는 것이다. 논의의 진행을 위해, 이 두 명제와 나아가 잉여가치율이 불변이라는 점과 마르크스적 의미에서 자본재의 가치가 하락하지 않는다는 점을 받아들이면, 우리는 어렵지 않게 $\frac{s}{c+v}$가 반드시 하락한다는 결론에 도달할 수 있을 것이다.(*Das Kapital*, 1867, vol.III, ch.13) 마르크스주의자들이 이런 결론에 대해 제기한 반론은 이 모든 제약조건을 고려하지 못하거나 그런 조건의 현실성을 받아들이지 못하는 데서 나왔다. 사실상 우리는 여기서 또 다른 '절대법칙'을 보게 되는데, 우리가 이런 제약을 배제한 모든 것을 바라본다면,[166] 마르크스의 가치론과 착취론

---

165) 그러나 불변자본의 가치가 잉여가치를 포함하고 있음을 잊지 말아야 한다.

166) 마르크스는 자신의 절대법칙의 작용을 '억제하고 무력화시키는 상쇄요인들'에 대해 말했다. 이들 요인의 목록은 밀("counteracting circumstances"; *Principles*, Book IV, ch.4, §5)에서 베꼈을 것인데, 그의 '이윤을 최소화하는 경향'은 비슷한 경우다. 그러나 밀이 말한 구절은, 사물의 본성상 어떤 역사적 경향을 가져올 수 있는 것보다 더 결정적으로 이론가의 범위 내에서 이윤율 저하를 초래하는 상호작용을 허용한다는 점을 주목해야 한다. 즉 (일정

의 관점에서조차 이런 추상적 경향에 커다란 신뢰를 보낼 수 없다고 느끼는 마르크스의 제자들에게 충분히 동감할 수 있을 것이다. 그러나 마르크스 이론체계의 일반적 틀과 위에서 제시한 추가적인 가정 내에서 마르크스의 설명은 논리적으로 하자가 없다.

셋째로, 마르크스가 자신의 (이윤율 저하 경향의—옮긴이) 법칙의 추상성을 강조했지만, 그는 이 법칙을 충분히 신뢰해서 자본주의적 생산에 내재하는 '장벽', 즉 자본주의적 과정이 일정한 한계 이상으로 진행되는 것을 결국 방해하게 될 장벽을 고안했는데, 이것은 붕괴이론의 전부는 아니지만 중요한 요인이다.

이와 비교하기 위해 나는 이제 웨스트-리카도의 이자율의 역사적 하락에 대한 설명을 살펴보려고 하는데, 다른 사람들처럼 이들은 이 하락을 논쟁의 여지가 없는 사실로 받아들였다. 이것은 리카도의 두 번째 이자론(잔여설—옮긴이)이라고 말할 수 있는 것과 결부되어 있다. 우리가 위에서 보았듯이, 리카도의 이론적 장치는 사실 '이윤'을 잔여로 삼아서, 차지농이 노동자에게 임금을 지불할 때 지대 없는 토지에서 차지농에게 남는 것과 이것을 단순히 등치시킨다. '이윤'을 이렇게 보는 기원은 사업가의 손익회계(소득계산서)에 반영되는 것처럼 그의 실제적인 사고방식에 명백히 존재한다. 차지농의 이윤은 '남아 있는 것'이고, 이 항목이 그의 회계를 정산한다. 지대 없는 한계생산지에서 '체현된 노동'으로 평가된 순생산물 전체는 그 몫이 또한 '체현된 노동'으로 평가된 자본과 노동 사이에서 분할되고,[167] 노동의 몫이 별도로 설명되기 때문

한 기술적 수준을 포함한) 일정한 틀 내에서 이자율이 최소화—그리고 임금률이 최소화—하는 경향이 있고, 이것이 그 틀이나 주어진 투자기회와 양립 가능하다는 점은 사실상 증명할 수 있다.

167) 이것이 얼마나 근사하게 마르크스주의의 도식에 부합되는지 살펴보라. 마르크스주의 도식을 얻기 위해 우리가 필요로 하는 것이란 기껏해야 노동의 몫에다가 '체현된 노동'에서의 노동 자체(즉 노동력)를 측정하는 것이다. 우리가 말한 리카도의 첫 번째 이자론과 두 번째 이자론 사이에는 사실상 양립불가능성이 존재하지 않는다. 두 이론에서 이윤양과 이윤율은 임금(의 '실질'

에, 이 점에 이르게 되면 우리는 실제로 평범한 것에 불과한,[168] 다음과 같은 두 가지 명제를 쉽게 얻게 된다. 하나는 '이윤은 임금에 의존한다'는 것으로, 도대체 이 도식에서 이윤이 다른 어떤 것에 의존할 수 있는가? 다른 하나는 인구증가와 수확체감의 법칙이 토지에 미치는 영향 아

가치)에 의해 결정된다. 이것은 위에서 논의된 장치로부터 총산출과 지대를 제거한 후에 나온다. 착취(우리가 이것을 착취라고 부르든 그렇지 않든 상관없이)라는 관념은 단지 특정한 해석을 부가한 것에 불과하다. 그러나 우리가 절욕설을 리카도에게 귀속시킨다면, 이것은 더 이상 그렇게 되지 않을 것 같다. (그러나 동일한 것은 리카도에게 귀속시키지 않은 생산성 이론에 해당할 것이다.) 이론적으로 흥미가 없지 않은 이 점에 다시 의존하지 않기 위해, 나는 이 각주에서 그 문제를 해결할 것이다. 일단 '이윤'이 '임금'에 의해 (일반적으로 독특하게) 결정된다고 하자. 이로부터 리카도가 그러했듯이 만일 동일한 이윤이 기다림에 대한 '정당한 보상'(즉 분명히 가격)이라고 선언한다면, 그의 체계는 과잉결정된 것처럼 보인다. 즉 이미 결정된 양은 추가적인 조건에 종속되는 것이다.

그러나 이것은 그의 체계 내에서만 그러하고 그 이면에 존재하는 광범한 체계에서는 그렇게 될 필요가 없다. 독자들은 체계의 과잉결정으로부터 나오는 주장(이것은 오늘날에도 아주 대중적이다)을 받아들이기 전에 항상 그것을 주의해서 정밀조사하지 않으면 안 된다. '임금'이 어떤 수치로 '이윤'을 결정한다고 치자. 더욱이 이런 수치가 '자본가'의 기다림에 대한 '정당한 보상'이 아니라고 가정하자. 만약 이런 사태가 수정될 수 없다고 기대한다면, '자본가'는 자신의 투자를 줄일 것이다. (이 도식 내에서 자본가는 어떤 다른 대안적 선택을 하지 못한다.) 자본, 적어도 가변자본, 즉 임금기금은 그에 따라 줄어들 것이다. 그리고 체계 전체를 통해 '일거에' '배후에서' 역할을 하는 일련의 재배치─나는 이것이 무엇을 수행하는지를 (알아보는 것은─옮긴이) 독자의 몫으로 남긴다─를 통해, 우리는 결국 임금이 여전히 이윤을 '결정하는' 상황이지만, '자본가'를 만족시키는 수준에 도달한다. 이로부터 독자들은 '무엇에 의해 결정된다'는 구절의 의미에 관한 중요한 교훈을 배울 터인데, 이 교훈은, 독자가 일찍이 경제이론, 그것의 속임수, 그것에 대한 몇몇 비판과 그 비판의 속임수를 이해하고자 할 때 배우는 교훈과 분리될 수 없다는 것이다.

168) 그리고 이들 명제는 리카도의 악덕과 밀접히 연관된 **평범의 술책**(Art of Triviality)을 보여주는 뛰어난 예로서, 이런 술책은 그 희생자를 항복하게 되거나, 어떤 상황에 도달할 때쯤 실제로 평범한 것을 부정한다고 <u>스스로</u> 조소를 받게 되는 상황으로 조금씩 들어가도록 한다.

래서 점점 더 많은 노동이 추가적인 각 단위의 식량(의 생산—옮긴이)
에 투하되어야 한다는 점 그리고 노동몫의 가치가, 비록 일인당 임금재
의 수량이 증가하거나 얼마간 감소할지 모르지만, 자본에 점점 더 적은
가치를 남기면서 상승해야 한다는 점이다. 웨스트가 그리고 그 이후에는
리가도가 애써 설명했듯이, 바로 이 점만이 이자율 저하라는 외관에서
우리가 관찰하리라고 생각한 현상을 설명한다.

그러나 이것을 좀더 세련되게 만들 필요는 없다. 왜냐하면 이 훌륭한
이론에 따르면, (단기 '시장'의 변동을 제외한) 이자율이 다른 어떤 이유
로 저하해야 한다는 것은 논리적으로 불가능하기 때문이다. 사실상 리카
도는(21장) 임금이 (그가 말한 의미에서) 상승하지 않으면 어떤 축적량
도 이윤율을 감소시킬 수 없다고 주장했는데, 축적에 의해 이윤율 저하
를 설명하는 스미스를 비난했을 뿐만 아니라 세가 투자기회의 정도에
비해 '더 많은 가처분 자본이 풍부해질수록' 이자율은 더 떨어진다고 말
했을 때, 그가 자신의 시장법칙을 잊은 것이라고 대담하게 공격했다.[169]
따라서 다음과 같은 두 가지 사항이 분명해진다. 하나는 세가 쓰고 있는
의미에서 그리고 그의 개념적 장치에서 그의 명제는 옳고, 또한 그의 시
장법칙과 충돌하지 않는다는 점이다. 그러나 다른 하나는 리카도가 쓰
고 있는 의미에서 그리고 그의 개념적 장치에서 리카도의 명제 역시 틀
린 것이 아니라는 점이다.

밀의 처지는 보기에 정말 애처로울 정도다. 그는 이자와 관련된 모든
현상을 포괄적으로 이해했다. 특히 그는 화폐적 이자라는 이론적 문제
와 수익의 자본화라는 이론적 문제를 당시 다른 어떤 이론가보다 깊게

---

169) 스미스의 주장에 대해서는 다음 5항 「이자절욕설」 참조. 그는 임금과 이윤율
의 적대적 경향이 사실이라는 점 그리고 (리카도의 개념화가 아닌) 상식이
이 점을 보증한다는 점, 즉 축적은 그것이 노동(과 토지서비스)에 대한 추가
적인 수요를 의미하는 한, 다른 조건이 불변이라면 이자율을 압박하고 임금
(과 지대)을 상승시킨다는 점을 말하는 바로 그 지점까지 나아갔다. 그러나
리카도는 이런 메커니즘에 대한 자신의 개념적 장치의 적용불가능을 전혀 무
시함으로써 이것을 염두에 두지 않았을 것이다.

이해했다. 그는 자신의 『원리』, 3부 23장에서 이후 40~50년 사이에 이 분야에서 나타날 몇 가지 이론적 발전에 대해 예기했다. 게다가 그는 세, 라에, 시니어에게서 배웠다. 그는 리카도보다 훨씬 우월한 가치론을 잘 파악하고 있었다. 그래서 그는 스스로 4부 4장에서 증명했듯이, 알려진 모든 사실에 적합한 분석을 세우는 입장에 있었다. 그러나 그가 왜 리카도학설을 견지해야 했는지 신만이 알고 있다. 그리고 또한 2부 15장 이하에서 이런 문제들을 리카도학설과 무리하게 표면상 일치하도록 부자연스럽고 답답한 방식으로 취급했다. 이를 분석하고, 그렇게 함으로써 어떻게 경제분석이 스스로 만든 장애물을 따라 그리고 그것을 넘어가는지 충분히 이해하는 것은 지극히 흥미로운 일일 것이다. 그러나 사실이 그렇다 하더라도, 독자들과 적절한 공간에서 그런 분석을 하지 못하는 나의 애석함을 같이 나눌 수 없어 유감이다.[170]

---

170) 그럼에도 나는 이 각주에서 이런 일치가 부분적으로 보장된 방식의 일례를 제공하고, 과거나 오늘의 몇몇 이론을 포함한 많은 이론에 적용된 하나의 주석을 제공하고 싶다. 그 예는 다음과 같다. 지대가 제외되더라도, 밀처럼 절욕설의 지지자에게 자본가의 선대는 임금만으로 구성될 수는 없다. 그러나 이것이 정확히 밀이((『정치경제학 원리-옮긴이) 2부 15장 6항에서) 단언한 것이었다. 어떻게 이것이 가능했는가? 다음과 같은 대답보다 더 간단한 것은 없다. 즉 '이윤' 역시 당연히 선대되지만, 이 선대는 진정한 선대가 아니라 예상이윤 때문에 존재하는 일종의 지불이다.

이에 대한 주석은 다음과 같다. 적절한 가정 아래, 특히 마찰, 경직성 그리고 순서가 무시된다면, 모든 경제량과 특히 일상적인 사회적 집계량은 일정한 방식으로 서로 합치된다. 그리고 이들 집계량을 관류하는 어떤 변화과정도 그 모든 것에 영향을 미칠 것이다. 이들 집계량 중 하나가 특수한 인과적 중요성을 갖고 다른 것이 그것에 의존한다는 취지의 어떤 명제도, 그것이 아무리 불합리할지라도, 사실과 모순되지 않을 수 있다. 따라서 『원리』, 2부 4장에서 밀은 이윤의 최소화 경향과 자본수출, 기술개량 등과 같은 '반대요인'을 세의 논선에 따라 완전히 합리적인 방식으로 논했다. 그러나 국내투자, 외국투자, 기술변화는, 비록 다른 정도와 방향으로이기는 하지만, 국내임금 목록에 영향을 미친다. 그리고 그의 이론을 리카도의 도식에 일치시키는 데 어떤 어려움도 없었다. 밀이 했던 것이란 (경제의-옮긴이) 연쇄에서 임금의 고리를 추려내서 그것에 궁극적인 원인의 역할을 배분하는 것에 불과했다. '원인'이

4. 이자생산성 이론

생산의 3요소도식과, 소득이 본질적으로 생산적 서비스의 가격(×수량)이라는 이론을 지지하는 사람들에게 자연스러운 일이, 자본재의 생산——당시 모든 저자와 마찬가지로 이것은 이자율과 동일시되었다——을 그런 자본재의 생산적 서비스에 대한 가격으로 해석하는 일이었다.[171] 이것은 다시 몇 가지 방식으로 이루어지는데, 그 모든 것은 다음과 같은 치명적인 반대에 부딪힌다. 즉 자본재나 그 서비스가 생산의 필요조건이고 희소한 것이기 때문에 가치를 갖거나 가격을 초래할 것이라는 점을 보이는 것보다 쉬운 일은 없고, 그 소유자가 흔히 일시적인 순수익을 낳을 것이라는 점을 보이는 것보다 어려운 일은 없지만, 훨씬 더 어려운 것은 이런 가치와 가격이 그 소유자에게 그것들을 대체하기 위

란 단어(또는 그 동의어)의 오용은 우리가 채택한 논리적 권리를 지니고 있는 유일하고 진정한 예외다. 그러나 이것 이외의 어떤 논리적 오류도 갖지 않는 이론은 여전히 썩은 이론일 수 있고, 이것은 그 저자의 몇몇 작은 신조에 가짜 지지를 부여하는 것을 제외하고는 어떤 것도 유익하지 않은 것이다. 예컨대 미국에서 틀림없이 그러했듯이, 높은 임금률과 높은 노동비용이 병렬한다면 어떻게 될 것인가? 오브리언에 의해 출판된, 밀이 케언스에게 보낸 편지("J.S. Mill and J.E. Cairnes", *Economica*, November 1943, pp.279~282)를 보면, 밀은 이 점에 대해 고민했다. 이 사실은 도전을 받아야 하거나 설명될 필요가 있을 것이다. 확실히 이것은 항상 그럴 수 있었다. 왜냐하면 어떤 이론도 적절한 추가적인 가정에 의해 어떤 사실에 적합하게 만들어질 수 있기 때문이다. 그러나 높은 이윤율과 높은 임금이 그에 대한 어려운 문제를 야기하지 않고, 정상적으로 병렬한다는 중요한 사실을 인식하는 다른 분석적 도식을 채택하는 것이 더 간단하고 더 직접적일 것인데, 그런 간단한 도식이 스미스에 의해 명백히 개괄되었기 때문에 더욱 그러하다.

171) 이것은, 이자생산성 이론의 지지자들이 일반적으로 그에 상응하는 자본개념을 제약하지 않았을지라도, 기술적 자본에만 적용된다. 사실 우리가 알고 있듯이, 기술적 자본재의 스톡을 생존기금으로 분해하는 경향이 있었다. 그러나 이것은 우리가 순수생산성 이론이라고 부르는 것, 즉 설비와 장비의 생산적 서비스에만 호소하는 이론으로부터 한 걸음 떨어진 것을 의미한다. 이런 이론에 따르면 이자의 원천인 모든 비임금자본은 어떤 잉여도 낳지 못하는 마르크스의 불변자본이기 때문에, 우리는 순수생산성 이론을 착취론의 대척물이라고 고려할 것이다.

해 필요한 것보다 **정상적으로** 더 높다는 점과 그 이유를 보이는 것, 다시 말해서 그 소유자에게 돌아가는 **항구적인 순수익**이 왜 존재하는가 하는 이유를 보이는 점이다. 이 점은 뵘-바베르크의 『자본과 자본이자』(*Kapital und Kapitalzins*, 1884) 1권에서 이자론의 역사를 출판할 때까지 전문가들에게 충분히 절실하지 않았다. 당시까지 (아마도 몇몇 경우에는 오늘날조차) 사람들은 자본재가 수익을 낳으리라는 명제를 손쉽게 증명하는 것은 자본재가 그 소유자에게 소득을 가져오리라는 점을 사실상 확립하는 것이라고 생각했(으며 지금도 그러하)다. 이 두 가지 다른 것을 혼동함으로써 순수이자 생산성이론(뵘-바베르크는 이렇게 불렀다)의 가치를 손상시켰는데, 이것은 원시적인 것(뵘-바베르크의 소박한 생산성 이론)과 더 세련된 것(뵘-바베르크의 유발된 생산성 이론)으로 나뉜다. 동일한 혼동이 뵘-바베르크가 이용설(use theories)이라고 부른 것의 가치도 손상시켰는데, 이용설은 생산성 이론과 본질적으로 다르지 않다.[172]

　명시적인 생산성 이론의 최초 지지자인 로더데일 역시 위에서 지적한 논리적 오류의 예를 명시적으로 범한 최초의 인물이었다. 그러나 이런 오류는, 그에 따르면 노동을 '지원'하는 것이 아니라 노동을 '대체'하는 자본의 생산적 역할에 대한 그의 독특한 정의로 수정되지 않는다면, 감춰질 것이다. 자본의 소유자는 대체된 노동이 받는 것을 받는다.(*Inquiry into the Nature and Origin of Public Wealth*, 1804, p.165) 이것은 기술적 자본과 노동 사이에 존재하는 대체성 관계에 대한 지적으로서, 그리고 임금과 이자 사이의 진정한 관계를 분석하기 위한 첫 단계

---

172) 이용설이라는 자기설명적인 용어는 암시가 없는 것이 아니다. 내구재에 대한 화폐적 수익이나 귀속적 수익은 확실히 지배적인 이자율과 관계가 있고, 이런 관념이 내구소비재로 확장된다면 어떤 점에서는 개선이다. 그러나 '이용'은 분명 '서비스'로 환원된다. 이용설은 보통 요소(Hermann, 1832; *Statswirtschaftliche Untersuchungen*─옮긴이)의 이름과 연관되는데, 독일에서는 오랫동안 상당한 대중성을 누렸다. 크니스와 멩거는 그 추종자에 속했다.

로서 흥미롭다. 그러나 이것은, 뵘-바베르크가 보여주었듯이, 기계가 마모되지 않을 경우에만 자본재의 순생산이라는 문제를 해결할 것이다. 만일 기계가 마모된다면 로더데일의 이론은 자본재가 그 감가상각분을 획득하는 이유를 설명하지만, 결국은 확실하지 않은 그 이상의 것——자본재가 진정 그 이상을 벌어들인다면[173]——을 획득하는 이유를 설명하지 못한다.

이런 예를 거론하는 것만으로 충분할 것이다. 우리는 예컨대 '이윤'이란 '자본가가 기여한 생산의 일부에 대한 공정한 보상'이라는 진술로 귀결된 맬서스의 견해(*Principles*, 1st ed., p.81)를 논의하는 것으로 더 많은 빛에 접할 필요는 없을 것이다. 독자들은 뵘-바베르크의 책에서 19세기 내내 이자생산성 이론을 고수했던 저자들의 목록을 볼 수 있을 것이다. 이 저자들은 영국보다 대륙에 훨씬 더 많다. 이들은 실물 자본재의 항구적인 플러스 생산의 존재를 입증하는 데 많은 노력을 기울이지 않았기 때문에, 이런 생산이 이자인가 아닌가 하는 질문을 더 이상 던지지 않았다.

또 다른 유형의 이자론을 여기서 언급할 수 있는데, 생산성 이론이라는 제목 아래 이것을 포괄하려는 우리의 의도가 의심스럽게 보일지도

---

173) 롱필드와 튀넨은 이자생산성 이론에 한계분석을 도입하고, 이자와 임금 사이의 관계를 연구하는 데 실제로 커다란 업적을 세웠다. 그러나 이들은 기본적인 점에서 다른 생산성 이론가들보다 나은 처지에 있었던 것은 아니다. 그렇지만 롱필드는 자신의 견해를 개선해서 자본형성이 저축, 따라서 '미래를 위해 현재를 희생하려는' 저축자의 의지—즉 절욕—를 요구하는 명제를 자기 이론의 보조로 삼았다. 그러나 기법에서는 롱필드보다 훨씬 우월한 튀넨은 이자가 '이용된 자본의 최종요소'의 사용(또는 생산적 효과)에 의해 결정된다는 정식 이상으로 나아가지 못했다. 물론 이것을 웨스트-리카도의 의미로 이해해서는 안 된다. 오히려 이것은 오늘날 로버트슨(D.H. Robertson)이 지지하고자 했던 것으로 보이는 의미로 이해해야 한다.("Alternative Theories of the Rate of Interest", *Economic Journal*, September 1937 참조. 이 논문은 "Alternative Theories of the Rate of Interest"라는 제목의 케인스의 논문에 대한 세 가지 답변 중 하나다.)

모르겠다. 이것은 제임스 밀과 매컬럭이라는 이름과 관련되고, 어느 정도는 이 두 사람의 합작품으로,[174] "스톡의 이윤이란 축적된 노동이 받는 임금의 다른 이름일 뿐이다", 즉 자본재 자체는 축적되거나 축장된 노동이고, 자본재가 체현하고 있는 노동은 단순히 임금을 획득할 뿐이다, 만일 지하실에 저장된 포도주가 일정한 양의 노동을 체현하고 있다면 이런 노동이나 그외의 '자연'은 이 포도주가 숙성하는 동안 계속 작동하는 것이고, 이런 추가적인 노동에 대한 지불이 이자라는 매컬럭의 진술로 표현될 수 있다. 이런 명백한 해석은, 제임스 밀과 매컬럭이 그들 스승의 가치론을 리카도 자신이 그의 노동량 법칙의 범위를 넘어선 것으로 인식한 데까지 확대하기로 굳게 결심했던 것과 관련되는데, 그들의 결심은 마르크스가 다른 생각에서 그러했던 것처럼, 그들 스승의 가치론을 완전히 일반적인 것으로 만들기 위해서였다. 비판을 거듭한 비판가들은 제임스 밀과 매컬럭이 단지 언어상의 속임수이자 아주 얼간이 같은 속임수에 불과한 것을 써서 이런 일반성을 획득했다고 생각했다. 또한 이런 이자론에 대한 반대가 있을 수 있는데, 이런 이자론이 노동량 가치론을 안정시키고자 한 시도로서 실패한데다가 순수생산성 이론에 치명적인 동일한 반대에 부딪혔기 때문이다.[175] 즉 자본재란

---

174) 우리는 본질적인 점에만 한정해야 한다. 그러나 우리가 무시하지 않을 수 없는 세부사항 가운데 몇 가지 흥미로운 것이 있다. 그 가운데는 지금 언급하고 있는 이론으로 귀결된 논의에서 토런스(Torrens, *Essays on the Production of Wealth*, 1821)가 한 역할이 있다. 토런스는 우리가 나중에 마크-업 이자론(mark-up theory of interest)이라고 서술할 것을 주장했는데, 그것에 따르면 '이윤'은 그가 상품의 자연가격이라고 부른 것에 들어가지 않는다. 그는 이 자연가격을 비용과 등치시켰다. 따라서 이윤은 스미스와 리카도의 시장가격과 아주 다른 어떤 것을 의미하는 시장가격에만 들어간다. 제임스 밀은 그의 책 『정치경제학의 요소들』(1821) 초판에서 주로 이것에 대해 반대했는데, 매컬럭이 『브리태니커 백과사전』에 게재한 글(증보판, 1823년)이 출판된 후에 발간된 2판(1824년)에서 그가 결국 채택된 이론을, 당시에는 채택하려는 바람을 거의 드러내지 않았다. 매컬럭의 글은 그가 1825년 저작(*Principles*)에서 정교화시켰던 내용이 그대로 인용되고 있다.

축장된 노동이고 '자본가'란 자신의 수입으로부터 이 축장된 노동의 임금을 스스로에게 지불하는 것이라고 우리가 생각하더라도, 이 이론은 다른 상황에 의지하지 않고는 자본가가 그런 상상의 노동에 대해 무엇인가를 획득해야 하는 이유를 보여줄 수 없다.

그러나 정확히 이런 사정 때문에 우리가 이와 같은 항구적인 순수익 이론을 분명 받아들일 수 없다 하더라도, 이런 이자론에 대해, 특히 불행한 매컬럭의 견해에 대해 약간 호의적인 생각을 할 수는 있다. 즉 매컬럭의 견해 속에서 우리는, 노동량 가치론의 입장에서 실물자본의 필요조건을 인식할 수 있는 적어도 서툴지만 우회적인 방식을 볼 수 있다. 그의 언어상의 속임수를 해석해보면, 그것은 '노동'이라는 용어를 '생산적 서비스'라고 좀더 적절하게 불릴 수 있는 것에 사용하고, 임금이라는 용어를 생산적 서비스의 가격이라고 좀더 적절하게 불릴 수 있는 것에 사용한 것과 같다. 아니, 이를 달리 표현하면 그의 속임수는 축장된 노동이 '살아 있는' '유동적인' 노동의 서비스와 비교해서 특수한 종류의 서비스로 간주될 수 있는 역시 특수한 종류의 노동이라는 점을 인식한 것과 같다. 이 때문에 나는 이 이론을 옹호할 의도는 분명 없지만 순수 생산성 이론에 포함시켰던 것이고, 그래서 이 이론은 노동량 이론을 주장한 사람들의 순수생산성 이론과 같은 것이다.

순수생산성 이론은 이자율의 장기적인 저하를 제안한 쉬운 설명이다. 이 이론은 기술적 자본이 산업의 고용에 이용될 수 있는 인구보다 빠르게 증가한다는 공준만을 필요로 하는데, 기술적 자본의 단위당 산출——그 절대적인 몫은 차치하고 상대적인 몫일 필요도 없다——의 하락

---

175) 캐넌(앞의 책, 206쪽)을 포함하는 많은 비판가는 여기에 이 속임수가 (자본 주의를—옮긴이) 변호하는 서비스로까지 나아갔다는 비난까지 덧붙였다. 이 윤을 임금이라고 부르자! 이 얼마나 '이윤'에 대한 아름다운 정당화인가. 이 데올로기는 마르크스의 주장에 들어온 것만큼이나 매컬럭의 주장에 분명 들어왔다. 그리고 매컬럭은 마르크스가 이윤에 대해 공격하고 싶어했던 것만큼 이나 이윤을 옹호하고 싶어했는지 모른다. 그러나 이것은 핵심에서 벗어난 문제다.

은, 다른 조건이 불변이라면, 일반적으로 나타날 것이다. 이런 '다른 조건'이 일정한 기술적 수준(생산함수)을 포함하기 때문에, 독자들은 이런 설명이 그다지 훌륭한 것은 아니라고 생각할 수도 있다. 확실히 그것은 훌륭한 것이 아니다. 그러나 이것에는 한 가지 장점이 있다. 즉 이 설명은 올바르게 정식화되기만 한다면,[176] 순수이자율의 장기적인 동향에 관한 어떤 명제에든 내재하는 가장 중요한 유보조건을 자동적으로 분명히하며, 그렇게 함으로써 (이자율의—옮긴이) 장기적인 저하 '법칙'의 타당성에 의문을 제기했던 것이다.

스미스는 '이윤'생산성 이론을 갖지 않았다. 그러나 그는 다른 사람들과 마찬가지로, 생산성 이론으로부터 아주 자연스럽게 나오는 의심할 나위 없는 이자율의 저하경향이라고 생각했던 것, 즉 점증하는 자본이 서로 경쟁하면서 이윤율이 하락하는 경향이 있다는 것에 대해 거의 동일한 설명을 제시했다. 웨스트와 리카도의 견해에서 볼 때 이것은 논리적 오류로 보일 수밖에 없는데, 이들이 이자율을 도출한 상대적 가치란 자본을 형성하는 재화량의 증가 자체에 의해 영향을 받을 수 없었기 때문이다.[177]

---

176) 이것은 다른 방식으로 정식화될 수 있다. 예를 들어 롱필드는 가장 수익성 있는 투자기회가 먼저 이루어진 결과, 시간이 경과하면서, 점점 수익성이 적은 투자기회만이 이용될 수 있기 때문에 '이윤'이 하락한다고 했다. 이것은 투자기회가 기술진보에 의해 끊임없이 확대되고, 이후에 모습을 드러내는 기회가 이전에 나타난 기회보다 수익성이 적어야 할 이유가 없다는 반대에 부딪혔다. (본문에서는 끝에서 두 번째 문장을 보시오.) 롱필드의 정식화는 그의 이자의 한계생산성 이론의 단순한 결과로서, 이윤율—이것은 "내가 운전 중인 자본의 최종부분이라고 부르게 될, 가장 효율성이 떨어지는 자본부분이 노동에 제공한 원조와 같다"(*Lectures on Political Economy*, p.194)—은 자본이 노동보다 증가할 때 일반적으로 감소할 것이지만, 이런 감소는 이후 설명될 장기적 저하—전자는 단지 그 구성부분에 불과하다—와 구별되어야 한다고 말한다.

177) 이런 취지에서 말한 웨스트의 현명한 주장은 정독해볼 만하다. 이것은 어떤 이론구조가 일단 받아들여지면 가장 명백한 진리조차 분석가로부터 감춰질 수 있다는 뛰어난 예를 제공한다. 이런 주장은, 자본의 어떤 증가도 임금(에

5. 이자절욕설

실물자본을 생산의 필요조건, 심지어 착취의 **필요조건만**으로 인식하는 한, 우리가 착취론을 받아들인다면 실물자본을 제공하는 서비스가 사회 전체가 아니라 착취자에게 돌아가더라도, 그런 자본을 제공하는 것은 하나의 서비스——경제분석에서 이 용어가 전달하는 의미 내에서——임이 틀림없다. 그러므로 자본 자체가 담당하는 생산적 기능이나 착취적 기능의 서비스를 강조하는 대신, 우리는 자본을 제공하는 서비스를 강조하는 편이 낫다. 그리고 (밀처럼) 자본재란 저축의 결과라는 스미스의 이론을 고집하는 한, 더 나아가 이런 자본재의 순수익 모두는 저축에 의해 생산기관이나 착취자에게만 돌아가는 서비스에 대한 지불이라는 성질을 갖는다고 말할 것이다. 이렇게 말한다면, 우리는 스크로프-시니어의 **이자절욕설**(Scrope-Senior Abstinence Theory of Interest)을 채택하는 셈이다. 내가 이런 식으로 이 주제를 도입하는 것은 다음과 같은 중요한 역사적 사실을 강조하기 위함이다.

첫째, 생산성 이론과 절욕설 사이에는, 양립불가능성을 제외하면, 본질적인 차이가 없다고 볼 수 있다. 시니어는 그의 제3의 공준(앞의 5절 3항을 보시오)이 이 점을 분명 의식하고 있음을 증명한다. 그러나 시니어는 절욕설이 생산성 이론에 추가한 것이 무엇인지 그리고 생산성 이론에 대한 절욕설의 관계가 무엇인지 정확하게 설명하지 못했고, 이것은 후에 마셜과 카버(T.N. Carver)에 의해 설명되었다. 그 무엇인가란 브레이크(brake)를 말하는 것으로, 이 브레이크는 추가적인 자본재가 순수익을 제로로 떨어뜨리는 바로 그 한계까지 만들어지는 과정을 멈추게 한다.[178] 그러나 시니어는 이를 충분히 분명하게 하지 못했기 때문

관한 리카도적 가치)의 증가를 동반하지 않고는 이윤율을 하락시킬 수 없고 경제과정의 어떤 장애도 야기하지 않을 것이라는 리카도의 견해와 주로 관련이 있다.

178) 아마도 몇몇 독자는 눈치챘겠지만, 나는 절욕설의 지지자가 아니다. 나는 독자들이 그 출현뿐만 아니라 그것이 상당한 내한성 식물이라는 사실을 이해할

에, 그 추종자(이자는 저축에 대한 가격이라는 정식에 만족한 밀 같은 사람)와 반대자(특히 뵘-바베르크) 모두 이자현상에 대한 설명에 비추어 절욕설이 생산성론에 대한 대안이고, 희생이 저축과 관계하든 아니면 저축과 관련될지도 모르든지 간에 그 희생이라는 요인에만 기초해야 한다고 생각했다.

둘째, 절욕설에 대한 공격방향이 논리를 향해서는 안 된다는 점을 알 수 있을 것이다. 예컨대 뵘-바베르크의 공격은 중복계산에 대해 이루어진 것이었다. 대부를 하는 저축자는 자신이 제공하는 기금[179]과 그가 받는 수익 사이에서 선택한다. 여기에 저축자가 행할 수 있는 어떤 희생을 추가로 고려할 여지는 없다. 심지어 '희생에 대한 보상'이라는 구절이 절욕설의 내용을 철저히 논한 것이라면[180] 이런 주장에 무엇인가가 있을 것이라고 생각하지만, 이런 생각이 절욕설은 적절히 발전되고 적당한 구조에 들어서더라도 일관성을 지키지 못할 것이라는 점을 의미하는 것은 아니다. 어떤 이론을 논리적으로 비난할 수 없지만 잘못이 있거나 적어도 부당하다고 주장하더라도 거기에 역설이 존재한다고는 절대 말할 수 없다. 어떤 현상을 설명하기 위해 논리적 오류 없이 주장될 수 있

수 있는 방식으로, 그 합리적 근거를 설명하고자 할 뿐이다.

179) 대부가 단기적으로만 이루어지고 주기적으로 재투자되더라도, 기금은 저축자의 재화에 대한 소비로부터 정상적으로 회수될 것이다. 정상적으로 기금의 향유를 연기할 문제는 존재하지 않는다. 즉 정상적으로 이런 향유는 이자 지급의 흐름으로부터 예상된 아주 다른 향유를 고려할 때 일정하게 포기된다. 이 때문에 절욕이라는 용어가 사용되는 것이고, 기다림—이것은 위에서 설명했듯이, 절욕이 가리키는 것과 구별될 만한 가치가 있다—이라는 용어가 다른 현상 때문에 적어도 동일한 현상의 다른 측면 때문에 실제로 포기되는 것이 아니라 보존되는 것이다.

180) 이것을 인정하는 데 겪는 주요난점은 '미래의 만족에 대한 심리적 할인'을 도입한 제번스와 뵘-바베르크가 절욕에 대한 대체물을 제공하는 데서 훨씬 멀리 나아갔다는 점에 있다. 그러나 절욕에 반대한 뵘-바베르크의 주장은 피셔에 의해 강화되었다.(*Theory of Interest*, 1930, ch.20, § 7, 특히 pp.486~487, Appendix 참조) 피셔는 기다림이나 절욕을 실질비용의 독립된 항목으로 고려하는 것에 반대하는 효과적인 경우를 제공했다.

는 명분이 꼭 이런 현상을 실제로 낳는 것일 필요는 없기 때문이다.

셋째, 절욕설이 주로 밀에 의해 주도된 영국의 오랜 전통적 권위를 차지하게 된 것은 그 견실한 논리 말고도 그것이 지닌 상식적 호소 덕분이었다. 밀은 '실질비용'의 두 요소——노동자가 경험하는 비효용(성가심)과 저축자가 경험하는 절욕——에 관한 학설을 마셜에게 기성품으로 전수했다.[181] 그러나 우리는 동일한 학설의 다소 덜 명시적인 형태를 스미스와 리카도에게도 돌리지 않을 수 없다. 스미스가 착취이론에 대한 지적을 기꺼이 하긴 했지만, 우리가 『국부론』에서 순수이자를 실질적으로 설명한 시도를 보고자 한다면 남는 것은 검약이다. 그리고 리카도가 이 문제를 가벼이 취급했지만, 상이한 기간에 회전하는 서로 다른 자본들의 수익을 균등화하는 이자율이 존재하지 않는다면 상이한 회전기간은 공존할 수 없다는 (리카도의—옮긴이) 관찰은 분명 절욕, 아니 오히려 '기다림'이라는 요소에 대한 인정을 지적한 것이다. 한편 이런 해석은 이자는 이런 기다림에 대한 "정당한 보상"[182]이라는 리카도의 표현방법에 의해 강화되었지만, 다른 한편 그 해석은 그로부터 논리적으로 뒤따르는 이자율 저하에 관한 설명을 리카도가 거부한다는 점에서 약화되었다.

넷째, 유능한 경제학자들에게 절욕설의 논거는 그것에 대한 공격의 격렬함과 이상하게 대조를 이룬, 그런 공격의 논리적·사실적 약점에 의해 강화될 뿐이었다. 절욕설에는 사회주의자들에게 호언장담을 한 (자본주의를 위한—옮긴이) 몇몇 변호론이 있다. 이들 사회주의자는 분노 속에서 절욕설에 반대하는 신중한 주장을 마무리하는 것을 전혀 무시했는데, 그 주장은 실제로 부족한 것이 아니라 대신 자신의 검소함에 대해 보상받는 백만장자(라살레)나 비료까지 게걸스럽게 먹어치우는

---

181) 나는 케언스가 스스로 이런 공적을 어떻게 주장할 수 있었는지 이해하기 어렵지만, 그는 실제로 그렇게 했다.

182) 물론 이 구절은 그것이 전달하는 가치판단을 쉽게 제거할 수만 있다면, 기다림의 가격이라는 의미로 간단히 읽힌다.

것을 삼가는 것에 대해 보상받는 자본가(마르크스)에 관한 지루한 비웃음에 의존했다. 심지어 '고전파'조차 라살레가 느끼지 못한 한계분석을 충분히 암시했지만, 이들에게 마르크스를 반박하는 일은 거의 일어나지 않았다.

그러나 마르크스의 어리석음이 얼마 전 우리 시대의 뛰어난 경제학자에 의해 반복된 이래 그리고 당시 많은 경제학자가 자신들에게 잘못된 해석을 유도한 구절(이를테면 마르크스가 『자본론』 1권 24장 3절에서 몰리나리Molinari와 쿠르셀-스뇌유에게서 인용한 부분을 보라)을 실제로 계속해서 사용했기 때문에 설명이 필요할 것이다. 우리가 위에서 말했듯이, 자본가는 플로에 대해 기금(fund)을 교환한다. 지금 논의 중인 이론에 따르면, 자본가가 보상을 받는 '절욕'은 기금의 축적으로 들어간다. 기금을 소비하는 것이 물리적으로 가능한 경우에서조차 그것의 소비를 삼가는 것에 대한 추가적인 지출은 없다. 그러나 자본가는 지출 플로의 형태로 보상을 받기 때문에, 그는 마치 그 자본을 사용하는 과정에서 나타나기도 하고 소모되기도 하는 자본재를 '소진시키는 것'을 삼가는 것에 대해 다시금 보상을 받는 것처럼 보일 수 있다. 이런 인상은, 사람들이 저축하고 투자하는 거래에 들어간다면, 약속된 보상이나 그 소유자가 자본을 사용하는 경우 기대된 보상이 정상적인 경우 현실적으로 이루어져야 한다는 사실에 의해 강화된다. 만약 자본의 대부자나 자기자본의 사용자가 이런 기대에 실망한다면, 그는 실제로 자기자본을 회수하거나 사업에서 손을 떼려고 할 것인데, 이런 모습은 그가 어딘가 있는 자기자본을 남기기 위해 다시금 보상받아야 하는 듯이 보인다. 그러나 이런 사실을 정확히 해석할 수 없는 미숙자나, 여기에 덧붙여 위에서 말한 저자가 '생산도구를 노동자에게 대여하는' 자본가에 대해 말할 때 자기가 의미한 바를 이해할 수 없는 미숙자는 실제로 아주 앞길이 캄캄한 미숙자임이 틀림없다. 이런 종류의 사태는 부분적으로 훌륭한 다수의 경제학자가 마르크스에게 있는 심층을 보지 못하는 무능력을 설명하고, 어느 정도 그런 무능력을 용서하기도 한다. 즉 다수의 훌륭한 경제학자가 다수의 말도 안 되는 소리를 첫눈에 보기 때문에, 이런 말도 안 되는 소리에 대해 책임이 있는 사람(마르크스—옮긴이)이 자기판단의 수준을 때때로 훨씬 넘어설 수 있다는 사실을 믿을 수 없던 것이다.

그러나 마르크스에게 최대한 경의를 표할 준비가 되어 있는 연구자는 불가피하게 다음과 같은 질문을 할 것이다. 사람——극소수만이 밟는 높이까지 오를 수 있고, 때때로 많은 사소한 문제에서도 매우 유능한 분석가임을 증명한 사람——이 어떻게 (『자본론』, 1권 24장—옮긴이) 3절처럼 낮은 (학문적—옮긴이) 수준까지 떨어질 수 있는가? 선동가의 필요는 이것을 설명하는 것으로 충분하지 않을진데, 특히 대부분의 수사학은 건전한 논거 주위에서 넌지시 비춰질 수 있기 때문이다. 따라서 이런 수사학이 무언가를 덮고 있다는 의심 자체가 제기된다. 그리고 사실상 그 내용이 무엇인지 아는 것은 어렵지 않다. 즉 엄밀한 의미에서 절욕이라는 요소와 기다림이라는 요소 양자가 그의 구조의 논리 안에 현존한다. 우리가 이미 보았듯이, 마르크스의 이론은 선대경제학이라고 부른 가족에 속하고, 이것이 착취수단일지도 모르지만 그 자체가 착취는 아닌 경제과정에서의 독특한 한 요소——우리가 이것을 독특한 서비스라 부르든 독특한 범죄라 부르든 상관없이——를 인정한 것임을 의미한다. 우리가 또한 보았듯이, 절욕이라는 위험한 빙산은 축적에 관한 마르크스의 주장에 불편할 만큼 근접한다고 볼 수 있는데, 그의 축적론은 저축에 관한 주장이라고 불리는 편이 낫다.[183] 이제 우리는 기다림이 마르크스의 구조에서 결여되지 않은 것은 엄밀한 의미의 절욕이 그 구조에서 결여되지 않은 것과 마찬가지라고 덧붙일 수 있다. 이것은 다음과 같은 방식으로 볼 수 있을 것이다. 마르크스의 불변자본은 그 자신의 가

---

183) 약간은 속류적이지만, 다음과 같이 『자본론』, (1권—옮긴이) 24장의 유감스러운 3절에 나와 있는 유명한 구절을 비교해보라. "축적하라, 축적하라! 이것이 모세요, 예언자다 [……] 저축하라, 저축하라. 잉여가치의 가장 큰 부분을 [……] 자본으로 전환시켜라!" 시니어와 마찬가지로 마르크스에게서도, 자본가가 '절약한다'는 것을 보기 위해 모세나 예언자까지 들먹일 필요는 없다.

치 이상의 어떤 것도 추가하지 않고 자신의 가치를 생산물에 이전할 뿐이다. 그러나 그 자체가 착취된 노동의 산물인 자본은 그것을 낳는 노동이 소비한 임금재의 가치뿐만 아니라 여기에 지배적인 비율의 잉여가치도 체현하고 있는 것이다. 이제 불변자본에 체현된 잉여가치를, 이 불변자본의 도움으로 최종생산물을 생산하는 노동을 고용해서 나온 잉여가치에 더할 때 아무런 곤란함도 없다.

이것이 가능하려면, 현실가격이 생산물에 체현된 총노동, 즉 불변자본에 체현된 노동과 최종생산물이 나타나기까지 추가된 노동의 합에 비례하지 않아야 할 이유가 없을 것이고, 가치를 가격으로 전환시킬 때 어떤 문제도 존재하지 않게 될 것이다. 그럼에도 마르크스는 이런 식으로 한 게 아니라, 수백 쪽에 걸쳐 이 문제와 씨름하는 길을 선택했다. 왜 그랬을까? 분명 그는 시차(time distance)가 무차별의 문제가 아니라고 생각했기 때문일 것이다. 그러나 이것은 결국 기다림이 마르크스 구조(가치론)의 한 요소라는 점을, 비록 그가 인정하지는 않았지만, 인식한 것이나 다름없고, 이 점이 우리가 보여주고자 한 것이다.

이자절욕설은 이자율의 모든 장기적 하락을 논의하는 데 특별히 유리한 위치에 있다. 우리가 절욕을 생산의 몇 가지 필수조건 중 하나로 본다면, 그 상대적 증가가 이자율의 장기적 저하라는 현상을 낳는 상황을 어렵지 않게 서술할 수 있다. 이를 만족스럽게 서술하기 위해서는 지금 살펴보고 있는 시기에는 알려지지 않았던 (분석—옮긴이)도구가 필요하다. 그러나 당시의 기법 수준에서조차 주요명제는, 말하자면 반쯤은 직관적으로 도출될 수 있었을 것이다. 이자율 저하에 관한 역사적 해석, 특히 그에 대한 모든 예측은 이런 분석으로부터 절대적으로가 아니라 오직 조건부로만 나올 것이라는 점은 부가적인 편익에 불과하다. 물론 절욕의 상대적 가격을 하락시키는 바로 그 조건은 (일반적으로) 노동의 상대적 가격을 상승시킬 것이다. 그래서 밀은 선의의 논리를 갖고 '이윤의 최소화 경향'에 대한 설명을 채택해야만 했으며 실제로도 그러했지만(『원리』, 4부 3장 2절), 그가 이런 설명을 자신의 소극적인 리카도주의 성향과 쉽게 타협했다고 말하는 데는 그 어떤 역설도 존재하지 않는다. 비록 그가 매우 신중하게 분석한 '효과적인 축적욕'이 임금상승보다 (이자율 저하의—옮긴이) '원인'으로 고려될 만한 자격이 훨씬 더 많다고 해도 말이다.

6. 임금기금설, 현대 집계분석의 선구

당시의 임금분석에 관한 우리의 기록이 이러한 제목으로 제시되는 이유는, 이 주제에 속하는 모든 것을 우리가 이미 여러 방식으로 살펴본 바 있기 때문이다.[184] 특히 우리는 스미스가 자연법 철학의 영향을 받고 임금잔여설(residual theory of wages)을 선도했다는 점을 알고 있다. 스미스에 따르면, 노동자는 생산물 전체를 낳지만, 임금문제는 노동자가 왜 전 생산물을 취하지 못하는가 하는 이유를 보여주는 것이 아니라 일정 정도의 '공제'를 받아들이지 않으면 안 되는지를 보여주는 것이고, 따라서 임금문제는 이런 공제가 그 설명을 찾기만 하면 자동적으로 해결된다고 한다. 그러나 스미스 자신이나 다른 어떤 주도적인 경제학자보다 스미스가 지도하는 방향으로 연구를 더 진행했던 제임스 밀, 시스몽디, 마르크스에게조차 노동의 몫으로 돌아 '갈 수 있고' '가야 하는' 상한과 하한에 대한 분석은 임금문제 취급에서 그들의 일반적 철학보다 훨씬 더 중요했기 때문에, 그 일반적 철학에 더 이상 의존하지 않고 임금문제를 다루는 것이 더 유익할 것이다. 이것은 대다수 경제학사 연구자의 공통 의견이라고 내가 믿고 있는 바와 일치한다. 그러나 나는 임금이론을 최저생존비설, 수요공급설, 생산성 이론으로 분류하는, 많은 연구자가 이미 채택한 방법에 동의하지 않는다. 이런 이론들은, 서로 양립불가능한 측면만 빼면, 임금소득에 대한 특별한 설명이 아니기 때문이다.

첫 번째 것(최저생존비설—옮긴이)은 임금이론이 결코 아니며, 단지

---

184) 무엇보다도, 나는 임금의 '상승'과 '하락'이라는 구절이 리카도의 가치론에 던지는 특정한 의미에서 비롯된 오해에 대해 이미 언급한 바 있다.

임금의 장기균형 수준에 관한 정리일 뿐이다.[185] 수요공급 장치는, 그것이 어떤 특정한 것을 보여주든 아니든 상관없이, 어떤 임금이론에서든 필요하다.[186] (마르크스를 포함한) 리카도학파는 다른 경우에서와 마찬가지로 임금의 경우 장기적인 정상 수준의 결정에 대해 실제로 이것을 인식하는 데 실패했지만, 이들은 다른 가격처럼 임금도 단기수요 공급에 의해 결정된다고 생각했다. 그러나 임금에서 이것이 의미하는 바는 다른 가격에서 의미하는 바와 아주 다른 무엇인가가 있다. 장기적인 정상 수준이 인구의 조정에 좌우된다면 단기는 적어도 15년까지 연장될 것이기 때문이다.[187] 이런 단기, 심지어 더 긴 기간——실제로 '무한'기간——에 대해 리카도학파는 수요공급 장치가 임금기금설을 취하는 특수한 형태에 의존했다. 그러나 다른 (정상 수준) 형태에서 수요공급 장치는 다른 모든 주도적인 학자, 세와 특히 맬서스에 의해 장기와 단기 문제에 또한 사용되었다. 여기서 노동수요는 고용주가 임금률의 변화에 따라 취하는 노동량을 단순히 묘사하는 함수로 표현될 수 있다. 세의 노동서비스에 대한 수요공급의 관념은 이것을 **함축한다**. 그러나 이런 종류

---

185) 평균임금률이란 개념과 그에 대한 반론에 관해서는, 이 항의 설명을 참조하라. 현상의 기본분석이라는 의미에서 임금이론과 그에 관한 균형정리 사이의 차이점에 대해서는, 이른바 화폐수량설과 리카도 가치법칙의 유사성에 주목하라.

186) 실제로 인간의 존재를 상품처럼 취급한다는 것을 근거로 수요공급 장치를 노동에 적용하는 데 반대하는 사람들이 몇 명 있었는데, 특히 대륙에서 영국의 '고전파'는 인간의 존엄성에 대한 이런 분노 때문에 때때로 비난받기도 했다. 물론 이런 종류의 어떤 것도 수요공급이라는 개념의 이런 식의 적용과 아무 관련이 없다. 그러나 여기에는 때로는 다음과 같은 값싼 감정주의 이상의 것이 있음을 주목해야 한다. 즉 '노동상품'은 심지어 사실분석과 가장 관련 있는 고유성을 나타낸다.

187) 이것은 바턴이 지적한 것이다.(이하 8항 참조) (우리가 말하는 의미에서) 일인당 실질임금 소득의 증가가 출산율을 직접 상승시키지는 않는다. 일인당 높은 임금소득이 질적으로 의미 있는 효과를 낳기 위해서는 긴 기간이 요구되기 때문이다. 그리고 장기간의 새로운 생활수준은 발전하기 때문에 '고전파'의 장기임금 이론의 논거는 이 책에서 지시하는 것보다 실제로 더 허약하다.

의 수요스케줄은 젠킨(Fleeming Jenkin)에 의해 명시화되고, 실제로 추정된 바 있다.[188] 그리고 이러한 수요스케줄은 맹아적인 한계생산성 이론을 함축한다. 나중에 당시 롱필드와 튀넨이 마무리하기는 했지만, 한계생산성 이론은 주로 전문직에 있는 사람들에게는 논의가 중지된 상태였다. 따라서 생산성이란 요소가 어떤 완전한 임금이론에 (이런저런 모습으로) 들어와야 하고, 특히 어떤 특정한 이론과 식별되어야 한다는 점을 제외하고는 본질적으로 임금분석의 이런 초기상태에 대해 더 이상 말할 필요는 없다.

이제 우리 앞에 다음과 같은 상황이 놓여 있다. 즉 몇몇 형태에서, 특히 당시 모든 경제학자는 다소 잘 알려진 수요공급 분석에 의해 임금문제를 공격했다.[189] 생산성이라는 요소는, 발언기회를 가진 사람들이 적절히 마무리하지는 않았지만, 희미하게나마 화면에 보이기 시작했다. 그 전경은 두 가지 특징적인 결과, 즉 장기적인 정상 수준에 관한 최저생존비설과 단기적인 일탈에 관한 임금기금설이 지배했는데, 그 결과는

---

188) 젠킨의 두 논문("Trade Unions" "The Graphic Representation of the Laws of Supply and Demand and their Application to Labour")은 각각 1868년과 1870년에 쓰여졌으며, 1931년에 런던스쿨(London School)에서 재발간되었다. 그의 수요함수는 (x가 가격, D가 그 가격에서 구매한 양, A가 상수일 때) 다음과 같은 형태를 취한다.

$$D = f\left(A + \frac{1}{x}\right).$$

189) 이는 마르크스에게도 적용된다. 왜냐하면 임금이 노동력 가치—이 크기는 다시 그 안에 체현된 노동량과 동일하다—와 같아지는 경향이 있다는 명제는 수요·공급의 움직임을 함축하기 때문이다. 물론 마르크스의 임금이론이 이러한 명제로만 구성된 것은 아니다. 오히려 그것은 실제로 임금현상의 모든 측면을 포괄하는 매우 복잡한 전체로 이루어져 있으며, 임금이 노동 '가치'에 의해 결정된 수준으로부터 벗어나는 상황, 특히 주기적인 이탈에 대한 신중한 접근을 포함하고 있다. 이 전체(를 재구성하기 위해서는—옮긴이)는 그의 저작 여러 부분으로부터 조각들을 꿰맞추어야 하므로, 여기서는 재구성할 수 없다.

수요공급 분석을 어떤 추가적인 사실적 가설('제약조건')에 넣음으로써 도출될 수 있던 것이다.

최저생존비설은, 우리가 알고 있듯이, 케네와 튀르고의 가르침 중 본질적인 부분이었다. 우리가 또한 알고 있듯이, 그것은 스미스가 주의 깊게, 그것도 사실상 거기에 남아 있는 상당 부분을 아주 주의 깊게 다뤘던 것이다. 맬서스의『인구론』초판은 이 문제를 다르게 다뤘지만, 우리는『인구론』이후 판과『원리』에서 폐기되어야 마땅하지만 폐기되지 않은 유보조항을 보게 된다. 그러나 리카도가 임금을 "노동자가 〔……〕 생존하고 자신의 종족을 증가시키거나 감소시키지 않고 영속시키기에 필요한 가격"(『원리』, 5장)으로 향하게 하는 경향이 있음을 엄격하게 정식화한 것은 맬서스의 인구법칙을 마찬가지로 엄격하게 수용함으로써 강화되었는데, 이 정식화는 실제로 임금의 장기적인 수준이 불확정적이라는 조건을 필요로 한다. 위 인용문은, 적어도 1817년쯤에는,[190] 리카도가 이에 대해 알고 있었음을 보여주지만, 임금에 관한 장의 후속주장에 비추어보면 필요정리가 유지될 수 없다는 점을 또한 알고 있었음을 보여준다. 토런스를 따라,[191] 리카도는 이후 '사회적 최저생존'이라고 불리며 일상화된 것을 '물리적 최저'로 대체했는데, 토런스의 용어에서 사회적 최저생존의 의미는 "나라의 기후와 습관의 성질에 따라 〔……〕 노동자를 지원하는 데 필요한 생활필수품과 편의품의 양"을 말한다. 약간만 생각해보면, 이것은 관습적인 임금을 하나의 제도적 여건으로서 받아들인 것과 같은 것임을 알 수 있다. 이런 식의 접근은 항상 가능하다. 즉 어떤 것이나 주어진 하나의 여건으로 이름 붙일 수 있고, 이 여건은 우리가 서술하고자 하는 것이 무엇이든지 그에 대한 순수한 경제적 설명을 추구하지 않음을 의미할 따름이다.[192] 그리고 물리적 최저정리

---

190) 1815년 저작(*Essay on the Influence of a Low Price of Corn on the Profits of Stock*, 1815)에는 위의 인용문에 상응하는 부분이 없다.

191) *Essays on the External Corn Trade* ……(1815, pp.58~63).

192) 물론 여기에는 한계가 있다. 만일 우리가 경제적으로 결정된 체계를 갖고 있

보다는 이런 시각에서 '고전파'의 장기임금 '이론'을 보는 것이 더 현실적인 것으로 보이는데, 물리적 최저정리는 임금문제에서 거대한 '단기'가 실제로 장기를 대체한다는 사실 때문에 '고전파'가 스스로 공언했고 그래서 어쨌든 거의 중요하지 않은 정리다.

앞서 밝혔듯이, 임금문제를 다루기 위해 영국 '고전파'가 현실적으로 사용한 수요공급 장치는, 전통적으로 임금기금설로 묘사된 특정한 종류의 것이었다.[193] 단순성을 위해, 우리는 소득영역에서 작동되는 노동에 대한 수요공급——하인, 교사 등과 같은 서비스를 직접 소비하기 위한 수요공급——은 무시하고, 다른 고용(서비스 고용-옮긴이)이 없는 듯 보이는 산업노동(물론 넓은 의미에서 이것은, 스미스가 말했듯이, '이윤이 기대되는' 고용에 종사하는 모든 노동을 말한다)에 대한 수요공급으로 우리의 논의를 한정할 것이다. 더욱이 우리는 '고전파'의 관행을 따라, 일정 시점에서 일정한 노동공급은 일정한 수의 노동자에 의해 항상 대표된다고 가정한다. 즉 노동자와 자영업자 사이의 이동이 없고, 노동자가 노동시장에 들어가거나 떠나는 나이의 변화가 없고, 일당이나 주당 노동시간이 변하지 않고, 이후 삽입된 유보조건을 제외하면 노동자가 그 이하에서는 고용을 거부하는 유보가격이 없다고 가정한다. 틀림없이 이런 단순화는, 임금기금설을 항상 엄격하게 따른 것은 아닐지라도, 그것을 불신하는 데 일조했다. 그러나 우리에게 중요한 것은 이 단순화가 큰 어려움 없이 버릴 수 있는 단순화에 불과하다는 점이다. 이제 우리는 노동의 공급함수가 아니라 공급된 일정량만을 갖고 있으며, 그래서 적어도 15년이란 '단기' 동안 무조건 공급된 일정한 양을 가정한

고 그래서 그 변수 중 일부를 주어진 하나의 여건으로 삼고자 한다면, 우리는 동등한 수의 균형조건을 버려야 하는데, 그렇지 않으면 그 체계는 과잉결정 될 것이다.

193) 그러나 (1) 우리가 세의 법칙을 논의하면서 보았듯이, 수요공급 장치는 그 가격변동이 모든 사회적 집계치에 영향을 미치는 노동만큼 중요한 상품에 무조건 적용되는 것을 인정하지 않으며, (2) 임금기금설은 이것을 고려한 서툰 시도로 볼 수 있음에 주목하라.

것이다. 수요는 무언가 통상적이지 않은 방식으로, 즉 자본가가 노동에 대해 소비하기로 결정한 '실물기준의 합'[194] —— 임금재, 생계수단, 가변자본[195] —— 을 지시함으로써 임금기금설에 나타난다. 이 수요 또한 함수가 아니라 어떤 일정 시점에서 주어진 양이다. 그리고 또한 그 이하로 들어가기를 거절하는 유보가격이 없는 공급 측 노동에 대해서와 마찬가지로 그 이하로 '자본가'가 들어가기를 거부하는 노동의 가격은 없다. 즉 자신의 소비를 위해 유보하기로 결정한 자본가는, 이런 결정이 일정하다면, 그 합(임금기금) 이상을 쓸 수 없다. 그리고 자본이 결코 쉬는 것을 허용하지 않는 자본가는 (정상적으로) 그 이하로 소비하지 않을 것이다.[196]

공급된 노동량은 매 순간 주어지기 때문에, 이른바 이 장면 배후에 자리 잡은 상황을 고려할 때 노동에 지출된 '합' 역시 매 순간 주어지기 때

---

194) 이것은 우리 자신의 의미에서, 즉 생계비 지수로 정정된 화폐량이라는 의미에서나 임금재에 체현된 노동이라는 리카도적 의미에서 이해될 수 있다. '고전파'는 때로는 전자를, 때로는 후자를 의미했다. 이것이 오해를 야기했다. 우드(Stuart Wood, "A Critique of Wages Theories", *Annals of the American Academy of Political and Social Science*, 1890)는 '고전파'가 '노동자의 어떤 부지런함도, 생산의 어떤 개선도 임금을 증가시킬 수 없다' 즉 임금기금을 증가시킬 수 없다는 생각을 했다고 비난했다. 때때로 '고전파'는 (임금재의 생산개선이 이윤을 올리고, 따라서 저축을 증가시키고 결과적으로 또한 임금을 증가시키는 것을 제외하고는) 이런 생각을 했지만, 그렇게 하는 것이 잘못이라는 의미에서가 아니라 리카도적 의미에서만 그런 생각을 했던 것이다.

195) 마르크스의 가변자본은 정확히 '부르주아'의 임금기금과 동일하다는 점을 항상 기억하라.

196) 이것은 균형명제임을 기억하라. 왜냐하면 자본가는 그 이상이나 그 이하를 소비할 수도 있지만, 그 결과에 만족하지 않는다면 균형이 성립하지 않기 때문이다. 그러나 '고전파'는 생각과 설명에서 모두 조잡함을 보여주기 때문에, 이 점이 반대자는 말할 것도 없고 고전파 자신에게서도 마땅히 드러나야 할 만큼 드러나지는 않음을 이해하기란 쉬운 일이다. 이 상황과 화폐수량설 상황의 유사성에 주목하라. 그에 대한 좀더 불완전한 정식화는 마치 사람들이 자신이 가진 모든 돈을 소비재나 투자에 지출해야 한다고 가정하는 듯이 읽히기도 한다.

문에, 균형상태에서 수요된 노동량은 공급된 노동량과 일치해야 하기 때문에, 우리는 평균임금률이라 불리는 크기를 유일하게 결정하는 방정식을 얻게 된다.[197] 실제임금이 평균임금률 위에서 고정된다면 실업이 존재하고, 그 이하라면 노동수요를 충족시키지 못한다. 우리는 이것을 단기 임금기금설이라고 말할 것이다. 그러나 어느 누구도 노동공급과 임금기금이 현실적으로 주어진 상수라고 생각하지 않았음은 물론이다. 오히려 시간에 따른 그 변동에 관한 명제는 임금기금설의 일부일 뿐만 아니라 가장 중요한 부분이다. 노동공급을 지배하는 요소는 맬서스의 (인구―옮긴이) 법칙이거나 노동계급의 '습관'일 뿐이었다. 임금기금, 따라서 수요의 변동을 지배하는 요소는 저축이었다. 그러므로 생산적인 경제과정의 효율성이 일정하다면, (우리의 의미에서) 실질임금률과 노동계급의 일인당 실질임금의 시간에 따른 변화는 노동계급의 인구증가율과 사회의 저축률에 의존한다.[198] 우리는 이것을 장기 임금기금설이

197) '고전파'는 평균임금률을 말할 때 관련된 이 문제를 모르지 않았다. 상이한 고용에서의 임금률의 차이에 기울인 이들의 관심을 주목하라. 그런데도 이들은 기본임금 이론에서 평균임금률이라는 개념을 아주 무비판적으로 사용했다. 우리가 직면한 어려움을 늘리지 않기 위해, 우리도 똑같이 모든 직업에서 동등하게 보수를 받는 한 종류의 질을 갖는 노동만이 존재한다고 가정하자. 이런 '고전파'의 관행을 옹호할 때 중시해야 할 사항은 이 관행에 오류라고 불릴 만한 것은 조금도 포함되지 않았다는 점이다.

198) 이미 살펴보았듯이, 단기 임금기금설은 실질적으로 이것이 수요·공급 스케줄과 함께 작동한다는 통상적인 의미의 수요·공급 이론이 결코 아니다. 그러나 위에서 말한 장기분석은 이런 함수로 표현될 수 있을 것이다. 나는 이것을 표현하는 방법을 다음과 같이 지적하고 싶을 뿐이다. 즉 맬서스 법칙에 의한 노동공급은 (우리가 말하는 의미에서의) 실질임금률의 함수로 표현될 수 있다. 문제는 '자본가'가 수요하는 노동량을 또한 실질임금률로 표현하는 데 있다. 실질임금률은 언제나 임금기금의 크기에 좌우되고, 임금기금의 변화는 저축률에 의해 지배되며, 모든 사람의 저축성향(밀의 '유효 축적욕')이 일정하다면 저축은 (주로) '자본가'의 소득, 따라서 '이윤'에 좌우되고, 리카도에 따르면 이윤은 임금에 좌우되기 때문이다…… 등. 나는 이런 생각에 동의하지 않는다. 그러나 여기에는 두 가지 장점이 있다. 첫째, 이런 생각은 비대중적인 것이 되기 쉬울 만큼 중요한 그리고 임금기금설을 주장하는 이론가들에게

라고 말할 것이다.

이제 위에서 말한 주장과 앞의 장에서 임금기금이란 개념에 관해 밝힌 것을 결합할 수 있다. 그렇게 함으로써 최소한 필요한 역사적 준거를 추가하거나 회상하고 싶다. 임금기금설의 기초는 (산업)임금이 자본으로부터 '선대'된다는 명제다. 이 기본명제는 적어도 캉티용과 케네까지 거슬러 올라간다. 이 명제를 받아들인 사람은, 그가 세부적으로 단순화나 적용을 통해 많은 결점을 볼지는 모르지만, 임금기금설을 완전히 반대할 수는 없다. 장기 임금기금설에서 이런 선대가 그 원천인 저축에 의존한다는 점도 똑같이 중요하다. 이 점은 튀르고와 스미스가 납득한 점이다.[199] 우리는 맬서스가 '그의' 인구법칙으로 장기 임금기금설에 기여했다고 당연히 생각하지만, 몇몇 경제학사 연구자가 그를 다른 측면에서 임금기금설 이론가로 분류한 것은 이 이론이 실제로 말한 바에 대한 혼동만 야기할 따름이다.[200] 임금에 관한 장에서 리카도는, '무한한 기

는 틀림없이 매우 중요한, 임금기금설의 한 측면―현재 이윤에 대한 미래 임금의 의존―을 분명히 해준다. 둘째, 이런 생각은 주의 깊은 연구자를 괴롭혔던 문제를 해결해준다. 임금기금설에 따르면 임금률에 대한 노동의 지출탄력성이 0(노동수요의 탄력성은 1)이 된다고, 때때로 말해진다. 이런 서술은 적절하지 않다. 장기에서 이것은 진실이 아니며, 단기에서는 잘못된 것이다.

199) 내 생각에, 스미스는 '노동의 생계유지를 위한 기금'을 언급한 최초의 인물이다. 이 구절은 많은 임금기금설 후원자에 의해 복제되었지만, 그 반대자들에게는 이것이 논점선취의 오류로 보였기 때문에 많은 공격의 빌미를 제공했다. (이하에서 기술될) 밀의 (임금기금설의―옮긴이) 폐기는 한 번만 노동을 유지하기로 '예정된' 기금 같은 것은 없다는 서술에 나타나 있다. 그러나 만일 그것이 어떻게 결정되는지 탐구하지 않고 이런 기금의 존재를 '고전파'가 공준화했다는 이유만으로 반대한다면, 이는 초점을 놓친 것이다. '고전파' 이론에서 기금은 저축자의 결정에 의해 생산적 노동을 유지하기로 '예정된' 것이고, 따라서 매년 저축이 존재한다면 결정되는 것이다.

200) 빈자가 추가적인 화폐액을 받는데도 그 나라의 총산출이 동일하다면, 빈자는 타인의 몫을 감소시키지 않고는 이 산출에서 더 큰 몫을 차지할 수 없다는 『인구론』에서의 맬서스의 서술에 대해, 임금기금설을 함축하고 있다는 주장이 제기되었다. 맬서스가 처음부터 끝까지 스미스의 구절―노동을 유지하기로 특별히 예정된 기금―을 사용한 것은 분명 어느 것도 증명하지 못한다.

간에' 시장임금률을 자연율 이상으로 올리는 것은 자본의 증가라고 아주 강하게 강조했다. 그가 '식료품, 의류, 원료 등'을 포함하기 위해 자본을 정의한 이 장에서와 마찬가지로, 우리의 해석에 따르면 단기나 장기 임금기금설의 특징인 또 다른 요소, 즉 임금자본과 비임금자본 간 비율을 그 변동이 따로따로 취급된다는 것을 이해하기 위해 싱수로 취급할 수 있다는 가정을 리카도가 도입했다고 생각할 수 있다.[201]

따라서 리카도는 여기저기서 날을 세우기는 했지만, 위와 같은 측면에서 볼 때 스미스를 실질적으로 넘어서지 못했다. 그러나 그는 무언가 다른 것을 했다. 그는 자기의 후계자에게 리카도의 악덕(Ricardian Vice), 즉 집계치 사이의 단순한 관계를 마치 인과적 중요성이 있는 것인 양 확정하는 습관을 감염시킴으로써 진정으로 중요(하며 안타깝게도 복잡)한 모든 것을 이러한 집계치 전후에서 완전히 사라지도록 만들었다. 이에 따라 제임스 밀은, 그와 리카도에 앞서 마르셋 부인이 그러했듯이, 다음과 같이 선언했다. "보편적으로 다른 것이 동일하다면, 자본과 인구가 서로 관계를 맺는 비율이 동일한 상황에서는 임금이 동일할 것임을 우리는 확증할 수 있다."(*Elements*, ch.2, § 2)[202] 수요된 노동량, 그러므

---

201) 물론 우리는 리카도가 모든 선대를 노동에 대한 선대로 귀결시켰다거나, 같은 말이지만 자본 전체를 임금자본으로 귀결시켰다는 취지로 그를 해석할 수도 있다. 밀(『원리』, 2부 15장 6절)은 이 점을 명시적으로 세련화했다. 이런 해석에 따르면, 리카도는 우리가 보기에 밀보다 제번스, 뵘-바베르크, 타우시히, 빅셀의 선구자임이 분명하다. 그러나 나는 이 점을 밀의 임금에 관한 장의 본문과 타협시킬 수 없다고 생각한다. 어쨌든 비임금자본을 임금자본으로 귀결시키는 것과 관련된 더 큰 개념이 밀의 정신의 이면에 나타나기는 했지만 그의 임금분석에는 영향을 미치지 않았고, 설령 미쳤다 하더라도 뵘-바베르크가 '고전파'의 임금기금설과 자신의 것을 혼동하기 싫어했다는 것은 정당하다고 말하지 않으면 안 되겠다. 리카도가 그의 책(『원리』—옮긴이) 1장 4절의 자본이론과 임금에 관한 장의 임금기금설을 결코 조정하지 않았다는 점은 그뿐만 아니라 그의 후계자들도 자신들의 임금기금을 가변적인 기간에 대해 언급한 적이 결코 없었다는 사실에 비추어볼 때 충분히 명백하다.
202) 그리고 제임스 밀이 '노동자의 생계나 소비'를 배제하기 위해 자본을 정의했다 하더라도 이렇게 했을 것이다.

로 임금으로 지불될 수 있는 총합——또는 이와 비슷한 그 무엇——이 동일하다고 해도 분명히 변할 수 있다는 것에 누군가 반대했다면, 제임스 밀은 다음과 같이 대답했을 것이다. "그렇다. 하지만 우리는 이전에 그 총합을 결정했던 것과 마찬가지 방식으로, 이런 장면의 배후에 놓인 모든 것을 해결했다. 우리가 만든 모델에서 알 수 있듯이, 자본과 인구의 비율 이외의 임금률의 다른 근사적 원인은 없다. 다른 모든 것은 자본과 인구 비율의 근사적 원인에 의해서만 움직인다. 예컨대 토지의 비옥도는 노동이 고용될 수 있는 실질임금과 전혀 관계가 없다. 물론 토지의 비옥도는 급속하게 축적하는 자본에게 수단을 제공할 것이며, 이것이 당연히 미래의 임금을 상승시킬 것이다. 그러나 형식적으로 이것은 내 이론에 대한 반대가 아니다. 한 단계 더 나아가 인구가 일정하더라도 우리는 임금이 자본에 의존한다고 말할 수 있다."

그리고 나서 매컬럭이 임금기금설의 주도적인 설명자로 자리를 굳혔다.[203] 그러나 그가 (임금기금설에-옮긴이) 추가한 것은 아무것도 없다. 토런스[204]는 무언가를 추가했지만, 그 무언가는 분명 원래의 주장, 즉 임금기금설은 모든 노동력의 결합이 임금을 올리기 위해서는 이윤과 감가상각 할당금을 집어삼켜야 한다는 것을 부인하기 위한 어떤 근거도 제공하지 않는다는 주장으로부터 나왔을 것이다.[205] 밀의 논거는 아주 다르다. 임금기금설의 연쇄분석적 측면을 강조함으로써 밀은 사실상 임

---

203) 내용상 결코 변화가 없는 임금기금설에 대한 매컬럭의 최초의 진술은 『브리태니커 백과사전』에 실린 '정치경제학'("Political Economy", 1823) 항목이며, 두 번째 진술은 『원리』(*Principles*, 1825)에 있다. 그의 『임금연구』(*Essay on …… Wages*)는 1826년에, 『임금론』(*Treatise on Wages*)이라는 제목의 증보판은 1854년에 각각 출판되었다.

204) *On Wages and Combinations*(1834). 나는 시니어의 별로 중요하지 않은 기여에 주목하지 않을 것이다.

205) 그러나 제임스 밀이 다음과 같이 대답할 수 있으리라는 점에 주목하라. "아니다. 이것에 영향을 미치는 것은 그 결합이 아니라 노동을 유지하기로 예정된 기금에서 그 결합이 강제한 일시적인 증가다. 즉 그 결합이 영향을 주는 것은 단지 이윤과 감가상각 할당금에 영향을 미침으로써만 가능하다.

금기금설을 중시했고, 그의 분석기술의 일반적 수준을 고려할 때 그 기술 때문에 그가 더 만족스러운 분석을 할 수 없던 과정을 나타내는 이런 집계치를 일종의 중간적 여건으로 그가 사용하는 것에 대한 반대는 거의 없다. 왜냐하면 다음과 같은 점을 우리는 결코 잊지 말아야 하기 때문이다. 임금기금설은 논리적으로 '잘못'된 것이 아니라 적절히 진술되었고, 매우 협소하기는 하지만 임금문제의 중요한 측면을 강조했으며, 여기에 더해 당시의 분석구조 내에서 독특하게 유용한 분석도구였다. 그래서 임금기금설을 추상적으로, 즉 당시의 일반가치 이론에 준거하지 않고 비판하는 것은 의미가 없었다. 한 가지 방법, 즉 더 나은 도구를 제공하고 이것을 조용히 사라지게 하는 방법 이외에 임금기금설과 싸울 필요는 없었다.

　더 놀랄 만한 일로 받아들여야 할 것은 밀의 (임금기금설의—옮긴이) '철회'일 것이다. 그가 존스와 론지를 알고 있었지만, 이들의 공격에 전혀 주의를 기울이지 않았다.[206] 그러나 손턴이 론지의 주장을 정교하게 재진술한 것에 대해 밀은 한 편의 논평을 썼는데, 그 논평은 실제로 완전한 항복을 뜻하지 않았고,[207] 특히 임금기금이 소멸해야 한다는 어떤 구

---

206) 존스(Richard Jones, *Literary Remains*, publ. 1859)는 현대 비즈니스에 의해 지불되는 임금에 대해 임금기금설을 받아들였지만, 그렇다 하더라도 이것이 유일하게 중요한 경우임은 부정했다. 이런 '역사적' 반대는 당시 거의 주목을 받지 못했지만, 훨씬 더 이후 영국 '고전파'에 대한 반대 자체가 칭찬을 받을 만한 자격을 얻게 되었을 때 큰 주목을 받았다. 론지에 대해서는 F.D. Longe, *A Refutation of the Wage-Fund Theory*, 1866(홀랜더에 의한 재판은 1904년)을 참조. 동시대의 다른 공격은 이자에 대한 어떤 추가적인 점도 제시하지 못했다.

207) William T. Thornton, *On Labour*……(1869). 여기서 재진술이란 용어는 사실을 나타내기 위한 것이지, 론지가 자신의 소책자를 밀에게 보내 그것을 읽도록 한 점에 비추어볼 때(이 얼마나 낙천가인가!) 손턴도 밀도 자신을 언급하지 않았다고 론지가 불평을 하기 했지만, 그렇다고 해서 손턴이 표절했다고 비난하기 위한 것은 아니다. 더욱이 비록 론지가 임금기금설에 관한 손턴의 비판 내용을 미리 말했지만, 손턴의 책은 몇 가지 새로운 점을 담고 있었다. 그중 뛰어난 것은, 기대된 소비자 수요를 생산자의 진정한 지침으로 강

절——예컨대 자본에 관한 네 번째 명제——을 말했다 하더라도 그것을 변경하도록 한 것은 아니었다. 그러나 그 논평은 한 구절을 상대방에게 내주었는데, 이 구절은 대중 모두가 납득한 것이었다. 밀이 받아들인 론지-손턴의 주장은, 어떤 상황에서든 노동에게 돌아가길 '요구하는' 일정한 양의 임금재[208]의 존재를 부정하는 것 이상을 의미하는 것[209]이 아니었다. 결국 위에서 설명한 바와 같이, 만일 이런 주장을 어린애의 오해——이것은 케언스에게 나타났던 방법이다[210]——로서 버리지 않는다면, 우리는 임금집계량을 그 자체가 자신의 역할을 수행하는 '근인' (proximate cause)으로 삽입하는 것은 적절하지 않음을 의미하는 것으로 이런 주장을 해석해야 한다. 그러나 이것이 전부라면 이론적인 세부사항 같은 이 점에 대한 모든 언쟁과 밀의 단정적인 철회에 대한 모든 흥분은 어떻게 된 일인가?

그런데 이는 대중——심지어 전문가 일반조차——에 관한 한, 해당되

조한 점에 있다. 기대하는 요소가 이후 얻게 된 중요성에 비추어볼 때, 손턴의 책은 특정한 임금기금 문제와는 전혀 독립적인 분석의 역사에서 한 자리를 차지해야 한다. 이에 관한 밀의 논평(*Fortnightly Review*, May 1869)은 다른 사람들이 도발이라고 간주한 것임에도 불구하고 상당한 호감을 받은 점 외에도 철회보다는 피상적인 오해에 대한 온건한 수정이었다.

208) 론지와 손턴은 '화폐'에 대해 말하면서 이 화폐가 실물재화를 대표한다는 점을 명확히 하지 않았기 때문에 논쟁에 불을 지폈으며, 때로는 '고전파' 분석을 부적절하게 파악했음을 무심코 드러내기도 했다. 이것은 매클라우드의 논증 (H.D. Macleod, *Elements of Political Economy*, 1858; 3rd ed., *Elements of Economics*, 2 vols., 1881~86)에서 훨씬 더 분명하게 나타났다.

209) 론지와 손턴은 우리가 주목하고자 한 것 이외의 비판을 또한 제시했다. 예컨대 이들은 평균임금률이라는 개념과 임금기금설이 수요공급 장치를 다루던 방식을 비판했다. 이런 다른 비판에는 무엇인가가 있지만, 이런 비판은 임금기금설 자체를 포기하지 않고는 충족될 수 없었고, 쟁점의 밑바닥에 도달하지 못한다.

210) Cairnes, *Leading Principles*, part II, ch.1, 특히 pp.214 이하. 그러나 (186 쪽에서) 케언스는 임금기금을 옹호할 여지가 거의 없다는 식으로 해석했다. 그러나 이것은 손턴의 수요공급에 관한 공격에 대한 그의 견해에 해당하는 것은 아니다.

는 내용이 아니었다. 우리 분야에서 흔히 일어나는 사태가 여기서도 나타났던 것이다. 대중은 한 단어의 표면상의 의미에 사로잡혔으며, 여기에만 관심이 있었다. 기금, 이 말은 얼마나 분명한가! 노동은 기금을 확보해야 했지만, 그 이상을 확보할 수 없다! 어떤 색채를 지닌 대중적인 저자들은 이것을 의미 있게 해서 임금을 올리는 것이 '과학적으로 불가능하다'고 했다. 다른 색채를 지닌 대중적인 저자들은 노동의 희망을 꺾으려는 비열한 시도에 분개하면서 거품을 뿜었다. 이 모든 것이 얼마나 불합리한지는 너무도 분명했다.[211] 그에 못지않게 대다수 임금기금의 이론화의 배후에 자리 잡은 '실제적인' 진단이, 대중의 이익에 대해 조야한 것이라도, 상식 이상의 것이 아니라는 것은 분명하다. 즉 이런 진단은 (실질)임금률과 (실질)임금소득을 생산과정의 효율성, '관습'(관습적인 생활기준의 높고 낮음과 이것과 관련된 인구증가율), 식료품과 그밖의 생활필수품의 자유무역, 저축률에 의존하게 하는데, 이 모든 것은 의심할 나위 없이 영국의 지배적인 상황에 적합한 것이었고, 전체적으로 아주 합당한 것이었다.[212] 화폐임금률의 변화의 중요성이 (케인스 경제학에서처럼) 할인된다고 해도, 이것은 단지 부가적인 공적일 뿐이다. 그리고 케인스 경제학에서 볼 수 있는 무책임한 '임금정책'에 반대하는 경고도 마찬가지였다. 밀은 자신이 발표한 그 어떠한 경고도 철회하지 않았다. 더 나아가, 당대의 일류 영국 경제학자(밀—옮긴이)는 가증스러운 허세(hateful scarecrow)도 부인했다.

　　그러나 이상의 정서와 함께 그에 못지않게 어리석은, '이론'이 정책을

---

211) 그러나 다음을 반복해보자. 첫째, 임금기금설은 이런 종류의 어떤 것도 의미하지 않는다. 둘째, 만약 이런 종류의 것을 의미한다고 하면, 그것은 모든 임금투쟁―이 투쟁에서 높은 임금에 대한 요구는 어떤 균형임금률과도 관계가 없지만, 마찰이나 약한 교섭력 같은 이유로 노동자가 이런 균형임금을 획득하려 하지 않는다고 주장하는 논의에 의해 합리화된다―의 99퍼센트와 무관할 것이다.
212) 이 가운데 현대 급진파가 실제로 받아들이지 않은 유일한 요소는 임금과 저축의 관계다.

지도한다는 신념[213]은, 기술적 논점에 대한 무미건조한 논의가 장점임이 틀림없는 것에 흥미와 광채를 부여했다. 이것은 과학적 문헌에서 반발을 불러왔다. 영국과 미국에서 임금기금 '설' 죽이기는 호기심 있는 스포츠가 되었다. 이를 보여주기 위해서는 워커(F.A. Walker)와 시지윅이라는 이름으로 충분하다. 대륙, 특히 독일에서는 헤르만의 의견——그 자체는 매우 타당하지만, 반론으로서는 오류인——이 전체적으로 지배했다. 즉 라우의 『정치경제학 교과서』(1868년에 출판된 8판에서)는 다른 유산과 마찬가지로 임금기금설을 지지했지만, 로셔(1854)는, 상당히 영향력 있는 임금이론의 역사에서 뢰슬러(Roesler)와 브렌타노가 그러했듯이, 헤르만을 따랐다.[214]

7. 지대

당시 유행했던 이른바 임금이론은 상이한 설명원리를 가져온 것이 아니라 '임금과 자본'에 관한 좀더 포괄적인 이론——성숙하지 못한——의 다소 귀중한 일부에 불과했지만, (자연적 요소의 지대로 일반화된) 토지지대에 대한 당시의 설명은 실제로 상이한 원리에 바탕을 둔 상이한 이론이었다. 우리는 이 원리를 독점이론, 생산성 이론, 수확체감 이론이라고 부를 것이다. 이것이 하나의 통일된 원리가 부재함을 말하는 것은 아니다. 리카도 자신은 지대를 "대지의 본원적이고 파괴될 수 없는 힘을 사용하기 위해 지주에게 지불한 토지생산물의 일부"(『원리』, 2장)라고 정의하면서 이 주제에 대한 논의를 시작했고,[215] 밀은 생산의 필수

---

213) 『아메리칸 이코노믹 리뷰』(*American Economic Review*)에서 임금기금설이 대중의 생각과 정치행위에 미치는 현실적 영향에 관한 흥미로운 논의가 이루어진 바 있다.

214) C.F.H. Roesler, *Zur Kritik der Lehre vom Arbeitslohn*(1861). Lujo Brentano, "Die Lehre von den Lohnsteigerungen", *Jahrbücher für National-ökonomie*(1871).

215) 우리는 여기서 당시 저자들이 설명했어야 할 현상이 무엇인가 하는 문제와 여전히 싸웠다는 점을 간단히 기록하고 싶다. 리카도가 주목했듯이, 스미스

조건인 세 가지 요소를 상기하면서 자신의 논의를 시작했는데, 이는 같은 것이다.(『원리』, 2부 16장) 이 점이 수요와 공급으로 나아가게 하는데, 이 원리는 위의 세 가지 이론을 통일시킬 뿐만 아니라 정상적 사업과정(stationary business process)에서 발생한 다른 모든 종류의 소득과 지대를 동일시한다. 그러나 대다수 경제학자는 이런 경로를 밟지 않았고, 결국 세 가지로 구별된 이론들을 말하는 것이 역사적으로 더 현실적이게 된다.

스미스가 지지한 독점이론[216]은, 항상 그러하듯이, 당시에도 정치가와 팸플릿저자들 사이에서 많은 추종자를 확보했다. 그러나 독점이론의 역할은 과학적 문헌에서 거의 중요하지 않았는데, 그것은 언뜻 보기에 이와 관련된 독점이라는 용어의 빈번한 등장 때문인 것 같다. 시니어와

는 이 주제에 대해 막연해했고, 순수지대와 토지소유에서 나오는 총소득―이것은 마셜이 준지대라고 부른 것, 즉 배수·울타리 등과 같은 토지개량으로 생긴 수익을 포함한다―을 항상 명백히 구별한 것은 아니었다. 그러나 스미스가 분명히 지적한 이 구별 자체는 빠르게 확립되었다. (튀넨은 토지로부터의 총소득을 농장지대Gutsrente, 순지대를 농지지대Grundrente라고 불렀다.) 또 다른 문제는 리카도의 정의가 배제하는, 광산과 같이 고갈될 수 있는 자연적 요인에서 나오는 수익과 관련해 제기되었다. 그러나 두 경우의 유사성이 쉽게 인식된다면, 그에 대한 어떤 어려움도 발생하지 않는다.(『원리』, 3장) 그러나 이런 의미에서의 지대와, 그 양이 단기가 되는 시간 내에 변할 수 없는 모든 재료의 응용에서 나오는 수익 사이의 단기적 유사성은 마셜 이전에는 분명히 인식되지 않았고, 이것이 약간의 중요한 결과를 초래했다. 즉 이런 유사성을 인식하고 따라서 단기간에 지대와 준지대 사이에 차이가 없다는 것을 인식한 사람은 누구나, 조만간 실물자본재의 산출물이 실제로 이자와 같은 것인가 아닌가를 자문해보지 않을 수 없었다.

216) 그러나 토지의 지대를 독점이득으로 해석한 후, 스미스는 지대는 "임금이나 이윤과는 다른 방식으로 상품가격의 구성에 들어간다. 높거나 낮은 임금이나 이윤은 높거나 낮은 가격의 원인이다. 높거나 낮은 지대는 그것의 효과다"(『국부론』, 1부 11장)라고 선언했다. 그는 이것이 그의 독점지대론과 모순된다고 보지 않았던 것 같은데, 지대가 독점이득이라면 그것은 가격으로 들어갈 것으로 보았기 때문이다. 그러나 이렇게 실수를 저지른 문장은, 분석가들이 스미스보다 리카도에게 훨씬 더 동의하는 것에 대한 실마리를 제공하는 것 같다.

밀의 예는 이를 보여주기에 충분할 것이다. 이들의 용어사용을 분석해볼 때, 우리는 곧바로 이들이 지주가 카르텔을 형성해서 토지의 서비스가격이 독점이론의 법칙에 따라 결정된다——이는 일반법칙인데, (카르텔을 통해—옮긴이) 광산이나 포도밭은 당연히 하나만 존재한다——고 주장하려 했던 것은 아니었음을 발견하게 된다. 이들이 주장하고자했던 것은 지대가 일정하게 제한된 수량밖에 존재하지 않는 '비용 없는'것의 가격형성을 구성한다는 점인데, 이들은 이것을 잘못된 가격이론때문에 진정한 독점의 경우와 동일시했다. 밀조차 '경쟁'이 존재하는 소유자들 사이의 '독점화된' 대상에 대해 쓰기도 했다.(『원리』, 2부 16장2절) 밀과 시니어는 아주 비논리적이긴 하지만, 곧 논의할 수확체감 이론을 사실상 받아들였다. 독자들은, 어떤 경우의 가격형성에서든 나타날 수 있는 독점이 수확의 성질을 구성적으로 설명할 수 없다는 점에 비추어볼 때, 선동적 구절 이상인 지대에 대한 독점이론을 누가 실제로 지지했는지 당연히 질문할 수 있다. 내가 입증할 수 있는 한, 그 이론을 가장 유사하게 주장한 저자는 톰슨(T.P. Thompson)이었다.[217)

수확체감 이론(또는 우리는 이것을 차등생산비 이론이라고 부를 수있다)은, 누구나 알고 있듯이, 이 이론을 20세기까지 살아남도록 해준리카도라는 이름과 연결되어 있다. 이것은 리카도의 커다란 우회로의일부였는데,[218) 가치문제에서 토지라는 요인을 제거하는 수단으로서 리

---

217) 톰슨의 1826년 저작(*The True Theory of Rent*)은 반곡물법(anti-corn-law) 팸플릿이다. 나는 이처럼 활력 있고 아주 흥미로운 사람에게 무언가를 말할 지면을 가지고 싶은데, 이러한 유형의 인물은 19세기 영국의 어떤 사회학에 서도 제외될 수 없었다. 커다란 성과라고 보기는 어렵지만, 톰슨(C.W. Thompson)의 회고록(1869년)은 읽어볼 만하다.

218) 리카도의 저작에 나오는 우회로의 성격은 이와 같은 지대의 경우에 특히 명 확하게 나타난다. 그는 실제로 "토지의 〔……〕 힘을 사용하기 위해 〔……〕 지불한" 가격(이 지대라는 것—옮긴이)에서 시작했기 때문인데, 이 정의는 만족할 만한 지대이론에 필요한 모든 것을 포함하며, 그래서 우리가 보기에 큰 길을 외면하고 자신의 우회로로 가는 것이다.

카도의 분석에 본질적이었기 때문이다.(이 장의 2절 1항 참조)[219] 물론 사실상 지대는 '가격에 들어가기도 하고' 그렇지 않기도 한데, 이것은 임금이 가격에 들어가는가 아닌가 하는 명제와 정확히 동일한 의미에서 그러하다.[220] 그런데도 리카도는 이런 식으로 가격(가치)문제에서 지대를 제거하려는 의도를 가졌다. 실제로 기업은 '저생산비'의 기업과 '고생산비'의 기업이 존재하는, 서로 다른 비용조건 아래서 운영된다——이런 관찰은 현재와 마찬가지로 당시 평범한 인간의 경제학 중 일부였다. 우리는 물론 비용이 높은 순서대로 기업들을 배열할 수 있는데, 그러면 완전균형이나 완전경쟁의 상태에서 가격이 최고생산비 기업의 평균비용보다 낮아질 수도 높아질 수도 없음을 어렵지 않게 관찰할 수 있다. 이것이 바로 리카도가 때때로, 이를테면 『원리』의 27장에서 "한 상품의

---

219) 밀과 마르크스도 토지요소를 가치문제에서 제거하고자 했다. 그러나 이것은 밀의 이론장치—밀이 자기생각의 의미를 끝까지 잘 생각하는 걸 멈추지 않았다면 이것을 보지 않을 수 없었을 것이다—에서는 완전히 불필요한 반면, 마르크스에게는 리카도와 마찬가지로 필요했다. 마르크스가 실제로 했던 것은 지대와 이윤을 통합해서 잉여가치의 동질적인 풀로 간주한 후, 분배의 기본원리로부터 한 번에 지주와 '자본가'로 하여금 그 분배와 끝까지 싸우도록 하는 것이었다. 이것이 마르크스로 하여금—그렇게 하고자 하는 단순한 결정이 밀에게 그러했듯이—그의 기초적인 가치분석에서 지대의 존재를 무시하게 한 것이었다. 지대가 결정되는 방식을 합리화한 로트베르투스의 시도에 대해서는 이 책, 3부 4장 5절(원문 506쪽—옮긴이) 참조.

220) 이 점을 회피하려는 밀의 시도(『원리』, 2부 16장 6절)는, 우리가 습관적으로 전혀 옹호할 필요가 없다고 믿게 되는 어떤 명제를 옹호할 때 스스로를 자주 기만하는 특별한 유형의 추론을 보여주는 아주 교훈적인 예다. 밀의 경우는 특히 교훈적인데, 첫째 밀은 지대가 가격에 들어가지 않는다는 명제를 필요로 한다고 스스로 잘못 생각했기 때문이고, 둘째 그의 주장은 교묘하고 언뜻 보기에는 설득력이 있는 것처럼 보이기 때문이다. 그가 실제로 도달한 결론은 "지대는 사실상 생산의 지출〔강조는 슘페터 자신의 것〕이나 자본가의 선대의 일부가 아니다"는 것이다. 그리고 이런 명백한 부조리는 "지대를 지불한 토지를 누가 경작하든지 동종의 다른 수단에 비해 우수한 힘을 지닌 수단을 그 지대에 대한 수익으로 받는다", 즉 그는 지대의 지불이 보상에 지나지 않는 차등이득을 누린다(!)는 것을 근거로 평온하게 유지되고 있다.

실질가치는 가장 불리한 처지의 생산자가 직면한 실질적 곤란에 의해 〔……〕 규제된다"는 식으로 언급할 때의 의미다.[221] 이에 준거해서, 특히 『원리』, 2장에서 리카도는 단일기업의 산출량의 상이한 부분이 상이한 비옥도의 토지에서 생산된다면 상이한 비용에서 역시 생산될 것이라는 것, 이들 상이한 산출량 또한 그 비용이 높은 순서대로 배열될 것이라는 것,[222] 그리고 완전균형이나 완전경쟁의 상태에서 최고생산비가 가격을 동등화시키는 경향이 있다는 것 등을 인식했다. 마지막으로 그는 이것을 일반화하여 논리적으로 이질적인 경우를 포함시켰는데, 이질적인 경우 어떤 주어진 총산출량의 상이한 부분에 대해 상이한 비용을 말할 수 없고, 이러한 산출량의 모든 부분이 다른 모든 부분과 마찬가지의 비용이 소요되지만, 그 산출량을 낳으려면 초래될 수밖에 없는 총산출량의 비용증가를 각각의 산출량의 계속적인 증가에 배분하는 것은 여전히 가능하다.[223] 우리가 이러한 의미에서 수확체감을 다룰 때마다, 거

---

221) 최저비용의 기업이 가격을 규제하는 경향이 있다고 보는 스미스의 외관상 정반대되는 견해와 이것 사이에는 전혀 모순이 없다. 스미스는 더 선진적인 기업이 효율적이지 못한 기업을 쫓아내는 잠시 동안 그 효율적이지 못한 기업들이 손실을 보고 판매하지 않을 수 없는 과정을 생각했기 때문이다. 리카도는 균형상태를 기술했던 것이다.

222) 그에 따른 '곡선'을 마셜은 **특수지출** 곡선(Particular Expenses Curve)이라 불렀다.(*Principles*, p.521)

223) 이상이 리카도가 도달한 점이다. 즉 우리는 루크(Rooke) 같은 당시의 다른 저자들에 대해서와 마찬가지로 리카도에게, 다만 기술에서만 현대적 개념과 다른 한계비용이라는 개념을 돌릴 수 있을 것이다. 그러나 우리는 몇몇 해석자와 달리, 한계생산성 분석의 원리에 대한 이해를 그—또는 롱필드와 튀넨을 제외한 당시 다른 어떤 저자들—에게 귀속시키지 말아야 한다. 그의 지대론은 특수한 경우 이런 분석원리를 인정하기는커녕, 그것을 실제로 부정하는 것과 같다. 이것은 이후 일부 이론가들, 특히 클라크가 자신의 이론이 리카도의 지대론에서 나온 것이라고 표현하고, 자신의 견해를 후자의 비판적 정교화에서 도달한 것일 수 있다는 사실 때문에 모호해졌다. 그 일부는 자신이 리카도의 도식을 일반화한 게 아니라 그것을 뒤엎은 것이라는 점을 분명히 하지 않거나 아마도 인식하지 못하고 세 가지 지대법칙에 대해 말했다. 한계비용과 한계생산물이 논리적으로 연관되어 있고, 따라서 하나를 전자를 이

기에는 어떠한 차등이득 없이 생산된 생산물의 요소가 항상 존재하고,[224] 따라서 이 요소에 대해서 그 생산자가 차등이득을 지불하지 않고 한계내(*intramarginal*) 이득에 대한 지불이 생산의 한계지출(*marginal expanses*)에 들어가지 않는다는 것은 동어반복적인 의미에서 올바르다.[225] 이제 이런 대부분의 이득은 본질적으로 일시적인 것——우수한 유형의 기계는 저열한 유형을 대체하는 경향이 있다——이고, 그외의 이득은 사람과 결부되어 있다. 입지와 토지비옥도(및 다른 자연적 요인)의 차등이득 이외의 물질적 요소와 결부된 영구적인 차등이득이란 존재하지 않는다.[226] 이것이 리카도에게는 그의 노동량 가치론을 교란시킨 지대요소를 제거하도록 한 기회였음이 틀림없다. 『원리』, 2장에서 그가 주장한 구성에 비추어볼 때 명명백백한 것[227]은 리카도가 주로 생

해한 사람은 또한 후자를 이해한다는 점을 반대할 수는 없다. 그러나 이것은 실상 그렇지 않다. 다른 것을 함축하는 개념을 이해하는 것이 후자를 이해한 것이라고 말할 수 없고, 상당 부분 이론분석의 진보는 이전에 보이지 않거나 명확히 볼 수 없었던 옛 사상의 함의를 정교화하는 데서 정확히 나온다. 이 주제에 대한 독자들의 정신 속에 존재하는 의혹이나 혼동이 혹시라도 있다면 그것은 롱필드의 『정치경제학 강의』(*Lectures*)를 정독하면 말끔히 해소될 것이다.

224) 이것은 모든 순수이론이 설정하는 통상적인 가정, 곡선의 연속성, 제도적 금지의 부재를 전제한다. 웨스트-리카도의 지대론에 대해 제기된 많은 반대는 비판가들이 순수이론이란 무엇인가를 단지 이해하지 못한 데 근거했거나 근거한다.

225) 이런 한계지출—통상적인 가정에서—은 가격과 동일하기 때문에 한계내 이득에 대한 지불이 가격으로 들어오지 않는다는 것은 완전히 사실이고, 이것이 마셜이 리카도의 명제를 지지한 의미, 즉 공허한 자명한 이치다.

226) 리카도의 암시(『원리』, 14장 참조)를 정교화하면서, 밀은 도시지대에 관한 대략적이지만 암시적인 문구를 썼는데(*Principles*, Book III, ch.5, §3), 이것이 에지워스에 의해 발전되었다.

227) 『원리』의 18장("Poor Rates")과 32장("Mr. Malthus's opinion on Rent"), 『맬서스에게 보낸 편지』, 『맬서스의 『정치경제학 원리』에 대한 주석』은 모두 (『원리』—옮긴이) 2장을 보완해주는 핵심부분이며, 리카도의 지대에 관한 견해는 이런 추가적인 자료 없이는 충분히 이해될 수 없다. 그러나 그것을 정독해보면 지대지불이 동일한 토지부분에 대해 연속적으로 이루어진 다른 요소

각한 것이 상이한 토지의 차별적인 비옥도와 입지였고, 동일한 토지에 대한 동등한 노동 '투하'의 계속적인 적용에 따른 체감효과는, 그것이 반대의견에 대처하기 위해서는 유용하게 되었고 그의 주장을 완성하기 위해 필요한 부분이었지만, 그에게는 부차적인 문제여서 이것을 그의 체계에 충분히 흡수한 적이 없었다는 점이다.

이런 설명들에 논리적 오류는 없다. 만약 우리가 노동량 가치관을 고수하고, 심지어 비효용과 절욕이라는 의미에서 실질비용에 준거한 가치론을 고수한다면, 그래서 비용 없는 생산의 필수조건을 제거하고자 한다면, 이런 생각은 그 몫을 다한 것이다.[228] 그러나 이것은 자연적 요소 (토지―옮긴이)의 지대에 대한 설명이 아니라 단지 그 대체물에 불과하며, 그래서 그 이론적 장치 안에서만 의미를 지니는 것이지 다른 이론적 장치 안에서는 비슷하게 중요한 것을 인식하는 데 장애가 될 뿐이다. 그러나 대다수 경제학자는 이 점을 인식하고 그에 대한 생각을 버리는 대신, 19세기 내내 곧 리카도의 지대론으로 알려진 것을 마치 그것이 그

의 동등한 '투하'가 초래한 상이한 효과와 연관되는 경우를 강조한 것이 논의의 결과고, 원래의 생각보다 더 나간 리카도의 생각이었다는 인상이 강화된다. 이런 경우에 대한 2장의 구절조차 원래 이것을 포함하지 않던 주장을 삽입한 것처럼 읽힌다. 이 때문에 피상적인 독자들은 리카도의 이론이 지대 없는 토지의 존재를 공준화한 것이라고 자주 반대를 제기했다.

228) 그러나 여기에는 지대의 수확체감 이론이 자연적 요소의 소유에서 나오는 소득의 어떤 성질―과세와 같은 많은 목적에 중요한―을 분명히 하는 추가적인 이점을 갖고 있음을 덧붙일 필요는 없다. 이런 성질은 한계생산성 이론과 같이 자연적 요소의 소유에서 나오는 소득에 관한 다른 이론의 관점에서도 잘 진술될 수 있기 때문이다. 특히 소유자의 어떤 활동과도 독립적으로 존재하는 자연적 요소의 한계생산성은 그 소유자의 소득에 대해 어떤 것도 증명하지 못하며, 따라서 그 자체는 그 이론이 비록 흔히 잘못 이해되더라도 그런 소득을 변호하는 데 조금도 가치가 없음을 아무리 강조해도 지나치지 않다. 그 반대도 마찬가지인데, 리카도의 지대론은 토지이자를 공격하는 데 필요하지도 충분하지도 않으며, 헬드(A. Held)가 언급했듯이, 우리가 리카도의 지대론을 그가 지주계급에 대해 품었으리라고 예상되는 증오로 설명해야 한다고 주장하는 것은 말도 안 되는 소리다.

이론장치와 별개의 내용을 갖는 것인 양 취급했다.[229] 따라서 그 진위 여부를 둘러싼 초점 없는 논의가 무성해져 당시 경제학 잡지의 표준적인 주제가 되었다. 그 지지자들은 다수였을 뿐만 아니라 대개는 논쟁에서 이겼다. 당시 제기되었던 반론은 대부분 밀의 표준적인 설명[230]이 쉽게 처리했던 오해에 근거했기 때문이다. 그 일부——이를테면 케어리나 존스[231]——는 이론화의 기법을 배우길 경멸하던 자칭 이론가들이 계속해서 범한 오류의 전형적인 예를 보여주는 흥미로운 사례다. 독자들은 밀과 캐넌에게서 필요한 것을 발견할 수 있을 것이다.[232]

---

229) 앤더슨(이 책, 1권, 2부 5장 2절 참조)이 이 이론을 가르치면서 동시에 리카도 체계의 다른 부분을 미리 보여주지 않았다는 점에 반대할 수도 있을 것이다. 그러나 지대에 관한 그의 가르침은 지대란 우등지를 사용하는 특권에 대해 지불한 프리미엄이며, 그 지불은 상이한 질의 토지를 경작하는 차지농의 이윤을 균등화한다는 구절에 의해 가장 잘 전달된다. 그러나 이런 구절은 생산성에 관한 설명을 지적한 것이다. 즉 열등한 노동자보다 우수한 노동자에게 더 많이 지불하는 것과 꼭 마찬가지로 열등지보다 우등지에서 더 많이 지불한다. 그리고 자본 간 경쟁은 두 경우에서와 정확히 동일한 방식으로 이런 균등화를 강제한다. 말이 난 김에 지적하자면, 밀은 리카도가 열등지의 경작을 우등지의 지대지불의 원인으로 삼은 주장을 부정하는 대신에 지대지불의 원인이 바로 열등지 경작의 필요성이라고 주장하는 방식으로 수정하고자 했다는 점이다.(『원리』, 2부 16장 5절) 그러나 이것은 사실이 아니다. 적어도 이것이 사실이 아닌 것은 우수한 노동자의 고임금의 원인이 저열한 노동자의 고용 필요성 때문이라고 말하는 것이 사실이 아닌 것과 같다.

230) 밀이 『원리』를 급히 쓴 데서 비롯된 미숙한 체계화 때문에, 매우 동떨어진 두 개의 장(2부 16장과 3부 5장)에서 이 주제를 두 번 취급함으로써 이에 대한 자신의 논지를 손상시켰다. 이 두 개의 장은 다른 어떤 장 이상으로 오로지 리카도의 노선에 근거한 것이었다. 이것은 밀이 자신의 이론적 통찰의 함의를 보지 못한 또 다른 예다. 그러나 그는 지대가 기회비용과 같은 유형의 비용요소를 구성하는 예를 언뜻 보았고, 심지어 지대가 희소성 가치에 기인한 비용요소라는 점을 인정했는데(『원리』, 3부 6장 제9명제), 그는 이런 양보가 그가 예를 든 모든 경우에 위배되는 치명적인 성질을 가진다는 것을 인식하지 못했다.

231) R. Jones, *An Essay on the Distribution of Wealth*, 1831. 이 책은 1부("On Rent")만 완성된 상태다.

232) 그러나 지면이 허용된다면, 리카도나 그 추종자들의 부주의함에서 비롯된 일

자연적 요소의 필요성과 희소성[233]이 지대라는 현상을 설명하기 위해 필요한 모든 것이기 때문에, 우리는 적어도 생산요인의 세 가지 요소의 지지자 사이에서 지대의 생산성 이론의 열렬한 주장을 발견할 수 있으리라고 기대한다. 그러나 이미 다른 경우에서 보았듯이, 생산성이라는 요소가 한계생산성이란 관념에 의해 합리적으로 정리되지 않는다면, 이 요소를 단순히 인식한다고 해서 우리가 많은 도움을 받는 것은 아니다. 이는 효용이라는 요소가 한계효용이란 관념에 의해 합리적으로 정리되지 않는 한 어떤 쓸모 있는 가격이론을 낳지 못하는 것과 똑같은 이치다. 한계생산성 이론은 사실상 롱필드에 의해 제시되었는데, 그는 19세기 마지막 몇십 년 동안 승리를 거둔 이 이론을 미리 보여주었을 뿐만 아니라, 여기에 덧붙여 이런 관점에서 웨스트-리카도 이론에 대해 말해질 필요가 있는 것을 모두 실제로 언급하기도 했다. 그러나 어느 누구도 이것에 관심을 기울이지 않았고, 세의 생산적 서비스의 가격으로서의 소득개념——세 자신이 토지서비스의 가격을 토지의 사적소유 제도에 귀속시킴으로써 그것을 못 쓰게 한 개념——또한 잠시 불임상태에 있었다. 리카도의 성공이 너무 컸기 때문에 다른 측면에서 세의 도식을 받아들인 몇몇 저자조차 어떤 논리적 불만의 징후를 드러내지 못하고 이 도식에 리카도의 지대취급 방식을 삽입했다. 밀 자신이 대표적인 예고 로셔는 또 다른 예다. 그러나 서서히 완성되어가던 수요공급 장치를 적용

종의 반론을 언급하고 싶다. 이들은 토지에 대해 이루어진 자본과 노동의 '투하분'(doses)——이 용어는 제임스 밀이 도입한 것이다——에 대해 말했지만, 이 투하분의 구성에 부수적으로 따르는 문제를 취급하려는 어떤 시도도 하지 않았다. 이들은 또한 토지를, 일정한 용도를 참조하지 않고는 비옥도에 관해 만족스럽게 등급을 매길 수 없다는 난제를 고려하지도 않았다. 그리고 이들은 다른 많은 가벼운 실수를 범했다. 이와 같은 종류의 반대론이 그리 결정적인 것은 아니다. 그러나 그 반론이 오류인 것은 아니다. 그렇지만 우리는 지금까지 말한 것에서 멈출 수는 없었다.

233) 희소성이 수확체감을 의미하지는 않음에 주의해야 한다. 지대는, 자본의 계속적인 '투하분'이 n번째 투하에 이를 때까지 생산물의 양을 증가시키고 n번째 이후부터는 조금도 증가시키지 않을 경우에도, 지불될 것이다.

해 그 문제를 해결함으로써 결국 농업에서의 생산방법의 개선이 지주에게 이익을 주었는지 손해를 주었는지에 관한 모든 의문을 완전히 종결시켰다. 따라서 수요공급 장치를 고안한 인물 중의 하나로서 리카도학파의 지대론을 고안하는 데도 뛰어났던 맬서스의 지위를 분석하는 것은 우리에게 유용한 훈련이 될 것이다. 그러나 우리는 다음과 같은 언급 이상으로 더 나아갈 수는 없다.[234]

1815년 저작(Inquiry)에서 맬서스는 웨스트나 리카도의 것과 매우 유사한 견해를 전개시켰다. 리카도의 견해 또한 분명 이와 같은 것인데, 이는 그가 『원리』, 「서문」에서 맬서스와 웨스트가 "진정한 지대학설을 〔……〕 상에 제시했다"고 진술하는 데서 알 수 있다. 그러나 이런 경우에서조차 우리는 다음과 같은 논쟁의 씨앗을 볼 수 있다.[235] 다른 어떤 것 가운데 맬서스는 지대가 자연의 선물로 우리가 얻는 잉여라는 명제를 주장했다. 많은 오해를 불러일으켰던[236] 이 어설픈 구절은, 생산성에 의한 지대설명을 어렴풋이 보여준다. 이것이 리카도에게 받아들여질 수 없었던 이유는 그것이 지주에게 경의를 표하기 때문이 아니었다. 즉 '자연의 인색함'에 대한 리카도의 적지 않은 어설픈 구절은 기껏해야 토지가 자유재가 아니라는 것을 의미했을 뿐이며, 이런 사실은 자연의 선물과 마찬가지로 생산성에 의한 지대설명에 필요한 것이었다. (따라서—옮

---

234) 맬서스가 지대의 순수이론에 대해 중요하게 기여한 바는 그의 『지대의 본질과 발전에 관한 고찰』(Inquiry into the Nature and Progress of Rent, 1815), 『정치경제학 원리』 3장, 『이민에 관한 세 번째 보고서』(Third Report on Emigration, 1827)의 질문 3341호에 대한 그의 답변 등이다.

235) 리카도의 관점에 대해서는 특히 그의 『원리』, 32장과 『맬서스의 『정치경제학 원리』에 관한 노트』를 참조. 우리는 토지소유자의 이익과 사회의 이익 사이의 관계에 관한 리카도와 맬서스의 의견의 불일치를 무시할 것인데, 이런 불일치는 주목할 만한 어떤 것도 낳지 못했다.

236) 몇몇 비판가는 이 구절에서 지주의 소득을 '정당화'하는 시도만을 보았다. 그러나 지주가 자연의 선물을 가로채는 인물—이것은 토지의 사적소유를 반대하는 자들이 도달한 명백한 결론이다—로 표현된다면, 이 구절이 지주 옹호론을 개선하는 것이라고 말할 수는 없다.

긴이) 진정한 이유는 맬서스의 이런 생각이 리카도의 가치론과 양립할 수 없었기 때문이다.[237] 그래서 우리는, 리카도가 「서문」에서 (맬서스에-옮긴이) 동의했음에도 불구하고, 양자 사이에는 출발부터 근본적인 이론적 차이가 있었다고 결론지을 수 있다. 실제로 맬서스는 지대의 발생을 설명하기 위해 수확체감을 필요로 하지 않았다. 그러나 맬서스는 이것을 명백히 파악하지 못했고, 그가 늘 하던 대로 기술되어야 할 현상과 관련된 구체적 사실──이 사실이 현상에 중요하든 중요하지 않든 간에──만을 탐구했던 것이다. 결국 그는 표현하려고 노력했지만 그리 효과적이지 못한 잡종을 만들었고, 이것은 필요한 정확한 진술보다 리카도의 긴 칼에 훨씬 더 공격당하기 쉬웠다. 맬서스는 지대 없는 토지에 대해서조차 고민했고, 지대 없는 자본의 최종투하분이라는 관념을 충분히 흡수할 수 없었다. 맬서스는 토지가 그것에 사용된 노동을 유지하는 데 필요한 수준 이상의 것을 산출할 수 있다는 사실에 설명의 중요성──우리는 맬서스의 지대에 대한 견해를 다룬 장(『원리』, 32장-옮긴이)에서 리카도의 언급에 놀라움을 느낀다──을 추가했다.[238] 맬서스는 스미스에 의해 이미 강조되었던 사실, 즉 농업생산은 그것이 확대되면 그 생산물에 대한 수요를 추가로 창출한다는 점에서 독특하며, 이 수요는 세의 법칙이 말하는 의미에서가 아니라 식량의 증가가 인구증가를 가져오기 때문──이것은 맬서스 자신의 (이후의) 견해에 따르더라도 사실이 아니다──이라는 사실의 중요성을 그에 못지않게 확신했다. 그래서 그의 얼토당토않은 모든 언급 배후에 강한 논거가 있었지만, 맬서

---

237) 다음을 회상해보자. '체현된 노동'에 근거하는 가치론의 관점에서 볼 때, 자연의 선물이나 인색함 모두 생산물의 가치와 어떤 관계도 가질 수 없다. 그러나 노동이 아닌 어떤 것에 의해 생산물 가치에 추가하는 것이 있다는 생각은 가치론의 관점에서 특히 반대될 수 있는 것으로 보일 것이다.

238) 이런 '주장'이 지대론과 이윤론 모두에서 19세기 문헌 가운데 얼마나 자주 반복해서 나타나는지를 주목하는 것은 슬픈 일이지만 흥미가 없지 않다. 수많은 저자는 생산과정이 고용노동을 유지하기 위해 필요한 것 이상을 생산한다는 사실을 엄숙하게 지적할 때, 자신들이 무엇인가를 말하고 있다고 생각했다.

스는 완전히 패배했던 것이다.[239]

마지막으로, 또 다른 범위의 주제를 다루어야 한다. 웨스트와 리카도는 자신들의 지대론을 특수한 계급에게 돌아가는 특수한 소득부문에 대한 설명으로 여겼다. 그들은 특수한 계급의 소득이 '대지의 본원적이고 파괴될 수 없는 힘을 사용하기 위한' 지불이며, 지주가 대지에 가한 개량에 대한 지불이라는 사실을 지나가는 김에 주목했지만, 충분히 중시하지는 않았다. 그들은 몇십 년 이상 확대될 수 있는 단기에 이런 개량에 대한 지불이, 차지농이 '본원적인' 힘에 대해 지불한 것으로 해석될 수 있는 '지대'라는 요소와 경제학적으로 의미 있는 차이를 나타내지 못한다는 점에 주목했을 수도 있다. 달리 말해 그들은 준지대(quasi-rent)라는 현상을 발견했을 수도 있다. 이것이 그들의 이론구조 일반이나 특히 그들의 지대개념의 성질에 구체적으로 영향을 미치지 않았을 수도 있다. 그러나 준지대라는 개념의 다른 일반화는 지대라는 의미에 영향을 미쳤고, 이것이 사실상 웨스트-리카도의 토지지대에 대한 원래의 '이론'을 불가피하게 해체하는 과정의 단계에 다름 아니었던 것이다.

우리는 위에서 우등지의 서비스에 대한 지불과 우수한 노동서비스에 대한 지불 사이에 존재하는 유사성에 대해 주목한 바 있다. 베일리는 웨스트-리카도의 이론유형에 반대해 이런 사실에 눈을 돌린 최초의 인물이었다. 비록 이후의 많은 저자, 특히 시니어와 밀(『원리』, 3부 5장 4절)이 웨스트-리카도의 지대개념을 논쟁적인 의도 없이 일반화했지만, 베일리는 옳았다.[240] 이론에 대한 추가적인 성공을 의미하는 일반화는 존재한다. 즉 일반화는 그 이론의 애초의 적용폭을 풍부하게 하고 확장하

---

239) 그러나 때때로 맬서스는 좋은 성적을 거두기도 했다. 농업기술의 개량이 지대에 유리한 영향을 미친다는 그의 견해는 실제로 리카도의 반대견해보다 더 진실에 가깝지는 않다. 그러나 그가 『원리』에서 당시 리카도는 단기의 경우를 주장한 것—리카도는 자신이나 그의 추종자들이 인식한 것보다 더 자주 그러했다—이고, 리카도가 이 점을 충분히 인정한 것 같다고 지적한 것은 옳다.
240) 밀이 이런 일반화의 함의를 몰랐던 것은, 그가 기회비용 같은 유형을 인정한 배후에 자리 잡은 위험성을 몰랐던 것과 같다.

지만, 위태롭게 하지는 않는다. 그러나 이론의 붕괴를 가져오거나 예시하는 다른 일반화가 존재한다. 즉 이론이 일정한 현상에만 고유하게 타당한 속성이 다른 현상에서 또한 발견될 수 있음을 보여줌으로써, 일반화는 그 원래의 의미를 파괴하고 예전의 의미를 새로운 것으로 대체한다. 지대개념의 일반화는 후자 같은 경우를 말한다. 이것에 의해 개량되지 않은 토지에 대한 특수한 수익인 지대는, 비용 없는 잉여(Costless Surplus)라는 논리적으로 특정한 범주로 통합되었는데,[241] 이런 범주가운데 가장 중요한 것은 밀이 인식했으며 만골트가 크게 활용했던 능력지대(Rent of Ability)다.

8. 분배 몫과 기술진보

이 주제와 관련된 19세기의 문헌을 연구하는 것은 지루한 작업이다. 그러나 19세기 말에 발전한 분석기법의 가치에 실망한 사람들에게는 이것이 위안을 가져다줄 수도 있는데,[242] 실제문제를 해결하는 데서 분석

---

241) 지금 살펴보고 있는 기간에, 이것은 주로 '희생'(이런 의미에서 '실질'비용)의 증가 없이 타인의 수익 이상으로 벌어들인 수익을 의미했다. 그러나 이후부터 이런 잉여는 또한 기회비용 분석으로 규정된다는 점이 인식되었다. 그래서 이것은 어떤 특수한 고용에 대한 서비스를 끌어들이는 데 필요한 것(이전비용)을 상회하는 잉여를 의미한다. 당분간 우리는 당시 나타났던 이런 일반화에만 관심을 가질 것이다. 그러나 급한 대로 페터(F.A. Fetter)의 글("The Passing of the Old Rent Concept", *Quarterly Journal of Economics*, May 1901)을 참고문헌으로 거론할 필요가 있다.

242) 이 항의 논의의 진가를 평가하기 위해서는 현대의 분석기법의 요소에 어느 정도 친숙한 것이 부분적으로 필요하다. 독자들은 이런 목적을 위해 자신이 필요로 하는 것은 모두 힉스(J.R. Hicks)의 『임금론』(*Theory of Wages*, 1932)에서 볼 수 있다. 특히 이 책 6장을 보라. 그러나 나는 (그 요소가 '노동'이든 '토지'든 '기술적 자본' 자체든 상관없이) 요소 절약적인 기계의 효과를 분석할 때 두 가지 경우를 구별하는 데 주의하지 않으면 안 된다는 점을 지적하고 싶다. 하나는, 기술개선은 외부로부터, 즉 생산자의 기술 수준을 혁명화(생산자의 '생산함수'를 변화)하는 몇몇 혁신을 통해 생산과정에 영향을 미칠 수 있다는 것이다. '고전파' 저자들은 전적으로나 거의 전적으로 이런 경우만을 생각했는데, 바턴을 제외하면 모두 실질적으로 처음부터 다음과 같

기법의 우월성——자주 의문이 제기되는——이 이 분야보다 더 뚜렷이 드러나는 곳은 없기 때문이다. 동일한 표현이지만, '고전파'의 분석의 단점도 그러하다. 당시 경제학자들은 (기술진보의—옮긴이) 일반적 문제를 전혀 볼 수 없었다. 즉 이들은 기술진보가 토지지대나 임금에 미치는 영향에 대해 상이한 이론을 갖고 다루려고 했다. 이들은 이 문제를 분배이론의 반독립적인 주제로서 또는 분배이론이라는 주요구조의 첫 계단에서 해결하는 대신 그 위에 건축된 어떤 것으로서 분리해서 고려하고자 했다. 사실상 우리는 이들이 기본문제를 분석할 때 임금자본과 기술적 자본의 비율이 상수이고, 새로운 저축은 같은 비율로 투자된다——그러나 이것이 마르크스에게는 적용되지 않는다——는 가정을 세웠으며, 세울 수밖에 없었음을 알고 있다. 마지막으로 이들은 경제체계 전체에 미치는 기술진보의 영향을 이해하기보다는 여기저기서 그 단편만을 취사선택했으며, 그 결과 하나의 포괄적 이론을 구성해야 할 요소들이 분절되어 마치 다른 이론에 속한 것인 양 따로따로 배열되었다.[243] 이것을 명백히 하기 위해서 우리는 기술진보가 노동의 이해에 미치는 영향이라는 문제로 범위를 한정하고,[244] 다시 이 제한된 문제를 리카도

이 다른 효과가 있는 경우도 있음을 거의 인식하지 못했다. 생산자에게는 조금도 새롭지 않은 기계도 도입될 수 있다거나, 기술적 지식에 관한 한 이전에는 수익성이 없기 때문에 도입되지 않았던 기계가 도입될 수 있는 경우가 그 것이다. 그러나 요소의 상대가격의 변화(예컨대 임금률의 증가) 때문에, 기계의 도입은 수익성이 있을지도 모른다. 여기서 우리는 기술지평의 변화가 아니라 생산함수가 변화하지 않은 상태에서 요소 결합에 변화가 있는 것을 보게 된다. 세 번째 (다른—옮긴이) 경우는 스미스가 인식한 것으로, 이전에 알려진 기계의 도입이 산출량이 일정한 수준 이상으로 확대되자 유리하게 되는 경우다.

243) 이런 결함은 '고전파'의 분석장치를 잘못 취급했기 때문이라기보다는 이 분석장치 자체의 뿌리 깊은 오류 때문이다. 이런 결함은 많다. 그러나 우리가 다른 것보다 더 중요한 결함을 거론하기를 요구받는다면, 우리는 '고전파'가 (생산요소와 생산물의) 대체성을 아주 중요하게 이해하지 못했다는 점을 다시 한 번 거론하지 않으면 안 된다.

244) 기술진보가 지주의 이해에 미치는 영향에 관한 '고전파'의 이론에 대해서는,

가 『정치경제학 및 과세의 원리』 3판에 추가한 그 유명한 제31장("On Machinery")에서 제시한 형태로, 즉 임금기금설의 관점에서 자연스럽게 도출되며 실제로 분석방법으로 고려된 임금기금설을 훌륭하게 예증해주는 형태로 제시하고자 한다. 우리의 질문은 다음과 같다. 새로 발명된 기계의 도입[245]은 임금기금의 크기에 어떻게 영향을 미치는가?

산업혁명 훨씬 이전에 사람들은 기계가 자주 노동을 대체한다는 분명한 사실을 알고 있었다. 위에서 보았듯이, 정부와 저자들은 이런 사실에 우려했고, 노동집단과 시민들의 동업조합은 기계에 대항하여 싸웠는데, 이런 종류의 직접적 영향은 시공간적으로 집중된 반면, 부 일반에 대한 (기계도입의—옮긴이) 장기적 영향은 단기에서 훨씬 덜 가시적이었고 이것을 기계에까지 소급하는 것은 훨씬 더 쉽지 않았기 때문에 더욱 그러했다. 대중 역시 대체로 기계생산을 호의적으로 바라보지 않았는데, 기계생산이 실업이나 아동노동과 연관되어 있는데다 생산물의 질 저하와도 관련되었기 때문이다. 증가하는 노동주의적 문헌(laborist literature)[246]은 저축에 반대하는 또 다른 주장을 이끌어냈던 시스몽디[247]와 같이 과학적 지위를 차지하던 몇몇 저자의 경

이 책 3부 6장 6절 8항(현재가 8항임을 고려할 때, 아마도 7항의 오기인 듯 보인다—옮긴이)을 참조.

245) 이 8항의 첫 번째 각주를 보라.

246) 그 전형적인 사례인 어느 기계공이 쓴 책(*Observations on the Use of Machinery in the Manufactures of Great Britain*, 1817)을 보라.

247) 드 빌뇌브-바르주몽(de Villeneuve-Bargemont; 이 책의 4장 4절 참조)과 보날드(Vicomte de Bonald, *Oeuvres complètes*, ed. J.P. Migne, 1859, vol. II 참조) 같은 '보수적' 유형의 프랑스 경제학자들은 시스몽디보다 훨씬 더 나아갔다. 그러나 시스몽디의 주장조차, 그 분석적 측면에 관한 한, 곳곳에 개탄스러운 점으로 가득 찼다. 예컨대 『새 원리』(*Nouveaux Principes*) 1권, 375~380쪽과 『정치경제학 연구』(*Études sur l'économie politique*, 1837~38) 1권의 「사회적 수입에 대해」(Du revenu social)라는 장에서 그의 추론을 보라.

우보다 이런 관찰과 감정을 강하게 표출하지는 않았다. 대부분의 영국 경제학자는 이것보다 한층 심각한 점을 보았고, 이 문제에 관해 다른 문제, 예컨대 외국무역의 문제에서와 정확히 동일한 것을 보았다. 즉 그들은 자기들이 기본진리라고 생각했던 것에 정신이 팔린 나머지 너무 일시적인 현상에만 몰입하는 대중의 성향에 반대함으로써, 일시적인 현상 자체에 거의 주목하지 않았다. 마르크스에 의해 정당하게 수정된 점이지만, 사람을 끄는 솔직함을 갖고 리카도는 기계에 관한 장 첫 쪽에서, (기계화로의—옮긴이) 이행의 일시적인 어려움은 말할 것도 없고,[248] 노동절약적인 기계가 소비자로서의 모든 계급에게 이익을 주는 것 말고는 어떤 영향도 미치지 않는다는 지배적 견해를 공유하고 있다고 설명했다. 따라서 외국무역의 증가와 마찬가지로 기계화 과정은 그의 주요관심사인 가치(리카도적 가치)의 문제라기보다는 후생——이것은 기계에 의해 확실히 증가했다——의 문제였다. 물론 이는 기계화가 그것에 의해 영향을 받는 생산물의 실질가치와 상대가치를 줄여주는, 리카도가 반복해서 지적했던[249] 상황을 제외한 판단이겠지만 말이다. 이 사실을 그가 임금(우리가 말하는 의미에서 총실질임금)의 어떤 (항구적인) 감소도 기계화에 의해 초래되지 않을

---

248) 마르크스는, 빛나는 수사학으로, 이런 냉혹한 구절이 담아낼 수 있고 때때로 담아냈던 공포를 지적했다. 그러나 몇 가지 수사학적 측면을 희생하더라도, 기계화가 미치는 각각의 독특한 행위의 영향에 관한 한, 만약 그가 기계에 의한 노동의 대체가 일시적이지만 그런 독특한 행위가 충분히 자주 발생한다는 가정 아래 실업의 항구적인 존재를 설명하는 것이라고 지적했더라면 앞뒤가 맞았을 것이다. 이 점을 너무 강조해서는 안 되겠지만, 약간 강조할 경우 마르크스에게 그가 보상이론이라고 부른 것을 반박하는 데 기울인 노고와 분노를 줄여주었을 것이라는 점 외에도 그 자신의 것보다 타당한 항구적인 실업론을 제공할 수 있었을 것이다.

249) 말이 난 김에 지적하자면, 리카도의 가치론에서 나오는 상대가치의 움직임에 관한 장기예측은 다음과 같은 중요한 사실을 정당화한다. 시간이 경과함에 따라 단위당 노동을 덜 체현하는 생산물은 분명 역사적으로 가격이 하락했고, 적어도 다른 생산물에 대해 상대적으로 하락했다.

것이라고 생각한 것은, 기계화가 임금기금을 감소시키지 않으리라는 점 때문이었다.[250] 그러나 그 후 그는 그것이 가능하다고 믿는 이유를 발견했다고 고백했다.

리카도의 주장을 보기 전에 나는 책 한 권을 소개하고 싶은데, 이 책은 그것에 대한 리카도의 참조가 암시하는 것 이상으로 기계라는 주제에 관한 리카도의 생각을 바꾸게 한 것과 분명 관계가 있다. 바턴의 저작(*Observations on the Circumstances which influence the Condition of the Labouring Classes of Society*, 1817)이 그것이다. 이 책은 뛰어난 업적이고, 당시 '고전파' 지도자들을 그 현실성의 결여 ——사실이기도 하고 상상된 것이기도 하다 ——라는 이유로 비판했던 문헌 가운데 발군이었다. 폭스웰이 하버드대학교 크레스문고의 복제본에 첨가한 다음과 같은 각주에도 일말의 진리가 담겨 있다. "(이 책은—옮긴이) 아주 좋은 책자다. 〔……〕 이 책의 견실하고 비중 있는 성질은 리카도의 얄팍하고 비현실적인 사변과 현저하게 대조를 이룬다." (원문 그대로!) 바턴은 추상적인 추론 자체에 반대하거나 스미스나 리카도의 **결론**과 모순되는 것으로 보이는 사실을 지적하는 것 이상으로, 추론하는 방법과 이론과 사실의 괴리원인을 지적하는 방법을 알고 있었다. 따라서 이윤율 저하라는 주제에 관한 리카도와 스미스의 견해를 바턴이 '화해'시킨 것(앞의 책, 23쪽 주)은 정교한 만큼 단순한 것이었다. 그러나 우리는 지금 지적한 것과 관련된 명제에만 한정해서 논의해야 한다. 바턴은 노동수요가 총부(스미스에 따르면, 자본과 수입)의 증가에 비례하여 항상 그리고 필연적으로 증가하고, 어떤 다른 이유로도 증가할 수 없다는 점(이것은, 영국 하원 빈민법보고서*Poor-Law Report of the House of Commons*에서 주장되었듯이, 바턴의 책이 출판되기 얼마 전에 공표되었다)을 부정했다.[251] 그리고 그가 이것

---

250) 여기서 우리가 분명히 그리고 교훈적으로 볼 수 있는 것은, 지대와 임금 사이의 유사성이란 모두 리카도의 눈을 가로막은 그의 일반적인 (이론적—옮긴이) 장치의 영향이라는 점이다.

251) 바턴은 또한 '노동의 후한 보수는, 그것이 부의 증가의 결과이듯이, 인구증

을 부정한 이유는 매년 저축이 고정자본과 유동자본(기술적 자본과 임금자본을 의미)의 비례적인 증가를 필연적으로 낳기보다, 둘 중 어느 쪽이 더 수익성이 있는지에 따라서 한 쪽이 다른 쪽보다 증가할 수 있기 때문이다. 만약 임금률이 상품가격에 비해 상대적으로 상승하면 '고용주'는 가능한 한 기계를 더 많이 사용할 것이고, 반내의 경우라면 노동자를 더 많이 고용할 것이라고 그가 설명한 것은 옳다. 여기서 우리는, 로더데일의 인식을 개량했고 롱필드의 인식을 미리 보여주었지만 한층 영향력 있는 저자들에 의해 무시된, 자본과 노동 간 대체성 관계에 대한 명백한 인식을 보게 된다. 그러나 리카도는 이 원리의 중요성을 인식하지 못했을지 몰라도, 적어도 생산과정에 기계가 도입되는 것이 노동에 대한 총수요를 감소시킴으로써 (어떤 경우든 나타나는 일시적인 교란과는 별개로) 육체노동의 이해를 침해할 수도 있다는 생각을 받아들였다. 그리고 그는 이것을 바턴의 것과 거의 다르지 않은 숫자적인 예를 들어 설명했다.(앞의 책, 15쪽)

리카도는 다음과 같이 주장했다. 지금까지 일정량의 '고정'자본으로 일정 수의 노동자를 고용한 '자본가'는 새로 발명된 노동절약적인 기계를 도입하고 일부 노동자로 하여금 이 기계를 제조하도록 하는 데, 대차대조표에서 이 기계는 그가 전에, 이윤과 함께,[252] 매년 재생산하는 데 사용한 임금자본의 일부를 나타낸다. 자본가가 이렇게 하는 동기는, 모든 기업이 새로운 기계를 동시에 도입하지 않을 것이므로, 일시적인 이윤이 그 기계를 도입함으로써 생기기 때문이다. 리카도의 예에서 '자본가'의 자본은 가치의 증가도 감소도 없는, 그대로다. 그러나 그 유기적 구

가의 원인'이라는 점을 부정했다. 그러나 여기서 이에 반대한 그의 주장에 들어갈 수는 없다.

252) 이 장에서 리카도는 다른 어떤 장에서보다, 마르크스가 자신의 것으로 삼았던 이윤분석에 더 근접하고 있다. 다른 어떤 장에서도 이들의 관계가 아주 분명하게 리카도 교수와 마르크스 학생의 관계인 적이 없는데, 때때로 이런 경우가 있을지 모르지만, 어느 경우도 상대방의 성과에 완전히 만족하지는 않았을 것이다.

성은 변했다. 임금자본은 기술적 자본으로 전화했다. 기술적 자본은 증가했고, 임금자본은 줄어들었다. 똑같은 일을 하는 다른 기업과의 경쟁으로 일시적인 이득이 제거될 때, 총자본의 이윤크기나 이윤율은 기계가 도입되기 전의 수준으로 되는 것이 가능하다. 그러나 상품가격은 떨어질 것이고, 제조업자의 임금기금은 항구적으로 감소하여 인구는 '과잉'상태가 될 것이다. 이것이 바로 리카도가 증명하고자 했던 것이다.

　이로부터 리카도는, "기계의 사용이 자신들의 이해를 흔히 침해한다고 보는 노동계급"의 지배적인 견해가 "편견이나 오류에 기초한 것이 아니라 정치경제학의 정확한 원리와 일치한다"고 결론을 내렸다. 이런 예리한 선언은 전문가들의 주의를 독점했고, 같은 장의 다른 구절에서처럼 강화되었는데, 이 장은, 앞서 논의된 경우처럼, "노동에 대한 수요 감소가 필연적으로 존재할 것이고, 인구는 과잉될 것이며, 노동계급의 상태는 궁핍과 빈곤상태가 될 것"이라는 점을 확인시킨다. (리카도의—옮긴이) 지지자와 반대자는 이것 말고는 그 어떤 것도 보지 못했던 것 같으며, 그 이후 리카도는 학설사에서 이런 진술이 사실상 표명했으리라고 보이는 견해의 주요한 지지자로 자리 잡았다. 그러나 우리가 기계에 관한 장의 나머지를 고려하고, 이 장이 리카도가 항구적인 효과라고 불렀던 것을 명백히 다루고 있음을 고려한다면, 다음 두 가지 사항이 분명해진다. 첫째, 이런 효과는 언급된 숫자 예에서 나오지 않으며 둘째, 리카도는 이 점을 깨닫고 이런 진술이 원래 의도한 바를 결코 전하고자 하지 않았다. 첫째 문제에 관한 한, 리카도의 예는 기계도입이 초래하는 사건의 경로 중 일부만을 포괄한 것이었다. 이런 경우에 대한 그의 분석은 실상 비교정학 방법의 한 예지만, 비교된 두 상태 중 두 번째 것은 확정적인 균형상태가 아니다. 왜냐하면 우리는 직업을 잃은 노동자들에게 무슨 일이 일어났는지에 대해서는 말할 수 없지만, 완전경쟁과 임금의 무한한 신축성이 지배하는 가정을 버리지 않는 한 그들이 실업상태로 계속 남아 있을 수는 없을 것이기 때문이다. 둘째 문제에 관한 한, 리카도는 특히 협소하고 잠정적인 방식이긴 하지만, 기계화가 상품으로 표현된 '총생산물(이것은 그가 말하는 의미에서의 총생산물, 즉 임금을 포함한 국민순생산을 말한다)을 줄이지 않을 만큼' 생산능률을 크게 증가시킬 수 있다는 점을 충분히 알고 있었다. 이것은 (우리가 말하는 의미에서의) 실질임금 소득이 '항구적으로' 떨어질 필요가 없다고 말한 것과 같다. 그리고 어떤 경우에서도 이윤과 지대의 구매력이 기계화의 결과 가격하락으로 증가할 수 있기 때문에, 자본가와 자연적 요소의 소유자가 일정한 소비성향을 가지면서 고갈된 임금기금을 늘어난 저축으로 다시 채우는 것이 '불가능한 것은 아니다'라고 말하는 것과 같다.

이런 것(단순함을 위해 다른 것들은 무시한다)을 용인하는 것은 그의 논의에 대한 예외가 아니라, 숫자 예에 의해 도달한 점을 넘어 그의 논의가 계속 이루어진다면 그것으로부터 논리적으로 나오는 것이다. 따라서 이런 것을 용인하는 것은 리카도를 마르크스가 말한 보상이론——노동계급은 노동절약적인 기계의 도입에 따른 유리한 효과 때문에 초기에 겪는 고통을 보상받는다는 이론——의 선조이게 한다. 마르크스는 이 이론을 제임스 밀, 매컬럭, 토런스, 시니어, 밀에게 귀속시켜, 이들과 리카도 사이의 완전히 비현실적인 대조를 했다. 대다수 경제학자도 다소 동일한 일을 했는데, 마르크스와 마찬가지로 독설적인 주석을 달기 위해 이른바 이 보상이론을 선택하지 않으려고 했던 사람들조차 그러했다.(*Das Kapital*, vol.I, ch.15, sec.6)

주로 '보상'에 대한 찬반논의 형태로 19세기 내내 그리고 그 이후에도 진행된 논쟁은 현재 죽어서 매장되었다. 앞서 말했듯이, 이 논쟁은 어떤 불일치점도 남아 있지 않은 양질의 분석기법이 일반적으로 이용되면서 무대에서 사라졌다. (이 8항의 첫 번째 각주에 있는 힉스의 『임금론』에 대한 언급을 보라.) 그럼에도 과거 학설사의 중요한 국면을 이해하기 위해서 몇 가지는 명확히 하는 것이 유용할 것이다. 첫째, 독자들은 리카도가 위에서 인용한 두 가지 진술 가운데 정식화한 결론에서 오류를 범했다고 생각해서는 안 된다. 오히려 기계화가 국민소득(이것이 우리가 말한 의미에서 실질소득인지 리카도가 말한 의미에서 실질소득인지 상관없이)에서 노동의 상대적 몫을 항구적으로 감소시키고, 경우에 따라서는 절대적 몫까지 항구적으로 감소시킬 것이라고 리카도를 해석한다면, 그가 옳은 것이다. 다만 전체적으로 고려된 그의 논의가 그것을 증명하지 않았을 뿐이다. 둘째, 리카도가 추상적인 정리뿐만 아니라 실제로 유의미한 과정과 그럴 가능성에 관한 그림을 전달하고자 했던 한에서, 그는 기계화된 자본주의가 보여주는 생산력 증대의 효과와 그것에서 나오는 산출량 확대의 효과를 분명히 과소평가했고, 그 결과 장기적인 '궁핍과 빈곤'은 현실의 그림에서 당연히 나타나는 것보다 그의 본문에서 더 크게 나타났다. 한편으로, 이것은 결함 있는 분석기법보다 더 나쁜 어떤 것, 즉 상상력의 부족에 기인한 것이었다. 그는 자본주의적인 '기계'에 관한 본질적인 사실은 양적으로 그리고 질적으로 그 기계 없이는 전혀 불가능한 일을 한다는 점에 있다거나, 달리 표현해서 그 기계가 당시까지 태어난 적이 없는 노동자들을 '대체한다'는 점에 있음을 분명하게 인식하지 못했다. 그러나 다른 한편으로, 이것은 또한 그 자체가 (기계이용의―옮긴이) 양적 확대에 대한 묘사를 쉽게 하지 못하는 그의 분석장치의 결함에서 비롯된 문제이기도 했다. 특히 리카도적 체계에서 가격은 비용 수준까지 직접 하락할 수 있다. 즉 산출물의 증가가 아닌 이유로도 하락할 수 있다.(『원리』, 30장) 따라서 리카도는 재화기준으로 본 총산출이 기계화의 결과, 그가 가정한 완전경쟁에서 증가해야 한다는 점을 보지 못했다. 더욱이 그는 상품기준으로 임금기금을 표현할 때 임금기금이 저축의 증가 없이도 증가할 수 있음을 분명히 보지 못했다. 비록 이 경우 임금기금이 증가하고 그 결과 실질임금이 증가한다고 말하기보다 (우리가 말한 의미에서의) 실질임금 소득이 증가한다고 간단히 말하는 편이 훨씬 자연스러울 것이지만 말이다.

셋째, 리카도의 기계에 관한 장을 정독하고 그것이 하나의 혼돈이라고 간주한 독자들은 완전히 올바르다. 이런 독자들은 그 이유를 알고 싶어할 것이다. 내가 보기에, 그 이유는 리카도는 실질가치('체현된 노동') 기준으로 자신의 접근을 유지하면서, 동시에 이런 접근과 재화기준의 분석을 분리시키는 경계선을 반복해서 횡단했기 때문이다. 그가 이렇게 한 이유는 분명하다. 그의 정확한 추론은 항상 노동체현적 접근을 기준으로 한 것이지만, 이런 접근은 이 장에서 항상 그에게 흥미가 있는, 어느 누구의 궁핍이나 후생에 어떤 결과도 야기하지 않는다. 그래서 그는 두 가지 기준을 혼합해서, 때로는 체현된 노동을 기준으로, 우리가 말하는 의미에서의 실질임금——이것은 재화 기준의 실질임금이다——과는 무관한 기준으로 논의를 요약하면서 '노동의 궁핍'에 대해 말하고, 때로는 재화의 절대량을 기준으로 해서만 의미가 있는 논의과정에서 그의 실질가치 기준으로 말하기도 한다.

마지막으로 넷째, 자본가의 저축증대에 관한 추가적인 설명이 바람직할 것이다. 리카도는 자본가의 저축이 기계가 노동자에게 끼친 피해를 보상하는 효과 내지 보상할 수 있는 효과를 갖는다고 보았다. 이 피해는 리카도의 임금기금설 방법에서 리카도적 임금기금 가치의 감소로 묘사되기 때문에, 추가적인 저축은 사실상 그 손해를 보상하는 경향을 가질 것이다. 그런데 이 추가적인 저축은 다음과 같은 두 가지 이유 때문에 이윤에서 나온다. 첫째, 이윤율이 항구적으로 증가하지 않더라도(리카도적 언어에서 이윤의 '가치'가 증가하지 않더라도), 자본가가 소비하는 재화가격의 하락 때문에 이들은 저축을 더 쉽게 할 수 있고, 따라서 (소비성향이, 리카도와 케인스에게 모두 항상 그러하듯이, 불변이라면) 이들은 저축을 할 것이다. 그러나 둘째, 값싼 재화가 전적으로 소비되거나 주로 노동자에 의해 소비된다면, 리카도 이론에서 이윤율은 상승할 것이다. 그리고 이에 따라 저축이 증가될 것이다. 나는 여기서 밀이 리카도의 방법을 받아들이기는 했지만, 그것을 그대로 따른 것은 아니라는 점을 추가하고 싶다. 밀이 노동계급에게 제공해야 했던 주요 위안은, 기계화란 그것이 초래한 임금기금의 감소를 쉽게 보충하는 충분한 저축을 낳는 과정에서 발생하는 것(그렇지 않으면 저축은 식민지 등지로 파급될 것이다)이고, 그 결과 이런 감소는 현실적이기보다 잠재적인 경향이 있다는 점이다. 마르크스는 이것이 사회주의자의 제국주의론에 대한 산뜻한 시사점을 제공하기 때문에(이하의 논의 참조), 이를 마땅히 좋아해야 했지만 이용하면서 그 어떤 감사도 표시하지 않았다.

마르크스는 리카도의 분석을 받아들였다.(앞의 책, 15장) 그 과정에서 그는 어떤 본질적인 내용을 추가하기보다 리카도의 유보조건을 최소화했고, 그 분석의 내용 없는 부분 중 빈약한 결론을 부연설명했으며, 기계화 과정과 역사적으로 결부된 실업을 최대로 이용했고, 빛나는 수사학에 스스로 흥분한 나머지 자신의 이론을 위해서나 혐오스러운 보상이론에 반대하기 위해 그가 할 수 있는 몇 가지 지적을 간과하기까지 했다. 아마도 이것은, 마르크스가 이러한 종류의 다른 흥분사례와 마찬가지로, 자신의 근거를 완전히 확신한 것은 아니었음을 보여준다. 확실히 이것은 자본주의 체제의 장래에 관한 그의 궁극적 결론에 대해 기계화 문제가 지니는 결정적 중요성을 그가 깨닫고 있었음을 보여준다. 기계는 노동자를 '길바닥에' 집어던져야 했고, 길바닥이 아니라면 영국 기계 때문에 인도의 직포공의 뼈는 '햇빛 속에서 희게' 되어야 했다. 마르크스주의적 실업은 본질적으로 기술적 실업이다. 이 기술적 실업은 항구적인 '산업예비군' ——리카도가 말하는 과잉인구——을 만들어내야 했다. 그리고 이 항구적인 산업예비군 ——이것은 고도 번영기에 일시적으로만 흡수될 뿐이다——의 존재는 (우리가 말하는 의미에서의) 점증하는 비참함, 타락 등 **궁핍화**(*Verelendung*) 수준으로까지 실질임금을 떨어뜨림으로써, 마침내 프롤레타리아를 선동해 최종혁명으로 몰고 갈 것이다. 이것은 당연히 '절대적 법칙'일 뿐이다.[253] 물론 마르크스가 엄격하게 선별한 역사적 사실 ——『자본론』 15장에서 마르크스의 분석을 가득 채운 것 ——을 효과적으로 배열한 것은, (『자본론』-옮긴이) 3권의 일부 구절에서처럼, 상당한 정도의 유보조건을 담고 있다. 그러나 추상적 경향이 어느 누구를 비참함과 절망으로 몰아가는 것이 아니기 때문

---

253) 독자들은 이 구절이 마르크스주의 언어에서 무엇을 의미하는지를 기억하지 않으면 안 된다. 이것은 그 어떤 주어진 경제사 기간에서도 필연적으로 증명되지 않는 추상적 경향과 동일한 것이다.

에, 그리고 마르크스가 궁극적인 결론과 목적에 도달할 때 그의 유보조건 (예컨대 (『자본론』 1권-옮긴이) 32장 「자본주의적 축적의 역사적 경향」을 보라)에 거의 주의를 기울이지 않았기 때문에, 이 노선 중 어느 것을 따라 마르크스를 변호하더라도 결코 성공할 수 없다. 우리에게는 위와 같은 진술을 심각하게 받아들이는 것 말고는 다른 선택의 여지가 없다. 우리가 이런 진술을 받아들인다면, 리카도가 직시한 가능성을 철의 필연성으로 여기고자 했던 마르크스의 시도는 실패한 것으로서 그의 체계의 논리구조를 위태롭게 하는데, 이는 노동계급의 실제역사가 현실주의에 부합되어야 한다는 모든 주장을 위태롭게 하는 것과 마찬가지 이치다.[254]

그러나 기술적 발전과정에 관한 마르크스의 분석에서 버릴 필요가 있는 것은, 정통 마르크스주의적 관점에서 볼 때 아주 중요한 것일지 모르지만, 점증하는 비참함에 관한 테제일 뿐이다. 다른 결론은 그대로 남아 있다. 그 결론을 적절한 빛 속에서 보기 위해서는, 마르크스의 일반적 도식에서 사회진화는 이윤경제에 내재하거나 필연적으로 고유한 하나의 힘에 의해 추진된다는 점이다. 그 힘이 **축적**(Accumulation)이다. 경쟁의 압력 아래서 개별사업체는 가능한 한 더 많은 이윤을 자신의 생산적 장치에 투자하도록 강요받는다.[255] 그리고 **개별사업체**는 항상 완전히

---

254) 노동계급의 생활수준의 저하 경향을 사실 관찰할 수 있다는 우스꽝스러운 입장을 실제로 인정하지 않으려는 마르크스주의자들이 있다. 다른 마르크스주의자들은 마르크스의 추상적(궁핍화; 원문에는 'abstract'라고 씌어 있지만, 문맥상 'absolute'가 타당할 것이다-옮긴이) 법칙이 19세기에 지배적이었던 독특한 유리한 조건(획기적인 운송의 저렴화 때문에 식량과 원자재의 새로운 원천을 개발한 것과 같은 조건) 때문에 그 효력을 상실했지만, 1930년대에 이미 유리해지지 않는다면 결국 스스로를 드러낼 것이라는, 약간은 덜 불합리한 명제에 자신을 한정시켰다. 다른 해석자들은 마르크스의 법칙이 오직 상대적 궁핍, 즉 노동의 상대적 몫의 저하만을 의미할 뿐이라고 강변했지만, 이것은 앞서 말한 것과 마찬가지로 타당하지 않음은 물론 마르크스의 의미를 분명 위배하는 것이기도 하다.

255) 물론 이것은 개별사업체가 저축을 강요받은 것과 동일한 것을 말하는데, 이

새로운 유형의 기계를 자연스럽게 찾아, 더 많은 이윤을 주로 기술적 자본에 투자하도록 강요받는다. 이것이 계급으로서의 '자본가'에게 항구적으로 유리하지 않은 것은,[256] 리카도가 이미 지적했듯이, 어떤 초과이득이든 각각의 기술개량을 채택한 경쟁자에 의해 곧 제거되기 때문이다. 그러나 처음 기술개량을 한 사람이 얻는 일시적인 이익 때문에 그는 경쟁의 선두에 서게 된다. 평균비용 곡선의 하락을 위해 돌진하고, 그 과정에서 약한 사업체를 무력화('수탈')함으로써, 자본주의적 사업체는 개별적으로 규모를 늘리고, 방대한 생산력을 확립하지만, 그것이 결국에는 자본주의 사회의 틀을 폭파시킨다. 이상의 모든 논의가 지지를 받는 것은 아니다. 특히 마지막에 언급한 것은 공격을 당하기 쉽다. 마르크스는 거대한 사업체를 지닌 경제가 어떻게 붕괴할 것인지 정확하게 분명히 한 적이 없고, 그의 자본주의 붕괴이론(*Zusammenbruchstheorie*)은 사실상 그의 가장 뛰어난 추종자 중 몇몇에 의해 철회되었다. 그러나 전체적으로 이런 자본주의적 진화관에 대한 분석적이고 현실적인 미덕에 사람들은 강한 인상을 받지 않을 수 없고, 이것을 마르크스가 리카도의 기계에 관한 장에서 발견한, 자본주의 진화론의 조심스러운 요소와 비교한다면 특히 그러할 것이다.

구절이 의미하는 아주 바람직하지 않은 내용은 마르크스가 싸우기를 피하려는 사자와 같은 것이었다. 그러나 이런 강제의 존재를 지적하면서, 마르크스는 당시 '부르주아' 경제학자들이 할 수 있는 것보다 더 깊은 자본주의 메커니즘에 관한 이해를 무심코 드러냈다. 그러나 부르주아 경제학자들과 공통적으로, 마르크스는 축적의 기계적인 측면만을 보았으며, 그래서 자본주의가 진화한다는 현실이 아니라 점점 늘어가는 무생명체(화폐나 자본—옮긴이)에서 그 진화의 반영, 즉 '자본가'가 이 무생명체를 축적하는 것 외에 착취만 한다는 점을 보았을 뿐이다.

256) [이윤율 저하 경향]에 대해서는 앞의 6절 3항을 보시오.

제7장 화폐와 신용 그리고 경기변동

1절 영국의 당면과제

통상적인 견해에 따르면, 오늘날(또는 과거에) 화폐에 관한 학문적 기초를 제공한 사람들은 정화지불금지법(Restriction Act)이 제정된 1797년부터 금 인플레가 발생했던 1850년대에 이르기까지 영국의 화폐와 금융정책의 쟁점들을 논의했던 저자들이다. 사실상 이러한 견해는 18세기 프랑스와 이탈리아의 연구를 경시한 것이지만, 그럼에도 흔히 볼 수 있는 개괄적인 언급보다는 진리에 더 가깝다. 그 저자들 중 다수의 수준은 대단히 높은 것이었다. 그들은 추상적 일반화의 영역으로 수월하게 발돋움했으며, 진정으로 분석하려는 의지를 품고 있었다. 이 점이 더욱 돋보이는 이유는 그들 대부분이 실무자였고, 따라서 주로 실무적인 사안에 관심을 가졌다는 사실 때문이다. 우리는 이와는 다른 상황에 익숙해져 있다. 그래서 분석작업을 위해 실무자, 특히 은행가에게 도움을 청하거나, 심지어 그들이 종사하는 일의 운영원리에 대한 권위자로서 그들을 인정할 현대의 경제학자란 거의 없을 것이다. 이러한 상황은 다음 시기에 전개되었다. 우리가 지금 살펴볼 시대에는 실무 담당자들이 분석으로 나아가는 길을 이끌었는데, 대부분의 경우 다양한 유형의 연구자들은 이들에게서 분석의 실마리를 얻는 것으로 만족했다.

우리는 이미 그러한 일들을 주도했던 대부분의 인물, 특히 리카도, 맬서스, 시니어, 투크, 토런스, 밀을 잘 알고 있다.[1] 그밖의 소수인물은 이 글을 진행하면서 소개될 것이다. 그러나 우리는 여기서 바로 손턴 (1760~1815)에 주목하지 않을 수 없다. 그는 은행가이자 하원의원 그리고 박애주의자였으며, 자타가 공인하듯이 클래펌 종파(the Clapham

1) 이와 관련된 각종 출판물 중 일부에 대해서는 이미 언급한 바 있다. 나머지 것들은 적당한 곳에서 언급할 것이다. 그러나 리카도의 주요기여는 여기서 바로 열거할 것이다. 독자들이 알고 있다시피, 그가 처음으로 평판을 얻게 된 것은 전시 인플레이션에 대한 논의가 있었던 시기의 화폐정책에 관한 글을 통해서였다. 『모닝 크로니클』(Morning Chronicle)지에 실린 세 통의 편지(1809년; 1903년에 홀랜더가 이것을『금가격에 관한 세 통의 서한』Three Letters on the Price of Gold이라는 제목으로 재출판) 후속으로 리카도는 자신의 견해를 팸플릿 형태로 좀더 상세히 진술했는데, 그것이 바로『지금의 높은 가격, 은행권 가치하락의 증명』(The High Price of Bullion, a Proof of the Depreciation of Bank Notes, 1810)이었다. '사실에 입각한' 저작으로서 그의 유일한 업적인 (그러나 자체로 매우 흥미로운)『지금위원회 보고서에 관한 보즌켓의 실제 견해에 대한 답변』(Reply to Mr. Bosanquet's Practical Observations on the Report of the Bullion Committee)은 1811년에 그리고『경제적이고 안정적인 통화를 위한 제안』(Proposals for an Economical and Secure Currency: 이하『제안』으로 약함―옮긴이)은 1816년에 각각 그 모습을 드러냈다.『정치경제학과 과세의 원리』(Principles, 1817) 27장("On Currency and Banks")은 상당 부분『제안』에서 인용된 것인데도 독자적인 중요성을 갖는다. 그의『국립은행 설립계획안』(The Plan for the Establishment of a National Bank, 1823; 이 계획안에 대한 리스트의 의견에 대해서는 History of Monetary and Credit Theory, pp. 177~179 참조)은 1932년에 홀랜더가 편집한 저작(Minor Papers on the Currency Question, 1809~23, by David Ricardo)에 실려 재출간되었는데 이 책에는 또한 리카도의 견해를 완전히 이해하는 데 필요한 여러 논문이 담겨 있었다.
여기에 다른 항목들을 추가할 수도 있다. 화폐와 신용, 은행업에 대한 리카도의 이론이 차츰 알려지게 되었고, 고리대 금지법과 금태환재개 조치에 관한 위원회에서의 증언뿐만 아니라, 편지들을 정독함으로써 우리는 하나의 광범위한 체계로 결합될 수 있는 유고들을 더 많이 발견하게 된다. 그러나 여기서는 그러한 시도를 하지 않을 것이다. 우리는 리카도의 분석 중 이론의 역사에 대해 크게 중요성을 갖는 몇 가지 특징을 기술하는 데 만족해야 할 것이다. 독자들이 주의해야 할 것은 이로 인해 그의 업적 전체가 다소 부당하게 평가될 수도 있다는 점이다. 그러나 필경 독자들이 받을 인상, 즉 리카도의 진정하고도 독창적인 기여는 많지 않다는 인상은 바이너의 평가와 일치하며, 나 또한 화폐와 신용분석가로서의 리카도는 손턴보다 못했다고 생각한다.

Sect)라 알려진 영향력 있는 **복음주의자**(Evangelicals) 집단의 주도적 인물이었다. 그의 『영국의 지폐신용이 지닌 성격과 효과에 대한 연구』 (*Enquiry into the Nature and Effects of the Paper Credit of Great Britain*, 1802: 이하 *Paper Credit*—옮긴이)[2]는 놀라운 성과다. 하이에크의 평가에 따르면, 저자가 사업과 정치적 일에 정력적으로 매달렸던 6년여의 시간이 투입된 이 작품은 자세히 살펴보면 단점이 없지 않고, 100퍼센트 완성된 것도 아니지만, 몇 가지 측면에서 앞으로 다가올 100년 후의 분석적 발전을 예견했다. 이후와 당시를 막론하고, 더 큰 성공을 거둔 몇 권의 저서(이중에는 리카도의 것도 있다)도 있지만, 당대의 어떤 작품도 이것과 비교할 수는 없을 것이다. 성공비결 중 일부는 손턴이 자신이 연구해낸 새로운 결과를 결코 강조하지 않았다는 데 있다. 이 책을 읽으면, 저자 자신은 그 혁신성을 알지 못했던 것처럼 느껴진다. 자신이 알고 있던 선배학자들에게는 전문연구자에 가까운 주의를 기울였음에도, 손턴은 아마 그 사실을 몰랐을 것이다. 그는 사물을 명료하게 파악하고 본 것을 있는 그대로 간결하게 표현하는 사람들 중 하나였다.

우리는 이제부터 거의 영국의 연구에만 논의를 한정할 것이다. 이러한 결정은, 지면제약이라는 문제를 제외하더라도, 그 시대와 주제를 다루기에 적절하다는 이유에서 정당화될 수 있을 것이다. 단서조항과 함께 언급해야겠지만, 밀은 이 연구를 성공적으로 요약했다. 그의 『원리』의 관련 장들은 그가 이룩한 최고의 연구 중 몇 가지를 담고 있다. 그것은 실제로 (가치에 관한 그의 연구가 그러하듯이) 얼마간의 모순, 우유부단, 석연치 않은 절충을 보여주고 있지만, 이러한 것들조차 자신의 교리의 엄격함에 대한 밀의 신념과 기묘한 대조를 이루면서 당시의 분석

---

2) 『경제학 총서』(*The Library of Economics*)의 재판본(1939)은 하이에크가 쓴 에세이를 「서문」으로 달고 있는데 그 매력은 하이에크의 박식함을 능가한다. 이 「서문」을 놓치는 독자는 상당 부분의 값진 지식뿐만 아니라 더할 나위 없는 즐거움을 스스로 포기하는 것이다.

상태가 미완의 것임을 밝히고 있고, 따라서 이후의 연구방향을 지시하고 있기에 전적으로 폐단이라고 할 수 없었다. 어쨌든 19세기 전반기의 저작이 후반기의 작가들에게 알려진 것은 주로 밀이 정형화한 방식을 통한 것이었으므로, 우리는 이 장 전체에 걸쳐 하나의 준거로서 밀의 이론체계를 계속 염두에 두고 논의를 전개할 것이다.

나는 앞에서 이 당시 저자들의 이론적 분석에 대한 취향과 능력을 높이 평가한 바 있다. 그럼에도 그들의 분석은 그 시대와 국가가 처한 조건이나 문제들과 매우 밀접하게 연결되어 있어서, 그 조건들에 기초하지 않은 설명은 인정되지 않았다. 따라서 이미 말한 이유로 미국이나 대륙의 일부 국가에서 일어난 훨씬 더 흥미로운 경험을 전적으로 무시한 채 이제부터 형식적으로나마 그러한 조건들을 살펴보기로 하자. 더 많은 관련정보의 출처는 다음과 같다.

단 하나의 참고문헌에 집중하고자 하는 학생에게 나는 바이너의 『국제무역론 연구』(Studies in the Theory of International Trade) 3~5장에 나오는 설명을 읽어보기를 권한다. 대가의 풍모가 엿보이는 이 연구서(그러나 이 찬사가 그의 모든 특정의견에 동의하는 것을 의미하지는 않는다)는 가장 중요한 사실과 논쟁의 역사를 제공할 뿐만 아니라 그것을 좀더 깊이 다룬 역사적 문헌의 역할을 할 것이다. 통계수치를 보여주는 것으로는 실버링(N.J. Silberling)의 논문("Financial and Monetary Policy of Great Britain during the Napoleonic Wars", Quarterly Journal of Economics, May 1924; "British Prices and Business Cycles, 1779~1850", Review of Economic Statistics, Preliminary, vol.V, 1923)과 모건(E.V. Morgan)의 논문("Some Aspects of the Bank Restriction Period, 1797~1821", Economic History, A Supplement to the Economic Journal, February 1939)을 참조.

이론적으로 규명된 이 시대의 역사서 중에서 가장 위대한 것은 역시 투크와 뉴마치의 『가격의 역사』(History of Prices; 이에 대해서는 이미 4장 8절

1항에서 언급한 바 있다)다. 그다음으로 권하고 싶은 것은 이 저서의 1928년 판에 붙은 그레고리 경의 「서문」을 숙독하는 일이다. 호트리(R.G. Hawtrey) 의 『통화와 신용』(*Currency and Credit*, 3rd ed., 1928, ch.18)과 『중앙은 행업의 기술』(*Art of Central Banking*, 1932, ch.4)──킹(W.T.C. King)의 『런던 할인시장의 역사』(*History of the London Discount Market*, 1936)가 유익하게도 부록으로 추가된──을 그다음으로 꼽을 수 있다. 더 자세한 도 움을 얻기 위해서는 에인절(J.W. Angell)의 『국제물가 이론』(*The Theory of International Prices*, 1926), 지금보고서(Bullion Report)의 재판본이 들어 있는 캐넌의 『1797~1821년의 파운드 지폐』(*The Paper Pound of 1797~ 1821*, 1919), 피버이어(A.E. Feavearyear)의 『파운드 스털링』(*The Pound Sterling*, 1931, ch.9), 애크워스(A.W. Acworth)의 『1815~22년 영국에서 의 금융재건』(*Financial Reconstruction in England, 1815~22*, 1925), 세어스(R.S. Sayers)의 「1850년대의 본위문제」("The Question of the Stan-dard in the 1850's", *Economic History, A Supplement to the Economic Journal*, January 1933)와 「1815~44년의 본위문제」("The Question of Standard, 1815~44", 앞의 책, February 1935), 팔그레이브의 『은행이자율 과 화폐시장』(*Bank Rate and the Money Market*, 1903) 그리고 흔히 그러 하듯이 여기서 정당한 평가를 내릴 수 없는 화폐문제에 관한 위원회보고서와 기타 공식문서의 목록을 보여주는 귀중한 문헌목록이 들어 있는 우드(Elmer Wood)의 『1819~1958년 중앙은행 통제이론』(*English Theories of Central Banking Control, 1819~1858*, 1936) 등의 저작을 참조하라.

1. 전시 인플레이션, 1793~1815

1797년 영란은행의 금태환 의무가 정지되었음에도 불구하고,[3] 대략 1800년까지 물가와 환율이 전시금융으로 인해 받은 영향은 크지 않았

---

3) 이 금지법은 전시조치로서가 아니라 은행 예금인출의 쇄도를 막기 위해 통과되 었다.

다. 좀더 자극적인 사건에 익숙해져 있는 오늘날의 학생들이 보기에는 그 사건 이후에 발생한 인플레이션이라는 가장 두드러진 특징조차 밋밋하게 느껴질 것이다. 그러나 그 어느 때도 이 시기만큼 화폐에 대한 대중의 일상행위가 심각하게 동요되었던 적은 없으며, 정부의 전시지출로 인한 파급효과가 정상상태(usual course of things)에서 일어나리라고 예상할 수 있는 급격한 변동을 철저히 소멸시켰던 적도 없다. 정부는 또한 그 어느 때보다 영란은행에서 비정상적으로 과도한 차입이라는 이단적인 조치를 취할 수밖에 없는 상황으로 치달았으며, 그 '차입'이라는 용어조차 정부의 불환지폐를 찍어내는 행위를 표현하기에는 완곡한 표현이다 싶을 정도로 그 한계를 뛰어넘었던 것이다.

그리고 마지막으로 전국적인 임금지불——이것이 인플레이션을 가져온 주된 요인이었다——규모는 통화를 위태롭게 할 정도로 확대되었다. 사실 이 시기의 진단이 어려운 이유도 바로 이 완만한 인플레이션 과정 때문이었다. 특히 그로 인해 그 당시 인플레이션 요소가 있다는 사실을 인식하는 것과 전시지출 중 엄청난 부분이 대륙에 주둔한 연합군과 영국 군대에 자금을 공급하기 위한 것이며, 오랫동안 영국의 수출입이 심각한 장애에 부딪히고 있다는 두 가지 정황이 외환에 미치는 영향과 그것(인플레이션의 요소)을 구별하는 것이 더욱 어려워졌다.

정부는 헤프다 싶을 정도로 돈을 써댔다. 그러나 정부 또한 소득세를 도입하는 등의 방법으로 인플레이션을 유발할 소지가 있는 영란은행의 대부를 최소한도로 억제했기에 영란은행의 자금공급은 적정하면서도 그 책임한도를 결코 벗어난 적이 없었다. 그러나 워털루전쟁까지는 어느 정도 이해할 수 있었던 영란은행으로부터의 차입규모에 대한 정부의 침묵은 국민들로 하여금 자신들의 눈에 거슬렸던 모든 결과에 대해 영란은행을 비난하는 경향을 부추기게 하는 요인이 되었다. 우리는 고금을 통해 언제나 강하게 나타났으며 다수의 저자에게서 발견되는 이러한 경향을 항상 염두에 두어야 할 것이다. 한 가지 예로 리카도부터 가장 단순한 범인에 이르기까지 누구나 중앙은행을 희생양으로 삼기를 즐겨

했는데, 이는 오늘날까지도 경제학자들이 지니고 있는 일종의 습관이다. 적어도 공식적으로는 영란은행이 자기방어를 할 수 없었는데, 그 이유는 정부의 기대를 저버리지 않고는 어떠한 효과적인 방어도 불가능했기 때문이다. 그리고 실제로도 권력 있는 정치가들은 자신들의 분노를 표면화시킬 수 있는 위치에 있었다. 이러한 사실은 아마도 공식적 의견을 표명함에서 역사가들이 통찰력이 결여되어 있다고 볼 수 있는 충분한 근거가 될 수 있을 것이다. 사실상 영란은행이 정부의 대부 '요구'를 마음대로 거부할 수 없었다는 점은 분명하다. 만일 혹자가 인플레이션에 대한 '영란은행의 책임' 소지를 묻는다면, 그것은 정부의 적자지출 결과로 불가피하게 늘어난 대중에 대한 영란은행의 대부(할인)를 의미하는 것으로 이해해야 할 것이다. 그러나 그러한 대부는 정부로부터의 과중한 차입이 발생할 때마다 제한되고 억제되었기 때문에, 모든 측면을 고려할 경우 영란은행의 대부가 명백히 과도한 것이었다고 말할 수는 없다. 물론 영란은행이 전시에 발생한 생산의 교란에 대해 책임을 지고자 했더라면 대부의 과도함이 덜했을 것이라는 주장이 언제라도 제기될 수 있기는 하지만 말이다. 더욱이 5퍼센트를 상회하는 가혹한 이자율[4]은 고리대 금지법에 의해 1832년까지는 불가능하게 되어 있었

---

4) 나는 이 자리를 빌려 영란은행의 책임을 논하는 과정에서 일정한 역할을 했으며 전시 인플레이션이 발생할 때마다 제기되었던 하나의 논점을 명확히 하고자 한다. 조달된 액수만큼 공공지출을 감소시키지 않는 방식으로 공급되는 정부지출은 만약 그것이 적정 고용규모의 사업체에 기반을 둔 것이라면 물가를 인상시킬 것이다. 그러나 우리가 살펴볼 사례는 때에 따라 그러했지만 그렇지 않은 경우도 있었다. 따라서 물가가 상승하고 그에 따라 생산비가 증가했다면, 비정부차입도 증가할 것이다. 이 경우 정부 인플레이션(government inflation)은 신용 인플레이션이라는 2차 파동을 가져오고 그 즉시 강화된다. 이제 그러한 정부 인플레이션이 정의상 지불수단의 증가를 의미하고 2차 인플레이션도 마찬가지이기 때문에, 문제가 되는 것은 바로 '화폐량의 증가'라고 말하는 것이 분명 가능하다. 그러나 이러한 화폐량의 증가는 좀더 근본적으로 '사태를 야기한' 수많은 요소(특히 전쟁을 초래한 정책)를 포함하는 과정에 부수되는 하나의 사건이며, 2차 인플레이션은 사실 선행했던 물가상승에 의해 유발된 것이다. 이러한 이유로 정부지출과 민간기업 지출이 모두 '수동적' 역할을 하고 있으며,

다. 의심할 여지없이 당시에 발생했던 그러한 인플레이션은 과도한 투기와 그 꺼짐, 농업분야에서의 붐 그리고 1815년까지 대부분의 해에서 나타나는 일반적 호황 조건을 강화하기에 충분할 만큼 강력한 것이었다. 그러나 영란은행은 그러한 현상들 중 어떠한 것도 온전히 방비할 수 없었다.

따라서 표면적으로 볼 때 화폐분석에 그처럼 크게 기여했던 논쟁은 인플레이션을 입증하고 그 폐해를 폭로하는 한편 그 책임을 영란은행에 지우려 했던 저자들과 인플레이션의 존재를 부인하고 그것을 정당화하는 한편 물가인상과 교역조건의 악화에 대한 책임을 영란은행의 행위가 아닌 여건 탓으로 돌리려는 저자들 사이에 벌어진 논쟁에 불과했다. 이렇게 보면 매우 뚜렷이 구별되는 두 개의 대립적 집단이나 당파가 존재한다고 말할 수 있다. 또한 전자의 경우 1810년의 유명한 지금보고서[5]에 그 견해를 관철시킴으로써 후자에 비해 성공했다는 의미에서 우위를 점했다고 말할 수 있다. 보고서 자체가 실제로는 다양한 절충 양상을 보이고 있는데도, 결과적으로는 전자의 집단에 속하는 구성원들에게 **지금론자**(Bullionist)라는 의미 없는 딱지를, 그리고 보고서에 반대하는 인물들에게는 **반지금론자**(Anti-Bullionist)라는 딱지를 붙이는 것이 일상화되었다. 그러나 '문제가 발생했을 때 어떠한 조치를 취해야 할 것인가'에 관한 실제적 쟁점과 정책적 권고는 우리에게 크게 중요하지 않다.

특히 사업상의 차입에 관한 한, 그 지출이 물가와 화폐임금이 인상된 결과 발생한 '수요에 반응하고' 있을 뿐이라고 말할 수도 있다. 또는 그것을 물가가 상승했기 때문에 '화폐량'(은행권과 예금)이 증가한 것이라고 달리 표현할 수도 있다. 이 두 가지 표현 중 어떠한 것도 반드시 틀린 것이라고 할 수는 없다. 그러나 우리가 그들 중 어느 한 쪽을 다른 편이 강조하는 요소를 부정하는 것으로 해석하자마자, 그것은 잘못된 주장이 되어버린다. 유감스럽게도 그러한 사태가 1800~10년 사이에 있었던 영국의 논쟁에서 벌어졌는데, 이는 또한 인플레이션에 관한 어떠한 논의에도 해당된다. 그러나 그러한 논의가 기본적으로 무용하다는 사실 때문에 논쟁 당사자들이 그로 인해 교훈을 얻고 값진 성과를 얻어낼 것이라는 가능성마저 배제해서는 안 된다.
5) 앞서 언급했던 캐넌의 저작(*The Paper Pound of 1797~1821*) 참조.

중요한 것은 그로 인해 얻어진 논증과 진단에서 보이는 분석적 내용이다. 그리고 이러한 관점에 서면 당파를 구분하는 경계선은 상당히 모호해지며 거의 모든 이해관계를 초월하게 된다. 실제로는 지금보고서를 지지하는 자들 사이에서 나타나는 차이가 그들 사이의 공통적 유대보다 훨씬 더 흥미롭다. 그러나 이러한 역사적 고증으로부터 눈을 돌리기 전에 영국이 1918년 전전(戰前)의 패리티를 유지하며 금본위제로 복귀할 것을 권고한 컨리프위원회(Cunliffe Committee) 보고서(1919년의 최종보고서)가 지금보고서의 초안을 작성한 인물들만큼의 화폐문제에 관한 지식을, 설령 가지고 있었다 할지라도, 거의 보여주지 못했다는 중요한 사실에 주목해야 할 것이다.

2. 본위문제

약 20년 동안의 불환지폐 시대와 그 기간에 발생한 모든 경제적 변화로 인해 화폐정책에 관한 의사결정 문제는 교란기가 더 짧았을 상황과 비교해볼 때 훨씬 더 어려워졌다. 1797년 정화지불금지 조치가 공포되었을 무렵 영국은 법률적으로는 아니라 하더라도 **사실상** 금본위제 아래 있었다. 그로부터 몇 년이 채 안 되어 장차 영국으로 하여금 금본위제를 법률적으로 채택(1816년)하게 하고, 결국 전쟁 이전의 평가대로 정화지불을 재개하도록 할〔1819년 필(Peel)의 금태환재개법, 실질적으로는 1821년에 재개됨〕 강한 정치적 조류가 형성되었다.[6] 전시 지폐체제 (1923년 케인스가 권고한 방침)를 유지할 것인지 아니면 복본위제——

---

6) 그 조류가 차츰 기세를 타고 있었다는 점을 뚜렷하게 보여주는 징후는 리버풀 경(Lord Liverpool)의 저작(*Treatise on the Coins of the Realm*, 1805)에서 찾아볼 수 있다. 이 글은 전적으로 무가치한 것임에도 불구하고 저자의 정치적 입지에 힘입어 해당 주제의 역사에서 한 자리를 차지할 수 있었다. 지폐에 대한 코빗의 반대운동(이에 대해서는 William Cobbett, *Paper against Gold*, *1810~11*, reprinted 1817 참조)은 중소계급의 정서를 대변하며, 그 정서를 정치세력화하는 데 강력한 영향력을 행사했다. 필 경은 코빗의 '진노'를 몹시 두려워했다고 전해진다.

나 은본위제──를 채택할 것인지의 가능성을 놓고 한편으로는 옹호하는 측도 있었지만, 그것을 진지하게 고려한 적은 없었다. 그러나 화폐주조에 사용되는 금속이 일상적으로 통용되어서는 안 되며 은행권을 주화가 아닌 지금(ingots of bullion)으로 태환할 목적상 영란은행이 그것을 보유해야 한다는 리카도의 계획안(Ricardo's Plan)이 대중의 전적인 무관심과 영란은행의 미미한 지지로 인해 관련 허용조항이 발효되지 못했음에도 불구하고, 실제로는 1819년의 금태환재개법 속에 구현되었다는 점을 언급하지 않을 수 없다.

금태환재개는 경기불황 때문에 취해진 조치였다. 전후의 재조정 과정은 그 이유야 어떻든 불가피하게 수많은 난관, 특히 농업부문에서의 어려움을 야기할 수밖에 없었다. 물가는 전쟁이 최고조에 달했던 시기의 수준에서 하락할 수밖에 없었다. 비록 실버링이 제시한 날짜와 수치의 정확성에 대해서 비판이 제기되었지만, 1819년까지 물가가 5년여 만에 약 30퍼센트 하락했다는 사실은 거의 의심의 여지가 없다. 그뿐만 아니라 완전히 새로운 상황에 생산이 적응하려다 보니 불황이 해소되는 과정에서 항시 동반되는 종류의 문제들이 발생했다. 게다가 많은 전문가가 알고 있었지만 그들 모두가 알지는 못했던 사실, 즉 금생산의 전망이 극히 어둡다는 사실도 문제였다. 그리고 마지막으로 1918년의 상황과 꼭 마찬가지로 그들 전문가들이 전혀 깨닫지 못한 사실이 있었는데, 그것은 선행한 전시 인플레이션과 전혀 별개로 당시 영국 경제는 '산업혁명'에 항상 뒤따르는 물가와 이자율, 이윤의 하락 그리고 실업과 불안정성이 장기화되는 시대에 접어들고 있었다는 점이다. 18세기의 마지막 수십 년은 그러한 혁명을 겪었다. 새로운 면직물, 증기기관 그리고 운하 건설은 제조업 분야와 무역을 그 근저에서부터 변혁시킨 사건들 중 가장 두드러진 사례에 불과하다. 산업혁명의 성과는 1815년부터 봇물처럼 쏟아지기 시작하여 기존의 산업구조를 뒤엎고 주로 경기를 하강시키는 효과를 가져왔다. 그리고 마침내 경제과정은 1830년대에는 미약하나마 다시 진정되는 기미를 보였고, 그러한 경향은 철도건설에 대한 투자가 시작될 무렵인 1840년대에는 좀더 강하게 나타났다. 이러한 상황에서는 약간의 긴축적인 통화정책조차 물가상승 경향을 보이는 상황에서나 있을법한 사소한 문제가 될 수 없다. 그리고 당시의 태환재개는 의심할 여지없이 경미한 긴축효과를 갖는 것이었다.

따라서 지금보고서에서 권고된 금태환재개 정책을 끝까지 주장한 사람들이 그 최종승리를 자축할 이유는 거의 없었다. 그 사건이 벌어지기 몇 년 전에 그들은 사실상 침묵하거나 변명하는 데 급급했다. 그들은 자신들의 반대자들과 마찬가지로 1820년대 내내 물가가 점점 더 하락한 책임이 전적으로 태환재개에 있다는 잘못된 진단을 내렸다. 또한 그들은 반대파들과 기꺼이 동조해 만인의 희생양인 영란은행에 대해서 전적으로 불합리한 비난을 퍼부었는데, 그들이 판단한 비판 근거는 영란은행이 태환재개에 따르는 관리를 소홀히 했고, 특히 금의 가치를 인상시킴으로써 국제적인 불황을 야기했다는 것이다. 우리는 여기서 이러한 생각의 어리석음을 깨닫고 비화폐적인 요인을 거론함으로써 좀더 합당한 진단을 내리는 데 근접했던 주목할 만한 저자로서 투크가 거의 유일했다는 사실을 지적하는 것으로 그칠 수밖에 없다. 나머지 부분에 대해서 말하자면, 1830~35년의 호황과 또 다른 쟁점의 출현으로 세인의 관심이 딴 곳으로 쏠릴 때까지, 그리고 러시아와 오스트레일리아, 캘리포니아에서 유입된 금이 화폐적 상황과 경제학자들의 정서를 변화시킬 때까지, 논의의 진행상황은 금본위제의 구속에서 벗어날 것을 주장한 사람들에게 불리하게 돌아갔다. 1850년이 지나자, 1819년의 필 법령은 사실상 사람들에게 꽤 친숙한 것이 되었다. 그리고 19세기 후반으로 접어들면 그 조치에 대한 불합리한 비판은 대체로 불합리한 찬사로 뒤바뀌게 되었다.

3. 은행개혁

우리의 관심사인 은행업에 관한 문헌은 전적으로는 아니지만 대체로 또 다른 필 법령이라 할 수 있는 1844년의 영란은행 특허법(the Bank

Charter Act)안을 둘러싼 찬반논의에 집중되어 있다. 영란은행 특허법안은 '은행업무가 통화규제와 분리되어야 한다는 이론'을 실행에 옮기고자 했고,[7] 실제로도 은행권에 대한 '100퍼센트 준비금 계획'이라고 표현될 수 있는 것을 시행했다. 다시 말하지만 그 조치는 태환재개와 마찬가지로 1836~39년에 걸친 우여곡절 끝에 수렴되어 그때부터 논쟁의 영향을 받지 않았을 정도로 강력한 흐름을 탄 여론의 산물이었다. 대중과 정치가들은 모두 우여곡절의 원인이 바로 발권은행들의 직권남용과 무책임에 있다고 간주했다. 발권은행들을 둘러싼 각종 기록과 사건들은 매우 명확한 것이었다. 상대적으로 사용이 훨씬 협소한 부문으로 한정되어 있었던 예금의 경우 사실상 묵과되었던 반면, 은행권은 광범위하게 유통되었고 그 발행은 일반인이 보기에도 전형적인 '영란은행의 부정행위'[8]였다. 아마도 평균적인 하원의원이라면 필의 법안에 찬성표를 던짐으로써 자신의 행위가 명백한 남용을 금지시켜 국민의 돈을 보호하는 것이라고 생각했을 것이다.

1800년 무렵 잉글랜드의 은행제도는 고도의 발전단계에 도달했다. 수도에는 영란은행 외에도 수많은 민간은행(이들은 1826년 이후 출현한 합자은행, 즉 제휴회사들이었고 발권을 부여받지 못했기에 예금은행업의 발전에 결정적인 영향을 미쳤다)과 어음중개인이 있었다. 수도 밖에서 그리고 상인들이 런던(1826년 이후에는 영란은행 지점들 중 하

---

7) P. Barrett Whale, "A Retrospective View of the Bank Charter Act of 1844", *Economica*, August 1944 참조. 법안 자체와 그것의 사회학적·경제학적 해석이 우리의 주된 관심사가 아니며 더욱이 관심을 갖는다 하더라도 이 주제에 대해 정당하게 평가하는 것이 그야말로 불가능할 것이라는 사실을 고려할 때, 이 경탄할 만한 3쪽짜리 논문을 숙독하기를 강력히 권한다. 영국 은행업의 역사에 대해서도 마찬가지다. 독자들은 당시의 사실과 통계수치에 대해서는 이 장의 서두에서 언급한 바 있는 우드(E. Wood)의 저작 위주로 참고할 것. 본문에서는 부득이 분석과 논쟁의 배경을 이해하는 데 필요한 몇 가지 논점에 독자의 주의를 집중시키는 데서 그치기로 한다.

8) 이 문구는 1797년에 발행된 익명의 소책자 제목이다.

나)과 직접 은행거래를 하지 않은 경우에 한해서는 지방은행이 산업과 상업을 뒷받침했는데, 그들의 수는 나폴레옹 전쟁기에 크게 증가했다가 1820년대에 감소했다. 어음중개인들 또한 그들과 유사한 기능을 담당했다. 다음 두 가지 특징에 특히 주목해야 한다. 첫째, 이 지방은행들은 일부 예금업무를 행하기도 했지만 주로 상업어음을 할인하는 과정에서 은행권(주화나 영란은행권 요구 시 지불가능한 약속어음)을 발행함으로써 고객에게 자금을 공급했다. 그 은행권에 대한 준비금은 법으로 고정된 것이 아니라 가변적인 것이었다. 이 같은 관행은 심지어 1844년 필 법령에 의해 중단되기 전에조차도 낡은 것이었다.[9] 그러나 은행업에 관해 글을 쓴 수많은 영국의 저자는 상업어음 할인에 기원을 두고 있는 은행권이 이 시기 전체에 걸쳐 그리고 이후에도 여전히 은행업 이론의 중추를 이루는 것이라고 생각했고, 그러한 사고는 대륙의 저자들에게서 훨씬 더 두드러지게 나타난다.[10] 둘째, 런던 밖의 영국 전역, 특히 랭커

---

9) 1844년과 1845년의 필의 입법조치(legislation : 1844년은 필 법령을 의미하는 듯하며, 1845년은 그 후속조치를 의미하는 듯하다-옮긴이)에 의해 영란은행 이외의 발권은 일정량으로 제한되었을 뿐이지, 중단된 것은 아니었다. 그러나 그 의도는 지방은행으로 하여금 자발적으로 발권을 포기하게 하는 것이었고 효과를 거두었다.

10) 이 사실은 은행업에 관한 상업이론(Commercial Theory of Banking)이라는 꼬리표 아래 우리가 곧 논의하게 될 은행업 과정에 대한 해석문제를 불러올 뿐만 아니라, 필의 법안을 둘러싼 논쟁의 쟁점을 충분히 이해하는 데 필수적이므로 반드시 염두에 두어야 한다. 이 조치에 대한 옹호자들(이른바 통화학파)은 영란은행권을 신용수단, 즉 상품거래에서 발생하는 지불수단이 아니라 그당시 실재 형태인 일종의 준비금에 가깝다고 여겼다. 반면 법안에 반대한 자들(이른바 은행학파)과 특히 일부 상이한 은행업의 관행을 직접 보고 그것에 영향을 받은 대륙의 지지자들 대부분은 여전히 은행권에 대한 상업어음관(the trade-bill bank-note schema)에 집착했다. 따라서 부분적으로 볼 때 전체 논쟁은 사실성 여부의 문제, 즉 그것이 간과되고 있는 한에서는 오해에 기초한 것이었다. 은행권을 상업어음에 연결시킨 중앙은행업 이론은 결과적으로 끈질기게 살아남았다. 그 영향력은 19세기 이후에도 대륙의 은행입법을 좌우했고, 1913년 연방준비금법(the Federal Reserve Act)으로 강력히 대두되었다. 이이론에 대한 탁월한 해설서로는 Vera Smith, *The Rationale of Central*

셔에서 흔히 통용되었고 우리의 관심을 끄는 또 다른 관행이 있었다. 그것이 우리의 관심을 끄는 이유는 화폐가 진정 무엇인지를 무엇보다 더 잘 알려주기 때문이다. 그 관행이란 상인들이 환어음을 지불용도로 사용했다는 것이다. 다시 말해 어떤 상품을 판매한 회사는 그것을 인수한 구매자 앞으로 어음을 발행하고 배서(背書)한 다음에, 자신이 빚을 지고 있는 다른 회사에 넘겨주어 채무를 해소하곤 했다. 이에 따라 환어음은 배서가 누적되면서 실제로 이자가 붙지 않은 상태로 통용되었고, 한동안은 더 이상 총화폐수요의 요소가 아닌 공급의 요소였다.[11]

런던 은행가들은 지방은행의 대행인이나 파견인 역할을 했고 비교적 서로 밀접한 관계에 있었다. 18세기 말엽에 런던어음교환소(London Clearing House)는 이미 확고한 제도로 자리 잡았다. 이로써 우리는 개별적 존재라기보다 하나의 유기적 체계를 목격하게 된다. 더욱이 그 체계는 베어링 경(Sir Francis Baring)이 말한 **최종대부자**(the lender of *dernier resort*)로서의 영란은행 속에서 자신의 중앙기관을 이미 발견했거나 급속도로 발견하고 있었다.[12] 그러나 설령 우리가 지면상의 여유가 있다 해도, 영란은행이 이러한 책임을 깨닫고 받아들여서 일상적 실행원리로 발전시켜가는 과정을 기술하기란 극히 어려울 것이다.

Banking(1936) 참조.

11) 이러한 관행은 많은 주목을 받았다. 심지어 진성(bona-fide) 환어음을 '일류의 통화'(the first class of our currency)라 명명하기까지 한 사업가들이 있었다.(J.W. Bosanquet, *Metallic, Paper, and Credit Currency*, 1842.)

12) *Observations on the Establishment of the Bank of England*(1797). 같은 해 손턴은 상하 양원 합동위원회 위원들 앞에서 행한 증언에서, 1802년 그의 유명한 저서에서 좀더 완전하게 제시될 중앙은행의 정책에 대한 사전적 사고를 제시했다. 다음 두 가지 사항을 구별해야 하는데 그것들은 모두 최종대부자라는 슬로건에 의해 포괄된다. 한편으로 영란은행은 현금의 마지막 원천이자, 그러한 의미에서 통화의 보호자였다. 다른 한편 그것은 은행제도(화폐시장)가 제공하는 신용의 마지막 원천이며, 그러한 의미에서 선택은 아닐지라도 상황에 따라서는 손턴이 간파했거나 예견했다시피 그 정책이 여타 개별은행의 정책과 본질적으로 다를 수밖에 없는 결과를 가져오는 신용구조의 수호자였다.

그리고 과정상 각 단계에서의 활동성과에 수반되는 성공 여부를 당시의 조건에 비추어 평가하는 것은 훨씬 더 어려울 것이다.

　어느 시점에서 영란은행이 하고자 의도했던 것, 또는 그 관행이 실제로 어떤 것이었나를 밝혀내는 과정에서 만나게 되는 한 가지 어려움은 무언가를 말해야 할 때조차도 몸을 사려 가급적이면 적내적 비판의 여지가 거의 없고 스스로에게 해가 안 되는 하찮은 일만을 다루려 애쓰는 공식 대변인들의 과묵함이다. 자신의 행위를 정확히 표현해낼 수 있는 사업가들은 극히 드문 법이다. 그러나 이 경우에는 말을 아낄 만한 특별한 이유들이 있었다. 영란은행의 입장을 현실적으로 바라보면 그 이유들을 쉽게 알 수 있을 것이다. 이미 말했듯이 영란은행은 우호세력이 거의 없었다. 이제 통제가 흔한 단어가 되었다. 불간섭을 원칙으로 하는 자본주의 시대에서 그것은 통상적이라는 단어와 정반대의 말이었다. 영란은행이 일반적인 사업조건을 관리하는 것은 고사하고 은행제도를 통제하려 한다고 공공연히 말한다면 분개는 아닐지라도 비웃음을 자아내었을 것이다. 그보다는 영란은행이 자신이 해야 할 일을 신중히 모색하고 있다고, 즉 단지 시장형편을 따르며 어떤 대상도 통제할 의사가 없다고 말했어야 할 것이다. 게다가 정책이 형성단계에 있었다는 점을 감안할 때, 우리가 지금은 중앙은행이 당연히 떠맡아야 할 것이라고 여기는 각종 책임을 그렇게 구구한 말로 표현한다면 그것은 정신 나간 일이었을 것이다. 그것은 영란은행이 수행할 수 있을 것이라고 확신할 수 없는 공약을 의미했을 것이다. 더욱이 어떤 정책이든 요란스럽게 선언했다면 영란은행의 이사들은 초대받지도 않은 수많은 자문객을 맞이해야 했을 텐데, 이 자문객들은 한결같이 자신이 영란은행이 해야 할 일을 훨씬 더 잘 알고 있다고 확신했다.

　따라서 영란은행이 특정한 조치를 취할 것인지 아니면 자제해야 할 것인지를 강제하는 법령을 대중이 강력하게 요구해올 위험성이 존재했던 것이다. 여기에 부가해 위기상황에서 해야 할 일을 냉정히 거절한다는 것이 반드시 표면적인 의도를 의미하는 것은 아니었다. 1782년,

1792년, 1811년 그리고 1825년의 경우 그 같은 거절의 결과 정부는 다음과 같은 조치를 취하지 않을 수 없었다. 정부는 곤경에 처한 상인들에게 재무성 증권을 발행하여 영란은행이 기꺼이 할인할 여력이 있는 만큼의 방도를 제공했다. 그리고 거절의 동기는 바로 이같이 유쾌할 정도로 안전하게 시장의 지원을 받을 수 있는 방식을 개발하는 것이었을지도 모른다. 이렇게 볼 때 영란은행이 '책임을 인정하기'를 꺼린 것에 대해서, 그리고 그가 1867년에 (자신의 저작인 *Principles of Banking*에서) 실제로 부인했던 것은 단지 "우량환어음이 항시 영란은행에서 할인되어야 한다"(같은 책, 2nd ed., 1873, p.33)는 것이었지만 화폐시장에 대한 영란은행의 책임을 거의 인정하지 않았던 행키(Thomson Hankey, 1851~52년 총재) 같은 인물의 정서에 대해서 일부 영란은행 비판가들이 느낀 것으로 보이는 분노에 찬 놀라움은 보기보다 설득력이 없다. 만약 여기에다 무책이 상책이라는 말을 덧붙인다면, 이사들의 통찰력과 관행은 생각했던 것 이상이었고 특별히 앞선 것이었을 가능성을 배제할 수 없다.

실제로는 영란은행이 갖는 규모만을 놓고 볼 때도 잉글랜드나 사실상 전 세계에서 발생한 일 중 처음부터 그 결정과 무관할 수 있었던 사태란 없었다. 독자들은 조금만 생각해보면 설령 이사들이 전적으로 영란은행의 장기이윤에 대한 관심에 의해 좌우되고 소유자(주주) 이외의 누구에게도 책임감을 느끼지 않았다 할지라도, 영란은행이 거쳐온 모든 단계의 역사적 조건 속에서 그들이 중앙은행의 기능을 구성하는 대부분의 일을 수행해야 했을 것이라는 점을 납득하게 될 것이다. 중앙은행이 우리가 현재 받아들일 수 있는 것 이상으로 이윤에 관심을 갖는다면 경제에 최선의 기여를 하는 것이라는 옛 이론에는 그 이상의 의미가 들어 있다. 정확히 언제 이사들이 좀더 큰 고려사항들에 명확히 그리고 의식적으로 주목하기 시작했는지는 알려져 있지 않다. 그러한 해석의 여지를 허용하는 조짐들은 차입자의 지위와 **무관한** 신용할당, 그리고 런던시장을 통해 지방은행의 행위에 영향을 주려는 시도 같은 몇 가지 신용통제 수단이 발전한 나폴레옹 전쟁 기간에 이루어진 영란은행의 행위 속에서 분명히 발견할 수 있다.[13] 1815년 이후 영란은행은 시행착오라는 극히 건전한 방식으로 항구적인 평시(平時)정책을 구체화하기 시작했는데, 이는 마치 연방준비제도(Federal Reserve System)가 1918년부터 23년까지 장기정책이라 여겼던 것을 발전시킨 점과 유사하다. 그 발전의 몇몇 이정표를 따라가면서 우리는 영란은행 특허권 문제에 대해 1832년 의회위원회 증언에서 이루어진 영란은행 총재 파머(J. Horsley Palmer)의 진술에서 두 가지 흥미로운 점을 발견하게 된다. 그중 하나는 1827년에 채택된 경험규정('파머의 규정')인데, 다시 말하면 금이 국내로 유입되거나 국외로 유출될 경우에만 통화량을 변화시킴으로써 통화 전체가 마치 금속일 경우와 마찬가지로 움직이도록 영란은행의 '유가증권'(할인 대차, 대부, 투자)을 대체로 일정하게 유지하는 규정이다. 엄격히 지킬 것을 의도한 것은 아니지만, 이 규정은 필 법령의 원리를 어느 정도 예견했고 사실상 그 규정을 기대하고 채택되었을지도 모른다.

이보다 더 중요한 것은 사실상 하나의 분석을 내포하고 있는 두 번째 진술이다. 질문에 대한 파머의 답변을 약간만 재구성할 경우, 우리는 다음과 같이 표현할 수 있다. 그는 수입초과로 돌아서는 상황을 신용이 '부당하게' 거대팽창한 하나의 신호로 받아들여, 영란은행이 이자율을 높임으로써 금의 유출을 방비하거나 멈추게 할 수 있다고 단언했다. 즉 이자율의 인상이 차입을 줄이게 되면 그것은 거래량과 고용량이 감소하고 물가가 하락한다는 것을 의미한다. 물가하락은 수출을 증가시키고 수입을 감소시킨다. 그리고 그 결과 국제수지, 따라서 환율이 변동한다는 것이다. 경제학 교수들이 이런 주장을 하지 않는다는 사실에 주목하는 것은 흡족한 일이다. 그러나 그것은 대단히 학구적으로 들렸으므로 교수들은 그 주장을 결코 놓치지 않았다. 그리고 그것은 19세기 교과서

---

13) 정부예금과 특별예금, 특별대부의 관리를 통한 초기 공개시장의 조작에 대해서는 앞서 소개한 우드의 저서(*English Theories of Central Banking Control*, 1819~58) 참조.

에서 가르치는 중앙은행 정책에 관한 '고전적' 이론의 토대가 되었다. 앞으로 살펴보겠지만 이보다 훨씬 더 중요한 것, 즉 은행이자율 상승의 단기효과(해외로부터의 단기계정 유입) 또한 발견되었다.(손턴의 1802년 저서와 투크의 1838년 저서 참조.)

우리는 영란은행의 예금 중 은행잔고(bankers' balances)가 점차 중요성을 갖게 되었다는 것, 영란은행 고유의 할인업무와 관련된 정책변화, 그리고 화폐시장에 대한 태도변화 등 이 시기 중앙은행 정책의 발전과정에 대해서는 더 이상 깊이 들어갈 수 없다. 그렇지만 한 가지 사실을 간과해서는 안 된다. 일부 비평가들은 영란은행이 마침내 자신의 임무를 깨달았을 때 전적으로 외환상태, 즉 현실적이거나 예상되는 금의 이동만을 가이드 라인으로 삼았다고 단언한 바 있다. 이러한 견해는 우리가 이용가능한 정보에 의해 뒷받침되는 것은 아니다. 영란은행 이사들은 국내외의 일반적 경기와 정치적 여건에 대한 자신의 진단과 예지에 좌우되었던 것으로 보인다. 실제로 은행이자율과 환율 사이에는 강한 상관관계가 존재했다. 그러나 이 상관관계는 환율이 유동적인 국제금본위제 아래서는 금의 이동이 일반적 경기를 예민하게 보여주는 지표였다는 사실로 쉽사리 설명된다.

2절 기본사항[14]

추측하건대, 우리가 이제부터 살펴보게 될 문헌들을 집필한 저자들은 화폐나 신용이론의 논리적 기초——즉 독일어의 원리연구(Grundlagen-forschung)가 시사하는 바와 같은——에 대해 큰 관심이 없었을 것이다. 이 경제학자들의 개념화에 대해서는 미숙하다고 말할 수는 없지만 실로 원시적이라는 느낌을 갖게 되는데, 이에 따라 당시는 물론 이후에

---

14) 이 시기의 저작 중 순전히 이론적인 부분을 다룬 주요 저자는 마겟이다. 독자들은 그의 『가격이론』(Theory of Prices, 1938~42) 곳곳에서 이 사실을 확인할 수 있다.

도 각종 오해와 불필요한 논쟁이 빚어졌다. 이는 결코 용어상의 문제만은 아니다. 우선 용어가 모호했던 것은 화폐가 무엇이고 어떤 기능을 하는지에 관한 사고가 불분명했기 때문이다. 처음부터(Thornton, "Evidence before the Committees of Secrecy", 1797) 본위화폐, 보조화폐로서의 주화, 은행권, 수표로 지급되는 예금이나 수표 그 자체 그리고 어떤 상황에서는 환어음을 포함하는 모든 지불수단(이는 유통수단으로 불렸으며, 때로는 '통화'라고도 불렸다)에 대한 광범위한 범주가 형성되었다. 여기까지는 괜찮다. 우리가 지불하는 모든 수단(All We Pay With)은 분명 의미 있는 개념이기 때문이다. 즉 그것의 주된 분석가치는 은행권과 예금 사이에 본질적 차이가 없다는 사실을 암묵적으로 인정하는 데 있다. 그리고 이 사실이 자명한 것이 아니라 '발견되어'야 했다는 점은 몇몇 저자가 그것을 인정하지 않으려 했다는 또 다른 사실로 입증된다. 오버스톤 경과 1844년 필 법령의 옹호자들은 일반적으로 은행권과 예금을 딱 잘라 구별했는데, 분명 그 구분은 용어상의 것만은 아니었다. 그리고 논리상의 기초에 대해서는 그 저자들 중 누구도 충분히 명확한 태도를 보여주지 못했기 때문에 그 구별의 정확한 의미를 확인하기는 쉽지 않다.[15] 투크는 처음에, 즉 『가격의 역사』 3권이 출판된 1840년까

---

15) 만일 우리가 잉글랜드의 은행권, 영란은행권 그리고 전시의 영란은행권을 별개의 경우로 생각한다면, 그로 인해 발생하는 해석상의 난점이 갖는 성격을 알수 있을 것이다. 이중 첫 번째 것과 관련해서는 이미 지적했듯이 논리적 측면에서는 은행권과 예금을 동등하게 평가하는 사람이 어째서 정책적 측면에서는 그렇지 않은지에 대한 기술적이고도 현실적인 이유들이 존재한다. 두 번째 것에 대해서 말하자면, 이 또한 살펴보았듯이 영란은행권이 다른 은행들에 대한 '준비금'인 만큼 사실상 잉글랜드의 화폐제도에서 독특한 위치에 놓여 있었고, 이 점을 인정한다면 이론상으로 영란은행권을 예금과 동일하게 취급할 수 있었다. 세 번째 것과 관련해서는 영란은행권이 전시에는 성격을 달리해서 정부가 발행한 법정 불환지폐(fiat)와 본질적으로 다르지 않은 어떤 것으로 바뀌었다고 주장할 수도 있다. 그리고 리카도의 태도를 이해하기 위해서는 이에 유념해야 한다. 이처럼 가능한 여러 관점 중 당사자가 어느 것을 취하느냐에 따라 그 사람의 기본적 해석에 큰 차이가 발생하는 것이다. 그렇지만 그야말로 명확한 입장이 아니라면, 실제로 위의 관점 중 어느 것을 택했는지는 단정하기 어려

지는 은행권과 예금을 개념상 동일하게 취급하는 데 반대했던 사람들 중 하나였다. 그는 1844년의 저작(*An Inquiry into the Currency Principle*, 이하 『연구』—옮긴이)이 출판될 무렵에 생각이 변해 그것을 받아들였는데, 이는 아마도 (단호한 주장을 펼치기에는 의심스런 구석이 있다는 의미로서) 두 가지를 같은 것으로 취급하는 것이 오버스톤과 필의 법안에 대해 반론을 펴는 데 편리했기 때문일 것이다.

그러나 **지불수단**에 대해서 그처럼 포괄적인 개념을 사용했던 대부분의 사람들조차[16] 오늘날 우리 대부분이 생각하는 것처럼 그것을 **화폐**라는 개념과 동일하게 취급한 것은 아니었다.[17] 손턴, 리카도, 시니어, 풀라턴(John Fullarton), 마르크스 같은 대다수 주요저자는, 이전에 갈리아니, 베카리아, 스미스가 정의했듯이, 화폐를 교환수단과 가치척도 등의 용도로 선택된 상품으로 정의했다. 로셔가 잘못된 화폐이론을 두 부류, 즉 화폐에 대해 가장 잘 팔리는 상품 이상이라고 주장하는 부류와 그 이하라고 주장하는 부류로 나눌 수 있다고 말했을 때, 그는 당시의 지배적인 의견을 표현한 것이었다. 이 견해에 따르면, 외관상 두 부류는 **이론적 금속주의자**(Theoretical Metallists; 이에 대해서는 이 책, 1권, 2부 6장 2절 참조)가 된다.

이러한 주장을 확증하기 위해 우리는 그 주장과 외견상 모순되는 몇 가지 사실을 고려해야 한다. 첫째, 모든 저자가 (본위화폐로서의 주화만을 화폐에 포함시킨) 풀라턴처럼 그리고 그 누구보다도 마르크스처럼, 금속주의 원리를 명시적으로 받아들였던 것은 아니다. 다른 사람들, 특

우며, 더욱이 그 입장을 일관되게 고수했는지 여부를 판단하기도 어렵다.

16) 지불수단이라는 말이 항상 명시적으로 사용된 것은 아니었다. 그러므로 곧 살펴보겠지만 이 개념은 밀로 소급되는데, 그럼에도 그의 이론틀은 지불수단의 명시적 사용을 피하고 있다.

17) 바이너(앞의 책, 247쪽)는 이러한 동일시의 대표적 사례로 힐(E. Hill)의 저작(*Principles of Currency*, 1856)을 언급한 바 있다. 그렇지만 통화(currency)의 경우, 종종 화폐와 같은 의미로 사용되기는 했지만 항상 그러한 것은 아니었으며, 가장 넓은 의미에서의 지불수단과 동의어로 사용되기도 했다.

히 손턴(*Paper Credit*, p.1 참조)은 그 원리를 언급했다기보다 내비쳤다. 둘째, 저자들 모두나 그 대부분은 불환 정부지폐를 포함시켰으며, 설령 그렇지 않았더라도 선택기회가 주어진다면 포함시켰을 것이다. 이는 화폐에 대한 금속주의적 정의에 맞는 방식으로 지폐를 해석할 수 있기 때문에 우리의 주장과 모순되지 않는다. 따라서 리카도는 그 총비용을 "주조차익으로 간주할 수 있는"(『원리』, 27장) 화폐로 지폐를 해석했는데, 이런 해석방식은 결코 어색한 것이 아니었다. 또한 금을 유통으로부터 완전히 제거하게 될 화폐제도를 옹호했다고 해서(*Proposals for an Economical and Secure Currency*, 1816), 그가 금속주의자였을 리가 없다고 주장해서는 안 된다. 이는 리카도가 "통화는 지폐로만 구성될 때 가장 완벽한 상태에 있다"(같은 책, 27장)라고 주장했어도 마찬가지인데, 왜냐하면 이 문장 뒤에는 계속해서 "그러나 그것이 나타내고자 하는 금과 동일한 가치를 지닌 지폐"라고 부연되어 있기 때문이다. 이 같은 금보증 통화는 금주화 통화와 똑같이 기능하는 것이고, 어떤 기본원리에 의해서가 아니라 단지 어떤 경제냐에 따라 금주화 통화와 달라질 뿐이다. 이러한 사고야말로 화폐단위의 가치를 어김없이 금가치에 따라 변동시켜야 한다는 것이므로, 그 제도는 여전히 금속주의인 것이다.

셋째, 그렇지만 우리는 은행권과 지폐를 동일시하는 경향을 고려해야 한다. 자신의 법안을 도입할 때, 필 경은 화폐를 국내주화와 은행권을 포괄하는 것으로 정의했다. 이때 은행권은 '지폐통화'에 해당하는 것으로 이러한 언급방식은 매우 흔한 것이었다. 그러나 그것은 신용 지불수단을 화폐로 간주해서는 안 된다는 것이 아니라, 리카도와 오버스톤의 견해에 따라 은행권은 신용 지불수단이 아니며, **현실적으로는 아니더라도** 사실상의 화폐로 간주되어야 함을 의미하는 것이다. 또는 로셔의 문구를 사용해서 달리 표현하면, 은행권은 비합법적으로 지폐의 역할을 차지해 이제는 마치 합법적인 금화폐의 역할을 할 수밖에 없는 화폐종이 (money paper)라는 것이었다. 이것이 필 법령에 담겨 있는 철학의 전부다. 따라서 이러한 견지에서 이해되는 은행권을 화폐에 포함시키는 것은 우리의 주장과 모순되지 않는다. 밀이 은행권을 제외한 것도 바로 리카도-오버스톤식의 가르침에서 벗어나, 은행권을 이러한 맥락에서 보지 않았기 때문이다.[18)]

그러나 우리가 만일 다수의 저자가 통화를 금(또는 은)에 입각해 발행하는 것이 현실적으로 현명하다고 주장했다는 이유로 그들을 이론적 금속주의자로 부른다면, 그 의미가 정확히 무엇인지를 분명히 해둘 필요가 있다. 그것이 의미하는 바는 곧 살펴보겠지만, 그들(여기에는 분명 리카도, 시니어, 밀 그리고 마르크스가 포함된다)이 화폐를 본위 금속화폐의 경우로부터 추론해 이해했다는 것이다. 이는 또한 4절에서 설명하겠지만, 그러한 이해방식이 화폐와 신용이라는 주제에 대한 그들의 분석을 손상시켰다는 것을 의미한다. 그러나 그렇다고 해서 위 저자들의 분석에 놓여 있는 금속주의적 토대가 모든 단계에서 그들을 구속했다는 것은 아니다. 때로는 그 사실이 태연히 망각되기도 했다. 그리고 또 어떤 때는 적절한 구성장치 덕분에 해를 입지 않은 경우도 있었다. 우리는 그러한 장치 가운데 하나를 이미 살펴본 바 있다. 이후의 몇몇 독일 저자는 금속주의가 시작됨으로써 불환지폐를 둘러싼 사실들에 대해 정당한 분석적인 평가가 이루어질 수 없다고 주장해왔다. 그렇지만 리카도와 밀은 이러한 사실들을 금속주의 이론과 조화시키는 데 전혀 어려움을 겪지 않았다.

이후에도 그랬지만, 화폐이론의 중심문제는 화폐가치였다. 전에 비해서 좀더 분명해진 사실은 화폐가치가 화폐와 재화의 교환비율, 즉 화폐의 구매력과 동일시되었다는 것이다.[19)] 그러나 통상 모든 화폐가격이

---

18) 따라서 밀이 은행권을 화폐에 포함시키느냐, 아니면 제외하느냐를 용어상의 문제, 즉 단지 "명명법(nomenclature)의 문제"(*Principles*, Book III, ch.12, §7)로 생각한 것은 잘못이었다.

19) 화폐가치를 화폐이자율로 생각하는 사업가들의 습관 때문에 이따금씩 혼동이 빚어지곤 했다. 경제학자들은 이 혼동을 피하고자 노심초사했기 때문에 아마도 그들 중 일부는 구매력과 이자의 관계를 좀처럼 인정하지 않으려 했던 것으로 보인다. 그렇지만 구매력이란 용어는 다른 의미, 즉 개인이 구매할 수 있

같은 비율은커녕, 같은 방향으로 변동하지 않는다는 사실, 즉 그로 인해 일반구매력이나 그 역수인 일반물가 수준의 문제가 야기된다는 사실 때문에, 전시 인플레이션에 관한 논의 중 극명하게 드러났지만 실제로는 결코 극복할 수 없었던 어려운 문제들이 생겨났다. 우리들 대부분은 아마 별 생각 없이, 지수라는 방식으로 이들 문제가 해결될 수 있으리라고 믿고 있을 것이다. 그리고 익히 알고 있듯이 이 방법은 당시 이미 사용 가능했다. 그러나 그것을 달갑게 받아들인 이론가들은 거의 없었다. 휘이틀리는 내가 아는 한 그것을 사용한 최초의 인물이었다. 로(Lowe)와 스크로프의 노력에도 불구하고 밀의 시기까지 그리고 밀을 포함한 대부분의 나머지 학자는 지수방식을 불신했거나 심지어 그것이 가능하다고 생각하지 않았다. 그렇다고 그들이 가격 수준에 관한 뚜렷한 이론을 개발한 것도 아니었다. 그들은 가격일반이나 일반물가, 좀더 정확하게는 가격스케일(케언스)에 대해 막연히 이야기했지만, 사고의 윤곽을 제시하는 것 이상을 했다고 말할 수 없으며, 몇몇 사람, 특히 리카도는 분명 그것을 거부했다.[20] 나폴레옹 전쟁기에 은행권의 가치가 하락했다는 그의 증거가 주로 지금 프리미엄에 의존했던 이유도 바로 여기에 있으며, 해외무역의 화폐적 측면을 다룰 때 그를 비롯해 다른 사람들이 국내외의 개별상품 가격이 더 일반적인 변동을 나타내는 것일 수도 있다고 생각했을 것이다. 그런데도 국가별 비교를 시도했던 이유이기도 하다.

는 최대치라는 의미로도 사용되었는데, 예를 들면 밀의 경우가 그렇다.

20) 일례로 『제안』(Proposals)에 나타나 있는 그의 단정적 진술을 보라. 그렇지만 바이너(앞의 책, 313쪽; 독자들은 여기서도 리카도의 진술을 보게 된다)는 리카도가 자신의 편지에서 가격 수준이라는 용어를 사용했다는 사실을 지적한다. 그러나 가격 수준을 의미 있거나 측정가능한 개념으로 인정하지 않는다는 것은 단지 그것을 당연시하는 현대 경제학자들의 관점에서만 볼 때 성립하는 리카도에 대한 반대논리다. 물가지수와 물가 수준 개념 자체의 존재를 믿지 않는 소수이지만 저명한 집단(미제스와 하이에크 그리고 몇 가지 단서가 붙긴 하지만 하벌러 같은 사람들)의 관점에서 보면, 그러한 사고는 물론 유익한 것이며 건전한 통찰을 증명하는 것이다.

주도적인 '고전파 학자들'은 이처럼 다소 모호한 화폐가치의 문제를 단지 그들의 가치이론으로 확장함으로써 해결했다. 따라서 그들은 화폐의 자연적 가치, 장기 정상가치와 단기 균형가치를 구별했다. 전자, 즉 그들이 다른 말로 부르는 '영구적' 가치(이는 자칫 혼동을 초래할 가능성이 있다)는 귀금속을 생산(또는 획득)하는 데 드는 비용으로 결정되었고,[21] 단기 균형가치는 수요·공급으로 결정되었다.

주목할 만한 사항은 다음의 세 가지다. 첫째, 이러한 논의절차를 거침으로써 우리는 그들을 이론적 금속주의자라 부를 수 있다. 둘째, 위에서 본 두 가지 명제는 상이한 유형의 균형을 지칭하지만, 명백히 균형명제다. 셋째, '~에 의해 결정된다'는 말은 잘못된 것이며 '~에서 결정된다'는 말로 바꾸어야 한다. 왜냐하면 이 결정이라는 말에는 특별히 강한 인과적 함의가 전혀 들어 있지 않기 때문이다. 독자들은 다음과 같은 사례를 생각해보면 내 말을 납득할 수 있을 것이다. 가령 사람들이 지불관행을 항구적으로 바꾸어 이제부터 모두가 전에 비해 현금(금주화)을 덜 보유한다고 해보자. 그렇게 되면 일정한 가격 수준에서는 금이 덜 '요구될' 것이다. 그리고 이러한 분석적 가정 아래서는 분명 (한계)비용이 새롭게 낮아진 화폐의 단위가치와 같아지도록 금생산이 조정될 것이다. 그러나 이 경우 적어도 새로운 가치가 새로운 비용에 맞춰 조정되는 정도만큼이나 비용이 가치에 맞춰지고 있다는 것은 분명하다. 다시 말해 우리의 장기균형 명제는 수많은 장기균형 조건 중 하나며, 순전히 이론가의 시도 덕분에, 즉 그러한 상황에서 그가 다른 모든 요인의 작용을

---

21) 이는 금이 수입된 상품임을 강조했던 밀의 설명방식이다.(『원리』, 3부 12장 1절; 그러나 전거가 되는 것은 9장이다) 그러나 그에 비해 덜 다듬어지긴 했지만 리카도도 그리고 훨씬 더 세련된 방식으로는 시니어와 마르크스도 같은 견해를 지니고 있었다. 시니어는 그러한 정리를 다듬어 포괄적 이론으로 완성한 유일한 인물이었다. 그는 화폐생산비를 그것과 공예품으로서 금에 대한 수요와의 관계 속에서뿐만 아니라, 대중의 현금수요와의 관계라는 측면에서도 이해했다.(*Three Lectures on the Value of Money*, delivered 1829, printed 1840, London School Reprint, 1931)

배제하고자 마음먹어야지만 인과적 함의를 얻을 수 있다. 그러한 경우조차 금의 한계생산비 변동은 금공급에 영향을 주는 경로를 통해서만 화폐가치에 영향을 미칠 것인데, 이 점은 시니어와 밀도 알고 있었다.[22] 물론 금이 갖는 고도의 내구성 때문에 연간 생산율의 변화가 느리다는 것과 그로 인해 금의 경우 다른 상품에 비해 단기균형 패턴이 장기균형 패턴보다 더 중요하다는 사실을 염두에 두어야 한다. 장기균형 분석에 경사된 리카도조차 화폐를 논할 때는 전자의 관점, 즉 수요·공급의 관점에 서 있었다.

이제 우리는 말썽 많고 탈 많은 문제, 즉 '고전파 이론가들'이 어느 정도까지 수량정리(the quantity theorem)를 받아들였고, 그로 인해 과연 수량정리가 부당한 권위를 갖게 되었는지를 고려할 준비가 되었다. 세 명의 주도적 저자인 손턴, 시니어, 마르크스의 경우는 증명을 요할 필요가 없을 정도로 부정적 답변을 할 것이 명약관화하다.[23] 그러므로 리카도와 밀의 입장을 살펴보자. 먼저 금의 공급이나 양이 가치와 관련이 있다는 것을 단지 인정한다고 해서, 앞서 우리가 말한 '엄격한' 수량정리를 받아들이는 것은 아니라는 점을 상기하자.(이 책, 1권, 2부 6장 4절) 다시 말해 단지 화폐단위의 구매력이 수요·공급에 '달려 있다'고 말한다고 해서 특정화폐론과 같아지는 것은 아니다. 이 문제와 관련해 독자가 해결해야 할 첫 번째 난점은 리카도와 제임스 밀(그리고 피구와 캐넌을 포함해 화폐에 관한 저술을 남긴 이후의 수많은 저자)이 이를 깨

---

22) 만약 리카도라면, 그의 일반가치 이론에서는 공급이 증가하지 않고도 상품가격이 하락할 수 있기 때문에 이 점을 인정하지 않았을 것이다.

23) 그러나 손턴의 견해에 대해서는 단서를 붙일 여지가 있다. 세 명 중 수량정리를 전면부정한 유일한 인물은 그것을 무미건조한 가설(*abgeschmackte Hypothese*)이라 부른 마르크스였다. 그는 분석자가 화폐수량설과 화폐생산비설 중 택일해야 한다는 생각으로 그러한 태도를 취했던 것으로 보인다. 그것은 옳지 않다. 양에 의해 '결정되는' 화폐가치와 생산비에 의해 결정되는 화폐가치는 장기적으로 반드시 일치할 것이기 때문이다. 밀은 이 점을 정교하게 보여주었다.

닫지 못했지만, 임금기금의 경우에서 나타난 그들의 논리전개와 매우 유사하게 수요 · 공급의 '법칙'으로부터 수량정리를 이끌어내려고 했다는 사실이다. 결과적으로 모든 개별사례에 있어 그들이 수요 · 공급의 '법칙'에서 도출되는 어떤 것(예를 들어 다른 조건이 불변일 때 화폐량의 증가는 단위구매력을 감소시키는 경향이 있을 것이다)을 의미했는지, 아니면 그 이상의 어떤 것(예를 들어 다른 조건이 불변일 때 화폐량의 증가는 단위구매력을 비례적으로 감소시킬 것이다)을 의미했는지 자문해보아야 한다. 독자가 해결해야 할 두 번째 문제는 '수량설'이라는 용어가 몇 가지 의미를 포함하고 있다는 사실에서 발생한다. 그래서 만약 독자가 '문제의' 수량설이 특정 저자의 것인지 아닌지에 대해 두 명의 저자가 서로 다른 의견을 가지고 있다는 사실을 발견한다면, 그들이 수량설이라는 용어를 각자 다른 의미로 사용할 가능성이 있음을 유념해야 한다. 현재의 목적을 위해, 우리는 수량설을 다음과 같이 정의할 것이다. 첫째, 화폐량은 독립변수인데, 특히 가격이나 실물거래량과 독립적으로 변동한다.[24] 둘째, 유통속도는 서서히 변화하거나 전혀 변동이 없는 제도적 여건(datum)이다. 그러나 어떤 경우에도 그것은 가격과 거래량으로부터 독립적이다.[25] 셋째, 거래(또는 산출)는 화폐량과 무관하며, 혹시 두 변수가 함께 움직인다면 그것은 단지 우연에 불과할 것이다. 넷째, 화폐량의 변동이 동일한 방향으로의 산출량 변동에 의해 흡수되지 않는다면, 그 증가량은 그것이 사용되는 방식과 무관하게 그리고 최초에 어떤 경제부문에 주입되느냐(누가 그것을 획득하는가)에 상관없이 모든 가격에 자동적으로 영향을 미치며, 이것은 화폐량이 감소하는 경우에도 마찬가지다.

　　나의 주장은 리카도와 그 이전의 훼이틀리, 그리고 그 이후에는 제임스 밀과 매컬럭이 이 같은 엄밀한 의미의 수량설을 갖고 있었고, 여타

---

24) 곧 살펴보겠지만, 이러한 정의는 저자가 채택하는 화폐량의 정의에 따라 다른 의미를 갖는다.

25) 이것은 '정상적으로'(normally)라는 말을 집어넣음으로써 완화될 수 있다.

주요저자들은 그렇지 않았다는 것이다. 리카도가 때로는 단서를 붙이기도 했고, 자신의 노동량 가치법칙(labor-quantity law of value)을 다룰 때와 똑같이 여기저기서 엄격한 수량설과 논리적으로 맞지 않는 언급을 했던 것(이는 매컬럭도 마찬가지이지만, 제임스 밀의 경우는 해당되지 않는다)은 사실이다. 그렇지만 어느 경우에도 그는 자신이 단 단서들의 중요성을 단지 최소화하기 위해 그런 말을 했을 뿐이다. 비록 어림잡은 것에 불과하지만, 그가 수량설을 주장했다고 우리가 단언할 수 있는 것과 같은 의미에서, 우리는 하나의 근사법(approximation)으로서 그가 엄격한 수량설을 주장했다고도 말할 수 있을 것이다.[26]

밀의 경우는 전혀 다르다.[27] (『정치경제학 원리』에서—옮긴이) 그는 처음에 앞서 정의한 의미의 엄격한 수량설을 철저히 고수해서 화폐량 변동이 "정확히 동일한 비율로" 화폐가치에 영향을 주고, 그러한 특성이 "화폐에 고유한 것임"(같은 책, 3부 8장 2절)을 노골적으로 주장하기까지 했다. 그러면서도 그는 이 엄격한 수량설이 현대적 조건 아래서는

---

26) 가치론 분야에서와 똑같이 만일 리카도의 모든 여담을 모아서 그 의미를 풀어낼 경우, 후일의 모든 저작에서 발견되는 거의 모든 것은 그가 주장한 것으로 볼 수 있다고 일부 역사가들이 주장한다면, 그것은 단지 역사적 발전의 경계를 모호하게 할 뿐이다. 그러나 다른 측면에서 보면 그도 변명할 여지는 있다. "은행권의 소지자들이 정화나 지금으로 교환하기 위해 행사하는 어떤 힘에 의해서도 제지되지 않는 영란은행의 발권행위는 상품가격, 지금이나 외환시세에 전혀 영향을 주지 않았고 그럴 수도 없을 것이라고 〔……〕 은행이사와 각료들이 주장했던"(『원리』, 27장) 시절에 저술활동을 했기 때문에, 그는 좀더 세련된 이론을 지닌 손턴보다도 그러한 어리석음에 대해 의당 더욱 강력한 논거를 제시할 필요가 있었다. 정화지불금지법 아래서의 영란은행 권한을 은행 안마당에 있는 금광산의 발견에 비유한 그의 유명한 논법은 효과적이었을 뿐만 아니라, 그 자체로는 옳은 것이었다. 그러나 그렇다고 해서 화폐를 일반론으로 다루었을 때 리카도의 교리는 하나의 우회며, 손턴이 주도했더라면(리카도의 힘이 손턴의 통찰을 압도하지 않았더라면) 훨씬 더 빠르고 순조로울 수 있었던 분석상의 진전을 더디게 했다는 사실이 바뀌는 것은 아니다.

27) 화폐론에 대한 밀의 설명이나 그 설명의 대부분은 『원리』, 3부 7~14장과 19~24장에서 찾아볼 수 있다.

"사실에 대한 극히 부정확한 표현"이라고 말하면서 해당 장의 결론을 맺었다. 이 명백한 모순을 해결하기는 쉽다. 첫째, 그는 수량정리의 적용범위를 주화와 불환지폐만이 지불수단으로 존재하는 사회에 국한시켰다. 그에 따르면 '신용'의 출현은 상황을 근본적으로 변화시킨다. 즉 신용제도가 발전함에 따라 가격은 어떠한 단순방식으로도 더 이상 화폐량에 의존하지 않는데, 이는 신용의 출현으로 상황이 그만큼 달라졌기 때문이다.[28] 둘째, 그는 수량정리의 타당성을 실제 유통화폐량에 한정함으로써, 순수 금속통화의 경우에서마저 수량정리가 적용될 가능성을 더욱 약화시켰다.

그러나 유통화폐량은 분명 경기상태(산출과 고용 등)와 독립된 것이 아니며, 밀도 화폐량에 대해 말할 때 다음과 같은 말투를 사용함으로써 그것을 암시한 바 있다. 그는 "사람들이 지출하고자 하는 화폐량은 자신들이 보유하고 있고 적어도 미래의 돌발적 사고에 대비하기 위한 준비금으로서 남겨두고 싶어하는 모든 돈"(앞의 책, 3부 8장 2절)이다. 게다가 세의 법칙에 대한 밀의 해석을 논의할 때 우리가 살펴보았듯이, 그는 이 말이 내포하는 바를 매우 잘 알고 있었다. 그리고 우리가 그것을 '신용'구매, 즉 이러저러한 신용수단으로의 구매가 화폐로 구매할 때와 마찬가지로 가격에 영향을 미친다(같은 책, 12장)는 밀의 인식과 조화시킨다면, 그의 분석틀에서 '일반물가'에 영향을 주는 것은 결코 화폐량 자체가 아니라 지출이며, 이 지출이 주화나 화폐량과 단일한 관계에 있기는커녕 밀접한 관계에 놓여 있지도 않다는 것을 발견하게 된다. 따라서 밀의 수량설 버전과 그에 대한 당시나 이후의 반대자들 사이에는 거

---

28) 수량정리가 은행권과 예금을 포함하는 '화폐'량에 과연 적용될 것인가라는 문제가 발생한다. 좀더 현대적인 버전의 수량정리는 대체로 그러한 의미로 이해되고 있다. 그러나 밀은 그것과는 다른 노선을 택했다. 더욱이 그는 예금이 법화로 구성된 준비금에 대해 정비례한다는 이유로 발전된 신용제도 아래서조차 수량정리가 주화와 불환지폐에 대해 그 타당성을 유지한다는 명제를 채택하지 않았다. 다음 세기 말에 피셔가 주장하게 되는 이 명제는 당시에는 토런스가 명시적으로 그리고 오버스톤 경이 묵시적으로 주장했다.

의 차이점이 없다. 밀의 개념정리는 속도를 경제적 변수로 취급함으로써 다른 사람들이 이뤄냈던 것과 동일한 목적을 달성했다. 왜냐하면 문제의 화폐량을 실제로 지출되고 있는 양으로 정의함으로써 구매력 문제와 관련된 변수로 만들면, 그것은 (어떻게 정의하더라도) 일정한 화폐량에서 출발하는 것이고, 평균속도를 경제적인, 특히 주기적인 변수로 취급하는 것과 결국 같아지기 때문이다. 이러한 분석절차는 유통속도가 불변이라는 가정의 폐해를 제거하며, 우리가 보통속도라는 꼬리표를 붙인 것의 두 가지 구성요소를 구별할 수 있게 해준다는 추가적인 장점을 지닌다. 하나는 가변적임이 틀림없는 지출속도며, 다른 하나는 지불관행과 산업의 집중도 등에 의해 결정되므로 사실상, 그리고 일반적 상황에서는 최소한 제도적 상수로 취급할 수 있는 좁은 의미의 유통속도다. 이러한 생각이 얼마나 현대적인 관점에 가까운 것인지 보여줄 필요는 없다.

논의를 더 진행하기에 앞서, 나는 후일 상당한 중요성을 갖게 되지만, 당시에는 그리 중요하지 않았던 유통속도에 관한 두 가지 논점에 대해 서둘러 말하고자 한다. 첫째로, 이후에도 마찬가지지만 당시 어떤 저자들은 신용을 사용함으로써 화폐를 '절약'하거나 '화폐를 더 효율적으로 만들 수 있다'는 취지의 말을 했다. 신용이 법화준비금의 유통속도를 높여준다는, 비유적으로 말하자면 (법화준비금이—옮긴이) 은행금고에서 잠자고 있기는 하지만 (신용에 힘입어—옮긴이) 그것이 실제로 유통되는 경우보다 훨씬 더 빠르게 '유통된다'고 말할 수 있을 정도로 높여준다는 사고는 바로 여기에 도출된 것임이 틀림없다. 이러한 사고는 로트베르투스에 의해 발전되었다.(*Die preussische Geldkrisis*, 1845. 이에 대해서는 M.W. Holtrop, "Theories of the Velocity of Circulation of Money in Earlier Economic Literature", *Economic History, A Supplement to the Economic Journal*, January 1929, p.520 참조.) 둘째, 교환방정식을 대수로 표현하려는 시도(그렇다고 해서 반드시 수량설을 받아들이는 것은 아니다)는 멀찌감치 거슬러 올라가지만(브리스코, 로이드; 이에 대해서는 이미 이 책, 1권, 2부 6장 2절 3항에서 언급된 바 있다), 가장 정교한 것은 현재 우리가 살펴보고 있는 시대에 나왔다. 이 점에 대해서는 러벅(J.W. Lubbock)의 저작(*On Currency*, 1840)을 참조. 이 책도 흥미롭지만 저자는 훨씬 더 흥미로운 인물이다. 그의 교환방정식은 바이너(앞의 책, 249쪽 주 참조)와 마겟(앞의 책, 1권 11쪽과 12쪽의 주 8 참조)에 의해 재수록되었다.

3절 인플레이션과 태환재개에 관한 논의에서 얻는 교훈

확실히 밀이 이룩한 업적 중 어느 것도 그 자신에게서 나온 것은 아니었다. 그렇지만 거기에 역사적 공로가 있다. 이제 우리가 그의 위치에 이르게 한 노정에 있는 몇 가지 이정표를 살펴본다면 이 두 가지 사실이 두드러지게 나타날 것이다.[29]

1800년 무렵의 화폐정책에 대해 글을 쓰기 시작한 영국인들은 17세기, 심지어는 18세기의 영국 저작에 대해서도 아는 바가 매우 적었으며, 하물며 그 기간에 저술된 비영국권의 저작들에 대해서는 사실상 거의 알지 못했다. 이는 경제학이 진보해가는 과정에서 그 이전까지 축적된 지식을 되풀이하여 상실함으로써 어떻게 손상되고 있는지를 보여주는 흥미로운 사례다. 특히 그들은 캉티용과 갈리아니에 대해서는 전혀 그리고 스튜어트에 대해서는 많은 부분을 알지 못했다. 비교적 박식한 손턴조차도 로크, 흄, 몽테스키외 그리고 당연히 스미스[30]의 저작에 대해

---

29) 그러한 발전에 대한 광범위한 문헌(앞의 1절 참조), 특히 바이너와 마겟의 저작을 다시 언급하는 바다. 이제 여기에 다음 논문을 추가한다. J.H. Hollander, "The Development of the Theory of Money from Adam Smith to David Ricardo", *Quarterly Journal of Economics*, May 1911.

30) 물론 『국부론』에 대해 잘 알고 있었다는 것은 스미스에게 영향을 준 문헌들에 대해 상당한 지식이 있었음을 의미한다. 그러나 나는 손턴이 심지어 해리스(Joseph Harris)의 『화폐와 주화에 대한 논구』(*Essay*, 1757~58)와 같은 영국의 저작들조차 전혀 모르고 있었다고 생각한다.

서는 알고 있었지만, 그외의 것에 대해서는 많이 알고 있지 않았다. 실질적으로 그들은 새롭게 시작했고, 이것이 바로 그들 중 최고의 인물들조차 빈번하게 원시적이기 그지없는 주장들을 하기에 이르는 이유가 된다. 우리의 주된 관심사는 급박한 현실문제가 아니라, 그들의 논의에 사용된 분석방법이고, 그중에서도 화폐이론의 기초와 관계된 방법들에 지나지 않으므로, 특별히 언급할 만한 것은 많지 않다.

이미 살펴보았듯이, 1797년 영란은행 은행권의 태환을 정지했던 각의칙령(the Order in Council)은 공황과 은행의 현금인출 쇄도에 대해 반사적으로 취해진 예방조치였다. 영란은행으로부터의 정부차입은 몇년 동안은 특별히 가시적 효과를 낳지 않았다. 그렇지만 물가가 오르고 환율이 떨어지기 시작하자, 불환은행권의 '초과'발행이 그러한 '해악'의 원인인지를 논점으로 하는 수많은 기사와 팸플릿이 봇물처럼 쏟아져 나왔다. 지금보고서(1811년)에 기술된 자신의 두 연설에 대해 소집된 두 차례 비밀위원회(1797년)에서의 증언[31]으로 보건대, 손턴의 기여는 이해의 폭과 분석능력에 관한 한 다른 모든 이를 훨씬 앞지른 것이었다. 그의 기여 중 화폐분석의 역사에서 일차적 중요성을 갖는 것으로는 다음 세 가지를 들 수 있다. 첫째, '유통속도'를 '신뢰'(confidence)상태, 즉 대체로 일반적인 경기상태에 따라 변동하는 가변량으로 다룬 점이다.[32] 역사적으로 볼 때 캉티용의 이름으로 상징되는 기본진리에 대한 이 재발견은 결코 다시 망각되지는 않았지만, 주목의 정도가 매우 낮아서 케인스에 의해 다시 한 번 재발견되어야 했다.[33] 둘째, 화폐적 과정에 관한 이론에 이자를 도입한 것, 더 정확히 말하면, 모든 은행가가 직관적으로 잘 알고 있는 화폐와 가격, 이자 관계에 대한 과학적 사고틀을 마련한 것(이하 4절 1항 참조)이다.[34] 세 번째 것은 국제무역의 화폐적

---

31) *Paper Credit*, Library of Economics reprint, Appendices I, II 참조.

32) *Paper Credit*, 3장 특히 97쪽 참조.

33) *Tract on Monetary Reform*, 1923, pp.87 이하 참조. 사실상 케인스의 k와 k'의 가변성이야말로 이 책의 주요한 이론적 기여다.

측면에 관한 것인데, 이하 5절에서 논의할 것이다.

그러나 이외에도 짚고 넘어갈 것이 있다. 그가 처한 시대와 조국의 사실 그리고 현실문제에 관한 분석도구를 끌어내는 과정에서, 손턴은 자신이 경제적 진단의 대가임을 입증했다. 그는 일류 저자들 중에서도 영란은행권 발행의 효과를 간파한 동시에 그것을 19세기의 첫 10년에 걸쳐 영국의 화폐적 상황을 조성한 요인들의 제반유형에 적합한 상태로 유지시킨 유일한 인물이었다. 1810년의 지금보고서가 의심할 여지없이 지니고 있는 가치, 특히 다소 밋밋하지만 원인·결과·징후를 막론하고 관련 사실들을 모두 공정하게 목록에 올린 것은 주로 그가 한 작업임이 틀림없다.[35]

나머지 '지금주의자들'이나 지금보고서에 구현된 정책(조속한 시일 내에 영란은행에 의한 정화지불의 재개)의 지지자들은 저작의 동등한 질이나 근접한 유사견해 그 어느 쪽을 내세우더라도 손턴과 동등한 위치를 차지할 수 없다. 분명 사상이 다른 학파를 대표하는 훼이틀리와 리

---

34) 영국뿐만 아니라 프랑스와 이탈리아의 17~18세기 '인플레이션주의자들'이 이미 이 문제를 탐구했다고 말할 수 있을 것이다. 그러나 그들의 연구는 매우 비체계적이고, 그와 관련된 이론적 쟁점에 직면하지 않은 채 이루어진 것이었다. 상대적으로 중요하다는 의미에서 굳이 손턴의 선구라 칭할 만한 유일한 경제학자를 들자면 흄이었는데, 그조차도 이하 언급할 내용을 제외하면 손턴의 가르침에 특징적인 명제들을 갖고 있지 않았다. 베리의 경우도 마찬가지다.

35) 손턴의 『영국의 지폐신용이 지닌 성격과 효과에 대한 연구』에 대한 하이에크의 「서문」 54쪽에 인용된 호너(Francis Horner)의 편지에 따르면, 보고서는 "허스키슨, 손턴, 그리고 나 자신의 합작품"이라고 되어 있다. 내 생각에는 어느 선까지는 호너를 손턴의 제자로 간주할 수 있을 것 같다. 허스키슨은 그렇지 않다. 그러나 그는 하나의 요인으로 사태를 일방적으로 설명해버리는 습성에 빠지지 않았던, 경험 있고 총명한 사람이었다. 지금보고서에 대해 반대하는 비판들 중 다수는 그 분석을 향한 것이었다기보다는 정책권고에 있었다고 말하는 것이 정당할 것이다. 그러나 그런 경우에 흔히 있듯이, 그 권고에 이의를 제기했던(그리고 이는 상당히 수긍할 만한 것이었다) 비판가들은 권고를 낳았을 것으로 추정되는 분석에 대해 스스로 공격해야 할 의무가 있다고 생각했다. 그러나 맬서스(『원리』, 7쪽)는 보고서의 분석에 대해 사려 깊은 찬사를 보냈다.

카도 외에 우리는 그 주장이 손턴보다는 훼이틀리-리카도 계보에 속하는 보이드(Boyd)와 킹 경 그리고 손턴과 정반대라고 보는 것이 진리에 더 가까운 맬서스가 있음을 잘 알고 있다.[36] 기본적으로 그들의 주장은 매우 단순했다. 지금 프리미엄이 은행권 '가치하락'의 증거라는 것은 거의 정의나 다름없었다. 다른 조건이 같다면 은행권이 태환가능했을 때 유통될 수도 있었던 은행권이 존재하는 상황(즉 은행권의 발행이 더 적었을 경우)보다 이 프리미엄이 더 컸고, 환율은 불리했으며, 가격이 더 상승했다는 점은 오직 사리분별력이 없는 완고함에 의해서만 부정될 수 있는 사실이었다. 그들이 몇 가지 점에서 성공적인 답변을 이끌어낼 수 있었던 것도 바로 그 불합리한 완고함 때문이었는데, 그로써 그들은 당시 상황에서 모든 기타요인을 최소화했던 것이다.[37] 태환요구 시 가능한 양 이상으로 은행권을 발행하는 것에 대한 반대는 당연히 통화의 정상적·이상적 조건을 위해 태환조치가 취해짐을 전제한다. 모든 '지금주의자'가 이론적이고도 현실적인 금속주의자가 되는 것은 바로 이 때문이다. 그러나 그렇다고 해서 그들이 반드시 엄격한 수량설을 주장했던 것은 아닌데, 예를 들면 손턴의 경우 확실히 그러했다. 인플레이션 메커니즘을 상세히 분석하는 일, 특히 영란은행과 지방은행 발권 사이의 관계에 이르게 되면, 이런 기본문제 이면에 존재하는 훨씬 더 흥미로운 문제들이 존재한다. 그러나 우리가 여기서 이 문제들을 다룰 수는 없다.

---

36) Walter Boyd, *A Letter to……William Pitt*(1801); Peter King, *Thoughts on the Effects of the Bank Restriction*(1803). 킹은 리카도에게 상당한 영향을 미쳤다. '지폐통화의 가치하락'과 '지금의 높은 가격'을 둘러싼 논쟁에 부치는 논평'에 대해 맬서스가 쓴 두 편의 논문은 『에든버러 리뷰』(*Edinburgh Review*, 1811, vol.17, 18)지에 실렸다.

37) 지금주의자들이 받아들였고, 받아들여야 했던 점들에 대해서는 바이너의 앞의 책, 127~138쪽을 참조. 시종일관 불리했던 환율에 대한 설명으로 '반지금주의자들'이 의존했던 것은 주로 국제수지 논거였다. 이에 대해서는 이하 5절 참조. 돌이켜보면 그들이 반대편의 기본주장을 받아들여 그 내용을 검토하고 전쟁 이전의 금 평가로 신속히 복귀하자는 건의에 공격을 한정했다면, 좀더 현명했을 것이다.

위클리-리카도 계보가 거둔 엄청난 성공은 리카도의 박력과 탁월함 때문이기도 했지만, 그의 반대론자들의 자질부족 탓도 있었다. 우리는 그중에서도 탁월한 권위자인 투크[38]에 한해 살펴볼 것이다. 최초의 글은 1826년에야 선을 보이지만, 그의 저작들은 다른 어떤 것보다도 리카도의 분석에 반대하는 입장의 경우에서 발견되는 약점뿐만 아니라 강점도 잘 보여준다.

가장 분명한 강점(정책상의 논점은 계속 논외로 한다)은 말할 것도 없이 영국의 정화지불금지 시대와 같이 온건한 인플레이션 상황 속에서는 비화폐적 요인들의 영향, 심지어 개별상품이나 (곡물류 같은) 상품군에만 직접 작용하는 요인들의 영향이, 격렬한 인플레이션은 말할 것도 없이, 인플레이션이 진전된 경우에 비해 관찰된 현상 중에서 훨씬 더 많은 부분의 필연적 원인이라는 것이었다. 그때는 우선 인플레이션의 영향을 무의미할 정도로 낮추기 위해 때로는 작황이나 경기상태가 주어진 가격동향을 결정하게 마련이다. 이 경우 분석가가 해야 할 일은 매년, 심지어 다달이 자료를 수집해 면밀히 토의하고 그 자료가 객관적으로 드러나게끔 하는 것이다. 투크는 이러한 일을 매우 능숙하고도 성공적으로 해냈고, 만약 그것이 당시의 지배적 상황에 적용되었더라면, 리카도의 이론을 기각시킬 수 있었을 것이다. 그러나 투크가 겨냥했던 것은 그 이상이었고, 리카도의 이론을 이론으로서 공격했다. 손턴의 저서에서 끌어낼 수도 있었던 방향을 따랐더라면, 이 또한 성공할 수 있었겠지만, 투크는 이러한 일을 결코 감당해낼 수 없었다. 그는 관찰과 분석 사이의

---

38) 독자가 필요로 하는 모든 것(그리고 그 이상의 것)은 그 성격에 관해 우리가 이미 살펴본 바 있는 기념비적 저작(*History of Prices*, 6 vols., 1838~57)에 담겨 있다. 그러나 자신의 견해를 어떤 체계적인 형태로 처음 제시한 저작(*Considerations on the State of the Currency*, 1826)과 두 번째 저작(*On the Currency in Connection with the Corn Trade*, 1829) 그리고 투크로 하여금 논쟁적 열기를 못 이겨 최선의 결과 몇 가지를 포기하도록 만든 저작(*An Inquiry into the Currency Principle*, 1844)들도 나름대로 독립적인 중요성을 갖고 있다.

논리적 관계를 알지 못했고, 하나의 이론을 검증하거나 논박하는 증거로 어떠한 사실을 제시하고 어떠한 사실을 제시하지 말아야 할지 전혀 이해하지 못했다.[39] 그리고 그 분석방법을 모르는 개별상황을 투크가 더 이상 다루지 못하게 된 순간, 동일한 곤경에 빠진 같은 부류의 다수 경제학자 중에서 가장 탁월한 인물인 그도 사고능력을 상실한 듯했다. 그 후 투크는 그러한 불합리성으로 인해서 사실분석에 큰 힘이 되었던 건전한 감각마저 상실했고, 1844년 저작인 『통화원리에 관한 연구』에 들어 있는 몇 가지 결론과 같이 명백히 지탱하기 어려운 주장을 펼치는 데 결코 망설임이 없었다. 그 결론들을 통해서 투크는 화폐이론의 기초에 관한 자신의 견해를 요약하려고 했다. 이 결론 중 12번째 것은 상품 가격이 '유통수단의 양에 의존하는(그는 '유일하게'라는 말을 덧붙이지 않았는데, 만약 그랬다면 사태가 수습되었을 것이다) 것이 아니라, 반대로 유통수단의 양이 가격의 '결과다'라고 명백히 선언한다.

그러나 이것을 전적으로 어리석다고 여기기에 앞서, 투크가 12번째 결론이 주장하는 관계의 존재를 전면 부인한 경제학자들을 상대하고 있었고, 바로 이 때문에 어쩌면 그의 입장이 정당화될 수도 있다는(그리고 투크가 이론화에서 누구보다 서툴렀던 상황을 누그러뜨리는 이득을 볼 수도 있다는) 점을 상기하는 것이 좋을 것이다. 따라서 12번째 결론에 못지않게 서투른 것이긴 하지만, 13번째 결론에 이르면 투크의 일반물

---

39) 그 당시나 지금이나 그렇게도 많은 경제학자와 마찬가지로 투크가 맛보았던 이 흥미로운 실패의 가장 좋은 예는 화폐이자율이 당시의 지배적인 (한계)이윤율 이하일 때 가격은 오르는 경향이 있다는 이론을 그가 나중에 (1844년 저작인 『연구』에서) 반박하려 했다는 점이다. 1826년에 그는 손턴이 제기한 이 주장을 지지했고 정교하게 다듬기까지 했다. 사실상 이러한 작업이 화폐분석에 대한 그의 주요공헌 중 하나다. 그러나 1844년 투크는 그것을 반박하고, 심지어 '사실증명'(factual proof)을 주장함으로써 정반대의 명제를 지지하고자 했다. 독자들은 그의 이러한 행동이 매우 쉽고, 아스피린의 소비가 의심할 여지없이 사람들이 두통을 겪는다는 사실을 연상시킨다는 구실로 그것을 복용하면 두통이 완화되는 것이 아니라 사실상 그 원인이 된다고 주장하는 것만큼의 지성을 갖춘 것임을 깨닫게 될 것이다.

가 이론이 등장하게 된다. 그 이론은 특히 독일에서 많은 찬사를 받았는데,[40] 그곳에서 일부 개선되어 20세기의 첫 20년 동안 재차 유행하기도 했다. 그 내용을 요약하면 다음과 같다. 한편으로 상품은 '화폐'를 사용하지 않고도 구매할 수 있고, 다른 한편 '화폐'를 전부 사용할 필요는 없기 때문에(이 경우 가격에의 작용이라는 측면에서 보면, 실제로 화폐는 존재하지 않는다), 리카도가 생각했던 화폐량은 쓸모 있는 데이터가 아니다. 그 자금조달 경로야 어떻든 가격에 영향을 미치는 것은 지출이다. 모든 종류와 용도의 총지출 범위 내에서, 가계에 의한 소비와 투자지출은 특히 중요한 지위를 누리게 된다. "그리고 여기서 우리는 화폐가격의 궁극적 규제원리에 도달하게 된다."(『가격의 역사』, 3권, 276쪽) 기본적인 결정요소는 '지대와 이윤, 봉급, 임금 〔……〕 이라는 항목으로 구성되는 국가 각계계층의 수입'에 있다. 다시 말해 우리는 화폐가치 문제에 대한 '소득접근법'에 도달하게 된다.[41]

이에 대해 우리는 곧바로 투크 자신이 이 **화폐의 소득이론**을 새로이 진술하기 위해, 좀더 정확히 말하면 그것을 다양한 방식으로 개발하기 위해 몇 가지 단서를 제공하고 있다고 말해야 할 것이다. 그리고 그 방식 중의 하나는 케인스의 『일반이론』에서 마무리되고 있다. 그러나 투크가 남긴 형태의 소득이론에 대해서는 그 중요성을 크게 떨어뜨리는 한 가지 비판해야 할 여지가 남아 있다.[42] 그것은 투크가 말한 수입이 최종

---

40) 독일인들이 이론가로서 투크에게 열광했던 이유 중 상당 부분은 바그너(Adolf Wagner)의 영향 때문이었다고 생각한다.

41) 이 소득접근법의 역사와 그에 대한 논의로는 일차적으로 마겟의 앞의 책, 1권 12장을 참조.

42) 사실 빅셀은 자신의 1898년 저서(*Geldzins und Güterpreise*) 「서문」에서 투크와 그의 추종자들의 저서를 면밀히 연구한 결과 "수량설 외에는 진정한 화폐이론이 없었고, 수량설이 잘못된 것이라면 사실상 화폐이론이 전혀 없다"라는 확신이 들었다고 말할 수 있었다. 이는 최고의 판단력을 갖춘 사람들 중 하나가 리카도에 대한 대안으로 투크의 접근방식을 받아들이지 않았음을 의미한다. 솔직히 빅셀과 같이 유능하고 공정한 저자가 그같이 지나친 표현을 했다는 것을 납득할 수 없다. 그러나 그는 단지 진리를 과장했을 뿐이다.

데이터는 분명 아니라는 점이다. 이러한 경우 수입이 가격을 결정하는 것과 마찬가지로 가격이 수입을 결정하게 된다. 그리고 소득을 발생시키는 복수의 요인들 중에는 화폐량도 들어 있다. 우리는 여기서 작은 도끼를 손에 쥐고 투크의 혼란스러운 주장들을 잘 다듬은 뒤 의기양양하게 투크가 말한 수입이 화폐량에 유통속도를 곱한 것에 지나지 않음을 보여주면서, 리카도가 희희낙락하는 모습을 쉽게 상상할 수 있다. 따라서 투크의 좀더 중요한 기여들을 간과해서는 안 되겠지만, 이상의 비판이 주는 시사점을 마땅히 고려하면 그 중요성을 아예 무시해서도 안 될 것이다.

이제 잠시 밀과 그의 공적으로 돌아가보자. 그에 대해 다룬 뒤 우리가 지금까지 살펴본 것에 비추어볼 때, 그의 가르침은 리카도와 투크의 혼합물로 평가할 수 있을 것이다. 그는 훼이틀리-리카도 분석의 약점을 간파해 거친 면들을 잘 다듬었다. 마찬가지로 투크가 행한 분석의 약점을 파악해, 가장 눈에 띄는 결함들을 기민하게 바로잡았다. 그러나 밀은 이들의 분석에 담겨 있는 진리를 살려내는 데 많은 기여를 했다. 어느 정도까지는, 특히 국제무역의 화폐적 메커니즘을 다루는 데 있어, 그는 손턴의 노선을 재발견했고 곳곳에서 그것을 개선했다. 세인들이 더 잘 이해했다면 아마도 화폐분석의 새로운 장을 여는 데 도움이 되었을 그의 업적을 이처럼 높이 평가하기 위해서는 추가적으로 고려해야 할 다음 두 가지 사항이 있다.[43] 첫째, 다른 조건이 불변일 때 화폐의 증가는

---

43) 화폐의 일반이론과 화폐정책에 관한 한, 당시의 비영어권 저작의 경우 더욱 충실한 설명을 위해서는 몇 가지 작은 기여들을 언급해야겠지만, 영어권 저작을 거의 그대로 반영하고 있었다. 세의 화폐이론은 그의 강점에 속하지 않는다. 그러나 그는 화폐와 재화의 유통속도를 인식한(또는 독자가 즐기는 표현인 혼동한) 최초의 저자들 중 한 사람이었다. 프랑스인에게는 당연한 일이었듯이 아시냐화(assignats의 폭락은 불과 10년 전에 일어났다: 아시냐화는 프랑스 혁명기에 발행되었던 불환지폐다—옮긴이), 만약 그가 격렬한 인플레이션의 특징적 현상들, 즉 누구나 화폐를 처분하려고 하므로 결국 비정상적인 '유통속도'를 갖는다는 사실에 주목했다면, 제1차 세계대전 기간과 그 후에 발생한 인

그와 **동일한** 비율로 가격을 상승시킨다(화폐고유의 속성)는 정리를 고집한 것은 밀 자신이 한정한 범위 내에 적용될 경우 무방하지만, 그는 화폐량의 변동과 물리적 산출량의 변동이 서로 하등 관계가 없으며, 우연에 의해서만 일치할 것이라는 그릇된 리카도의 원리를 지지하기도 했다. 둘째, 이처럼 '화폐적 자극' 가능성을 부인하는 것은 19세기의 20~30년 동안에 출현한 화폐관리 사상에 대한 협의의 견해 중 가장 중요한 사례에 불과하다. 이제 이것에 대해 간단히 다뤄야 할 것이다.[44]

필의 금태환재개법(1819)이 통과되기 전이나 영란은행에 의해 실질

플레이선기에 동일한 현상이 저자들에 의해 다시 '발견'되었다 해도, 그것은 작은 공적으로 다가올 것이다. 그럼에도 세의 화폐분석이 우리의 관심을 끄는 것은 그것이 현금보유에 대한 사람들의 변덕스런 태도를 그가 너무도 잘 알고 있었음을 보여주고, 따라서 세의 법칙에 대한 우리의 해석을 뒷받침하는 데 끌어들일 수 있기 때문이다. 또한 이 기회에 세가 장차 전전의 금평가로 영국이 복귀하는 데 상당히 적대적인 비판자가 된다는 점을 주목하자. 이는 그가 물가 수준을 결코 관심 밖의 문제로 간주했을 리가 없음을 보여준다. 프랑스의 화폐이론에 대해 더 알고자 하는 독자는 슈발리에(M. Chevalier)의 책(*La Monnaie*, 1850)과 『정치경제학 사전』(*Dictionnaire d'économie politique*, ed. by Coquelin and Garnier)의 관련항목을 참조. 화폐에 관한 이탈리아의 문헌 중 우리는 페라라의 『서문』(*Prefazioni*)과 『강연』(*Lezioni*)도 해당주제에 대한 기여를 담고 있긴 하지만, (불환법정지폐를 다룬) 그의 『강요된 진로』(*Corso Forzato*, 1868)에 대해서만 언급할 것이다. 독일의 문헌은 화폐에 관한 일반 이론보다 신용과 은행업에 관한 이론 쪽으로 더 발전했다. 그러나 부쿼이(Buquoy)의 논문에는 지폐에 관한 상당히 독창적인 관점이 들어 있다. 미국의 경우, 로드(E. Lord)의 저작(*Principles of Currency and Banking*, 1829)과 터커(George Tucker)의 저작(*The Theory of Money and Banks Investigated*, 1839) 그리고 구지(W.M. Gouge)의 저 유명한 저작(*Short History of Paper Money and Banking*, 1833)을 언급하는 것으로 충분할 것이다. 이 세 가지 중 특별히 강렬한 인상을 주는 것은 없지만, 이론적 개요에 관한 한 모두 대표적인 성과물이었다.

44) 얼마 안 되는 논점과 이름만을 거명할 수 있다. 좀더 완전한 설명을 기한다면, 앞에서 말한 바이너의 책 외에 세어스의 논문 두 편("The Question of the Standard, 1815~44", *Economic History, A Supplement to the Economic Journal*, February 1935; "The Question of the Standard in the Eighteen-Fifties", *Ibid.*, January 1933)과 이 논문들에서 언급되는 대가들의 글을 참조.

적인 정화지불이 재개(1821)되기 이전에도 많은 사람이 이 조치로 인해 발생할 수 있는 결과에 대해 우려의 목소리를 냈는데, 이는 조치가 급작스런 충격을 가져오는 것일 수밖에 없고, 어쩌면 그 이상을 의미할 수 있기 때문이었다. 심각한 불황(1817년과 1824년의 경기약진을 제외하고, 1815~30년의 기간 그리고 1830년경 시작된 경기상승 이후 다시 시작된 1836년 이후의 불황 등 실제로 불황이 만연했다)에 빠져 있다는 것을 사람들이 깨닫기 시작했을 때, 앞서 살펴보았듯이 그들은 표면적으로 가장 명백한 태환재개라는 요인과 영란은행이 그것을 실행에 옮긴 방식을 집중적으로 비난했다. 정치가들은 비교적 온건한 편이었는데, 하나의 집단으로서는 농민의 이익을 대변한 자들이 불합리한 노력을 경주했던 유일한 집단이었다.[45] 그러나 은행가와 금융가의 관점에 고무된 은행가, 금융가 그리고 경제학자들, 특히 이전에 지금보고서를 후원한 탓에 수세를 감지했던 자들은 대체로 모든 해악의 근원이 다름 아닌 화폐에 있다는 것을 전혀 의심하지 않았고, 대부분의 경우 매우 명백한 진단으로 보이는 조치조차 취하려 하지 않았다. 따라서 그들은 태환재개, 즉 적어도 전전의 평가로 태환을 재개하는 것을 시기상조 내지는 전적으로 무의미한 것이라 비판하면서 현실의 유통에서 금을 제외하고 화폐준비금에 은을 집어넣는 것에서 출발해, '상품달러'(commodity dollar)를 예견하는 단계를 거쳐, 장차 가격과 고용을 안정화시킬 관리지폐 통화

---

45) '스콰이어' 웨스턴('Squire' Western: Squire는 이름을 지칭하는 고유명사이기도 하지만 대지주를 지칭하는 보통명사이기도 한데, 여기에 작은 따옴표를 붙인 것은 아마도 스콰이어 웨스턴이 대지주였음을 강조하려는 의도인 듯 보인다—옮긴이)에 대해서, 즉 그가 어떻게 교육받고, 조롱당했으며, 희비극적인 인물이 되었는지에 대해서는 지면관계상 다룰 수 없고, 분석사 측면에서도 그러할 필요가 없다. 나는 이 명사가 어느 정도 부당한 평가를 받았다는 느낌을 지울 수 없다. 만약 그가 어떤 입장이 있었고, 그 주장을 경청할 기회가 주어졌다면 1930~34년 동안 화폐에 관한 미국에서의 토론에 유리하게 작용했을 것이다. 이에 대해서는 그의 저작 중에서도 『리버풀 백작에게 보내는 편지』(Letter to the Earl of Liverpool, 1826)를 참조.

에 이르는 치유책과 개혁안을 제출했다. 우리는 역사가 부단히 반복된다는 사실을 물론 알고 있다. 그러나 경제학자들 또한 시대의 지배적인 분위기에 동요되어 같은 말을 되풀이하고, 선행자를 기꺼이 무시한 나머지 매번 자신들이 전대미문의 발견을 하고 있고 아주 새로운 화폐학을 쌓아올리고 있다고 믿는 것을 보면 놀랍고 얼마간 슬프기까지 하다. 그렇지만 분석의 역사로부터 어느 정도 얻는 것도 있다.[46]

우선 진단의 문제는 실제로 소홀히 다루어졌지만 아주 무시된 것은 아니었다. 이미 짐작되듯이 논의과정에서 돋보인 인물은 투크였다. 그는 화폐문제에만 집착하지 않았다는 큰 장점 외에도 사실에 대한 상식

---

46) 리카도는 지금보고서의 건의와 태환재개로 인한 책임추궁(그것이 현실의 것이든 상상의 것이든)으로 분개한 사람들 중 하나였다. 실제 진행된 형태의 태환재개에 대해 자신은 책임이 없다는 주된 논거가 그의 **지금계획**(Ingot Plan)이다. 그는 일찍이 1811년에 그것을 처음 제안했다.(*The High Price of Bullion, a Proof of the Depreciation of Bank Notes*, 제4판, 부록) 그가 제안한 이 계획은 1925년 영국이 금본위제로 복귀했을 때 채택한 제도와 본질적으로 동일하다. 즉 영란은행이 지금의 수출입을 완전히 자유롭게 하기 위해서는 (금 1 – 옮긴이) "온스당 3파운드 17실링의 가격으로 사람들이 제시하는 금이라면, 적어도 20온스를 사들여서 3파운드 17실링 10펜스의 가격에서 그들이 요구할 수 있는 어떠한 금도 팔 수밖에 없었다." (*Proposals for an Economical and Secure Currency*, 1816) 이미 지적한 바대로 이것은 국내에서 금주화가 직접 통용되지 않는다는 점을 제외하고는 완전하고도 자유로운 금본위제를 의미한다. 태환재개가 가격에 미치는 충격을 어떻게 완화할 것인가의 문제라는 측면에서 보면, 그 계획이 의미를 갖는 것은 영란은행이 국내에 금을 공급할 필요가 없다 할지라도 일부 은행권을 주화로 교환해야 하는 경우보다 보유할 필요가 있는 금량이 더 적다는 사실에 의해서만 의미가 있는 것이다. 불황을 태환재개의 탓이라고 비난했던 저자들의 경우 얼마 지나지 않아 모든 문제의 원인은 영란은행이 금을 구입함으로써 국제적인 디플레이션(즉 금가치의 상승)을 초래했기 때문이라고 주장했기에, 사실 리카도의 계획에 따른 정책이라면 태환재개에 대한 큰 반대에 봉착했을 것이었다. 영란은행이 '금가치를 인상시켰다'는 논거 자체는 여기서 검토할 수 없다. 리카도의 계획과 그 전개과정을 자세히 알고자 하는 독자는 보나르(James Bonar)의 다음 논문을 참조하라. "Ricardo's Ingot Plan, a Centenary Tribute", *Economic Journal*, September 1923.

과 처리능력을 지녔기에 1814~37년 동안의 가격하락 현상을 철저하게 합리적인 방식으로 분석할 수 있었다. 그가 제시한 '여섯 가지 원인',[47] 즉 풍작, 환율의 호조, 해외공급에 대한 장애물이 제거됨과 동시에 새로운 원료공급지가 출현했다는 것, 운송과 보험료의 하락, 기술발전 그리고 자본공급의 증가, 즉 이자율의 하락을 살펴보면 그것이 이상적인 분석이 아니라 이론적 관점에서 볼 때 많은 결함을 지니고 있음을 알 수 있다. 그러나 그 원인들에는 가장 중요한 요인, 즉 산업혁명의 결과로 이룩된 생산적 효율성의 엄청난 증가가 담겨 있을 뿐만 아니라, 투크가 비록 적합한 관계를 설정하는 분석작업을 할 수 없었다 하더라도 당대의 두드러진 특징들 대부분을 포괄하고 있다.

둘째, 화폐의 구매력 변동은 채권자와 채무자(또는 국채와 관련해서는 조세부담자들) 사이에 그러했던 것처럼 '정의'의 문제를 야기했다. 늘상 그렇듯이 '정의'란 각각의 저자들이 한결같이 느끼는 관심사를 해명하는 데 도움을 주는 단어였다. 그러나 어떤 때는 투박하고, 때로는 세련되기도 했던 좀더 실질적인 논의들이 정의에 관한 갖가지 생각들을 보완해주었고 심지어 밀어내기도 했다. '스콰이어' 웨스턴은 이전보다 가격이 상승하는 것이 만연한 파산에 대한 유일한 해결책이므로, 화폐 가치의 하락을 채권자에게 유리한 것으로 간주할 수도 있는 상황이 존재한다고 주장했다. 다른 사람들은 대체로 채무자들은 경제에 활력을 주는 대표적 요소이므로, 채무자들의 이득은 결국 모든 사람의 이득이라고 강조했다. 또 어떤 이들은 심지어 비용하락에도 불구하고 가격유지를 주장한 사람들이 있긴 했지만, "만약 물가하락이 비용하락에 의해 초래된 것이 아니라면"[48]이라고 언급함으로써 가격하락으로 인해 산업이 침체한다는 것을 인정하게 되었다. 흄(그리고 빅셀)과 마찬가지로, 대부분의 저자는 통화문제에서 가격이 안정적인 것보다는 서서히 인상

---

47) *History of Prices*, vol.II, pp.348~349.

48) 더 유능한 사람들은 아니었지만, 일부 저자들은 공급증가만이 아니라 비용하락까지 지적했다.

되는 쪽을 선호했다. 어느 특정 저자가 관심을 둔 가격과 물가 수준 사이의 일상적 혼동으로 인해 줄곧 논점이 흐려졌음은 말할 나위 없다. 앞서 살펴보았듯이 '일반물가'(general prices)가 무엇을 의미하는지를 정의하는 데서 대부분의 저자는 어려움을 겪고 있었다.

셋째, 화폐관리에 관한 명확한 사고가 형성되고 있었는데, 그중 일부는 17세기 주장의 단순한 반복을 넘어서는 것이었다. 안정적인 가격 수준, 화폐를 통한 생산의 자극(이른바 'pump priming': 정부의 인위적인 경기부양책으로 펌프에 물을 붓는 이치와 비슷하다는 데서 유래. 이러한 정책은 흔히 1930년대 미국의 뉴딜정책을 통해 처음 모습을 드러냈으며, 이를 이론적으로 정당화한 인물은 케인스로 알려지고 있음—옮긴이), 이자율과 고용안정화 등의 사고가 이에 해당한다.

이제부터 제시될 몇 가지 예증사례는 주로 '과학적' 평판을 지닌 경제학자들에게서 끄집어낸 것이다. 손턴은 공황기 화폐관리를 위한 몇 가지 제안을 했다. 리카도의 계획은 이미 살펴보았다. 장기계약의 안정화를 위한 자발적인 사용을 염두에 둔 로(Joseph Lowe)의 물가지수표(tabular standard)[49]는 화폐분석이 분명 진보했음을 보여주는 것이다. 톰슨[50]은 불환지폐 통화의 사용을 주장했다. 스크로프는 그 정도까지는

---

49) *The Present State of England*(1822). 훼이틀리가 1807년 저작(*Essay*)에서 이와 비슷한 제안을 했다. 물론 그런 사고는 적어도 플릿우드(Fleetwood)까지 거슬러 올라간다.

50) 그가 화폐정책에 관한 자신의 사상을 처음 제시한 것은 『웨스트민스터 리뷰』지에 실린 논문("On the Instrument of Exchange", 1824; 1830년 재발간)에서였다. 그것은 불환지폐가 실제로 뻔히 유통되고 있었지만, 결국 태환재개라는 고통스러운 조치를 감수해야 했던 상황의 자연적 산물이었다. '스콰이어' 웨스턴 외에도 많은 사람이 전시체제를 평시관행으로까지 연장해 그것을 영구히 존속시키는 편이 훨씬 더 나을 것이라고 느꼈음이 틀림없다. 따라서 톰슨(Thomas Perronet Thompson)은 1923년의 케인스와 마찬가지로(『화폐개혁론』*Tract on Monetary Reform*에서 케인스는 금준비금 주장을 고수했지만, 이 책의 기본 권고안은 톰슨의 것과 정확히 같았다), 목소리를 높일 태세를 갖춘 사람들의 수 이상으로 그들의 느낌을 대변했음이 틀림없다. 1824년과 1923년은 당시의 상황뿐만 아니라 사고면에서도 사실상 흡사하며, 톰슨과 스

아니더라도 금속본위(금이나 은)를 고수했다.[51] 그렇지만 로의 물가지수표를 지지하고 다듬어나가는 것 외에도 그는 화폐구매력의 변동에서 비롯되는 모든 복잡한 문제와 씨름했는데, 그중에는 화폐구매력의 변동이 노동에 미치는 효과도 들어 있다. 스크로프는 부당하게도 '총생산'(gross produce)에서 차지하는 노동의 상대적·절대적 분배몫이 (이자가 고정된 상태에서) 채권자에게 돌아가는 몫이 증가함에 따라 감소되어야 한다고 주장했으나, 가격하락이 고용에 미치는 영향을 강조한 공로도 있다. 이는 볼맨[52]에게도 역시 해당되는 것이었다. 내가 거명하고자 하는 또 다른 이름은 **버밍엄통화학파**(the Birmingham Currency School)의 두 영웅인 애트우드[53]다. 버밍엄통화학파에 대해서는 그 스

크로프 그리고 누구보다 애트우드(Thomas Attwood; 아래의 각주 참조)는 지금보다 더 유명해질 자격이 있다. 윌슨(Glocester Wilson)도 마찬가지인데, 그는 주목할 만한 1811년 저작(*Defence of Abstract Currencies in Reply to the Bullion Report*)에서 19세기 후반에는 흔히 냉소의 대상이었지만, 놋쇠가 그것으로 만들어진 자의 본질적 부분이 아니듯이 금도 기니화(guinea: 영국의 옛 금화―옮긴이)의 본질이 아니라는 심오한 진리(아주 당연한 이야기지만 오스트리아학파에서 이는 진부한 것이었다)를 담고 있다.

51) *On Credit Currency……*, 1830; *Examination of the Bank Charter Question*, 1833. 지금 훑어보고 있는 모든 논의는 당연히 다음 절에서 다루게 될 은행신용 문제와 여러 측면에서 관계가 있다. 어떤 측면에서 이 두 가지 논의는 하나로 융합되는 것이어서, 양자를 분리하려는 우리의 시도 ―이는 단지 설명상의 편의를 위한 것이다―는 종종 수포로 돌아가곤 한다.

52) 유럽에서 몇 차례 모험을 한 뒤 미국에 정착한 의사 볼맨(Justus E. Bollmann)은 미국 은행업 이론사에서 중요한 지위를 점하고 있다. 현재 논의의 맥락과 관련된 그의 저서로는 『정화지불재개에 대해 토머스 브랜드 님께 보내는 서한』(*A letter to Thomas Brand Esq……on…… a Resumption of Specie Payments*, 1819)과 『새로운 지금지급 제도의 실효성에 대한 또 다른 서한』(*A Second Letter…… on the Practicability of the New System of Bullion Payments*, 1819)이 있다. 그의 초기저작(*Paragraphs on Banks*, 1810; *Plan for an Improved System of the Money Concerns of the Union*, 1816)도 그러하지만, 이 편지들은 해당 문제들에 관해 평균 수준을 훨씬 넘어선 통찰을 보여준다.

53) 토머스 애트우드와 매티어스 애트우드(Thomas and Mathias Attwood) 형제

스로 인정한 호칭, 즉 **반금법동맹**(Anti-Gold Law League)이라는 말로 정확히 묘사할 수 있다. 예측할 수 있듯이, 그 구성원 다수는 인플레이션주의자였다. 그러나 토머스 애트우드는 족히 그 이상이었다. 내가 그의 의도를 정확히 파악했다면, 그는 현대적 의미에서의 반디플레이션주의자였다. 이른바 디플레이션에 대해 그는 거의 병적일 정도로 두려워했고, 당대의 모든 경제적 곤란이 거기서 비롯된다고 보았다. 그리고 그는 본질적으로 비합리적인 화폐와 신용제도의 변덕스런 모습들을 디플레이션 자체에서 발견했다. 그러나 이러한 진단에 대해 우리가 어떻게 생각하든지 간에(우리들 중 다수가 분명 이에 공감할 것이다), 그것은 토머스 애트우드로 하여금 당대의 일류 경제학자들이 인정하려 하지 않았던 것, 즉 이상적으로 관리된 지폐가 사실상 제 기능을 못하는 금의 자동작용(automatism) 결과 중 몇 가지를 피할 수 있다는 점을 볼 수 있게 한 확대경 구실을 한 장점이 있었다. 내가 아는 한, 그는 자신의 원리를 충분히 그리고 체계적으로 완성하지 않았다. 그러나 과장된 것을 제외한다면, 그가 원리를 옹호한 것 자체는 별종이라 부를 만한 것이 없다. 사람들이 자신을 진지한 화폐 전문가로 간주하길 바란다는 그의 주장은 실제로 태환을 재개할 경우 파운드의 금가치를 낮추어서 지급을

는 둘 다 은행가(매티어스는 엄청나게 성공한 회사 설립자이기도 했다)였으며, 결코 괴짜나 몽상가는 아니었다. 매티어스는 단지 능란하면서도 차분하게 자신의 주장을 내세운 복본위제론자(複本位制論者)였다. 그러나 토머스는 시사논평이나 선동, 대중집회, 과장된 표현을 즐겼고 그 대가를 치러야 했다. 전문가들이 그의 말을 썩 진지하게 받아들이지 않았던 것이다. 그렇지만 그것은 부당한 처사였다. 우리는 그의 저작들과 각종 증언으로부터 상당한 분석적 성취를 엿볼 수 있다. 이와 관련해서는 그의 저서(*Letter to Nicholas Vansittart, on the Creation of Money, and on its Action upon National Prosperity*, 1817; *Observations on Currency, Population, and Pauperism*, 1818; *A Letter to the Earl of Liverpool*, 1819)와 『글로브』(*Globe*)지에 실린 그의 논문(이 논문은 1828년에 『스코틀랜드 은행가』*The Scotch Banker*라는 제목으로 재출간)을 참조. 화폐관리에 관한 현대적 사고를 다루는 연구는 모두 이러한 저작에서 출발해야 한다.

재개하라는 그의 권고에 의해 더욱 설득력을 갖는다. 그리고 이러한 주장이야말로 1919년의 사고를 당당히 예고한 것이기도 하다.

밀의 권위 있는 텍스트 속에는 이러한 사고 중 우리가 폭로할 필요성이 있는 허다한 오류 외에 그 어떤 것도 들어 있지 않았다. 「불환지폐통화에 대해서」(『원리』, 3부 13장)라는 장에서 그는 "무한정으로 통화가치를 하락시키는" 권력에 대해 "묵과할 수 없는 해악"이라고 주장할 뿐만 아니라, 화폐를 통한 자극이 가능한지에 대한 애트우드의 주장뿐만 아니라 흄과 손턴의 주장에 대해서도 단호히 반대했다. 우리로서는 위의 사상에 대한 밀의 명백한 혐오를 반대할 권리가 없다. 그 누구도 화폐관리의 타당성을 승인해야 할 의무는 없으며, 그것을 담당해야 할 기관의 능력, 독립성, 그밖의 것을 불신할 만한 충분한 이유가 있었고 현재도 그렇다. 그리고 또한 일관성 없는 정치보다는 선악을 떠나 자동기능을 하는 화폐의 변덕스러움을 차라리 감내하고 싶은 사유도 존재한다. 그러나 우리는 화폐관리 이론에 대한 고려와 그 사상을 탄생시킨 사실과 문제들을 정면으로 다루려 하지 않는 밀에 대해 반대할 권리를 분명 가지고 있다. 그렇게 함으로써 밀은 화폐분석을 볼품없게 만들었고, 이와 관련해 그와 우리 사이에 과학적으로 엄청난 거리가 있다는 현재의널리 알려진 느낌에 대해 타당한 근거를 제공하고 있지는 않더라도 그렇게 생각할 여지를 남겨놓았다.

(『정치경제학 원리』—옮긴이) 3부 10장("Of a Double Standard")역시 뛰어난 것은 아니다. 복본위제에 관해 밀이 말했던 것은 그것의 구상을 주장한 자들이 단지 화폐의 구매력을 떨어뜨리기를 바랄 뿐이라는의혹(이는 물론 일반적으로 말해 충분한 근거가 있다)에 기초를 두고있다. 복본위제에 찬성하지 않았기 때문에 밀은 해당 기간에 은과 복본위제를 다룬 문헌들이 상당수 출현했음에도 불구하고(예를 들어 Henri Cernuschi, *Mécanique de l'échange*, 1865), 그리고 자신의 공감 여부와 무관하게 이 문제를 적절히 다루는 것이 분명 밀 같은 연구자의 의무였음에도 불구하고 그와 관련된 분석적 문제들을 진지하게 다루지 않

은 채 아예 주제 자체를 제외시켜버렸다.[54] 그러한 문제들에 대해 적으나마 이 책에서 말할 수 있는 것들은 6부(8장)에서 다룰 것이다. 1840년대까지 금생산은 계속 낮은 수준에 머물렀다. 러시아, 그리고 그 후 오스트레일리아와 캘리포니아에서 금이 발견되어 상황이 변했을 때, 그 사실과 효과에 대한 논쟁들이 1850년대와 1860년대에 걸쳐 줄곧 흥미롭게 진행되었다. 새로운 금의 발견이 가격에 어느 정도 영향을 미쳤다는 점에는 의심할 여지가 없지만, 그러한 영향이 인도와 중국 그리고 그 밖의 나라들로의 금유입에 의해, 그리고 그와 동시에 발생한 재화산출고의 증가로 상쇄되었기 때문에 과연 영국 내 가격을 뚜렷이 인상시킬 만큼 충분히 강력했는지에 대해서는 그만큼 더 의혹이 있었다.[55] 이는 새로운 금의 유입이 전 세계에 걸쳐 화폐제도, 신용, 이자, 산출고 등에 작용하는 방식(modus operandi)에 대한 연구가 필요함을 의미했다. 최초의 작용이 가해졌던 것은 이자율이며, 준비금 조달이 용이했던 상황이 1853년에 자칫 금융공황이 될 수도 있었던 사태를 막았지만, 화폐가 경제과정에 자극을 줌으로서 발생한 높은 이윤과 투기가 금융경색을 가져오고 경기의 주기적 부침을 강화할 것이라는 점에 대해서는 누구도 의심하지 않았다.[56] 좀더 완전한 보고서라면 언급해야 할 수많은 현

---

54) 한동안 리카도는 은을 본위금속으로 삼자고 주장한 적이 있었다.

55) 이러한 문헌 중 대표적인 사례와 논의의 수준에 대해서는 세어스(앞의 책, 1935, section II and V) 참조. 슈발리에의 저작(*On the Probable Fall in the Value of Gold*, 1857; 코브던의 영역본은 그의 「서문」과 함께 1859년에 출간되었음)은 케언스의 세 편의 논문("Essays on the Gold Question", 1859~60; 『정치경제 논구』*Essays in Political Economy*, 1873라는 제목으로 재출간)과 마찬가지로 특히 주목해야 한다. 물론 이러한 논의는 물가지수가 발전하는 데 강한 자극을 제공했다. 그 결과가 제번스의 저작(*A Serious Fall in the Value of Gold*, 1863; *Depreciation of Gold*, 1869; 두 가지 모두 *Investigations in Currency and Finance*, ed. by Foxwell, 1884)이었다.

56) 새로운 금의 유입이 어떤 작용을 하는지에 대한 밀의 견해는 케언스에게 보낸 그의 서신에 간략히 표명되어 있다. (이에 대해서는 1943년 11월에 오브리앙 G. O'Brien에 의해 출간된 『이코노미카』*Economica*, 279쪽에 있는 밀-케언스 서한을 참조하시오.)

명한 분석에 대해 말하자면 경제분석의 진전은 미미했으며, 당시의 경제학자들이 그 같은 경험에서 얻은 교훈을 바탕으로 화폐의 일반이론을 구축할 기회를 놓쳤다고 결론 지을 수밖에 없다. 이는 또한 금의 과잉이 어떠한 방식으로 복본위제에 대한 견해에 영향을 미쳤는지를 보여준다.

대체로 사람들은 금의 발견이 가져온 것으로 보이는 번영을 향유했다. 하늘이 내린 도움은 한동안 증권거래소에도 찾아들었다. 그러나 늘 반대는 있게 마련이어서 몇몇 반대자는 금 인플레이션에 대한 치유책으로서, 즉 1820년 무렵 일부 저자들에게 은본위제를 권장했고,[57] 1870년 이후부터 줄곧 그것을 다시 권장했던 사람들과는 정반대의 이유로 은본위 채택을 생각하기 시작했다. 게다가 역사는 경제학자들의 바로 코앞에서 복본위제에 대한 흥미로운 실험을 행함으로써 그들이 풀어야 할 숙제를 남겼다. 당시 프랑스의 경우 사실상 1 대 15.5의 비율인 복본위제를 시행했다. 금가격이 떨어졌을 때 그것은 프랑스의 통화와 준비금으로 유입되기 시작해 은을 몰아냈다. 이것이 슈발리에가 말한 그 유명한 낙하산 효과(parachute effect)였다. 즉 복본위제는 가치가 하락하는 화폐금속을 흡수하고, 반대로 그 가치가 상승하는 화폐의 경우는 풀어놓기 때문에 적어도 그것이 완전히 대체되지 않는 기간에는 화폐단위를 안정시킨다는 것이다. 설령 경제학자들이 이전에 그러한 효과에 착안하지 못했다 하더라도 그다지 체면이 깎이는 것은 아니다.[58] 고정비율 아래서 복본위제 이론을 완성한 최초의 경제학자는 발라였다.

---

57) 은본위제를 주장했던 가장 중요한 영국인인 맥라렌(James Maclaren)에 대해서는 앞에서 언급한 세어스의 1933년 저서 곳곳에서 볼 수 있다.

58) 예를 들어 리카도의 경우 어떤 때는 금을 본위로 만들고 어떤 때는 은이 본위가 되게 하는 이 메커니즘을 간파하지 못했다.(『원리』, 27장) 그가 그 속에서 발견한 것은 오로지 '자연적으로 치유될 경우 몹시 바람직한 불편함' 뿐이었다.

4절 신용이론

추측하건대 화폐, 통화, 금융업에 관한 교과서들은 심지어 오늘날에도 법정 '화폐'가 지불이나 대부의 유일한 수단인 상태를 분석하는 것으로 시작할 것이다. 따라서 자본주의 사회의 생산과 소비의 일상사를 이끌어가는 대변과 차변, 지불과 청구의 거대 시스템은 법화의 대용물로 기능하며 여러모로 그 기능에 실제 영향을 미치지만, 금융구조에 대한 이론적 맥락에서 볼 때 법화의 기본역할을 완전히 대신하지는 못하는 화폐청구권이나 신용수단들을 도입하는 단계를 거쳐가며 구축된다. 이 기본역할 중 실제로 남아 있는 것은 매우 적지만 통화와 신용 그리고 금융 영역에서 발생하는 모든 일은 남아 있는 기본역할로부터 이해될 수 있는데, 이는 화폐 자체를 물물교환으로부터 이해할 수 있는 것과 동일한 이치다.

역사적으로 보면 화폐와 통화, 금융에 관한 분석을 쌓아가는 이 방식은 상당한 설득력을 갖는다. 14~15세기부터 줄곧 (그리고 심지어 그리스-로마 시대에도) 금·은·동 주화는 낯익은 것이었다. 신용구조는 탐구와 분석의 대상이었는데 이는 그것이 끊임없이 발전하고 있었기에 더욱 그러하다. 유일하게 진정한 최종 지불수단인 화폐와 화폐에 대한 청구권을 갖는 신용수단의 경계가 달라짐에 따라, 법제도 정확히 그에 맞춰 변경되었다. (대부분의 경제학자가 사업가가 아니라 법률가였다는 사실을 상기하라.) 그러나 논리적으로 따지면, 현재의 신용거래까지 분석하기 위한 가장 유용한 방식이 주화(현실을 감안해 여기에 불환지폐를 추가한다 할지라도)에서 출발해야 한다는 것은 결코 분명치 않다. 그보다 우선 신용거래에서 출발하는 것이, 즉 자본주의 금융을 채권과 채무를 청산하고 그 차액을 이월하는 결제제도로 간주하는 것(이 경우 '화폐'지불은 기본적으로 그다지 중요하지 않은 특수한 경우에만 이루어진다)이 더 도움이 될지도 모른다. 다시 말해 현실적으로나 분석적인 측면에서 모두 화폐에 관한 신용이론이 능히 신용에 관한 화폐이론보다

더 우월할 수 있다.[59]

우리는 이제 이 기간에 신용과 금융이론이 처한 상황의 특징을 다음과 같이 요약할 수 있을 것이다. 손턴에서 밀에 이르는 영국의 주도적 학자들은 신용구조를 연구했으며, 그 과정에서 화폐이론상의 주된 기여라 할 수 있는 발견을 했지만, 신용에 관한 화폐이론의 관점에 서 있었기 때문에 그것을 적절히 기술할 수 없었다. 그들은 발견에 내포된 이론적 함의를 끝끝내 파악하지 못했는데, 다시 말하면 화폐에 관한 체계적 신용이론[60]을 수립하지 못한 채 원칙적으로는 신용에 관한 화폐이론에 매달렸던 것이다. 그래서 그들은 결과적으로 이도저도 아닌 어떤 것을 만들어냈다. 따라서 우리 시대의 저명한 비평가이자 신용에 관한 화폐이론의 강력한 지지자인 리스트가 당시의 저자들 중 몇 사람을 화폐와 신용을 '혼동했다'고 비난했을 때 그것은 표면적으로는 옳았다. 용어상의 동요가 분명 이 점을 보여준다.[61]

우리는 이러한 사실을 염두에 두고 이 절에서 (1) 이 시기의 신용이론이 거둔 성취 중 가장 흥미로운 부분과 (2) 전시 인플레이션이나 태환 재개를 둘러싼 논쟁과는 달리 해결의 단서를 제시하기보다 감정적 열기에 더 휩싸이긴 했지만, 1844년 필 법령에 구현되거나 구현될 예정이었

---

59) 나는 이 문장이 자명한 것이기를 희망한다. 그러나 그것은 이 책, 3권, 4부 화폐에 관한 장(8장)에서 경제학자들이 위에서 약술한 생각을 견지하지 못함으로써 발생하는 한 가지 결과를 논의할 때 예증할 것이다.

60) 우리는 이 같은 이론의 윤곽을 매클라우드의 저작들에서 볼 수 있다. 그러나 그 저서들은 철저히 당시 인정된 경제학의 범위 밖에 있었으므로 이 책, 3권, 4부에서 다룰 것이다. 앞서 언급한 빅셀의 언명과 비교해보라.

61) 그렇지만 우리가 알고 있다시피 만약 1800~50년의 저자들이라면 17세기의 사업발기인들이 잘 알고 있었고, 잘 다듬어진 형태의 경우라면 부아기유베르 캉티용, 베리 같은 18세기 전반의 학자들도 잘 알고 있었던 여러 사실과 사고를 참고함으로써 내가 좀더 적절한 분석이라 생각하는 것의 흔적들을 찾아갈 수도 있었을 것이다. 그러나 1800년에 이르면 그 사실과 사고들은 사실상 잊히게 되고(다시 말해 로John Law의 실험이 가져다준 공포가 남아 있는 전부였다), 그것들은 신용에 대한 화폐이론에 사로잡혔던 사람들에 의해 재발견되어야 했다.

던 원칙들을 둘러싼 '통화'학파와 '은행'학파 사이의 논쟁으로부터 가장 무난하게 제시할 수 있는 은행업과 중앙은행 업무에 관한 추가적 논점 몇 가지를 간략히 논의할 것이다.[62]

1. 신용,[63] 가격, 이자 그리고 강제저축

지불과 대부에 사용되는 '지폐신용'의 여러 형태는 본질적으로 다르지 않으며,[64] '신용'이 뒷받침하는 수요가 법화로 보증되는 수요와 똑같은 방식으로 가격에 영향을 준다는 점을 깨닫자마자, 우리는 신용구조에 대한 쓸 만한 이론 그리고 특히 가격과 이자의 관계에 대한 발견에

---

62) 독자들은 다시 한 번 바이너, 마켓, 리스트의 저작을 참조하라. 또한 바그너의 저작(*Geschichte der Kredittheorien*, 1937)과 밀러(Harry E. Miller)의 저작 (*Banking Theories in the United States before 1860*, 1927; 우리의 개요로는 은행업과 관련된 미국의 중요문헌들을 제대로 평가할 수 없기 때문에, 이 책은 독자들에게 특별히 유용하다), 그리고 민츠(L.W. Mints)의 저작(*A History of Banking Theory*, 1945)도 참조하라. 마지막 책은 600개의 항목에 걸쳐 상세히 기술하고 있지만, 은행업에 관한 상업어음 이론을 모두 무비판적으로 비난한 결과 목욕물과 함께 아이까지 버린 모습이다.

63) 저자들은 신용을 정의하는 데 어려움을 겪었다. 따라서 그 용어는 줄곧 매우 느슨하게 사용되었다. 손턴은 신용을 '신뢰'(confidence)라고 정의했는데, 이는 분명 논리적으로 맞지 않다. 우리는 '은행권, 어음 그리고 수표'가 아니라 가격에 작용하는 것이 신용이라고 밀(3권 12장 1절: 『원리』의 해당 부분—옮긴이)이 단언했다는 것을 깨달을 때, 이 저자들이 표현하고자 했던 것과 어려움의 내용에 가까이 다가갈 수 있다. 그가 의미한 바는 뉴메레르로 평가된 수요의 배후에서 작용하는 객관적 요소인 개인의 구매력이 실제지불에 사용되는 신용수단의 양이나 심지어 그것을 근거로 해 수표가 발행되는 예금과 당좌대월 등에 의해 온전히 표시되는 것이 아니라 한 개인이 원하는 경우 처분할 수 있는 총액, 즉 어떤 측정할 수 있는 형태의 실제 가처분 액수와 잠재적 신용이라 부를 수 있는 것, 즉 측정할 수는 없지만 주어진 상황에서 하나의 요소로 작용하는 무엇인가를 더한 액수라는 것이다. 그리고 신용이라는 용어를 사용할 때 사람들이 의미하는 바도 바로 이 총액이라는 것을 짐작할 수 있다고 나는 생각한다.

64) 다시 말하지만 법학자들의 경우 '지불한다'는 말은 법률적 의미로 사용되는 것이 아니라 법적인 부채의 전액상환(*solutio*)뿐만 아니라, 단순히 전액상환을 위한 대용물(*datio in solutionem*)이라는 의미도 상당 정도 내포하고 있다.

한걸음 다가갈 수 있게 된다. 그러나 그 관계에 대한 당시의 이론을 살펴보기에 앞서 우리는 많은 저자로 하여금 앞서 언급한 두 가지 명제를 받아들일 수 없게 만든 장애물들을 고려해야 한다. 우리는 신용에 대한 화폐이론 자체가 그러한 장애물 중 하나라는 것을 이미 살펴보았다. 이는 그것이 '신용'지불 네트워크에 관한 이론을 정화로 지불되는 경우에서 진척시키다 보니, 논리상으로 법화에 특권적인 지위를 부여한 것에 기인한다. 그러나 우리는 가령 '화폐'와 '예금'을 본질적으로 같은 지위에 올려놓는 분석을 가로막고 있는 것으로 보이는 현실적 이유 몇 가지를 여전히 생각해보아야 한다.

첫째, 여러 유형의 지불수단들은 법적으로 달리 취급되고 있다. 법정화폐의 경우 지속적으로 통용되는 성질을 갖는 반면, 인수되어 배서된 환어음은 그렇지 않다. 법률적 사고에 입각할 경우 신용수단은 형식상으로 화폐에 대한 청구권이므로, 이 두 가지는 결코 '본질적으로 동일한 것'이 아니다. 둘째, 이와 관련해 '화폐'와 '지폐신용', 다시 말해 다양한 형태의 '지폐신용'은 실상 모든 용도에서 동일한 자격을 지니고 있는 것은 아니다. 그들은 서로에게 완전한 대체물이 아니다. 법정화폐가 보편적 지불수단인 반면, 은행권과 예금은 그보다 통용되는 범위가 한정되어 있고, 인수·배서된 환어음은 상대적으로 협소한 사업영역에서만 유통할 수 있다. 그리고 대부분의 역사적 사례에서 알 수 있듯이 법정화폐만이 은행제도의 최종준비금으로 인정되고 있다. 물론 이러한 차이는 매우 중요하고, 그것을 고려하지 않은 채 어떤 화폐제도가 기능하는 방식을 설명하려는 엄두를 낼 사람은 아무도 없을 것이다. 그리고 이것이야말로 여러 지불수단이 일정한 추상 수준에서는 본질적으로 유사하게 취급될 수도 있다는 사실에 대한 손턴의 인식이 분석상의 주요성취인 이유다. 이는 단순히 실무자의 경우라면 일반적으로 기본적인 동일성보다는 기술적 차이를 더 염두에 둘 것이기 때문이다.[65] 그러나 바로 이 같은 이유 때

---

65) 따라서 우리는 그것이 오래전에 발견되었다는 사실만 아니라면, 손턴의 진정

문에 비록 손턴의 관점이 최종적으로는 밀보다 우월했다 할지라도, 줄곧 정반대의 관점이 지지자들을 확보했다는 사실도 전적으로 납득할 만하다. 그리고 이것은 어째서 일부 저자가 '신용'이 가격에 영향을 준다는 것을 단호히 거부했는지에 대한 유일한 이유는 아닐지라도 한 가지 이유이기도 했다.[66] 이제 가격과 이자, 즉 실질이자율과 화폐이자율이라는 주제를 다루어보자.

스콜라 체계 안에서는 이자가 단지 화폐사용에 대한 대가이므로, 실질이자율과 화폐이자율이라는 용어는 빈 상자에 붙는 꼬리표에 해당된다. 즉 이러한 종류의 직접적 관계는 전혀 문제되지 않았는데 이는 케인스의 체계에서와 마찬가지다.[67] 그러나 스미스의 영향 아래서 이자가 실물자본을 조달하는 사람에게 돌아가는 영업이익의 일부라는 바본의 분석이 유행하기 시작하자, 이 이자율이 결국 하나의 뚜렷한 현상인 화폐대부시장에서의 이자율과 어떤 관계인가라는 질문이 필연적으로 제기되었다. 스미스는 화폐시장의 대부이자율이 실물자본(이후의 슬로건이 보여주듯이 이것은 '화폐형태로 대부된다')의 '이윤율'을 반영한 것에 불과하며, 화폐량은 어떻게 정의하든 간에 그것과 전혀 관련이 없다는 요지의 답변을 했다.[68] 이것이 19세기 동안 줄곧 그리고 적어도 빅셀에 이르

한 발견이 있었다고 말할 수 있을지도 모른다. 이에 대해서는 이 책, 1권, 2부 3장과 7장에서 언급된, 폴렉스펜의 것으로 추정되는 1697년의 저작 (*Discourse*)을 참조하라.

66) 투크의 경우는 우리가 만약 그가 말한 것 중 일부를 문자 그대로 받아들인다면, 은행권과 예금이 기본적으로 동일하다는 것을 그가 인식한 후의 시점일지라도 이 부류에 속할 것임이 틀림없다. 아래서 이 주장을 다시 살펴볼 것이다.

67) 물론 좀더 깊게 파고 들어가면, 두 체계 모두에 문제가 다시 발생할 것이다.

68) 중요한 업적은 흄의 논문("Of Interest", *Political Discourses*, 1752)이었다. 스미스는 아메리카의 금·은이 유럽에서 발생한 이자율 하락의 원인이었다는 로크, 로, 몽테스키외의 견해에 대한 이 책의 반론을 만족스럽게 인용했지만 (*Wealth*, p.337), 이미 훨씬 이후의 저작을 내다보면서 화폐적 요인을 어느 정도 정당하게 다루었던 흄 이론의 여타 부분을 충분히 활용하는 것에는 소홀했다. 손턴은 흄의 생각을 좀더 잘 소개했지만, 그 자신과 밀 모두 흄을 비판함에서는 그다지 공정치 못했다. 우리가 알고 있다시피, 흄의 몇 가지 기본 견

기까지 지배적 견해로 남아 있었다는 사실, 그리고 곧 설명하겠지만 리카도의 견해이기도 했으며, '화폐'와 가격, '실질'이자율 사이의 관련성 문제에 대해 상이한 결론을 가리키고 있는 손턴의 기여마저도 대체로 잊혔다는 사실은 충분히 강조될 필요가 있다.

손턴이 화폐와 여타 유통수단의 양과 속도를 이자율에 연결시키는 방식은 다음 네 가지였다. (1) 그는 높은 할인율이 해외로부터 금을 유입시킬 것이라는 점을 지적한 첫 번째 인물이었다. (2) 그는 지배적인 화폐이자율이 현금을 보유하려는 대중의 의향과 관련이 있음도 지적했다.[69] (3) 나아가 그는 가격의 미래진행 방향에 대한 기대가 대부이자율에 영향을 준다는 점을 지적했다.[70] (4) 끝으로 손턴은 은행이 과연

해는 캉티용에 의해 예견된 바 있다.

[69] 유휴현금을 보유함으로써 발생하는 손실이 이자율에 따라 달라지며, 이 사실이 실로 중요하다는 것은 인정해야 하지만, 이러한 사실을 근거로 다량의 현금보유와 낮은 이자율 사이의 경험적 상관관계가 곧 인과관계라고 생각해서는 안 된다. 풍부한 현금과 낮은 이자율은 주로 불황인 상황에서 영업을 자제하려는 의사결정의 결과며, 설령 그들 사이의 기능적 관계가 전혀 없다고 할지라도 상관관계는 존재할 것이다.

[70] 이 분석은 『영국의 지폐신용이 지닌 성격과 효과에 대한 연구』(*Paper Credit*)에 부록으로 수록된 두 개의 '연설' 중 첫 번째의 것(335~336쪽)에서 간결하게 제시된 것으로, 가히 경탄할 만한 수준이다. 가격이 하락(상승)하는 시기에 채권자는 재화로 환산해 자신이 계약했던 것 이상(이하)의 이득(손실)을 본다. 이 사실은 만약 사람들이 그것을 예견할 경우, 대부계약 조건에 영향을 미쳐 그렇지 않을 경우보다 화폐로 환산해 더 낮은(높은) 비율에 계약을 성사시킬 것이라는 사실을 깨닫기란 비교적 쉽지 않지만, 그래도 수월하다. 그러나 손턴은 적어도 예측된 가격변동의 폭이 크지 않고, 이른바 의식적으로 예상하지 않는 경우조차 그러한 결과가 초래되는 메커니즘이 해명되지 않는 한, 이것이 미흡하다는 것을 알고 있었다. 그래서 그는 만약 가격이 상승(하락)하면 채무자가 예상한 것 이상으로(이하로) 득을 보게 되어, 그로 하여금 더 많은(적은) 돈을 빌리도록 유도하는 [이러한 상태가 지속되면 (4)에 포함된다] 한편, 이자율을 가격 수준의 상승(하락)에 맞추어 조정하는 경향이 있다는 점을 지적했다. 우리는 이것이 단기에 대한 설명으로서는 실물자본 수익률과 화폐 대부 이자율 사이의 관계에 관해 그동안 교과서상에서 '공인된 견해'라 칭해왔던 것과 완벽히 일치한다는 사실에 주목해야 한다. 1896년에 피셔는 손턴의

'통화가치를 하락시킬' 능력이 있는가라는 문제에 관한 진부한 논쟁을 훨씬 뛰어넘어, 대부이자율(화폐이자율)이 투자에 대해 예상되는 한계이윤(자본의 한계효율)을 균등화하는 경향이 있다는 기본균형 정리(the fundamental equilibrium theorem)를 축으로 삼아 대부자본 시장에 대한 완전한 분석(의 모든 요소)을 제시했다.[71] 여기에는 몇 가지 추가 설명이 요구된다.

첫째, 손턴의 정리는 신용 메커니즘 자체의 논리 내에서, 그리고 태환여부와는 별개로 은행신용이 인플레이션적인 가격상승을 초래하게 될 한도를 넘지 못하게 할 어떠한 제한도 존재하지 않는다는 취지의 논증 과정에서 나타난다.[72] 그리고 그것은 특히 '건전한 은행관행', 즉 우량 담보에 대해서만 대부하거나 심지어 진성(bona fide) 상업어음만을 할인해주는 관행은 그러한 제한이 될 수 없다는 내용을 갖는다. 물론 그

생각을 재차 독자적으로 다루었고(이 책, 3권, 4부 5장 7절 참조), 그전에 마셜도 그러했다.

71) 현대식 용어로 표현된 이러한 틀이 손턴이 의미한 것을 충실히 해석했는지는 독자가 판단해야 할 몫이다. 많은 여타의 문구에 근거하고 있지만, 나의 의도는 특히 『영국의 지폐신용이 지닌 성격과 효과에 대한 연구』의 253~254쪽에 있는 단락을 전달하는 것이다. 당시의 은행 관행을 고려하면, 손턴이 말한 것이 영란은행의 이자율이라 해도 본질적인 차이는 없다. 또한 '현행 상업이윤율'이라는 그의 표현에 대해 거부감을 가져서도 안 된다. 내가 말을 바꾼 것이 과연 공정한 것인가라는 문제와는 별개로 그리고 그것을 지지할 만한 명분이 더 이상 없다 하더라도, 손턴의 다른 주장(158쪽 참조; 아마도 *Paper Credit*에 해당되는 듯하다—옮긴이)에서 기대라는 요소가 다수 발견되고, 당시의 문헌에서는 극히 눈에 익은 것이었다. [밀은 『원리』의 3부 12장 3절에서 이 말을 사용했다.] 그러나 적어도 조건이 가장 열악한 기업의 이윤이라는 형태로 '이윤'이라는 말에 '한계적'이라는 형용사를 덧붙인 것은 리카도가 추가한 개선이었다. 만약 나의 독해에 반론을 제기하지 않는다면, 손턴이 마셜-빅셀-호트리의 분석에 근간이 되는 정리를 제시했다고 말해도 무방할 것이다. 이는 하이에크의 견해이기도 하다.

72) 손턴이 주로 관심을 가졌던 것은 영란은행의 대부와 은행권 발행이었다. 그러나 그는 영란은행권의 발행이 지방은행 발행과 런던 은행가 그리고 '기타 할인기관들'에게 미치는 영향에서 오는 복잡성을 충분히 알고 있었다. 이 사실은 우리가 본문에서 말한 바를 일반화할 수 있는 근거가 될 수 있을 것 같다.

이유는 대부의 확대가 만약 돈을 빌리는 사람을 제외한 타인의 지출감소에 의해 상쇄되지 않으면, 화폐소득을 증가시키고, 재화와 용역에 대한 수요스케줄을 상승시킴으로써(가격의 경우는 반드시 그런 것은 아니다) 추가대부의 모든 여파가 사후적으로 정당했다는 것을 스스로 입증하는 경향이 있으며, 그 같은 대부의 팽창이 (적어도 경기가 좋은 상황에서는) 예상 한계이윤을 밑도는 이자율로 대부를 하겠다는 제안에 의해 촉발될 수 있기 때문이다. 다시 말해 손턴의 정리에서의 균형은 불안정하다. 균형량을 초과해 대부를 늘리는 것은 만약 이자율이 계속 이전 수준(최초의 팽창을 유발한 수준)에 머무른다면, (처음에는 필연적이 아닐지라도) 결국에 가서는 가격을 상승시키고, 새로운 가격 수준에서는 추가로 돈을 빌리는 것이 계속해서 이득을 가져다줄 것이다. 즉 신용은 계속 무한정으로 팽창해 빅셀의 누적과정(이에 대해서는 이 책, 3권, 4부 8장 2절에서 다시 언급하고 비판할 것이다)이 일어날 것이다. 따라서 안정성을 기하기 위해서는 (직접적이든 간접적이든 간에) 은행권과 예금을 금으로 태환하는 것과 같은 다른 조건들이 필요하다. 손턴 분석의 전부는 아니라 할지라도, 이 실질적 결론은 특히 킹, 리카도, 조플린(Joplin) 그리고 시니어 등에 의해 널리 수용되었다. 어조는 그리 강하지 않았지만, 밀 또한 추측건대 투크의 영향 아래 그것을 받아들였다.

내가 아는 한 킹 경은 자신의 저서(*Thoughts on the Effects of the Bank Restriction*, 1803)에서 손턴의 견해를 따른 최초의 인물이었다. 리카도는 그의 원리를, 만일 은행이 "시장이자율보다 더 적은 이자를 부과한다면, 그들이 빌려주지 않을 돈이란 없다"(*Principles*, ch.27; 그러나 *Hige Price of Bullion*, 1810도 참조)는, 불완전한 형태로나마 단호하게 수용했다. 시니어는 '통상적인'(usual)이라는 용어를 사용함으로써 비슷한 입장(*Industrial Efficiency and Social Economy*, S.L. Levy ed., 1928, vol.II; 이 글은 킹 경의 저서에 대한 논평이다)을 보였다. 시장이자율이나 통상적 이자율 자체가 신용팽창을 방지할 만한 균형 수준 이하에 있을 수 있으므로, 리카도와 시니어가 의도한 것은 빅셀의 '실질이자율'에 가까운 어떤 것이라고 해석해야 할 것이다. 리카도는 내가 인용한 단락에 있는 또 하나의 잘못된 구절로 이 점을 지적한 것으로 보이며, 그로써 이자율을 '자본을 사용해 얻을 수 있고, 화폐량이나 가치와 완전히 독립적인 이윤율'에 의해 '규제'되는 것으로 규정한다. 이 단락에는 분명 두 가지 다른 생각들이 서로 충돌하고 있다. 한편으로 리카도는 앞에서 '실질'이자율과 화폐이자율의 관계에 대한 스미스적인 견해라 서술했던 것을 지지하고자 했다.

다른 한편 그 어떤 현실적 금융가도 그것이 금, 은행권 그리고 어떤 것이든지 간에 유통수단의 증가가 적어도 일시적으로는 이자율을 억누르는 경향이 있다는 것을 부인할 수 없을 것이다. 그래서 그는 첫째, '일시적으로'라는 말과, 둘째, 다른 모든 것을 배제하고 곧 살펴보겠지만, 그러한 증가가 가져올 인플레이션적 효과를 강조함으로써 자신의 수량설과 썩 잘 맞지 않는 손턴의 이론을 절충시켰던 것이다. 투크는 낮은 이자율이 가격을 상승시킨다는 주장에는 많은 부수적 조건이 필요함을 지적할 수도 있었고, 어느 정도는 그렇게 했다. 실상은 아마도 논쟁에서 발생한 열정에 휩쓸려서 그는 결국 화폐량과 가격 사이의 그 어떤 연관성도 부정했던 것만큼이나 부당하게 그러한 관련이 있다는 것을 부인했다. 밀은 다른 때와 마찬가지로 이 점에서도 투크를 '합리화했다'. 그 합리화 방식은 은행에 대한 대부 자체는 분명 가격이 아닌 이자율에 영향을 주지만, "통용되는 통화는 은행가가 제공하는 것으로서 모두 대부라는 방식으로 발행"(『원리』, 3부 23장 4절)되므로, 통화창조로서의 은행대부는 이자율이 아닌 가격에 영향을 미친다는 상투적 문구에 의해서였다. 은행의 통화창조 능력(투크는 『연구』에서 이것을 부인했다)을 인정한 것은 미국에서 매우 강조된 대부와 상환 그리고 유통수단의 팽창과 수축이라는 관계(좀더 고지식한 미국의 통화처방가들 중 몇 명은 이들 관계 속에서 모든 해악의 근원을 발견했고 지금도 여전히 그럴 것이다)를 인정한 것만큼이나 흥미롭다. 곧 다시 지적하겠지만, 밀은 이 모든 것을 대수롭지 않게 여겼다. 그렇지만 이중에서 그의 주의가 미치지 않은 것은 없으며, 설령 그렇지 않더라도 그의 독자들의 주의에서 벗어난 것은 없었으리라.

둘째, 손턴은 자신이 기술한 인플레이션 과정이 **미상환** 대부의 팽창을 전제한다는 사실을 매우 잘 알고 있었다. 대부의 팽창이 가령 저축에 의한 상환으로 상쇄된다면, 앞서 말한 과정은 시작되지 않을 것이다. 그러나 그는 전시 '지폐신용'의 작용에 몰두해 있었으므로, 이 문제를 깊이 생각하지 않음으로써 대부자금 시장의 안정적 균형조건을 명시하지 못했다. 1898년 빅셀은 대부가 사람들의 자발적 저축과 같아야 한다는 것으로 그것을 정식화한다. 영란은행권 문제에 관한 한 필 법령에 의해 실행된 은행정책의 원리들을 예견함으로써 얻은 공적에는 훨씬 못 미치는 것이었지만, 이 공백은 적어도 어느 정도까지는 조플린[73)]에 의해 메워졌다. 리카도와 마찬가지로 그는 은행이 대부에 의해 총지불수단 스톡에 더해 순증가분을 창조할 수 있다는 주장을 강력히 부인했지만, 은행의 그러한 능력이 존재한다는 것을 부인하지는 않았으며(이를 부인한 것은 다른 사람들이었다), 그것을 폐지해 은행들이 대중의 경상저축량을 초과해 총대부를 늘릴 수 없게 한다면, 화폐시장의 안정적 균형이 존재할 수도 있다는 점을 지적했다. 이 경우 균형정리는 저축과 투자에 대한 튀르고–스미스 이론을 특수한 방식으로 표현한 것에 불과하다는 것을 알 수 있을 것이다.

셋째, 손턴은 지불수단을 증가시키는 은행대부가 과소고용 상태의 경제에 영향을 줄 경우 가격을 인상시키기보다는 산출을 자극할 수 있다

---

73) Thomas Joplin, *Outlines of a System of Political Economy* ······ *together with the Fourth Edition of an Essay on the Principles of Banking*, 1823 ; *Analysis and History of the Currency Question*, 1832. 조플린은 100퍼센트의 은행준비금 제도를 주장한 최초의 인물이었다. 그것은 화폐이자율을 마치 순수 금속통화 제도에서 움직이는 것처럼 만듦으로써 은행통화의 창조(대부에 의한 지불수단의 창조)를 불가능하게 하자는 데 착안한 것이다. 그의 부연설명을 보면, 그러한 계획이 겪는 어려움은 자명하다. 즉 은행이 유사화폐(near-money)[이 미국식 용어는 유사맥주(near-beer)에 기원을 두고 있는 것 같다]를 창조하지 못하게 한다고 해도, 거래에서 발생하는 화폐창조를 막을 수는 없을 것이다. 그의 도식 속에서 금의 유입 또한 마찬가지로 화폐시장에서의 균형을 교란할 것이다.

는 점[74]만이 아니라, 완전고용에 도달한 후에도 신용팽창은 여전히 산출에 어느 정도 영향을 줄 수 있다는 점도 알고 있었다. 물론 이후 손턴은 계속해서 이 효과가 인플레이션 효과보다 작을 것임을 보여주긴 하지만 말이다.(*Paper Credit*, pp.236, 239 이하) 만약 화폐소득 중 일부가 가격과 보조를 맞추어 증가하지 않는다면 그 소득을 얻은 자들은 재화와 용역의 구매를 축소, 즉 일상적인 의미에서의 저축이 그러하듯이 실물자본을 증가시킬 수 있는 일종의 비자발적 저축을 행할 수밖에 없을지도 모른다. 이렇게 그는 빅셀의 강제저축 원리를 예견했다. 그러나 강요된 검약(Forced Frugality)이라는 말을 만들어낸 벤담은 이 문제를 훨씬 더 깊이 파고 들어갔고, 맬서스도 그러했다.[75] 리카도는 손턴의 제안

---

74) 자원의 과소고용은 일반적으로 신용에 대한 추가적 수요가 없는 불황기에 발생하기 때문에 실제로 이 진리가 갖는 중요성이 현실적으로 큰 것은 아니다. 그러나 그럼에도 우리는 그 진리를 통해서 리카도식의 수량설이나 엄격한 형태의 수량설이 그렇게 완고하게 부인했던 유통수단과 산출 간 관계의 존재를 인식할 수밖에 없으므로, 그 이론적 중요성은 지대하다.

75) 이 원리에 대한 역사는 하이에크의 논문("A Note on the Development of the Doctrine of 'Forced Saving'", *Quarterly Journal of Economics*, November 1932)에 훌륭히 설명되어 있으므로, 독자들은 여기서 좀더 세부적인 내용을 참고할 수 있다. 강제저축에 대한 벤담의 분석은 『개론』(*Manual*: 아마도 책의 제목을 축약한 듯한데, 원 제목이 정확히 무엇인지 모르겠다—옮긴이)에 나중에 추가된 것(그 일부가 1798년 뒤몽사Dumont에 의해 최초로 출판되었지만, 이는 1838~43년에 출판된 『전집』*Works*의 완전한 내용에는 다소 못 미치는 것이었다)이었고, 하이에크는 해당 문구가 "1804년 그 최종형태를 갖추게 되었으며", 아마도 그보다 훨씬 이전에 그 형태를 갖추게 되었을 것이라고 주장한다. 그러나 우선순위 문제에서 내가 지향하는 규칙에 따를 경우, 비록 벤담이 그의 동료 경제학자들에게 알려진 목차를 만들었다고 생각한다는 점에서는 하이에크가 옳다 하더라도, 나는 이 이론의 기원이 1843년이라고 주장할 수밖에 없다. 맬서스의 기여는 리카도의 저작(*High Price of Bullion, Edinburgh Review*, February 1811)에 대한 그의 논평에 담겨 있다. 이 책의 4판의 부록으로 들어간 리카도의 답변은 정액소득자의 경우에는 소비재에 대한 지출을 감소시키는 대신 저축을 줄일 수도 있다는 것이었다. 그러나 맬서스의 경우는 많은 암시를 담고 있긴 하지만, 불완전하고 불확정적인 손턴의 언급 외에는 의지할 것이 없었기 때문에, 그리고 그가 벤담의 분석

에 전혀 귀를 기울이지 않았으며, '가공'(fictitious)자본은 산업에 자극을 줄 수 없고, 은행제도의 운용 따위가 아닌 저축만이 자본을 창조할 수 있다는 점을 (거의 무지에 가까울 정도로) 거듭 되풀이했는데,[76] 이는 결코 문제를 직시한 것이 아니었다. 물론 거기에는 한 가지 이유가 있었다. 여기서 리카도는 여타 문제에서와 마찬가지로 일단 정해지면 일고의 여지가 없는 생각의 포로였다. 이 경우 그는 엄격한 수량설에 대한 자신의 신념을 굽히지 않았다. 수량설은 화폐량과 산출 사이에 전혀 관계가 없음을 함축한다. 그리고 리카도는 결국 관계가 있을 수도 있다는 것을 좀처럼 인정하려들지 않았다.

밀은 두 개의 상반된 견해 사이에서 갈팡질팡했다. 그가 벤담의 영향 하에서 은행신용의 팽창이 수입을 '자본으로 전환'(이것은 저축이 갖는 효과에 대한 이 시대의 표준용어였다)시키는 결과를 가져올 수도 있다는 견해에 대해 충분한 무게를 실어주었다는 것은 거의 확실하며, 심지어 '강제저축'이라는 말도 사용했는데,[77] 이는 벤담의 '강요된 검약'을 개선하려는 시도였던 것으로 보인다. 앞서 살펴보았듯이, 은행이 대부에 의해 지불을 창조한다는 사실은 『원리』에서 거리낌 없이 인정되고 있는데, 이것은 강제저축을 인정함을 시사하는 것이다. 그러나 "은행에 예금되거나 은행권으로 표시되는" "처분가능한 자본"이라는 내용도 있는데, 그것은 "자산에 붙는 이자로 생활하는" 사람들의 자금과 함께 "한 나라의 총대부자본을 구성한다".(3부 23장 2절) 이 모든 것에서 그리고 장 전반의 의미에 비추어볼 때, 리카도의 영향은 압도적이다. 그러나 제

을 알고 있었다고 믿을 이유가 없기 때문에, 상당 정도의 주관적 독창성이 가미되었다고 판단해야 할 것이다. 조플린은 『통화에 대한 견해』(*Views on the Currency*, 1828)에서 '강제된 절약'과 '자발적 절약'이라는 용어를 사용했다.

76) 몇 가지 실례에 대해서는 바이너, 앞의 책, 196쪽 참조. 『정치경제학 원리』에서도 비슷한 의견이 발견된다. (융통어음과 관련해서) '가공'이라는 표현은 손턴에게서 발견된다.

77) 『경제학의 몇 가지 미해결 과제에 대한 고찰』(1844)에 수록된 '이윤과 이자'에 관한 글 참조. 저술날짜가 썩 분명하진 않지만, 1830년이라는 것이 통설이다.

6판[78])에는 밀의 초기관점을 다시금 주장하는 각주가 슬그머니 끼어들어 있다. 그 이후로 일류 경제학자들은 사실상 '추가예금의 창조'나 '강제저축'에 관한 모든 것을 망각한 나머지 빅셀이 그것들을 재발견했을 때 상당히 미심쩍은 눈으로 바라보았던 것이다. 또 다른 맥락에서 케인스가 사용한 표현을 빌리자면, 이처럼 명백히 중요하고 현실적인 개념들은 1850년경부터 1898년까지 경제학의 지하세계에서 모호한 삶을 살았던 것이고, 이 사실이야말로 우리가 인간의 사고방식에 대해 얻게 되는 또 하나의 교훈이다.

2. 1844년 필 법령에 관한 논쟁에서 얻은 교훈

이 글의 목적상 여기서 논의를 한층 더 진척시킬 필요는 없다. 그 논쟁에서 이야기된 (결코 지나치게 많다고 할 수는 없는) 중요사항들 중 대부분은 앞에서 다룬 바 있다. 이와 관련된 입법상의 문제를 둘러싸고 서로 대립한 두 집단은 은행학파와 통화학파로 알려져 있다. 우리의 주요한 관심사는 전자의 경우 투크, 풀라턴, 길바트뿐이며, 후자의 경우에는 토런스와 오버스톤뿐이다.

투크와 토런스에 대해서는 이미 알고 있지만, 화폐와 은행업에 관한 토런스의 저술에 대해서는 아직 언급한 적이 없다. 해당분야의 긴 목록 중에서 그의 초기저작을 꼽자면 『화폐와 지폐통화 연구』(*An Essay on Money and Paper Currency*, 1812), 『1844년 필 법령의 원리와 그 적용』(*The Principles and Practical Operation of Sir Robert Peel's Act of 1844*, 1st ed., 1848), 『금융과 무역이론』(*Tracts on Finance and Trade*, 1852)이 있다. 이들 모두는 지금도 읽을 만한 가치가 있다. 물론 우리는 지나가는 김에 몇 개의 다른 이름들도 언급할 것이다. 그럼에도 독자들은 우리의 선별이 우리 자

---

78) 이것은 1865년판인데 밀은 「서문」에서, 특히 위의 장(23장―옮긴이)과 관련해 "현존하는 경제학자들 중 가장 과학적인 사람의 하나인 나의 친구 케언스 교수"의 제안과 비평에 자신이 힘입었음을 인정했다.

신의 제한된 목적에만 적합하며, 중요한 몇몇 저자를 제외하고 있음을 알아야 할 것이다. 심지어 우리는 유럽대륙과 미국의 문헌들을 다루려 하지도 않았다. 후자와 관련해서는, 다시 한 번 언급하지만, 밀러(H.E. Miller)의 저작(*Banking Theories in the United States Before 1860*, 1927)을 참조하라.

풀라턴(1849년 사망)은 인도에서 외과의사이자 은행가로서 돈을 많이 벌었으며, 사업에서 은퇴해 잉글랜드에 정착한 뒤에는 은행업의 이론과 정책에 관해 저술하는 데 착수했다. 그의 주요저작(*On the Regulation of Currencies*, 1st ed., 1844)은 영국과 유럽대륙에서 일찍이 그토록 짧은 논쟁에 대한 기고가 누린 적이 거의 없었을 정도의 지속적 성공을 거두었다. 그것이 커다란 장점을 지니고 있다는 것은 의심할 여지가 없지만 성공은 그 이상이었다. 그러나 풀라턴의 저작은 한편으로 고급 수준의 독자를 만족시키기도 하지만, 그다지 전문성이 없는 다수집단의 독자들에게도 큰 도움이 되는 눈에 띄는 성취였다. 또한 그것은 마르크스에게 진가를 인정받았고, 20세기에 들어와서도 마르크스주의 집단에게 인기가 있었다. 힐퍼딩(R. Hilferding)의 『금융자본론』(*Finanzkapital*, 1910)은 광범위하고도 비판적으로 이 책에 의존했다. 길바트(J.W. Gilbart, 1794~1863)는 일생 동안 은행가로 지냈다. 그는 설립과정에서 자신이 도움을 주었던 런던 앤 웨스트민스터은행(London and Westminster Bank)의 초대 지점장이자, 유능하고 각별히 존경받을 만한 인물이었으므로 지도자로서 동종업자들에게서 존경을 받았다. 또한 남은 세기 동안 장차 정통은행업 이론이 될 것을 최초로 주장했고, 일부를 만들어내기도 했다. 은행업에 대해 공부한 학생이라면, 그 어느 누구도 그의 대단히 성공적인 저서 『은행업의 실제론』(*Practical Treatise on Banking*, 1st ed., 1827), 『은행업의 역사와 원리』(*History and principles of Banking*, 1834) 그리고 적어도 『런던의 은행가들』(*The London Bankers*, 1845)을 그냥 지나칠 수 없을 것이다. 그의 『아메리카 은행업의 역사』(*History of Banking in America*, 1837)는 은행업에 관한 사고에 분명한 미국적 학파가 존재했으며, 그 주요 권위자가 길바트였음을 상기시키는 듯하다. 흔히 오버스톤(1796~1883) 경으로 알려진 로이드(Samuel Jones Loyd) 역시 부와 지위

를 상속받은 은행가였는데, 길바트보다 훨씬 더 화려한 경력을 쌓은 명사이
자 정계에 영향력이 있는 인물이었다. 그는 통화학파에서 유력인사였으며,
그가 지닌 (한편에서의) 명석함과 (다른 한편에서의) 불완전함 때문에 여러
세대에 걸쳐 경제학자들은 그의 사상의 폭과 깊이를 제대로 평가하지 못했
다. 그는 체계적인 저서를 남긴 적이 없으며, 독자들에게 가장 권할 만한 것
으로는 『금속과 지폐통화에 관한 논문 모음집』(*Tracts and other Publi-
cations on Metallic and Paper Currency*, ed. by McCulloch, 1857)과
『1857년 하원 특별조사위원회에서의 증언』(*Evidence before the House of
Commons Select Committee of 1857*, ed. by McCulloch, 1858)이 있다.

그 어느 쪽도 우리가 말하는 의미에서의 학파는 아니었다. 그들 내에
서도 상당한 견해차, 특히 수준의 차이가 있었다. 사실 두 경우 모두 흔
한 논쟁과 진지한 분석이었던 것 내지는 그렇게 인정할 수 있는 것을 구
별할 필요가 있다. 그리고 논쟁의 참여자들 중 자신의 생각을 체계적으
로[79] 그리고 자신의 동료에게서 무조건적인 동의를 얻어내는 방식으로
제시한 사람은 거의 없었기에 그러한 구별을 하는 것이 반드시 쉬운 것
만은 아니다. 대부분의 참여자가 공격한 것은 반대파의 실제 견해가 아

---

79) 토런스와 풀라턴이 여기에 가장 가까웠다. 그러나 우리는 여기에 통화학파인
  노먼(G.W. Norman, *Remarks upon Some Prevalent Errors with respect to
  Currency and Banking*, 1833)과 매컬럭을 추가할 수 있다. 매컬럭(특히
  1858년 『브리태니커 백과사전』을 위해 쓰어진, *Treaties on Metallic and
  Paper Money and Banks* 참조; 아울러 그가 1850년에 편집출판한 『국부론』
  에서 화폐와 필 법령에 대해 그가 언급한 내용도 참조하라)은 통화원리와 리
  카도 그리고 지금보고서와 수량설 자체 사이에 존재하는 연결성을 지나치게
  강조하는 방식으로 통화원리를 지지했다. 필의 법령의 타당성을 입증하는 것
  은 엄격한 의미의 수량설을 유지하지 않더라도 충분히 가능할 것이다. 이 기
  회에 통화학파의 저변에 대한 혹독하고도 유능한 비판가이자 런던 『이코노미
  스트』지의 창립자며 인도 재무성 장관인데도 분석의 역사에서 제대로 대접받
  지 못하고 있는 탁월한 인물들 중 하나인 윌슨(James Wilson)이 있음을 밝히
  고자 한다. 1847년 출판된 그의 저서(*Capital, Currency and Banking*)에 실
  린 논문들을 참조하라.

니라 대중화되고 심지어 왜곡되기까지 한 모습이었다. 그리고 대부분의 경제학자, 그중에서도 밀은 은행학파의 편에 섰는데, 이러한 현상은 영국에서보다도 대륙에서 훨씬 더 두드러졌다.[80] 그러나 실무자들, 특히 영란은행 이사들 사이에서는 필의 법령을 지지하는 사람들이 다수를 차지했다.[81]

논쟁을 돌이켜보면 오늘날의 관찰자들이 가장 관심을 갖는 부분은 두 '학파' 사이에 어느 정도의 기본적 합의가 존재하는가다.[82] 그 어느 쪽도 근본적인 화폐개혁가를 보유하지 못했다. 두 학파 모두 화폐관리나 금융·신용에 대한 철저한 통제를 몹시 꺼려했다. 이것은 대안적인 통제방식을 제시하지 않은 채 필의 법령과 투쟁했던 은행학파의 경우 명백했지만, 통화를 '자동적'으로 작동하게 만들어 은행업(심지어 중앙은행업까지도)을 완전히 자유롭게 할 목적으로 발권을 규제하고자 했던 통화학파에게도 해당된다. 다시 말해 두 집단은 모두 자유방임주의자들로 구성되었던 것이다. 게다가 그들은 금본위제, 특히 자유로운 금의 이동에 의한 외환규제에 확고한 지지를 보냈다. 우리가 필의 법령에 대한 두 집단의 찬반(이는 순전히 기술적인 성격의 것이었다[83])을 무시한다

---

80) 예를 들어 Adolf Wagner, *Beiträge zur Lehre von den Banken*, 1857; *Die Geld- und Credittheorie der Peel'schen Bankacte*, 1862 참조. 투크에 대한 그의 끝없는 열광에 대해 우리는 이미 살펴본 바 있다. 해석과 비평 양면에서 그는 오버스톤을 제대로 평가하지 못했다. 프랑스에서 실제로 관심을 모았던 유일한 문제는 프랑스은행(Banque de France)이 과연 발권을 독점했어야 하는가였다. 그것에 대해 찬성한 자들은 이따금 오버스톤 경의 권위에 의존했고, 반대자들(슈발리에, 쿠르셀-스뇌유 등)은 때로 투크의 권위에 호소했다.

81) 은행권 발행의 경우를 제외하면 이사들이 각종 규제적 간섭으로부터 자신들을 해방시킨 법에 대해 안도의 숨을 내쉬며 환영할 만한 충분한 이유가 있었다는 점을 잊어서는 안 된다.

82) 오버스톤과 투크 사이의 학문적 유사성은 (비록 외견상의 강한 개인적 혐오로 인해 무색하게 되었지만) 이 장의 마지막 절에서 좀더 뚜렷이 부각될 것이다. 이것은 화폐와 금융정책 그리고 그들이 기여하고자 했던 종류의 경제에 관한 합의점을 지칭하는 것이다.

83) 한 가지 사례가 영란은행을 두 개의 부로 엄격히 분할할 경우 영업부가 은행

면, 그들이 이견을 보일 만한 것이 많았을 리가 없을 것으로 생각된다. 썩 적절하지는 않지만 간단히 말하자면 '은행(학파의—옮긴이) 원리' (banking principle)가 주장한 내용은 다음과 같다. (1) 영국이 처한 조건과 은행업의 관행, 특히 영란은행 고유의 지휘체계를 전제한다면,[84] 은행권 태환이 자본주의 제도가 담보할 수 있는 모든 화폐적 안정성을 보장하기에 충분했다. (2) 어떤 경우에도, 설령 그렇지 않은 경우에도 예금이 은행권과 동일한 문제를 야기할 것이므로, 은행권만을 규제하는 것은 소용없는 일이다. 마찬가지로 부적절하나마 간단하게 '통화원리' (currency principle)가 주장한 바를 말하자면 다음과 같다. (1) 은행권 발행에 특별한 제약을 두지 않으면 그것의 태환은 보장될 수 없다. (2) 영란은행권은 사실상 단지 금증서로(즉 예금이나 상업어음 같은 신용수단이 아니라, 그것이 표시하는 주화나 지금과 똑같은 최종(준비)화폐로) 취급되었고, 그렇게 취급되어야 한다.[85] 단지 발권을 제한하는 것은 소

권을 준비금으로 보유하지 않는 한 발권부의 금에 접근할 수 없게 될 것이라는 반론이다. 그렇게 되면 영업부는 발권부의 금고에 금이 가득 들어 있는데도 시장의 도움요청을 거절해야 할 것인데, 실제로 이러한 상황이 1847년에 발생했다. 그러나 필 법령의 거듭되는 정지가 갖는 중요성을 통화학파가 애써 무시했던 것은 옳았으며, 은행학파가 그것을 과장했던 것은 잘못된 처사였음을 지적하고 넘어가자. 그러한 사태의 필연성은 오버스톤이 예견했던 것으로 공식적으로는 아니지만 사실상 그의 구상의 핵심을 이루는 것이었다.

84) 투크처럼 영란은행을 혹독하게 비판한 사람의 경우에는 설령 명시적으로 언급하지 않을지라도 이렇게 가정하는 것은 자연스러운 일이다. 그러나 그 가정은 아주 일반적인 경우에 적용되어야 한다. 특히 은행학파는 중앙은행의 규제적 기능을 결코 의심해본 적이 없다.

85) '증서'와 '표시하다'라는 단어를 사용한 것은 오버스톤 경이라는 점에 유의해야 한다. 내 생각에 그는 그러한 말을 사용함으로써 자신의 견해를 이해하는 단서를 제공한 것 같다. 다시 말해 그의 의도는 영란은행권이 흔히 그리고 대륙에서 이해되는 것과 같은 은행권이 아니라는 것이었다.(이에 대해서는 다음 각주 참조) 금과 은행권을 마치 금만이 존재하는 경우처럼 작동하도록 만든다는 발상(이는 통상적으로 '통화(학파의—옮긴이)원리'를 나타내는 방식이다)이 의미를 갖는 것, 즉 (1) 과거에 남겨져 제거하기 몹시 까다롭게 된 은행권이 지속적으로 쌓이는 경우를 제외하고 (2) 은행권의 양이 그것에 의해 '표시된'

용이 없다는 반론에 답해 이 협소한 목적을 공공연히 넘어선 유일한 인물이 토런스였다.[86] 우리가 알고 있는 것처럼 그는 대부로써 은행이 창조할 수 있는 예금량은 주화와 은행권을 합한 실제 크기와 밀접한 관련이 있다고 믿었기에, 발권의 규제가 또한 예금창조를 규제하는 방향으로 나아갈 것이라고 주장했다.[87] 그러나 만약 이를 무시한다면, 은행권 태환이 기본적으로 주요하다는 것에 두 학파가 동의했다는 것이 가장 근본적인 것이며, 이에 비해 태환성을 특별히 보장할 필요가 있느냐 하는 문제는 부차적인 것임을 즉시 알 수 있다. 이상을 부연하면 다음과 같다. 은행학파는 은행들이 경쟁적 영업을 하는 과정에서 유통수단이 자동조절될 것이라고 주장한 적이 없고(만약 그렇게 믿는다면 왜 굳이 태환을 고집했겠는가?), '오버뱅킹'(overbanking)의 위험성이 상존한다는 것을 알고 있었기 때문에, 그들이 은행권의 초과발행이 불가능하다고 말했을 때 그 의미는 태환이 보장된다면 초과발행으로 인해 결국 혹독한 대가를 치르게 되리라는 것뿐이었다. 그리고 이것은 분명 사실이다.[88] 통화학파가 영란은행권의 초과발행 가능성을 주장했을 때 그것은 이 자명한 진리를 부정하거나, 태환이 보장될 때 초과발행이 무한정

실제 금과 정확히 같아진다는 바가 의미를 갖게 되는 것은 바로 그러한 가설 아래서뿐이다.

86) *Reply to the Objections of the Westminster Review*, 1844.

87) 감당할 수 있는 이상의 부담을 지우지만 않는다면, 이러한 사고를 충분히 옹호할 만한 근거는 있다. 토런스가 우리 시대에 캐넌이 제시한 주장을 예견했음에 주목하는 것은 흥미로운 일이다.("Limitation of Currency or Limitation of Credit?", *Economic Journal*, 1924) 하이에크는 『가격과 생산』(*Prices and Production*) 2쪽에서 스튜어트(Dugald Stewart)가 이와 관련된 문제를 이미 1811년 지금보고서에 관한 기록(*Works*, ed. by Sir W. Hamilton, 1855, vol. VIII)에서 공식화했음을 지적했다. 그 기록에는 다음과 같이 적혀 있다. "한 쪽의 의견은 통화제한을 매개로 신용을 제한하는 것이 타당하다고 주장하는 반면, 다른 한 쪽은 신용을 적절히 규제하고 차별화함으로써 통화를 제한하는 것이 옳다고 주장한다."

88) 그러나 태환이 '시계와 같이 정확하게' 작동할 것이라고 풀라턴(앞의 책, 5장)이 예상했을 때, 이는 분명 너무 멀리 나아간 것이었다.

지속될 수 있다는 엄연한 오류를 주장하려는 것이 아니라, 단지 영란은행의 발행에 특별한 제한을 두지 않으면 초과발행이 치유할 수 없을 정도의 대재앙이 될 정도로 진전될 수 있다는 의미였다. 이와 같이 해석하면, 두 입장의 차이는 사라지고 의심의 여지없이 현실적 중요성만이 남게 된다. 그리고 분석이라는 측면에서 보면 그 차이는 단지 사소한[89] 견해 차에 불과하다.

영국 중앙은행업의 발전이 필 법령에 의해 크게 제약을 받은 것은 아니었다. 고객과 대부시장에 대한 영란은행의 태도변화, 총예금 중 은행가의 자산이 차지하는 비중의 증가 그리고 필의 법령이 통과한 이후에 벌어진 영국 금융사의 여타 양상들이 그 법에 의해 야기된 정책상의 효과들보다 더 중요했다. 이러한 변화 중 대부분은 1850년경에 정형화되었던 중앙은행 이론으로 서서히 침투해 들어가 은행이자율에 대한 숭배와 다름없는 결과를 낳았는데, 그 작동방식은 관찰가능한 사실을 거의 고려하지 않은 채 분석되었다. 그보다 더 중요한 점은 이 시기 초반에 훨씬 더 광범위한 중앙은행 정책이 한층 더 고차원적인 수준에서 손턴에 의해 그 윤곽이 잡혔다는 사실을 지적하는 것이다. 은행신용의 성격에 대한 그의 올바른 통찰과 사물의 내적 논리에 대한 예리하면서도 균형 잡힌 감각은 이 문제를 다루는 데 그가 적격임을 입증했다. 손턴은 그 작업을 다가올 1세기 동안 중앙은행 정책에 대해 발견될 거의 모든 것을 예견하는 방식으로 진행했다. 『영국의 지폐신용이 지닌 성격과 효과에 대한 연구』에서 그는 순수한 사기업 경제에서 신용관리의 마그나 카르타라 할 수 있는 일단의 규칙으로 자신의 분석을 요약했다. 이를 논증하기 위해서는 해당 페이지를 그대로 옮겨와야 할 것이다. 지면을 절약하기 위해 그것을 언급만 하고 넘어가기로 하자.

---

89) 신용의 작동방식과 금의 유출입가격, 대내외적인 '유출' 그리고 필의 법령이 영란은행 영업부의 효율적 관리에 (간접적으로 그리고 무심코) 어느 정도까지 개입했는지와 같은 몇몇 사소한 견해 차이는 학문적으로 상당히 흥미롭다. 불행히도 우리는 그것들을 다룰 여유가 없다.

이 절의 주장을 마무리하면서 우리는 한 가지 주제를 더 살펴보아야한다. 지금까지 우리는 해당 시대의 분석서 중 최고의 것들을 주로 다루어왔다. 우리는 몇 가지 중요한 업적들에 주목했고, 이 장의 다음 두 절에서도 몇 가지를 더 살펴볼 것이다. 그러나 그 업적들이 완전한 결실을 맺지 못했고 특히 다음 시대의 연구를 위한 훌륭한 도약대가 되는 방식으로 조정되지 않았다는 사실을 우리는 또한 살펴보았다. 사실을 말하자면, 최상의 결과에 대한 효율적 제시 대신에 우리가 발견한 것은 그시대의 분석 중 강점보다는 많은 약점을 안고 있었지만 은행가와 경제학자들 모두에게서 광범위한 성과를 얻고 있다가, 그로 인해 더 이상의진보에 장애물이 됨을 입증했던 은행들의 성격과 관행에 관한 매우 일반적인 견해의 출현이다. 간결한 서술을 위해, 얼마간의 단서를 추가하면 이하에서 논의될 몇 가지 주장을 옹호하기 위해 거명될 수도 있는 몇명의 권위자를 제외하고는 그 어떤 이름도 언급하지 않을 것이다.[90] 이주장들은 이른바 은행업에 관한 상업이론(Commercial Theory of Banking)이나 은행학파의 일부 주장과도 관련이 있지만, 우리가 이러한 호칭을 사용할 때는 둘 중 어떤 것도 그 주장들과 언제나 궁합이 잘맞는 것은 아니라는 점을 명심해야 한다. 아마도 우리는 문제의 그 학설을 은행업에 관한 상업어음 이론(Commercial-Bill Theory of Banking)이라 부르는 것이 좋을 것이다.

(1) 은행업에 관한 상업어음 이론에 따르면, 은행의 필수업무(은행을 정의하는 업무)는 국내외 경상 상품거래에 자금을 공급하는 것이다. 이러한 업무가 특정판매와 관련해 개별적으로 발행된 진성 상업어음을 할인하는 형태로만 이루어질 필요는 없지만, 우리는 '그럼에도 불구하고'라는 꼬리표를 계속 달아두기로 한다. 왜냐하면 그것이 전형적인 경우로 간주되었기 때문이다. 그렇다 하더라도 은행업에 대한 이러한 관념

---

90) 독자들은 이 절의 도입부분에서 언급한 민츠의 책에서 수많은 이름을 발견할수 있을 것이다.

이 여전히 매우 협소하긴 하지만, 특정이론을 구별하는 것은 아니다. 그러한 은행업무의 정의에 다음 주장 중 하나나 두 가지 모두 추가된다면, 상업어음 이론이 된다. ① 은행은 할인하는 데 사용할 자금을 사람들이 맡긴 예금으로부터 조성하거나 조성해야 한다. ② 은행은 가격에 영향을 주지 않고, 미지불 신용액에 영향을 줄 능력이 없는 상태에서(우리는 여기에 항상 '정상적으로'라는 말을 덧붙여 마땅하다) 상품거래의 요구를 충족시킨다.

(2) 이러한 주장들이 우리가 살펴본 대로 당대의 좀더 뛰어난 저자들의 저서, 특히 손턴에 의해 완전히 잘못이 입증된 특정오류들과 결부되어 있다는 것은 더 이상 설명하지 않더라도 자명하다. 은행업에 대한 이러한 관점(사업목적을 충족하기 위해 자신의 화폐를 제공하지만 직접 사업을 하지 않으며, 가격변동이나 무리한 거래와는 전혀 관계가 없는 상품거래의 조력자라는 관점)이 스스로를 그와 동일한 맥락에서 이해하고자 하는 은행가들의 직업 이데올로기를 매우 잘 나타내고 있다는 것 또한 자명하다. 그러나 끝으로 이 원리에는 현실적인 진리와 지혜의 요소들이 있다는 것에 주목해야 한다. 만약 은행가들이 자신의 현금위치(position)와 어음만기 일정에 주의해야 하고, 마찬가지로 그들 앞에 놓여 있는 신용대출 요청서의 허술함에 유의해야 한다는 취지에서 은행 원리를 재정립한다면 그것에 반대할 이유는 물론 없다. 다시 말해 다른 경우에서와 마찬가지로, 잘못된 이론을 들여다보면 현명한 조언을 찾아낼 수 있다. 경제의 안정성을 유지하는 데 필요한 것은 단지 은행이 어음을 할인할 때 지켜야 할 건전한 영업원리뿐이라는 주장은 손턴 이후로는 예의 잘못된 것으로 간주되었을 것이다. 그러나 그럼에도 그것에 따르는 행동을 취했다면, 금융사에서의 모든 최악의 붕괴는 모면할 수 있었을 것이다.

(3) 그렇지만 우리는 책임 있는 대출관행을 주입하는 것 이상을 의도했던 이 거래의 필요성(needs-of-trade)이라는 태도에 대한 몇 가지 논증이 있었음에 주목해야 한다. 첫 번째는 우리가 다수의 은행이 존재하

는 경쟁적 제도에서의 개별 은행업무를 고려하는 것에 국한할 경우, 완벽하게 옳다고 할 수 있는 것이다. 개별은행의 신용확대는 사실상 그것이 결국 가져올 준비금 유출에 의해서 극도로 제한을 받고 있다. 물론 모든 은행을 다 고려한다면 이것은 더 이상 사실이 아니다.[91] 그러나 은행 전체를 고려한다 하더라도, 정말로 경쟁적인 제도라면, 대열에서 이탈하는 데 부과되는 형벌이 은행관행을 비판하는 자들이 흔히 떠올릴 수 있는 것 이상으로 신용확대에 대한 효과적인 제동장치 구실을 한다.

둘째, 부당하게 유명해진 풀라턴의 **환류법칙**(Law of Reflux)에는 다소 과장되긴 했지만 여전히 무언가가 있는데, 그것은 개혁가의 뇌리에 정상적 상황에서 대부는 상환되며, 상환으로 인한 구매력의 말소만으로는 신용의 인플레이션적인 확대를 막지 못하지만, 자동적으로 환류하는 은행신용의 경우와 그렇지 않은 정부지폐 사이에는 매우 현격한 차이가 있다는 평범한 사실을 상기시킨다. 마지막으로 세 번째는 한 쪽에서는 그렇게 무조건적으로 치켜세웠고, 다른 쪽에서는 무조건 거부했던 문제의 거래의 요구주장이다. 그 주장은 진성어음의 할인이 '적당한' 한계를 지니고 있으며, 더욱이 생산과 유통이 확대·축소됨에 따라 유통수단도 '탄력적으로' 팽창·수축하게 만든다는 것이다. 이 견해에 대해서는 스미스와 투크의 권위에 의지할 수 있다. 그러나 그 불충분함을 지적하는 것은 거의 불필요하다. 오히려 그것의 진정한 핵심을 지적하는 것이 더욱 필요할 것이다. 다음과 같이 모든 정상적인 경우 중에서도 가장 정상적인 상황을 생각해보자. 한 상품이 생산되어 **팔렸다**. 생산자 A는 상인 B의 구좌에서 그 액수에 상당하는 대가를 인출한다. A는 자신의 거래은행에서 인수한 어음을 할인해 받은 돈을 현재 진행 중인 생산에 지출한다. 반면 B는 최종소비자에게 상품을 판매해 그들에게서 만기 시 어음을 변제할 돈을 받는데, 그 만기일자는 통상 이러한 과정이 가능하도록

---

91) 바이너(앞의 책, 239쪽 이하)는 우리 시대에 습관적으로 내세우는 이러한 구분을 학교에서 가르치게 되자, 1820년 이후 사람들이 그것을 널리 이해하게 되었다는 점을 지적했다.

정해진다. 이것은 하나의 관찰할 수 있는 관행이지, 결코 이론적 구상이 아니라는 점에 주목하자. 이러한 종류의 업무에 국한된 은행은 상품이 우선 생산되어 **판매되어야** 하기 때문에,[92] 사실상 자기 마음대로 대부를 증가시킬 수 없다. 그리고 이러한 종류의 은행돈은 대략 상품의 흐름에 따라 변동할 것이고, 가격을 인상시키지 않으며, '탄력성'을 부여받는다고 단언할 수 있는 것은 (몇 가지 중에 하나에 불과하지만) 분명 일리가 있다. 우리는 이러한 경우가 과연 그 원리를 제창한 사람들이 부여한 중요성을 갖는지에 대해 참으로 의심을 갖고 있을지도 모른다. 그리고 그러한 종류의 탄력성이 마음에 들지 않을 수도 있지만, 그 존재를 부인할 근거도 전혀 없다. 되풀이하지만 지금까지 언급한 오류 중에서 그 어떤 것도 은행학파의 입장이나 은행업에 관한 상업이론과 분리할 수 없다.

5절 외환과 국가 간 금이동

국제적인 경제관계의 화폐적 측면에 대한 이 시기의 분석은 밀이 연구한 형태로 남아 있다. 그리고 그것은 결과적으로 매우 영속성 있는 업적임이 증명되었으며, 지금은 집중적인 비판을 받고 있지만, 여전히 우

---

92) 이러한 해석이 고객의 '요구치' 이상으로 은행이 신용을 제공할 수 없다는 말에 흔히 내포된 오류를 포함하는 것은 아니다. 그리고 투크가 그 이상의 무엇을 의미했을 것 같지도 않다. 존경할 만한 영국 은행가의 전형적 태도는 그러한 신용이 가격에 작용하지 않는다는 견해뿐만 아니라, 이러한 견해에 대한 신념을 확인시켜주었을지도 모른다. 반면 투크가 은행가들의 돈에 대해서 상업어음 이론을 굳게 고수했던 것은 아니라는 점을 잊어서는 안 된다.(케퍼Georg Kepper는 이를 매우 교훈적으로 보여주었는데, 이에 대해서는 이 책의 6절 참조.) 곳곳에서 투크는 분명 고객의 요구치를 훨씬 더 광범위하게 정의하는 일에 매달렸고, 중요한 사업목적에 사용되는 그 어떤 종류의 단기신용도 인플레이션을 야기할 수 없다고 주장했다. (단 그는 '과잉거래' 시에 발생하는 전적으로 투기적인 거래에 대해서는 예외를 둔 것 같다.) 만약 우리가 이것을 사람들이 저축하는 것보다 은행이 더 많이 대부할 수 없다는 그의 견해의 귀결로 해석하지 않는다면, 방어하기 어려운 것은 물론이고 심지어 이해하기도 어렵다. 그러나 『연구』에서 투크는 은행이 그럴 수도 있음을 인정했다.

리 시대 최고의 저작 중 많은 부분의 토대를 이루고 있다.[93] 이 점을 올바로 인식하기 위해서는 다음 두 가지 사실을 명심해야 한다.

첫째, '고전파' 저자들은 다른 경우를 무시하지는 않았지만, 자유로운 국제 금본위제에 기대어 사고했다. 이렇게 된 데는 몇 가지 이유가 있었지만, 그중에서도 특히 우리의 주목을 끌 만한 것이 한 가지 있다. 자유로운 국제 금본위제는 (평상시에는) 환율을 정화 현송점 내에 머물게 하고, 한 나라의 물가와 이자율을 '자동적으로' 연계시킬 것이다. 현대인들은 경제적인 이유만큼이나 정치적 이유로도 이 자동화 메커니즘을 좋아하지 않는다. 즉 이들은 그것이 경제과정에 대한 정부의 관리를 옭아매는 족쇄 같은 것이라 싫어한다. 그래서 무심코 달갑지 않은 진실을 말하는 개구쟁이 소년과 같은 금을 싫어한다. 그러나 우리가 살펴보고 있는 시대의 경제학자들은 대부분 바로 그 이유 때문에 자동화 메커니즘을 마음에 들어했다. 비록 그들이 이론에서와 마찬가지로 현실에서도 타협했고, 중앙은행의 관리를 인정했지만, (오버스톤 경이 즐겨했던 문구인) 그 자동화 메커니즘은 민족주의자도, 국가사회주의자도 아니었던 그들에게는 경제적 이상일 뿐만 아니라 하나의 도덕률이었다. 이것만으로도 그들의 문제와 우리의 문제가 현격한 차이가 있고, 이 현실에 대한 관점의 차이가 순수분석 작업에서 (그래서는 안 되지만) 나타날 수밖에 없다는 것은 어찌 보면 당연하다.

둘째, '고전파'의 저자들은 주로 상품거래에 관심이 있었다. 비록 그들

---

93) 나는 이것이 타우시히뿐만 아니라, 바이너나 하벌러의 저작에도 해당된다고 생각한다. 왜냐하면 의심할 여지없이 이들은 '고전파' 분석을 발전시켰고, 다른 사람들의 다양한 새 도구와 주장들도 수용했지만, '고전적' 원리에는 이의를 제기하지 않았기 때문이다. 실제로 그 원리들에 도전한 사람은 올린을 포함하는 다른 일류 경제학자들이었지만, 그들의 기여 또한 재구성이라기보다 개선으로 평가할 수 있겠다. 이러한 상황에 대한 바이너의 개관(앞의 책, 6장)은 나의 견해를 뒷받침하는 데 참고할 수 있을 것이다. 만약 이와 정반대의 인상을 받는다면, 그것은 현대식 분석이 여타 현실적인 문제와 조건들을 다루고 있다는 사실에 주로 기인한다.

이 국가 간 대부와 보조금, 증여를 고려하지 못한 것은 아니지만, 상품 거래에서 발생하는 화폐적 문제들(무역수지, 금이동과 그에 따르는 물가변동 그리고 금이동이 국내 신용구조와 이자율에 미치는 효과)은 그들의 주요 문제여서, 그밖의 모든 것을 상품거래의 관점에서 다루었다. 결과적으로 국제금융은 그들의 분석에서 제대로 다루어질 수 없었다. 그나마 분석된 신용거래는 상업어음(금융어음이 포함된 것은 사실이다)으로 표시된 거래였으므로, 직·간접적으로 상품거래에 조응하는 것이었다. 그러나 한 예로 1824년에 발행되어 한동안 런던의 화폐시장을 지배했던 남아메리카의 대부와 광산주식은 기초이론에 그 어떤 흔적도 남기지 못했다. 우리에게는 정반대의 접근방식이 더 자연스러워 보인다. 즉 국제자본 거래를 상품거래에 우선하고, 상품거래를 조절하며, 그로부터 상품거래를 이해해야만 하는 기본현상으로 간주할 것이다. 그리고 바로 이러한 관점을 취할 경우 그것만으로 국제금융(또는 국가 간 지불이나 금이동)에 관한 **상품무역설**(Commodity-Trade Theory of international finance)이라 기술할 수 있는 것으로부터 현대적 분석을 충분히 구별해낼 수 있을 것이다.

이처럼 국제금융에 관한 상품무역설은 (국제가치 이론이 그렇듯이) 그것이 다루어야 할 현상들에 대한 개념이 너무 협소하다는 비판에 대해 취약하다.[94] 또한 그것은 특수한 가정을 함으로써 현실에 직접 적용하기 부적합하다는 점도 지적되어야 한다. 그러나 국제금융에 관한 상품무역설에는 또 한 가지의 내재적 비판이 있는데, 지난 20여 년 동안 그것이 누린 부당한 성과를 고려해 여기서 즉시 언급하는 것이 좋겠다. 상품거래를 축으로 한 국제금융 이론은 의당 상대가격의 변동이 균형화역할을 한다는 것을 강조하게 마련이다. 교역관계의 교란은 가격이 실

---

94) 이에 대해서는 윌리엄스(J.H. Williams)의 논문("The Theory of International Trade Reconsidered", *Economic Journal*, 1929) 참조. 이 논문은 1944년 출판된 『전후의 화폐구상』(*Postwar Monetary Plans and Other Essays*) 4부에 재수록되었다.

질적으로 변동하지 않은 채, 또한 금이 이동하지 않아도 재조정이 이루어질 수 있고 종종 그렇게 된다는 것은 빅셀이 처음으로 지적했다. 물론이는 사실이며, 그 어떤 고전적 저자도, 그중에서도 리카도라면 결코 부인하지 않았을 것이다. 그러나 그럼에도 '고전파' 이론이 가격 메커니즘에 전적으로 부당한 무게를 두고, 그렇게 함으로써 다른 균형화 인자들이 있다는 것을 간과했다는 점을 들어 그것을 비판한다면, 그것은 부당하다. 왜냐하면 '고전파' 이론이 염두에 두고 있는 가격변동이란, 곧 살펴보겠지만, 결국 소득변동을 내포하는 수요곡선의 이동을 의미하기 때문이다. 게다가 '고전파' 이론가들이 분석을 하기 위해 선택한 패턴을 보면, 가격변동은 사실상 중요한 위치를 차지하고 있음이 틀림없다. 비평가들이 말할 수 있는 것은 단지 가격이 경직적이고, 자본이동이 지배적인 틀 안에서는 더 이상 그렇지 않다는 것뿐이다. 끝으로 지적하고 싶은 사실은 우리가 다루고 있는 시대의 몇몇 저자는 비평가들이 고전적 사고에서는 누락되어 있음을 발견한 요소들을 명시적으로 도입했다는 것이다.[95]

셋째, '고전파' 국제금융 이론이 본래 새로운 것은 아니었다. 그것의 윤곽을 잡았던 손턴은 (때론 만족스럽게, 때론 비판적으로) 로크, 흄, 스미스를 인용했는데, 흄의 분석은 의심할 여지없이 당대 연구의 출발점이 되었다. 그러나 흄도 '중상주의 시대'의 연구가 서서히 '고전파' 원리를 향해 나아가고 있었던 기나긴 발전과정의 결과물들을 효과적으로 구성한 것에 지나지 않았다. 손턴의 가르침은 맬서스[96]에서 시작해 투크를 거쳐 밀과 케언스까지 그리고 최종적으로는 타우시히에 이르는 당대와 후속 시대를 막론한 대부분의 일류 경제학자가 출현함에 따라 얼마 동안 유행했다. 그러나 이 이론에 대해 훼이틀리는 이의를 제기했고,

---

95) 바이너(앞의 책, 239쪽 이하)는 이 점을 보여주고 있는데, 특히 롱필드, 토런스 그리고 조플린을 언급하고 있다.

96) *Edinburgh Review*, 1811 참조. 이에 대해서는 이미 다른 곳(앞의 3절)에서 언급했다.

리카도가 그 뒤를 이었다.[97] 계속해서 그 쟁점에 대해 알아보자.

편의상 두 나라 간 화폐균형 상태에서 출발해보자.[98] 우리는 국제가치 이론과 보상수요 방정식(알다시피 이것은 상대비용 원리를 포함한다)에 의해 주어지는 균형조건을 알고 있으므로, 이제 추가해야 할 화폐균형 조건은 다음과 같음을 알 수 있다. 상품거래에서 파생되는 지불청구서가 상계된다고 할 때, 우리의 가정 아래서는 한 나라에서 다른 나라로 금이 이동하지 않는다는 것이 바로 그것이다. 이 균형이 교란됨을 가정하고, 그에 따르는 조정과정을 분석함으로써 균형이 갖는 특성을 계속 연구해보자. 첫째, 교란이 화폐영역에서 발생한다고 가정한다. 흄과 마찬가지로, 두 나라 중 한 곳에서 모든 사람이 보유하고 있는 화폐금이 갑자기 두 배로 된다고 가정해보자. 엄격한 수량설에 구애받지 않고도, 우리는 이 나라에서 금으로 계산한 소득과 사업자금, 따라서 지출이 증가할 것이라고 단언할 수 있다. 모든 상품의 수요스케줄은 위로 이동할 것이며, 결과적으로 금으로 표현된 상품가격은 오를 것이다. 수출은 감소하고, 균형이 다시 확립될 때까지 금은 해외로 흘러나갈 것이다. 매우 인위적인 가정을 했기 때문에 그만큼 둘러댈 여지가 많았을지는 모르지만, 그 누구도 이에 대해 문제 삼지 않았다.[99] 둘째, 두 나라 중 한 곳에

---

97) 매컬럭이 지적한 대로 그들의 주장은 어느 정도 한에서는 바본에 의해 예견되었다. 이 책, 1권, 2부 6장과 7장 참조.

98) 한편으로는 '고전적' 패턴을 재현하고, 다른 한편으로는 설명을 단순화하기 위해 다음과 같이 가정한다. 완전신축적(그리고 경쟁적) 가격 아래서 상품거래, 따라서 소득 외에는 국가 간에 어떤 경제적 관계도 존재하지 않는다. 신용은 전무하다. 완전히 자유로운 국제금본위제다. 규모가 그다지 다르지 않은 두 나라만 존재하는데, 그중 어느 쪽에서도 해외무역은 무시해도 될 만큼 중요하지 않다. 금광은 없다. 비록 상품으로 간주되긴 하나, 금은 화폐기능만을 갖는다. 금이나 화폐의 수송과 결부된 비용이나 위험(risk), 시간의 손실은 전혀 없다. 분명한 것은 이상의 가정들을 하나씩 기각함으로써 그야말로 완전한 이론을 도출할 수 있다.

99) 나는 단순히 화폐량보다는 소득과 지출의 관점에서 사고함으로써, 억지스런 변명을 할 기회를 축소시켰다. 그러나 여전히 어느 정도 소지는 남아 있다.

서 금이 증가했다고 가정하는 대신에, 예를 들어 흉작으로 상품이 감소했다고 가정해보자. 독자들은 식량수입에 대한 '요구'가 증가했기 때문에 무역적자가 발생하고 그 결과 금이 수출되고 당분간[100] 이러한 과정을 거쳐 조정이 이루어질 것이라고 주장하고 싶을 것이다.

그러나 곰곰이 생각해보면 이는 엄밀히 말해 옳지 않으며, 흄의 주장에 대한 일반화가 아니라, 오히려 그것으로부터 벗어나 있다는 것을 알수 있을 것이다. 왜냐하면 흉작 자체는 무역적자를 가져오지 않기 때문이다. 욕구를 억제할 수 없는 것은 아니다. 식량수입에 대한 욕구가 절박하다면, 다른 수입을 줄일 수 있다. 다시 말해 결과적으로 흉작을 겪은 나라의 국민은 한동안 이전보다 더 가난해졌고, 좀더 낮은 수준의 실질소득에 맞추어 그들의 소비와 투자를 재조정해야 한다는 것이다. 그러나 이 같이 낮은 소득 수준에서도 무역수지가 예전과 똑같이 균형상태일 수 있고, 더욱이 화폐와 신용이 없다면 균형상태에 있어야 할 것이다. 그러나 실제로는 우리가 흄의 주장을 유추해 올바로 사고한다면, 결과는 무역적자를 또한 겪게 되지만, 그것은 금수출의 원인이라기보다결과로서 나타난다. 금이 흉작으로 감소한 것은 아니고, 화폐소득과 화폐지출도 감소했다고 볼 수 없지만, 이제 구매할 상품이 적어졌으므로가격은 인상될 것이고, 상품에 비해 금이 더 싸진 셈인데, 이를 예전 가격 수준의 관점에서 보면 금이 남아돌게 되었다고도 말할 수 있을 것이다. 이로 인해 금을 제외한 상품의 수출은 감소하고 수입은 증가했는데, 이는 마치 산출은 불변인데 금이나 소득, 지출이 늘어난 것과 같다.[101]

---

100) 다음 단계는 상대 국가에서의 소득과 가격이 인상되는 것인데, 그 결과는 심지어 정상적인 수확이 이루어지기 전이라 할지라도 진행과정에 반대작용을 가할 것이다. 즉 이전의 조건을 재확립해 그러한 과정을 완전히 역전시킬 것이다.

101) 기술한 사건의 인과적 연쇄가 단지 과정의 논리를 표현하는 것일 뿐이지, 현실적으로 언제나 관찰가능할 필요가 없다는 사실을 지적하는 것은 불필요한 일일 것이다. 그러나 그 논리를 거부할 수 없는 것은 마치 우리가 한 상품에 부과된 특정 조세효과에 관한 통상적인 이론을 인정한다고 해서 그것이, 설

결국 우리는 상품영역에서 발생한 교란을 화폐영역의 교란으로 환원한 셈이다.

홍작 사례를 제시(*Paper Credit*, p.143)함으로써 국제무역에서 화폐적 균형이 갖는 성격을 연구하기 시작했던 손턴은 우리가 방금 살펴본 것과 같은 반대를 무릅쓰면서 자신의 주장을 펼쳤던 것 같다. 다른 곳(예를 들면 같은 책, 244쪽과 247쪽)을 보면, 그의 주장은 내가 논지를 입증하려고 했던 점을 이해하고 있음을 보여준다. 그러나 손턴은 그에 대해서 매우 모호하고 주저했기 때문에 휘이틀리와 이후의 리카도가 금의 가치나 구매력에 작용하는 요인들과 그것의 작용은 별개의 것이라고 주장했을 때 그들은 옳았다. 그러나 이후뿐만 아니라 당대의 저자들마저도 그들의 입장이 과연 있는 것인지 의아해할 정도로 그들은 자신들의 주장을 제대로 펼치지 못했다.[102]

명도식상의 가정대로, 부과된 조세총량에 따라 상품가격이 일차적으로 상승한 뒤에, 후속적인 수요량 감소로 다시 떨어져 새로운 균형 수준에 안착할 때까지 그러한 과정을 되풀이할 필요가 없다는 점, 그리고 사실상 몇 단계가 누락될 수도 있다는 점에 반대하지 않는 것과 같은 이치이다. 마찬가지로 금은 추가적인 곡물수입에 대한 지불수단으로 즉각 유출될 수도 있어서, 홍작이 해당 국가의 물가에 미치는 영향이 결코 충분하게 나타나지 않을 수도 있다. 이 경우 설명도식에서 가격변동이 제 역할을 다할 필요는 없다.

102) 이 논쟁에 대해서는 바이너의 1924년 논문("Canada's Balance of International Indebtedness, 1900~13") 9장 참조. 휘이틀리와 리카도는 부적절하고 비본질적일 뿐만 아니라 그릇된 주장을 도입했다. 예를 들면 그들은 둘 다 홍작이 통화의 '과잉'을 가져올 것임을 부인했다. 비록 리카도는 맬서스에게 보내는 편지(*Letters*, p.13)에서 이를 시인하기는 했지만 말이다. 그러나 휘이틀리의 경우는 가격 수준에 대해 상대적으로 더 명확한 개념을 가지고 있었기 때문에, 리카도보다는 관련원리들을 훨씬 더 잘 이해할 수 있었다. 따라서 그는 나폴레옹 전쟁 기간에 해외로 송금된 모든 보조금과 기타 경비에도 불구하고, "화폐의 유입을 무한정"(*Essays on the Theory of Money*……, 1st vol., p.194) 강행하는 것이 가능했을 수도 있었다고 과감히 말했다. 명백한 과장을 제외하면, 이것은 외환과 금이동의 바로 이면에 있는 것이 화폐적 메커니즘이고, 그것들이 결코 (정치적 지불이나 개별상품의 수요를 결정하는 조건들과 같이) 간접적으로 작용하는 요인들에 의해서만 결정되지는 않는다는 원리를 비록 언급한 것은 아니지만, 명백히 내포하고 있다.

그런데 리카도와 훼이틀리가 과연 그러했을까? 흉작으로 인해 금이 가장 싼 수출상품이 될 때, 금이 유출되는 것은 흉작 때문이 아니라 그것이 '가장 싼 수출상품'이기 때문이라고 우리가 주장한다면, 거기에는 과연 궤변 이상의 무엇이 있는 것일까? 어떤 다른 대답 대신에 나는 경제분석사와 경제사상사 양 측면에서 지대한 중요성을 갖고 있는 한 가지 사실을 지적하고자 한다. 스스로 개별은행가의 위치에 있는 은행이나 저자들이 은행은 그들 자신의 행위와 상관없이 주어진 한도 이상으로 신용을 확대할 수 없다고 말하는 것은 당연하다. 은행가나 개별은행가의 문제를 연구하는 사람들이 금의 유출입이 교역조건의 유·불리 때문에 발생하며, 교역조건은 외국에 대한 지불청구서의 수급관계의 결과라는 자명한 사실에서 출발한다면 이 또한 자연스러운 일일 것이다. 개별지폐가 갖는 성격을 논외로 한다면 정치적 요인과 경기, 작황 등 수요와 공급의 배후에 있는 요인들은 진단과 예측이라는 목적을 위해 은행가가 분석해야 할 전부인 것처럼 보인다. 그리고 이것은 사실상 고센이 자신의 유명한 저작(*Theory of Foreign Exchanges*, 1861)을 저술할 때 취했던 관점이다.[103] 외환의 수급은 한 나라의 경상(및 예상) 국제수지를 반영하므로, 우리는 이것을 **외환에 관한 국제수지설**(Balance-of-Payments Theory)이라 부를 수 있다. 이 학설에 무언가 누락된 것이 있다는 사실을 그 누구도 알지 못한 채 수십 년의 세월이 고요히 흘렀는지도 모른

---

103) 제2기 솔즈베리(Salisbury) 행정부(1886~92)의 재무부장관이자 고전적 자유주의(그렇지만 이 자유주의가 보수내각에서 둥지를 틀었다는 사실은 매우 의미심장하다)의 순수전통을 잇는 마지막 재무각료로서 역사적 중요성을 갖는 고센(George J. Goschen, 1831~1907; 나중에는 귀족Lord이 됨)은 독일계 은행가였다. 그의 책은 고등교육을 받은 외환지식인 딜러가 외환거래에 대해 아는 바를 썩 잘 기술하고 있다. 그러한 성취는 세심하게 관찰한 현상의 배후를 그 어디서도 밝히지 못함으로써 하나의 분석서로서는 높이 평가할 수 없다. 그러나 그것은 정치가와 순수학문에 종사하는 경제학자들이 단지 단편적으로만 알고 있는 것들에 대해 설명했던 만큼 양자 모두에게 도움을 주었다. 그 책의 성공은 당시 선풍적이었고, 아직도 읽을 만한 가치가 있다.

다. 그러나 만약 사람들이 계속해서 그것을 격렬한 교란조건에 적용한 다면, 국제수지의 개별항들을 분석함으로써 밝혀낼 수도 있는 요인들로 해소될 수 없는 또 다른 요인, 즉 국제수지를 표현하는 화폐단위의 가치(구매력)가 존재한다는 것이 명백해진다. 우리는 다른 나라들의 화폐단위 가치에 대한 한 나라의 화폐단위 가치의 변동을 상대적 인플레이션이라 부를 수 있고, 그에 따른 학설을 외환거래에 관한 인플레이션 이론(Inflation Theory of Foreign Exchanges)이라 말할 수 있을 것이다. 우리는 이 책, 3권, 4부 8장에서 이 주제를 다시 다룰 것이다. 여기서는 다만 이 두 이론 사이에 벌어진 지루한 전쟁의 첫 포성——그들이 결과적으로 양자택일의 설명방식에 도달한 것은 아니라는 점이 분명하지만——이 손턴과 훼이틀리-리카도 사이의 논쟁에서 처음 나타났다는 점을 지적하고 싶을 뿐이다. 후자의 논쟁 어법에 따라 한 나라에서 금이 '과잉'이거나 '가장 싼 수출상품'이 될 경우, 이 나라는 '상대적인 금 인플레이션'을 겪는다. 이로써 훼이틀리와 리카도는 어떤 주장을 펼친 셈인데, 손턴의 탁월한 사고가 국제수지 논법의 오류를 거의 칭찬한 적이 없었으므로, 그에 대한 훼이틀리와 리카도의 공격은 부당한 것이었을지 몰라도, 그 주장을 궤변이라고까지 할 수는 없다.

앞서 언급했듯이, 모든 나라가 서로에 대해 화폐적 균형상태에 있다면, 한 나라가 보유하고 있는 금의 일부를 다른 나라로 이전하더라도 조금도 이윤이 발생하지 않는 방식으로 금이 국가들 사이에 배분될 수 있다. 우리는 이것을 금의 구매력이 국제적으로 동등하며(at par), 또한 외환에 관한 인플레이션 이론의 관점에서 볼 때 이러한 평가와 그 변동이 외환시장에서 (직접적으로) 결정적인 요인이라고 표현할 수 있다. 앞에서 살펴보았듯이, 이 구매력 평가설(Purchasing-Power Parity Theory)이나 그것의 초보적 형태는 거슬러 올라가보면 그 기원을 분명 말린스에게서 찾을 수 있다. 제1차 세계대전 동안 그것의 특수한 변형은 카셀(G. Cassel)의 이름을 연상케 했다. 그러나 이와 관련된 이론은 그들의 저서 속에서 카셀에게서 그러한 것과 마찬가지로, 엄격(하면서도 조악)한 수량설과 특수하게 결합된 모습을 보이므로[104] 훼이틀리와 리카도의 것으로도 간주해야 할 것이다.[105] 금의 이동과 환율에 관한 '고전적' 추론을 불환지폐로 일반화하는 데는 큰 어려움이 없다.[106] 그것을 대부, 장려금 그리고 부재지주제[107]——당시 경제학의 일반 주제인——에 적용하는 데는 더 큰 어려움이 따른다. 물론 이러한 경우를 논의하는 과정에는 방금 살펴본 여러 갈래의 견해가 개입한다.

그러나 이것이 유일한 문제는 아니다. 이 모든 경우, 특히 국가 간 대

---

104) 어떤 차원의 화폐이론에서는 수량설과 구매력 평가설이 보완관계에 불과하거나 심지어 동일한 사물의 두 가지 다른 측면이다. 그러나 다른 차원에서 보면 두 이론이 여전히 관계가 있지만, 논리적으로 독립적인 주장이 되도록 구성될 수 있음을 보여주는 것이 가능하다.

105) 이것이 바이너의 견해(앞의 책, 126쪽과 382쪽 이하)는 아니다. 그러나 그 이유는 단지 카셀형태의 원리에 사용하기 위해 그가 용어를 아끼기 때문이다. 이는 물론 리카도의 것이라 할 수 없다. 왜냐하면 그는 원리 자체는 아니지만, 카셀적 형태의 원리에 필수불가결한 물가 수준 개념의 사용을 언제나 꺼려했기 때문이다. 당시 부상하던 물가 수준 개념에 대한 경제학자들의 고민에 대해서는 앞에서 논의된 바 있다.

106) 훼이틀리(*Essay on the Theory of Money*, 1807)는 이 경우에도 불리한 교역조건으로의 전환을 야기하는 것은 상품영역 자체에서 발생하는 일이 아니라, '금의 과잉'(즉 물가 수준에 대한 압박)이라는 것을 누구보다 더 잘 알고 있었다. 우리는 이 문제에 대한 밀의 다소 부적절한 취급(『원리』, 3부 22장 3절)에서 그 영향을 찾아볼 수 있다.

107) 아일랜드 소유지에서 나오는 지대를 수입원으로 잉글랜드에서 생활하고 있는 아일랜드의 지주들은 의당 갈수록 논의의 대상이 되고 있었는데, 순경제학적 질문은 주로 아일랜드가 아닌 잉글랜드에서 이루어지는 그들의 생활과 지출이 아일랜드인들에게 조금이라도 영향을 미치는지에 관한 것이었다. 매컬럭은 어떤 사람이 소비하는 장소는 중요하지 않다는 점을 내세워 부정적으로 응답했다.("Essay Showing the Erroneousness of the Prevailing Opinions in regard to Absenteeism", *Edinburgh Review*, 1825; 이 논문은 *Treatises and Essays on Money, Exchange, Interest*, 1859에 재수록됨.) 시니어는 약하나마 긍정적으로 답했다.(*Edinburgh Review*, 1825; Senior, *Outline*, p.156 참조)
롱필드의 업적(*Three Lectures on Commerce and One on Absenteeism*, 1835; London School Reprint, 1937)은 얼마간의 분석적 중요성을 갖는다.

부는 한 나라 금보유량의 경이로운 증가나 홍작으로부터 끌어낸 도식으로는 흡족하게 다루어질 수 없다는 문제를 제기한다. 그중에서도 소득효과는 질적으로 다른 역할을, 이자는 결정적 역할을 하기 시작한다. 따라서 결과는 불만족스런 것이었다. 그럼에도 불구하고, 현대의 비판은 (비판이라는 차원에서 보면) 개별저자들이 관찰했던 특정한 거래조건과 그 조건들에 따라 좌우되는 사건들의 인과적 연쇄에 충분히 주목하지 않음으로써 종종 오류를 범한다.

1920년 이후 독일의 배상금에 대한 논의의 출발점이자, 많은 비판을 불러 모았던 일방의 정치적 지불(가령 연간배상금)에 대한 밀의 유명한 분석을 예로 들어보자.(『원리』, 3부 21장 4절) 그 분석은 짤막하고 지나치게 단순하긴 하지만, 한 가지 경우, 즉 채무국이 그 첫 번째 지불을 시민들의 호주머니에서 징수할 수밖에 없는 연간화폐액을 수취국이 받겠다고 고집하는 경우에 관한 한, 대체로 옳다. 이 경우 금의 이동은 결코 자동적 메커니즘의 문제가 아니라, 문제의 초기조건에 의해 부과된 것에 불과하다. 이러한 조건에서는 거의 틀림없이 지불국의 가격이 하락한다. 이것은 수출을 늘리고 수입을 감소시켜 금을 다시 되찾아오겠지만, 밀이 다루었던 경우처럼 지불국의 금에 대한 청구는 수취국의 차기배상금 청구에 의해 흡수되어, 지불국의 금보유고와 소득, 지출, 가격은 저하되고 수출초과 상태가 지속된다. 물론 사건의 인과적 연쇄가 다르고, 금이 이동하지 않으며, 가격변동이 없는 상태에서 단지 소득이 변화하고 상품이 이동하는 또 다른 경우를 생각해볼 수도 있을 것이다. 그러나 어느 경우도 '고전파' 관점에서 볼 때 가장 중요한 것, 즉 균형을 가져오는 진정한 요소는 상품의 이전이라는 것을 예증하는 구실을 한다. 그리고 그 어느 쪽도 그리 현실적이지 않다.

6절 '문제의' 경기변동

이 시대의 가장 중요한 성취 중 하나이자, 얼마 안 되지만 진정 독창적인 것 중 하나는 경기변동의 발견과 그에 대한 예비적 분석이었다. 1815년과 1825년, 1836~39년, 1847~48년, 1857년, 1866년의 공황 때문에 순수학문에 종사하는 경제학자들마저도 부득이 이 현상에 주목할 수밖에 없었다는 것은 사실이다. 그러나 18세기에 비슷한 붕괴현상들이 비슷한 규칙성을 띠며 발생했음에도 불구하고, 그 문제를 깊이 연구한 사람은 전무했다. 그 누구도 그 현상을 전쟁의 여파와 다른 외생적 교란과 명확히 구별하지 못하거나, 그것을 단지 우연한 재앙이나 이상과열, 착오나 남용의 결과로 간주했다. 이 붕괴현상에 좀더 깊숙한 원인, 즉 경제적 과정에 내재된 원인이 있을지 모른다는 첫 번째 암시는 실제로 후일 다양한 과소소비론으로 정리된 사상들과 주로 관련된 '중상주의' 문헌에서 발견할 수 있다. 그러나 이 사상들은 우리가 이미 알고 있고 잠정적 패배로 막을 내린 나폴레옹 전쟁 기간과 그 후에 벌어진 과잉공급(glut)에 관한 논쟁 이전에는 분명하게 드러나지 않았다. 이 논쟁에 대해 몇 마디 덧붙이고 나서, 우리는 주로 투크와 오버스톤에 의해 이루어져서 마르크스의 기여로 마무리된 경기변동에 관한 분석을 살펴볼 것이다. 독자들은 이 주제에 대한 포괄적 연구서로서 베르크만의 저서를 참고할 수 있다.[108]

---

108) Eugen von Bergmann, *Die Wirtschaftskrisen: Geschichte der national-ökonomischen Krisentheorieen*, 1895. 경기변동에 관한 체계적인 저서를 쓴 대부분의 사람은 경기변동 분석의 역사에 대한 정보를 얼마간 제공하고 있고, 몇 권의 다른 역사서도 있다. 분석에 관해 말하자면, 루츠(Friedrich Lutz)의 저작(*Das Konjunkturproblem in der Nationalökonomie*, 1932)이 베르크만의 저서보다 훨씬 더 수준이 높다. 그럼에도 후자는 내가 아는 한, 당시의 문헌에서 보이는 광범위한 연구결과를 제시하고 있는 유일한 책이다. (이는 현대연구에서 매우 크게 부각된 주제임을 생각해보면 놀라운 사실이다.) 개별저자들이나 저자들이 집단연구를 향하거나 포괄적 개관을 하기보다는 개

언론과 대중이 주로 주목하고 그들이 의당 파산과 실업 같은 결과의 원인이라고 여기는 공황에 관한 사실들은 신용의 붕괴와 상품의 판매 불가능성이었다. 언론과 대중은 이처럼 화폐와 과잉생산 '이론들'의 뿌리 깊은 지지자였다.[109] 세가 **시장법칙**(Law of Markets)에 관한 장에서 주장한 것은 그러한 이론들의 통속적 사고에 대한 반대였다. 이미 언급했듯이 공황이라는 주제에 관한 한, 그 법칙의 주된 장점은 비판적인 부분에 있었다. 세는 개별공황이라는 역사적 상황 속에서 과잉생산 현상이 아무리 크게 부각된다 할지라도, 그로부터 어떠한 인과적 설명도 끌어낼 수 없다는 것을 성공적으로 보여주었다. 그에 따르면 도처에서 '너무 많이' 생산되었기 **때문에** 공황이 발생한다고 말하는 것은 전혀 의미가 없다. 소극적이긴 하지만, 이러한 기여는 매우 중요했다. 그것은 경기순환에 대한 과학적 분석의 출발점에 서서, 전(前)분석적(pre-analytic) 사고로부터 과학적 분석이 벗어나는 지점을 표시한 것이라 말할 수 있다. 그러나 세가 자신의 법칙을 적극적으로 적용하고자 했던 시도는 그 가치가 훨씬 떨어지는 것이었다. 비록 외형상으로는 논리를 갖추고 있었지만, 그는 법칙으로부터 잘못된 추론을 했는데, 그것은 만약 전반적 과잉생산이 공황에 대한 설명이 될 수 없다면 부분적 과잉생산이 문제의 근원지라는 것, 즉 일부 상품들은 그에 대한 보완재가 없어서 팔릴 수 없다거나, 과잉생산인 것처럼 보이는 어떤 상품들이 실제로는

별주제나 이론을 향한 학문적 노력이 경주되었다. 예를 들어 투크와 오버스톤에 대해서는 케퍼(Georg Kepper)의 탁월한 저서(*Die Konjunkturlehren der Banking- und der Currency-schule*, 1933)가 있다. 미국의 연구로는 밀러의 저작(*Banking Theories in the United States before 1860*, 1927) 16장 참조.

109) 오늘날 경기변동 '이론'은 설명적 가설을 훨씬 넘어서는 어떤 것을 의미한다. 즉 그것은 이론적이고 통계적인 분석도구의 모든 장치를 의미한다. 그러나 19세기 동안 공황이나 순환주기의 '원인들'에 관한 가설들이 공황이론에서 의미하는 유일한 내용은 아니라 할지라도, 주요내용이었다고 말하는 것은 대체로 옳다.

다른 상품들의 과소생산이라는 주장이었다. 이는 후일 **공황에 대한 불비례설**(Disproportionality Theory of Crises)[110]이라 칭하던 것으로서, 개인적으로 그것을 지지하는 사람들은 무수히 많았지만, 19세기를 경과하며 생기를 잃고 소멸했던 학설이다. 그 지지자들 중 한 명이 리카도였다. 그는 『원리』의 19장에서 전개한 사고를 다소 개선해, 거래경로의 급작스런 변화가 교란을 낳는 가장 중요한 단일요인이라는, 물론 부적절하지만 그럴싸한 주장을 펼쳤다.

알다시피 시스몽디와 맬서스(그다음으로 차머스)는 세의 법칙에 반대하는 캠페인을 주도했는데, 그들 주장 중 일부는 이전 시대의 저자들, 특히 로더데일에 의해 예견된 것이었다. 그들의 이론에 어떤 명칭을 붙이기란 매우 어렵다. 왜냐하면 두 사람 중 누구도 그것을 완전히 체계화하지 못했고, 그 이론이란 것도 양자에게는, 특히 맬서스의 경우에는 '공황'에 관한 이론이라기보다 경기침체와 장기실업에 관한 이론이었기 때문이다. 그러나 시스몽디보다는 맬서스의 입장이 훨씬 더 분명했으므로 과잉저축형 과소소비설의 공과를 그에게 돌릴 수 있다고 생각한다.[111]

---

110) 세가 생각했던 불비례는 주로 외투의 생산에 비한 구두의 과잉생산같이 동일한 단계의 생산과정에서 발생하는 불균형이었다. 불비례란 용어를 이러한 의미에 국한시켜(물론 구두와 외투보다 범주를 더 넓게 잡는다 해도 이의는 없다) 경기순환이나 공황의 원인을 전체단계, 예를 들면 투자재생산과 소비재생산 사이의 불비례로 간주하는 이론들과 구별하는 것이 좋다. 왜냐하면 후자와 같은 경우에서 발생하는 불비례는 항상 화폐적 요인이나 과잉저축 같은 다른 요인들과 맞물려 있고, 따라서 '원인'이라기보다는 징후나 결과이기 때문이다.

111) 물론 어떤 의미에서는 과소소비를 항상 과잉생산으로 묘사할 수 있다. 베르크만이 맬서스의 이론을 '유발된 과잉생산설'로 명명한 것도 이러한 이유에서다. 설령 결과가 어떤 종류의 과잉생산으로 나타난다 할지라도, 한 저자가 소비자 행위에서 발생하는 문제의 소재를 파악할 때는 언제나 베르크만이 사용한 표현을 피하는 것이 구별을 명확히 하는 데 더 도움이 될 것 같다. 그리고 이는 같은 이유에서 우리가 불비례라는 단어를 엄밀히 정의했던 것과 마찬가지다. 우리는 세 가지 형태의 과소소비설을 구별할 것인데, 세 가지 모두 이 시대에 윤곽을 드러냈다. 첫째로 방금 언급한 과잉저축형(oversaving

왜냐하면 경기침체는 그에 부수되는 가격이나 이윤의 하락으로 인해 '더 이상 생산을 늘릴 동기가 남아 있지 않을' 정도로 사람들이 저축하고 투자한 결과이기 때문이다.[112] 이러한 주장은 그에 부수되는 장점들(그중 하나가 경기침체의 근원을 저축-투자과정에서 찾는다는 것이다)이 있는데도, 그 목적이 생산이 정체될 가능성을 보여주는 것이라면 무방하지만, 만일 그것이 '공황'을 설명하기 위한 것이라면 그 자체로 분명 잘못된 것이다. 반면 시스몽디는 그야말로 각양각색의 요인들을 공황의 원인으로 제시하고 있기 때문에, 그를 어떤 부류에 포함시키더라도 만족스럽지가 않다. 그에게서 과잉저축의 주장은 분명 존재하며, 그가 생산과 소비의 불균형을 분석하는 데서 핵심적 지위를 차지한다.[113]

---

type)이 있으며, 그것을 주장한 주요인물은 맬서스였다. 두 번째는 투자결정으로 상쇄되지 않는 저축결정 때문에 발생하는 교란을 강조하는 비지출형(nonspending type)이다. 앞서 보았듯이 맬서스는 오랜 역사를 지녔지만(예를 들면 이 유형은 케네와 그의 프랑스 선배들 몇 명에게서 유래되었다), 우리 자신의 시대에 이르기까지 현대 경제학에서 전혀 큰 역할을 하지 못한 이 사고를 흘낏 보고 지나쳐버렸다. 그리고 셋째로, 저임금으로 인해 노동이 '자신이 생산한 물건을 구입'할 수 없다는 것에서 과잉공급의 원인을 찾는 대중빈곤형(mass-poverty type)이 있다. 이 이론을 주장한 가장 중요한 인물은 시스몽디였고, 그보다 훨씬 더 분명하게 주장한 사람은 로트베르투스였다. 마르크스가 잘 알고 있었던 것처럼, 이 이론은 생산비가 온전히 회수될 수 있는 가격으로 물품을 구입할 임금소득이 모자라고, 심지어 더 적어진다 하더라도, 생산은 '사치'재나 투자에 대한 비임금소득자의 수요에 반응해 차질 없이 수행될 것이라는 기본사실을 소홀히 하고 있다는 점에서 논의할 만한 가치가 없다.

112) 케인스의 『전기』(*Essays in Biography*), 143쪽에 실려 있는 맬서스의 편지 참조. 또한 맬서스와 세의 논쟁에 관한 당시 독일에서의 논의를 담은 것으로는 K.H. Rau, *Malthus und Say über die Ursachen der jetzigen Handelsstockung*, 1821 참조.

113) 브루스터의 두 저작(*Edinburgh Encyclopaedia*; *Nouveaux Principles*)에 실린 시스몽디의 논문 외에도, 특히 『르뷔 앙시클로페디크』(*Revue Encyclopédique*, May 1824)지에 실린 그의 논문("Balance des consommations avec les productions")을 참조. 그는 같은 잡지 1827년 6월호와 7월호에서 이 주제를 놓고 뒤누와에(Dunoyer)와 논쟁을 벌이기도 했다.

그러나 저임금에서 비롯된 과소소비는 소득분배의 '악순환' 자체와 노동절약형 기계가 만들어낸 실업 때문에 훨씬 더 분명하게 나타난다. 따라서 시스몽디의 순차분석(sequence analysis) 뒤에는 상대적으로 적은 양의 산출물을 생산하는 데 참여함으로써 그보다 얼마 전에 얻은 총구매력을 산출물의 증가가 소화한다는 사고가 뒤따른다. 게다가 시스몽디는 이론가들이 말하는 순탄한 최후의 장기 정체상태까지 이끌어가는 임의의 변화과정을 중시했는데, 이는 타당했다. 이러한 종류의 문헌에서 발견할 수 있는 모든 미숙함을 그의 탓으로 돌려서는 안 되겠지만, 이렇게 그는 자본주의적 생산의 무정부성, 상대방이 행하는 것과 구매자들이 원하는 것에 대한 지식의 결여 등에 대해 만족스럽게 전달하는 모든 '설명'의 수호성인이 되었다. 나폴레옹 전쟁 직후의 불황현상은 분석적 연구방식보다는 고발이라는 형태로 구체화하기가 더 수월했던 모든 종류의 문제가 어디서 연유하는지에 대한 풍부한 사례를 그에게 제공했다.

그러므로 시스몽디는, 대략 1850년부터 19세기의 끝 무렵까지 매우 유능한 경제학자들에게서 지지를 받았으며 그래서 앞으로 다시 한 번 언급해야 할 '이론'을 낳은 사조에도 속해 있었다. 한마디로 말해, 충분히 중요한 일이라면 그 어떤 것이든지 이상이 생길 때 공황이 일어난다고 말할 수 있을 것이다. 이러한 견해를 대변한 주요인물 중 하나가 로셔였다.[114] 그러나 다소 진부하긴 해도 이 상식적인 이론에 덧붙여, 로

---

114) 『원리』(Principles, Grundlagen, 1st ed., 1854; English trans., 1878) 4부, 「상업공황」에 관한 216~217절과 「저축이 해로울 때」(When Saving is Injurious)라는 제목이 붙은 220절 참조. 갑작스럽게 그리고 대규모로 생산을 증가시키거나 아니면 소비를 감소시키거나, '산업의 일상적 흐름을 교란하는' 모든 상황은 '틀림없이 상업공황을 가져올 것'이라는 이론은 『국민경제에 대한 고찰』(Ansichten der Volkswirtschaft, 1861)에 훨씬 더 자세히 설명되어 있다. 문제를 이와 같이 바라보는 견해는 때론 개별상황에 대한 치밀하고도 교훈적인 분석에 의해 미화되기도 했지만, 프랑스에서는 매우 흔한 것이었다. 특별히 어떤 역할을 할 것으로 예상되는 상황(예를 들면 신용팽창)에 대해 자신들이 부여하는 상대적 강조점에서만 차이가 나는 쿠르셀-스뇌유, 슈발리에, 그리고 다른 저자들은 이러한 취지로 인용될 수 있다. 그러

셔는 그가 저술했던 시기에 유행했던 대부분의 사상의 혼합물이라 할 수 있는 것을 제시했다. 그는 그 사상들의 핵심은 **빼버린** 채 세의 법칙을 받아들였지만, 그것을 하나의 항등식으로 축소했다.[115] 이 과정에서 로셔는 리카도가 말한 교역경로의 급격한 변화를 받아들여 확장했으며, 맬서스가 논점을 지나치게 강조했다고 말하면서도 그의 과잉저축 요인을 조심스럽게 수용했다. 그리고 만약 저축이 투자되지 않을 경우 '해롭다'는 것을 인정(『원리』, 220절)했고, 시스몽디가 주장한 몇 가지 논점을 받아들였다. 끝으로 아마도 밀의 영향으로, 로셔는 고정투자가 자금을 흡수하는 역할을 한다는 것을 알고 있었다.[116] 이상의 모든 것은 엄밀한 체계성이나 정합성을 기하려는 노력이 전혀 없이 언급된 것이었다. 이와 같은 성과를 낳은 상황이 사실에 입각한 연구를 촉발시켰고, 개별공황에 대한 몇 편의 훌륭한 논문이 나왔지만, 비르트가 쓴 포괄적이고도 매우 성공적인 공황사를 언급하는 데 그칠 것이다.[117]

지금까지 우리가 살펴본 연구보다 훨씬 더 흥미로운 것이 투크와 오버스톤 경의 경기순환 분석이었다. 19세기 전반을 통해 '공황'이 빈발했지만, 1820년대부터 줄곧 많은 관찰자(그다지 명예로운 일은 아니지만,

---

나 가르니에(Joseph Garnier)의 1845년 저작(*Éléments*: 1860년부터는 *Traité*)과 특히 '상업공황'에 관한 그의 1859년 논문(*Dictionnaire universel théorique et pratique du commerce et de la navigation*에 수록)과 같이 매우 전형적인 사례를 드는 것으로 충분할 것이다.

115) 그렇지만 그 과정에서 로셔는 우리가 잘 알고 있다시피, 세의 의미를 완전히 곡해하는 것이지만, 세련되고 현대인의 귀에 익숙한 형태를 떠올리게 되었다. 다시 말해 그는 세의 법칙이 **화폐를 포함하는** 모든 상품에 적용된다고 말했다.

116) 이 이론은 당시 몇 명의 저자, 그 가운데서도 특히 보네(V. Bonne, *Questions économique et financières à propos des crises*, 1859)에 의해 다듬어졌다.

117) Max Wirth, *Geschichte der Handelskrisen*(1858). 그가 분석에 기여한 바는 대수롭지 않다. 그러나 그는 사실에 근거한 공황의 분류(신용공황, 자본공황, 투기공황 등)를 시도한 최초의 사람이었는데, 이러한 접근방식은 독일에서 많은 연구자의 흥미를 끌었다. 비르트는 공황의 국제적 측면을 강조하기도 했다.

이들 중 일류 학자들은 눈에 띄지 않았다)의 뇌리를 지배했던 것은 공황이 좀더 근본적인 하나의 파동운동 내의 국면들에 불과해서 좀더 광범위한 배경 속에서만 진정으로 이해될 수 있다는 것이다. 처음부터 저자들은 이러한 운동 단위를 나타내기 위해 '순환' 내지는 '상업순환'이라는 용어를 사용했고,[118] 이러한 순환들이 '주기성'을 갖는다고 말했다. 그러나 이 '주기성'이라는 말로 그들이 의미했던 바는 지속기간과는 무관한 특정 연쇄국면 이상의 것은 아니었다.[119] 그러나 어떤 이들은 지속기간이 정확히 같지는 않더라도 대략적으로 동일하다는 점을 시사했고, 결국 그중에서 '10년 주기설'이 얼마간 인기를 얻게 되었다. (심지어 마르크스도 모호한 방식으로 이에 대한 실험을 했다.) 이러한 선구적 작업은 당대에 제번스와 쥐글라(Juglar)의 독창적 성과물을 낳았는데, 이에 대해서는 편의상 이 책, 3권, 4부에서 살펴볼 것이다. 아래 각주에서 나는 지금까지 거의 잊혔던 몇 가지 다른 사항을 언급했다. 이러한 연구와 그 이전에 있었던 과잉공급에 대한 논의들은 전혀 관계가 없음에 유의해야 할 것이다. 그것은 독자적으로 발전했고, 설령 있다 할지라도, 당시의 일반경제학에서 힘입은 바가 거의 없다. 그 저자들은 냉담하고 상

---

118) 이 사고는 새로운 것이었지만, 용어는 그렇지 않았다. 페티 경은 1662년 저작(*Treatise of Taxes and Contributions*)에서 토지의 정상지대를 평가하다가, 풍작과 흉작('결핍과 풍요')의 연쇄에 대해 언급하면서 이 용어를 사용했다. 그가 일반적인 경제순환을 알고 있었다거나, 수확량의 변동으로 그것을 설명하기를 원했다는 증거는 없다.

119) 이에 대한 약간의 혼동은 '주기성'이라는 표현을 엄밀한 의미(고정기간의 반복)에서 사용하는 현대의 몇몇 저자가 그 말을 사용하는 모든 저자가 같은 의미로 사용할 것이라고 생각하고는, 기간들이 고정적으로 지속된다고 주장하거나 부인해야 할 때 주기성을 띤다든지 그렇지 않다고 말하는 사실에서 발생했다. 지금부터는 내내 이 점을 염두에 두어야 한다. 오버스톤 경은 '주기적으로 돌아오는 조건'에 대해서 말했지만, 그들이 동등한 기간을 갖고 재현된다는 주장을 한 것은 아니었다. 쥐글라(이 책, 3권, 4부 8장 9절 1항 참조)는 공황이 주기적으로 재발한다고 말했지만, 그의 기간산정은 그들 사이의 시간간격이 매우 불균등하다는 것을 보여준다. 게다가 그는 자료분석 결과 어떠한 확정적 기간도 존재하지 않는다고 공언한 바 있다.

호 무관심한 분위기 속에서 전문 경제학자들을 대했다. 그렇지만 각 집
단이 아마도 상대편에게서 도움을 받았으리라고 추측된다.[120]

그러나 투크와 오버스톤은 이를 집단 내의 의견에 실제로 영향을 주

---

120) 첫 번째로 언급하고 싶은 인물은 웨이드(John Wade)인데, 그는 그야말로
이 방면에는 문외한이어서, '경제'에 대한 그의 예의 갖추기란 것도 경멸에
가까운 느낌을 겨우 감추고 있는 정도다. 그는 자신의 1833년 저작(*History
of the Middle and Working Classes*……)에서 '불황과 번영의 상업순환'에
대한 매우 포괄적인 이론을 전개했고, 주로 가격과 고용을 근거로 순환의 평
균길이가 5~7년이라고 주장했다. 그의 추론에 오류와 모호한 구석은 있지만,
그것은 가격과 소비 사이의 지체관계(lagged relation)에 의해 불황과 번영
이 계속 교체하는 내생적 동학모델의 원시적 사례로서 어느 정도 흥미롭다.
두 번째로 소개할 작품인 클라크(Hyde Clarke)의 논문("Physical Economy
……", *Railway Register*, 1847)은 제번스의 보고서(*Investigations in Cur-
rency and Finance*, pp.222~223)를 통해 알게 된 것이다. 그는 10년 주기
설(1796년, 1806년, 1817년, 1837년, 1847년이 공황이 발생한 해인데, 구분
이 약간 거칠다는 느낌을 준다)을 주장하면서, 약 54년이라는 좀더 장기의 주기
를 추가했는데, 이는 분명 훗날의 장기순환이나 지속기간, 특히 콘드라티에프
(Kondratieff)의 장기파동(이 책, 3권, 4부 8장 참조)을 예견한 것이었다. 그
러나 기상학적 사실에 의해 설명하고자 했던 그의 시도는 무위로 끝났다.
다음으로 언급하고 싶은 것은 『맨체스터 통계학회 회보』(*Transactions of
the Manchester Statistical Society*)에 게재된 흥미로운 연구로, 특히 랭턴
(W. Langton, 1857~58)과 밀스(John Mills, 1867~68)가 쓴 논문들이다.
두 사람 모두 심리적('도덕적') 요인들과 다소 모호하게 연결된 10년 주기설
에 대한 증거를 제시하고 있다. 게다가 랭턴은 '가을철 고갈'(autumnal
drain)에 대한 제번스의 분석을 예감하게 했는데, 연중 4분의 3분기에 특히
공황이 발생하기 쉽다는 사실에 주목했다. 그리고 밀스는 자신의 순환에 신
용순환이라는 구체적인 명칭을 붙였다. 미국에서는 재발(recurrence)이라는
의미의 주기를 일찌감치 인식하고 있었다. 그밖에도 은행신용이 과연 경기순
환의 원인인가라는 문제를 놓고 치열한 논쟁이 있었다. [한 가지 예로, 라겟
(C. Raguet)의 저작(*Treatise on Currency and Banking*, 1839)에 실린 토
론을 참조. 이 사람은 흥미롭지만, 동기가 적절히 제시되지 않은 과소비설
적 경기순환론도 내놓았다.] 헤어(R. Hare, "Do Banks Increase Loanable
Capital?", *Hunt's Merchants' Magazine*, 1852)는 경기순환이 경제적인 진
보를 가속화시키는 기능을 갖는다고 주장한 최초의 몇 안 되는 저자들 중 한
사람이었다.

었고(그리고 그들도 이들 집단의 영향을 받았다), 그들의 연구는 '문제의' 경기변동에 대한 새로운 분석이라고 할 수 있는 것을 실행에 옮기는 데 성공했다.[121] 또한 그들은 스스로 생각했던 것 이상으로나 인정하고 싶은 정도의 이상으로 서로에게 영향을 주었고, 그들의 방법과 결과가 갖는 유사성은 차이점보다 더 중요하다. 그러나 그와 정반대의 인상이 우세한 이유는 첫째로, 중앙은행 정책에 관한 문제에서 드러난 그들의 대립, 특히 필의 법령을 둘러싼 두 사람의 논쟁 탓이다. 둘째, 그들은 매우 다른 타입이어서 동일한 사실이나 결과를 마치 다른 것으로 느껴지게 할 정도로 표현을 달리하곤 했다. 셋째, 그들은 몇 가지 이론상의 논점과 사실진단에서 의견을 달리했고, 둘 다 이 점을 부당하게 강조했지만, 경기변동 분석에 관한 한, 그 차이는 보기보다 적다. 1830년대의 연구상황에 비추어볼 때, 그들이 경기의 주기적 변동을 (적어도 직관적으로) 목격하고 이해했다는 사실만으로도 두 사람의 기본적 유사성을 이해하기에 충분하다. 그러나 그들이 각자 자신의 비전을 표현한 방식은 수많은 역사가로 하여금 두 사람이 지녔던 모든 공통점을 간과하게 만든 정신세계의 차이를 아주 잘 보여주고 있다. 개별상황에 대한 논의에서 출발해 결론에 도달하는 투크의 방법에 따르면, 현상에 대한 인식은 그의 광활한 세부묘사에 완전히 빠져버려서, 그 어디서도 뚜렷이 드러나지 않으며, 그가 그것을 알고 있었다는 바로 그 사실도 높은 권위에 기대어 확증될 필요가 있다.[122] 이론화 작업을 했던 오버스톤 경은 (의

---

121) 이들과 동시대의 몇몇 저자, 특히 클라크와 랭턴은 동시에 진행되는 복합적 경기순환이 존재한다는 것을 알고 있었다. 그러나 투크와 오버스톤은 한 가지 형태의 주기적 변동만을 알고 있었다.

122) 여기서 권위란 그레고리 경을 말한다. 그러나 투크가 1828년부터 37년까지의 발전을 다룬 『가격의 역사』, 9장과 10장(2권, 특히 9장 2절의 마지막 단락)에서 보여준 설명은 (케퍼가 지적했듯이) 특정한 순환 메커니즘을 그가 잘 알고 있었음을 결정적으로 보여준다. 그리고 이 대목에서 투크는 '시장의 상승세' 기간 중 시간적으로 공급이 소비에 뒤지고, 그다음에 오는 '경기침체' 국면에서는 정반대인 현상으로 그 메커니즘을 묘사하고 있다. '신뢰와 불

심할 여지없이 사실들, 특히 은행가로서의 경험에서 나온 사실들에 근거한 것이겠지만) "분명 확정적 주기를 갖고 순환한다"라고 과감하면서도 단호하게 밝혔다. 그리고 그의 말에 따르면, "거래의 상태"(오버스톤 경의 인용)는 정지, 진보, 신뢰증진, 번영, 흥분, 과잉거래, 동요, 압박, 정체 그리고 "다시 정지로 끝나는" 궁핍의 상태들로 구분된다.[123] 오버스톤 경이 이 열 가지 국면을 중요시하지 않은 것은 마치 투크가 두세 가지 국면을 대수롭지 않게 생각한 것과 같다. 그러나 국면의 순서는 그래도 의미가 있다.

두 사람 중 누구도 경기변동의 전형적 현상을 초래했을 일반적 특징들을 자신의 국면들과 의식적으로 결합하려 한 것은 아니었다. 그러나 노련한 실무자들이라면 알고 있었을 모든 것과 우리의 풍부한 통계자료가 깨닫게 해준 거의 모든 것을 그들이 알고 있었다는 사실을 보여줄 수는 있을 것이다. 사업활동이나 과잉거래와 관련된 가격, 이자, 신용, 금의 이동, 투기 그리고 투자는 의당 그들의 가장 큰 관심사였다. 그렇지만 다음과 같은 차이가 있다. 일련의 사태에 대한 역사적 사실에 몰두한 투크는 관련요소들에 대한 방대한 분류를 제시했는데, 이러한 것은 오버스톤의 출판물에는 아예 없고, 아마 그의 사상에도 충분히 들어 있지 않았을 것이다. 그 분류 중에서 다음 두 가지는 특히 주목할 만한 가치가 있다. 첫째, 투크는 '곡물거래'와 그와 관련된 작황의 중요성을 줄곧 강

신, 진취성과 침체의 기간 사이에 일어나는 갖가지 변화와 교체가 순환하는 국면들'은 1권, 175쪽에 언급되어 있다. 심지어 10년 주기에 대한 암시도 들어 있다.

123) 종종 인용되었던 이 유명한 문구는, 그의 1837년 논문("Reflections suggested by a Perusal of Mr. J. Horsley Palmer's Pamphlet on the Causes and Consequences of the Pressure on the Money Market", *Tracts*, p.31 에 재수록)에 들어 있다. 그러나 오버스톤 경의 견해를 전체적으로 훑어볼 수 있는 곳은 그의 논문전집과 서한, 증언들 전체에 흩어져 있는 정리되지 않은 논평들뿐이다.(앞의 4절 2항) 미결사항들이 많이 남아 있고, 풀 수 없는 몇 가지 모순점도 있다. (그가 결코 자신의 사고들을 완전히 정리한 것은 아니라고 생각해도 무방하다.)

조했다. 우리는 경기변동에 관한 수확이론(harvest-theory of the cycle)이 그의 것이라고 주장할 수는 없다. 그와 같은 단일 원인설(one-factor theory)은 투크의 사고방식과 꽤 거리가 있는 것이었기 때문이다. 그러나 경제학도들에게 이러한 요소가 있다는 것을 꾸준히 알리고, 제번스의 저서가 나오기도 전에 어느 정도 지지를 얻었던 이 이론에 더욱 힘을 실어준 것은 그의 공로라고 생각된다.[124] 둘째, 투크는 번영의 시기가 (특히 1840년대의 철도건설 붐과 관련된) 고정자본 투자나 기술 발전과 관련이 있음을 강조했다.

이 두 가지 요소에 대한 강조는 물론 인과관계의 분석에서 중요한 단계를 구성한다. 투크와 오버스톤의 경기변동 이론은 주로 '내생적' 이론이다. 다시 말해 두 사람 다 순환과정의 각 국면이 선행국면의 지배적 조건에 의해 유발되는 방식을 보여주려고 노력했다. 그러나 그들 모두 이것에 만족하지는 않았다. 투크의 방법이 설명적 · 보조적 그리고 임의의 요인들을 훨씬 더 많이 제시했지만, 오버스톤 경 또한 좀더 중요한 범주들, 그중에서도 특히 그가 거의 경기상승의 가장 중요한 원인으로 간주할 정도인 기술진보와 같은 것이 있다는 것을 잘 알고 있었다. 따라서 순환 속에서 단지 규제되지 않은 통화와 신용제도의 예상치 못한 변화만을 보고, 미국에서는 말할 것도 없고 함께 논쟁에 참여했던 영국의 동료들 사이에서 의심의 여지없이 지지자를 확보했던 순수화폐적 경기변동 이론을 오버스톤 개인의 것으로 간주하는 것은 몹시 부당한 일이다.[125] 오버스톤 자신은 경기상승을 가져오는 것이 은행들의 정책이 아

---

124) 베르크만(앞의 책, 239쪽)이 언급한 프랑스 사람 브리온느(Briaune, *Des Crises commerciales*……, 1840 ; *Du Prix des grains, du libre échange et des réserves*, 1857)는 경기순환이란 기본적으로 풍작과 흉작 기간이 사회의 총소득에 미치는 효과에 불과하다는 의미의 명쾌한 수확이론을 제시했다.

125) 어느 정도 명망이 있는 저자들 중에서 위에서 말한 의미에서의 순수화폐적 경기변동 이론에 가장 근접했던 노먼(G.W. Norman, *Remarks upon some Prevalent Errors with respect to Currency and Banking*)조차도 다른 인과적 요인들이 많이 있음을 인정함으로써, 그 이론에 철저히 제한을 두고 있다.

니라는 점을 분명히 했다.[126] 그럼에도 불구하고 현대에 들어와 화폐적 경기변동 이론을 대표하는 인물들(특히 호트리와 미제스)이 이 설명을 받아들이는 의미는 다음 두 가지 주장으로 정의될 수 있다.

첫째, 최종 인과관계 문제에 대해서 오버스톤이 어떻게 생각하든 간에, 그는 은행권이나 '창조된' 예금에 의해서 은행대부가 '실물'자본[127]의 경계를 넘어서까지 확대된다면, 그것은 대부가 항상 그 경계 내에 머물러 있는 경우 발생할 상황과 질적으로 다른 사건들의 진행에 대해 책임이 있다고 생각했음이 틀림없다. 그래서 그는 대부가 항상 그 경계 내에 머물러 있는 경우에도 실책이 따르겠지만, 그것이 아무리 자주 일어난다 해도 각각 개별적인 일에 그칠 뿐 반드시 서로 연계되지는 않아서 손쉽게 흡수될 수 있다고 주장했다. 그러나 만약 신용이 그 경계를 넘어서 크게 팽창된다면, 경제과정의 전체구조는 왜곡된다. 기업들의 투자는 경제의 밑바탕을 이루는 조건들이 용납하지 않는 정도까지, 따라서 인플레이션이 진행되는 한에서만 정당화되는 정도까지 일반적으로 증가한다. 이것이 화폐의 과도한 팽창이 '과잉거래'를 부추기고, 그 결과를 두드러지게 만든다는 말 속에 숨은 뜻이며, 투크는 그것을 결코 부정하

미국의 예로는 밀러(앞의 책, 193쪽 이하)를 참조.

126) 특히 *A Letter to J.B. Smith*(1840) 참조. 오버스톤이 때때로 이 문제에 관한 자신의 견해를 다소 부주의하게 표현했다는 것은 분명하지만, 그가 언급했던 것들이 다른 말과 모순된다거나, 정치적 논쟁에 개입된 사람들이 자주 할 수 밖에 없는 일종의 비논리적 양보에 불과하다고 말하는 것은 옳지 않다고 생각한다.

127) 이것은 그가 자신의 1857년 저작(*Evidence before the House of Commons Committee on Bank Acts*)과 이 책의 1858년 재출간본에 붙어 있는 부록에서 사용한 표현이다. 이 실물자본은 대중의 저축이나 금수입에서 발생하는 이득으로부터 은행들이 흡수하는 총구매력이므로, 그의 주장이 리카도의 '가공'자본을 겨냥한 것이라고 생각해도 무방하다. 아마도 그와 같은 은행가가 생각하기에는, 이러한 구분은 장기투자를 위해 사용할 수 있는 자금과, 단기투자에만 사용할 수 있되 그럼에도 불구하고 장기투자의 자금융통을 위해 사용되는 자금 사이의 서로 다르지만 관련이 있는 구분과 연결되어 있다.

지 않았다.

둘째, 오버스톤은 「과잉거래」에서 동요, 압박 그리고 정체에 이르는 사태의 전환을 순전히 설명하거나 주로 화폐적 메커니즘으로 설명했다. 이에 따르면 경기후퇴는 선행 붐에 대한 반응이었지만, 주로 붐이 일어난 시기의 신용확대에 대한 반응이었다. 이 신용확대는 가격을 인상시키고, 그로 인해 (해외뿐만 아니라 국내통화로의) 현금인출을 야기하는 한편 은행권의 태환을 위협했다. 이것이 필경 이자율을 끌어올리고, 재차 신뢰를 동요시켜, 은행예금과 상업어음의 발행량을 축소시켰다. (*Tracts*, 1857, pp.264 이하) 이 모든 설명 중 어떠한 것도 적대적 비판에 고무되어 이루어진 훗날의 분석에서 우리가 느끼는 면밀함과 철저함을 갖추지는 못했다. 그러나 그 안에 담긴 일반적 의미는 매우 뚜렷하다. 즉 그 자체로 불안정해서 경제적 진행을 동요시키는 것이 바로 화폐와 신용이고, 완전하게는 아니더라도(오버스톤은 이것을 거듭 부인했다), 그것을 최대한 안정시키기 위해 필요한 것은 은행개혁이었다. 투크는 이 모든 것을 정반대의 입장에 서서 비판했다. 그는 '가공'자본의 존재를 믿지 않았고, 그러한 것이 설령 있다고 해도 중요하다고 생각하지 않았다. 그는 경기변동에서 이자율이 갖는 역할을 최대한 낮게 평가했다. 게다가 투크는 신용축소가 경기하강을 야기하는 가장 중요한 요인은 아니라고 생각했다. 이 모든 점을 고려하면, 그가 정책에 관해 상이한 결론에 도달한 것은 실로 당연했다. 그러나 한편으로 오버스톤이 자신의 주장을 펼치며 달았던 단서들과 다른 한편 투크가 그것을 거부하며 적용했던 모든 조건을 고려한다면, 그들이 일치하지 않는 범위는 상당히 좁다는 것을 알 수 있다.

이렇게 이 시기의 풍부한 사상과 분석작업들을 모아서 각각의 기여도를 평가해볼 수 있다. 우리는 과잉생산설과 그 가장 소박한 형태의 제거 과정을 동시에 살펴보았다. 몇 가지 과소소비설과 그 오류를 드러낸 비판적 연구도 다루었다. 임의교란설(random-disturbance theories)이 가장 다양한 형태라는 것 그리고 경기변동의 발견과 화폐와 투자이론이라는 두 가지 경기변동론의 출현을 살펴보았고, 심지어 과소소비설과 수확이론도 빠뜨리지 않았다. 무엇보다 우리는 이 문제에 관한 통계작업이 시작되었음을 알게 되었다. 그러나 이상하게도 이 모든 구성요소가 있었다거나, 우리가 살펴본 연구들이 이 시대가 지나가기 전에 하나의 (임시로나마) 포괄적 구조 속에 자신들을 조립할 손을 기다리는 구성요소였다는 사실을 알고 있었던 사람은 없는 것 같다. 밀은 외견상 나타나는 것 이상으로 하나의 종합을 내놓기는 했지만, 그 일을 해내지는 못했다.[128] 그는 경기변동 메커니즘을 (유불리한 정황에 의해 유발되는) 이윤에 대한 기대라는 관점에서 기술했다. 여기서 기대는 상인의 자본에 영향을 미치고, 따라서 가격에도 영향을 주는데, 가격의 경우에는 그들이 상승했다는 바로 그 이유 때문에 결국 계속 오르고, 최초의 사건이 허용하는 한도를 넘어서까지 상승했다는 사실을 깨달았을 때는 하락하기 시작해 결국 하락했다는 이유로 계속 떨어진다. 밀은 이러한 일이 심지어 '신용에 대해 모르는 공동사회'에서도 일어날 수 있음을 조심스레 지적하면서, 신용의 용이한 확대가 경기변동의 강도를 크게 증가시킬 것임을 강조한다.

그러나 상업공황(이는 수많은 상인이 채무를 이행함에 있어 어려움을 느끼거나, 장차 그럴 것이라고 우려하는 상황으로 정의된다)은 '신용이 특별히 확대'되지 않더라도 대부시장에 통상적으로 투입되는 자본 중 많은 부분이 해외지불이나 고정투자 등에 대한 이례적 요구에 의해 흡수될 때도 발생할 수 있다. 그는 소박한 과잉생산설과 과소소비설, 특히 과잉저축설에 반대했지만, 불황에 한해서는 초과공급과 과소지출 둘 다 원인일 수 있다고 생각했다. 이자 또한 적지만 어느 정도 역할을 하는 것으로 되어 있고, 순수화폐적인 국내외 유출 메커니즘에 대해서도 기

---

128) 이것은 부분적으로는 밀이 공황이나 경기변동에 대해 자신이 한 말을 어느 곳에서도 집약시키지 않았기 때문이다. 그는 이 주제를 『원리』 3부 12장 3절에서 마지못해 다루었다. 그러나 관련자료는 다른 많은 곳에서, 특히 이 책, 3권, 3부의 14장과 23장 그리고 이 책, 3권, 4부의 4장에서 발견된다.

술되어 있다. 또한 (넓은 의미에서의) 주기성에 대해서도 언급하고 있다. 이 정도라면 경기변동에 대한 밀의 분석을 재구성하면서 나 자신이 느낀 무미건조함을 독자도 느끼기에 충분하리라 생각한다. 그러나 진부하기는 해도 이 모든 것은 또한 상식이며, 더 깊은 연구를 위한 토대로서 나쁜 것은 아니다. 이 주제에 대해 마셜이 말한 것을 정독할 때,[129] 우리는 실로 훨씬 더 중요한 것을 발견하고, 밀에게서 받은 것과 같은 지루함도 느끼지 않는다. 그러나 대체로 마셜의 연구는 결국 밀이 제시한 것을 다듬은 것에 지나지 않는다. 다른 연구자들 중에서도 밀의 영향을 받거나, 심지어 그를 통해 경제학을 공부하기 시작한 사람들이 많다. 마르크스조차도 그에게서 무언가를 배웠을지도 모른다.

경기변동에 대한 마르크스의 분석은 '미완의 장'이며, 모든 마르크스 연구자나 심지어 모든 정통 마르크스 연구자가 인정할 만한 짜임새 있는 경기변동에 관한 묘사가 아직까지 나와 있지 않으며, 그럴 것 같지도 않다.[130] 몇 가지 방법론적인 특징에 우선 주목해야 한다. 늘 그러했듯

---

129) 전거가 되는 것은 1923년 저작(*Money, Credit, and Commerce*)의 4부 ("Fluctuations of Industry, Trade, and Credit")로, 이 책은 주로 훨씬 이전의 연구성과(이중 어떤 것은 1880년대까지 거슬러 올라간다)로 구성되어 있다. 추가하자면 마셜의 『원리』에도 몇 개의 관련문구가 있다. "가격이 이미 올랐거나 떨어졌기 때문에 그것은 오르거나 떨어진다"라는 위의 표현도 마셜의 것이다.

130) 이 주제에 관한 마르크스주의자들의 문헌으로는 P.M. Sweezy, *Theory of Capitalist Developments*, Part III 참조. 내가 보기에 스위지의 해석보다 더 정확한 것으로는 스미스(H. Smith)의 논문("Marx and the Trade Cycle", *Review of Economic Studies*, June 1937)이 있는데, 독자들은 이 논문을 특히 참고할 만하며, 이하의 논평이 간명할 수 있었던 것도 부분적으로는 이 논문 덕택이다. 그외에 한 가지 변명을 덧붙이자면, 관련자료의 양이 워낙 방대한 탓에 허용된 지면 내에서는 그럴듯한 설명을 제시할 수 없었다는 것이다. 이 자료들 대부분은 『자본론』 2, 3권과 특히 『잉여가치 학설사』에서 볼 수 있다. (『공산당 선언』과 『자본론』 1권에 나오는 유명하지만, 부적절한 문구들은 실제로 그다지 중요하지 않다.) 영국 섬유산업에 사용된 내구자본의 갱신주기에 대해 마르크스와 엥겔스가 주고받은 몇 통의 편지 또한 중요하다.

이, 마르크스는 (때로는 같은 쪽에서도) 여러 가지 다른 추상 수준에 기초한 추론이 있을 수 있다는 것을 알고 있었다. 경기변동 문제에서 이것은 특히 중요하다. 왜냐하면 각각의 순환은 역사적인 한 단위고, 다른 순환에는 정확히 그에 대응하는 것이 존재하지 않는 환경에 의해 부분적으로 조건 지어지므로, 우리는 항상 그 타당성이 우리가 옮겨가고자 하는 추상 수준에 따라 달라지는 사실들을 다루어야(그리고 심지어 그 사실들에 적합한 자의적 이론들을 세워야) 하기 때문이다. 따라서 하나의 경기변동 이론은 여전히 일반적인, 즉 매우 일반적인 것을 목표로 하지만, 순수모형의 관점에서 보면 중요치 않은 요소들을 포함하고 있는지 모른다. 이것이 해석의 어려움을 가중시킨다. 게다가 마르크스는 순환운동을 허용하는 일반제도적 조건과 '원인들', 즉 실제로 그것을 낳는 요인들을 적극 구별하는 데 세심한 주의를 기울였다. 예를 들면 그 유명한 자본주의 사회의 '무정부성' '실물'거래 간 화폐의 개입 그리고 은행 신용의 변화무쌍함은 그에게 있어 고려해야 할 사실이기는 하나, '원인들'이 아닌 (필요조건이지만) 허용조건으로서만 그러하다. 그는 이러한 것들 그리고 그와 유사한 사실들을 지적하는 데 그치는 어떠한 '이론'도 공허하다는 점을 누구보다 잘 알고 있었다.

끝으로, 마르크스는 사실들의 또 다른 집합이라 할 수 있는 증상을 조건이나 원인과 구별했다.[131] 이러한 구별을 소홀히 한다면 분석상의 오류와 무용한 논쟁이 양산될 것임이 틀림없고, 이러한 방법론적 기여 자체가 마르크스를 이 분야의 연구자들 사이에서도 최고의 자리에 올려놓기에 충분하다는 것은 당연하다 할 것이다.

다음으로 우리는 『공산당 선언』에서의 한 구절이 시사하는 것으로 보

---

131) 『자본론』(1권; English trans., Publ. by Kerr, 1906), 695쪽에는 다음과 같은 문장이 있다. "경제학의 천박성은 특히 경제학이 산업순환의 주기적 변동의 증상에 불과한 신용의 확대와 축소를 그것의 원인으로 보고 있다는 사실에서 나타난다." 물론 경제학 전체가 이런 것은 아니다. 그렇지만 마르크스가 표현하고자 했던 것 속에는 많은 진리가 들어 있다.

이는 외형상의 관계, 즉 경기순환과 자본주의 사회 최후의 붕괴 사이의 관계를 평가해보아야 한다. 마르크스는 (아마도 10년) 주기라는 개념을 당연한 것으로 사용했다. 그에게서 공황은 순환과정의 한 국면 이상의 것은 결코 아니었다. 그렇지만 마르크스가 자본주의 시대가 경과함에 따라 공황이 더욱 파괴적으로 되는 경향이 있다고 생각했다면(그는 그렇게 여겼던 것 같다), 그가 이 가정된 사실[132]을 마지막 붕괴와 연결시켰고, 심지어 자본주의 사회체제를 위협할 만큼 막대한 피해를 가져올 최후의 공황으로 자본주의가 무너질 것으로 기대했다고 생각하는 것은 당연하다. 그러나 마르크스가 이러한 견해를 가졌던 증거를 무시하고, 그의 분석에서 순환과정 자체와 붕괴를 향하는 추세가(특히 붕괴가 기껏해야 경기침체로 그친다면) 사실상 각기 다른 하나가 없어도 존재할 수 있는 두 가지 별개현상임을 강조하는 것이 그의 기본관념에 더 가깝다. 이렇게 해석할 경우 마르크스가 공황의 반복을 결국 지탱할 수 없는 사회적 상황에 대한 '기여 원인'(contributory causes)으로 간주하지 못할 이유는 전혀 없었다.

끝으로, 우리는 순환의 기본적·'인과적' 설명에 대한 마르크스의 기고를 모아서, 앞서 간 많은 사람이 그러했듯이, 그가 어느 한 이론에 대해 명시적으로 저술한 적은 없지만, 어떤 특정이론을 주장했다고 할 수 있는지 밝혀내야 한다. 그 첫 단계는 쉽다. 마르크스는 ('좀더 작은 규모의 변동으로 중단되기는 하지만') 평균수준의 호황, 번영, 과잉생산, 공황 그리고 침체의 국면들(즉 그가 말한 '기간들')로 이어지는 "10년을 1

---

132) 이 '사실' 자체와 그것에 대한 마르크스의 신념에 대해서는 할 말이 많다. 그가 그러한 신념을 가졌다는 것은 마르크스가 자본주의적 질서의 격렬하고도 극적인 붕괴를 굳게 믿었음을 우리가 '입증'할 수 있는 것과 같은 방식으로 '입증'될 수 있다. 아마도 그는 이 두 가지 믿음을 갖고 있다가, 말년에는 포기했던 것 같다. 우리로서는 (1) 공황의 강도가 높아진다는 명제는 논리적으로 보면 그의 일반이론에 고유한 것은 아니며 (2) 이후의 몇몇 마르크스주의자, 특히 힐퍼딩은 1929~32년의 사건들 때문에 하나의 확증된 모습으로 나타날 때까지는 그 명제를 부인했다는 점에 주목하는 것이 더 중요하다.

주기로 하는 순환"[133]이 '근대산업에 전형적인 것'이며, 단순히 일련의 사건들이나 우연의 결과는 아니라는 것을 선명하게 보여주었다. 그리고 그는 경기순환의 원인이 축적과정에 있다고 분명히 주장했다. 그러나 이것 외에는 한 가지만이 확실하다. 마르크스는 이 축적과정을, 그것이 초래하는 생산력 증대와 '산업예비군'을 포함해, 균형에서 벗어나는 운동으로 간주했고, 공황을 주기적으로 균형을 재확립하고, 자본가치의 철저한 파괴를 통해 사업수익성의 조건을 회복시키는 것으로 다루었다. 이것은 혹 있을 수 있는 갖가지 오류와 부적절한 언급을 피하고, 의도적으로 다음과 같은 질문을 유도하는 유력한 접근방식이다. 어째서 축적과정은 **본질적으로**[134] 불균형을 낳는가?

마르크스는 경기순환을 자본주의적 삶의 본질적 형태로 간주했으므로, 우리가 임의교란설을 답으로 받아들일 수는 없다. 그가 신용제도의 확대에 의해 촉진되는 투기나 다른 과잉들을 아무리 중요시했다 할지라도, 경기순환에 관한 신용이론들을 경멸했던 한, 우리는 그것들을 제외할 수 있다. 그가 푸리에의 **과잉공황**(*crises pléthoriques*)의 의미로 공황을 설명하는 어떠한 형태의 소박한 과잉생산설도 지지하지 않았음은 분명하다.[135] 또한 마르크스의 이론은, 친구와 적을 막론하고 흔히 그러했던 것처럼, 공황을 노동의 구매력 부족과 연결하여 초보자에게는 착

---

133) *Das Kapital*, vol.I, ch.25, sec.3(English trans., 1906, p.694).

134) 실생활에서 축적과정이 투기적 열풍, 실책, 모든 종류의 착오 같은 불균형화 요인들에 노출되어 있는 이유를 이해하는 것은 어렵지 않다. 그러나 이 요인들은 마르크스가 잘 알고 있었다시피, 어째서 경기변동이 자본주의의 논리에 고유한 것인가라는 최대의 이론적 문제를 해결할 수 없다.

135) 독자들은 과잉생산이라는 표현이 마르크스의 글에 자주 등장한다는 사실에 현혹되어서는 안 된다. 이미 보았듯이 그것은 마르크스가 말한 국면의 순서에도 등장한다. 그 용어는 그에게 서술적인 것 외에는 아무런 의미가 없었다. 그가 경기순환의 현상들을 설명할 때는 재화의 전반적인 판매부진이 물론 일정 역할을 한다. 그러나 마르크스는 그것이 결코 인과적 중요성을 갖는다고는 생각하지 않았다. 그렇게 생각했던 것은 몇몇 추종자(예를 들면 1891년 발표된 『에어푸르트강령』*Das Erfurter Programm*에서의 카우츠키)다.

취와 가장 밀접한 관련이 있는 것처럼 보이는 과소소비설로 귀착될 수 없다.[136] 그러나 이 이론은 훌륭한 경제학자였던 만큼 그 약점을 잘 알고 있었고, 여러 차례 그것을 논박했던 마르크스의 것이 아니라 로트베르투스의 것이다.[137] 그래서 결국 우리에게 남는 문제는 아마 이윤율 하락(마르크스에게서 이것은 축적 자체의 결과가 아니라, 가변자본에 비해 불변자본이 상대적으로 증가한 결과다)일 것이며, 실제로 이 '법칙'을 당면한 목적에 맞게 사용할 수 있는 몇 가지 가능성이 시야에 들어온다. 우선 이 '법칙'은 최고의 추상 수준에서만 유효할 수 있다. 게다가 번영 기간은 매우 이례적인 투자가 이루어지는 기간이라는 것, 그리고 그로 인한 생산력 증가는 인과적 중요성을 띨 필요는 없지만, 항상 지대한 중요성을 갖고 있음이 틀림없는 가격과 이윤에 영향을 미친다는 것은 의심의 여지가 없다.[138]

끝으로, 마르크스의 축적은 결국 실업을 낳고, 어느 시점에 존재하는 산업구조라도 손상(중소기업이나 비효율적 기업의 파괴)시키는 경향이 있다. 그러나 마르크스는 이러한 요소들 중 그 어느 것도 공황의 발생은 말할 것도 없고, 축적과정의 순환적 형태를 쉽사리 설명할 수 없다는 것을 잘 알고 있었던 것 같다. 어쨌든 그는 이 모든 것에 명백히 토

---

136) 앞의 각주 111)을 참조. 언급한 구절에서 우리가 (케인스의) 비지출형이라 불렀던 과소소비설을 그 누구도 마르크스의 것이라 간주한 적이 없기 때문에, 마르크스의 자본가들이 항상 서둘러 투자하며, 따라서 해당요소가 그의 체계에는 존재하지 않는다는 사실을 거듭 주장하는 것은 불필요한 일일 것이다. 이 자본가들은 (경쟁의 압력에 의해) 어쩔 수 없이 투자하는 것이므로, 맬서스의 과소소비에도 동일한 논리가 적용된다.

137) 이에 대해서는 H. Smith, *op. cit.*, pp.193~195 참조. 노동자들의 과소소비는 실제로 원인으로 간주되기는 하지만, 기본원인으로서가 아니라 간접적이고 부차적인 방식으로 작용한다. 임금이 상대적으로 높다면, 즉 착취도가 낮다면, 축적률도 낮을 것이다. 축적은 경기순환의 원인이므로, 따라서 이 경우에는 경기순환이 그리 두드러지지 않을 것이라고 예상할 수 있다.

138) 이 사실은 물론 **자본의 과잉생산**(Overproduction of Capital)이라는 문구로 표현될 수도 있다. 그러나 그렇다고 해서 마르크스가 과잉생산설이나 불비례설의 지지자가 되는 것은 아니다.

대를 둔 어떠한 설명력 있는 가설에도 구애받지 않았는데, 그것은 현명했던 것 같다.[139]

---

139) 우리는 경기순환에 관한 마르크스의 성찰 중 여러 특징, 예를 들면 자체 동력에 의해 기능하는 내생적인 메커니즘의 존재에 대한 간결하면서도 피상적인 언급들을 생략해야 했지만, 그가 내구자본의 교체주기에 관심이 있었다는 점을 언급한 바 있다. 추가적 사실들에 대한 이런 탐색은 가장 중요한 문제가 마르크스의 머릿속에서 해결되지 않은 채 남아 있었다는 추측을 뒷받침해준다.

찾아보기

지은이 조지프 슘페터

슘페터(Joseph A. Schumpeter, 1883~1950)는 옛 합스부르크 제국
모라비아 지방의 트리시(현 체코공화국)에서 태어났으며, 빈대학교에서
뵘-바베르크(E. von Bohm-Bawerk)와 비저(F. von Wieser)에게 경제학과 법학을 배웠
다.
그는 체르노비치대학교를 필두로 그라츠대학교의 교수를 거쳐
1919년 오스트리아 연립내각의 재무장관을 지냈다.
슘페터는 제1차 세계대전 전후(戰後)의 오스트리아를 전면적으로 사회화하려는
사회주의자들의 계획을 반대했다. 그는 사회화를 추진해야 하는 적당한 시기를
전쟁으로 피폐된 오스트리아의 경제를 복구하고, 시장경제의 재건을 통해 자본주의를
완전히 발전시켜, 사물과 정신이 사회화된 다음에야 추진해야 한다고 주장했다.
이러한 견해 차이로 다른 각료와 겪은 불화로 말미암아 재무장관직은
단기간에 끝나고 말았다. 그 후 민간은행의 은행장을 맡았으나
이 은행의 파산으로 은행장도 사임했다.
정계와 비즈니스계에서 뚜렷한 성공을 거두지 못한 그는 독일의 본대학교를 거쳐
1932년 미국의 하버드대학교 교수로 부임하여 타계할 때까지 경제이론과
경제학설사를 강의했다. 경제학·사회학·역사 및 정치학을 아우르는
종합적인 사회과학을 발전시키기 위해 사회학자 파슨스(Talcott Persons)와
긴밀히 협력하기도 했다.
주요 저서로는 『자본주의·사회주의·민주주의』『이론경제학의 본질과 주요 내용』
『경제발전의 이론』『경기순환』『10대 경제학자-마르크스에서 케인스까지』와
사후에 출판된 『경제분석의 역사』가 있다.
이 가운데 『경제분석의 역사』는 슘페터가 죽기 전 9년간의 연구역량을 쏟은 책으로,
미완성본이기는 하지만 평생의 연구를 집대성한 저작이다.
「조세국가의 위기」「인종적으로 동질적인 환경에서의 사회계급」
「제국주의들의 사회학」「오늘날의 사회주의적 가능성」과 「자본주의의 불안정성」
외에도 수백 편의 논문을 남겼다.

옮긴이 김균·성낙선·이상호·정중호·신상훈

김균(金均)은 고려대학교 경제학과를 졸업하고 미국 듀크대학교에서
경제학 박사학위를 받았다. 지금은 고려대 경제학과에서 경제학사, 서양경제사 등을
가르치고 있다. 저서로는 『자유주의 비판』(공저), 『위기 그리고 대전환』(공저) 등이 있고
하이에크, 케인스, 폴라니 등에 관한 여러 논문이 있다.

성낙선(成樂善)은 고려대학교 경제학과를 졸업하고 같은 대학교 대학원에서
경제학 박사학위를 받았다. 지금은 한신대학교 경제학과 교수로 있다.
주요 관심사는 경제사, 경제학사, 제도 및 진화 경제학 등이다.
저서로는 『미국 자본주의 해부』(공저), 『위기 이후 한국자본주의』(공저),
『한국경제와 마르크스경제학의 도전』(공저) 등이 있고,
역서로는 카를 마르크스의 『자본주의적 생산에 선행하는 제형태』,
조지프 슘페터의 『경제학의 역사와 방법』, 미셸 아글리에타의 『자본주의 조절이론』(공역)
등이 있으며, 「생산적 노동자에 대한 국가재정의 소득재분배 효과」
「슘페터, 경제발전, 그리고 기업가의 역할」「맑스, 잉여가치율
그리고 기술진보」 등 다수의 논문이 있다.

이상호(李相鎬)는 고려대학교 경제학과를 졸업하고 같은 대학교 대학원에서
경제학 박사학위를 받았다. 지금은 원광대학교 경제학부 조교수로 있다.
주요 관심사는 환경경제, 경제윤리, 경제학사 등이다.
저서로는 『경제학 더 넓은 지평을 향하여』(공저), 『양극화시대의 한국경제』(공저)
등이 있고 다수의 논문이 있다.

정중호(鄭仲鎬)는 고려대학교 경제학과를 졸업하고 같은 대학교 대학원에서 경제학
박사학위를 받았다. 지금은 하나금융경영연구소 금융산업연구실장으로 재직 중이다.
주요 관심사는 금융규제와 거시건전성감독, 금융산업 비즈니스 모델, 금융회사의
글로벌 진출전략 등이다. 논문으로는 「은행부문의 구조변화가 시스템리스크에
미치는 영향과 거시 건전성감독」「SW벤처 금융과 VC투자 활성화 방안」이 있다.

신상훈(辛尙勳)은 고려대학교 경제학과를 졸업하고 같은 대학교 대학원에서
경제학 박사학위를 받았다. 지금은 감사원 재정경제감사국 부감사관으로 재직 중이다.
주요 관심사는 재정정책, 재정관리, 공공감사, 반부패정책 등이다.
「국가재정 위험요인분석 및 위험관리 방안연구」「재정사업에 대한 성과평가의
현황과 문제점」 등을 비롯해 고용정책, 재정사업평가 등에 대한 논문이 있다.

한국연구재단 학술명저번역총서

서양편 ● 78 ●

'한국연구재단 학술명저번역총서'는
우리 시대 기초학문의 부흥을 위해
한국연구재단과 한길사가 공동으로 펼치는
서양고전 번역간행사업입니다.

경제분석의 역사 2

지은이 · 조지프 슘페터
옮긴이 · 김균 성낙선 이상호 정중호 신상훈
펴낸이 · 김언호

펴낸곳 · (주)도서출판 한길사
등록 · 1976년 12월 24일 제74호
주소 · 413-756 경기도 파주시 광인사길 37
www.hangilsa.co.kr
E-mail: hangilsa@hangilsa.co.kr
전화 · 031-955-2000~3
팩스 · 031-955-2005

상무이사 · 박관순 | 총괄이사 · 곽명호
영업담당이사 · 이경호 | 관리이사 · 김서영 | 경영기획이사 · 김관영
기획 및 편집 · 배경진 서상미 김지희 홍성광 이지은 백은숙
전산 · 한향림 노승우 | 마케팅 · 윤민영 조민수 임은호
관리 · 이중환 문주상 김선희 원선아

CTP출력 · 알래스카 커뮤니케이션 | 인쇄 · 오색프린팅 | 제본 · 경일제책

제1판 제1쇄 2013년 7월 30일

ⓒ 한국연구재단, 2013

값 35,000원
ISBN 978-89-356-6260-9 94320
ISBN 978-89-356-5291-4 (세트)
• 잘못 만들어진 책은 구입하신 서점에서 바꿔드립니다.